总主编　干春晖

China Industrial Development Report 2019

2019中国产业发展报告

——制造业高质量发展

上海财经大学中国产业发展研究院

主编　余典范

上海人民出版社

《中国产业发展报告》系列丛书编委会成员

《2019 中国产业发展报告》编委会成员

主　编： 余典范

副主编：

王　强　徐　赟　徐　琳　吴一平　兰　斓
葛　鹏　曹永琴　江飞涛　李晓萍　邵　帅
樊豪斌　李　伟　张文博　俞晓晶　牛志勇
王　丹　王熙元　谭蓉娟　陈　磊

成　员：

李鹏飞　杨　芳　王佳希　高录问　郑得坤
张　燕　杨振兵　底　晶　郭泽峰　蔡　均
戈盈凡　吕海生　丰　燕

目　录

前　言

习近平总书记在党的十九大明确指出："我国经济已由高速增长阶段转向高质量发展阶段。"推动高质量发展是一项长期、曲折、艰苦的系统工程和历史性任务，其中，健全与高质量发展相适应的体制机制是其中的关键，也是《2019年国务院政府工作报告》中特别强调的重点。中国产业高质量发展不仅需要理念与战略的转变，在实践中也需要有"指挥棒"引领，这就需要加快形成推动产业高质量发展的体制机制以及与此相关的指标体系、政策体系、质量体系、统计体系、绩效评价和政绩考核体系。

产业高质量发展首先需要摒弃传统指导产业发展的思维定式。在新技术和商业模式创新的推动下，以大数据为基础的信息化、融合化、智能化等将成为产业价值链重塑的重要推动力量。在工业和信息化融合、制造和服务融合、产业边界越来越模糊的趋势下，传统统计意义上的产业数量比例关系"定律"的合理性和可操作性越来越难以令人信服。产业高质量发展需要回归产业发展的本质，产业结构变动的本质是高生产率部门替代低生产率部门的过程，因此产业高质量发展的核心应是生产率导向。这就需要我们摒弃以往追求产业间数量比例关系优化的指导思想，辩证看待经济服务化的趋势和产业脱实向虚的现实，将产业结构调整的主线转向提高生产率、做强实体产业、提升产业质量能力。对中国而言，提升生产率、实现产业高质量发展的重要突破口在于减少对资源要素自由流动的限制与干扰，让产业发展的市场主体能够配置到与其能力相匹配的资源。同时对于中国而言，产业高质量发展必须考虑到中国大国产业发展的“空间结构”，这也是充分挖掘国内大市场潜力、发挥大国市场优势的重要方面，通过减少市场分割、缩短要素流动“距离”、提高产出“绩效”密度等方法拓展产业高质量发展的“空间红利”。对于产业的高质量发展来说，通过深入推进改革开放，对接产业发展的国际规则、标准，推进影响产业发展的人力资本、土地、能源等要素价格市场化改革，破除各种隐形门槛，重构高质量发展的地方竞争机制等方式能为我国产业高质量发展提供新的动能。

首先，产业的高质量发展需要在产业基础升级、产业链的现代化上率先实现突破。产业基础高级化除了传统要素的升级以外，更重要的是一些“产业新要素”成为产业能级提升的基础，这些高级化的产业要素包括如芯片、大数据、互联网以及由此衍生出的基础性产业的竞争，这些高级化的产业基础要素也是传统以及先进制造业、服务业的基础支撑，能显著提升这些产业的技术水平、市场规模和效率。因此，决胜未来产业需要下好这些新基础要素、基础产业的先手棋。提升这些要素的核心在于技术（硬技术如集成传感器等高端芯片、软技术如算法、控制和软件平台等）实现、根本在于人才、突破在于应用、关键在于生态。硬技术的突破需要强化基础研究，通过科学前沿类技术平台的构建推动前瞻性技术领域的研究与突破，在一些重点产业领域，国内的主要技术资源集中在一些大的国有企业、科研院所以及民企手中。在推进思路上，我们需要以平台化的思维来整合资源，通过搭建合作平台，吸引国内外优质创新资源和国际领先创新主体的合作对接，从而有利于创新成果本地产业化和国际化，实现创新链与价值链的融合。软技术的发展需要推动技术创业类企业的不断涌现，鼓励具有较强的基础研究能力、拥有高水平专利的科研人员以创业的方式实现成果的转化，并通过搭建合作交流平台撮合硬技术、软技术的螺旋式融合发展。人才的集聚需要以产业发展作为“事业平台”，推进“科学家+工程技术人员+企业家”的卓越人才计划建设，增强人才梯队的传承性建设。当然，在这些基础产业上要形成规模上的优势，重点在应用上的突破，特别是在一些具有较强规模经济性的产业领域需要实现从示范引领到全覆盖。生态构建的关键在于对标国际最高标准的规则，在产业开放、知识产权保护、新标准的制定、风险防控等方面对标甚至引领国际规则，以高标准的制度建设引领基础要素能量的迸发，增强在重点产业领域的话语权。

产业链的现代化需要突出产业链和创新链的协同与集群，这不仅是产业发展趋势的体现，更是提升中国产业能级和影响力的务实之举。对于上述提到的重点产业及其背后基础要素，全球都在抢占先机和制高点，如美国的“国家制造创新网络”、德国的“工业 4.0”、日本的“工业价值链”、英国的“英国工业 2050 战略”等均对此进行了前瞻性布局。随着全球生产能力的提升，更多的生产出现了本地化以及靠近市场的近岸化趋势，区域价值链显得越来越重要，研发和制造生产的联系也越来越紧密。因此，我们要想重点产业快速实现创新突破，供应链和产业链的相关环节必须能够快速响应，科学的研究在中后段的应用研究和产业化方面必须实现快速贯通。中国之前的创新主要立足于制造业主导的创新，偏产业链和创新链的后端，当然这也打下了比较坚实的供应链基础，使我们在前端的基础研究突破有了承载，能够快速落地。在制造基础上的“反向”迈向原始创新是我们实现创新突破的务实路径，而这需要我们在制度创新上作出响应，特别是在可靠的知识产权和法律体系上需要提升与创新。这样我们才能做大做强产业链，拉长生产线和服务线，推动重点产业“从 1 到 N”的裂变，推动企业更高质量参与到国际产业链分工中，从而与创新链形成良性循环，稳步推进经济规模的扩张。

其次，产业的高质量发展需要相应发挥“高质量指挥棒”的作用。中国产业转向高质量发展需要顶层设计和整体推进，在我国中央—地方特殊的推动产业发展体系中，指标体系的“导向性”作用显得尤为重要。按照产业高质量发展内涵和理念，需要系统建立、推动产业高质量发展的指标体系、政策体系、质量体系、统计体系、绩效评价和政绩考核体系。体现创新发展、协调发展、绿色发展、开放发展、共享发展等方面产业发展导向作用，各方面坚持质量第一、效益优先的原则，突出产业创新驱动、人才集聚、开放水平、环境质量改善等，并根据区域特点设置差异化指标。其中，积极构建以计量、标准、认证认可、检验检测为核心的质量技术体系，实施质量技术基础提质工程，提高质量标准的国际化、市场化水平。适应产业发展中新技术、新产业、新业态、新模式趋势，完善统计分类，利用大数据作为补充，全面准确体现产业高质量发展情况。并以此作为产业发展绩效评价和政绩考核的标准，重点体现体制机制建设的成效。

第三，产业高质量发展需要产业政策向包容、精准、动态方面转型。在中国，产业高质量的发展需要优化产业政策，与竞争政策协同发挥保障作用。顺应产业发展趋势，构建更加包容、竞争、动态的产业政策。产业政策制定整体上应具有包容和功能性的特征，主要弥补市场失灵领域。同时，产业政策的制定需要着眼于推动产业结构优化、创新、可持续发展。主要着力于产业的薄弱环节、国家未来必争领域、市场竞争环境的塑造等。做好产业政策的动态评估，清理不合时宜的产业政策。而且，需要创新产业跨界治理体制机制，产业的跨界会涉及不同产业、技术领域的交叉，针对政府部门各自为政的问题，需要通过机构合并、职能整合、信息共享、监管共认等方式，创新大部制、部门间联席会议制度、工作领导小组等创新机制，并利用大数据、智能化技术等优化监管手段，实现政府监管“无缝对接”，形成多部门联动的常态化。

第四，重构和优化中国产业高质量发展的地方竞争机制。地方竞争是中国经济保持长时期高速增长的重要动力之一。在转向高质量发展阶段的过程中依然是发挥大国优势的重要机制，但需要与时俱进地改革、创新、提升。对于中国而言，也不可能在短时间内所有的地区同时实现这一转变，有效推动产业高质量发展要靠市场经济第一线的探索、试错、比较、竞争，在中国，地方政府是产业要素平台的搭建者，是产业竞争发展的推动者，也是发挥大国优势的基础。推动与高质量发展相适应的地方竞争机制，首先需要调整指挥棒，构建能充分反映地方产业高质量发展的体系，其中的核心主要包括目标、评价、考核以及激励机制的优化与完善。同时，地方竞争的主要方式和手段也需要相应调整，包括重点突出促进产业转型升级营商环境的竞争、创新环境的竞争等。在产业高质量发展的大方向下，允许地方有较大“自选动作”空间，充分尊重地方发展的战略与特色，并且有个性、有错位、有差异，允许试错纠错，打造形成若干有影响力和带动力的典型样板区域、产业与企业，在竞争中发现和推广好的做法、模式和政策。

余典范

第 1 章　制造业高质量发展的内涵、特征与指标体系

本章提要：

推动制造业高质量发展是新时代实现中国经济高质量发展的必然要求，也是建设社会主义现代化强国的必由之路。虽然我国制造业已经具有了较为雄厚的规模优势，但发展质量与发达国家相比依然存在较大差距。在此背景下，构建一套适合我国国情的制造业高质量发展水平的指标体系，有助于准确发现制造业发展过程中出现的问题和挑战，分析制造业发展短板和未来发展定位，进一步厘清推进制造业高质量发展的基本思路，并在此基础上有针对性地采取务实举措，来有效地指导各地政府推进现代化产业体系建设，因此进行这方面的研究具有非常重要的意义。

制造业是实体经济的主体，对我国经济和世界经济的发展都起到了决定性作用，制造业高质量发展是实现经济高质量发展的关键环节。本章通过对经济高质量发展的理论内涵和基本特征的描述，从支撑体系、关键环节和着力点三方面构建了我国制造业高质量发展体系。根据以往研究文献和国内相关机构发布的关于经济发展质量指标评价体系的梳理，进一步构建了涵盖速度效益、结构优化、要素使用效率、创新驱动、融合发展、品质品牌和绿色制造七个指标的评价体系。并在此基础上，采用主观和客观两种赋权法确定

指标权重，给出我国制造业质量发展指数的测算公式。根据制造业发展质量指标体系的测算，将全国31个省、自治区、直辖市划分为引领发展、均衡发展、转型发展、追赶发展四类地区并作出评价。

1.1 制造业高质量发展的科学内涵和特征

习近平总书记在十九届中共中央政治局第三次集体学习时强调，国家强，经济体系必须强；要大力发展实体经济，筑牢现代化经济体系的坚实基础；深化供给侧结构性改革，加快发展先进制造业。

以制造业为核心的实体经济是一国经济的立身之本，是财富创造的根本源泉，是国家强盛的重要支柱，始终在国民经济发展中占据着举足轻重的地位。因此，制造业发展质量提升，是推动中国经济迈向高质量发展的重要任务，是实施质量强国战略的应有之义。

制造业是实体经济的主体，是经济高质量发展的关键和动力。2018年年底中央经济工作会议把推动制造业高质量发展放在了2019年要重点抓好的工作第一位，并强调要推动先进制造业和现代服务业融合，坚定不移建设制造强国。这就进一步明确了新时代我国制造业发展的历史任务，为当前和今后一个时期我国制造业发展指明了方向。

1.1.1 高质量发展的理论内涵

质量第一和效率优先是经济高质量发展的核心内容，其背后蕴含着深刻的理论内涵。经济发展质量的评判标准已经不再是以前更多使用的“效益”这一单一指标。随着西方经济学理论的发展和深化，经济发展质量的决定因素从经济增长理论提出的，技术进步是经济全要素增长率提高的决定性因素，逐步扩大到了制度体系、社会环境、资源环境等诸多方面。经济发展质量的评价体系越来越丰富、多维、立体。

党中央对中国经济高质量发展的解释：所谓高质量发展，是能够很好地满足人民日益增长的美好生活需要的发展，是体现新发展理念的发展。①这

① 《人民日报思想纵横：把握高质量发展的要义》,《人民日报》2018年11月9日07版。

一精准务实的论断，已经归纳出中国经济高质量发展的目标和手段。用经济学的专有术语来表达，就是以高效率的生产方式为全社会持续、稳定和公平地提供高质量的产品和服务，从具体经济形态上看，就是一个融合生产高效率、供给高质量、经济发展高稳定性和需求高品质等诸多方面，概括起来就是一个经济发展的高质量供需体系。从内涵上看，高质量的发展具体应该包括以下几方面的内容：

一是生产高效率。经济体系效率高低的判断可以从静态和动态两个角度分析。从静态上看，经济体系的效率体现在生产方式是否实现了技术效率和经济效益的统一。技术效率是经济全要素生产率提高的决定因素，在生产要素约束条件下的生产可能性边界上，高质量的经济发展必然要求在生产过程中集约、高效地使用现有生产要素，最大程度地实现经济发展潜力，在资源永远稀缺的假设前提下，使人类生产过程中投入的土地、资本、劳动力等各类要素实现更高的产出水平。而经济效益是从要素配置效率的角度来反映生产要素的配置和组合的合理程度，也是决定全要素生产率的高低的重要标准。经济高质量发展要求要素在生产过程中的合理配置，在既定的科技水平下，通过要素配置效率的提高，使各类生产要素边际产量实现最高水平，边际报酬达到最高。从动态角度看，供给体系的效率还体现在经济发展的动力是否持续、稳定。经济增长动力从依靠要素投入数量的增长转向依靠全要素生产率的提升，并且要求这种经济增长动力的转换是持续稳定的。从这个角度看，经济增长动能转换过程同时也是产出供给效率提升的过程。

二是供给高质量。一个完整的生产过程包括三个环节，分别是要素投入、中间产品投入和最终产出，这三个生产环节相互联系，紧密相关。要素投入质量，是通过生产过程中投入的土地、资本、劳动力、技术和自然资源等生产要素质量来反映的。具体表现是生产资料的数据化、自动化、信息化程度高，劳动力素质不断提升、投入的自然资源更加环保绿色，科学技术不断进步。中间产品的投入质量是通过生产过程中投入的中间产品质量来反映的，比如零部件的投入质量和精度是否能够更好地满足生产的需要。这要求产业结构合理，并处于不断优化升级的过程中，产业分工和产业化水平不断提高，能够形成一个相互支撑、有效协同的供应链体系。另外，最终产出的质量也是经济高质量发展内涵的重要组成部分之一。最终产出质量是通过产出的产品和服务的质量来反映的，具体来说就是社会生产所提高的产品能够满足消费者不断升级的高品质需求，能够更好地满足人民对日益增长的对美好生活的需要。归根结底，供给体系质量高具体表现在产出的产品和服务质量高、性能高，产业结构更加合理、高级。

三是经济发展高稳定性。经济高质量发展还表现在能够保持一个高水平的稳定状态，这个状态体现在两个方面：一是从时间上看，短期的经济发展能够始终平稳运行在一个合理的区间，长期的经济发展表现为产出的持续性更强，经济波动趋于平缓；二是从空间上看，经济体系的平稳还要体现在地域空间上的协调发展，全体人民能够共享经济发展的红利，给予社会成员公平的发展机会。同时，还要与社会环境、自然环境保持和谐共生，合理有效利用能源资源和生态环境，使经济保持长期可持续发展。总之，经济发展的高稳定性就是实现经济运行保持平稳、重大经济风险可控制、资源环境可持续、全民共享发展成果的一个均衡状态。

四是高品质的需求。需求的高品质主要体现在供需实现更高水平的均衡，释放被抑制的需求，进而带动供给端升级。具体表现在，就业质量和居民收入水平提高所带来的对产品和服务更高品质的需要，比如养老、医疗、娱乐、教育等所带来的需求升级。

综上所述，生产的效率、供给的质量、发展的稳定性和需求的品质是经济高质量发展的核心组件。只有这些特征同时存在，彼此之间相互支持而不是相互冲突，才能称之为高质量的经济发展。

1.1.2　高质量发展：基本特征描述

经济高质量发展的基本特征是与过去传统高速发展比较而得出来的。通过比较可以发现高质量发展具备以下几个方面的特征：

一是高质量发展的评价标准是多维的。高速发展的评价标准比较单一，产出数量的有无和多少是其评价的主要指标。而高质量发展就比较多维，评判标准也存在很多主观因素，很难量化其具体指标，因此变得更加复杂。正是质量评价标准存在多维性和主观性，怎样将社会中无数成员不同的个人偏好加总求和而得到社会总偏好将是经济学研究中一个非常重要的难题。

二是高质量发展提出的经济背景是产出过剩。在资源短期的历史背景下，经济政策的主要目标是怎样快速提高产能、增加产量，尽快解决社会成员的基本生活需要问题。而进入高质量发展阶段，经济背景已经从产出的短缺演变成产出过剩。此时，从需求结构的变化来看，人们需求水平迅速上升，已经从对物质文化的需求迅速上升成为对美好生活的需求。除了对物质生活的需求变成更好而不是更多之外，对服务的需求也增长得更快。但从供给侧的变化看，我国社会发展的主要问题已经从过去落后的社会生产能力转变为发展不平衡不充分的问题，产品供给已经从总量的问题转化为结构问题。宏观经济政策也不再是解决多少的问题，而是解决好或坏、满意或不满意、结构失衡和质量问题。

三是高质量发展的实现手段是市场。在高速发展阶段，由于生产力的低下和市场规模的狭小，使得决策者掌握市场信息比较容易，成本也较低，这时计划手段是效率较高配置资源的方式，因此在高速度发展阶段，政府作用的范围和领域都比较大。而进入高质量发展阶段，随着经济水平的不断发展和科学技术的进步，一方面，与美好生活需求相对应的市场和非市场的范围与规模不断扩大；另一方面，需求结构也呈现出多样性和多变性。这时对政府来说，获取和处理信息的成本都变得非常高，在信息技术不断发展，市场和法律制度逐渐发展完备的背景下，实行信息的分散收集和处理，让市场充分发挥作用，进行内生调节已经变成资源配置的最佳方式。

四是高质量发展的实现过程是渐进性、系统性的。根据国外经验，高质量发展明显具备阶段性特征。随着经济发展阶段的转变，与发展质量有关的产品和服务质量、技术效率和经济效益、经济增长动力转换、环境质量、收入分配等方面在一定时期内都会发生变化。主要表现为：资本、劳动力等生产要素的投入质量，产出产品的质量，劳动生产率，工业增加值都得到了极大的提高，经济发展动力由要素驱动向效率驱动、创新驱动转变，产业结构不断升级。应当指出，这些趋势变化并非自发发生的，它们既是客观规律的体现，又是合理的制度发挥作用的结果。

总的来说，高质量的经济发展呈现了渐进性和系统性两个方面的特征。

从渐进性上看，高质量经济发展是一个不断变化、逐步演进的过程，这也是一个由小变大、从量变到质变的过程。产出质量的提高通常是从微观要素质量的提高开始的，经济增长的动力由要素驱动转向效率驱动和创新驱动。同时，微观要素利用效率和全要素生产率不断提高，为提高产出质量奠定了基础，高质量的逐步发展也是需求水平逐步提升的结果。从系统性上看，高质量发展是一个全面系统的变革过程。在这一发展过程中，供需双方、投入产出、微观和宏观等方面都发生了系统性的变化，这不仅包括供给侧产业结构的优化，同时也包括需求侧消费的升级和转移。它既是生产投入的人力资本和中间产品质量的提高，也是产出侧的产品质量和绩效的提高。我们需要看到的是，高质量发展是一个螺旋上升的过程，数量积累到一定阶段，必然转向质量提高，这既是客观必然规律，也是政策攻坚克难、主动出击的结果。

1.1.3 经济高质量发展的重点是制造业高质量发展

一个国家和地区实现工业化与现代化的主导力量是制造业高质量发展，这也是国家综合实力和国际竞争力的体现。为适应我国工业化发展新阶段的需要，就必须加快提高制造业发展质量。根据产业经济理论，我国产业发展经济进入工业化后期，如何跨越工业化后期可能出现的发展瓶颈制，是实现未来经济高质量发展的重要环节。近年来，我国制造业发展面临着一系列突出的矛盾，如产能过剩、供需失衡、新旧动能转换缓慢等问题，导致发展速度出现回落。这说明原有以规模、数量、速度为主要特征的经济增长模式，已难以适应经济发展新常态的要求。正如习近平总书记在2014年6月的中国科学院第十七次院士大会，中国工程院第十二次院士大会上所指出的，“我国经济规模很大、但依然大而不强，我国经济增速很快、但依然快而不优。主要依靠资源等要素投入推动经济增长和规模扩张的粗放型发展方式是不可持续的”。妥善解决面临的发展问题，最根本的是要坚持质量第一、效益优先，转变发展方式，推进结构调整，推动质量变革、效率变革、动力变革，走制造业高质量发展道路。

第一，现代化经济体系建设着力点是发展制造业。建设现代化经济体系必须把着力点放在发展实体经济上，发展实体经济一定要抓好制造业。

目前，我国制造业已经颇具规模，制造业产值占国内生产总值的比重接近30%，已经成为推动国民经济增长的主导力量。制造业具有价值链长、带动力大和关联性强的特点，可以为农业和服务业提供原材料、设备和技术保障，在很大程度上决定着现代农业和服务业的发展水平。并且，制造业通常还是国民经济中生产效率最高、提升速度最快的部门，要提高经济发展的整体效率和效益，离不开制造业的引导和支持。没有高质量的制造业，很难提高供应体系的质量，也就没有整个经济发展的高质量。国际经验也表明，经济发展质量高的国家和地区往往拥有更具竞争力的制造业，这也是发达国家常被称为工业化国家的原因。因此，构建现代经济体系，核心是促进经济高质量发展，实现的关键在于制造业。

第二，国际产业竞争博弈的焦点在制造业。当前，制造业国际竞争格局发生了深刻变化。发达国家积极实施“再工业化”战略，加强先进制造业的前瞻性布局，抢占未来产业竞争制高点。2019 年 2 月，德国发布《国家工业战略 2030》，强调要坚持以制造业为基础的发展模式，提出将制造业增加值比重从 23% 提高到 25%。美国政府 2018 年 10 月 5 日发布了《美国先进制造业领导力战略》等政策文件，提出了以人工智能、先进制造、量子技术和 5G 技术等关键领域为重点提高领域。与此同时，一些发展中国家也在积极利用廉价劳动力的优势承接国际产业的转移。从我国的实际情况看，制造业经过多年的快速发展，产品“有没有”的问题已经基本解决，“好不好”的问题日益显现，主要表现为低端产品过剩、高端产品不足、产品和供需不匹配等方面。无论是参与国际竞争，还是适应国内消费升级，都要求制造业加快向高质量发展转变。

第三，经济深层次结构性矛盾集中在制造业。目前，制约我国经济发展的因素主要是结构性的，矛盾的主要方面是供给侧。必须把改善供给侧结构作为经济发展的主攻方向。制造业是各类资源要素最集中的地区，是供给侧结构性改革的主战场。近年来，我国制造业产值占国内生产总值的比重出现了过早快速下降的迹象。分析其原因，主要是由三大结构性矛盾引起的。首先，制造业存在供需结构性失衡。一些行业产能严重过剩，同时，大量关键设备、核心技术和高端产品仍依赖进口，它们经常受到出口国限制甚至“断供”的威胁，制造业的供给体系无法满足和引导消费结构升级；其次，金融与实体经济的失衡，资本配置在一定程度上存在着“脱实向虚”的现象，制造业企业融资难、融资成本突出的问题日益严重。制造业在中国中长期贷款余额中的比重从2013年的11.2%下降到2017年的7.4%；最后，房地产与实体经济失衡，大量资金涌入房地产市场，除了造成资金流动问题以外，也推高了制造业发展成本。要想解决这些结构性矛盾，必须坚持问题导向，在供给方面下功夫，推进体制机制改革创新，提高制造业供给体系质量，促进中国制造向中国创造转型，中国速度向中国质量的转变，中国产品向中国品牌的转变。

1.1.4 制造业高质量发展面临的外部环境和机遇

当前从全球制造业发展现状上看，我国制造业高质量发展所面临的外部环境具备以下几方面的特点：

一是全球制造业仍由高收入国家主导。从20世纪90年代末期开始，二十多年的时间里，虽然高收入国家在全球制造业增加值中的份额有所下降，比如，美国的制造业增加值占全球比重从1994年的27%下降到2015年的17%，① 但高收入国家制造业在增加值份额、就业质量、生产率和出口质量方面仍占据主导地位。值得注意的是，高收入国家的制造业占全球的增加值份额远高于其就业份额。67个国家样本中，2010年高收入国家的制造业份额占69%，就业份额占17%，中低收入国家则相反。例如，中国40%的就业份额创造了18%的增加值份额。

二是全球制造业呈现“相对去工业化”和“绝对工业化”态势。“相对去工业化”是指从就业份额和增加值份额来看，制造业占全球产业部门的比例均呈现下降趋势。“绝对工业化”是指制造业的就业和增加值的绝对量呈现持续增长。同时，大多数国家的制造业就业份额下降快于增加值份额的下降，表明了全球制造业生产率的提高。

三是高、中、低收入国家呈现不同的制造业专业化模式。高收入国家的制造业增加值占国内生产总值的份额均表现为去工业化态势。中高收入国家

① 中国经济报告：《不断变化的全球制造业格局：12个事实》，载东方网 http：//mini.eastday.com/mobile/180422154458676.html。

表现出“雁行理论”[①]特征，即从劳动密集型产品类升级到高技能制成品类，但中国例外，仍然处于劳动密集型产业阶段。[②]而低收入国家中，只有个别国家在劳动密集型贸易类和商品加工类制造业具有比较优势。

但同时我们也应该看到，在复杂多变的外部环境下，我国发展制造业面临着发展机遇。一是交易规模小和自动化程度低的制造业，如食品加工、木制品和纸制品、基础金属、非金属矿产品、焦炭和精炼石油以及化工产品等以大宗商品为基础的制造业部门；二是将低工资成本与良好的商业环境结合起来的领域，如大规模高自动化程度的纺织品、服装和鞋类等制造业部门中保持劳动密集型生产的成本效益；三是面向国内或区域市场的制造业部门。此外，服务嵌入制造业也是发展中国家可利用的重要领域。当前，全球制成品出口总值的三分之一来自服务的增值。

1.2　中国制造业高质量发展体系的构建

对于经济增长质量，特别是制造业增长质量，学术界还没有形成一个被广泛接受的分析框架。下面我们试图从制造业高质量发展的支撑体系、关键环节和主要着力点三个角度来理解和认识对制造业增长的质量。

1.2.1　制造业高质量发展的支撑体系

改革开放 40 多年来，中国建立了完整、独立、齐全的工业体系，成为世界上唯一一个拥有联合国产业分类中全部工业门类的国家，尤其是以制造业为核心的产业体系，当前已经具备了全球瞩目的规模优势。规模虽然庞大，但从质量上看，中国制造业发展与德国、日本、美国等世界先进制造大国仍然存在明显差距。

---

① 雁行理论于 1935 年由日本学者赤松要提出，指某一产业在不同国家伴随着产业转移先后兴盛衰退，以及在其中一国中不同产业先后兴盛衰退的过程。

② 中国经济报告将制造业分为五个类别：第一类：高技能全球创新类，包括计算机，电子和光学仪器以及医药产品。第二类：中等技能的全球创新类，包括运输设备，电气设备和其他机械设备。第三类：资本密集型加工类，包括化工产品和精炼石油产品。第四类：商品加工类，包括食品加工，木制品，纸制品，碱性金属，金属制品，非金属矿产品，橡胶和塑料制品。第五类：低技术劳动密集型贸易类，包括纺织品，服装和皮革制品以及家具和制造业。

一个大国必须有完整的工业体系，一个强国必须有高质量的制造体系。因此，我国应该以“新发展理念”为统领，构建高质量的制造业体系，加快推动从制造大国向制造强国转变。基于对经济高质量发展的认识，应从以下四个体系的构建来推动我国制造业高质量的发展：

一是制造业科技创新体系的构建。科技创新是推动制造业高质量发展的首要动力。但能够支撑我国制造业高质量发展的创新生态系统并未形成，科技创新体系有待进一步完善。如何实现科技创新体系的构建呢？首先，要加强科学技术的基础研究和应用研究，以及对这两种研究的对接和耦合，全程跟踪和攻克世界科技创新前沿问题，夯实适合我国国情的现代科技创新基础，制造业高质量发展也要求我们必须攻克存在“卡脖子”的关键技术；其次，要充分发挥市场在资源配置中起到的决定性作用，赋予各级科技成果转化载体权利，提高科技成果的准入门槛，提高科技成果转化效率，注重科技成果转化的实际效果，加强关键共性技术供给；再次，加快科技体制的改革，积极形成科技创新“GDP”考核体系，推动科技创新工作由虚转实，并将科技创新成果由数量型向质量型转化，同时促进“政产学研用”协同创新，更好地发挥政府的作用；复次，增强企业科学技术创新能力，强化、扩大和实现科学技术创新风险基金，鼓励企业发挥科学技术创新主体作用，围绕产业链布局创新链，围绕创新链配置资金链，加大研发投入，使企业真正成为技术创新的源泉；最后，要积极推进国家级实验室的布局，构建国家重点实验室体系，发挥其能够集中力量办大事的优势，聚焦当前制造业核心技术集中发力，引领原创成果实现重大突破。

二是制造业人才支撑体系。推动制造业高质量发展，科学技术的创新是核心，而实现的关键是人才队伍。为适应制造业高质量发展的要求，应积极优化人才队伍的结构。首先，要着力激发企业家创新精神、科学精神和工匠精神，选择多领域、多层次的制造业人才模式，推动全社会创业创新，营造良好的文化氛围，为科技创新人才的发展创造良好环境；其次，大力培养、吸引、聚集和利用人才，争取形成一批具有国际视野的企业家和一批掌握国际前沿技术的科学家（工程师）、具有专业化学科知识和跨学科结合的高层次人才队伍；再次，深化技能型人才培养模式，积极发展职业教育，推进现代学徒制度，打造一批以一线实践能力为导向，同时掌握先进制造技术的应用型人才和产业工人；最后，完善制造业人才保障机制，健全技能型人才培养、使用和管理机制，提高技能型人才的社会地位和经济待遇，形成高、中、低梯度规模，结构合理的制造业人才支撑体系。

三是现代服务型制造体系的构建。现代服务型制造体系是推动制造业高质量发展的软引擎。当前我国很多企业仍停留在传统的制造业阶段，依然满足于当前阶段的生产、加工和销售，只单纯追求产品销售所产生的利润，忽视了附加值更高的生产前置专利价值和生产后置解决方案的“服务价值”，造成制造业和服务业的脱钩。国际发展经验表明，现代制造业的高质量发展不仅需要现代制造业的“硬件”支撑，更需要现代服务业的“软件”发力。现代服务型制造体系的构建主要从以下几个方面着手：首先，要延伸布局，也就是要促进价值链从制造业向服务业的纵向和横向两个方面延伸布局，推动制造业向现代高附加值服务型制造业转型；其次，要高度融合，也就是要借助互联网、大数据、人工智能等现代信息技术，深入开发产品前置专利价值和生产后置的“服务价值”，提高现代服务型制造的水平；最后，精细精准，也就是完善企业现代服务业价值链的精细程度，为客户提供更精准的服务。

四是制造业制度环境体系的构建。推动制造业高质量发展，需要积极有序，有活力的制造业制度环境体系的支撑。当前，我国制造业的制度环境还无法满足制造业高质量发展的要求。要想营造一个有效的制度环境体系，需要从以下几个方面着手：首先，要推动改革开放，优化制造业企业的结构，制定企业退出实施办法，积极稳妥地推进优胜劣汰制度环境，在保证产业体系完整的前提下，加快处置“僵尸企业”；同时，加大改革开放的力度，做到充分利用内部、外部市场和资源，营造包容外资的制度环境，积极参与全球制造业竞争，以推进“一带一路”建设为契机，积极参与“一带一路”沿线国家关于制造业人才培训、基地和工业园区的建设与管理，大力推进制造业产能、技术创新的国际合作，拓展我国制造业发展的国际空间；消除国际贸易壁垒，积极主动推进人民币国际化，支持人民币跨境支付业务，加强制造业企业的法律观念，强化知识产权保护，引导制造业企业积极遵守国际法，实现依法参与国际公平公正的竞争；其次，引导金融资本投资更加向实体经济倾斜，尤其是制造业发展中存在的科技创新薄弱领域，积极解决更具有经济活力的民营企业和中小企业融资难的现实问题，激发微观主体的经济活力；最后，要加快构建制造业发展政策的协同机制，防止服务政策呈现“碎片化”的趋势，积极形成良好的发展全局合力。在宏观调控和经济运行管理上，转变观念和管理模式，深化供给侧结构性改革，构建有效发挥市场机制作用和宏观调控有度的经济管理体制，把提高发展质量和效益作为各项政策的出发点和落脚点，进一步激发微观主体的活力和创造力，提高实体经济的竞争力。

1.2.2 制造业高质量发展的关键环节

首先，产品质量的监管是促进制造业质量提升的重要基础。应当认识到，由于信息不对称等原因，单纯依靠市场机制来促进企业基于产品质量自发地参与市场竞争，很可能只是一种理论设想，在现实中却很难实现。因此，在提高制造业发展质量的过程中，既要使市场在资源配置中起决定性作用，又要更好地发挥政府的作用。监管部门要与时俱进，在加强质量监管的同时，提高工业企业的生产管理水平，特别是质量标准和技术标准。通过加强标准制定和监管，防止“劣币驱逐良币”现象的发生，保证市场公平竞争。可以使用产品抽查合格率这一指标来衡量质量监管对制造业质量的影响。

其次，市场竞争特别是国际市场竞争是衡量制造业发展质量的重要标尺。作为实体经济部门，制造业的产品都是可交易的商品。因此，一个经济体的制造业供给质量如何，其中一项重要指标是看其制成品平均出口单价在同类经济体中的排名。这背后的机制应该从质量管理权威专家Garvin（1984）阐述的产品质量内涵发展而来。Garvin认为，在相同的产品数量下，所有能够提高消费者效率水平的特征都是产品质量的特征。在国际市场竞争中，消费者（买方）支付的价格与其效用水平明显正相关。因此，可以说，制造业产品平均出口单价是衡量一个经济体制造业供给体系质量的重要指标。

最后，增加值率、单位增加值能耗及污染物排放量是从正反两面反映制造业发展质量的代表性指标。从整体上评价制造业发展质量，既可以采用多指标法，也可以采用单指标法。其中，多指标法实际上就是对影响制造业发展的各种因素进行综合集成分析，具体包括多指标增长质量指数、可持续发展指数等。这类测度方法几乎用尽了多元统计分析、面板数据模型、CGE 模型、VAR 模型、系统动力学等各种数量分析方法。例如，罗文、徐光瑞（2013）从速度效益、结构调整、技术创新、资源环境、两化融合、人力资源等多个方面综合评价了中国工业发展质量。多指标综合评价法的不足在于，评估指标体系的选择基本上是基于评估者的主观偏好，所以尽管不同评估者都可以计算出制造业发展质量的综合评估指数，但很难形成客观的、得到普遍接受的评估结果。与多指标综合评估法相比，单指标法具有客观、操作性强的优点。目前，用于评价经济增长质量的单指标法，主要是全要素生产率法和增加值率法。其中，全要素生产率法已成为评价中国经济增长质量最流行的指标。但全要素生产率法依然会受到评估者所设定的生产函数形式等因素的影响，并且郑玉歆（2007）、林毅夫和任若恩（2007）均指出采用全要素生产率来衡量中国经济增长质量存在一定的局限性。近年来，增加值率在评价发展质量方面的优点逐渐为研究界和政策制定者所接受。国务院印发的《工业转型升级规划（2011—2015 年）》首次将“工业增加值率”指标作为实际监测指标，而国务院印发的《中国制造 2025》进一步提出了制造业增加值率的发展目标。

1.2.3　制造业高质量发展的着力点

实现制造业高质量发展，加快制造业由大到强的转变跃升，可从以下几个方面着力：

一是着力增强制造业技术创新能力。我国制造业在核心技术、关键产品、重大技术装备等方面存在诸多瓶颈短板，经济全要素生产率与发达国家的平均水平相比，要低 10 个百分点以上。习近平总书记指出，核心技术是国之重器，当今世界，谁牵住了科技创新这个“牛鼻子”，谁走好了科技创新这步先手棋，谁就能占领先机、赢得优势。增强制造业技术创新能力，要重点解决三个方面问题：首先，解决科学技术和产业发展“两张皮”的问题，进一步深化科学技术体制改革，围绕产业链来部署创新链，推进“政产学研”协同创新，稳步提高科学技术创新对产业发展的支撑能力；其次，强化关键共性技术供给，建设一批制造业创新中心，构建开放、协同、高效的共性技术研发平台，跨越基础研究到产业化之间的“死亡之谷”，加快科技成果转化为现实生产力；最后，健全以企业为主体的产学研一体化创新机制，探索“揭榜挂帅”等新机制，鼓励企业牵头组建创新联合体，承担重大科技项目和重大工程任务，加快突破关键核心技术。

二是着力推动先进制造业和现代服务业融合发展。融合是现代产业发展的显著特征和重要趋势，也是推动制造业高质量发展的有效途径。当前，全球产业发展的一个突出特点是专业分工和产业融合并行共进，新一代信息技术与制造业的深度融合推动制造业模式和企业形态根本性变革，全球经济正加速向以融合为特征的数字经济、智能经济转型。2018 年我国数字经济总量达到 31.3 万亿元，数字经济发展对国内生产总值增长的贡献率达到 67.9%。① 党的十九大报告强调，加快发展先进制造业，推动互联网、大数据、人工智能和实体经济深度融合。要统筹新型基础设施、新型通用技术、新业态新模式和新型监管方式，加快建设 5G、工业互联网等新型智能基础设施，强化大数据、人工智能等新型通用技术的引领带动作用，培育发展网络化协同研发制造、大规模个性化定制、云制造等智能制造新业态新模式，构建友好监管环境，提高先进制造业与现代服务业融合发展水平。

三是着力加快制造业结构优化升级。优化结构是适应生产要素条件变化、推动制造业高质量发展的关键所在。习近平总书记强调，把经济发展抓好，关键还是转方式、调结构，推动产业结构加快由中低端向中高端迈进。推动制造业结构优化升级，要坚持两手抓，一手抓传统产业改造升级，一手抓新兴产业培育，加快制造业向高端、智能、绿色、服务方向转型升级，推动新旧动能接续转换。要纠正认识偏差，不能把新动能简单理解为就是培育发展新兴产业，运用新技术新业态新模式改造提升传统产业也是新动能。我国制造业中传统产业占比超过 80%，改造提升传统产业具有巨大潜力和市场空间。要坚持深化供给侧结构性改革不动摇，加快处置“僵尸企业”，实施

① 《2018 年中国数字经济市场总结：总量占 GDP 比重 34.8%　内部结构持续优化》，载腾讯网 https：//new.qq.com/omn/20190426/20190426A048M7.html。

新一轮重大技术改造升级工程，大力培育发展新能源汽车、新材料、人工智能等新兴产业，打造一批世界级先进制造业集群，保持好全球最完整的产业体系，不断提升产业链水平。

四是着力推进企业优胜劣汰。制造业要强，企业必须强。拥有一批世界领先的优质企业，是发达国家的重要标志，也是我国制造业高质量发展的迫切要求。培育优质企业，关键是要按照一视同仁、平等对待的原则，让各类企业在公平竞争中实现优胜劣汰。要强化竞争政策的基础性地位，促进正向激励，营造公平开放透明的市场规则和法治化营商环境。深化国有企业改革，鼓励和支持社会资本参与制造业领域国有企业改制重组，通过改革增强国有企业内生动力和活力。全面落实习近平总书记在民营企业座谈会上提出的六条政策举措，持续优化民营企业发展环境，建立新型政商关系，在市场准入、审批许可、经营运行、招投标、军民融合等方面为民营企业创造公平竞争环境。促进大中小企业融通发展，提升大企业综合竞争力和劳动生产率，培育一批具有国际竞争力的世界一流制造企业；发挥中小企业作用，支持更多“专精特新”中小企业和单项冠军企业成长壮大。

五是着力健全人才资源支撑体系。人才是推动制造业高质量发展的重要支撑。习近平总书记强调，人才是第一资源。当前，我国制造业人才队伍在总量和结构上都难以适应制造业高质量发展的要求。从总量上看，新兴产业领域、跨学科前沿领域人才缺口大；从结构上看，创新型、高技能等高素质人才占比明显偏低，既懂制造技术又懂信息技术的复合型人才更是紧缺。据统计，目前我国高技能人才占就业人员的比重只有 6% 左右，而发达国家普遍高于 35%。要深化教育改革，推动人才需求缺口较大领域的“新工科”和新型交叉学科建设。深化人才培养方式改革，推进校企合作和产教融合，推广现代学徒制，强化以实践能力为导向的应用型人才培养。大力发展职业教育，支持企业开展技能人才培训，完善技能认证体系，提高技能人才的社会地位和经济待遇，拓展技能人才职业发展通道，弘扬工匠精神，努力培养大国工匠。

六是着力扩大制造业开放。开放是促进企业提升国际竞争力的必然要求。世界一流企业无一不是在全球激烈竞争中通过优胜劣汰形成的。尽管当前国际上保护主义、单边主义抬头，但经济全球化和产业国际分工协作是不可逆转的大趋势。进一步扩大开放，将为我国制造业开辟出更为广阔的发展空间，让制造业高质量发展的路子走得更快更好。推动制造业高质量发展，必须抓紧落实中央关于进一步扩大对外开放的重大决策部署，全面推行准入前国民待遇加负面清单管理制度，落实船舶、飞机、汽车等行业开放政策，吸引更多的外国企业来中国发展，对内外资企业一视同仁，以高水平开放推动制造业高质量发展。

七是着力营造有利于制造业高质量发展的良好环境。加快构建制造业高质量发展的指标体系、政策体系、质量体系、统计体系、绩效评价和政绩考核办法，引导各地区各部门在优化制造业高质量发展环境上下功夫。持续深化“放管服”改革，全面放开一般制造业投资项目审批，加快改革工业产品许可证制度，清理行政垄断和地方保护的各种做法和规定，优化环保、消防、税务、市场监管等执法方式，最大限度降低制度性交易成本。深化要素价格、投融资、财税、金融等重点领域体制改革，落实好更大规模减税降费的各项措施。改革完善金融支持机制，健全多层次资本市场，提高直接融资比重，发挥政策性金融、开发性金融和商业性金融的协同作用，加大对先进制造业的融资支持。推动产业政策从差异化、选择性向普惠化、功能性转变，为制造业高质量发展创造良好的政策环境。

1.3 中国制造业高质量发展指标体系的构建

建立高质量发展评价指标体系是高质量发展的制度和政策环境的一部分，主要起到指挥和检验的作用。评价指标是对发展结果的客观反映，建立高质量发展评价指标体系是为了改变过去单一追求国内生产总值的倾向，用于检验发展方式是否转变，在一定程度上起到指挥棒的作用。

梳理近几年国内权威机构和专家学者对高质量发展评价的相关提法，初步构建了我国制造业高质量发展指标体系。在我国推进新时代制造业高质量发展的背景下，研究构建一套评价各省市制造业高质量发展水平的指标体系，能有效指导各地政府推进改革，引导各地政府更加重视质量效益的考核，使各地更加明确本地制造业发展短板和未来发展定位，为加快推进制造业高质量发展奠定基础。

1.3.1　指标体系的相关研究

对于高质量的发展评价，国内有关部门和专家学者从不同的角度，构建了多维度的评价体系。如何评价和衡量制造业发展的质量，一直是职能部门和科学研究人员关注的热点问题。国家统计局在创新、绿色、新动能等方面发布了较为完善的指标体系。国内专家学者也从创新、效益、效率、质量、结构等方面提出了很多评价指标。但是，现有的研究主要是针对整个经济社会的高质量发展，只有一部分指标是针对制造业的，从中我们依然可以得到一些启示，这对于我们选择制造业高质量发展评价指标，构建指标体系仍具有重要意义。

国家统计局近几年陆续发布了多个指标体系，如 2013 年以来定期发布的《中国创新指数研究报告》，构建了包括创新环境、创新投入、创新产出、创新成效四个领域 20 个指标的评价体系。国家统计局还定期发布《中国绿色发展指数报告》，包括经济增长绿化度、资源环境承载潜力、政府支持力度三方面的一级指标，省级层面下设 9 个二级指标和 62 个三级指标，城市层面下设 9 个二级指标和 45 个三级指标。2017 年，国家统计局还构建了新动能指数，涵盖知识能力、创新驱动、经济活力、数字经济、转型升级、发展成效六大方面。此外，浙江省为考核企业亩均产出，构建了“亩均论英雄”指标体系，包括亩均产出、亩均税收、单位能耗、单位排放、研发经费、全员劳动生产率等指标。

近几年来，国内专家学者对高质量发展的评价也进行了热烈讨论。国家统计局中国经济景气监测中心副主任潘建成（2017）提出，要从创新及经济增长新动能（如新兴经济增加值占国内生产总值比重）、效率（如全要素生产率）、产品质量（如中高端产品占比）、社会资源的充分利用（如单位国内生产总值能耗、产能利用率）四个维度来评判经济发展质量。他还提出要构建发展平衡充分指数，动态监测区域发展、产业发展、投资、消费等方面不平衡不充分发展问题的改善进程。上海交通大学高级金融学院教授朱启贵（2018）提出，高质量发展的指标体系可由动力变革（如科学研究与试验发展人员、科学研究与试验发展经费、科技成果转化率）、产业升级（如信息化指数、战略性新兴产业占比）、结构优化（如新经济增加值占比、新产品产值占比）、质量变革（如中高端产品占比、中国品牌国际市场占有率）、效率变革（如产能利用率，全要素生产率）、民生发展（如城镇化率）六个方面组成。复旦大学经济学院教授殷醒民（2018）提出，高质量发展的评价可扩展为全要素生产率、科技创新能力、人力资源质量、金融体系效率、市场配置资源机制五个维度。

1.3.2 指标体系的构建原则

制造业高质量发展以供给侧结构性改革为主线，以提升供给体系质量为主攻方向，以产业体系协同发展为基础，以增强制造业创新能力为核心驱动，以工业强基、智能制造、绿色制造为抓手，推动制造业质量变革、效率变革、动力变革。因此，要满足制造业高质量发展要求，必须具备创新能力增强、结构优化升级、效率效益提升、品质品牌提升、融合发展水平提高、绿色制造加快推进等特征。并且要具体以下几个原则：

一是科学性原则。指标体系的建立应遵循客观规律，使评价结果能够尽可能地反映客观实际，应科学准确地反映制造强省的特征和要求，客观反映制造业发展的状态和水平。

二是全面性原则。制造业发展涉及因素较多，包含社会、经济、科技、资源环境、生活等各个方面，这些因素相互联系，共同构成一个有机整体。在建立评价指标体系时，要从多个方面和角度选择最具有代表性的指标。

三是可操作性原则。充分考虑数据资料的可获得性以及指标量化的难易程度，数据资料应该来源于统计年鉴和权威的文献资料，数据可靠。要采取国际认可或国内通行的统计口径，指标含义明确，便于有效测度和评估。

四是可比性原则。充分考虑我国不同地区之间的差异性，设计选择的指标能够用于评测不同地区工业化的发展水平。

在制造业高质量发展的内涵和特征基础上，根据以往相关研究经验，结合我国制造业发展实际构建适合我国状况的高质量发展指标体系，即在遵守科学性、全面性、可操作性、可比性等原则的基础上，构建适用于评价各省市制造业高质量发展水平的指标体系，包含创新驱动、结构优化、速度效益、要素效率、品质品牌、融合发展、绿色制造七大类指标。

1.3.3　指标体系的指标确定

从创新驱动类指标看，当前，我国制造业“大而不强”，主要受创新环境不完善、研发投入不足、创新产出能力不强等制约。因此，必须把创新作为第一动力，从创新环境、创新投入、创新产出三个方面增强创新驱动作用。借鉴国家统计局《中国创新指数研究报告》，最终采用的具体指标包括：体现创新环境的科学技术支出占地方一般公共预算支出比重；体现创新投入的制造业科学研究与试验发展人员投入强度、制造业科学研究与试验发展经费投入强度；体现创新产出的单位科学研究与试验发展经费支出发明专利数、每万名科技活动人员技术市场成交额。

从结构优化类指标看，当前，我国制造业在产业结构、企业结构、产品结构、出口结构等方面均存在发展不平衡不充分问题。产业竞争力提升、大中小企业融通发展、中高端产品供给增加、出口竞争力增强等将成为制造业高质量发展的基础。结构优化类指标要体现产业结构、企业结构、产品结构、出口结构四个方面。最终采用的具体指标包括高技术制造业主营业务收入占比、大中型制造企业主营业务收入占规模以上制造企业比重、工业新产品销售收入占比、高技术制造业出口交货值占制造业出口交货值比重。

从速度效益类指标看，当前，我国规模以上制造业增加值增速整体处于合理区间。未来，制造业稳增长仍将是长期重要目标，制造业增速仍是评价高质量发展的基础指标。另外，企业效益的可持续改善也是高质量发展的关键，实现速度和效益的有机统一，成为制造业高质量发展的基础。效益类指标包括制造企业的盈利能力、生产成本、亏损情况、资产负债情况四个方面。最终采用的速度效益类指标包括规模以上制造业增加值增速、制造企业主营业务收入利润率、制造业每百元主营业务收入中的成本、制造企业亏损深度、制造企业资产负债率五个指标。

从要素效率类指标看，我国制造业发展方式正在发生深刻变革，劳动力、资本、土地等生产要素的贡献率在不断降低，数据、信息、知识等新型生产要素的重要性更加突出。因此，对要素使用效率的评价至关重要。但体现土地利用效率的亩均产出指标、全要素生产率指标分省市数据缺失，体现技术创新效率的指标已在创新驱动类指标中有所体现。因此，最终采用的具体指标包括：体现资本效率的制造业资产回报率、体现能源利用效率的单位工业能耗产出率、体现劳动效率的第二产业全员劳动生产率。

从品质品牌类指标看，当前，我国制造业“品质革命”攻坚战持续推进，并不断取得新进展。但我国消费者抢购海外电饭煲、马桶盖等产品，暴露了我国在产品品质和品牌附加值方面仍较发达国家有很大差距。例如，全球制造商集团编制的2017年《全球制造500强》排行榜中，我国上榜企业76家，低于美国的133家和日本的85家。因此，加强品质品牌建设是当务之急，对品质品牌建设情况进行评价和考核显得更加重要。最终采用反映品质建设情况的指标为产品质量合格率和优等品率，反映品牌建设情况的指标为中国制造业500强各省市企业数占比。

从融合发展类指标看，我国制造业要做大做强，必须深入推进融合发展，其主要体现为两个方面：一是加速推进两化融合，深化制造业与互联网融合发展，提升制造业发展的质量和效益；二是大力推进产融结合，加大金融机构中长期资金对制造业的支持力度。因此，最终采用反映两化融合的指标为工业应用信息化水平和互联网普及率，反映产融结合的指标为本外币工业中长期贷款余额占本外币各项贷款余额比重。

从绿色发展类指标看，我国要实现高质量发展，必须实现工业与资源环境协调发展。借鉴国家统计局《中国绿色发展指数报告》，从资源利用、环境治理、环境质量三个方面构建指标。最终采用的反映绿色发展的指标包括：体现资源利用的单位工业增加值能耗、一般工业固体废物综合利用率；体现环境治理的节能环保支出占地方一般公共预算支出比重；体现环境质量的工业主要污染物排放强度。

表 1.1　制造业高质量发展评价体系

分类指标		编号	具体指标
创新驱动	创新环境	1	科学技术支出占地方一般公共预算支出比重
	创新投入	2	制造业科学研究与试验发展人员投入强度
		3	制造业科学研究与试验发展经费投入强度
	创新产出	4	单位研究与试验发展经费支出发明专利数
		5	每万名科技活动人员技术市场成交额
结构优化	产业结构	6	高技术制造业主营业务收入占比
	企业结构	7	大中型制造企业主营业务收入占规模以上制造企业比重
	产品结构	8	工业新产品销售收入占比
	出口结构	9	高技术制造业出口交货值占制造业出口交货值比重
速度效益	增长速度	10	规模以上制造业增加值增速
	盈利情况	11	制造企业主营业务收入利润率
	生产成本	12	制造业每百元主营业务收入中的成本
	亏损情况	13	制造企业亏损深度
	资产负债情况	14	制造业资产负债率
要素效率	劳动效率	15	第二产业全员劳动生产率
	资本效率	16	制造业资产回报率
	能源效率	17	单位工业能耗产出率
品质品牌	品质	18	产品质量合格率
		19	优等品率
	品牌	20	中国制造业 500 强企业数各省份占比
融合发展	两化融合	21	工业应用信息化水平
		22	互联网普及率
	产融结合	23	本外币工业中长期贷款余额占本外币各项贷款余额比重
绿色发展	资源利用	24	单位工业增加值能耗
		25	一般工业固体废物综合利用率
	环境治理	26	节能环保支出占地方一般公共预算支出比重
	环境质量	27	工业主要污染物排放强度

1.3.4 数据处理及指标测算

一是指标权重的确定。确定衡量制造业高质量发展指标后，应根据不同指标确定合理的权重，以保证评价结果的可靠性与准确性，即使用主客观综合赋权法。其中主观赋权法指相关专家根据各指标关系及内涵，结合自身经验，对不同指标赋予对应的权重。客观赋权法可考虑应用变异系数法。最终取主客观权重的平均值。制造业高质量发展战略指标权重的研究要求：首先要厘清高质量发展阶段制造业发展面临的内外部挑战；其次科学设定体现制造业高质量发展的指标体系，形成正确的发展导向；再次实施路径要坚持问题导向，政策措施要务实可行；最后是加强对典型地区和典型行业的案例分析，提升研究的针对性和有效性。

二是高质量发展指数的计算。为掌握我国不同省份制造业高质量发展情况，一方面，应注重计算横向截面指数和纵向时序指数。计算横向截面指数的具体步骤为：为消除指标间计算单位上的差异和指标数值量级差别的影响，先无量纲化处理各省份对应的指标的原始数据。而后对指标进行加权后进行计算，获得不同年份的截面指数，最终计算出平均值，对比各省份高质量发展状况。计算时序指数时，先对对应指标进行调整，以固定年为基准，加权后进行计算，获得不同年份的时序指数，而后将不同省份指数年平均增速计算出来，对比、分析不同省份高质量发展速度。另一方面，对制造业高质量发展总指数进行计算时，还应注重计算不同省份以下七个指标的分类指数：绿色制造、融合发展、品质品牌、要素效率、速度效益、结构优化、创新驱动。在获得不同省份总指数与分类指数的情况下，按照一定次序进行排名，便可明确地看到不同省份制造业发展中的不足。要求职能部门及相关企业提高认识，明确自身的不足，及时研究，充分利用现有资源，并做好长远的发展规划，寻找推动制造业高质量发展的有效措施。具体计算方法见公式（1）：

$$S_{jt}=\frac{C_{jt}-C_{\min}}{C_{\max}-C_{\min}} \tag{1}$$

式中，S_{jt} 是第 j 个省份第 i 项指标标准值；C_{jt} 是第 j 个省份第 i 项指标原始值；$C_{\max}$ 为全国各省份第 i 项因素最大原始值；$C_{\min}$ 为全国各省份中第 i 项因素最小原始值。那么，各省份制造业发展水平指数见公式（2）：

$$I_j = \sum_{i=1}^{n} S_{jit} W_i \tag{2}$$

其中，I_j 为第 j 个省份的制造业发展水平指数，W_i 为指标 i 权重，n 为全国省份总数。

1.3.5　各地制造业发展质量评价

按照指标体系，采用 2017 年数据，对全国 31 个省（自治区、直辖市）进行评价，依据各地在规模影响、创新能力、产业层次、制造模式、质量效益五方面指标定量评价结果，采用离差平方和系统聚类法将 31 个省（自治区、直辖市）按照相似程度进行划分。综合考虑聚类模型分析结果和各地区制造业发展总体水平，可将全国划分为引领发展、均衡发展、转型发展、追赶发展等四类地区。

一是引领发展地区。主要包括广东、江苏、浙江、上海、北京、天津、山东 7 个省份，主要集中在京津冀、长三角、珠三角等东部沿海区域。该类省份在大多数指标上领跑全国，如广东、北京、上海、江苏、天津的高技术制造业占规模以上工业比重均超过 15%，均位居全国前 5；广东、浙江、江苏、上海、山东、北京等地的两化融合指数均超过 90，居全国前 6。较大的产业规模、较强的创新能力、较优的产业层次和智能制造、绿色制造等新型制造模式的深入推进，使得这些省份代表着我国制造业的最高水平，成为引领带动我国其他地区制造业发展的标杆。

二是均衡发展地区。主要包括湖北、重庆、福建、安徽、湖南、四川、河南、河北、江西、广西 10 个省份，集中在中部地区和长江经济带。该类省份制造业发展基础较好，除质量效益外，各项指标相对均衡，多高于全国平均水平。如河南、湖北、河北、福建、安徽、四川等地主营业务收入均破 3.5 万亿元，位居全国前 10；湖南、福建、湖北、江西、四川、重庆、河南、广西的单位能耗工业增加值均高于 0.52 万元 / 吨标准煤的全国平均水平。值得注意的是，该类省份的第二产业劳动生产率较低，除湖北省外均低于全国中位数，导致质量效益类指标表现相对欠佳，未来应着力改善。

三是转型发展地区。主要包括辽宁、吉林、黑龙江、陕西、山西、内蒙古和新疆 7 个省份，主要集中在东北和西北地区。该类省份依托本地丰富的资源和能源禀赋建立了较为雄厚的制造业体系，但结构偏“重”，原材料和装备类产业比重较大。本类地区资源型产业发达，第二产业劳动生产率均超过18万元/人，均位居全国前11位，但这些地区企业经营状况仍有待改善，除吉林外，其他地区的制造业主营业务利润率均低于5.5%，排名位居全国后半部。在其他指标方面，除辽宁、陕西的排名在全国中游徘徊外，其他地区表现相对欠佳，如在创新能力、产业层次和制造模式等指标上，均落后全国平均水平，转型升级任务十分紧迫。

四是追赶发展地区。主要包括海南、贵州、云南、宁夏、青海、甘肃、西藏等地，主要集中在西部地区。该类省份制造业基础相对薄弱，大多数指标位居全国中下游水平。虽然产业规模小、外向度低、创新能力弱、高新技术产业发展缓慢、缺少大企业和知名品牌、制造模式传统、可持续发展能力较弱等多种问题并存，但部分产业在全国仍具备一定的竞争力和知名度，如贵州的大数据、西藏的天然饮用水等，未来亟须充分利用各地资源和产业基础，依托现有特色和优势，从点上突破，以点带面，探索出适合自身的发展路径。

参考文献

[1]郭克莎:《工业增长质量研究》，经济管理出版社1998年版。

[2]杨伟民:《深入学习习近平新时代中国特色社会主义经济思想　推动高质量发展建设现代化经济体系》，《时事报告（党委中心组学习）》2018年第2期。

[3]陈诗一:《能源消耗、二氧化碳排放与中国工业的可持续发展》，《经济研究》2009年第4期。

[4]余淼杰、张睿:《中国制造业出口质量的准确衡量：挑战与解决方法》，《经济学季刊》2017年第2期。

[5]张纲:《供给侧结构性改革中的制造业质量升级》，《中国工程科学》2017年第3期。

[6]任才方、王晓辉:《新型工业化指标体系探索》，《中国统计》2003年第5期。

[7]陈元江:《工业化进程统计测度与质量分析指标体系研究》，《武汉大学学报（哲学社会科学版）》2005年第6期。

[8]吴亚燕:《建立新型工业化评价指标体系的思考》，《统计与咨询》2003年第2期。

[9]谢春:《我国新型工业化指标体系构建及评价方法》，《财经理论与实践》2007年第32期。

[10]耿修林:《近年来我国新型工业化进程的测评与分析》，《中国科技论坛》2012年

第 9 期。

［11］唐浩、贺刚：《中国特色新型工业化综合评价指标体系的构建与实证研究》，《软科学》2014 年第 9 期。

［12］徐建华：《用质量创新推动制造业高质量发展》，《中国质量报》2019 年 1 月 10 日。

［13］苗圩：《加强核心技术攻关，推动制造业高质量发展》，《机械工业标准化与质量》2018 年第 9 期。

［14］国家统计局课题组：《中国创新指数研究报告》，载中国政府网 http：//www.gov.cn/shuju/2017-12/07/content_5245126.htm。

［15］国家统计局课题组：《我国首次发布绿色发展指数评价各地发展质量》，载国家统计局官网 http：//www.stats.gov.cn/tjsj/sjjd/201712/t20171226_1566840.html。

［16］国家统计局课题组：《我国初步建立反映新动能新产业的统计体系》，载新华网 http：//jjckb.xinhuanet.com/2017-09/07/c_136592072.htm。

［17］潘建成：《推动高质量发展》，载经济参考网 http：//www.jjckb.cn/2017-12/26/c_136849643.htm。

［18］朱启贵：《建立推动高质量发展的指标体系》，载上海交通大学城市治理研究院网 http：//ciug.sjtu.edu.cn/web/show?w=38&p=3&f=2511。

［19］殷醒民：《高质量发展指标体系的五个维度》，载中国社会科学网 http：//ex.cssn.cn/glx/glx_xzlt/201802/t20180206_3841995.shtml。

［20］彭树涛、李鹏飞：《中国制造业发展质量评价及提升路径》，《中国特色社会主义研究》2018 年第 5 期。

［21］念沛豪、邵立国：《我国制造业发展水平评价与分区研究》，《工业经济论坛》2018 年第 5 期。

［22］梁涛：《构建我国制造业高质量发展指标体系的思考》，《环渤海经济瞭望》2019 年第 4 期。

［23］张文会、乔宝华：《构建我国制造业高质量发展指标体系的几点思考》，《环渤海经济瞭望》2018 年第 4 期。

［24］罗文、徐光瑞：《中国工业发展质量研究》，《中国软科学》2013 年第 1 期。

［25］郑玉歆：《全要素生产率的再认识——用 TFP 分析经济增长质量存在的若干局限》，《数量经济技术经济研究》2013 年第 9 期。

［26］林毅夫、任若恩：《东亚经济增长模式相关讨论的再探讨》，《经济研究》2007 年第 8 期。

［27］Garvin，D.A. What Does Product Quality Really Mean［J］. Sloan Management Review，1984（1）：25—43.

（本章主持及执笔：王　强）

第 2 章　中国制造业高质量发展的现状、问题与对策

本章提要：

从党的十九大到二十大是“两个一百年”奋斗目标的历史交汇期，既要全面建成小康社会、实现第一个百年奋斗目标，又要乘势而上开启全面建设社会主义现代化国家新征程，向第二个百年奋斗目标进军。建设社会主义现代化强国，需要贯彻新发展理念，建设现代化经济体系。工业化进程是形成经济体系的过程，工业化也是现代化的基础和前提，制造业是推动工业化和现代化的主力军，新时代要形成现代化经济体系，必须推进制造业高质量发展，从而加快高质量的工业化进程。建设社会主义现代化强国，要求坚持不懈地推动制造业高质量发展，力促工业化的高速发展向高质量发展转变。为此，本章着力梳理中国制造业高质量发展的现状，厘清中国制造业高质量发展的基础和方向，挖掘高质量发展的核心问题，并阐述相应对策。

2.1　中国制造业高质量发展的现状与基础

目前，高质量发展在经济学理论领域没有专门的定义，经济发展质量的概念与高质量发展的指向较为相近。高质量的发展不仅包括经济发展质量、

效率等因素，而且涵盖发展动能、区域协同、生态保护、开放水平、共享程度等方面，既要通过质量变革、效率变革、动力变革这“三大变革”来提高全要素生产率，又要在发展实践中贯彻创新、协调、绿色、开放和共享的“新发展理念”。

长期以来，制造业是我国推动工业化和现代化的主力军，是我国财政收入的重要来源，是我国农村富余劳动力转移的主要方向，也是我国商品出口的主要部门。2012 年前后我国进入工业化后期①，在第二产业产值比重低于第三产业的常态化情况下，制造业增加值的国内生产总值占比目前仍维持在 30% 左右（见图 2.1），依然是我国经济增长的强大支撑。制造业的未来发展状况，直接影响着我国经济增长的速度和质量，制造业高质量的发展将继续为我国经济注入强大活力。

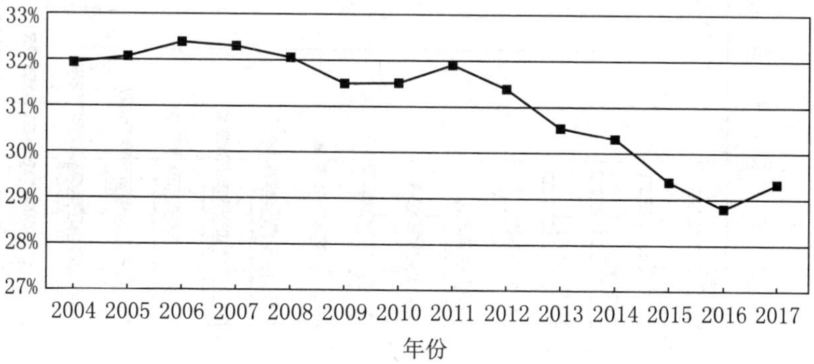

图 2.1 2004—2017 年中国制造业增加值的国内生产总值占比

资料来源：世界银行数据库（WDI）。

2.1.1 制造业基础雄厚 产业结构不断优化

经过新中国成立后 30 年左右的发展，我国制造业一直保持较快增长，初步建立起了独立完整的工业制造体系②，为改革开放之后，承接全球制造业转移奠定了良好的基础。随着改革开放的不断深化，我国劳动力、土地和

① 关于工业化后期的界定，可参照赵昌文、许召元、朱鸿鸣：《工业化后期的中国经济增长新动力》，《中国工业经济》2015 年第 6 期。

② 有关新中国成立后逐步建立完整的工业体系，可参考董志凯：《毛泽东与新中国独立完整工业体系的建立及中国的现代化》，《马克思主义研究》2014 年第 8 期。

交通基础设施网络等核心生产要素逐步发挥出比较优势，结合加入世贸组织的外部环境改善，制造业实现了前所未有的快速发展。从1978年到1990年，富余劳动力不断从第一产业向第二产业转移，为我国制造业发展提供了明显的低价优势，制造业增加值从1500亿元增加到6100亿元，年均增长率达到12.4%。之后，随着交通基础设施网络快速完善，对国外制造业吸引力进一步加大[①]，我国制造业又经历了一波高速发展期，从1990年到2000年的10年里，制造业增加值从6100亿元增加到3.19万亿元，年均增长率为17.98%。受益于加入世贸组织后的外部环境改善，从2000年到2010年，我国制造业增加值从3.19万亿元进一步增加到13.03万亿元，平均增速达到15.11%[②]，并在2010年超越美国，成为世界第一的制造业大国（见图2.2）。

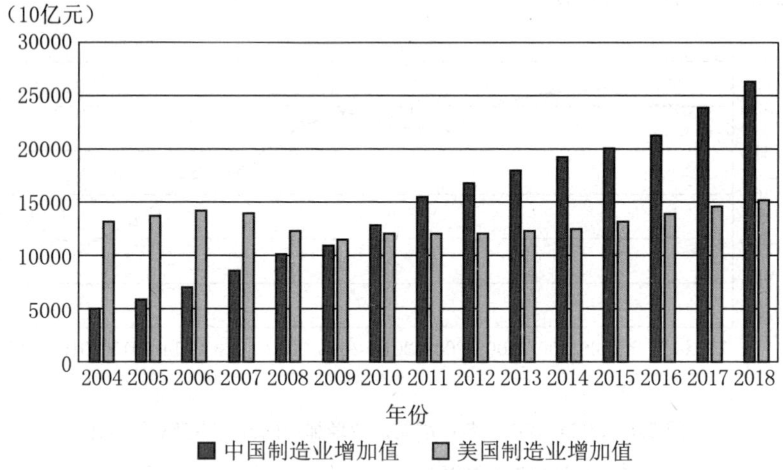

图2.2　2004—2018年中美制造业增加值对比

资料来源：美国经济统计局和中国统计数据库。

2008年全球金融危机后，受发达国家制造业回流以及受我国经济“脱实向虚”[③]影响，制造业发展速度一度放缓。从2011年到2015年，制造业增

① 有关交通基础设施与制造业发展关系，可参照王延中：《基础设施与制造业发展关系研究（总报告）》，《经济研究参考》2002年第13期。

② 数据引用李金华：《改革开放进程中的中国制造业发展格局》，《东南学术》2018年第4期。

③ 有关制造业为代表的部分实体经济融资难、融资贵等问题，可参考黄群慧：《中国的工业大国国情与工业强国战略》，《中国工业经济》2012年第3期。

加值 15.65 万亿元增加到 20.24 万亿元，平均增速为 6.64%。面对发达国家加大对制造业的投入，依托制造业创新谋求经济增长点的大趋势，我国也进一步加大了对高技术产业①的投资（见图 2.3）。从 2016 年到 2018 年，我国制造业增加值从 21.43 万亿元增加到 26.48 万亿元，平均增速为 11.16%。在这一时期中，我国制造业结构调整成效开始显现，技术密集型产业和战略性新兴产业发展迅速，②服务业和制造业融合发展趋势明显，有利于形成新的产业链，创造更大价值。

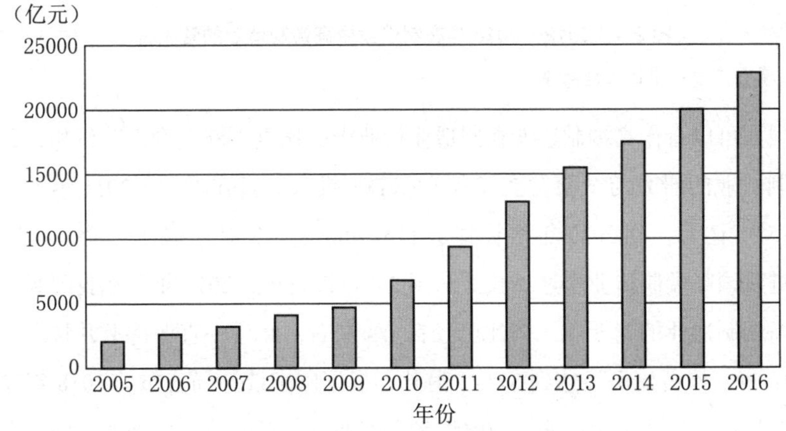

图 2.3　高技术产业固定资产投资额变化

资料来源：《中国高技术年鉴》（2006—2017 年版）。

制造业技术含量不断提升，产业内结构持续优化调整。产业结构转型升级，一方面表现为制造业生产过程中技术含量的提高，另一方面可视为制造业的服务化趋势。③研发投入不断增加可以带动技术含量的提高，从产

① 《高技术产业（制造业）分类（2017）》，包括医药制造业，航空、航天器及设备制造业，电子及通信设备制造业，计算机及办公设备制造业，医疗仪器设备及仪器仪表制造业和信息化学品制造业 6 大领域；《高技术产业（服务业）分类（2018）》，包括信息服务、电子商务服务、检验检测服务、专业技术服务业的高技术服务、研发与设计服务、科技成果转化服务、知识产权及相关法律服务、环境监测及治理服务和其他高技术服务 9 大领域。

② 据国家统计局发布的《战略性新兴产业分类（2018）》，战略性新兴产业包括新一代信息技术产业、高端装备制造产业、新材料产业、生物产业、新能源汽车产业、新能源产业、节能环保产业、数字创意产业、相关服务业 9 大领域。

③ 干春晖、郑若谷、余典范：《中国产业结构变迁对经济增长和波动的影响》，《经济研究》2011 年第 5 期。

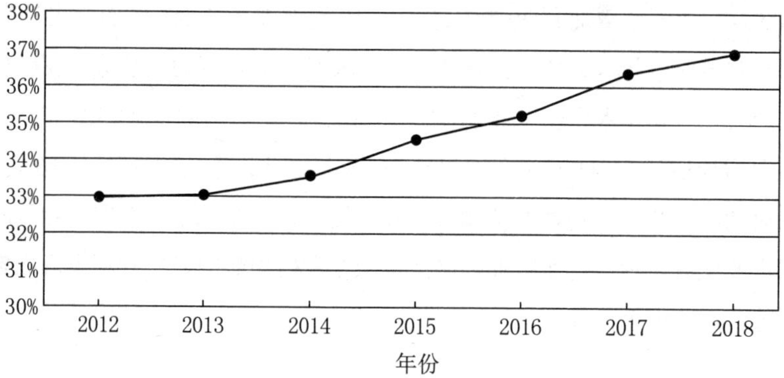

图 2.4　2012—2018 年在制造业中高端制造业的营收占比

资料来源：中国统计数据库。

业层面可以看作高端制造业在制造业行业中的比重不断上升。① 例如，我国对制造业的研究与试验发展经费（R&D）投入一直在增加，2011 年投入为 5695.35 亿元，到 2017 年增长到了 11624.66 亿元，几乎翻了一番，有助于促进我国高端制造业快速增长。从图 2.4 可以看出，2013 年，在我国制造业中高端制造业的营业收入占比已经在 1/3 左右，此后一直保持上升状态，到 2018 年，该占比已经达到 37%。另外，根据国家统计局公布的 2018 年经济数据显示，高技术制造业、战略性新兴产业和装备制造业增加值分别比上年增长 11.7%、8.9% 和 8.1%，增速分别比规模以上工业快 5.5 个、2.7 个和 1.9 个百分点。新兴工业产品产量快速增长，铁路客车、微波终端机、新能源汽车、生物基化学纤维、智能电视、锂离子电池和集成电路分别增长 183.0%、104.5%、40.1%、23.5%、18.7%、12.9% 和 9.7%。② 高新技术产业已经成为推动制造业增长，加速制造业结构转型优化的强大动力。

我国制造业服务化发展趋势进一步加快。制造业服务化是指制造业从产品主导经营模式向服务主导经营模式转变，③ 让制造业通过传递高级服务，

① 本章以通用设备制造业，专用设备制造业，汽车制造业，铁路、船舶、航空航天和其他运输设备制造业，电气机械和器材制造业，计算机、通信和其他电子设备制造业和仪器仪表制造业 7 个机械制造产业作为高端制造业。

② 《国家统计局：2018 年全国规模以上工业增加值比上年实际增长 6.2%》，载同花顺网 http：//news.10jqka.com.cn/20190121/c609356002.shtml。

③ SLACK N.Patterns of servitization：beyond products and service［M］. Cambridge：Cambridge University，2005.

如客户支持协议、风险和收益共享协议等，建立服务主导策略。① 制造业向服务化转型，有利于促进企业由单纯提供产品和设备，向提供全生命周期管理及系统解决方案转变，有利于解决低端产能过剩、高端产能不足的问题。本章借助生产性服务业 ② 与第二产业的比值，反映制造业服务化的趋势，比值越大，代表服务化趋势越明显。从图 2.5 可以看出，我国生产性服务业与第二产业的比值不断变大，在 2012 年我国进入工业化后期后，该比值增大速度明显加快。③

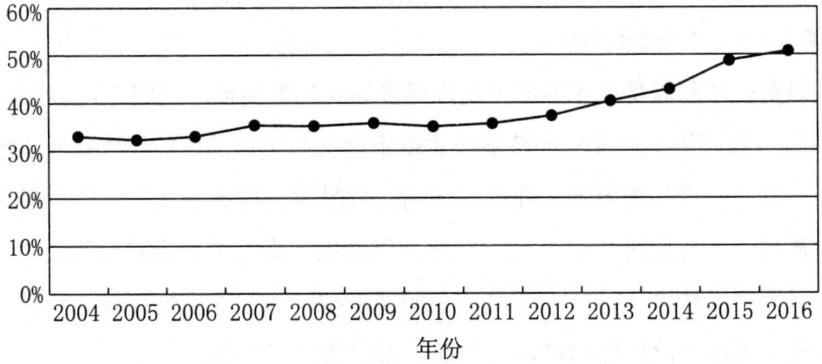

图 2.5　2004—2016 年我国生产性服务业与第二产业产值比

资料来源：中国统计数据库。

2.1.2　新旧动力转换加速　产业创新能力逐步增强

传统经济增长方式拉动我国经济增长的能力不足。2010 年以来，我国人口红利消失、资本边际报酬下降和对外开放带来的技术赶超空间收窄引起我国潜在产出增速持续下滑，④ 从而我国实际经济增速放缓趋势愈发明显（见图 2.6）。大规模投资和外贸出口等传统经济增长方式缺乏带动我国经济增长的足够动能。

---

① BAINES T，LIGHTFOOT H.Made to serve：how manufacturers can compete through servitization and product service systems［M］. New York：Wiley，2013.

② 本章选择交通运输、仓储和邮政业，信息传输、软件和信息技术服务业，金融业，租赁和商务服务业和科学研究、技术服务和地质勘查业作为生产性服务业范围。

③ 对于 2012 年进入工业化后期的界定，引用的是赵昌文、许召元、朱鸿鸣：《工业化后期的中国经济增长新动力》，《中国工业经济》2015 年第 6 期。

④ 有关新旧动能的阐述，可参考中国人民大学宏观经济分析与预测课题组：《全球技术进步放缓下中国经济新动能的构建》，《经济理论与经济管理》2016 年第 12 期。

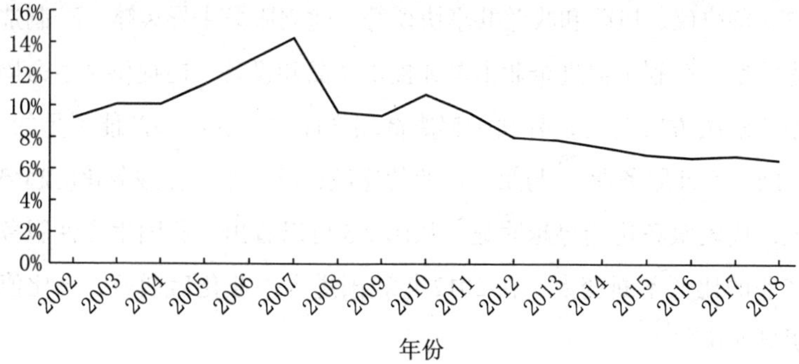

图 2.6　2002—2018 年我国国内生产总值实际增长率

资料来源：中国统计数据库。

消费驱动和服务业主导成为我国经济增长的新特征。从图 2.7 可以看出，2013 年，我国第三产业的经济增长贡献率首次与第二产业的经济增长贡献率持平，之后一直领先第二产业的经济增长贡献率，服务业成为了牵引经济增长的新动力。再从图 2.8 来看，从 2014 年开始，在三大需求对经济增长贡献之中，最终消费支出持续发挥最核心的经济拉动力，这恰恰反映出我国经济增长模式逐步从出口导向投资依存型向内需驱动型转变。

在经济发展进入新常态的时代背景下，加快培育经济发展新动能才能有利于我国经济增长模式的重塑，① 而新动能的原动力来自创新。首先，从国

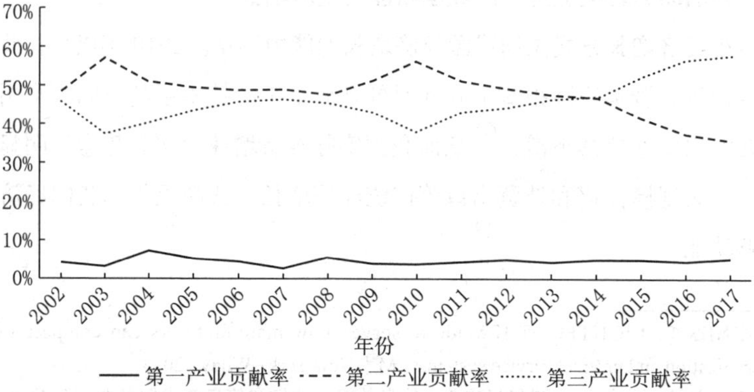

图 2.7　三次产业对经济增长贡献率

资料来源：《中国统计摘要 2018》。

① 2015 年李克强总理在政府会议中提出“我国经济正处在新旧动能转换的艰难进程中”，新旧动能转换概念首次被提出。

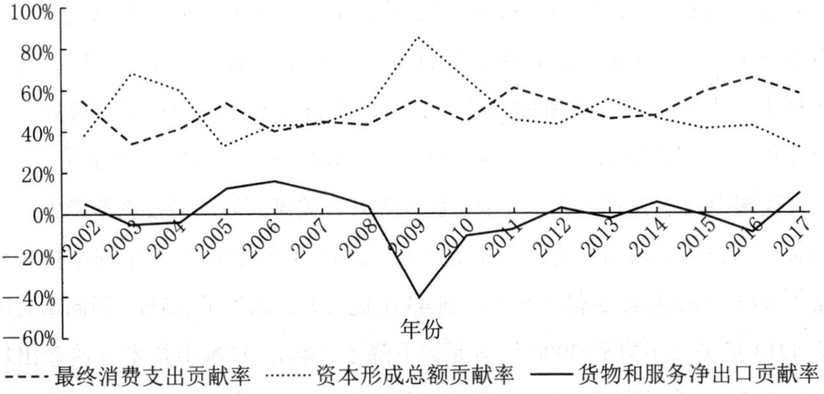

图 2.8　三大需求对经济增长贡献率

资料来源:《中国统计摘要 2018》。

际经验来看，美日等国在遭遇经济增速放缓时，都是凭借创新活动才摆脱了困境；其次，新旧动能转换的核心是发展动力机制的转换，由传统要素驱动向创新要素驱动转换，由规模扩张向质量提升转换是其中两个核心要素。通常，制造业往往是实现要素创新和质量提升的重要领域，尤其是战略性新兴产业的培育和发展是新动能增长的最好表现，而培育战略性新兴产业最关键的一点就是在信息网络、新材料等尖端通用技术上实现突破。

加大高新技术产业的科研经费投入，逐步形成以科技投入“量变”倒逼创新能力“质变”的趋势，不仅可以提升实现技术创新的概率，而且可以带

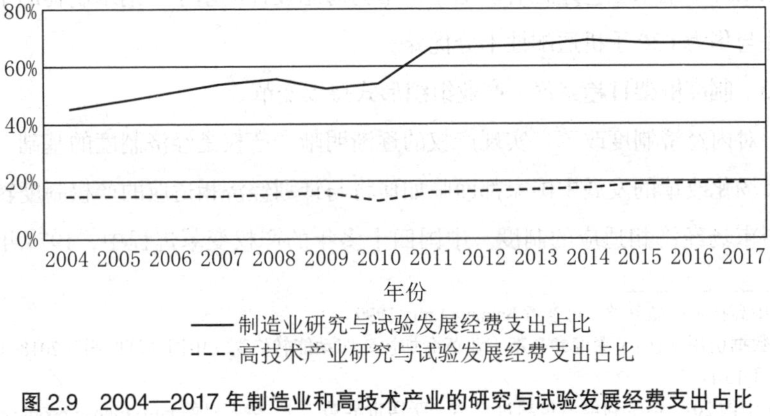

图 2.9　2004—2017 年制造业和高技术产业的研究与试验发展经费支出占比

资料来源：中国统计数据库。

动制造业技术含量的增值。从图 2.9 来看，制造业在我国研究与试验发展经费支出中所占比重最大，尤其是 2011 年之后走上了 60% 以上的台阶，近年出现进一步攀升 70% 台阶的趋势。其中，高新技术产业的科研经费投入规模逐年增大，在我国研究与试验发展经费支出的占比向 20% 方向逼近。

我国中高端制造业全球竞争力稳步提升，关键领域的科技创新能力进步显著。首先从中高端制造业产品贸易看，2012 年到 2016 年，中国中技术产品[①]的出口额从 4183 亿美元增加到 4331 亿美元，增加了 3.5%，而同期美国从 4213 亿美元下降到 3900 亿美元，下降了 7.4%，日本中技术制造业出口额从 3901 亿美元降至 3177 亿美元，降幅达 18.6%。同期，中国在高技术产品出口上增长了 1.2%，而美、德、日、韩四国的高技术产品出口总和减少了 2.2%。[②]

再从专利申请方面看，2017 年，我国专利国际申请量为 48882 件，首次超过日本的 48208 件，在国际专利申请数上排名第二，仅次于美国，华为和中兴全球申请专利量分别为 4024 件和 2965 件，是全球国际专利申请数最多的两家企业。[③]最后，从集成电路产业的创新产品层面看，2018 年，长江存储公布 3D NAND 新架构 Xtacking，成为全球第五家、国内首家有能力生产 3D NAND 闪存的厂家；京东方成功量产第六代柔性 AMOLED 显示屏，打破三星垄断，成为华为面板主要供应商；2019 年 4 月，武汉光电国家研究中心甘棕松团队光刻出最小 9 纳米线宽的线段，与国际顶尖前道光刻机（ASML）7 纳米工艺差距有所缩小；华为海思设计的基于 7 纳米制程的手机芯片与华为 P30 手机适配性十分优异。

2.1.3 制度框架日趋完善 产业组织形式持续变革

对内经济制度改革，实现产权的逐渐明晰。产权是经济制度的基础，进行市场化改革的发展中国家都面临如何将与计划经济相适应的产权制度转变为与市场经济相适应的制度。中国四十多年的产权变革进程中，1978 年至

① 中高技术产品分类，可参考 Sanjaya Lall，1999。

② 数据引用李伟：《深度参与新工业革命加快新旧动能转换》，《中国经济时报》2018 年 10 月 15 日。

③《中国 2017 年专利申请量超过日本 跃居世界第二》，载人民网 http://japan.people.com.cn/n1/2018/0322/c35421-29883139.html。

1992 年是非公有产权开始得到承认的阶段。[①]1982 年，宪法确认了非公有制经济的合法地位。1987 年党的十三大报告提出要鼓励非公有制经济发展。1988 年宪法修正案进一步确立了私营经济的合法地位。1992 年，党的十四大明确了非公有制经济是社会主义经济的补充，多种所有制经济要共同发展。

1993 年到 2003 年是以国有企业改革为抓手推动非公有产权地位提升的阶段。前一阶段实施的承包责任制，由于国有企业产权界定不明确，出现了企业与国家利益目标表现出不一致问题[②]，国有企业股份制改革作为一种解决方案被提了出来，并于 1993 年党的十四届三中全会提出要建立产权清晰、政企分开、权责明确、管理科学的现代企业制度。1997 年党的十五大第一次把非公有制经济由“体制外”纳入“体制内”，即“非公有制经济是社会主义市场经济的重要组成部分”，混合所有制首次被提出。2003 年党的十六届三中全会提出要“大力发展国有资本、集体资本和非公有资本等参股的混合所有制经济，实现投资主体多元化，使股份制成为公有制的主要形式”。

2004 年至今，产权被提升到了更高高度，对产权保护同等对待，不分公私。2003 年党的十六届三中全会指出，要建立现代产权制度，产权是所有制的核心和主要内容，第一次明确了产权改革的重要地位。2007 年《物权法》确定了对公有财产和私有财产给予平等保护的原则，并详细对私有财产权利中人对物的归属和相关权利做出法律规定，标志着产权制度正在逐步形成，产权保护理念不断强化。[③]2013 年党的十八届三中全会首次把混合所有制经济提高到社会主义基本经济制度重要实现形式的高度，允许混合所有制经济实行企业员工持股。

对外开放程度不断提高的同时，外资的“优惠待遇”不断收缩。在 1978—1995 年期间，由于外商对我国改革开放政策的不信任，我国以提供“外资特惠”的优惠政策为主，在所得税方面，对外资企业实行“免二减三”

① 本章有关产权制度的变革主要参考王庆明：《产权变革路径与起源之争：立足转型中国的思考》，《社会科学》2018 年第 6 期；李红娟：《我国产权制度改革历史沿革、问题及对策》，《经济纵横》2018 年第 6 期。

② 林毅夫、蔡昉、李周：《现代企业制度的内涵与国有企业改革方向》，《经济研究》1997 年第 3 期。

③ 李红娟：《我国产权制度改革历史沿革、问题及对策》，《经济纵横》2018 年第 6 期。

政策来吸引外资，我国利用外资方式也逐步由借款转向外商直接投资。①

1996年至今，开放程度进一步提高且更加规范化，外商直接投资成为利用外资的最主要形式，“外资特惠”全面取消进入倒计时。1995年6月，国务院发布了《指导外商投资方向暂行规定》和《外商投资产业指导目录》。1995年底开始，外商投资企业所享有的“超国民待遇”被逐渐弱化；2013年党的十八届三中全会指出实行统一的市场准入制度，在制定负面清单基础上，各类市场主体可依法平等进入清单之外领域。2017年版《外商投资产业指导目录》首次在形式上落实了在全国范围（自贸试验区除外）适用的外商投资准入负面清单制度。②2019年十三届全国人大第二次会议通过了《中华人民共和国外商投资法》，外国投资和外国投资者在中国的法律地位将与中国本国的投资和投资者的法律地位同等，“外资特惠”完全取消。

在对内持续改革、对外加大开放的推动下，政府逐步减少对市场的干预，转而交给市场自身寻找最优的平衡点，产业壁垒逐渐由制度壁垒向市场结构壁垒转变。市场集中度是用来说明行业中企业规模分布的集中程度，体现了市场的竞争与垄断程度。行业集中率（CR_n）是反映市场集中度的一个指标，表示前n家企业的销售总额（产量）之和占整个行业销售总额（产量）的比重。贝恩利用CR_n将市场结构分为如下几类：（见表2.1）

表2.1 贝恩的市场结构分类③

类型	CR_4（%）	CR_8（%）
极高寡占型	$85 \leqslant CR_4$	—
高度集中寡占型	$75 \leqslant CR_4 < 85$	$85 \leqslant CR_8$
中上集中寡占型	$50 \leqslant CR_4 < 75$	$75 \leqslant CR_8 < 85$
中下寡占型	$35 \leqslant CR_4 < 50$	$45 \leqslant CR_8 < 75$
低集中寡占型	$30 \leqslant CR_4 < 35$	$40 \leqslant CR_8 < 45$
竞争型	$CR_4 < 30$	$CR_8 < 40$

① 吴彦艳、赵国杰、丁志卿：《改革开放以来我国利用外资政策的回顾与展望》，《经济体制改革》2008年第6期。

② 《观点丨全国版负面清单落地：〈外商投资产业指导目录（2017年修订）〉发布》，载搜狐网 http：//www.sohu.com/a/153767574_617138。

③ Bain J.S.Industrial Organization［M］. New York：New York Press，1968.

我国制造业正在从以政府干预导致的过度竞争向因市场竞争而形成的寡头垄断市场转变。以作为主导产业的汽车产业为例，2005 年至 2008 年间，CR_4 和 CR_8 变化不大，说明这一阶段市场集中度整体平稳，制度性壁垒对汽车产业集中度的影响犹存（见图 2.10）。传统保护幼稚产业发展的相关政策使得这一时期规模相对偏小的汽车生产企业还能长期存在。例如，1985 年以来实施汽车企业和产品的目录管理，只要汽车企业在目录中，不管运营状况如何，都能得到国家的认可，在一定程度上保护了那些没有市场竞争力的目录内企业和目录内产品①。究其原因，汽车工业具有投入产出比高、关联度高、波及效果强、就业容量大等特点，是地方政府提高政绩的好手段，因此会得到地方政府的大力扶持。

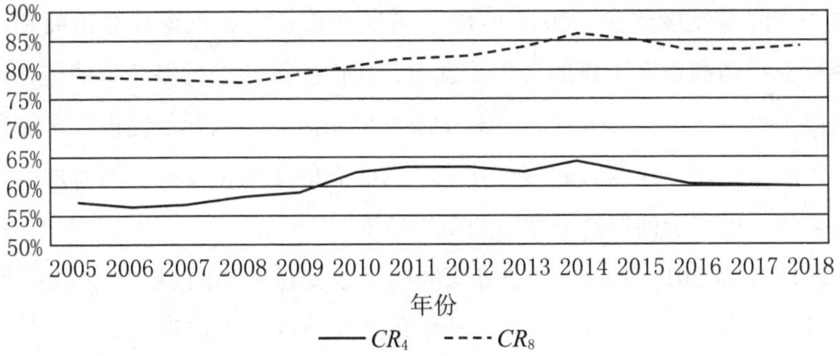

图 2.10　2005—2018 年汽车行业行业集中率

资料来源：根据中国统计数据库数据计算获得。

2009 年至 2014 年间，产业内企业竞争由制度竞争向策略竞争转变。该时期内 CR_4 和 CR_8 迅速上升，反映出汽车产业市场集中度开始上升。2008 年 8 月 1 日，《反垄断法》开始实施，对滥用行政权力排除、限制竞争也作了明确的规定。在此情况下，汽车企业间的策略竞争成为抢占市场的关键手段，产品、服务及营销手段成为关键要素。从广告投入上看，20 世纪末，我国汽车产业的广告投放额只有 15.54 亿元，到 2013 年，我国汽车产业的广告投入达到了 603.96 亿元，增长近 38 倍，广告密度为 1.57%。② 此外，企

① 刘洪德、刘希宋：《中国汽车工业产业政策战略性调整的研究》，《技术经济与管理研究》2003 年第 3 期。

② 数据引用安静、蒋增龙：《广告对我国汽车产业市场结构的影响分析》，《广告大观（理论版）》2016 年第 5 期。

业间的并购重组也加快了进程，2007 年 12 月，上汽集团重组跃进集团，两企业合并后成为中国最大的汽车集团；2010 年 4 月，广汽收购吉奥汽车，成立广汽吉奥汽车有限公司；2012 年 7 月，江铃汽车收购太原长安重型汽车公司，成立江铃重型汽车有限公司；2012 年 11 月，广汽集团和奇瑞集团建立战略联盟合作，首次实现中国本土企业联手。①

2015 年至 2016 年间，市场竞争环境进一步向规范化转变。该时期内 CR_4 和 CR_8 迅速下降，市场集中度有所下降。2014 年 6 月，商务部对汽车行业展开反垄断调查，对奥迪、克莱斯勒等行业巨头开出巨额罚单，旨在为其他企业营造更公平的竞争环境。2014 年 7 月，一般公务用车被取消，推行普通公务出行社会化，并且对一汽、东风等汽车龙头企业展开反腐调查，有利于进一步降低制度壁垒。2014 年 8 月，《关于停止实施汽车总经销商和汽车品牌授权经销商备案工作的公告》发布，允许经销商进行多品牌销售，经销商获得了更灵活的经营方式，有利于激发市场活力，特别是促进汽车流通企业主体的多元化、经营方式多样化和经营业态的多元化发展，同时加剧行业优胜劣汰，也利于创造公平竞争的市场环境。②

2017 年至 2018 年间，行业寡头间的竞争变得更加激烈，产业组织形式变化愈发市场化，竞争性兼并重组存在潜在空间。该时期内，CR_8 企稳而 CR_4 保持下降趋势，这反映出中国汽车主要市场基本由前八家企业占据，但前八的汽车企业之间竞争更加激烈。从 2005 年到 2017 年，汽车产量排名前六的企业稳定，分别为上海汽车集团、第一汽车集团、东风汽车集团、中国长安汽车集团、北京汽车集团和广州汽车集团，第七、第八位竞争激烈，哈飞汽车、奇瑞汽车、华晨汽车、比亚迪、长城汽车和浙江吉利都占据过该位次。2018 年开始，中国长安汽车集团被挤到第六位，浙江吉利和长城汽车仍保持第七、第八位。造成长安汽车位次下降的主要原因就是长安福特这一款车创新减弱，更新速度变慢，产品普遍偏老，引起的竞争力不足。③ 吉利集

① 参考王继东、杨蕙馨：《新常态下中国汽车制造业集中度演变研究》，《东岳论丛》2016 年第 6 期。

② 沈进军：《停止经销商备案缘起政府简政放权》，载中国汽车报网 http：//www.cnautonews.com/jrtt/201408/t20140812_320410.htm。

③ 《长安汽车销量遭遇滑铁卢，连续亏损三个季度，其背后的原因是？》，载百度网 https：//baijiahao.baidu.com/s?id=1633106721738825805&wfr=spider&for=pc。

团在 2018 年年初，收购戴姆勒股份公司 9.69% 具有表决权的股份，成为第一大股东，产品覆盖中低端品牌、豪华品牌等产品谱系，以创新策略不断巩固着自身在市场中的竞争力。

2.1.4　市场规模稳步扩大　高质量消费增长趋势强劲

我国拥有一个庞大的本土市场，且这一市场规模在不断扩大。从国民收入角度看，自 20 世纪 90 年代起我国国内生产总值和人均国内生产总值始终保持不断扩大趋势，并从 2010 年开始我国经济总量突破 40 万亿元，稳居世界第二（见图 2.11）。2018 年国内生产总值跨过 90 万亿元大关，较上一年同期增长 6.6%，同年人均国内生产总值达到 64644 元（约 13000 国际元左右）。从过去发达经济体的发展经验看，当人均国内生产总值达到 11000 国际元左右时，产业结构会出现显著变化，主要由于消费结构变化，尤其是对中高端产品消费和服务消费的需求占比均迅速上升，服务业逐步替代传统工业成为驱动经济增长的新引擎，这意味着我国已经进入新一轮消费结构升级的窗口期，消费有望持续扩张。① 从收入分配角度看，我国人均可支配收入在持续增长的同时，城乡居民收入差距不断缩小，有利于市场规模稳步

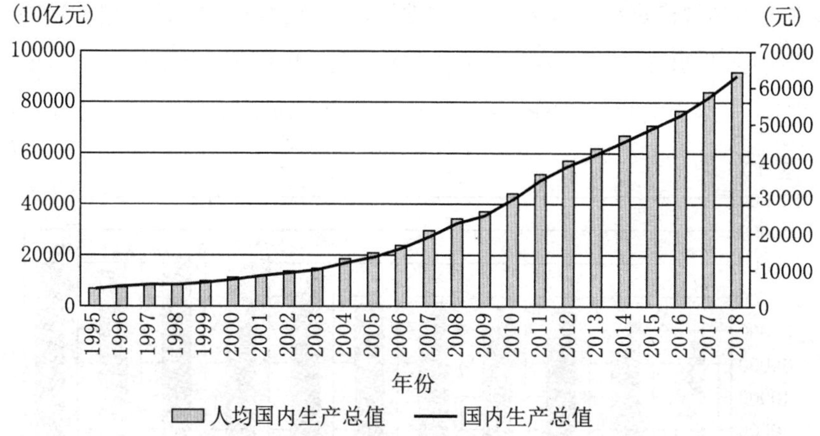

图 2.11　1995—2018 年中国国内生产总值及人均国内生产总值

资料来源：中国统计数据库。

① 有关国际元的数据参照王青：《消费变革促进我国经济高质量发展》，《中国经济时报》2019 年 5 月 22 日。

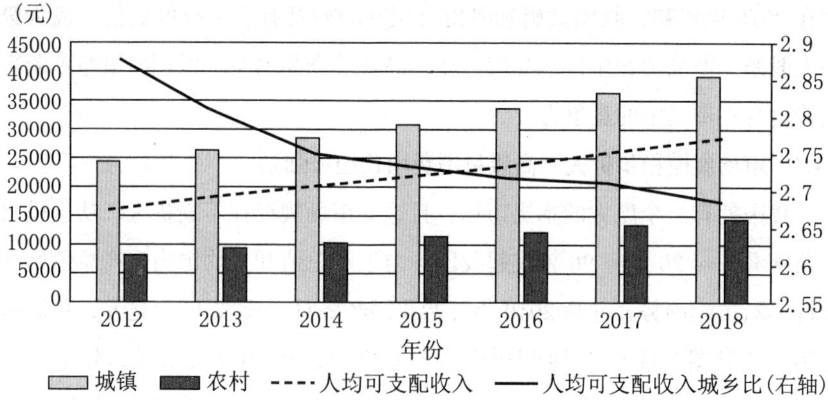

图 2.12　2012—2018 年城乡人均可支配收入变化

资料来源：中国统计数据库。

扩大。如图 2.12 所示，农村人均可支配收入增长快于城镇人均可支配收入，2018 年人均可支配收入为 28228 元，同比增长 8.68%；其中城镇人均可支配收入为 39250.8 元，同比增长 7.84%；农村可支配收入为 14617 元，同比增长 8.81%，城乡人均可支配收入之比一直在下降。

巨大的交通基础设施投入提升了我国流通市场的网络能级，有利于我国本土市场规模进一步做大做强。根据图 2.13 的数据，高速公路和铁路的里程分别从 2008 年的 6.03 万公里和 7.97 万公里上升到 2018 年的 14.26 万公里和 13.17 万公里，其间的平均年增长率为 8.99% 和 5.15%，陆上交通网

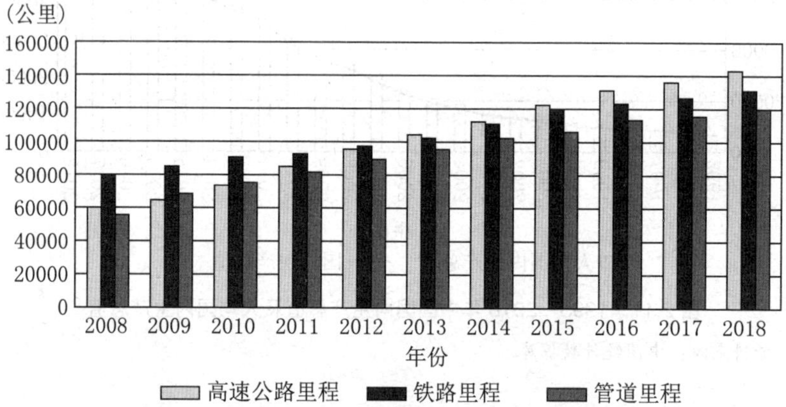

图 2.13　2008—2018 年中国交通基础设施建设情况

资料来源：中国统计数据库。

络能级大幅提升，结合 2018 年我国 484.65 万公里的公路，我国离实现“村村通”“路路通”的目标越来越近；与此同时，我国管道里程数从 2008 年的 5.83 万公里增加到 2018 年的 12.23 万公里，平均年增长率到达 7.68%，可以看出我国的长距离液体和气体物资运输能力也不断增强。此外，我国港口运输和空运能力也迅速增强：2018 年我国沿海和内河港口货物吞吐量为 1334499 万吨，10 年平均年增长率为 6.63%；航空航线里程数从 2008 年的 246.18 万公里上升到 2018 年的 837.98 万公里，平均年增长率达到 13.03%。

随着我国改革开放后市场规模的不断扩大，我国消费结构也不断变化，呈现出偏好更高附加价值、个性化产品的发展趋势。改革开放之初，对轻工业品需求快速上升，拉动轻工业快速发展，“农轻重”比例逐渐协调。20 世纪 80 年代至 90 年代，消费从“老三件”（自行车、手表、收音机）向“新三件”（冰箱、彩电、洗衣机）的转变成为这一阶段消费升级的最主要特征，后来随着全球经济一体化与技术的进步，冰箱、彩电、洗衣机等家用电器也经历着更新换代。① 目前，我国城镇化水平超过 60%②，并受到居民可支配收入上升，知识文化水平提高，新兴技术飞速发展等因素的影响，我国消费结构也在向定制化、专业化、服务化、多样化转变，消费处在向高质量演进的过程中。③ 高质量的消费可认为至少包含这两个层面：

一是主要消费项目构成的比例关系发生变化，需求呈现从“有形”到“无形”、重服务的发展趋势，即“消费内容”升级。如图 2.14 所示，2013 年至 2018 年我国居民各类消费支出占比变化中，食品烟酒、衣着等必需消费品占比下降，分别从 2013 年的 31.2% 和 7.77% 下降到 2018 年的 28.4% 和 6.49%，降幅十分明显。④ 相反，交通和通信、医疗保健、教育、文化和娱乐等服务业支出占比都出现不同程度的上升趋势，分别从 2013 年的 12.3%、

---

① 许德友、王梦菲：《消费升级：高质量发展的需求侧动力》，《深圳特区报》2019 年 3 月 26 日。

② “十三五”期间中国城市化率突破 60%，且发达国家经验表明，城市化率突破 60% 以后，结构服务化主导经济发展。数据来源于袁富华：《以消费需求升级促进高质量发展》，《社会科学报》2019 年 5 月 9 日。

③ 金碚：《关于“高质量发展”的经济学研究》，《中国工业经济》2018 年第 4 期。

④ 2013 年我国开始实行城乡住户一体化调查后居民收支统计口径发生了一定变化，2013 年以后“自有住房折算租金”纳入了居民住房消费支出，因此选取 2013 年的数据作为比较。

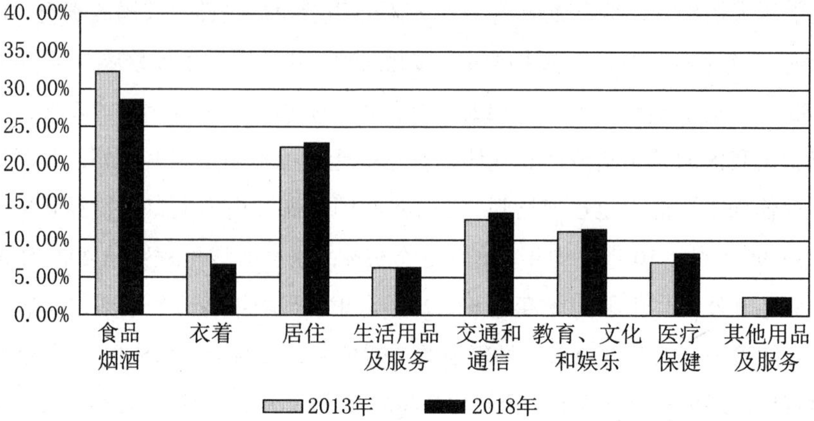

图 2.14　2013 年与 2018 年中国居民各类消费支出占比变化

资料来源：中国统计数据库。

6.9% 和 10.6% 上升到 2018 年的 13.5%、8.5% 和 11.2%，三者合计占到消费支出的三分之一以上，达到进入 21 世纪以来的最高水平。二是消费项目不改，但对消费品的技术含量、品质等方面的要求升级，呈现出重品质的发展趋势，即“消费品质”升级。2018 年，全国网上零售额同比增长 25.52%，首次突破 9 万亿元，其中实物商品网上零售同比增长 28.09%，零售额达到 70198.2 万亿元。实物商品网上零售额在社会消费品零售总额的比例达到 18.43%，比上年提高 3.46 个百分点。2017 年至 2018 年社会消费品零售总额的增长中，限额以上化妆品类、体育、娱乐用品类以及通讯器材类等三类消费品增速最快，分别为 8.52%、8.14% 和 8.01%，在 2018 年整体消费水平下降的情况下，城市居民对通信器材、化妆品和体育、娱乐用品类等反映高品质生活水平的商品的平均消费支出仍维持上升的势头。①

2.1.5　产业开放合作层次日益提升“一带一路”愈发获得国际共识

世界经济的全球化和一体化的不断发展，使加快提升开放合作水平成为必然趋势。通过开放合作，我国成长为世界的制造工厂，不仅推动了我国贸易与投资自由化和便利化，而且促成世界的“中国声音”越发响亮。② 当前，

① 数据来源：中国统计数据库。

② 周小川：《中国经济的对外开放：从制造业扩展到服务业》，《清华金融评论》2018 年第 12 期。

人民币国际化进程的逐步加快，“一带一路”建设越发深入，我国与世界各国联系更加紧密，中国的发展与世界的发展已经交织在了一起，我国开放合作层次正在不断提升。

从贸易数据来看，我国国际贸易总体水平保持平稳增长（见图 2.15）。尽管受到中美贸易摩擦的影响，2018 年外资撤离问题若隐若现，但随着“一带一路”倡议与开放合作的深化，我国贸易伙伴多元化发展收效明显，贸易额继续保持增长。2018 年中国货物进出口总额达到 46224.17 亿美元，同比增长 9.68%，较 2000 年增长近 10 倍。其中，出口额为 24866.82 亿美元，同比增长 7.06%，进口额为 21357.35 亿美元，同比增长 12.89%。

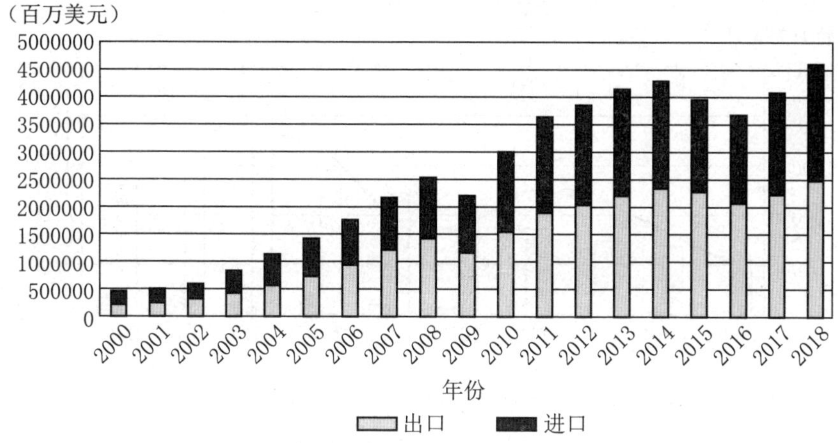

图 2.15　2000—2018 年中国进出口情况

资料来源：中国统计数据库。

从利用外资和对外投资的角度看，2018 年制造业领域实际利用外资 412 亿美元，同比增长 22.9%。[①] 相反，由于 2016 年年底以来政府加强了企业对外投资的真实性、合规性审查，2018 年我国对外直接投资额下降为 1298.3 亿美元，较上一年下降 17.98%[②]，对外制造业直接投资同样受到影响导致同比下降 31%，金额为 202.5 亿美元，制造业占海外投资比重 15% 以上（见图

① 数据来源：《工信部：2018 年制造业实际利用外资增 23%》，载搜狐网 http：//m.sohu.com/a/292319626_428290。

② 数据来源：中国统计数据库。

2.16)。即便如此，2018年我国对外制造业直接投资额仍然远远高于2013年的水平，反映出“一带一路”倡议提出以来，我国产业开放合作的力度越来越大，制造业全面开放的格局不断深化，中外互惠合作，取长补短，合作广度、深度日益加深。

从对外开放领域来看，我国开放尺度逐渐放宽。新修订的《外商投资产业指导目录（2017年）》，大幅削减了对外商投资的准入限制，完全对外资开放的制造业已有22个大类、167个种类和585个小类；《外商投资准入特别管理措施（负面清单）(2018年版）》对六大类制造业实施限制，主要涉及国家安全方面，基本实现全行业开放。

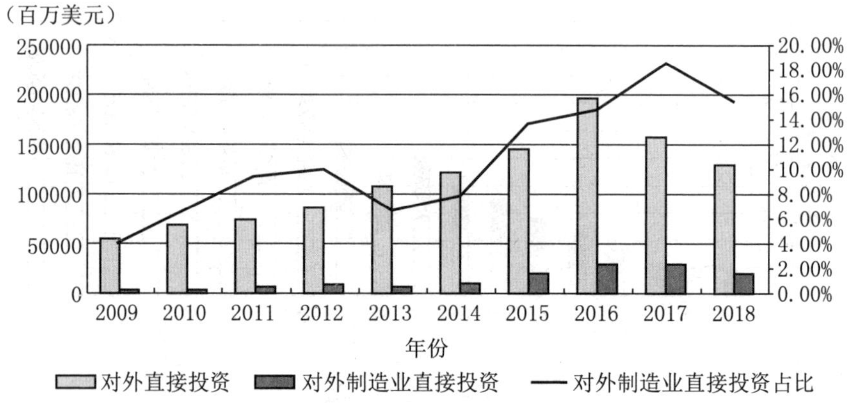

图2.16　2009—2018年中国对外直接投资

资料来源：中国统计数据库。

从交流层次看，技术、资金往来水平不断提高。首先，从技术研发交流层面看，2013年，我国成立IMT-2020（5G）推进组，爱立信、诺基亚、高通、英特尔、罗德与施瓦茨等企业都是推进组成员单位，共同推进5G技术研究、技术规范制定；ICA联盟成员已经超过210家，包括高通、TI、博世、海尔、美的等。其次，从资金扶持层面看，2014年，启动中拉产能合作基金，投资于拉美地区产业部分涉及农业、能源矿产、基础设施、高新技术制造业和金融合作等领域；2018年，启动中欧共同投资基金，主要投向对中欧合作具有促进作用、并且商业前景较好的中小企业；国家自然科学基金委员会（NSFC）与德国科学基金会（DFG）双边合作协议，2018

年双方将共同资助中德合作研究项目，以促进两国科学家之间的合作与交流。

对“一带一路”倡议的全球期待愈来愈高。全球舆论对“一带一路”倡议的态度经历了“观望—质疑—支持—合作”的转变，2013 年全球对“一带一路”倡议的积极情绪占比仅为 16.50%，但党的十九大以来，“一带一路”倡议合作信心大幅提升，积极情绪占比攀升至 32.50%。① 如今，“一带一路”倡议的全球支持率遥遥领先，高出“全面与进步跨太平洋伙伴关系协定（CPTPP）”7.29 个百分点，高出美日印澳四国提出的“印太战略”8.06 个百分点，是印度“季风计划”的 3 倍还多。②2018 年，随着智利、厄瓜多尔、乌拉圭、秘鲁等拉美国家加入“一带一路”倡议③，“一带一路”沿线国家已经遍布亚洲、非洲、欧洲、大洋洲、拉丁美洲。

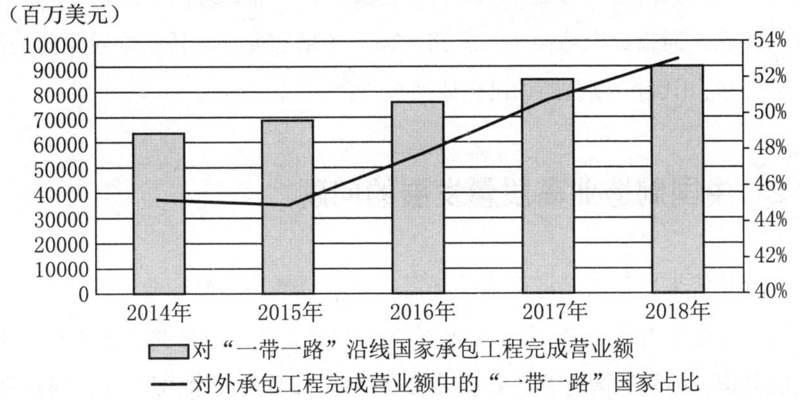

图 2.17　2014—2018 年对“一带一路”沿线国家承包工程完成营业额及其占比

资料来源：中国统计数据库。

“一带一路”沿线国家相互投资，国家间开展的贸易数额也迅速提升。我国对“一带一路”沿线国家非金融类直接投资连年上涨，从 2014 年的 125.38 亿美元增加到 2018 年的 156.4 亿美元，2018 年我国对外非金融类

①② 《数据观丨“一带一路”这五年：舆论态度转变，网民充满期待》，载中国一带一路网 https：//www.yidaiyilu.gov.cn/ghsl/slsg/66757.htm。

③ 《西媒：秘鲁成第 19 个加入一带一路倡议拉美加勒比国家》，载新浪网 http：//finance.sina.com.cn/roll/2019-04-29/doc-ihvhiewr8889991.shtml。

直接投资中对“一带一路”非金融类直接投资占比达到 12.98%，创历史新高。① 我国对“一带一路”沿线国家承包工程完成营业额连年上升，2014 年到 2018 年，年均增长率为 9.89%，并且对外承包工程完成额中“一带一路”沿线国家所占份额越来越高（见图 2.17）。2018 年，沿线国家在我国新设立企业 4479 家，直接投资 424 亿美元，分别比 2014 年增长了 1.4 倍和 5.3 倍。就贸易额而言，2018 年中国与沿线进出口贸易总额 83657 亿元，比 2015 年增长了 34.5%，其中出口 46478 亿元，进口 37179 亿元，分别比 2015 增长了 21.9% 和 54.3%。②

“一带一路”沿线基础设施更加完善，相互间距离进一步缩短。铁路方面，2018 年中欧班列车开行数量达到 6363 列，与 2014 年的 308 列相比，增长近 20 倍，能够到达 49 个欧洲国家，运行时间大幅缩短，费用下降 30%；港口方面，我国港口与世界 600 多个主要港口、200 多个国家建立了航线合作，互联互通指数全球第一；公路方面，中俄黑龙江大桥、中越延边公路、中哈公路、中缅滇缅公路均已建成通车。③

2.2 中国制造业高质量发展的问题

近几年来，我国经济面临外部需求增长缓慢、部分行业产能严重过剩、传统产业竞争力下滑等问题，我国应当加快制造业高质量发展已经成为全社会的共识。尽管我国有着产业规模大、技术基础好、产业配套强、创新要素全等有利于升级的独特优势，近年来三次产业结构不断优化，工业内部高技术、高附加值和新产业比重有所提高，但是制造业高质量发展也面临着国内消费者对国货质量信心不足、发达国家“再制造业化”、工匠精神不足以及中美贸易摩擦等制约因素。如果这些问题得不到及时有效解决，我国制造业高质量发展进程就有可能被打断，中高速增长的态势就难以维持，因此需要

① 数据来源：中国统计数据库。

② 数据来源：项松林：《“一带一路”对中国与沿线国家贸易增长的影响》，《当代经济科学》2019 年第 4 期。

③ 数据来源：《数说“一带一路”成绩单》，载中国一带一路网 https：//www.yidaiyilu.gov.cn/jcsj/dsjkydyl/79860.htm。

高度重视，着力应对挑战。

2.2.1　制造业发展信心不足　大中型工业企业数出现下滑

对经济发展的信心可以理解为社会公众对当前经济状况的心理映射，间接反映了社会公众对未来经济发展形势预期。在我国，企业家信心的强弱，对经济发展有显著的正向影响，企业家信心越强，对企业的投资和现金敏感度越高，从而有利于经济的快速发展。学界一般使用国家统计局发布的企业家信心指数①去判断企业家信心的强弱。2018 年第一季度开始，我国制造业企业家信心指数持续下滑，在第四季度统计时下降到了 123，较第一季度下降了 10.2 个点。②针对导致 2018 年企业家信心受挫的原因，可以从以下几个方面展开分析：

首先，工业企业经营效益逐步恶化。从存货角度看，工业企业生产资料和产成品积压在库的情况越来越重。2016 年 1 月，工业企业存货量为 97169.3 亿元，2018 年 1 月上升到 110242.2 亿元。2018 年 12 月，工业企业存货量为 116671.3 亿元，比 2018 年 1 月增加了 6429.1 亿元。产成品的库存同样呈现出滞销的征兆，2018 年 12 月，工业企业产成品存货量为 43119.1 亿元，比 2018 年 1 月增加了 4333.1 亿元。从采购角度看，新订单的减少抑制了企业积极投产的意愿。2017 年 1 月，制造业新订单采购经理指数③为 52.8%，2018 年 1 月下降到 52.6%。从财务绩效角度看，所有者权益增幅大幅下降。2014 年年末工业企业所有者权益为 405981.71 亿元，同比增长率高达 12.38%，到 2017 年年末，工业企业所有者权益为 490835.31 亿元，同比增长率仅为 3.09%。④

其次，中美贸易摩擦程度加剧，外部环境的不确定性对我国工业出口产生了影响。从图 2.18 可以看出，2018 年，我国工业每月出口交货值与 2017 年相比，普遍都相对较低。特别是，2018 年 4 月，美国公布对华征税产品建议

① “企业家信心指数”由国家统计局每个季度发布。该指数综合反映企业负责人对宏观经济环境的感受与信心，以 100 作为指数临界值，其数值范围在 0—200 之间。

② 数据来源：中国统计数据库。

③ 采购经理指数是国际上通行的 GDP 公布前的宏观经济监测指标，是反映经济增长与衰退的晴雨表。

④ 本段内容的数据来源：中国统计数据库。

清单，清单涉及中国约500亿美元出口，建议税率为25%，在产品方面，则主要涵盖了钢铁产品、铝产品、医用药品、化合物、橡胶制品等，直接针对“中国制造2025”。① 在此后的两个月，工业出口交货值与2017年同期相比，出现明显的下滑，4月、5月和6月同比分别下降了6.71%、7.25%和10.03%。

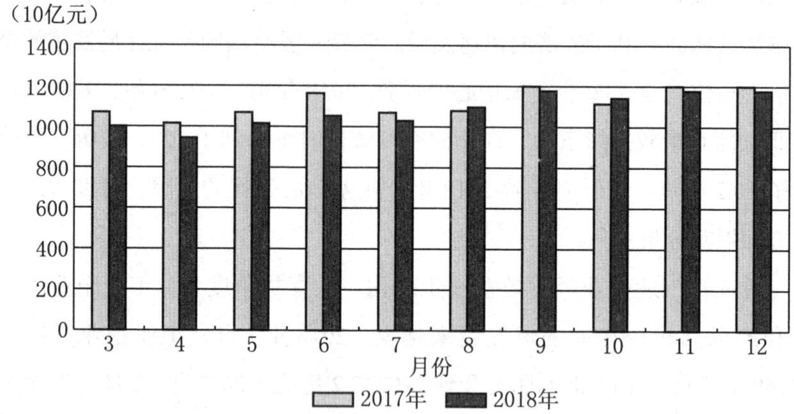

图2.18　2017—2018年各月工业出口交货值

资料来源：中国统计数据库。

第三，民营企业“退场”论掀起舆论涟漪。在改革开放40周年之际，舆论出现了如何全面看待民营企业的问题。引起这一争论的原因是，随着我国经济由高速增长阶段转向高质量发展阶段，一些高负债、粗放经营的民营企业，在转型中遇到较大瓶颈。并且一些民营企业短期逐利行为过热，缺少培育创新能力的动力，轻视环境保护造成严重的负外部性。② 从工业私营企业亏损数看，2017年8月，工业私营企业亏损企业数占比为10.18%，2018年8月，上升到14.54%；从工业私营企业亏损额上看，2018年8月，工业私营企业累计亏损额已经达到999.2亿元，高于2017年工业私营企业全年亏损额（909.7亿元）。③

① 《2018年中美贸易战最新时间表　美与中国贸易逆差再创新高》，载中研网 http：//it.chinairn.com/news/20181105/145632863.html。

② 施戍杰：《民营经济发展40年：五次争论及其启示》，《重庆理工大学学报（社会科学）》2019年第5期。

③ 数据来源：中国统计数据库。

市场信心下滑导致制造业企业投资意愿不断下降，收益增速逐步下滑。2017 年，制造业固定资产投资增长率为 3.08%，较 2016 年下降了 1.07 个百分点。银行对制造业贷款意愿逐步下降，贷款金额持续萎缩。以工商银行为例，2017 年工商银行制造业贷款金额为 14092.06 亿元，2018 年则下降到了 13854.63 亿元，贷款不良率却从 4.80% 上升到 5.76%。① 随着制造业企业投资增速的下降，制造业产出的增速也出现下降。2018 年制造业累计增加值同比上升 6.5%，比 2017 年的增速下降了 0.7 个百分点。2018 年制造业累计营业收入为 907715.9 亿元，同比上升 8.4%，但与 2017 年增速 11% 相比，增速的下降幅度明显。

工业企业亏损情况日趋严重，大中型工业企业数出现明显下滑。工业亏损企业数从 2017 年 1 月的 78538 家上升到 2019 年 1 月的 96551 家，年均增加 17.59%，同期大中型工业亏损企业数年均增加 11.90%。值得关注的是，同期工业私营亏损企业数从 30369 家增长到 49481 家，年均增加高达 27.65%。工业私营亏损企业数的增速十分迅速。在工业企业出现大量经营亏损的情况下，大中型工业企业数量的大幅减少的特征格外突出。例如，工业企业数从 2017 年 1 月的 378237 家，减少到 2019 年 1 月的 364977 家，年均减少 1.77%。相比之下，同时期大中型工业企业数从 61558 家下降到 54513 家，年均减少 5.90%，减速明显较快。值得强调的是，虽然工业私营亏损企业数相对较多，但是工业私营企业数减少速度相对较慢，同期年均减少 0.27%。从亏损额来看，大中型工业亏损占工业亏损比重较大。2018 年工业企业亏损额为 7940.8 亿元，同年大中型企业亏损额为 5139.5 亿元，占比达到 65%，私营企业的亏损额为 1390.8 亿元，占比仅 18%。据此可以判断，大中型工业的大幅亏损额是造成大中型工业企业数快速下滑的主要原因。

2.2.2　低端过剩与中高端不足并存　供给与需求不均衡矛盾凸显

我国进入工业化后期，制造业产能过剩出现常态化迹象。据图 2.19 所示，从 2016 年第四季度开始，我国制造业产能利用率可分为两个时期来

① 《制造业贷款金额不断萎缩　金融业脱虚向实需下大功夫》，载百度网 https：//baijiahao.baidu.com/s?id=1631476259238744800&wfr=spider&for=pc。

分析①：（1）从2016年第四季度到2017年第四季度，产能利用率出现上升时期。2016年开始，“去产能”被列为我国改革任务之首，政策效应在这一阶段得到释放，在2017年第四季度，我国制造业走出产能过剩状态，产能利用率为78.5%，超过78%，进入正常状态区间；（2）2017年第四季度到2019年第一季度，产能利用率出现下滑波段。“去产能”政策效应逐渐减退，我国制造业产能利用率又逐步下降到78%以下，重新回到产能过剩阶段，这反映出我国制造业产业结构转型尚有反复，为了制造业走出产能过剩的窘境，供给侧改革依然任重道远。

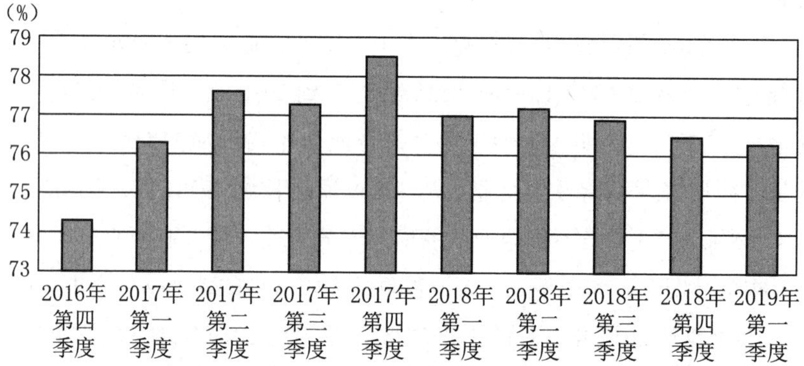

图2.19　2016—2019年按季度分我国制造业产能利用率

资料来源：中国统计数据库。

从产业结构角度看，我国低端产能多集中在劳动密集型产业②，其产能过剩问题依然严峻。从2016年第四季度到2019年第一季度，非金属矿物制品业、食品制造业这两个产业产能利用率一直低于79%，处于产能过剩的状态（图2.20）。纺织业的产能利用率可以分为两个时期：（1）2016年第四季度到2018年第三季度，在这一时期，纺织业从产能过剩进入产能正常阶段。究其原因，2016年国家对全国纺织业落后产能大规模关停，从2016年到2017年，纺织业企业数从19752家减少到18726家（见图2.21）。（2）2018年第

① 我国统计局自2013年开始，每一季度公布一次产能利用率。按国际通用标准来说，当产能利用率在79%—83%之间，产能利用正常，当产能利用率低于79%，则产能过剩。

② 本章选取纺织业、非金属矿物制品业、食品制造业这三个劳动密集型产业作为低端产能的代表。

三季度到 2019 年第一季度，纺织业产能再度过剩。截至 2018 年年底，纺织业企业数为 19122 家，同比上升了 2.11%。随着企业数的增加，产能随即出现过剩迹象，反映出劳动密集型产业进入门槛过低，容易造成产能过剩。

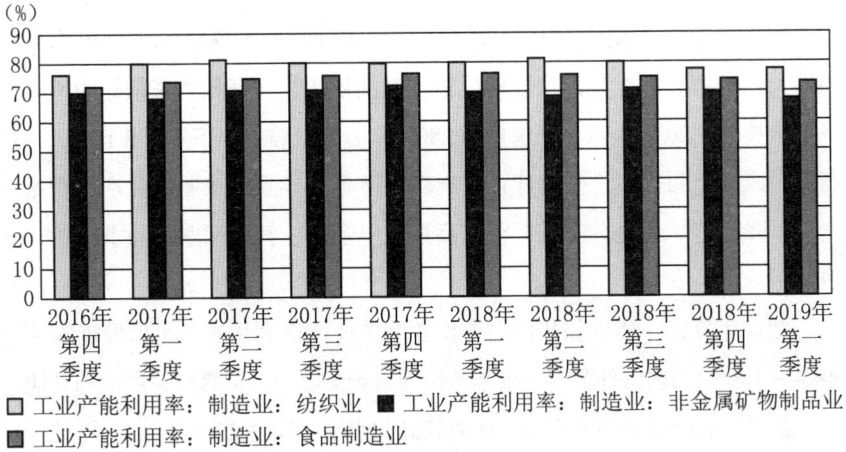

图 2.20　2016—2019 年按季度分我国部分低端产业产能利用率

资料来源：中国统计数据库。

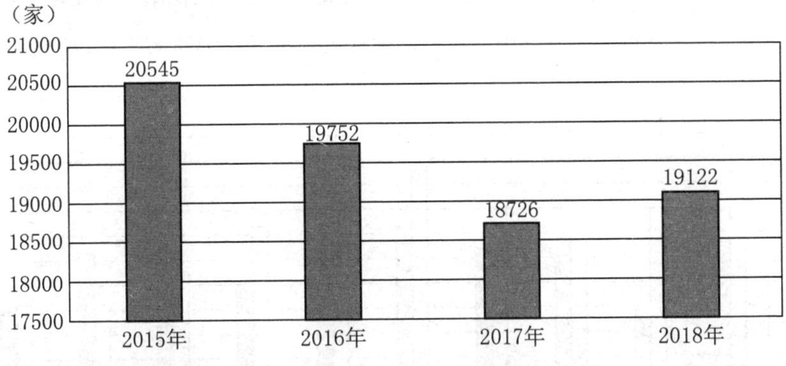

图 2.21　2015—2018 年我国纺织业企业数

资料来源：中国统计数据库。

中高端产业产能利用率普遍高于低端产业产能利用率，但未来发展趋势需要高度重视。结合我国战略性新兴产业和高技术产业的相关定义，本章选取汽车制造业与计算机、通信和其他电子设备制造业两个产业作为中高端产能的代表。据图 2.22 所示，汽车制造业产能利用率的变化可分为两个时期：

（1）2016 年第四季度到 2018 年第三季度，产能利用率十分良好。这一时期，在国家补贴政策的推动下，新能源汽车持续发力。从 2016 年至 2018 年第三季度，新能源汽车累计生产和销售量分别为 202.15 万辆和 198.4 万辆，销量与产量之比高达 98.15%，强劲的需求构成消化汽车行业产能的强大力量；（2）2018 年第三季度到 2019 年第一季度，中国汽车市场在经历了 20 多年的高增长后，消费需求逐渐摆脱对政策刺激的依赖，并开始真正依靠内生动力平稳增长[①]，2018 年汽车销售量为 2803.89 万辆，较上年下降了 3.12%，并且新能源汽车盲目投资、重复建设情况较为严重，导致汽车制造业产能利用率出现下降趋势。但是，对汽车行业高质量电动化、智能网联化需求依然十分强劲。

再看计算机、通信和其他电子设备制造业产能利用率，可以发现除了每年第一季度受到国内外节假日等季节性因素影响之外，计算机、通信和其他电子设备制造业产能利用率都处在相对较高的水平。即便 2018 年第二季度开始，我国已经受到中美贸易摩擦的影响，外部需求出现疲软，但是计算机、通信和其他电子设备制造业的产能利用率所受影响颇小，反映出对我国中高端产能的需求依然强劲，加快构建能够满足高品质消费升级趋势的供给能力是未来汽车行业与计算机、通信和其他电子设备制造业进一步提升中高端产能的关键。

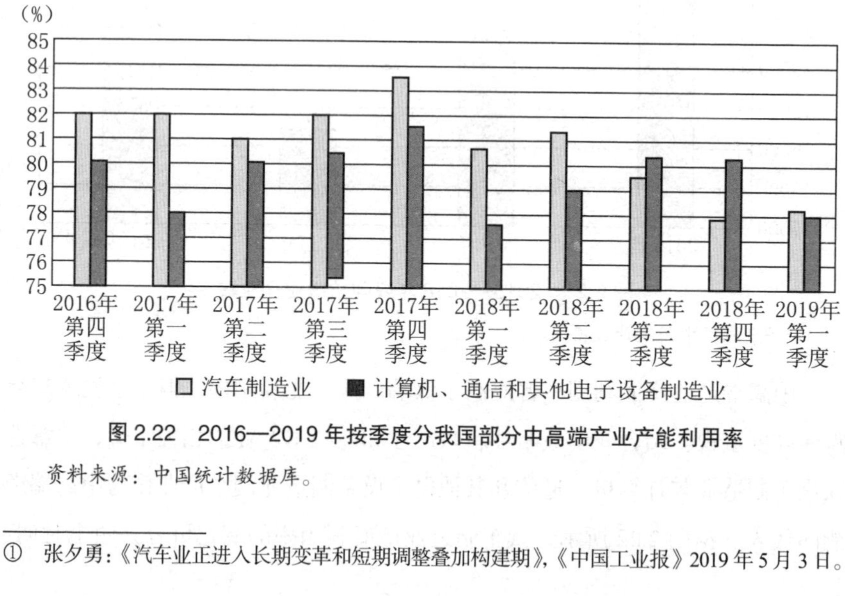

图 2.22　2016—2019 年按季度分我国部分中高端产业产能利用率

资料来源：中国统计数据库。

① 张夕勇：《汽车业正进入长期变革和短期调整叠加构建期》，《中国工业报》2019 年 5 月 3 日。

从贸易均衡角度看，我国高端制造业供需不均衡的问题十分显著。一般而言，我国工业制品长期保持着贸易顺差，2018 年贸易顺差为 9179.96 亿美元，同比增长 4.14%①，但就能够代表高端产能的高技术产品贸易而言，我国多处于逆差贸易状态。仅以部分高技术产品为例，如表 2.2 所示，所列高技术产品的贸易逆差呈扩大趋势。其中，电子技术产品贸易逆差一直保持最大，2015—2018 年贸易逆差的平均增长率为 12.73%；2017 年计算机集成制造技术产品贸易逆差超过航空航天技术产品，2015—2018 年其贸易逆差平均增长率为 21.88%；2015—2018 年航空航天技术产品贸易逆差每年增幅约为 4.49%。在工业制品贸易上处于顺差，而在高端技术产品贸易上处于逆差，这也反映出我国高端供给严重不足。

表 2.2　2015—2018 年我国部分高技术产品贸易差额　（单位：百万美元）

时　间	电子技术产品	计算机集成制造技术产品	航空航天技术产品
2015 年	−152087.51	−23376.67	−27629.16
2016 年	−160801.05	−22987.59	−23838.06
2017 年	−186863.08	−31174.33	−29084.59
2018 年	−217848.67	−42318.75	−31516.89

资料来源：中国统计数据库。

2.2.3　节能减排技改成本巨大　制造业绿色发展速度受限

我国的部分资源稀缺和环境承载力有限，高投入、高消耗、高排放、低效率的传统增长方式不利于我国经济的可持续发展。随着经济发展和人民生活水平的提高，环境质量会受到越来越多人的重视。在现阶段环境问题依然严峻，生态环境建设滞后问题凸显，节能减排作为改善环境的重要手段，实现制造业绿色发展的重要途径，面临的困难也非常巨大，需要大量的投入，需要政府和人民的共同努力。

推行节能减排存在主观和客观上的挑战。

一是节能减排政策不能精准落地施行，一些地方政府强行摊派节能减排指标造成大量资源浪费。个别地区存在以完成节能减排目标为名，拉闸限电

① 数据来源：中国统计数据库。

而不考虑企业正常运作需要的行为；一些地区也存在为应对政府突击检查，临时关停企业的行为；还有一些地区存在以节能减排为名，实施强征高排污费的行为。诸如此类的“先停后治”“先停再说”等“一刀切”的形式主义做法，违背了国家环境监督检查的目的，更是影响了正常合理的生产秩序，往往造成环境与经济双输。①

二是节能减排标准的提高加大了地区达标的难度，使得政府和企业需要主动配置更多的资源投入。在“十一五”期间，我国首次规定了单位国内生产总值能耗降低20%左右、主要污染物排放总量减少10%的约束性指标；“十三五”期间，单位国内生产总值能源消耗较“十二五”再降低15%（具体见表2.3）。节能减排标准越来越高，完成难度越来越大，需要企业按标准执行，加强技术攻关。实现节能减排技术突破，要么依靠自主研发，要么依靠引进外国先进技术，而这两种途径都是成本巨大的。

表2.3 各时期我国节能减排相关计划②

时　期	“十五”计划	“十一五”规划
资源节约	（1）灌溉用水有效利用系数达到0.45。 （2）工业用水重复利用率达到60%。	（1）单位国内生产总值能源消耗降低20%（约束性）。 （2）单位工业增加值用水量降低30%（约束性）。 （3）主要污染物排放总量减少10%（约束性）。 （4）耕地保有量不减少（约束性）。
时　期	**“十二五”规划**	**“十三五”规划**
资源能源节约与结构优化	（1）耕地保有量保持在1.21亿公顷。 （2）单位工业增加值用水量降低30%。 （3）农业灌溉用水有效利用系数提高到0.53%。 （4）非化石能源占一次能源消费比重达到11.4%。 （5）单位国内生产总值能源消耗降低16%。 （6）单位国内生产总值二氧化碳排放降低17%。	（1）耕地保有量保持在1.24亿公顷。 （2）新增建设用地规模少于3256万亩。 （3）万元国内生产总值用水量下降23%。 （4）单位国内生产总值能源消耗降低15%。 （5）非化石能源占一次能源消费比重由12%提高到15%。 （6）单位国内生产总值二氧化碳排放降低18%。

① 吴舜泽、黄德生：《环保“一刀切”是环境与经济双输的形式主义、官僚主义》，《中国环境报》2018年9月14日。

② 参照王海芹、高世楫：《我国绿色发展萌芽、起步与政策演进：若干阶段性特征观察》，《改革》2016年第3期。

先进节能环保技术自主研发需要大量资金投入。在能源供给侧实施清洁能源替代，在能源消费侧实施电能替代，是世界能源转型大趋势，因此发展智能电网势在必行。我国从 2009 年开始，计划用 10 年时间投资 4 万亿元发展智能电网。① 中国交通运输管理协会发展战略工委的调查问卷中，在“企业节能减排工作的困难中”这一问题下，有高达 95.4% 的样本企业选择了面临资金困难问题这一选项。②

企业引进国外先进技术同样难度大，成本高。通常，技术壁垒的存在是因为发达经济体为维护其自身的经济安全、生态环境、产品质量和竞争力等，采取了相关保护性的技术措施。一般发达经济体不会愿意把最先进的技术传授给发展中国家，即使转让或指导也会要求极高的代价。例如，2012 年年初，江苏菲力环保工程有限公司有意引进世界五百强企业日本伊藤忠商事株式会社的 WEP 水环境修复技术，日方因担心合作之后环保技术很快被复制而不愿答应，直到 2015 年，宜兴环科园帮助江苏菲力环保工程有限公司，以政府参股为筹码参与谈判，才最终以环科园出资 400 万元、菲力环保出资 500 万元获取了日方最新一代 WEP 水环境修复技术，这也是日方首次出口该技术。③

当前我国制造业发展水平和环境保护的现实要求存在一定矛盾。第一，我国能源消费仍以煤炭为主，而制造业是消耗煤炭最多的行业，2016 年，煤炭消费量为 384560 万吨，占能源消费总量的 66.7%，其中制造业煤炭消费量为 168582 万吨，占煤炭消费比重为 43.8%，④ 占比最高，制造业仍是二氧化碳、硫化物等污染物的主要生产源。第二，我国工业结构对能源需求量巨大。2016 年，我国高能耗产业⑤ 企业在工业企业中占比约为 21.58%，⑥ 其能源消费总量却占工业能源消费的 58.23%。⑦ 第三，企业利润为先的理念一直存在于工业生产中，末端治理污染的思路一直存在，然而污染物末端治理实

① 《中国大规模建设智能电网总投资将超 4 万亿》，《建筑机械》2011 年第 1 期。

② 李恒：《交通运输企业节能减排能力建设现状分析》，《交通企业管理》2017 年第 2 期。

③ 《政府出资 400 万助企业引进国外环保先进技术》，载家核优居网 https：//www.jiaheu.com/topic/242308.html。

④⑦ 数据来源：《中国能源统计年鉴》（2017 年版）。

⑤ 此处高能耗产业指造纸业、化学工业、金属冶炼及压延加工业和非金属加工业，其他为低能耗产业。

⑥ 数据来源：中国统计数据库。

现减排的潜力逐渐收窄。

节能环保技术尚未充分应用到制造业生产中。第一，我国节能环保产业的定性认识尚不充分，不利于产业的发展。节能环保产业汇聚了环保产业、能源产业、现代农业产业、工业改造和建筑绿色化产业等产业，组成的复杂性使得其难以被纳入国民经济核算统计体系，导致宏观上难以把握其发展现状和准确判断走势，不利于出台相关产业扶植政策；同时，节能环保产业（特别是环保产业）市场化进程缓慢，制约了产业的健康发展，也制约了节能减排技术的进步。第二，新能源等节能减排技术的发展速度尚不能满足制造业生产力的要求。例如，进入电气时代后，电能在生产生活中发挥着重要的作用，制造业是消耗电能最多的行业，2016 年消费电能 32223.96 亿千瓦时，占全行业电能消费总量的 52.57%，① 虽然风力发电等清洁方式在不断进步，但火力发电仍是最主要方式，2016 年，依靠火力发电量为 44370.68 亿千瓦时，占总发电量的 72.35%，2018 年，该占比仍达到 71.3%。

2.2.4 新产能区域间布局规划不清　重复投资和过分竞争风险尚存

自战略性新兴产业确立以来，全国各地都在积极培育战略性新兴产业。但各省份之间往往没有形成协同发展机制，各省份同一产业竞争性强而互补性弱，产业结构趋同发展趋势明显，将北京、上海、江苏和广东四个省份在新材料、新一代信息技术和新能源汽车三个战略性新兴产业上的规划作比较，可以看出各省份之间存在着新产能布局规划相似性高的状况。有研究发现，区域产业布局缺乏互补性往往会抑制产业的生产效率；对于高技术行业而言，行业规模越大，生产效率往往会越低。②

我国的区域产业规划尚未走出从全局统筹发展的新路子，依旧承袭对标国家产业政策、各省份各自为政的老路子。如表 2.4 所示，在新材料产业上，四省份都计划围绕电子信息（集成电路）产业、高端装备制造业等领域研发新材料；并且对稀土功能材料领域的研究都十分重视。在新一代信息技术产业上，四省份都计划加快推进“万物互联”的实现，并且都在布局高性能集成电路的研发。在新能源汽车产业上，四省份都计划构建完整的汽车产业链，特别是，四省份都强调了纯电动车发展及其电池研发的重要性。事实

① 数据来源：《中国能源统计年鉴》(2017 年版)。

② 罗能省、谭晶：《区域产业同构对产业效率的影响研究》,《工业技术经济》2016 年第 2 期。

上，这种各省份各自为政、战略性产业全国开花的传统模式在我国燃油动力汽车产业发展中已经显露出重复投资和过度竞争的风险，但是这种模式至今还在战略性新兴产业发展中沿用。

表 2.4　部分战略性新兴产业规划省域比较

	北　京	上　海	江　苏	广　东
新材料产业	围绕新一代信息技术、新能源汽车、高端装备制造等高精尖产业发展需求，聚焦第三代半导体材料、高端装备用特种合金、新型能源材料、稀土功能材料、新型显示材料、高性能纤维及复合材料等关键战略材料。	重点培育提升集成电路专用材料、新一代生物医用材料、航天航空材料、人工晶体和先进陶瓷、第三代半导体材料、新型显示材料、新能源汽车电池材料、稀土功能材料等关键战略领域材料。	围绕航空航天、高速铁路、先进轨道交通装备、新型电力装备、电子信息等重大工程建设急需的关键材料，加快发展高性能纤维、高温合金材料、高性能膜材料，以及稀土功能材料、新型电子信息材料、先进陶瓷材料。	围绕新一代信息技术、生命科学、高端装备制造、节能环保等重点产业发展需求，重点发展高性能纤维及复合材料，稀土功能材料，宽禁带半导体材料和新型显示材料，生物医用材料，以及高端装备用特种合金、新型能源材料等。
新一代新兴技术产业	推进新兴技术融合应用与服务模式创新，加快基于云计算、移动互联、物联网、大数据的处理运营等创新服务发展，增强新型信息服务能力；加快推进 14 纳米先进工艺技术研发及生产线建设，取得新一代集成电路关键核心技术上的突破性进展。	建立以自主核心技术及产品为支撑的“云、网、端”智慧服务，助推智慧城市建设跨入“万物互联”新阶段，为市民便捷享受到高质量的定制服务提供支撑。重点放在导航与遥感，网络安全，大数据及云计算，先进传感器及物联网，下一代移动智能终端和高端核心芯片。	加快发展物联网、下一代信息网络、高性能集成电路、新型显示和新型电子元器件等，构建万物互联、融合创新、智能协同、安全可控的新一代信息技术产业体系。	推进高速光纤网络建设，大力发展信息网络产业，提升整机产品与核心基础软硬件竞争力，培育发展人工智能产业，推动大数据应用与创新发展和推动“互联网 +”融合发展。
新能源汽车产业	以整车设计集成为龙头，在京津冀部署新能源汽车测试实验基地，带动形成动力电池、电机、汽车电子等产业链联动发展，带动轻量化材料、电池材料、智能制造装备等延伸链条升级。	以燃料电池汽车、纯电动汽车和强混合动力汽车等新能源汽车的核心技术为主攻方向，重点开展高比能量电池正负极材料、高功率密度燃料电池电堆等技术研究；率先开展特种车辆无人驾驶试验示范；支持相关传感器、芯片关键技术突破和国产化。	坚持以纯电驱动为主的战略取向，提升纯电动汽车和插电式混合动力汽车产业化水平，推进燃料电池汽车产业化。突破整车设计、动力电池、驱动电机及集成控制等关键核心技术，坚持产业发展和推广应用相结合、整车引领和加强配套相结合。	全面提升新能源汽车整车性能与技术水平。重点推进纯电动汽车、插电式混合动力汽车、增程式电动汽车的研发及产业化，鼓励发展特种用途电动汽车、短途纯电动汽车。加速电动汽车智能化技术应用创新，发展智能自动驾驶汽车。有序推进燃料电池汽车研发与产业化。大力推进动力电池技术研发。

资料来源：《北京市“十三五”时期现代产业发展和重点功能区建设规划》《上海市科技创新“十三五”规划》《江苏省“十三五”战略性新兴产业发展规划》《广东省战略性新兴产业发展“十三五”规划》。

未来电子信息制造产业发展暗含类似技术重复投资和过分竞争的潜在风险。例如，集成电路产业作为当前“卡脖子”产业，在我国许多省份的产业规划中都获得高度重视，除了以上四个经济发达的沿海省份以外，内陆省份在集成电路产业上也存在“大干快上”的势头。以湖北和安徽两省为例，湖北省2016年发布《湖北省工业“十三五”发展规划》明确指出，要依托武汉新芯国家级集成电路设计技术中心等创新平台，培育集成电路设计业龙头企业，到2020年形成月产30万片芯片生产规模；同样，安徽省在2014年发布《安徽省人民政府办公厅关于加快集成电路产业发展的意见》中指出，目标到2020年，集成电路产业总产值达600亿元以上，建成以合肥为中心，辐射皖江城市带，具有区域影响力的特色集成电路产业集聚区。

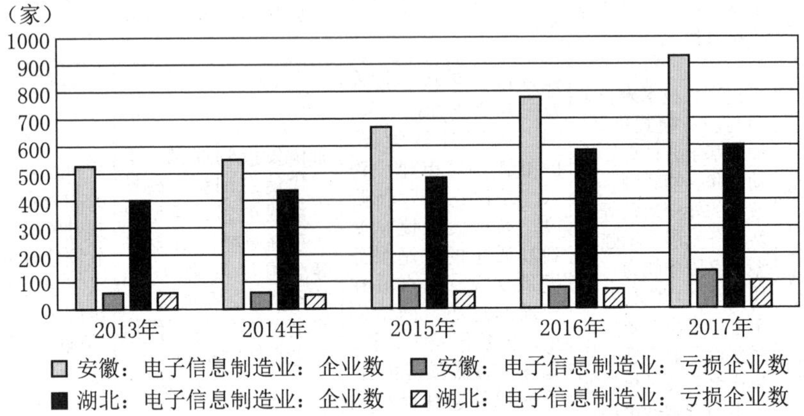

图2.23　2013—2017年安徽和湖北电子信息制造业企业数

资料来源：中国统计数据库。

安徽与湖北两省在集成电路产业上的类似布局，容易造成产业过分竞争和资源错配。从产品类别来看，安徽的合肥长鑫与湖北的长江存储都在做存储晶圆，产品类别相近，规划产能较大。从电子信息制造业企业的发展状况来看，安徽省的电子信息制造业企业数一直高于湖北的企业数，但亏损数也高于湖北。2013年至2017年安徽和湖北的电子信息制造业企业数平均增速分别为15.33%和10.71%，亏损企业数平均增速为21.21%和14.59%，亏损企业增速一直高于新成立企业增速，安徽电子信息制造业企业的亏损速度是成立速度的1.38倍，湖北同行业企业的亏损速度是成立速度的1.36倍，两地电子信息制造业将逐步面临过分竞争的潜在风险（见图 2.23）。从经营绩效上看，两地在电子信息产业发展上存在着不同。虽然湖北电子信息产业主营业务收入及产品产值都要低于安徽，但湖北历年单位企业主营业务收入都要高于安徽（见表 2.5），事实上两地可以通过合理有效整合资源配置，利用便利的交通网络互通有无，相信从全局角度电子信息产业发展会获得更大的成效。

表 2.5　2013—2017 年安徽和湖北电子信息制造业主营收入及单位主营收入

（单位：百万元）

年份	电子信息制造业主营收入		单位主营收入	
	安徽	湖北	安徽	湖北
2013	141963.30	161755.32	268.36	396.46
2014	205669.50	188180.78	367.92	428.66
2015	253574.81	214187.60	376.78	427.52
2016	302800.00	281900.00	384.75	486.87
2017	354060.00	267230.00	378.27	435.94

资料来源：中国统计数据库。

2.2.5　中美贸易摩擦烈度加剧　关键技术“卡脖子”影响发展预期

改革开放以来，中国与美国经贸关系取得了长足进步。中美贸易额从 1978 年的 9.91 亿美元增加到 2017 年的 5836.97 亿美元，贸易结构从为数有限的产品种类扩大到几乎覆盖所有产品种类。如今，中美两国贸易紧密，互为重要的贸易伙伴，中国的产业转型升级需要美国高端科技，美国的发展也需要中国的生产能力和大量丰富且性价比高的产品，双方贸易互求强烈。2017 年年底，中国继续保持着美国第一大贸易伙伴的地位，也是美国的第三大出口市场（1539.45 亿美元）和第一大进口来源地（4297.30 亿美元）。①

2018 年上半年中美贸易摩擦迹象初露端倪。2018 年 3 月，美国认定进口钢铁和铝产品威胁美国国家安全，对部分进口钢铁产品和铝产品分别加征 25% 和 10% 关税。对加拿大、墨西哥、澳大利亚、欧盟、韩国等给予关税

① 数据来源：中国统计数据库。

豁免，而对中国继续保持征税。①4 月，美国政府对中国出口美国价值约 500 亿美元的产品，展开“301 调查”，品类涵盖约 1300 个税号的产品，主要针对机械产品、航天航空产品、医药产品、信息和通信技术产品和机器人等高技术行业产品，建议税率为 25%。4 月，我国宣布对从美国进口的飞机、汽车、化工品以及农产品等金额约 500 亿美元的相关产品，采取税率为 25% 的对等加征关税措施，实施日期将根据美国政府对我商品加征关税实施情况而定。虽然 5 月，中美开始进行贸易谈判，并达成了一定的协议，但美国政府在 6 月违背此前达成的谅解协议和无视中方做出的诸多让步，决定于 7 月 6 日起分步实施对 340 亿美元中国进口的产品加征 25% 的关税，中国被迫在同日宣布对同等规模的美国商品加征关税。②

2018 年下半年起中美贸易摩擦烈度加剧。7 月，因为中国对美国加税的反击，美国开启对额外 2000 亿美元中国商品加征 10% 关税的程序，涉及行李箱、轮胎、猫狗粮、电视机元件等广泛领域；8 月，美国拟将加征税率由 10% 提高至 25%。针对美方上述措施，国务院关税税则委员会决定对原产地为美国的价值约 600 亿美元的 5207 个税目商品，加征 25%、20%、10%、5% 不等的关税。9 月，美国政府宣布对华进口价值约 2000 亿美元的商品，实施加征关税税率为 10% 的措施，并宣称 2019 年将进一步提高加征关税税率至 25%。对此，我国不得不对已公布的约 600 亿美元清单商品实施加征关税措施。2019 年，中美两国进行了多轮的谈判，虽然有一些实质性的进展，但至 2019 年 11 月尚未达成协议。5 月，美方执行对从中国进口价值 2000 亿美元商品加征税率为 25% 的关税，对此我国相关部门决定，自 6 月起提高加征关税税率，对之前价值 600 亿美元的美国进口商品清单中的部分商品，分别实施 25%、20% 或 10% 的加征关税，维持对之前加征 5% 关税税目商品的关税率不变③，关税博弈已成为中美贸易摩擦的重要领域。

美国对我国高科技企业加大制裁，成为中美贸易摩擦的新热点。例如，

① 佟家栋：《中美战略性贸易战及其对策研究》，《南开学报（哲学社会科学版）》2018 年第 3 期。

② 黄礼健：《中美贸易战升级的原因、影响及趋势分析》，《新金融》2018 年第 9 期。

③《国务院关税税则委员会发布公告决定对原产于美国的部分进口商品提高加征关税税率》，载中国政府网 http：//www.gov.cn/xinwen/2019-05/13/content_5391220.htm。

2018 年 4 月，美国商务部下令禁止美国公司向中兴通讯出口电信零部件产品，期限为 7 年。中兴通讯大约有 20%～30% 的元器件由美国厂商供应①，其中高端产品对美国的芯片依赖程度非常高，这就导致中兴通讯生产线难以继续运作，经营业绩迅速下滑。从图 2.24 可以看出，2018 年之前中兴通讯年度主营收入一直保持增长势头，但 2018 年美国开始对其进行制裁后，营业收入迅速地下滑，2018 年全年收入为 855.13 亿元，同比下降了 21.41%。就季度数据而言，在 2018 年 4 月禁令下达之前，中兴营业收入较往年第一季度呈现出稳中有增的状态。4 月禁令下达之后，中兴在第二季度的经营绩效迅速下滑，当季营业收入为 119.1 亿元，不及 2017 年同期的一半。6 月，中兴通讯与美国签署一项原则性协议，取消了美国商务部针对该公司向美国供应商采购零部件的禁令，中兴再次可以正常获取美国的芯片，从而使得该公司恢复业务运营，企业经营状况也迅速转好。

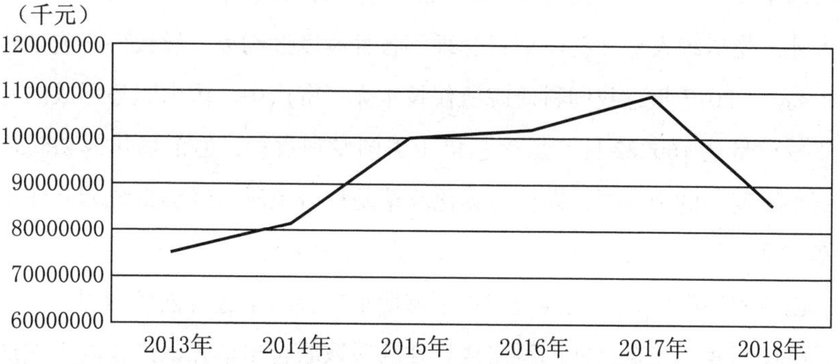

图 2.24　2013—2018 年中兴通讯年度营业收入

资料来源：中国统计数据库。

技术遏制似乎成为中美贸易谈判的新筹码，关键技术“卡脖子”无疑严重影响着我国高技术产业的发展预期。2019 年 5 月，美国总统特朗普下令美国进入紧急状态，制定实体名单，禁止美国企业使用列入实体名单中被认定对美国国家安全造成风险的外国企业所制造的电信设备，该实体名单中包括我国的华为公司。事实上，华为在美国几乎没有拓展自身的销售业务。相

① 叶纯青:《中兴事件再现“缺芯”难题》,《金融科技时代》2018 年第 5 期。

反，华为公司2018年从全球的13000家供应商购买了价值700亿美元的零部件，其中约110亿美元采购自数十家美国企业，包括高通、博通公司的计算机芯片以及微软的软件和谷歌的安卓系统。①

2.2.6 创新体制机制建设不完善　关键要素支持能力不强

在创新成为我国高质量发展核心动力的今天，创新体制机制方面的欠缺也逐步显露出来。从创新从业人员的价值取向看，“官本位”思想依然形成一定干扰。我国一些科研人员希望有行政职位，一些科技界官员又希望有学界头衔。以行政权力为主导的“官本位”倾向、非研究导向的管理方式，无论对人才评价、激励，还是资源分配，都极大地伤害了教学科研人才的科研积极性。②

当前我国将创新成果投入市场的能力相对欠缺。第一，科技转化成能投入市场的产品能力不足，2018年，我国有效发明专利产业化率③为32.3%，连续两年发生下降，2016年为36.7%。④第二，大量集中于科研院所中的科技人才，受传统人事和科研项目管理等各种制度性约束，导致科研成果转化率不高。⑤2017年，我国科研院所仅技术无形资产中，国内职务形成的专利一年授权量达160022件，虽然三倍于美国专利数量，但市场化成功转让的比例小于美国的10%⑥，推行市场化改革是科研院所与经济系统相互作用的必然结果。⑦

创新成果产权界定及利益保护不够明晰，影响了进行创新的积极性。第一，高校之间、校企之间的科研成果往往采取联合申请知识产权的方式加以维护，往往出现某一方单位领导担心资产流失而不敢承担责任作出决策，进而对科技成果转化造成不利影响。第二，当前科研人员的发明成果以职务发

---

① 赵明昊：《升级对华贸易摩擦特朗普自鸣得意，美国内外舆论别有愁肠》，《华夏时报》2019年6月3日。

② 沈荣华：《破除“官本位”造成的“人才浪费”》，《光明日报》2016年4月5日。

③ 产业化率指生产出产品并投放市场的比率。

④ 数据来源：2018年中国专利调查报告。

⑤ 陈宇学：《创新体制机制加快科技强国建设》，《学习时报》2019年2月20日。

⑥ 李相林：《科研院所无形资产的市场化路径探讨》，《管理观察》2018年第36期。

⑦ 王福涛、潘振赛、汪艳霞：《科研院所改革政策主体演化研究》，《科学学研究》2018年第4期。

明为主的专利申请方式，不利于提高科研人员的创新积极性。第三，维权成本高，而侵权成本低的问题尚未解决。在维权过程中，维权部门之间相互推诿，不能有效及时地解决问题；维权部门内部工作效率低，办事拖拉，并且工作方式简单、粗暴，不敢坚持原则维护弱者权益的现象常常发生，造成被侵权者维权过程中，花费时间与精力，却收效甚微。但就侵权者而言，因为侵权获利赔偿规则的构成要件的举证责任均由原告承担，并且侵权获利证据掌握在侵权者（被告）手中[①]，使得被侵权者反而处于不利地位。

我国研究与试验发展经费支出配置方面还存在不合理的地方，导致效率没有充分地施展。第一，基础研究和应用研究的支出比例过小。研究与试验发展经费支出包括年度基础研究、应用研究和试验发展经费支出三部分，在美国和日本用于年度基础研究、应用研究支出在总经费支持占比均超过30%，英国和法国更是超过了60%[②]，而我国用于年度基础研究、应用研究支出占比分别约为当年总量的5%和10%（见图 2.25）。基础研究关系到制造业的高质量发展，特别是集成电路、液晶面板等关键行业[③]。核心技术依赖他国，一旦遭遇“卡脖子”，那么该行业发展就会严重受阻。

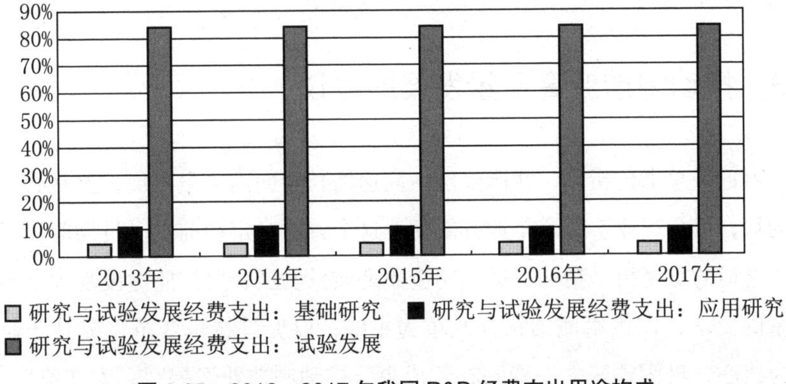

图 2.25　2013—2017 年我国 R&D 经费支出用途构成

资料来源：中国统计数据库。

① 徐小奔：《专利侵权获利赔偿中因果关系的认定》，《法律科学（西北政法大学学报）》2018 年第 36 期。

② 盘和林：《深化科研体制改革，引领科技创新“风向标”》，《国际金融报》2019 年 6 月 10 日。

③ 柳卸林、何郁冰：《基础研究是中国产业核心技术创新的源泉》，《中国软科学》2011 年第 4 期。

第二，创新型人才[①]匮缺将使我国的创新发展受阻。目前，我国人才培养模式不利于创新型人才的产生。在高校教育中，老师和学生比例持续下滑（见图 2.26），这意味着一个老师要担负更多学生的教育工作，工作质量难免受到影响。2018 年，每 100 个学生大约有 5.91 个老师负责，与每 100 个学生应有 6.25 个到 7.14 个老师负责的国际公认合理区间差距较大[②]，而我国从 2005 年开始就已经不在这个区间了。

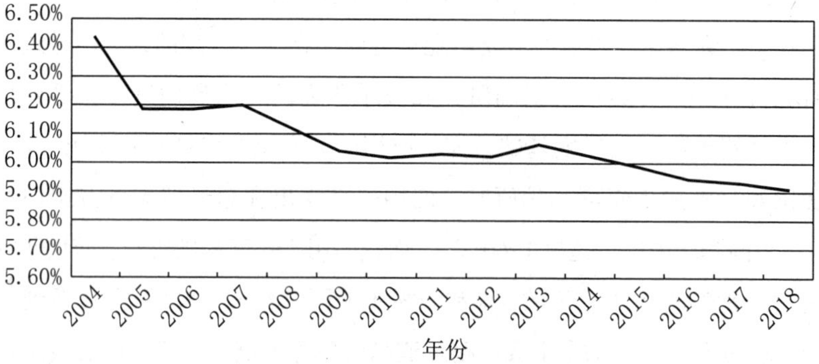

图 2.26　2004—2018 年普通本专科老师—学生比例

资料来源：中国统计数据库。

2.3　推动制造业高质量发展的建议

习近平总书记指出，我国经济由高速增长转向高质量发展，这是必须迈过的坎，每个产业、每个企业都要朝着这个方向坚定往前走。贯彻落实习近平总书记的重要指示精神，推动制造业高质量发展，要按照建设现代化经济体系的要求，以供给侧结构性改革为主线，以促进技术变革、提升产业链条为核心，巩固“三去一降一补”成果，推动制造业发展“三大变革”，不断优化供给结构满足需求升级的适应性，增强微观主体活力，推动科技、金融、人才与实体经济良性循环，扭转制造业比重过快下降态势，加快制造业

① 创新型人才的特征：善于发现问题；惯用理性思维；专注重点，注意细节；不断学习；人格健全。参考任飚、陈安：《论创新型人才及其行为特征》，《教育研究》2017 年第 38 期。

② 彭勃、商锐：《高等教育人才资源的生态化配置》，《学术论坛》2009 年第 10 期。

由大到强的转变跃升。

2.3.1　用好宏观经济逆周期调控工具，树立制造业企业发展信心

积极的财政政策应该将着力点放在更为基础性、根本性和前瞻性的工作上，保证经济的平稳增长，进一步增强经济发展的内生性。一是深化税制改革，进一步降税减费，积极为制造业企业生产活动“减负”。制造业中小企业、民营企业和外资企业对经济增长的贡献率持续增加，通过直接降低增值税率给这类企业降成本，根据区域实际情况下调社保名义费率，稳步缩小实际征缴费率与名义费率之间的距离，对于重振制造业实体经济活力就显得尤为必要。二是落实个人所得税减免政策，提升消费者消费意愿。落实好六项专项附加扣除政策并积极推进综合与分类相结合的个人所得税制改革①，切实加快消费者可支配收入的增长，发挥好财政政策在需求侧的实际作用。三是进一步优化一般性支出及“三公”经费，提升对重点领域支出的精度，如结构调整、科技创新、节能环保及民生保障等领域。财政支出应符合竞争性原则，在财政补贴、定向财税优惠及政府采购等领域，创造公平竞争环境。以市场化来约束基础设施投资，保证基础设施项目的可持续性。

货币政策需进一步着力于稳健性构建，加大力度稳定市场对经济形势的预期，平抑“黑天鹅”和“灰犀牛”等突发性重大事件对货币和资本市场的影响。首先要稳政策，继续用好“定向降准 + 货币市场调整”等基本工具组合，保持货币信贷和社会融资规模合理增长，提升民营经济和小微企业的融资可获得性的政策支持。其次要把握好去杠杆与稳杠杆的关系，既要进行信贷结构性调整，稳定宏观杠杆率，将流动性导入到中小微企业，又要通过控制增量，逐步消化存量，降低风险较高部门的杠杆率。在实际调控过程中，稳定杠杆率本就不高的小微企业和民营企业的融资成本。严格控制票据贴现的空转和套利，改善贷款结构，确保小微企业和民营企业能获得稳定的货币支持。第三，要继续加大力度确保汇率稳定。我国金融市场体系还未完全成熟，为保持外汇市场风险可控，应保持人民币汇率的高弹性，配合适度的资本管制，确保人民币币值稳定，促进国际化进程。第四，要稳资产价格与资

① 于长革：《精准把握积极财政政策的着力点》，《中国经济时报》2019 年 5 月 14 日。

本市场预期。在保证通货膨胀率稳定的前提下，降低实际利率才能有效提升民营企业和小微企业进行融资的意愿。实际利率受无风险利率及风险溢价影响，导致控制风险溢价成为提升企业融资意愿的最主要方式。依靠建立完善的经济法制体系，提高投融资政策制定的透明度，从而激发各类投资主体的积极性，鼓励多元化投资，分散流动性，降低风险。

加大以稳就业为目的的政策资源投入。通过稳就业来稳定人们的收入预期，从而稳定了消费，也就有利于外贸、外资的稳定。一是提升劳动力就业参与率。其一，发挥好社会保障制度、户籍制度、基本公共服务均等化等制度性因素的政策效应，提升个体的劳动参与度。其二，加强对下岗失业人员的再培训以及鼓励企业开展在岗培训，打造适合就业岗位劳动力技能的柔性培育体系，缓解当前结构性就业矛盾。其三，放宽对创业群体贷款额度限制，加强创业孵化载体建设，为创业群体提供良好创业环境。二是提升就业政策与其他宏观政策的协同效应。就业与财政政策、货币政策密切相关，加强财政政策、货币政策等宏观经济政策决策过程中对劳动力市场因素的考量，增强就业政策的市场绩效。三是优化大学毕业生就业工作机制。政府应当为毕业生就业做好充分保障，出台积极就业政策，规范市场用人环境，搭建人才交流平台，动员高校做好毕业生就业培训。

2.3.2 完善制造业创新体制机制建设，强化关键要素支持高质量发展能力

制造业是产业技术创新的主战场，提升技术创新的能级成为制造业企业制胜的关键，企业创新能力与企业核心能力渐趋一致。政府有必要为制造业企业培育创新能力创造良好条件，推动更多优质企业产生，加速实现经济转型升级。

一是促进企业之间以及企业与高校、研究机构的合作。制造业服务化已成为适应个性化市场需求的必然选择，促进制造业企业与服务业企业间的交流合作，有利于创新催生新业态。科研院所或是依托高校而建的研究中心是重要的创新载体，企业与其协同创新，整合创新资源，有利于创新效率的提升。

二是为企业创新打造良好营商环境。其一，进一步深化“放管服”改革，加快政府职能转变，让小微企业和民营企业公平参与到市场竞争中去；

其二，减少政府部门垂直管理制约产业融合的负面效应，加大政策协调力度，力促产业间技术融合，鼓励新型商业模式，推进各产业间及其内部的协调发展；其三，改善科技管理机制，政府应加强对科研项目事中、事后管理，以独立的学术委员会运营科研经费的配置，强化通讯评审制度的作用，防止外部因素对科研项目立项和经费分配的影响。

三是深化科技体制改革。其一，加强基础理论研究，注重与实践相结合，促进科技界和经济学、管理学、社会学等社会学科开展对话，破解实验室产品难以产业化的问题；其二，从建设更加独立的国家实验室、建设国家层面的共性技术研发机构和完善技术扩散机制三个层面着手，完善制造业科技服务体系，补齐我国制造业创新体系的短板，进而增强我国制造业创新能力。①

创新驱动制造业高质量发展，离不开关键要素的支撑。生产要素主要有劳动、土地、资本等初级要素和人才、知识、技术、信息等高级要素两大类基本要素②，强化这两类要素对创新的支撑可从以下几个方面考虑。

一是提升要素的配置效率。其一，大力发展交通基础设施和信息通讯技术，降低贸易和要素流动的成本，促进各地区的专业化和集聚发展；其二，要素配置方式向市场化和精准管理化改革。矿产、燃料能源和土地租金等资源要素价格持续上涨且居高不下，对全要素生产率的提高及实体经济发展造成了不利影响，生产要素市场深化改革迫在眉睫。

二是进一步提升对人才的重视程度。其一，加大知识产权保护，有利于减少重复创新甚至是侵权行为的发生，从法律层面维护知识产权主体的合法权益；其二，加大中高端人才的培育和引进，通过工资福利、社保优待等措施提升人才的工作热情；其三，建立全国优秀乡土人才数据库系统，对有意返乡的高校毕业生、创业能人和复原退伍军人等从各系统源头上收集有效数据，为各地区发现人才、用好人才提供有效手段。

2.3.3　促进先进制造业区域协调发展，打造世界级先进制造业集群

实现区域经济协调发展是未来我国经济高质量发展的有力抓手。促进区

① 黄群慧：《以供给侧改革促进中国制造从大到强》，《中国石化报》2018 年 4 月 10 日。
② 迈克尔 · 波特：《国家竞争优势》，李明轩、邱如美译，中信出版社 2007 年版。

域协同发展主要有三大途径：一是以促进要素自由流动为核心，逐步打破区域间壁垒。城市之间往往存在行政壁垒、市场壁垒及体制机制障碍，缺少合作机制，产业趋同现象严重，化解区域间壁垒是第一要务。二是确定合理的空间规划促进区域协同发展。促进区域间交通通信等基础设施的互联互通，确保可移动产品和要素，如人流、物流、资金流和信息流等，在空间上的自由流动。三是不断推动区域间产业转移，强化区域产业链互补，构建区域产业协调发展机制。其一，做好城乡协调工作，以城市为主的县域发展制造业和服务业，以农业为主的县域发展现代化集约高效农业；其二，以梯次联动带动分类发展。京津冀协同、粤港澳大湾区建设和长三角一体化加强创新能力引领发展，以“合作共建”“净托管”等方式与湖北、安徽、四川等中西部地区展开合作，贵州、江西、云南、山西、福建等地区承接先进地区产能推动工业化、城镇化快速发展。

构建区域产业分工体系，形成区域统一市场，是构建先进制造业集群的基础。培育先进制造业集群有利于我国进一步提升产业国际竞争力，我国世界级先进制造业集群的发展将对我国走向“制造业强国”地位起到决定性作用。打造世界级先进制造业集群，一是要加强区域协同发展、错位发展；二是优化国内营商环境，吸引全球人才、技术和知识等高端生产要素在产业集群内“落地生根”；三是在培育世界级先进制造业集群时需要选择合适产业进行发展。既要重视优势产业领域的升级发展，又要把握住新兴产业发展契机，利用关键企业及产业园区、大学及研究机构、政府部门构建起产官学研创新生态系统，有效促进产业协同创新；四是要做好成本控制。活用绿色创新技术改造传统制造业集群，促进传统制造业集群效率升级，提供优惠的金融环境，保证集群内初创企业能够获取充足资金。

2.3.4 加强标准、品牌等软环境建设，优化中国产品“放心买”的消费环境

虽然我国早已成为世界工厂，并且在高铁、核电、航天、无人机等制造技术领域处于全球领先地位，但是国际社会对“中国制造”产品低评价的状况没有明显改变。提升质量水平和质量标准，一是要制定和实施与国际先进水平接轨甚至超出国际水平的质量、安全、卫生、环保及节能标准，对制造业生产形成倒逼机制，争取形成自己的国际标准；二是坚持全面质量管理，

一切用数据说话，成立质量管理小组，保证管理过程的公正可靠，邀请专业机构与专业人士为企业提供相关培训。

通过讲述品牌故事、分享品牌培育经验，实现品牌文化的宣传推广。良好的品牌文化可以为员工的行为做好指引，也可以加强消费者的品牌认同。把中华五千年文明的思想精髓、行为做事的思维路径、心智模式与企业战略、内外资源禀赋紧密结合，赋予企业文化新的时代使命感和生命力，以文化底蕴和历史传承展现产品的文化历史感，收获消费者的文化认同。

除了以产品质量提振消费者对“中国制造”产品的信心，以品牌宣传增强消费者对中国产品青睐，产品供应链管理水平的提升和对消费者整体服务水平的提升，才能真正实现消费者对中国产品的放心。企业应当准确定位受众，提供定制化商品。在商品售出之前，借助新媒体等信息网络化渠道，发挥线上线下同步宣传的效应，推动客户体验，将制造业品牌全面推向公众化。在销售过程中，应当细心为消费者做好产品介绍，做到不欺瞒，在顾客遇到问题时，能够耐心答疑，让顾客感受到卖家的真诚，特别是在电子商务渐趋流行的情况下，售后服务水平的提升尤为重要。通过微信公众号、官方微博等方式拉近与用户的距离，加强产品的智能化转型，例如通过产品 App 的方式，一方面，为客户科学合理使用产品提供指南；另一方面，让企业能够及时了解产品使用损耗情况，既能够提供及时的维护，又能够及时提醒用户产品是否还在安全使用期内，为以后的产品改良提供了很好的参考。

2.3.5　引导中高端人才向制造业汇聚，向工匠精神的培育土壤注入营养

多角度地开展人才引进。除了以落户、人才公寓等优惠措施吸引人才外，企业（集群）更应该注重中高端人才自我价值的实现，企业应当根据自身发展方向，有针对性地搜寻人才，尊重人才，以便企业能最大化地发挥自身的优势。既要做好直接引进成熟的人才，又要注重吸引优秀的国际留学人才，例如，日本政府为网罗亚洲各国的优秀研究生，从 2011 年开始投入 13 亿日元推出“亚洲校园计划”。①

继续加大人才的自主培养与强化区域间人才交流机制。鼓励高校加大力

① 朱永新：《城市究竟该用什么吸引人才》，《环球时报》2019 年 6 月 18 日。

度引进具有制造业行业工作经历的高学历人才，与企事业单位积极建立人才合作机制，共建一支以“懂制造，能创新”的制造业专业技术人员为主体的兼职教师队伍。通过加强企业与高校和科研院所的合作，为本地培育一批具有高科技水平和创造力的中青年科技人才、管理人才和高级技工。借助区域间的人才交流，建立合作的长效机制，区域之间才能真正实现理解，建立起互信，才能真正激发思想的碰撞，实现创新发展。

提升社会对职业院校的认可度。在我国重要制造行业，75%的人才来源于职业教育学院，职业院校人才是我国制造业发展的重要支撑，① 因而提升职业院校的地位对于制造业发展十分重要。然而职业教育属于一种“低层次教育”的观念在我国社会中根深蒂固，这就引发了政府不重视、学生不想进的问题。鉴于此，国家应当就职业教育加强立法，从国家层面提升对职业教育的重视；政府应当加大对职业院校的经费支出，让职业院校学生享受与高中院校、普通高等院校一致的教育资源，让职业院校学生获得认同感；此外，国家应建立职业技能人才培养体系，建立一个从初级到高级，机构合理且配套完善的教育管理体系，打通职业院校与高校间的壁垒。

将工匠精神培育成我国制造业人才必备的职业品质。可以从以下几个角度考虑。一是以榜样示范及优秀产品示范激发从业人员对工匠精神的向往。积极树立当代制造业中的优秀工程师、优秀技工的典型，借助能够催人上进、激发热情的事迹更好地感召和吸引制造业从业者勤奋工作。以精美的产品作为示范，激起从业人员对精美工艺的追求，帮助他们树立起赶超的目标。同时应当加大对这些具有示范性的人物的嘉奖，让从业人员确信“劳有所得”，激发起更大的创造热情。

二是加强制度保障，维护工匠切身利益。近年来，我国消费者出境购买高品质商品的交易额以及海外代购业务迅速增长，足以展现我国消费者追求高品质消费的能力，因而完全可以将工匠产品放到市场上竞争。鉴于此，应当加强产权保护，让粗制滥造的假冒伪劣产品退出市场，提升工匠对市场的信任度，尊重市场规律，让产品在市场上竞争，让真正具备工匠精神的技术

① 杨阳晴朗：《“中国制造2025”与技术技能人才培养》，《信息系统工程》2017年第8期。

技能人才获得更多来自市场的肯定和奖赏。

三是继续以高校及职校为载体，建立起工匠精神培育体系，强化工匠精神的培育氛围。其一，加强崇尚工匠精神的价值观教育；其二，继续完善现代学徒制，在小班化教学的基础上，强化学生通过实践理解技术、习得技能，加强师生之间的切磋交流；其三，加强与制造业企业的合作，既为学生提供了实践的平台，又可以让学生切身感受职场上真正的工匠精神。

2.3.6　进一步提升制造业开放水平，加大“一带一路”平台上的资源要素流通量

对标国际经验，继续优化国内制造业营商环境。一是进一步完善营商环境评估体系，为优化营商环境政策提供数据支撑，为行政绩效考核提供科学依据；二是依据营商环境评估体系，量化我国市场开放程度，为进一步放宽市场准入、建设自由贸易港、增添哪些行业进入负面清单提供依据；三是放宽市场准入，对相关法律法规、负面清单未明确禁入的行业，允许国内外各类市场主体平等进入。

强化利用国际交往服务平台，大力发展境外经贸合作区，促进制造业“走出去”。一方面，政府应当加强统筹协调，避免在同一国家或地区建设多个类型相似、产业相近的园区，同时要加强对企业的融资保障；另一方面，政府应鼓励境内企业通过合作区平台发挥海外经营的最大效益，实现“集群出海”。此外，将海外企业协会，如中国产业海外发展协会、海外华人企业家联合会以及其他组织做大做强，引导企业借助专业社会力量解决问题。

“一带一路”倡议的实施不仅有利于我国进一步提升对外开放水平，也有利于促进亚非欧经济体的合作发展。在中美贸易出现摩擦，我国贸易形式趋于严峻复杂的背景下，“一带一路”沿线国家成为我国拓展贸易合作空间，确保外贸稳定发展的重要合作伙伴。未来，需要加大力度推动“一带一路”平台上资源要素的互通往来，加强“一带一路”倡议的国际影响力。

构建完善的跨境金融支持服务体系。推动我国商业银行走出去，商业银行一方面需通过直接贷款、委托贷款、银团贷款等方式增加授信支持；另一方面要发挥金融市场枢纽的作用，联合证券、信托、基金等金融机构，通过上市、发债、股权质押、设立产业基金等方式广泛募集资金，以应对“一

带一路”建设庞大的投融资需求；① 发挥“一带一路”专项贷款、丝路基金、丝路主题债券以及各类专项投资基金的作用，支持多边开发融资中心有效运作，鼓励各国金融机构参与境外经贸合作区建设的投融资。②

实施差异化的贸易投资合作。对外劳务合作方面，除了在建筑业、制造业和交通运输业等传统行业中，深入分析国外的产业结构转换需求，还应逐步拓展科教文卫、海员、餐饮旅游服务业等新兴行业的人员交流；对外承包工程方面，将东南亚作为对外工程承包的重点首先选择，逐步扩展中东欧、西亚北非市场，同步研究南亚、独联体和中亚的部分国家的投资潜力，为未来合作打好基础；对外直接投资方面，协助市场规模较小、距离较远的国家完善基础设施，对资源丰富的国家和地区，应当注意环境保护和投资开发并举，对资源匮乏的国家和地区，则可以聚焦新能源、餐饮旅游服务业等新兴产业的投资。

加大人才和技术的互通往来。第一，加强来华留学教育和境外办学。一方面，加强“一带一路”沿线国家的学术交流，增强学科的国际竞争力；另一方面，可以促进地区间的文化交流及语言学习，破除合作时的文化壁垒和语言障碍。第二，企业在开拓国外市场时，应加大对国际人才的引进，敢于让熟悉该区域市场的外籍人士加入到高层管理中去。第三，对于在装备制造及高端服务、科技研发有优势的区域，围绕人工智能及高端装备等前景较好的领域深入开展合作。

参考文献

［1］Bain J.S. Industrial Organization［M］. New York：New York Press，1968.

［2］赵昌文、许召元、朱鸿鸣：《工业化后期的中国经济增长新动力》，《中国工业经济》2015年第6期。

［3］董志凯：《毛泽东与新中国独立完整工业体系的建立及中国的现代化》，《马克思主义研究》2014年第8期。

［4］王延中：《基础设施与制造业发展关系研究（总报告）》，《经济研究参考》2002年第13期。

① 李博雅：《金融创新对“一带一路”建设的作用探析》，《经济研究参考》2017年第38期。

② 武汉大学“一带一路”研究课题组：《“一带一路”境外经贸合作区可持续发展研究》，《社会科学战线》2019年第6期。

［5］李金华：《改革开放进程中的中国制造业发展格局》，《东南学术》2018 年第 4 期。

［6］黄群慧：《中国的工业大国国情与工业强国战略》，《中国工业经济》2012 年第 3 期。

［7］干春晖、郑若谷、余典范：《中国产业结构变迁对经济增长和波动的影响》，《经济研究》2011 年第 5 期。

［8］《国家统计局：2018 年全国规模以上工业增加值比上年实际增长 6.2%》，载同花顺网 http：//news.10jqka.com.cn/20190121/c609356002.shtml。

［9］中国人民大学宏观经济分析与预测课题组：《全球技术进步放缓下中国经济新动能的构建》，《经济理论与经济管理》2016 年第 12 期。

［10］李伟：《深度参与新工业革命加快新旧动能转换》，《中国经济时报》2018 年 10 月 15 日。

［11］《中国 2017 年专利申请量超过日本　跃居世界第二》，载人民网 http：//japan.people.com.cn/n1/2018/0322/c35421-29883139.html。

［12］王庆明：《产权变革路径与起源之争：立足转型中国的思考》，《社会科学》2018 年第 6 期。

［13］李红娟：《我国产权制度改革历史沿革、问题及对策》，《经济纵横》2018 年第 6 期。

［14］林毅夫、蔡昉、李周：《现代企业制度的内涵与国有企业改革方向》，《经济研究》1997 年第 3 期。

［15］吴彦艳、赵国杰、丁志卿：《改革开放以来我国利用外资政策的回顾与展望》，《经济体制改革》2008 年第 6 期。

［16］《全国版负面清单落地：〈外商投资产业指导目录（2017 年修订）〉发布》，载搜狐网 http：//www.sohu.com/a/153767574_617138。

［17］刘洪德、刘希宋：《中国汽车工业产业政策战略性调整的研究》，《技术经济与管理研究》2003 年第 3 期。

［18］安静、蒋增龙：《广告对我国汽车产业市场结构的影响分析》，《广告大观（理论版）》2016 年第 5 期。

［19］王继东、杨蕙馨：《新常态下中国汽车制造业集中度演变研究》，《东岳论丛》2016 年第 6 期。

［20］沈进军：《停止经销商备案缘起政府简政放权》，载中国汽车报网 http：//www.cnautonews.com/jrtt/201408/t20140812_320410.htm。

［21］《长安汽车销量遭遇滑铁卢，连续亏损三个季度，其背后的原因是？》，载百度网 https：//baijiahao.baidu.com/s?id=1633106721738825805&wfr=spider&for=pc。

［22］王青：《消费变革促进我国经济高质量发展》，《中国经济时报》2019 年 5 月 22 日。

［23］周小川：《中国经济的对外开放：从制造业扩展到服务业》，《清华金融评论》2018 年第 12 期。

［24］《工信部：2018 年制造业实际利用外资增 23%》，载搜狐网 http：//m.sohu.com/a/292319626_428290。

［25］中华人民共和国商务部、国家统计局、国家外汇管理局：《2017 年度中国对外直接投资统计公报》，中国统计出版社 2018 年版。

［26］《数据观：“一带一路”这五年：舆论态度转变，网民充满期待》，载中国一带一

路网 https：//www.yidaiyilu.gov.cn/ghsl/slsg/66757.htm。

[27]《西媒：秘鲁成第 19 个加入一带一路倡议拉美加勒比国家》，载新浪网 http：//finance.sina.com.cn/roll/2019-04-29/doc-ihvhiewr8889991.shtml。

[28] 项松林：《"一带一路"对中国与沿线国家贸易增长的影响》，《当代经济科学》2019 年第 4 期。

[29]《数说"一带一路"成绩单》，载中国一带一路网 https：//www.yidaiyilu.gov.cn/jcsj/dsjkydyl/79860.htm。

[30]《2018 年中美贸易战最新时间表　美与中国贸易逆差再创新高》，载中研网 http：//it.chinairn.com/news/20181105/145632863.html。

[31] 施戍杰：《民营经济发展 40 年：五次争论及其启示》，《重庆理工大学学报（社会科学）》2019 年第 5 期。

[32]《制造业贷款金额不断萎缩　金融业脱虚向实需下大功夫》，载百度网 https：//baijiahao.baidu.com/s?id=1631476259238744800&wfr=spider&for=pc。

[33] 张夕勇：《汽车业正进入长期变革和短期调整叠加构建期》，《中国工业报》2019 年 5 月 3 日。

[34] 吴舜泽、黄德生：《环保"一刀切"是环境与经济双输的形式主义、官僚主义》，《中国环境报》2018 年 9 月 14 日。

[35]《中国大规模建设智能电网总投资将超 4 万亿》，《建筑机械》2011 年第 1 期。

[36] 李恒：《交通运输企业节能减排能力建设现状分析》，《交通企业管理》2017 年第 2 期。

[37] 王海芹、高世楫：《我国绿色发展萌芽、起步与政策演进：若干阶段性特征观察》，《改革》2016 年第 3 期。

[38]《政府出资 400 万助企业引进国外环保先进技术》，载家核优居网 https：//www.jiaheu.com/topic/242308.html。

[39] 罗能省、谭晶：《区域产业同构对产业效率的影响研究》，《工业技术经济》2016 年第 2 期。

[40] 佟家栋：《中美战略性贸易战及其对策研究》，《南开学报（哲学社会科学版）》2018 年第 3 期。

[41] 黄礼健：《中美贸易战升级的原因、影响及趋势分析》，《新金融》2018 年第 9 期。

[42]《国务院关税税则委员会发布公告决定对原产于美国的部分进口商品提高加征关税税率》，载中国政府网 http：//www.gov.cn/xinwen/2019-05/13/content_5391220.htm。

[43] 叶纯青：《中兴事件再现"缺芯"难题》，《金融科技时代》2018 年第 5 期。

[44] 赵明昊：《升级对华贸易摩擦特朗普自鸣得意》，《美国内外舆论别有愁肠》，《华夏时报》2019 年 6 月 3 日。

[45] 沈荣华：《破除"官本位"造成的"人才浪费"》，《光明日报》2016 年 4 月 5 日。

[46] 陈宇学：《创新体制机制加快科技强国建设》，《学习时报》2019 年 2 月 20 日。

[47] 李相林：《科研院所无形资产的市场化路径探讨》，《管理观察》2018 年第 36 期。

[48] 王福涛、潘振赛、汪艳霞：《科研院所改革政策主体演化研究》，《科学学研究》2018 年第 4 期。

[49] 徐小奔:《专利侵权获利赔偿中因果关系的认定》,《法律科学(西北政法大学学报)》2018 年第 4 期。

[50] 盘和林:《深化科研体制改革,引领科技创新“风向标”》,《国际金融报》2019 年 6 月 10 日。

[51] 柳卸林、何郁冰:《基础研究是中国产业核心技术创新的源泉》,《中国软科学》2011 年第 4 期。

[52] 任飏、陈安:《论创新型人才及其行为特征》,《教育研究》2017 年第 1 期。

[53] 彭勃、商锐:《高等教育人才资源的生态化配置》,《学术论坛》2009 年第 10 期。

[54] 于长革:《精准把握积极财政政策的着力点》,《中国经济时报》2019 年 5 月 14 日。

[55] 黄群慧:《以供给侧改革促进中国制造从大到强》,《中国石化报》2018 年 4 月 10 日。

[56] 迈克尔·波特:《国家竞争优势》,李明轩、邱如美译,中信出版社 2007 年版。

[57] 朱永新:《城市究竟该用什么吸引人才》,《环球时报》2019 年 6 月 18 日。

[58] 杨阳晴朗:《“中国制造 2025”与技术技能人才培养》,《信息系统工程》2017 年第 8 期。

[59] 许德友、王梦菲:《消费升级:高质量发展的需求侧动力》,《深圳特区报》2019 年 3 月 26 日。

[60] 袁富华:《以消费需求升级促进高质量发展》,《社会科学报》2019 年 5 月 9 日。

[61] 金碚:《关于“高质量发展”的经济学研究》,《中国工业经济》2018 年第 4 期。

(本章主持及执笔:徐　赟)

第 3 章　制造业高质量发展的国际经验

本章提要：

20 世纪七八十年代，美国、日本、德国遭遇经济增速下降，传统产业发展方式亟须转型的问题。美国在里根政府上台后，设立总统工业竞争能力委员会对美国制造业全球竞争力进行全面评估，并通过减税降低制造业成本、加强对科研领域支持、改造提升传统工业、放松不必要的政府规制等措施促进美国制造业高质量发展，美国技术水平明显提高，国际竞争力也再次回到世界领先水平。日本则是定期公布长期经济展望，并提出了"技术立国"的目标。日本促进制造业高质量发展的具体措施围绕政府选择和扶持需要培育的主导产业以及萧条产业的调整展开。这些举措推动日本主导产业由资本密集型的重工业向高技术产业的切换。德国则通过制定法律规定政府应通过产业政策对经济实行一定程度的干预，通过扶持高新技术产业、改造中级技术产业、压缩改造低技术产业、完善竞争秩序、提升产业工人素质等手段实现了制造业高质量发展，但衰退产业的调整效果并不理想。美日德的经验表明：（1）制造业的高质量发展需要实施合理的产业政策；（2）促进制造业高质量发展的合理产业政策体系则应以对本国制造业水平和国际竞争力的全面、定期评估为基础；（3）高新技术产业的发展离不开政府对于研发活动的支持；（4）传统制造业的技术升级也是制造业高质量发展的重要途径；（5）制造业高质量发展的过程中，良好的市场秩序和营商环境的重要性日益凸显；（6）高素质的人力资本是制造业高质量发展的基石。

3.1　美国制造业高质量发展的经验

3.1.1　美国制造业向高质量发展转型的背景

3.1.1.1　美国国内背景（20 世纪七八十年代）

20 世纪 70 年代，在两次石油危机的冲击下，美国经济陷入了经济发展停滞，通货膨胀率高企的泥潭，劳动生产率增速疲软，经济实力下降。1971 年至 1982 年，美国平均国内生产总值增速仅为 2.73%，且有 4 年增速为负，同期居民消费价格指数同比平均值则高达 7.93%，有 4 年通胀超过了 10%。经济增速下滑的背后，美国劳动生产率增长缓慢。美国非农企业每小时产量同比从 1965 年到 1970 年的约 2.14% 降至 1978 年到 1982 年的约 0.38%。美国的经济实力不再是一枝独秀，西欧和日本与美国之间的差距不断缩小，甚至开始超过美国。1982 年时，日本与美国人均国内生产总值之间的差距缩小至 791 美元，1988 年，日本人均国内生产总值甚至一度超过美国。

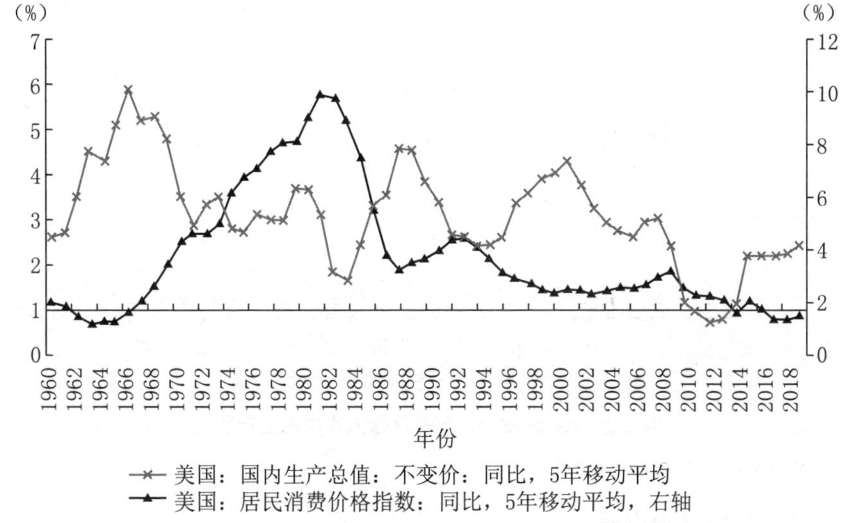

图 3.1　1960—2018 年美国国内生产总值和居民消费价格指数变动情况

资料来源：万得数据库。

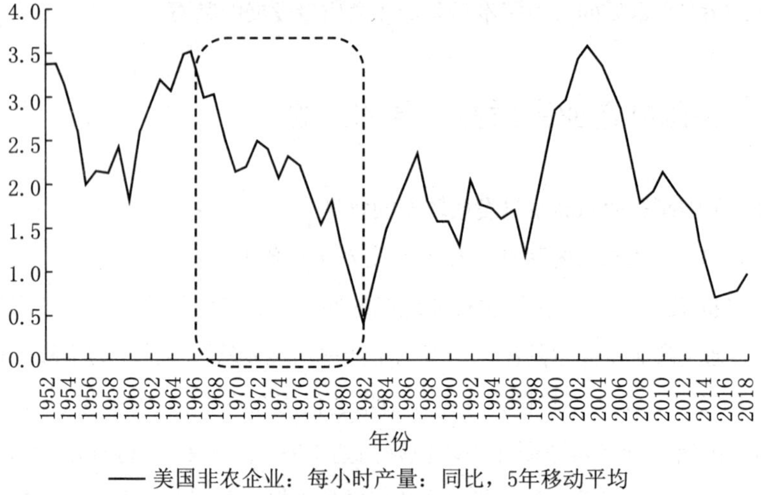

图 3.2　1952—2017 年美国劳动生产率变动情况

资料来源：中国统计数据库。

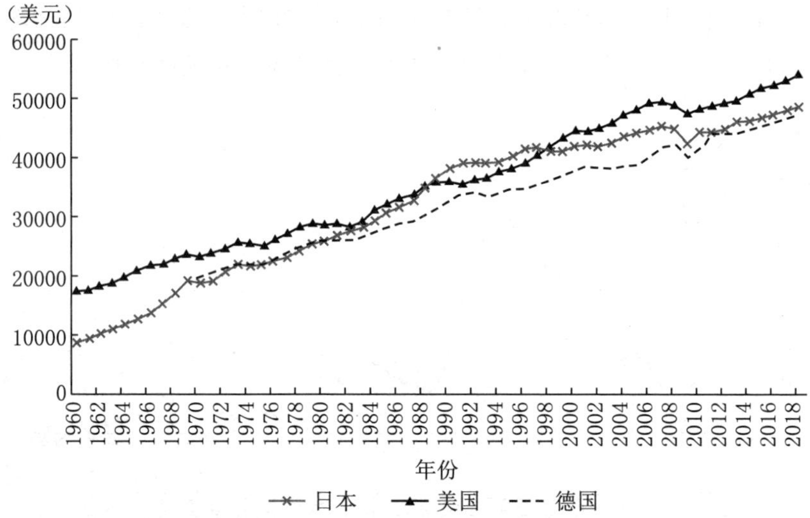

图 3.3　1960—2018 年美日德人均国内生产总值

资料来源：中国统计数据库。

3.1.1.2　海外背景

在美国国内经济滞胀的背景下，美国制造业在全球的竞争力也随之下滑，主导产业——钢铁和汽车也在与日本的竞争中颓势尽显。1965 年时，美国出口约占全球出口额的 14%，约为日本和德国全球份额之和。到 1980 年，美国出口占全球的份额降至 11%，而日本和德国则占全球出口总额的 16%。钢铁产业方面，随着日本钢铁工业的发展，出口至美国的钢铁数量也急剧上升，仅 1974 年到 1976 年，日本出口至美国的钢铁数量就由 470 万吨上升至

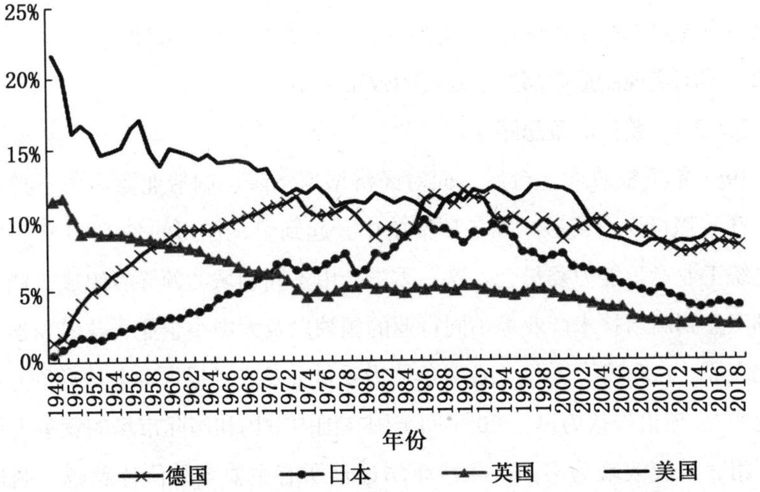

图 3.4　德国、日本、英国和美国出口额占全球商品贸易的比重

资料来源：世界贸易组织。

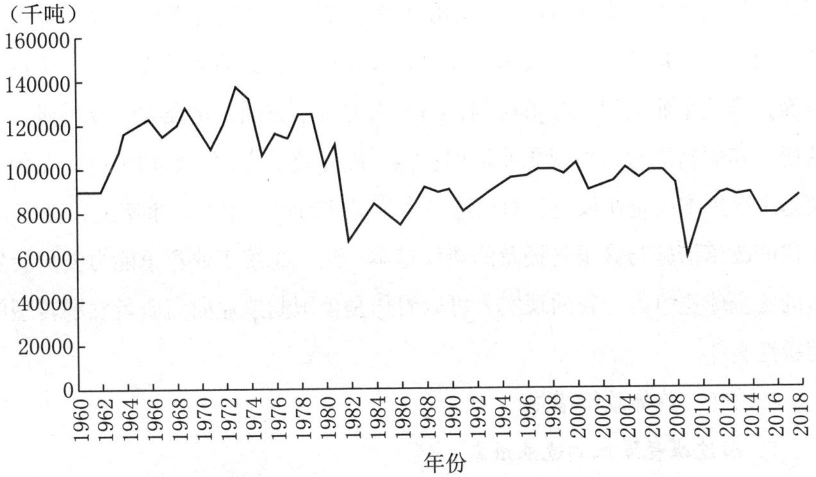

图 3.5　1960—2018 年美国粗钢产量

资料来源：万得数据库。

800万吨，占美国钢铁进口量的比重超过一半。与此同时，美国钢铁企业则面临销售下滑的窘境，销售下滑传导至产量的缩减，美国粗钢年产量由1973年顶峰时期的1.37亿吨快速下滑至1982年的6770万吨。汽车产业方面，两次石油危机使较为节能的日本车在美国大受青睐，1976年到1977年，日本对美汽车出口增速分别为47.6%和27.4%，至1980年，日本汽车在美国市场已占有超过20%的份额，使美国本土汽车企业遭受巨大冲击。

3.1.2 美国实现制造业高质量发展的政策体系

3.1.2.1 整体政策思路

1981年里根政府上台后，面对经济增速下降、制造业竞争力下滑的困境，开始积极谋求突破。在各项措施中，起到引领作用的是1983年美国设立总统工业竞争能力委员会。这一委员会由不同领域的领导者组成，涵盖从基础工业到高新技术产业等不同行业的领袖以及大中小企业、政界和学术界的代表等。1985年，总统工业竞争能力委员会发表了报告《全球竞争力：新的现实》。该报告认为过去20年间美国在国内市场和国际市场的竞争力均不断下滑，主要表现为美国的生产率增速被所有主要贸易伙伴超越，制造业的回报下降至低于吸引投资的水平，1984年美国的贸易赤字达到历史新高，1965年以来美国十个高科技产业中有七个产业的全球份额下降，部分高科技产业（如电子业）在1984年甚至出现贸易赤字，该报告提出了提高美国的竞争力的四点建议：（1）技术方面增强技术能力，提高研发支出；（2）投资方面，降低企业负担，改革税制；（3）人力资本方面，增强大学及科研机构的研发和创新能力，重视职业培训；（4）国际贸易方面，鼓励出口，在国际贸易中维护本国企业权益，对核心技术产品实行出口限制。事实上，美国80年代的改革措施与该报告提及的建议基本一致。总统工业竞争能力委员会发布的《全球竞争力：新的现实》可以看作是美国制造业向高质量发展转型的纲领性文件。

3.1.2.2 具体政策措施

1．通过减税降低制造业成本

里根政府上台后，美国推出了两次大规模的减税方案，显著降低了美国制造企业的税收负担。企业所得税方面，1981年的《经济复苏和税收法》小幅下调了部分档次的企业所得税率，1986 年的《税制改革法》则进一步将累进税率最高由五档精简至四档，并下调最高档税率；固定资产折旧方面，《经济复苏和税收法》对厂房设备等固定资产实行固定资产加速折旧法，且折旧支出中可计入 25% 的研发费用，进一步减轻制造企业负担。税收抵扣方面，增加了可抵扣应税收入的支出并提高相应比例，如慈善捐赠可抵扣应税收入的比重从 5% 上调至 10% 等。

表 3.1　里根减税主要内容

减税法案	税　目	税改内容
1981 年《经济复苏和税收法》	企业所得税	17% 档税率于 1982 年、1983 年分别下调至 16%、15%； 20% 档税率于 1982 年、1983 年分别下调至 19%、18%； 抵扣项：慈善捐赠可抵扣应税收入的比重从 5% 上调至 10% 等
	个人所得税	1981—1984 年按 15%、10%、5% 的比率三次下调个人所得税税率
	资本利得税	最低税率由 28% 下调至 20% 最高税率由 70% 下调至 50%
	其　他	利息红利等最高税率从 70% 下降到 50%（1982 年起）； 维持劳动收入（工薪）的最高税率 50% 不变； 资本收益税率：从 28% 减至 20%（1981 年 6 月起）； 利息和遗产税率：遗产税免征额从 17.56 万美元增加到 60 万美元； 税级调整：根据通货膨胀调整税级及减免应收额（1985 年起）； 加速固定资产折旧并简化分类（1981 年起），且折旧支出中可计入 25% 的研发费用
1986 年《税制改革法》	企业所得税	累进税率最高由五档精简至四档，下调最高档税率
	个人所得税	将最低 11% 和最高 50% 的 14 档累进税率精简至 15%、28%、33% 三档
	资本利得税	最低税率由 20% 下调至 17%
	其　他	扩大个税的标准扣除、收入豁免项目以及薪金收入抵免范围；1986 年改革延长了“加速资本回收期制度”的“使用期”，并且适用“替代性最低税”的纳税人，可以进一步延长这些设备的使用期，延长至“经济折旧期”； 扩大“替代性最低税制”的适用范围； 修改被动性活动收入损失核销政策和税收减免政策

资料来源：美国国会。

1981 年、1986 年减税方案实施后，美国制造企业税负显著下降，有利于增强美国企业在国际上的竞争力。1981 年税法实施前，美国企业税收负担较重，企业税占国内生产总值比重超过 3%，明显高于经济合作与发展组织国家平均水平。1981 年税收法案实施后，美国企业税占国内生产总值比重快速下降至 1983 年的 1.4%，此后虽然有所回升，但始终低于经济合作与发展组织国家的平均水平，为提高美国制造业的全球竞争力提供了重要保障。

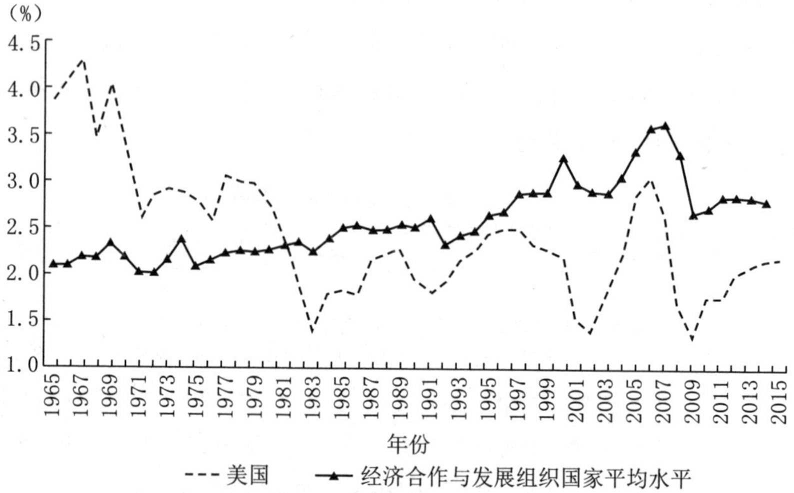

图 3.6　美国企业税收占国内生产总值变动情况

资料来源：经济合作与发展组织。

2. 加强对科研领域支持

对于制造业高质量发展，重塑美国制造业的竞争力来说，加强科技创新是核心的环节。20 世纪 80 年代，美国在加强对科研创新领域的支持方面主要采取了以下措施：

高科技公司层面，美国对其采用税收优惠加财政扶持的双重激励措施。美国一方面通过税改对高科技企业提供税收优惠，如折旧支出中可计入 25% 的研发费用等，另一方面积极支持高科技中小企业的发展，1982 年美国通过《中小企业创新发展法》，要求联邦机构每年拨出一定预算扶持中小企业。

官产学研一体化方面，促进合作研发和技术转让并重。一方面，美国 1984 年通过《国家合作科研法》，规定公司之间、公司与大学之间的合作研发不受反垄断法约束，这有利于发挥合作科研的规模效应。1988 年美国通过《国家标准与技术研究院法》，美国国家标准与技术研究院主要从事提升改进制造业工艺，为中小企业提供技术指导及服务，与私人部门合作研发，促进科技成果转化等工作。1986 年美国通过《联邦技术转移法》，要求联邦政府的国家实验室必须促进技术转让，放宽其参与商业研究的范围。1987 年，美国商务部将计算机、超导材料等 17 种新技术认定为需要加速商品化的技术。上述政策措施进一步加快了技术溢出和科技成果产业化的速度。

知识产权领域，美国政府通过立法强化美国科技成果的知识产权。1984 年，美国国会通过《半导体芯片保护法》，将半导体芯片中的集成电图纳入国家版权保护，试图降低美国高新技术对其他国家的技术溢出。

资金支持方面，除了一定规模的政府拨款以外，美国主要通过鼓励风险资本投资高技术中小企业来解决高科技中小企业的资金问题。由于新一代信息技术产业中的新技术往往由中小企业首创，这类企业早期由于资金需求大，收益具有高度不确定性，并不适合银行贷款等传统融资渠道，反而较为适合通过风险投资渠道融资。美国则通过调节风险投资领域使用的资本收益率税来鼓励风险投资对高科技初创企业的投资。1981 年《经济复苏和税收法》将资本收益税率从 1978 年的 28% 进一步下调至 20%，大大提升了风险投资与高科技中小企业的积极性，虽然 1986 年《税制改革法》又上调了资本收益税率至 28%，但这一税率水平已经足够激励风投为高科技初创企业提供大量的初创资金。

20 世纪 80 年代美国政府对科技创新领域的扶持政策起到了较好的效果，美国的专利申请数量增速明显提高。1981 年到 1985 年美国的专利申请数量年均增速仅为 0.6%，1986 年到 1990 年这一数字达到 7.4%。

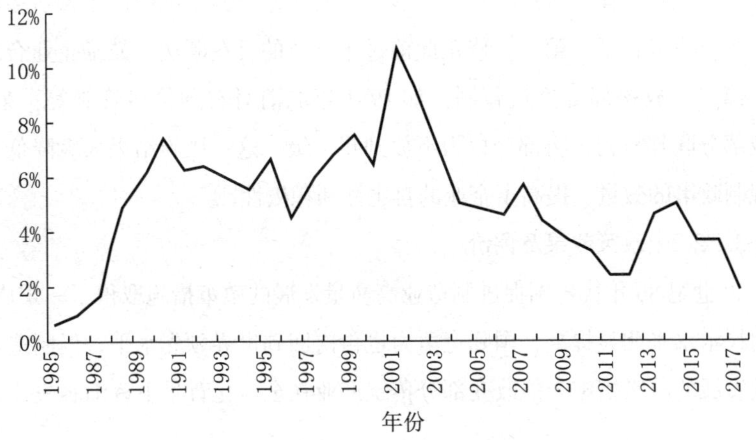

图 3.7　美国专利申请量增长率变动情况

资料来源：万得数据库。

3．传统工业技术改造

20世纪80年代美国传统工业实现技术提升的手段主要是采用新一代信息技术革命成果，进而提升传统工业的生产效率。在钢铁产业领域，电子计算机的应用使生产流程从手工控制向自动控制转变，在提高生产效率的同时也大大提高了产品质量。如带钢热轧，20世纪70年代时通过手工控制生产流程，仅能每周生产500吨。80年代通过自动化改造，可以达到每周5万吨的产量，且产品合格率大大提升。① 在汽车产业领域，80年代美国汽车产业也大量采用自动化流程，如美国福特汽车公司在80年代对其在全美的一半以上的工厂进行了自动化改造，改造后的生产效率提高了25%。② 在纺织服装领域，1983年后美国纺织服装企业也积极通过引入自动化设备对生产流程进行再造，利用计算机技术进行订单管理，虽然并未完全抵消劳动力成本，后以纺织服装企业为代表的劳动密集型企业向东亚国家及地区转移，但部分美国企业仍牢牢掌握纺织服装全球价值链的高端环节。

4．放松管制

20世纪70年代美国经济出现的“滞胀”使“大萧条”以来主流的凯恩斯主义受到质疑，货币主义思潮兴起，主张减少政府对经济的干预。受这一思潮的影响，再加上大规模减税需要控制政府支出，里根政府开始放松对经济的管制。1981年，美国政府成立放松规制领导小组，由时任副总统布什带头，对现行法律法规进行重新审核，并着手修正其中的政府干预过多的条款，主要成果包括：第一，修正此前过于严苛的反垄断法，鼓励企业合理竞争；第二，放松部分价格管制，如1981年取消对石油价格管制等；第三，削减部分联邦机构，将部分权力下放到州一级。这一措施结果大大降低了美国规制政策的数量，提高了企业的自主性和积极性。

3.1.2.3　政策效果及评价

20世纪80年代美国促进制造业高质量发展的政策措施取得了一定成果，美国技术水平明显提高，国际竞争力也再次回到世界领先水平，但制造业高质量发展的政策措施未能改变部分传统产业在全球化背景下逐渐丧失比较优

①② 章嘉琳：《变化中的美国经济》，学林出版社1987年版。

势的现状。一方面，80 年代美国经过一系列提升制造业竞争力、促进制造业高质量发展的措施，逐渐摆脱了“滞胀”的状态，同时在这一阶段，美国扶持高新技术企业发展的政策助力美国抓住信息技术革命的机会，再次成为世界技术前沿国家，日本、德国与美国之间本已缩小的差距再次被拉大；另一方面，在部分传统的资本密集型产业领域，美国促进这些产业高质量发展的措施被其他因素所抵消，没有实现产业的转型升级和高质量发展，这些产业的竞争优势转移到了其他国家和地区，如美国的钢铁产业，虽然 80 年代也经过了技术改造和效率提升，但劳动力成本过高制约了美国钢铁企业国际竞争力的提高，再加上布雷顿森林体系解体后资本的全球流动和全球产品内分工的发展，钢铁产业的比较优势逐步转移至劳动力成本更低的东亚国家和地区。

3.2　日本制造业高质量发展的经验

3.2.1　日本制造业向高质量发展转型的背景

3.2.1.1　日本国内背景（20 世纪七八十年代）

20 世纪 70 年代，日本也面临着经济增速下行，通货膨胀高企的困境。1970 年，日本结束了两位数增长的时期，经济增速开始下行，在石油危机的进一步冲击下，整个七八十年代日本国内生产总值增速下降至 4.2% 左右，1974 年日本甚至出现负增长。与此同时，通货膨胀率开始抬升，1973 年到 1975 年，通货膨胀率超过 15%。与美国类似，70 年代的日本也备受“滞胀”困扰。

制造业方面，70 年代的两次石油危机，对当时重工业为主且对海外石油依赖度较高的日本制造业形成了较为严重的打击。石油危机之前的 1970 年，日本重工业占制造业的比重超过 60%，且日本的能源结构以石油为主，70 年代日本的一次能源消费中石油占比达 70%，对进口石油尤其是来自中东地区的石油依赖度较高，进口石油在 70 年代日本一次能源中占比超过 75%，且 80% 的进口石油来自中东。[①] 石油危机显著地提高了石油价格，也使对石

① 丁敏：《日本产业结构研究》，知识出版社 2006 年版。

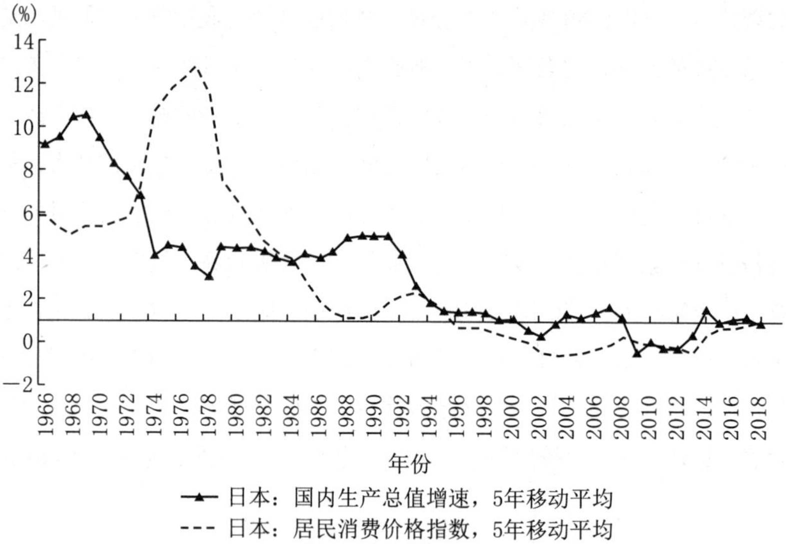

图 3.8　1965—2018 年日本国内生产总值增速与居民消费价格指数变动情况

资料来源：中国统计数据库。

油依赖度较高的日本制造业成本明显上升，以石油化工、钢铁等制造业由于成本的上升逐渐丧失竞争力，日本面临制造业转型升级的问题。

表 3.2　日本主要制造业能源费用变化

产　业	能源费用 / 生产额（%）		能源费用 / 附加价值（%）	
	1970 年	1976 年	1970 年	1976 年
制造业平均	2.1	3.8	6.1	12
食品	1.2	1.7	4.5	6.4
纺织	1.7	2.9	5.5	8.6
造纸	4	7.8	12.7	27.2
化学	4	6.9	9.1	20
陶土窑业	6.7	12.6	14.3	27.9
钢铁	4	9.6	16.2	41.5
制铝	16.6	32.2	43.6	112
机械	0.8	1.1	2.2	3.1

资料来源：丁敏：《日本产业结构研究》，知识出版社 2006 年版。

与美国不同的是，20 世纪 70 年代的日本还面临着另一个严重的社会问题——环境污染。20 世纪五六十年代日本经济高速发展时期，主导产业为钢铁、机械、石油化工为代表的重工业，而工业生产可能造成的环境污染问题则长期被忽视，其危害不断累积，最终于 60 年代末 70 年代初集中爆发。70 年代初，工业污染直接导致的四大公害病——熊本县和新潟县的水俣病、富山县的痛痛病、三重县的哮喘病引起了极大的社会关注，受害方在法庭诉讼中最终获得胜诉，使日本不得不开始着手处理重工业导向的经济发展模式遗留下来的问题。

3.2.1.2　海外背景

20 世纪七八十年代日本面临比较严峻的外部环境，日本和美国在贸易领域的矛盾逐渐升级，而日本在两国贸易谈判中基本表现为让步和妥协的态度，对美进一步放开日本国内市场，这致使部分日本产业竞争力降低。1965 年起，日美贸易中，日本开始出现顺差，此后日本对美国的贸易盈余日益扩大，80 年代后日本整体贸易顺差规模也出现明显提高。具体产业领域，20 世纪五六十年代起，日本价廉物美的纺织品、钢铁、彩电、汽车等工业品在美国的市场占有率不断提高，如 1968 年日本钢铁占美国市场份额超过 50%，1976 年日本彩电占美国市场份额超过 30%，1980 年日本汽车占美国市场份额为 22%。日本产品大量出口至美国使美国本土企业受到冲击，美国国内贸

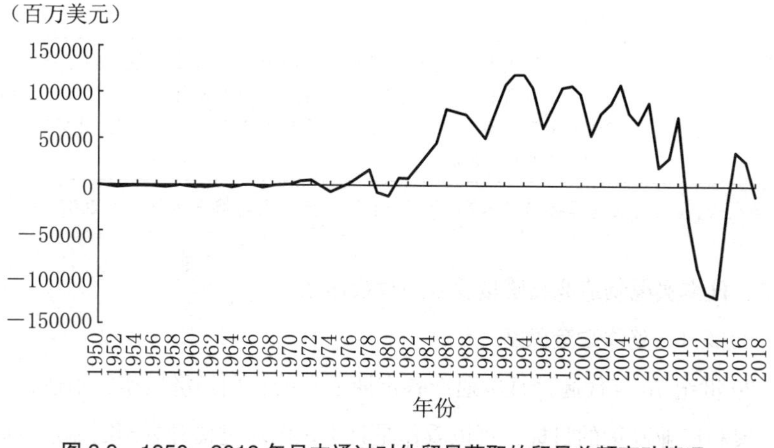

图 3.9　1950—2018 年日本通过对外贸易获取的贸易差额变动情况

资料来源：中国统计数据库。

易保护主义抬头，日美贸易摩擦激化。20 世纪五十年代起，美国开始就日本输美优势产品与日本展开一系列贸易谈判，并签署了一系列贸易协定，主要内容则是日本在其输美优势产品领域实施“自愿”出口限制。日美贸易摩擦及一系列贸易协定对日本优势制造企业的对外贸易产生了较为不利的影响，大量受影响的日本企业为了绕过日美贸易协定的限制选择在美设厂，这间接导致了后期日本的产业空心化问题。

此外，1985 年《广场协议》签订后，日元出现明显的升值趋势，这进一步抬高了日本制造的成本，削弱了日本工业品在国际上的竞争力。

表 3.3 日本贸易摩擦主要内容

时 期	贸易摩擦领域	结 果
20 世纪 50—60 年代	纺织品	1956 年，日本政府和纺织业界实行“自愿出口限制”；1962 年至 1968 年日美签订数个纺织品协定，设定日本对美国出口额度和增长率，日方实行自愿出口限制等。
	钢 铁	1968 年 7 月起，日本政府和钢铁企业实施钢铁产品对美国自愿出口限制；1969 年日本政府和钢铁企业延长自愿出口限制期限，并强化了有关限制内容。
20 世纪 70—80 年代	纺织品	1971 年日美正式签署《日美纺织品协定》，对 1971 年以后的 3 年内日本对美纺织品出口规定详细的出口限制。
	钢 铁	1978 年美国制定外国对美国钢铁出口的“最低限价”制度。
	彩 电	1977 年日美签署《日美彩电协定》，三年内日本对美每年的彩电出口控制在 175 万台以内，其中成品彩电 156 万台以内，半成品 19 万台以内。
	汽 车	1979 年日美开始汽车贸易谈判，1980 年，日本开放国内市场。1981 年，日美就日本对美国汽车自愿出口限制问题达成协议，1981—1983 年，日本每年对美汽车出口控制在 168 万辆以内，1984 年 4 月起扩大到 185 万辆。

资料来源：马文秀：《日美贸易摩擦与日本产业结构调整》，河北大学博士学位论文 2007 年。

3.2.2 日本实现制造业高质量发展的政策体系

3.2.2.1 整体政策思路

20 世纪 70 年代起，日本通产省定期公布的长期经济展望，阐述日本经济发展和产业政策的目标，可以看作是日本试图通过提升本国制造业发展质量以应对国内外挑战的纲领性文件。

20 世纪 70 年代经济展望：高速发展阶段结束后日本经济转型和产业升级的尝试。20 世纪 70 年代以前，日本政府倾向于使用行政手段对经济活动进行干预，这对于日本战后的经济复兴和高速发展起到了推动作用，但其产生的垄断等问题对经济发展的负面效应也日渐显现，日本民间对放松规制的呼声日益高涨。70 年代起，日本开始公布长期经济展望，产业政策逐渐从此前的行政手段向信息指导转变。1970 年，日本通产省下设的产业结构审议会公布了《70 年代的通商产业政策》（即"70 年代展望"），提出了日本 70 年代产业政策方面的三个目标：（1）从过于追求增长型的经济转向利用增长型的经济；（2）最大限度利用市场机制；（3）促进产业结构从资本密集型向以加工、装配工业为中心的技术、知识密集型的转换。[①] 从日本通产省发布的 70 年代展望可以看出，在日本结束高速增长阶段后，日本政府开始着手解决高增长时代遗留下来的问题，经济和产业政策开始考虑社会环境、国民生活质量问题，并向科技创新和产业升级倾斜。

1975—1980 年经济展望：国际环境迅速变化中日本产业升级目标的进一步调整。但是随着七八十年代国际环境的快速变化，石油危机对日本的重工业造成较大压力，旷日持久的美日贸易摩擦也使日本出口企业面临严峻的生存环境。在此背景下，日本陆续颁布了 1975 年展望和 80 年代展望，针对日本面临的新形势调整了产业发展目标。

1975 年展望：强调能源集约型产业结构和注重提高产品附加值。针对石油危机对日本重工业的冲击，1975 年展望提出要建立节约能源的产业结构；针对日本面临的日益频繁的贸易摩擦，1975 年展望进一步明确了建立技术密集型的产业结构，提高产品附加值，促进和发展中国家的产业合作；此外，1975 年展望也强调了产业发展与资源环境相协调，并注重引导中小企业发展。

80 年代展望：明确提出了日本"技术立国"的目标，以克服日本资源小国的制约。产业结构调整的目标从 70 年代展望提出的"以加工、装配工业为中心"明确调整为"新兴高技术产业为中心"的知识技术密集型产业结构。

① 陈淮：《日本产业政策研究》，中国人民大学出版社 1991 年版。

3.2.2.2 具体政策措施

1. 主导产业选择

日本在70年代展望中提出了四条主导产业选择标准，分别是收入弹性基准、生产率基准、过密环境基准和劳动内容基准。随着七八十年代日本面临的国内国际环境的变化，在80年代展望中，日本进一步修订了主导产业选择基准，分别为：（1）动态比较优势基准：即在新的国际国内形势下，日本的主导产业必须是在高技术和附加值方面有动态比较优势的产业。（2）国民需求基准：这一基准与贸易摩擦下日本注重扩大内需的导向相一致，即主导产业必须是能够满足国内需求发展方向的产业。（3）资源集约基准：两次石油危机的冲击后，日本认为其作为资源小国，主导产业的选择倾向于节约能源尤其是对石油依赖度较低的产业。（4）产业安全基准：新形势下的主导产业需要满足能增强日本在国际谈判中的话语权，减少贸易摩擦的要求。根据新的主导产业选择标准，70年代末，日本将集成电路、电子计算机、飞机、生物技术、新能源、新材料等高科技产业作为新的主导产业加以扶持。具体的扶持措施主要包括：

第一，为培育中的主导产业提供税收优惠和财政金融支持。1978年，日本颁布《特定机械产业振兴临时措施法》(《机电法》)，对于集成电路、计算机、飞机等尖端技术行业提供研发补贴，以及财政金融支持。以计算机产业为例，1972年，日本针对计算机产业实施“促进电子计算机开发补助金制度”，对计算机领域的科技攻关和研发提供多种补助，包括针对开发与美国IBM公司计算机竞争品的补贴，以及大规模集成电路、第五代计算机研发补贴等，20世纪七八十年代，日本对于计算机领域的补贴规模超过3300亿日元。针对新一代尖端技术产业的税收优惠，则与此前日本扶持钢铁、汽车产业的措施类似，即通过实施特别税制，减轻高新技术企业的税收负担。如1968年起日本在电子计算机领域实施的买回损失准备金制度，规定计算机研发制造企业可以从销售额中计提10%的损失准备，这部分收入免税。从1970年至1978年日本在计算机行业实施特别折旧制度，即购买计算机的企业可采用加速折旧法，此外还有减征固定资产税制度、通用软件开发准备金制度等。融资方面，日本的银行也按照国家产业政策导向，对新一代主导产业提供大量的贷款支持。在计算机领域，从 1970 年至 1982 年，日本的银行体系对计算机行业提供了超过 6700 亿日元的贷款。针对新一代尖端技术行业，日本要求政府机构、国有企业、高校等部门优先采购国产计算机，并在全社会限制进口计算机的使用范围，以对相对稚嫩的国产计算机行业提供一定程度的保护。

第二，建立官民合作研发体制。日本作为后发国家，在尖端技术领域采用政府、企业联合研发的模式，以加速尖端技术领域的科技攻关，减少与美国的技术差距。从 1976 年至 1980 年的日本超大规模集成电路研究项目，由日本通产省下设的电子综合技术研究所牵头，与富士通、日立、三菱、日本电气、东芝五家计算机制造企业联合研究，研究费用由政府与企业共同承担。这一项目最终取得了大约 1000 项发明专利。1984 年美国国会报告认为日本在国际随机存取存储器市场的成功的很大原因来自这一计划的成功实施。①

第三，鼓励高科技企业兼并重组，做大做强。为了在尖端技术领域尽快追赶美国，日本政府积极推动高科技企业的兼并重组，以发挥科研攻关的规模效应。在电子计算机领域，1971 年，日本国内的六家计算机企业改组为三个企业集团，分别为富士通—日立，日本电气—东芝，三菱电机—冲电气。改组后三家企业集团分别进行国产计算机的开发。1976 年超大规模集成电路研究项目启动时，日本再次推动三家企业集团进一步整合为两个企业集团，分别为富士通—日立—三菱，日本电气—东芝，基础研究方面，两个企业集团与通产省进行合作研究，应用研究领域，两个企业集团则分别进行攻关。

2．衰退产业的调整

除了扶持高新技术产业作为主导产业以外，这一时期日本实现制造业高质量发展的另一重要措施是促进衰退产业调整。两次石油危机使钢铁、棉纺织业等部分日本产业在高油价和日元升值的背景下失去竞争力，成为“结构性萧条产业”。对于这部分萧条产业，日本政府通过制定法律、协助处理过

① 樊春良：《日本追赶美国的成功范例——超大规模集成电路研究计划（VLSI，1976—1980）》，载搜狐网 https：//www.sohu.com/a/229710445_466843。

剩产能、提供补助基金、就业措施等帮助萧条产业收缩产能以及恢复正常生产经营。

1978年日本政府出台了《特定萧条产业安定临时措施法》(即《特安法》),对结构性萧条行业进行了人为划分。炼钢、造船、棉纺织业等行业被划入结构性萧条行业，需要进行产业调整。政府规定设备处理规模和报废时间，并协助处理过剩设备。日本政府制定关于设备处理的安定基本计划，由主管大臣核定萧条产业设备的报废时间和报废规模，若企业难以达成，则由政府采取措施强制执行。对于过剩的产业设备,《特安法》规定由政府协助进行封存、转让等。

设立萧条产业信用基金。结构性萧条产业在进行调整的过程中，设备处理、人员安置等需要的资金，由日本开发银行与民间资本联合出资设立萧条产业信用基金提供资金支持，规模达1000亿日元。

提供相应的就业政策和法律。针对萧条产业转型过程中可能出现的摩擦性失业和结构性失业问题，日本政府也颁布了《特定萧条行业离职者临时措施法》等相关就业法律，向失业者提供就业培训、失业救济、再就业服务等。

1983年起，除了处理萧条行业的设备以外，政策开始重点支持萧条行业的技术更新和高质量发展。1983年《特定产业结构改善临时措施法》(即《产构法》)代替《特安法》，在《特安法》重点处理产能过剩行业设备的基础上,《产构法》规定由主管大臣制定结构改造基本计划，对衰退行业的企业进行设备改造更新、技术研发、兼并重组等行为进行投资，并提供相应的财政补贴的税收优惠。

3.2.2.3 政策效果及评价

日本20世纪七八十年代的制造业转型的过程虽然未能阻止日本经济增速的下降，但也帮助日本在国际环境波动中实现了低速增长，并成功地推动日本主导产业由资本密集型的重工业向高技术产业的切换，电气机械制造业占制造业的比重从1981年的5.67%上升至1997年的26.34%。但是也应该看到，这一时期日本为了规避贸易摩擦和转移附加值较低的产业而鼓励制造业海外投资，一定程度上造成了日本的产业空心化问题。

表 3.4　日本制造业产业结构变化（%）

制造业细分产业	1981 年	1985 年	1991 年	1995 年	1997 年
食　品	15.48	13.34	9.9	10.15	9.08
纺　织	3.66	2.85	1.86	1.7	1.32
造　纸	3	2.65	2.54	2.47	2.25
化　学	5.54	6.72	7.67	8.72	8.63
石油、煤	6.74	5.64	3.34	2.95	3.43
陶　土	4.08	3.94	3.36	3.4	3.22
钢　铁	7.37	6.78	5.58	5.88	5.97
有色金属	2.38	1.77	1.84	1.82	1.96
金　属	5.04	5.68	5.8	6.11	5.46
一般机械	11.38	12.66	13.39	10.95	10.57
电气机械	5.67	10.17	17.84	22	26.34
运输机械	10.42	9.62	9.49	9.32	8.01
精密机械	1.67	1.91	1.84	1.35	1.41
其　他	17.16	16.26	15.55	13.16	12.35

资料来源：丁敏：《日本产业结构研究》，知识出版社 2006 年版。

3.3　德国制造业高质量发展的经验

3.3.1　德国制造业向高质量发展转型的背景

3.3.1.1　国内背景（20 世纪七八十年代）

20 世纪七八十年代，在以美国为首的世界主要资本主义国家都受到“滞胀”困扰时，联邦德国也未能幸免。联邦德国国内生产总值增速从 1973 年的 4.8% 下降至 1975 年的−0.87%，通货膨胀率则在 1973 年达到 7%。1971—1985 年，联邦德国工业生产率同比平均增速约为 3%，明显低于从 1961 年到 1970 年间的 4.6%。

制造业方面，这一时期德国的传统产业日益衰落。

煤炭、钢铁等重工业陆续出现产能过剩问题。20 世纪 50 年代，德国鲁尔区作为德国的重工业中心，其煤炭、钢铁、机械工业为战后德国经济的恢复与发展作出重要贡献。1956年德国采煤业年产量达到了1.49亿吨的历史最高水平。①但20世纪60年代起，德国鲁尔区开始出现衰退的趋势。一方面，在石油、天然气等价格更为低廉的替代能源的冲击下，鲁尔区煤炭开始出现产能过剩的趋势，大量煤炭企业倒闭，工人失业。另一方面，20世纪70年代后，两次石油危机导致全球范围内汽车、轮船的需求明显减少，作为汽车、轮船的上游行业，鲁尔区的钢铁工业也出现了产能过剩的问题，且逐渐沿着产业链波及其他产业，鲁尔区的衰退问题愈加严重。

劳动密集型产业受制于劳动力成本上升而纷纷外迁。这一时期，随着全球产业分工的发展，劳动密集型产业逐渐向劳动力成本较低的亚洲“四小龙”以及中国大陆转移，德国的劳动密集型产业也面临大量外迁的问题，纺织服装产业60年代后就业人数和产值占比不断下降。此外，这一时期德国的高技术产业虽然有所发展但仍落后美国和日本。从1973年到1980年，新兴的汽车、精密机械与光学仪器、飞机制造等行业就业人数仅增加13.3万人，占制造业比重不大。②

3.3.1.2 海外背景

与日本类似，这一时期德国同样面临着两次石油危机引发的全球经济衰退，以及美国贸易保护主义抬头的问题。1985年，日后引发日本泡沫经济破灭的重要原因——广场协议，其签署国也包括联邦德国。广场协议要求美日德法英联合干预外汇市场，有序引导美元兑其他货币贬值。从1985年到1987年，德国马克兑美元升值约40%，与同一时期日元兑美元升值幅度基本相同，这同样大幅削弱了德国对美国出口产品的竞争力。但是，与日本不同的是，联邦德国的对外贸易以西欧各国为主，美国最高时仅为德国的第二大贸易伙伴，1984年，美国在联邦德国的出口总额中占比为9.6%，是仅次于法国的第二出口目的地国。这使日美贸易摩擦较为激烈时，德国的对外贸易基本保持较为稳定的状态。从1980年至1985年，德国和日本的出口平均增速分别约为5.3%和8.1%，广场协议签订后从1986年至1990年，两国的出口平均增速分别约为5.4%和3.8%，德国所受影响明显小于日本。

① 史世伟：《德国产业政策：鲁尔区与空中客车》，《德国研究》2008年第1期。
② 蔡来兴等：《德意志联邦共和国宏观经济管理》，上海翻译出版公司1991年版。

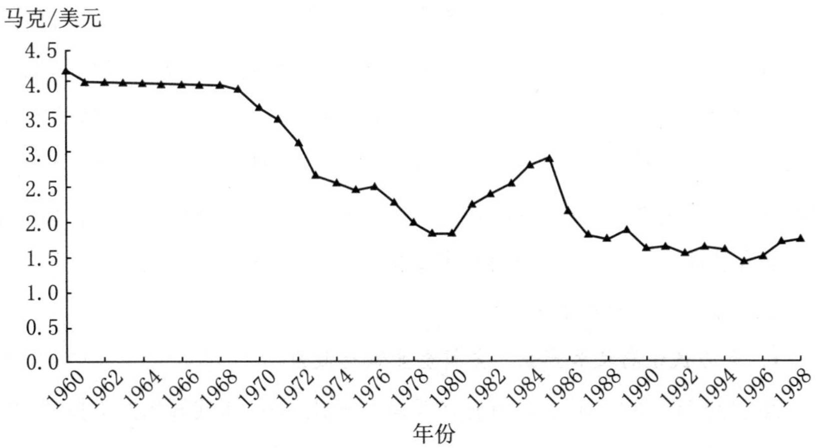

图 3.10　1960—1998 年德国马克 / 美元汇率变动情况

资料来源：中国统计数据库。

3.3.2　德国实现制造业高质量发展的政策体系

3.3.2.1　整体政策思路

《促进经济稳定和增长法》规定在制造业部门实施产业政策。1967 年，联邦德国颁布《促进经济稳定和增长法》，此后经历数次修订，于 1975 年完成最后一次修订。这部法律体现了凯恩斯主义国家干预经济的思想，改变了二战后至 60 年代中期联邦德国政府对经济的干预仅限于对部分公共事业的财政支持的状况，提出为达到“经济增长、价格稳定、充分就业、外贸收支平衡”的宏观经济目标而实施国家干预经济的原则，扩大了国家干预经济的范围。[①] 在制造业方面，这部法律体现的产业政策（德国称“结构政策”）主要包括部门政策、地区政策和技术政策三个方面：（1）部门政策，主要指对于失去比较优势的部分传统产业（如煤矿、造船业等）提供财政补助等援救措施，同时支持飞机制造、航空等高技术产业部门的发展。（2）地区政策，主要是通过减税等方式对联邦德国内部部分发展较为落后的地区以及产业调整过程中衰退产业所在地区（如鲁尔区）提供经济援助。（3）技术政策，主要是由联邦德国政府的研究与技术部主导，通过制定国家科学技术发展的战略方向与方针政策，对航空、生物科技、核能等高科技新兴产业的研发机构提

① 蔡来兴等：《德意志联邦共和国宏观经济管理》，上海翻译出版公司 1991 年版。

供财政补贴和研发支持。《促进经济稳定和增长法》还规定政府部门的行动方针:(1)为了达到宏观经济目标，各级政府、工会等组织机构应“密切配合，一致行动”。(2)政府应每年编制经济报告，具体阐述当年经济领域的财政、货币等宏观调控措施。(3)成立景气协调委员会，协调各项政策尤其是财政政策在各级政府机关之间的配合和实施。(4)成立专家咨询委员会，提供年度经济发展预测报告，并对次年联邦政府的经济报告提出意见和建议。

3.3.2.2 具体政策措施

1. 大力扶植高技术产业，支持企业做大做强

20世纪70—80年代，联邦德国延续并强化了60年代开始的支持技术密集型行业的政策。

规划科研方向，并提供基础科研经费支持。这一时期联邦德国政府大力支持的高科技产业有航空航天、电子、生物技术、新材料、信息技术等。1983年，联邦德国通过“生产技术计划”，规定1984—1987年提供超过5亿马克的经费支持新兴产业发展，加速发展电子计算机和工业机器人，同时估计科研机构进行合作研发，加快技术转让等。①1987年，联邦德国层面研究开发预算支出达99.25亿马克，较1979年增长约45.4%。其中，基础研究预算支出占比从1979年的7.99%提升至1987年的10.04%，重点科研领域的研发支出占联邦研发预算的份额则明显提升，信息产业的研发预算支出占联邦研发预算比重从1979年的7.29%提升至1987年的8.62%，太空、航天、新材料等领域的研发支出份额也有不同程度的提升。

表3.5 德国联邦研发支出预算结构 （单位：%）

研发项目 / 年份	1979年	1981年	1983年	1985年	1986年	1987年
基础研究	7.99	8.55	8.61	9.28	10.05	10.04
太空研究	9.34	9.42	8.90	9.06	10.12	11.33
能 源	28.67	29.81	30.73	24.81	19.13	15.65
环 保	6.87	7.15	6.71	7.30	7.61	7.66
健 康	4.65	5.77	5.46	5.19	5.46	5.81

① 蔡来兴等:《德意志联邦共和国宏观经济管理》，上海翻译出版公司1991年版。

（续表）

研发项目 / 年份	1979 年	1981 年	1983 年	1985 年	1986 年	1987 年
信　息	7.29	5.34	6.79	6.80	8.69	8.62
航　天	3.85	6.80	4.58	5.78	5.65	6.98
材料研究	4.57	5.36	5.14	5.08	5.61	5.62
国防研究	26.78	21.80	23.09	26.69	27.67	28.29

资料来源：蔡来兴等：《德意志联邦共和国宏观经济管理》，上海翻译出版公司 1991 年版。

对于有发展前途、产业关联效应较强的技术密集型产业，联邦德国更是动用国家力量支持企业做大做强。以航空业为例，联邦德国政府对民用科技的整机和零部件制造产业都给予了强有力的支持。20 世纪六七十年代的民用客机市场基本由美国波音公司垄断，欧洲的航空业由于各国各自为政，难以形成规模效应。1989 年，戴姆勒・奔驰公司收购联邦德国空客主要制造商 MBB 以及制造马达和涡轮机的 MTU，并与它控股的多尼尔、AEG 等公司合并组建“戴姆勒奔驰航空股份有限公司（DASA）”①。这一合并触发了德国的反垄断法，遭到了联邦德国联邦卡特尔局的否决。但德国政府经过评估后认为这一合并有利于联邦德国乃至欧洲航空业的发展，有助于强化联邦德国在高科技产业领域的竞争力，联邦德国政府决定启用《反限制竞争法》第 23 条，即“在对整体经济的好处大于对竞争限制的弊端及服务于重大公众利益的情况下，联邦经济部长有权批准被卡特尔局禁止的并购（部长特许）”。② 此后，2000 年德国政府亦推动支持了戴姆勒奔驰航空股份有限公司与法国的马特拉航天公司合并成立欧洲航空、国防与航天公司。时至今日，欧洲空客公司能成为与美国波音公司相抗衡的飞机制造商，与德国政府的支持是分不开的。

2. 支持中等技术产业的技术改造

对于机械、汽车等中等技术产业，德国政府倾向于支持这些产业的技术升级与改造，但需要针对不同发展阶段的不同行业做进一步的具体分析并制

①② 史世伟：《德国产业政策：鲁尔区与空中客车》，《德国研究》2008 年第 1 期。

定战略。对于需求短期下滑的产业，在实施短期调整措施后，仍支持这些产业扩大投资尤其是技术更新的投资；对于产能过剩的行业，则采取适应性的紧缩调整措施。

汽车产业方面，20 世纪 70 年代两次石油危机对联邦德国汽车制造业造成了严重的打击。针对石油危机引起的世界性经济衰退和需求增速放缓，联邦德国政府在短期内引导汽车产业减少投资和就业人数，以降低生产经营费用。1976 年以后，汽车需求开始恢复，联邦德国的短期调整措施也随即取消，汽车行业的技术更新和改造方面的投资明显增加。从 1976 年到 1978 年，联邦德国汽车企业投资 330 亿马克，主要用于开发新产品，增加自动化设备等。此外，80 年代联邦德国政府通过制定法律推动汽车领域的催化净化器的使用，提高了德系汽车在环保方面的表现。80 年代后，德系汽车普遍采用了更高效率的柴油发动机、自动变速箱、防抱死系统、安全气囊、催化净化器等先进技术，稳住了德系汽车的市场份额，并提高了产品的附加值。

钢铁产业方面，两次石油危机使联邦德国钢铁产业面临产能过剩的问题，联邦德国政府一方面积极推动钢铁行业的联合和兼并重组。1976 年，欧共体在欧洲煤钢共同体的框架内组织了钢铁卡特尔，实施价格控制和产量分配，以挽救出现困难的成员国钢铁企业。从 1956 年到 1974 年间，蒂森集团兼并了八家钢铁企业，成为钢铁市场的主导者。莱茵豪森钢铁公司和波鸿联合体则合并为克虏伯钢铁股份公司。[①]1999 年，蒂森和克虏伯两大集团合并为蒂森—克虏伯钢铁公司，成为钢铁行业和科技领域的巨人。[②]另一方面，联邦德国政府通过补贴等手段，力图减轻钢铁行业衰退对社会造成的冲击，这部分补贴主要用于企业重组、员工安置以及钢铁技术的研究和开发。这一时期鲁尔区政府对区内钢铁企业实施技术改造，同时竭力降低生产要素成本，如将要素密集、技术含量不高的初级钢铁企业搬迁至交通发达地段，以降低成本的方式提高这些企业的竞争力。1981 年，对钢铁业的补贴占联邦德

①② 张秀娥、孙建军：《从鲁尔区振兴看东北地区资源型城市经济转型》，《学习与探索》2009 年第 3 期。

国国民生产总值的 0.3%。[①]

3．压缩改造低技术产业

针对低技术的产业部门，德国政府尽可能予以压缩，同时对仍有一定市场的产业进行技术改造。以煤炭产业为例，随着石油、天然气等替代能源的发展，20 世纪 50 年代起联邦德国煤炭产业就开始出现产能过剩危机。1968 年联邦德国适时出台了《煤炭适应法》，推动煤炭企业兼并重组，提高煤炭市场集中度和煤炭开采的计划性，以适应能源结构转型的要求。20 世纪 60 年代末，鲁尔区内的 20 多家煤炭企业进行了合并。此外，为了避免煤炭产业衰退速度过快，联邦德国对煤炭开采给予一定补贴，1990 年，鲁尔区煤炭补贴已达 120 亿马克 / 年。1970 年，联邦德国颁布《改善区域经济结构共同任务法》，将鲁尔区煤炭产业调整纳入区域结构政策的框架中。

4．完善竞争秩序，但对战略性产业也有豁免原则

除了强调政府干预经济对经济结构调整的作用以外，这一时期的联邦德国政府还进一步完善了对竞争秩序的保护，但同时也对国家重点发展的战略性产业制定了豁免原则。1973 年和 1976 年，联邦德国政府两次修订《反限制竞争法》，授权联邦卡特尔局对企业兼并行为进行监督，禁止企业签订可能限制竞争的协议，强化对“市场垄断型”企业滥用市场权力的监督，对企业合并加以限制，同时增加了中小企业合并的可能性。[②]联邦德国的《反限制竞争法》也规定在满足一定条件下，部分卡特尔可以合法存在——“如果企业合并能为整个国民经济带来的好处大于限制竞争所带来的坏处，或企业合并可以为公众带来显著的利益，则可以由参加企业向联邦经济部申请批准”。[③]可以经卡特尔局批准的卡特尔类型包括出口卡特尔、结构危机卡特尔、合理化卡特尔等。对于国家层面重点发展的战略性产业，如上文所述的航空业，也可以通过“部长特许”等特殊渠道进行卡特尔合法化，所有的合法卡特尔都必须公开登记。

---

① 刘永焕：《德国产业结构调整及其经验借鉴》，《对外经贸实务》2014 年第 1 期。

② 蔡来兴等：《德意志联邦共和国宏观经济管理》，上海翻译出版公司 1991 年版。

③ 翟立林：《联邦德国社会主义市场经济》，同济大学出版社 1989 年版。

5．提升产业工人素质

德国的职业教育享誉全球。这一时期，联邦德国进一步完善了职业教育体系，多次制定并实施职业教育相关法律，形成了初级职业教育培训和在职培训两个层次的职业教育体系。初级职业教育培训方面，1969 年，联邦德国政府颁布了《职业教育法》，确立了“双轨制”的职业教育制度[①]，即学校理论教育 + 企业实践培训相结合，学制一般为三年。在职培训方面则包括职业进修、改行培训、技能完善三种类型，由工会、企业、行业协会、教会等组织机构提供。此外，联邦德国政府还要求在中学普及计算机教育，以提高信息技术普及度，培养未来的信息技术人才。1984 年，联邦德国政府公布的《政府信息技术报告》指出“联邦德国在战后之所以能建立一个卓有成效的工业，原因之一是有一个出色的职业培训体系”。[②]

3.3.2.3　政策效果及评价

这一时期德国产业政策成功促进了德国制造业的转型升级。德国制造业实现了高质量发展，但是对于衰退的行业，德国的产业调整政策并不理想。一方面，“德国制造”成为高技术、高质量的象征，具体表现在出口结构中，技术密集型产品的出口份额明显提高，德国汽车占出口额的比重从 1980 年的 15.1% 上升至 1987 年的 18.7%，电子类产品占出口额的比重从 1980 年的 9.8% 上升至 1987 年的 11%；另一方面，德国的煤炭、钢铁等失去竞争力的产业，并没有通过兼并重组、技术改造等手段提升竞争力。事实上，德国针对失去竞争力的产业的调整政策往往缺乏统一规划，仅是针对行业危机的被动消极应对，手段主要以提供财政补贴、促进企业合并等“维稳”措施为主。从 1980 年到 1987 年，钢铁占联邦德国出口份额的比重从 5.3% 降至 3.6%。联邦德国对煤炭、钢铁产业的财政补贴造成了巨大的财政负担，且收效不大。90 年代末，德国开始反思其萧条产业政策。1990 年，德国停止了对钢铁企业的补贴，1997 年后，德国逐渐减少针对煤炭企业的补贴，到 2018 年则全面停止。

① 范正海：《动态比较优势与我国产业政策选择研究》，上海财经大学硕士学位论文 2012 年。

② 蔡来兴等：《德意志联邦共和国宏观经济管理》，上海翻译出版公司 1991 年版。

表 3.6　德国出口结构变化　（单位：%）

出口品类 / 年份	1960 年	1970 年	1975 年	1980 年	1983 年	1984 年	1985 年	1986 年	1987 年
农副食品	0.9	1.3	1.1	1.1	1.2	1.3	1.2	1.2	1.2
食品和饮料	1.8	2.4	3.9	4.5	4.5	4.46	4.4	4.3	4.2
矿产品	5.4	2.3	2.2	2.3	1.9	1.9	1.6	0.9	0.7
原材料和生产资料	29.3	27	27.5	27.2	26.1	26.9	26.4	24.4	23.9
其中：化学产品	12.4	13.4	12.5	13.2	13.8	14.2	13.9	13.3	13.4
钢　铁	9.2	6.4	7.5	5.3	4.2	4.5	4.7	3.8	3.6
投资类产品	52.1	54.2	53.3	51.4	52.4	51.6	53	55.1	55.7
其中：机械	18.9	19.3	19.5	16.4	14.8	14.1	14.7	15.7	15.3
汽　车	12.5	14.5	13.4	15.1	16.8	16.4	17.1	18	18.7
电　子	8.5	9.7	9.7	9.8	9.7	9.7	10.1	10.8	11
消费类产品	9.3	11.2	10.3	11.5	11.2	11.3	11.5	12	12.1
其中：纺织与服装	4	5	4.5	4.8	4.6	4.7	4.8	5	4.9

资料来源：蔡来兴等：《德意志联邦共和国宏观经济管理》，上海翻译出版公司 1991 年版。

3.4　美日德制造业高质量发展对我国的启示

20 世纪七八十年代，面对国内外经济发展形势的变化，美日德均面临国内制造业的转型升级问题，上述国家也都通过一系列政策措施，推动本国产业结构升级和制造业的高质量发展。纵观美日德三国的转型历程，对我国的启示有：

1．制造业的高质量发展需要实施合理的产业政策

产业政策就是当一国产业处于比其他国家产业落后状态，或者可能落后于其他国家时，为加强本国产业所采取的各种政策。①“产业政策”一词由 1970 年日本官员首次提出。诚然，政府是否应该实施产业政策是存在争议的：支持的观点认为实施产业政策有助于弥补市场失灵，促进后发国家“起飞”，提高产业的国际竞争力等；反对的观点认为产业政策容易造成巨大的政策成本，扭曲资源配置等。但回顾美日德三国制造业在向高质量发展转型的历史，产业政策所起到的作用都是不可忽视的。即使在被认为市场经济最

① 周叔莲：《中国产业政策研究》，经济管理出版社 1990 年版。

为发达、政府干预市场程度较小的美国，在扶持高新技术产业发展、提升制造业发展质量过程中，减税降费、财政补贴、鼓励风险资本投资于新兴产业等产业政策层出不穷。日本和德国这两个相对美国来说属于“后发”的国家，在选择主导产业、扶持尖端产业发展，促进衰退产业调整方面也都有相应的产业政策。我国在促进制造业高质量发展的过程中，也应当制定好、利用好产业政策，对我国尚处于幼稚产业阶段的新一代高新技术产业实施一定程度的保护和扶持，而对我国部分区域中失去比较优势的劳动力和资本密集型产业，则通过制定相应的产业政策促进这些产业技术更新或有序转移。

2. 应对本国制造业水平和国际竞争力进行全面、定期的评估

20世纪七八十年代，美国在实施一系列减税、财政补贴等产业政策之前，由总统工业竞争能力委员会发布《全球竞争力：新的现实》等调查报告对美国制造业整体的国际竞争力进行了全面评估，对具体高科技行业也做了专门分析，并提出了促进美国制造业高质量发展的建议。日本从1970年开始定期发布长期经济展望，阐述日本经济发展和产业政策的目标，并根据国内外实际情况进行调整，80年代更是确立了“技术立国”的目标。德国则在《促进经济稳定和增长法》中规定，为了达到宏观经济目标，政府设立的专家咨询委员会应提供年度经济发展预测报告，并对次年联邦政府的经济报告提出意见和建议。而联邦政府的年度经济报告，则需要具体阐述当年经济领域的财政、货币等宏观调控措施。对本国制造业发展状况和竞争力水平进行全面、动态的评估，有利于描绘本国制造业发展的全局面貌，避免在制定产业政策的过程中“只见树木，不见森林”，同时，定期、动态的制造业评估也有助于检测产业政策的效果并因地制宜地作出调整。

3. 高新技术产业的发展离不开政府对于研发活动的支持

首先，基础研究离不开政府的资助。研发活动包括基础研究、应用研究和开发。基础研究主要是增加人类的知识总量，以揭示客观事物的本质和运动规律，并不以商业应用为目标。这类研究主要是由大学和政府资助的科研机构承担，企业一般很少从事基础研究。[①] 对于基础研究来说，政府的经费

① 干春晖：《产业经济学：教程与案例》，机械工业出版社2015年版。

支持是基础研究顺利开展的必要条件；第二，应用研究和开发活动容易出现市场失灵，政府的适当干预和支持是必要的。研发活动需要较高的设备及人力资本投入，而研发成果存在较高的不确定性和正的外部性。如果仅由市场中企业自发地进行技术研发活动，那么投入和产出都可能是不足的。在市场失灵的领域，政府的适当干预和支持是必要的；第三，对于后发国家来说，政府对于高新技术产业领域研发活动的支持，有助于后发国家缩短与技术前沿国家的差距甚至实现“弯道超车”，也有利于维护自身的产业安全。美日德三国的经验表明，针对研发活动的支持方面，先发国家和后发国家都不遗余力。作为先发国家的美国，其对研发的支持主要体现在研发活动抵税、财政扶持、促进高校等研究机构与企业合作、加强知识产权保护、鼓励风险资本投资于高技术企业等。而作为后发国家的日本和德国，政府选择重点发展的战略性产业，并对重点发展的战略性产业提供税收优惠和财政金融支持，甚至动用国家力量支持大型企业合并以增强研发实力，政府的参与度相对于美国来说更高。对于我国而言，一方面，加大对基础科研领域的支持和资助是促进制造业高质量发展的基础，促进技术成果转化则是打通基础研究和应用研究的重要途径；另一方面，对于我国技术实力存在差异的产业，政府可采取有针对性的扶持措施，对于我国技术实力仍有所欠缺的技术密集型产业，日德等后发国家政府所采取的引导、财政金融支持、鼓励企业兼并重组等措施仍是可借鉴的；对于我国部分已处于技术前沿的产业，研发活动抵税、加强知识产权保护、鼓励风险投资等措施可能更有利于这部分产业的进一步发展。

4. 传统制造业的技术升级也是制造业高质量发展的重要途径

虽然高技术产业的发展是制造业高质量发展的重要特征，但制造业高质量发展的意涵并不仅仅包含高新技术产业的发展壮大。对于传统制造业，也可以通过技术改造和升级，提高生产效率和产品附加价值。如传统产业的代表——钢铁产业，普钢的技术门槛较低，工艺流程简单，附加值也较低，生产过程较为粗放，还容易造成环境污染等问题。但特钢中主要应用于国防军工等领域的高强度合金结构钢、不锈钢极薄壁无缝钢管则工艺流程较为复杂、生产过程更为集约、技术难度较高，附加值也较高，符合制造业高质量发展的内涵。20 世纪七八十年代，美日德三国促进制造业高质量发展的过程中，除了扶持高新技术产业发展外，也在传统产业领域推动技术改造，虽然由于劳动力成本不可逆转的上升（美国）、衰退产业过于依赖政府补贴（日德）等因素，上述三国对于传统制造业的技术升级并没有获得非常好的效果。但对于我国来说，由于我国不同区域间经济发展水平、要素成本存在差异，制造业在我国内部各区域间腾挪空间较大，传统产业技术升级的空间与绩效也可能好于美日德三国。

5．制造业高质量发展的过程中，良好的市场秩序和营商环境的重要性日益凸显

按照新制度经济学理论，不确定性越高、资产专用性越强，交易成本也就越高。大部分高新技术产业属于制度密集度较高的产业，良好的制度环境，有助于降低上述产业的交易成本，提高相关产业的比较优势和国际竞争力。20 世纪七八十年代，美国在促进制造业高质量发展的过程中，注意放松不必要的政府规制，鼓励企业合理竞争，德国也在这一时期完善反垄断法，维护市场竞争秩序。2019 年，世界银行公布的营商环境报告中，中国位列第 49 位，较前一年上升 32 位，说明过去几年中我国的营商环境已有明显进步。但是需要注意的是，世行的营商环境报告的统计范围仅涵盖北京和上海，而北京和上海属于我国营商环境水平较高的城市，我国大部分地区的营商环境仍有改善的空间。

6．高素质的人力资本是制造业高质量发展的基石

劳动力作为企业生产活动的主要投入要素之一，制造业的高质量发展离不开大量的熟练工人和技术人才。“德国制造”之所以在全球是“高质量”的代名词，德国出色的职业教育体系在其中发挥了重要作用。近年来，我国已迈过刘易斯拐点，劳动力成本逐渐抬升，人口红利逐渐消失，但人力资本红利的优势仍未充分发挥。根据德国的经验，高素质的人力资本的培养，一方面需要大力发展中等和高等职业教育，培养未来从事生产建设第一线的技能型人才；另一方面则需要重视在职人员的职业进修与技能完善，以不断提升劳动者素质，助力制造业高质量发展。事实上，近年来提高劳动者素质、开展职业技能培训的相关政策措施已逐渐公布并开展。2019 年 1 月，国务院发布《国家职业教育改革实施方案》，要求到 2022 年，建成覆盖大部分行业领域、具有国际先进水平的中国职业教育标准体系。2019 年 5 月，国务院发布《职业技能提升行动方案（2019—2021 年）》，提出 2019 年至 2021 年，持续开展职业技能提升行动，全面提升劳动者职业技能水平和就业创业能力，到 2021 年底技能劳动者占就业人员总量的比例达到 25% 以上，高技能人才占技能劳动者的比例达到 30% 以上。①

参考文献

[1] 章嘉琳：《变化中的美国经济》，学林出版社 1987 年版。

[2] 丁敏：《日本产业结构研究》，知识出版社 2006 年版。

[3] 马文秀：《日美贸易摩擦与日本产业结构调整》，河北大学博士学位论文 2007 年。

[4] 陈淮：《日本产业政策研究》，中国人民大学出版社 1991 年版。

[5] 史世伟：《德国产业政策：鲁尔区与空中客车》，《德国研究》2008 年第 1 期。

[6] 蔡来兴等：《德意志联邦共和国宏观经济管理》，上海翻译出版公司 1991 年。

[7] 张秀娥、孙建军：《从鲁尔区振兴看东北地区资源型城市经济转型》，《学习与探索》2009 年第 3 期。

[8] 刘永焕：《德国产业结构调整及其经验借鉴》，《对外经贸实务》2014 年第 1 期。

[9] 翟立林：《联邦德国社会主义市场经济》，同济大学出版社 1989 年版。

[10] 周叔莲：《中国产业政策研究》，经济管理出版社 1990 年版。

[11] 干春晖：《产业经济学：教程与案例》，机械工业出版社 2015 年版。

[12] 陈韶华：《战后日本产业政策研究》，武汉大学博士学位论文，2011 年。

[13] 郑伟民、刘伯龙：《美国经济在曲折进程中缓步回升》，社会科学文献出版社 2014 年版。

[14] 陈宝森：《美国经济与政府政策》，社会科学文献出版社 2007 年版。

[15] 陈宝森、王荣军、罗振兴：《当代美国经济》，社会科学文献出版社 2011 年版。

[16] 范正海：《动态比较优势与我国产业政策选择研究》，上海财经大学硕士学位论文，2012 年。

（本章主持及执笔：徐　琳）

① 国务院办公厅：《国务院办公厅关于印发职业技能提升行动方案（2019—2021 年）的通知》，载中国政府网 http：//www.gov.cn/zhengce/content/2019-05/24/content_5394415.htm?trs=1。

第 4 章　要素升级与中国制造业高质量发展

本章提要：

随着国际竞争进一步加剧、人口红利的减少、基础设施建设的逐步饱和，规模速度型粗放增长的经济发展模式已走到了尽头，必须转向质量效率型的经济发展模式。党的十九大报告首次提出推动经济高质量发展的目标，这一新阶段如何实现高质量发展是新时代背景下中国经济增长的关键问题。经济发展是生产要素投入量的增加和质的提升共同作用的结果，而要素投入会面临要素报酬递减和要素增速减缓的过程，这就会导致经济增长速度的放缓，保持长期稳定的经济增长速度，仅仅依靠要素投入是不可能实现的，只有通过要素升级，改变生产可能性曲线，用同样数量的要素来实现更高水平的经济增长。① 这就要求必须把发展经济的着力点放在实体经济上，着力提高供给体系的质量和效率。在实现中国制造业高质量发展，由中国速度向中国质量转变的关键时期，生产要素作为制造业发展的重要因素，需要实现由“量的增加”向“质的增加”的转变。要素升级要求生产要素的配置效率

---

① 黄顺魁：《要素投入还是要素升级：影响中国经济增长的因素分析》，《现代管理科学》2017 年第 5 期。

有“质的提升”，技术进步、人力资本提升、信息化、金融资产扩大皆属于此类。

4.1　我国生产要素现状

4.1.1　技术进步

当今世界已经进入知识经济时代，技术进步成为经济持续增长的核心力量，越来越激烈的国际竞争使各个国家都前所未有地重视技术发展水平。在劳动力、土地等传统低要素成本优势逐渐丧失的背景下，技术进步是提升产业、产品竞争力、实现中国制造业高质量发展的根本要素。党的十八届五中全会提出创新、协调、绿色、开放、共享的发展理念，并把创新提到新发展理念之首，指出“坚持创新发展，必须把创新摆在国家发展全局的核心位置，不断推进理论创新、制度创新、科技创新、文化创新”。

近年来，我国研究与试验发展经费支出规模呈现逐年上升的趋势，用于研发活动投入力度越来越大。2011 年全国研究与试验发展经费支出为 8687.01 亿元，研发活动投入占国内生产总值比重为 1.78%，2017 年全国研究与试验发展经费支出达到 17606.13 亿元，2017 年均增长率为 12.49%。研发活动投入占国内生产总值比重达到 2.13%，较 2011 年提高了 0.35 个百分点，资金不断涌入科技研发活动中，为创新科技成果提供了强硬的支撑。2017 年规模以上工业企业研究与试验发展经费支出为 11990.23 亿元，占全国研究与试验发展经费支出的 68.10%，可见我国的研发活动投入大部分集中在工业企业。虽然我国研发活动投入水平较高，但与发达国家相比还有相当的差距，根据《中国科技统计年鉴-2018》①，2016 年美国、德国、日本的研发活动投入占国内生产总值比重分别为 2.74%、2.93% 和 3.14%。与之相比，我国分别低于 0.64 个、0.82 个和 1.03 个百分点，2011 年以来我国研发活动投入占国内生产总值比重年均提高 0.06 个百分点，与发达国家的差距在不断缩小。

① 国家统计局社会科学和文化产业统计司：《中国科技统计年鉴-2018》，中国统计出版社 2018 年版。

表 4.1 2011—2017 年全国研发活动经费支出情况

年 份	综 合		工业企业	
	研究与试验发展经费支出（亿元）	占国内生产总值比重（%）	研究与试验发展经费支出（亿元）	占主营业收入比重（%）
2011	8687.01	1.78	5051.99	0.71
2012	10298.41	1.91	6230.60	0.77
2013	11846.60	1.99	7294.49	0.80
2014	13015.63	2.02	8162.97	0.84
2015	14169.88	2.06	9146.70	0.90
2016	15676.75	2.11	10064.33	0.94
2017	17606.13	2.13	11990.23	1.06

资料来源：国家统计局社会科学和文化产业统计司：《中国科技统计年鉴》，中国统计出版社 2012—2018 年版。

专利也是衡量科技活动的一项重要指标，它反映了国家技术创新水平的高低，在一定程度上体现了技术要素的竞争力，特别是创新型技术的竞争力。从专利申请数量和授权数量来看，2011 年全国专利申请数量是 1504670 项，专利授权数量是 883861 项，到 2017 年分别达到 3536333 项和 1720828 项，年均增长率分别为 15.31% 与 11.74%。2017 年工业企业专利申请数量为 817037 项，占职务专利申请总数的 23.10%，与研发活动投入占全国 68.10%

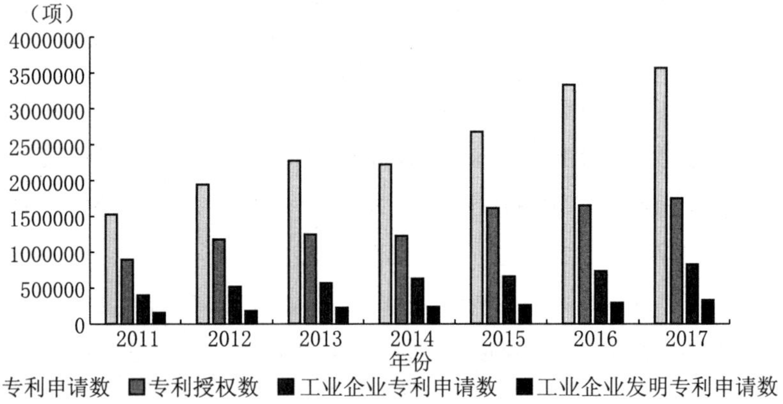

图 4.1 2011—2017 年全国专利申请和授权情况 单位：项

资料来源：国家统计局社会科学和文化产业统计司：《中国科技统计年鉴》，中国统计出版社 2012—2018 年版。

相比，工业企业科技成果转化率有待改善。实用新型专利的技术含量较高，可以为工业产业发展提供强大的支撑，在专利内部结构上，工业企业专利申请数量发明为 320626 项，占工业企业专利申请总数的 39.24%，较 2011 年增加 4.32 个百分点，说明我国技术创新水平不断提高，有利于产业结构优化升级，推动高新技术产业和战略性新兴产业快速发展。

4.1.2　人力资本

中国自改革开放以来，经济不断增长，经济效率不断提升，人力资本对于缩小地区差距和促进经济均衡发展起到了日益重要的作用。人力资本存量通过知识积累来影响技术创新，最后提高全要素生产率。深化人力资本积累，进一步加强人力资本的战略投资，把人力资本开发纳入国家经济发展规划，对实现劳动力供给从人口红利向人才红利转变具有重要意义。①

教育在人力资本的形成和发展中发挥了重要作用。教育可以加快技术创新与模仿的速度，提高全要素生产率。我国历来重视教育发展，教育支出占财政支出比重长期保持在 15% 左右，位居世界前列。高等院校的发展直接影响人力资本，我国普通高等院校数量从 2011 年的 2409 所发展到 2017 年

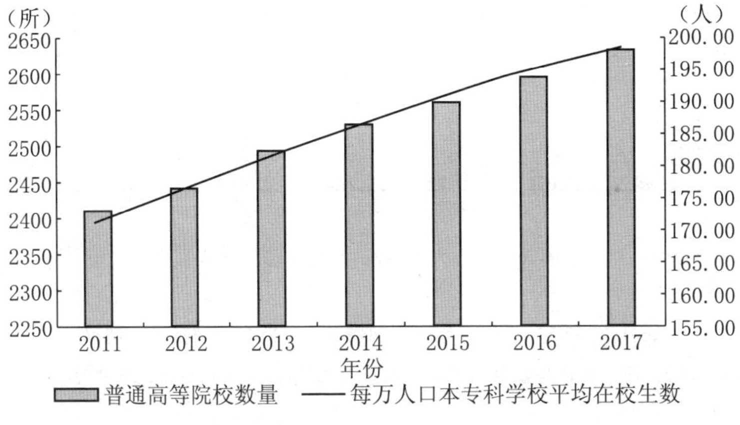

图 4.2　2011—2017 年全国普通高等院校数量及每万人口本专科学校平均在校生数量情况

资料来源：国家统计局社会科学和文化产业统计司：《中国统计年鉴》，中国统计出版社 2012—2018 年版。

① 匡小明：《要素升级是中国高质量发展的动力源泉》，《中国井冈山干部学院学报》2019 年第 1 期。

的2631所，7年间增加了222所，普通高等院校数量增加使得更多人拥有进入大学深造的机会。2011年全国每万人口本专科学校平均在校生数为171.33人，2017年上升至198.09人，增幅达15.61%。我国劳动力出现高级化的趋势，为制造业高质量发展储备了大量人才。

我国规模以上工业企业中，2011年研究与试验发展人员为254.68万人，其中具有研究生以上学历人员有20.16万人，占规模以上工业企业研究与试验发展人员总数的7.92%，研究与试验发展人员全时当量为170.99万人年。到2017年，规模以上工业企业中研究与试验发展人员有404.51万人，增长58.83%，其中具有研究生以上学历人员有33.66万人，占规模以上工业企业研究与试验发展人员总数的8.32%，增加了0.4个百分点，研究与试验发展人员全时当量为298.38万人年，较2011年增长74.50%。高学历的科技人员在规模以上工业企业研发人员中的比重不断扩大，这种趋势说明我国工业企业的人力资本在向更高级方向发展，同时也使劳动力结构进一步优化，从而有效推动制造业高质量发展的进程。

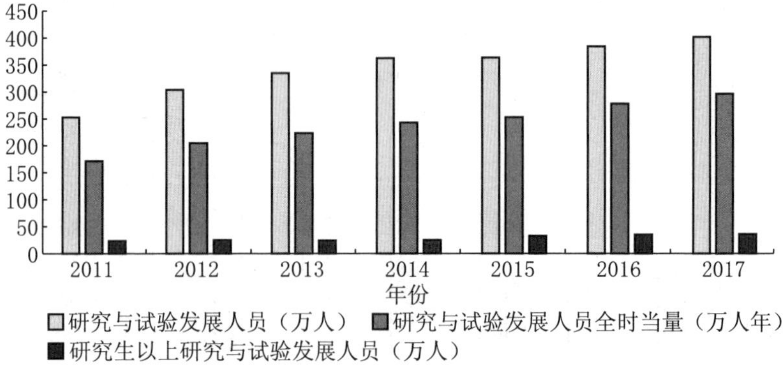

图4.3　2011—2017年全国规模以上工业企业科技人员情况

资料来源：国家统计局社会科学和文化产业统计司：《中国科技统计年鉴》，中国统计出版社2012—2018年版。

4.1.3　信息化

21世纪是信息经济、网络社会、在线政府和数字生活的时代，信息已成为与能源、新材料同等重要的战略资源，正日益成为最为重要的生产要素和社会财富。随着信息产业的崛起，信息资源作为生产要素，是人类活动中各个领域所产生并具备使用价值的信息集合体，对制造业高质量发展的作用日益凸显。信息技术革命改变着传统结构和增长方式，能够调整产业结构使其升级换代，能够实现传统产业的信息化，优化劳动力和资金的使用，提高生产效率，促进经济增长。“十三五”规划纲要提出“实施国家大数据战略”，党的十九大报告又提出建设“网络强国”“数字中国”，这无疑对加快释放信息化红利、以信息化驱动现代化具有重大现实意义。

近年来，我国大力推进实施“网络强国”战略，大力推动构建高速网络环境，通过加快高速宽带网络建设、共建共享电信基础设计，逐步实现了网络提速降费的目标，2018 年我国固定宽带网络下载速率达到 28.06 Mbit/s，较 2017 年同比提升了 9.05 Mbit/s，增幅达到 47.6%，移动宽带方面，我国用户 4G 网络访问互联网的平均下载速率达到 22.05 Mbit/s，同比提升 21.3%。2018 年我国固定宽带家庭普及率和移动宽带普及率已提前三年实现“十三五”规划的 2020 年末目标。固定宽带家庭用户数累计超过 3.8 亿户，普及率达到 86.1%，超过欧盟国家 75% 的平均水平；移动宽带用户数超过 12.9 亿户，普及率达到 93.6%，在经济合作与发展组织国家中位列第 16 位，已超过法国、德国、加拿大等发达国家，但与经济合作与发展组织国家平均水平 101.8% 的移动宽带用户普及率还有一定差距。

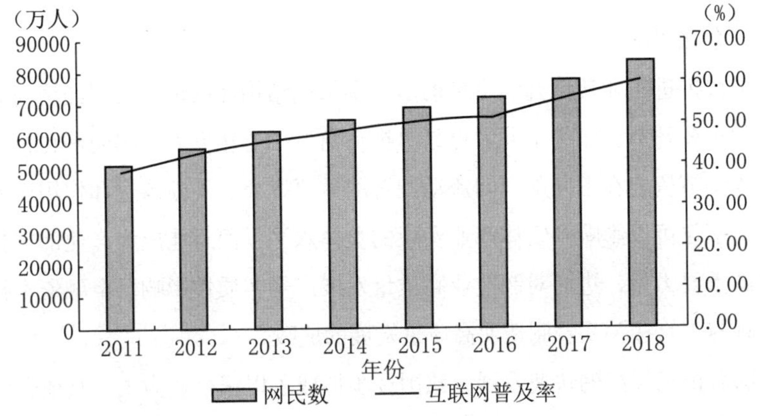

图 4.4　2011—2018 年全国网民数和互联网普及率

资料来源：中国互联网信息中心：《中国互联网络发展状况统计报告》，中国互联网络信息中心 2019 年版。

网信产业保持良好的增长势头，工业互联网启动建设，云网端融合创新发展，都为加快发展方式转变、支撑科技创新、带动产业发展奠定坚实的基础。我国在信息科技创新领域的投入不断增加，根据国家统计局数据，多数省份规模以上计算机、通信和其他电子设备制造企业研发投入占比达到3%的水平，各类创新主体创新活力持续释放，使得核心技术创新取得突破性进展。2018年国内信息技术发明专利授权数达18.5万件，同比增长10.8%，我国创新指数在全球排名也上升至第17位。

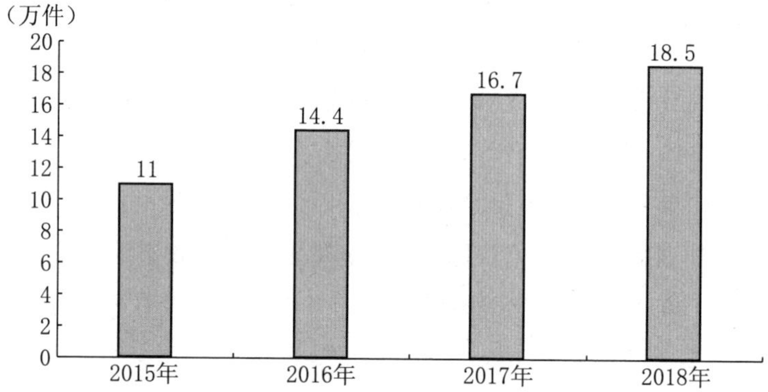

图4.5　2015—2018年全国信息技术发明专利授权数

资料来源：国家工业信息安全发展研究中心：《中国信息产业年鉴》，中国工信出版集团电子工业出版社2016—2019年版。

4.1.4　金融资本

加快推进工业转型升级是贯彻落实供给侧结构性改革，实现经济高质量增长的重要环节，党的十九大更是对推动新型工业化发展提出明确目标。金融作为调节资金在不同部门间流动配置的重要媒介，不断渗透和作用于实体经济，不仅可以影响到实体产业发展的整体水平，而且能成为产业部门技术进步的重要力量，进而对制造业高质量发展产生实质性影响。金融资本投入的合理与否直接关系着制造业高质量发展的成败。

随着市场经济的快速发展，我国逐步形成了以银行业为主、其他金融机构同步发展的多层次金融体系，金融资产规模迅速壮大。我国金融业繁荣稳定发展，金融业增加值稳步增长，2011年金融业增加值为3.07万亿元，金融业增加值占国内生产总值的比重为6.27%，到2017年金融业增加值达到

6.57 万亿元，年均增长率为 13.55%，金融业增加值占国内生产总值的比重为 7.95%，增加 1.68 个百分点，比重超过多数发达国家。金融资产规模整体稳步上升，2017 年全国银行业金融资产规模 252.40 万亿元，较 2011 年的 113.29 万亿元增加了 139.11 万亿元，年均增长率为 14.28%。

表 4.2　2011—2017 年全国金融业发展情况

年份	银行业金融机构总资产（万亿元）	金融业增加值（万亿元）	金融业增加值占 GDP 比重（%）
2011	113.29	3.07	6.27
2012	133.62	3.52	6.51
2013	151.35	4.12	6.92
2014	172.34	4.67	7.25
2015	199.35	5.79	8.40
2016	232.25	6.11	8.22
2017	252.40	6.57	7.95

资料来源：中国金融学会：《中国金融年鉴》，中国金融年鉴杂志社有限公司 2012—2019 年版。

2017 年社会融资规模存量达到 182.87 万亿元，社会融资规模增量为 22.40 万亿元，较 2016 年增长 13.43%。2017 年金融机构本外币存款余额为 169.30 万亿元，较 2011 年增长 86.63 万亿元，年均增长 12.69%，其中人民币存款余额 164.1 万亿元，较 2011 年增长 86.13 万亿元，年均增长 12.50%。2011 年全部金融机构本外币各项贷款余额 58.19 万亿元，其中人民币各项贷款余额 54.79 万亿元，2017 年金融机构本外币贷款余额为 125.60 万亿元，年均增长 13.68%，人民币贷款余额为 120.10 万亿元，年均增长 13.97%。从金融规模与经济总量的适配程度看，我国金融相关率逐步提升，2017 年金融相关率接近 4，较 2011 年增长超过 8%。

随着证券业的发展和证券监管的逐渐完善，社会融资方式不断丰富，不再只依靠传统的银行信贷来满足资金的筹集，在证券市场直接融资变得越来越重要。证券市场优化资金的配置效率，同时也能够帮助引导资金在提供者和需求者之间移动，并使资金向业绩良好、信誉较高的企业流动，或者向国家重点扶植的产业流动，从而改善金融配置。股票成交金额从 2011 年的

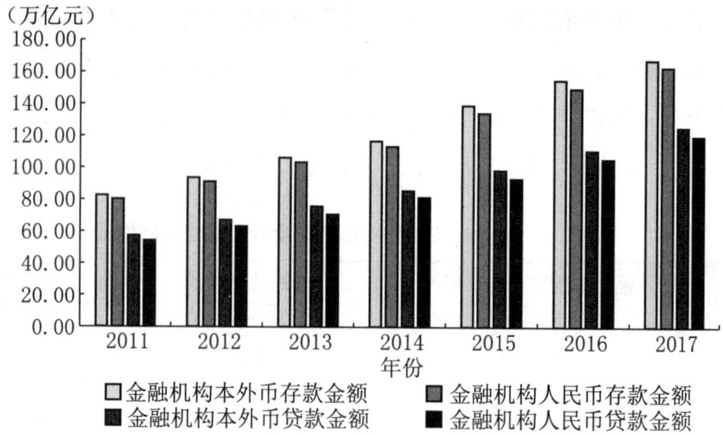

图 4.6　2011—2017 年金融机构存款和贷款金额

资料来源：中国金融学会：《中国金融年鉴》，中国金融年鉴杂志社有限公司 2012—2019 年版。

42.16 万亿元增加至 2016 年的 127.77 万亿元，年均增长率为 24.82%；2011 年债券成交金额为 164.27 万亿元，到 2016 年增加至 967.10 万亿元，年均增长率为 42.55%；2016 年上市基金成交金额为 1.60 万亿元，较 2011 年增加 0.96 万亿元，年均增长率为 20.24%。

表 4.3　2011—2016 年全国证券市场发展情况

年份	股票成交量（万亿股）	股票成交金额（万亿元）	债券发行额（万亿元）	债券成交金额（万亿元）	基金资产规模（万亿元）	上市基金成交金额（万亿元）
2011	3.40	42.16	7.72	164.27	2.19	0.64
2012	3.29	31.46	8.02	220.11	2.87	0.81
2013	4.84	46.87	8.92	274.25	3.00	1.48
2014	7.34	74.24	11.93	358.31	4.54	1.38
2015	17.10	255.05	23.26	134.78	8.40	4.43
2016	9.55	127.77	36.15	967.10	9.15	1.60

资料来源：中国金融学会：《中国金融年鉴》，中国金融年鉴杂志社有限公司 2012—2019 年版。

4.2　要素升级与中国制造业高质量发展综合评价

2018 年全国工业增加值总量首次突破 30 万亿元，同比增长 6.2%，其中制造业增加值增长率为 6.5%。从制造业的不同产业来看，高技术制造业增加值的增长率最高，为 11.7%，高于整体制造业增速 5.2 个百分点。其中，电子制造、航空航天器及设备制造、电气机械和器材制造等行业均保持两位数以上增长率。2018 年制造业投资同比增长 9.5%，比 2017 年提高 4.7 个百分点。制造业民间投资增长 10.3%，比 2017 年同期提高 2.7 个百分点。从上述数据来看，制造业发展总体增长稳定，高技术制造业增速快于整体制造业增速，制造业投资尤其是民间投资增速回升。伴随着要素升级，中国的制造业近些年发展迅速，催生了不少新的经济形式、新的业态，给制造业带来了全新的发展空间和巨大潜力。接下来，本节从创新要素投入提升制造业科技创新能力、金融供给侧改革助力制造业高质量发展、制造业持续向全球价值链上游移动以及财税资金支持稳步推进制造业升级发展几个方面对我国制造业高质量发展进行简要评价。

4.2.1　创新要素投入提升制造业科技创新能力

创新投入要素一般包括资金投入和人力投入两方面。从创新要素的资金投入来看，我国研发投入占国内生产总值的比重超过许多发达国家水平。研发投入强度（研发支出占国内生产总值比重）由 2011 年的 1.78% 提升到 2017 年的 2.13%，高于许多发达国家水平。2006 年至 2016 年，我国制造业

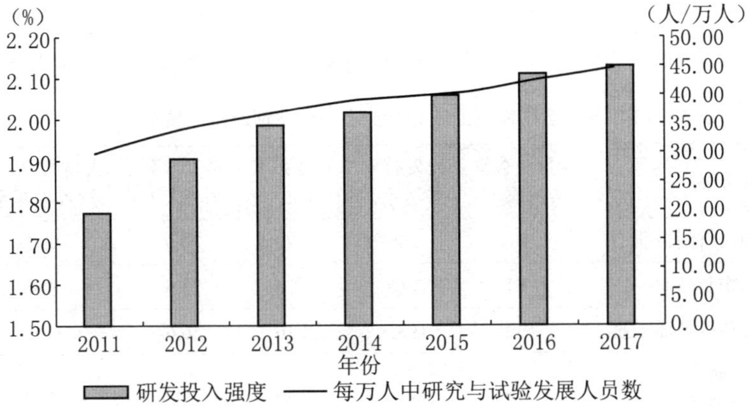

图 4.7　2011—2017 年全国创新要素的投入情况

资料来源：国家统计局社会科学和文化产业统计司：《中国科技统计年鉴》，中国统计出版社 2012—2018 年版。国家统计局：《中国统计年鉴》，中国统计出版社 2012—2018 年版。

研究与试验发展人员和经费投入年均增速达到16.0%和26.4%，增长迅速。从创新要素的人员投入（研发人员在总人口比重）来看，2011年我国每万人中研究与试验发展人员数为29.82人，到2017年每万人中研究与试验发展人员数增至44.70人，年均增长率为6.98%。

以我国制造业上市企业的创新投入为例，2015年我国制造业上市企业整体研发投入强度不断提高，已达到2.92%，远高于我国整体2.07%的研发强度。2015年我国制造业上市企业员工总数为836.9万人，企业人均人力资本投入达到9.79万元，较2012年增长了1.89万元，年均增长7.6%。在16个制造业细分行业中，仪器仪表制造业、计算机通信和其他电子设备制造业、专用设备制造业、交通运输设备制造业的研发强度均超过30%；交通运输设备制造业、通用设备制造业、专用设备制造业、黑色金属冶炼和压延加工业、汽车制造业的人均人力资本投入均超过10万元。

表4.4　2015年全国制造业上市企业创新投入情况

	企业数量（家）	研发投入（亿元）	研发强度（%）	员工总数（万人）	人均人力资本投入（万元）
主　板	771	2011.8	2.67	576.3	10.59
中小企业板	602	552.6	3.69	204.5	8.00
创业板	374	172.3	5.26	56.1	9.08
总　计	1747	2736.6	2.92	836.9	9.79

资料来源：国务院发展研究中心企业研究所：《中国企业发展报告》，中国发展出版社2017年版。

表4.5　2015年全国制造业细分行业上市企业创新投入情况

行业分类	企业数量（家）	研发投入（亿元）	研发强度（%）	员工总数（万人）	人均人力资本投入（万元）
电气机械和器材制造业	183	286	3.73	76.6	9.13
非金属矿物制品业	61	39.8	2.28	23.6	8.56
黑丝金属冶炼和压延加工业	32	198.3	2.16	56.6	11.21
计算机、通信和其他电子设备制造业	254	621.1	5.44	136.8	9.65
金属制造业	50	41.6	2.05	20.8	9
汽车制造业	96	459.1	2.81	109.8	10.47

（续表）

行业分类	企业数量（家）	研发投入（亿元）	研发强度（%）	员工总数（万人）	人均人力资本投入（万元）
铁路、传播学、航空航天和其他运输设备制造业	37	200.8	4.19	46.8	12.56
通用设备制造业	114	138.7	3.85	31.9	12.16
橡胶和塑料制品业	53	55.1	3.62	16.1	9.04
医药制造业	159	153.6	3.61	16.1	9.04
仪器仪表制造业	35	15	5.79	4.3	9.22
有色金属冶炼和压延加工业	56	82.9	1.14	32.6	8.95
专用设备制造业	169	153.3	4.19	43.3	11.55
化学原料和化学品制造业	208	145.1	1.55	62.9	9.29
食品加工制造业	95	59.9	1.01	60.9	9.15
纺织服装业	63	32.9	1.96	34.4	6.59

资料来源：《国务院发展研究中心企业研究所：中国企业发展报告》，中国发展出版社 2017 年版。

科研经费投入是创新的前提条件，而专利则是科技创新的检验标准。国家知识产权局专利统计年报数据显示，2018 年国内外专利申请授权数为 2447460 件，较 2010 年增加 1632635 件，年均增长率为 14.74%。从专利构成来看，国内外发明专利申请授权占比从 2010 年的 16.58% 增长到 2018 年的 17.66%，表明我国国内外专利申请在“质”和“量”两个方面都有所提高。从专利来源来看，2010 年我国国内专利申请授权数占国内外专利申请授权数的 90.89%，到 2018 年更是增加至 95.42%，表明我国国内科技创新在推动制造业高质量发展中发挥着越来越重要的作用。除此之外，中国的专利申请还在逐步走向世界。根据美国专利商标局数据，中国企业申请者在美国获得的专利授权数已经从 1995 年的 60 余件增长至 2014 年的 7200 余件，年均复合增长率超过 28%。

以高技术制造业的数据为例，从 2010 年到 2017 年，全国高技术产业申请专利共计 1107110 项，高技术产业专利申请数量呈现逐步上升趋势。2011 年高技术产业申请专利为 101267 项，其中，发明专利数为 54224 项；2017 年高技术产业申请专利达到 223932 项，增长超过 1.2 倍，其中，发明专利数为 118099 项。这说明高技术产业研究与试验发展投入的快速增长有效促进了高技术产业科技成果的大量增加。

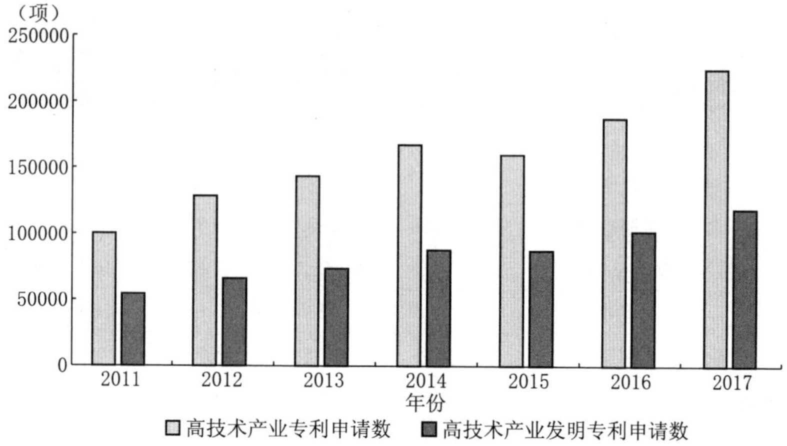

图 4.8　2011—2017 年全国高技术产业专利情况

资料来源：国家统计局社会科学和文化产业统计司：《中国科技统计年鉴》，中国统计出版社 2012—2018 年版。

2017 年全国高技术产业专利申请数量 223932 项，较 2016 年增长 20.45%。从地区分布来看，其中东部地区 173574 项，比去年同期增长 20.36%，占总量的 77.51%；中部地区 27722 项，比去年同期增长 23.34%；西部地区 18939 项，比去年同期增长 21.40%；东北地区 3697 项，比去年同期增长 1.99%。由此可见，科技成果的总规模与地区经济发展水平是密切相关的。东部地区科技发展水平较高，科技成果总量较大，而中西部地区和东北地区的科技发展水平远不如东部地区，科技成果数量较少。科技成果分布呈现出明显的地域差别。

表 4.6　2017 年全国高技术产业科技成果登记数量分布情况

	专利申请数		发明专利数		有效发明专利数	
	项目数（项）	增长（%）	项目数（项）	增长（%）	项目数（项）	增长（%）
全国总计	223932	20.45	118099	15.97	379615	19.87
东部地区	173574	20.36	93779	15.69	315883	18.63
中部地区	27722	23.34	12773	15.62	28955	16.08
西部地区	18939	21.40	9301	24.25	27678	38.74
东北地区	3697	1.99	2246	0.09	7099	28.47

资料来源：国家统计局社会科学和文化产业统计司：《中国科技统计年鉴》，中国统计出版社 2018 年版。

4.2.2 金融供给侧改革助力制造业高质量发展

金融如何服务好实体经济，助力制造业的高质量发展，是当今各个国家正在面临的一个重要命题。我国为了促进金融业更好地服务我国制造业高质量发展，针对金融市场出台了一系列的政策，以帮助制造业中的战略性新兴产业发展。

为深入贯彻习近平新时代中国特色社会主义思想和党的十九大精神，落实创新驱动发展战略，支持高新技术产业和战略性新兴产业发展，推动制造业高质量发展。2019 年 1 月 30 日，中国证监会发布《关于在上海证券交易所设立科创板并试点注册制的实施意见》，重点支持新一代信息技术、高端装备、新材料、新能源、节能环保以及生物医药等高新技术产业和战略性新兴产业，推动互联网、大数据、云计算、人工智能和制造业深度融合，引领中高端消费，推动质量变革、效率变革、动力变革。

《“十三五”国家战略性新兴产业发展规划》规定，2020 年战略性新兴产业增加值要达到国内生产总值增加值的 15%。而制造业的民营企业力量尚未发挥出来，距离目标的实现还有较长的距离。无论从政策还是产业链的角度，科创板的开板，将迎来我国制造业发展的“春天”。截至 2019 年 9 月 20 日，科创板累计受理 156 家企业，科创板上市公司数为 29 家，总市值为 5823 亿元，其中，有 25 家是高端制造业企业。

4.2.3 制造业持续向全球价值链上游移动

伴随着逆全球化浪潮兴起和发展，中国难以独善其身。进一步推动制造业转型升级，促进制造业向高质量发展，是引导新一轮全球化发展的重要举措，而我国也早已进入提升制造业产品附加值的阶段。

近年来，我国持续向全球价值链的上游移动。出口中国内附加值比率不断提升，根据经济合作与发展组织 / 世界贸易组织附加值贸易统计数据，2005 年出口中国内附加值比率仅为 69%，其中，加工贸易和一般贸易的出口附加值比率分别是 56% 和 65%。随着我国对外开放程度不断提高、产业结构转型升级，出口中国内附加值比率呈逐年上升趋势，2014 年出口中国内附加值比率达到 84%，其中，加工贸易和一般贸易的出口附加值比率分别增至 78% 和 89%，增幅分别高达 22 个和 24 个百分点。我国出口中国内附加值率的提升幅度较高的行业为计算机、通信、电子行业，其他运输设备制造业，电气机械及器材，机械行业和汽车制造业，表明我国制造业更深层次地融入全球产业链中。

除此之外，通过《专利合作条约》途径申请的国际专利（下称“PCT专利”）申请量是我国产业竞争优势提升的另一有效佐证。PCT专利申请量是产业竞争优势变迁的一个有效衡量指标，根据世界知识产权组织发布的《2018年全球知识产权报告》①，美国2018年PCT专利申请量为56142件，居全球首位，占全球比重为22.3%，较2001年下降17.7个百分点；而我国PCT专利申请量占全球比重从2001年的1.6%提升至2018年的20.9%，我国2018年PCT专利申请量为53345件，年增长率达到9.1%，增长势头强劲。我国的申请量位列全球第二位，并且是排名前十的国家中仅有的中等收入国家。2018年PCT专利公司申请人排名前十的公司有三家来自中国，其中，电信巨头华为位居榜首，PCT专利申请量高达5405件，较2017年增长34个百分点，远超其他公司申请人。除华为外，中兴通讯和京东方也位列前十位，PCT专利申请分别为2080件和1813件。

4.2.4 财税资金支持稳步推进制造业升级发展

为了助力创新创业和产业升级，国务院于2015年设立国家新兴产业创业投资引导基金，引导社会资本加大对科技创新领域投入，促进技术与市场相融合，创新与产业相对接，支持高端制造业产业化、规模化发展，推动我国制造业迈向高质量发展阶段。

2012年至2017年期间，我国政府引导基金数量由179支增长至1166支，年均增长率为45.47%，目标规模由1761亿元增长至53125亿元，年均增长率为97.66%。

从地域分布来看，华东地区政府引导基金数量增长最多，2017年新增45支政府引导基金，其目标规模为2215亿元；华北地区政府引导基金目标规模增长最多，2017年新增14支政府引导基金，其目标规模高达3452亿元；华南地区、华中地区和西南地区政府引导基金数量和目标规模都有较大幅度

① 世界知识产权组织：《2018年全球知识产权报告》。

增长，东北地区和西北地区政府引导基金数量和目标规模也实现了小幅度增长。

从层级分布来看，市级政府引导基金数量最多，为 21603 支，占各层级政府引导基金数量的 54%；省级政府引导基金目标规模最大，为 25399 亿元，占各层级政府引导基金目标规模的 43%；国家级政府引导基金数量仅占总体数量的 1%，但其目标规模占总体目标规模的 14%。

政府引导基金有效地发挥了财政资金引导作用，成功破解创新型制造业

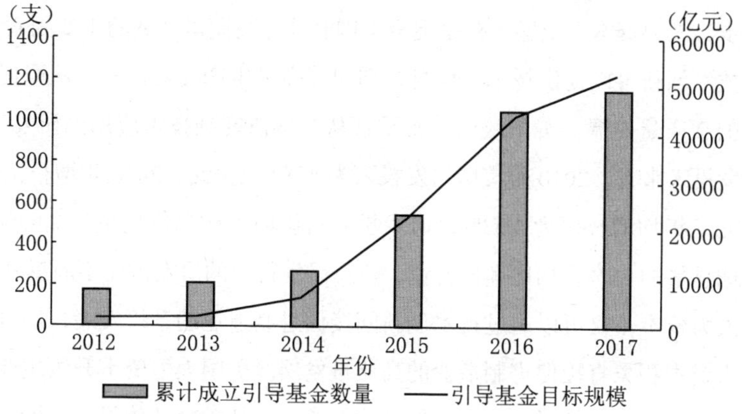

图 4.9　2012—2017 年全国政府引导基金成立情况

资料来源：中投研究院：《2018 年政府引导基金专题研究报告》。

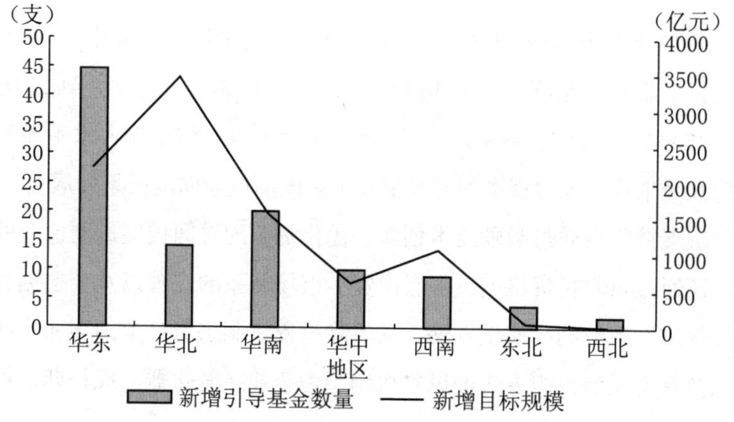

图 4.10　2017 年各地区新增政府引导基金情况

资料来源：中投研究院：《2018 年政府引导基金专题研究报告》。

企业融资难题，为其提供中长期资金支持，为制造业高质量发展提供了有力支撑。

4.3 要素升级与制造业高质量发展的典型国家分析

4.3.1 美国制造业的要素驱动分析与经验总结

2018 年美国制造业增加值规模为 23346 亿美元，占国内生产总值比重的 11.4%，占全球制造业增加值的 15%。从美国制造业升级发展历程来看，技术进步，人力资本，金融支持是促进美国制造业高质量发展的主要因素。

技术创新可以提供技术、信息、知识等高级生产要素投入，从而促进制造业的高质量发展。美国政府非常重视从基础研究到技术应用的研发工作，从研发投入来看，2010 年美国研发投入为 4082 亿美元，2018 年增长至 5730 亿美元，年均增长率为 4.33%，研发投入占国内生产总值比重的 2.85%，约为全球总量的 25%。相比其他行业，科技研发行业的研发占比不断提高。

人力资本不仅可以通过技术创新间接促进制造业的升级发展，还可以通过人力资本积累直接促进制造业的高质量发展。美国人力资本升级主要表现在对教育整体投入的增加和教育的结构升级上。从教育整体投入来看，1959 年美国财政支出中教育投入为 147 亿美元，占当年国内生产总值的 2.81%，到 2015 年增长至 8938 亿美元，占国内生产总值比重的 4.93%。从教育结构来看，1970 年美国国内 25 岁到 64 岁劳动力受高中以下、高中、大学肄业、学士及以上教育的比例分别为 36.1%、38.1%、11.8%、14.1%，到 2016 年为 7.7%、25.8%、27.5%、38.9%。[①] 因此，无论从教育整体投入水平还是从教育结构升级来看，人力资本的升级推动了美国制造业向高质量发展。

金融支持不仅通过激励技术创新、优化资源配置间接促进制造业的升级发展，还通过风险投资机制、多层次资本市场体系的完善以及金融创新的深化直接促进制造业的高质量发展。从风险投资机制来看，美国多元化的资本来源以及具有灵活组织方式的风投机制，为企业在孵化器、成长期、扩张期

① 王海兵：《产业转型升级的过程、特征与驱动要素——美国经验与启示》，《河北科技大学学报（社会科学版）》2018 年第 1 期。

提供了强大的资金支持。加之美国风险投资主要集中在电子通信、医疗设施设备等高端制造业，有力助推了美国制造业的升级发展。

4.3.2　德国制造业的要素驱动分析与经验总结

2018 年德国制造业增加值达到 8324 亿美元，占国内生产总值比重的 20.08%。从德国制造业的历史发展来看，制造业的升级发展得益于多元主体分工协作的科研创新体系、“双轨制”教育体系以及全方位的科技投融资机制等方面。

在科技高度发展，信息化和数字化不断推进，高新技术和制造业日益融合的今天，科技创新已成为推动制造业高质量发展的关键性因素。德国制造业的持续繁荣离不开德国强大的科研创新体系的支撑。大学、公共研究机构、联邦政府和州政府、企业研究机构和基金会等各类行为体之间的协同合作，共同构成了德国的多元主体分工协作的科研创新体系。① 以马普学会、亥姆霍兹联合会、弗劳恩霍夫协会、莱布尼茨科学联合会为代表的四大科研机构为德国制造业与高新技术深度融合发挥了至关重要的作用。弗劳恩霍夫协会旗下研究所的年度总经费中，只能有 30%来自公共部门，其中，联邦政府与州政府出资比例为 9∶1，而余下的 70%则来自产业界。这个机制在很大程度上，既保障公立研究所对技术产业化的促进作用，又避免公共资源在商业环境中的滥用。

人才是创新的主体。在“双轨制”教育体系中，企业培训和职业学校学习交替进行，学生既是学校的学生，也是企业的学徒，学生进入职校之前，需要与企业签订职业培训合同，在工厂接受培训，在学校学习理论知识。该教育模式重视学生实践能力培养，工厂培训和在校学习时间之比为 2∶1，且企业培训指导员须是高级技工，保证了教学的水平。“双轨制”职业教育体系不仅能培养企业实际需要的技术型人才，而且能敏锐地对工业和职业变化作出调适。

4.3.3　日本制造业的要素驱动分析与经验总结

自日本泡沫经济崩溃以来，“失落的某某年”经常被用来描述日本经济，

① 郑春荣、望路：《德国制造业转型升级的经验与启示》，《人民论坛・学术前沿》2015 年第 11 期。

“集体衰退”也成了日本制造业现状的真实写照。各大家电巨头，例如索尼、松下、三洋等，逐渐开始运营困难。不久之后，一连串造假案件再次冲击了日本制造业，事态稍稍平息之后，2017年下半年却又爆出一系列造假丑闻，这些事件不仅影响了制造业企业的上游，更是牵涉了整个制造业链条。所以，这是否意味着日本制造业企业从此没落呢？统计数据显示，在2016年全球制造业增加值中，美国、中国和日本三个制造业大国占比达到约50%，其中有五分之一的增加值由日本制造业贡献，数值高达一万亿美元。[①]那么，究竟是哪些因素导致日本制造业并没有因为其整体经济形势的长期低迷而丧失竞争力，反而出现更多新的发展特征？

在众多影响因素中，强大的需求环境是日本制造业走出低迷且不断发展的重要动力，具体表现为企业市场活力强劲，消费基础成熟，市场规模巨大。近几年来，日本制造业正从重视制造业自身产品和技术，走向密切关注欧美制造业与信息技术融合的态势，努力制定与日本国情完全融合并使得制造业和现代技术紧密结合的战略。《2015年版制造白皮书》提出塑造日本制造业价值链的当务之急是改善现有生产制造效率，加速供应链优化，制造设备信息化，发展适合生产制造过程的软件技术，为信息技术与制造业的加速融合提供良好的基础，加快制造业信息化程度，加速制造业升级，促进行业和产业的有机融合，并集中精力推广汽车与电子、建筑与机器人、能源与信息等跨领域融合程度。[②]在上述背景下，具有日本制造业革新特征的“工业4.1J计划”和产业价值链主导权联盟（简称“IVI”）由此产生，着力打造符合全球制造业未来趋势、满足本国制造业增长需求的技术架构标准和产业合作机制。随后，“社会5.0”战略被启动，这一战略主要以现代信息技术为基础，通过制造业的转型升级，进而推动社会变革。[③]

日本制造业的快速发展的另一重要原因是勇于创新。纵观日本制造业的发展历程，可以发现日本制造业经历了从模仿到创新的过程，产品经历了从“山寨”到自主研发的过程，身份也从初期的创新跟随者逐步转型为创新引

① 世界经济论坛，科尔尼管理咨询公司：《2018年“制造业的未来”准备状况报告》。
② 日本经济、贸易和工业部：《2015年版制造白皮书》。
③ 日本经济、贸易和工业部：《社会5.0联结的产业社会》。

导者。日本制造业的成功转型主要源于两个方面：其一，日本制造业早期的模仿或者说山寨，并不是一种简单的抄袭，而是创新的另一种形式，主要表现在日本制造业企业在模仿的过程中，不只是局限于眼前的利益，而是积极吸收其他国家的创意，并提高山寨品的质量，甚至于还会将创新元素整合到山寨品；其二，在日本制造业发展后期，企业从模仿中获利后，更加意识到创新和自主研发的重要，因此加大了对创新的投入。据世界银行统计，日本每年的研发支出居世界第二，研发支出占国民经济比例、科研人员占比更是稳居第一。正是对于创新的不断追求，使得日本制造业不仅冲出低谷，更是成为极具创新力的制造业大国。

除了不断地技术创新，日本制造业企业也十分看重技术技能型人才，以提高主要产品生产效率，有利于新产品开发，增强公司的竞争力。极具企业家精神也是日本制造业企业发展的原因之一。日本政府为了培育企业家精神，创造了高质量的市场环境，为一大批充满企业创新和技术创新企业家的涌现打下良好的基础。此外，在 2017 年提出的“联结的产业社会”计划，也是日本政府为了实现制造产业与其他因素有机融合，实现产业升级的又一重大举措。

4.4　要素升级与中国制造业高质量发展问题分析

中国是世界制造业大国之一，在国际上占有重要地位，取得了举世瞩目的成绩，但仍面临着一系列问题。2004 年至 2017 年，中国制造业的利润总额虽不断增加，到 2017 年达到 66511.1 亿元，与 2004 相比增长约七倍，但利润率增速却远远跟不上利润总额增速，表现为不断波动中小幅上升。[①] 本节将从技术进步、人力资本、信息化与金融资本四个要素分析我国制造业发展的主要问题，以期为我国制造业高质量发展提供建议。

4.4.1　技术进步与中国制造业高质量发展问题分析

2018 年中央经济工作会议提到，“提升产业链水平，注重利用技术创

① 国家统计局：《中国统计年鉴》，中国统计出版社 2005—2018 年版。

新和规模效应形成新的竞争优势，培育和发展新的产业集群”。这说明只有不断增强科技创新能力，主动掌握创新自主权和发展自主权，才能实现创造业高质量发展。目前我国技术促进制造业高质量发展主要存在以下障碍：

一是制造业研究与试验发展支出不足，远远不及发达的制造业大国。自主创新能力是企业发展的关键所在，只有拥有核心创新技术企业，企业才能拥有核心竞争力。核心技术提高主要归因于企业的研发投入。① 根据2011年数据显示，德国的研发支出约占国内经济发展水平的3%，美国的研发支出稍低，但是也超过了2.5%，然而中国的研发支出占比不到2%。随着经济不断发展，德国的研发支出占比不断提高，美国也是基本维持不变，中国虽然有所提高，但是仍然远低于德国和美国，甚至低于经济合作与发展组织国家的平均水平。②

二是缺乏关键核心技术，制约制造业转型升级。为了实现产业结构的不断升级，产品结构向高附加值转向，制造产业逐步向“微笑曲线”的两端转移，必须突破关键技术制约。目前，我国在关键技术掌握方面仍然不足，在全球价值链中产业结构仍然属于底端地位③，国内“僵尸企业”和“落后产能”仍然占比较大，影响资源有效配置。对于大多数核心技术产品进口依赖较大，制约了新兴技术和制造业的有效融合，使得新兴产业发展缓慢，阻碍了产业结构优化升级。

三是品牌意识不足，产品缺乏国际竞争力。作为制造业大国，中国具有总量优势，但是缺乏具有竞争力的国际品牌。一方面，较低端的产品不仅降低了企业盈利能力，而且还会使我国制造业一直呈现低端锁定的局面；另一方面，由于产品质量问题和技术无法达到国际标准，使得制造业每年遭受超2000亿元的损失，进一步降低企业利润，削弱竞争力。④

---

① 仇云杰、魏炜：《研发投入对企业绩效的影响——基于倾向得分匹配法的研究》，《当代财经》2016年第3期。

② 中国科协创新战略研究院：《创新研究报告》。

③ 金京、戴翔、张二震：《全球要素分工背景下的中国产业转型升级》，《中国工业经济》2013年第11期。

④ 数据来源：中国经济网。

4.4.2　人力资本与中国制造业高质量发展问题分析

人力资本是城市创新和发展的动力，在城市的积累和集聚是城市经济发展的基础，也是现代经济增长的重要来源。中国制造业高质量发展离不开人力资本结构的优化，离不开人力资本数量、质量与技术进步的不断协作与高度匹配。目前，我国人力资本仍然存在一些问题使其难以与技术进步相匹配，进而阻碍我国制造业高质量发展。

一是劳动力成本不断提高。由于人口老龄化使得劳动力短缺，劳动力成本不断攀升。① 根据国际劳工组织《2018/2019 全球工资报告》发现，发展中国家是世界工资增长的主要来源，其中中国对拉动全球经济增长影响最大。② 目前，中国的产品主要以劳动密集型为主，随着劳动力成本的不断攀升，提升了制造业成本，使得资本外逃以及外资转移到成本更低的国家，严重影响了中国制造业发展。

二是劳动力技能供求不匹配。虽然我国劳动力总量规模巨大，但是劳动力技能存在供求不匹配现象。2016 年《中国劳动力市场技能缺口研究》发现，从数量上来说，劳动力供小于求；③ 从质量上来说，受过高等教育的劳动力供小于求，未受过高等教育劳动力的供求关系逐年下降，目前处于供大于求状态；从技术上看，高技能劳动力供小于求，低技能的劳动力供求平衡。因此，劳动力市场存在严重的职能和教育供求不匹配，这是制约经济发展的重要因素。④

三是劳动力技能与岗位不匹配。一般而言，高技能劳动力与高技能岗位相匹配，才能达到帕累托最优。但是我国劳动力市场技能与职位并不能有效配置，主要表现为高技能岗位供小于求以及高技能劳动力与低技能岗位错配的矛盾。例如以大学毕业生为代表的高技能劳动力，由于缺乏实践经验，难以与高技能岗位相匹配，未来避免失业转而就职于低技能岗位，这进一步造

① 诸竹君、黄先海、宋学印等：《劳动力成本上升、倒逼式创新与中国企业加成率动态》，《世界经济》2017 年第 8 期。

② 国际劳工组织：《2018/2019 全球工资报告》国际劳工组织，2018 年。

③ 复旦大学、清华大学、摩根大通：《中国劳动力市场技能缺口研究》。

④ Oreopoulos P，Heisz W.A. The Short- and Long-Term Career Effects of Graduating in a Recession [J]. American Economic Journal：Applied Economics，2012，4（1）：1—29.

成高技能岗位缺口，最终造成资源配置市场失灵。[①]

四是动力技能与产业结构不匹配。产业结构升级意味着我国制造业需要与新兴技术融合，逐步实现技术密集型转型。产业结构需要与人力资本结构同步发展才能更加长久，但是目前我国人力资本结构并不能满足产业结构升级的需求和要求，阻碍了产业转型。

五是劳动力技能与资本积累不匹配。我国逐步加大研发投资力度，但是我们发现随着研发投资加大，企业全要素生产率（TFP）却在不断下降。[②]其中最重要的原因是人力资本技能结构与物资资本投入不匹配。我国不断进行研发投资，不断吸引国外优质技术，但是这些技术转化与吸收需要高技能人才。但是我国人力资本投入远远少于物资资本投入，使得物资资本溢出效应出现“天花板效应”，技术吸收能力难以发挥最大，制约创新效率。

4.4.3 信息化与中国制造业高质量发展问题分析

依托现代信息技术的发展，将新兴技术产业与制造业深度融合，创造好的发展环境，鼓励制造企业信息化，是破解目前我国制造业发展面临难题的关键所在。[③]目前，我国制造业信息化问题突出表现在以下方面：

一是企业认识和理解存在不足。虽然信息化与工业化结合是企业创新的动力，并且围绕“两化”融合的宣传也很广泛，但是对于大多数制造业企业来说，对此仍然没有很清晰的认识，不知道结合自身的产品制定具体的融合发展战略，使得企业缺乏动力。另外，由于制造业企业利润较低，而信息化的成果和收益并不是立竿见影的，所以对于企业而言，它们更愿意将投资用于设备更新或者引进人才，而不是进行信息化建设。甚至对于有些企业，投入大量资本进行信息化建设，并没有取得很好的效果。

二是推进方式缺乏技术上的融通性。一方面，企业两化融合多数是在政府主导，甚至是政府干预下进行的。在这种情况下，企业只能从信息服务商获得信息技术的相关信息，并在对方的鼓动下使用信息化系统，但是信息服

① 复旦大学、清华大学、摩根大通：《中国市场劳动力市场技能缺口研究》。

② 李静、楠玉、刘霞辉：《中国研发投入的“索洛悖论”——解释及人力资本匹配含义》，《经济学家》2017年第1期。

③ 刘吉超、李钢：《信息化的挑战、机遇与中国制造业的应对之路》，《经济研究参考》2014年第33期。

务商出于自身的利益会夸大信息化的作用，造成信息化的效果不好，甚至增加维护成本。另一方面，由于信息不对称的情况，造成企业不重视“两化”融合。在现实中，只有国企、大型军工企业能做到积极推动“两化”融合建设，大型企业大多数被迫进行信息化，即使进行信息化建设，也会面临由于信息服务商拒绝进行个性化研发导致使用效率降低的情形。

三是核心关键技术能力不足，数据安全存在隐患。一方面，我国在核心技术领域尚无话语权，产业多集中于低端领域；另一方面，基于工业数据的重要性，对其保密要求极高。但是目前相关惩罚法律制度不完善，使得各种窃取和篡改时有发生。

四是法律体系滞后，政策缺乏合力。一方面，在信息安全、个人隐私、数据开放等方面，缺乏相应的法律制度约束；另一方面，在信息化过程中需要其他政策协同，目前政府相关对新产品服务发展的政策支持力度不足，支持信息化发展的财税政策等缺乏协调配合。

4.4.4　金融资本与中国制造业高质量发展问题分析

由于金融对推动技术创新起着重要的作用，因此为了使得金融产业与创新高度融合，政府出台了许多政策。但是，目前我国金融行业仍然存在制约制造业创新的各种障碍，主要表现为：

一是过度金融化难以支撑实体经济发展。目前，我国金融行业对实体经济的支持力度较小，而且金融资产通过自我循环使得资产价格存在严重泡沫化[①]，特别是房地产行业。过度金融化一方面使得社会流动资本减少，抑制国内消费，降低经济增长速度；另一方面，金融泡沫一旦破裂，会造成严重的经济危机，对中国乃至世界经济都存在严重影响。

二是杠杆率过高，财务风险大。对于企业而言，融资成本增加，投资回报减少，企业更愿意采取借债而不是投资方式来融资。一方面造成投资下降，影响经济增速；另一方面，企业杠杆率增加，财务风险增大，难以应对经济下行的危机。

三是金融对实体经济服务水平较低。一方面，对于银行而言，基于贷款

① 庞晓波、贾非：《金融—实体经济非均衡与中国的通货膨胀》，《中南财经政法大学学报》2012 年第 2 期。

要求以及其他行业不景气，更偏向于将资金贷给房地产行业，加大投资风险；另一方面，对于居民而言，由于通货膨胀、房地产行业的价格泡沫的存在、其他投资渠道的缺乏，他们更倾向于将储蓄投资到房地产行业，使得资源配置单一。

4.5 要素升级与中国制造业高质量发展政策建议

4.5.1 提升自主创新能力，推动科技研发创新

企业的创新能力决定了企业整体的竞争力，是企业不断发展和进步的主要动力。因此，为了提高创造能力，优化产业结构，应该加大科技研发创新力度，主要可以从以下三点实现：

一是积极使用各种税收优惠政策，加大研发资金投入力度。我国制造业核心竞争力不足主要由于缺乏研发资金投入，政府应当出台一系列优惠政策鼓励企业加大研发投入。就财政政策而言，政府可以通过设立研发基金或者研究中心，通过投资或补助方式鼓励研发活动。对于一些创新性较强、取得一定研发成果或者研发支出较大的企业，经过认定后，应当给予适当的资金奖励，激发企业的积极性。就税收优惠政策而言，目前对于企业研发支出的税收优惠政策范围较窄，时间较短，可以扩大税收优惠范围，允许研发支出费用在一定年限内可追溯。

二是鼓励企业与高校和科研院所合作，促进产学研一体化建设。作为研发创新的主要载体之一，企业只有不断提高创新能力，才能确保不被淘汰。产学研一体化是提高企业创新能力的重要方式之一。产学研一体化的重点主要集中在以下两个方面：共同研发和共同培养技术人才。一方面，企业与科研院所共同开展研发活动，可以分散研发风险，提高研发效率，汲取前沿技术；另一方面，企业与科研院所共同培养人才，理论与实践知识的结合，不仅有利于现代人才的培养，而且为企业提高技能人才水平。

三是采取各种措施，加大科技成果转化力度。阻碍我国企业创新能力的另一重要因素是科技成果转化率低，因此需要从中介服务、成果分成比率以及政府采购提高转化率三方面入手。首先，应当设立专业的中介机构，中介

机构应当作为企业与科研院所、其他企业、政府的桥梁，为企业提供更多信息，加速科技成果转化的信息化和市场化；其次，目前科技成果转化率不高的原因之一是缺乏积极性，为了提高科技成果转化效率，可以仿照“成都模式”，将科研成果转化收益在企业与研发人员之间分成；最后，政府也应当加大对科技成果转化的支持力度，除了给予一定的财政资金补助外，还可以在政府采购时有限考虑科技创新企业的产品或服务。

4.5.2　推动人才集聚质量，提升人力资本素质

劳动力成本不断攀升，劳动力技能供求不匹配，技能与岗位、资本积累不匹配，劳动力技能与产业结构不匹配等问题，影响劳动力有效配置，阻碍人力资本结构和产业结构有效互动。因此，为了促进制造业高质量发展，需要提升人力资本素质，优化人力资本结构。

一是提高教育和培训机构质量，使其与技能需求相匹配。一方面，为了使劳动力供给与需求在技能上相匹配，我们必须了解在劳动力需求方面的技能要求，因此，这需要加强政府组织与以求职网站为代表的其他组织之间的合作。利用求职信息，合理预测劳动力技能需求，根据需求调整教育和培训机构体系，使供需保持一致。另一方面，在人才培养上，我们要根据市场需求，加强对专业型人才与全面发展型人才的培养，推进教育与技能培训的融合，探索各类教育层级的培养模式。

二是实现技能升级、资本积累与产业升级的梯度匹配。首先，合理配置研发资金，有效发挥资金使用效率。研发资金应当更多地向创新部门和企业倾斜，可以采用人才机制和项目机制实现。人才机制包括人才引进机制、人才资助机制等，项目机制包括研发投入激励等。其次，发挥“干中学”精神。“干中学”不仅可以缓解低技能劳动力能力提升，而且还可以阻止高技能劳动力在高技能职位技能溢价降低的情况，实现技能与职位最优配置。最后，技能升级与产业升级应该有机契合。这要求人才必须要与新兴产业、重点产业的优化升级相匹配，实现产业、人才、技能之间的融合。

三是建立薪酬和创新激励机制，鼓励人力资本激励。高端人力资本积累需要激励劳动力结构向高技能转化，可以通过价格形成机制、职位晋升机制和职业竞争机制实现。首先，通过价格形成机制鼓励劳动力技能积累，价格

形成机制能真实反映劳动力市场技能供需关系，消除市场信息不对称，引导劳动力自由流动，鼓励技能积累；其次，实施职位晋升机制，为高技能人才提供上升渠道，有利于增加劳动力技能培训积极性；最后，实施职业竞争机制，通过各类竞赛，选拔更优秀的人才，形成多层次的人才结构。

4.5.3 深入推进“两化”融合，发挥信息技术引领作用

“两化”融合指信息化与工业化融合，即将信息技术灵活运用到工业行业发展中，将传统生产方式转变为集约高效的生产方式，构建服务化的生产体系，优化产业结构，促进制造业高质量发展。

一是信息化引领制造业全生命周期的智能化。一方面，从制造业生产过程中的各个环节入手，充分利用各种研发工具，灵活使用网络研发资源，通过信息化过程激发制造业全流程的活力；另一方面，使用各种先进的软件和硬件设备，提高制造业全要素生产率，使得工业发展智能化。

二是建立高效协作的服务化生产制造体系。各种新兴技术的兴起转变了国家之间的产业竞争模式，从企业和供应链竞争转向以信息化制作技术为基础的产业生态竞争。产业生态竞争基于信息技术的资源和能力的聚合功能，建立有效配置的信息化生态系统，提供物美价廉的服务，实现资源和能力协同发展，最终引导制造业智能化和服务化发展。

三是通过服务化将产业价值链延伸到“微笑曲线”两端。以信息技术为基础的生产制造，将传统的产业重心从制造环节转移到研发设计等附加值较高的服务环节，实现价值链向“微笑曲线”两端迁移。这正是制造业市场竞争力的关键所在。因此，我国制造业服务化应当重构产业价值链，创新制造业的商业模式。

四是利用信息化支持系统，实现制造业集约化、节能化和环保化。利用信息技术实现产业制造的绿色化，开发出实用化、高效率的绿色制造信息化支持系统。利用信息管理系统，对各类交易市场进行信息化管理，合理配置能源和资源，提高使用效率，推动制造业向节能化、集约化、环保化的方向发展，使信息化成为缓解企业资源约束的有力手段。

4.5.4 推进金融要素供给侧结构性改革，提升金融服务质量

一是提高金融行业对实体经济的支撑力度。首先，充分发挥市场机制在金

融行业的配置作用。金融行业市场化需要做到正确引导民间资本进入，形成良好的金融市场环境。其次，积极打通金融行业贷款渠道，调整贷款结构。一方面，金融行业应当将资本更多的贷款给重点行业、高新技术行业，积极响应国家产业政策；另一方面，积极创新金融融资工具，合理安排债券期限，引导债务市场有序发展。最后，通过加强宏观调控、继续推进利率市场化改革和加强社会信用体系的建设等方式，为支持实体经济发展提供良好的金融环境。

二是加大金融行业的监管力度，降低经济金融化风险。一方面建立防范经济金融化的监管体系，主要包括建立风险评估体系监督金融业务流程的合理性和合规性以及对不良资产持有比例；与各监管部门联合建立综合性的监管体系，包括信息共享机制等；加强对各金融业务、金融产品和金融公司的统筹宏观监管；加强对房地产企业资金发放监管，防止金融资产泡沫化。另一方面，稳步实施金融开放政策，积极参与国际金融体系改革，加强与其他国家的合作，协调宏观经济政策，构建全球化的金融体系网，建立新的国际金融秩序。

三是完善服务实体经济的金融服务体系。首先，建立健全支持技术创新的商业银行体系。可以从以下几点进行探索：逐步将科技支行转化成真正意义上的科技银行；进行金融产品创新和制度创新，形成更科学的科技贷款决策机制；建立起全国性的技术鉴定和评估的大数据平台，为商业银行支持技术创新提供可靠依据；建立起一套统一的、具备操作可行性的商业银行支持技术创新的评价体系。其次，强化资本市场和债券市场对技术创新的服务作用，增强创新能力。最后，通过金融市场化提高企业治理能力。一方面，借助金融机构发挥企业外部治理功能，为中小股东提供切实的法律保护，约束大股东机会主义行为，加大对企业内部人员的有效监督；另一方面，采取股权激励计划，积极建设经理人市场，加强对管理人员的创新激励。

参考文献

［1］Oreopoulos P，Heisz W. A. The Short- and Long-Term Career Effects of Graduating in a Recession［J］. American Economic Journal：Applied Economics，2012，4（1）：1—29.

［2］黄顺魁：《要素投入还是要素升级：影响中国经济增长的因素分析》，《现代管理科学》2017 年第 5 期。

［3］国家统计局社会科学和文化产业统计司：《中国科技统计年鉴》，中国统计出版社2012—2018年版。

［4］匡小明：《要素升级是中国高质量发展的动力源泉》，《中国井冈山干部学院学报》2019年第1期。

［5］国家统计局：《中国统计年鉴》，中国统计出版社2005—2018年版。

［6］中国互联网络信息中心：《中国互联网络发展状况统计报告》，中国互联网络信息中心。

［7］国家工业信息安全发展研究中心：《中国信息产业年鉴》，中国工信出版集团电子工业出版社2016—2018年版。

［8］中国金融学会：《中国金融年鉴》，中国金融年鉴杂志社有限公司2012—2018年版。

［9］国务院发展研究中心企业研究所：《中国企业发展报告》，中国发展出版社2017年版。

［10］《2018年全球知识产权报告》，世界知识产权组织。

［11］中投研究院：《2018年政府引导基金专题研究报告》。

［12］王海兵：《产业转型升级的过程、特征与驱动要素——美国经验与启示》，《河北科技大学学报（社会科学版）》2018年第1期。

［13］郑春荣、望路：《德国制造业转型升级的经验与启示》，《人民论坛·学术前沿》2015年第11期。

［14］世界经济论坛、科尔尼管理咨询公司：《2018年"制造业的未来"准备状况报告》，世界经济论坛"塑造制造业的未来"系统行动倡议小组。

［15］日本经济、贸易和工业部：《2015年版制造白皮书》。

［16］日本经济、贸易和工业部：《社会5.0联结的产业社会》。

［17］仇云杰、魏炜：《研发投入对企业绩效的影响——基于倾向得分匹配法的研究》，《当代财经》2016年第3期。

［18］罗辉等：《创新研究报告》，中国科协创新战略研究院。

［19］金京、戴翔、张二震：《全球要素分工背景下的中国产业转型升级》，《中国工业经济》2013年第11期。

［20］诸竹君、黄先海、宋学印、胡馨月、王煌：《劳动力成本上升、倒逼式创新与中国企业加成率动态》，《世界经济》2017年第8期。

［21］《2018/19全球工资报告》，国际劳工组织。

［22］复旦大学、清华大学、摩根大通：《中国劳动力市场技能缺口研究》，"中国科技创新激发人力资本转型"研讨会，2016年。

［23］李静、楠玉、刘霞辉：《中国研发投入的"索洛悖论"——解释及人力资本匹配含义》，《经济学家》2017年第1期。

［24］刘吉超、李钢：《信息化的挑战、机遇与中国制造业的应对之路》，《经济研究参考》2014年第33期。

［25］庞晓波、贾非：《金融—实体经济非均衡与中国的通货膨胀》，《中南财经政法大学学报》2012年第2期。

（本章主持及执笔：吴一平、李鹏飞、杨　芳）

第 5 章　提升中国制造业创新能力

本章提要：

全球产业竞争格局正在发生重大调整，各制造业强国都加大了科技创新力度，将制造业放到国家战略的层面加以推动；发展中国家则积极吸引劳动密集型产业，在中低端承接产业和资本的转移。中国成长为全球创新中心之一，并正赶超研发总投资最高的美国，在投研转化上表现出较好的创新效果和创新潜力。随着中国制造的创新力和竞争力在国际市场上不断提升，一些行业或技术已进入世界领先行列，与国际巨头同台竞技。然而，由于创新发展不平衡、基础研究薄弱、自主创新能力不足、创新体系不完善等问题，一些行业仍在极力追赶国际先进企业，在模仿中求创新；还有一部分发展缓慢的行业，仍然创新乏力，以模仿求生存。本章将以最新国际环境和趋势为背景，通过梳理各层次制造业的发展水平和现状，归纳整理各产业发展创新瓶颈和问题，重点分析在竞争与合作、开放与遏制的环境中，我国制造业创新面临的机遇和挑战。面对当今的新形势和新问题，提出要以创新为核心，不断完善创新制度环境，以市场为导向构建差异化创新模式，通过开放生态系统融入全球创新资源网络，确保核心自主创新能力的同时外包非核心业务，促进制造业数字化网络化智能化，以大数据思维为导向，以智能制造为主攻方向，打造全产业链新型制造模式。

5.1 制造业创新的国际环境和趋势

制造业历来都是创新最集中最活跃的部门，特别是2008年全球金融危机后，制造业创新作为经济驱动力被又一次提上日程。美国、德国、日本等世界公认的制造业大国将创新放在举足轻重的地位，孕育出一批世界级的制造业品牌；而缺乏创新的中国制造业一度遭到质疑。然而，这一刻板印象正在发生改变。自中国制造业2010年产量超过美国，成为制造业第一大国以来，走向世界的创新产品越来越多。据波士顿咨询集团（BCG）的一项研究发现，尽管美国在研发方面的总投资仍高居榜首，但在研发后期的产品转化阶段，中国的总投资已超过美国，积极地将技术和想法转化为商业产品。① 一些中国制造甚至遭到“洋山寨”侵权，在知识产权保护领域不断成长和成熟起来。西方媒体也不断发文，承认“中国制造”的转变和崛起。中国在新一轮的制造业创新竞争中面临着前所未有的机遇和挑战。

5.1.1 国际环境和趋势

1．制造业创新势头强劲

在新一轮制造业振兴浪潮中，制造业的创新不断加速，世界各国纷纷布局高科技。据预测，到2020年，制造业企业每年将花费约2500亿欧元实现流程和物联网业务数字化（2015年为600亿欧元），规模更大、更成熟的制造业企业将收购更年轻、增长更快的科技公司。从预测性维护和自优化生产，到智能响应和自动化库存管理，制造业企业正寻求通过跨价值链应用物联网，以创造增长机会。② 当物联网被用来访问诸如人员、货物、设备、工作场所、生产和库存等方面的数据时，不仅促进了制造业的创新，还可以通过人工智能和其他技术对这些数据进行分析，优化业务流程和管理决策。

全球数据公司（IDC）发布的《IDC未来展望：2018年全球制造业预测》

① P. Davidson, “Why China is beating the U.S. at innovation”, USA Today, 2017, https: //www.usatoday.com/story/money/2017/04/17/why-china-beating-us-innovation/100016138/.

② O’Sullivan R. 2019. The future of the manufacturing industry: Technology trends for 2019 and beyond, https: //www.manufacturingglobal.com/technology/future-manufacturing-industry-technology-trends-2019-and-beyond.

展望了全球制造业前景，指出云、移动、大数据和物联网等技术将产生巨大影响，制造商也开始在机器人、认知计算 / 人工智能、3D 打印、增强现实 / 虚拟现实（AR/VR）等方面期望甚高。据预测，到 2019 年底，50% 的制造商将通过基于云的众包、虚拟现实和产品虚拟化，直接与客户和消费者合作进行产品设计，从而提高产品成功率；到 2020 年，60% 的顶级制造商将依靠数字平台开展业务，并创造三分之一的营业收入；到 2021 年，20% 的顶级制造商将依靠嵌入式智能，通过物联网、区块链和认知技术来推动工序的大规模自动化，执行速度得以提升 25%。①

2．中国面临挑战

自 2018 年下半年起，欧美全球几大主要经济体的增长都呈现放缓趋势，全球范围内经贸摩擦骤然增多。美国自金融危机后就出台了种种政策振兴制造业。特朗普上台后进一步推动制造业回流。欧洲国家也纷纷提出升级和改进制造业的国家战略。中高端制造业开始向发达国家回流。与此同时，发展中国家积极吸引劳动密集型产业，在中低端承接产业和资本的转移。全球制造业发生着快速的变化。中国制造业的生存空间受到发达国家的中高端制造和东南亚等国家的低端制造的双重挤压，在这一轮制造业创新中正面临严峻的国际竞争。

截至 2016 年，中国制造业实际增加值占全球制造业总产出的比重达到了 30.9%。巨大的市场份额不仅带来了独特竞争优势，也带来了挑战。《国家中长期科学和技术发展规划纲要（2006—2020 年）》部署的 11 个重点领域的 68 项优先发展主题中，有 9 个重点领域的 34 项优先主题的相关研发重点，受到《瓦森纳协定》军民两用产品限制清单的出口限制。2018 年 8 月，美国将中国 44 家企业或研究机构列入出口管制“实体清单”，很多涉及高新技术的跨国并购、技术交流、研究访问、高校合作都受到了严重影响。未来美国对中国的技术封锁和遏制将成为常态。而中国在知识产权保护、金融环境、制造业创新生态环境方面还不完善，制造业的科技成果转化率远远低于先发国家，很多核心技术和设备都依靠进口，制造业转型升级迫在眉睫。中

① IW Staff, Top 10 Predictions for Global Manufacturing in 2018: IDC, https: //www.industryweek.com/leadership/top-10-predictions-global-manufacturing-2018-idc.

国需要一种全新的战略思维，应对西方国家先进制造和部分低端制造回流的双重路线。

3．中国发展契机

中国在应对挑战的同时，也迎来了制造业发展的新契机。首先，中国具有天然的市场优势。随着中国逐渐成为世界上最大的通信、消费电子、光电产品、汽车的消费国和生产国，一些高端制造企业也没有因此停止全球布局，尤其看好中国市场，因为市场在这里，客户在这里，中国战略必须成为全球战略或企业战略的一部分。其次，中国有一定的产业基础。尽管英国和美国都在推动制造业回流，但低端制造业不在此范围，也不具备回流潜质。中国普遍完善的供应链体系和坚实的制造业基础，短时间内可以继续成为中国制造业的护城河，为中国向中高端制造业创新推进赢得时间。再次，中国已经开始展现创新的势头。经过很长一段时间的模仿，中国制造业已经开始自己的创新，有些产品甚至成为别国模仿的对象。在这一轮科技创新的竞争中，中国也积极与其他国家合作。2015 年 10 月，中德两国宣布共同推进“中国制造 2025”和德国“工业 4.0”的战略对接。①

5.1.2　先发国家制造业创新

1．美国

在创新领域，美国长期以来一直处于全球领先水平，自全球金融危机以来的复苏主要依赖电脑和电子产品行业。美国政府出台了种种政策振兴制造业，通过多种方式恢复美国在制造业创新方面的领先地位，②如 2009 年发布《美国创新战略》，2011 年发布新版的《美国创新战略》，2012 年发布《先进制造业国家战略》，2013 年发布《制造业创新中心网络发展规划》，2016 年更是推出 100 亿美元的制造业投资基金，致力于推动新兴的美国先进制造技术，实现商业规模的生产。

其中，最为瞩目的“国家制造创新网络（NNMI）”计划利用特定的地

① 杨俊峰：《中国制造 2025》：第四次工业革命的中国机遇，载中国经济网 http：//finance.ce.cn/rolling/201705/30/t20170530_23321420.shtml。

② 国家经济委员会和科学技术政策办公室：《美国创新战略》，载美国国家档案馆官网 https：//obamawhitehouse.archives.gov/sites/default/files/strategy_for_american_innovation_october_2015.pdf。

缘优势，构建政府、企业、高校、行业组织、国家重点实验室以及非营利组织共同参与的创新生态系统，研发关键的先进制造技术，帮助企业开发应用这些技术，促进前沿创新技术向规模化、高效率的美国制造能力转化，并培养了一批高技能的制造业人才。网络内的创新中心致力于先进制造技术的研究开发和转化应用，在各自特定的领域开展应用性研究，推动先进制造技术快速向产业转移，最终降低制造业的创新成本，提升制造业的竞争力。这些创新中心主要集中在新型材料和前沿技术领域，截至 2019 年 6 月已建成的 14 个中心有 8 家涉及新材料研发，6 家涉及新材料处理，5 家涉及电子和感应器，此外还涉及轻型材料、建模和仿真、自动化、生物科技、机器人、光电科学、化学处理、可持续 / 循环利用等领域。[①] 如图 5.1 所示，这些创新中心还致力形成完整的技术创新链条，通过将私营部门投资引向中间的缺口，解决“中间段”或“产业公域”内产业研发不足导致的市场失灵，以降低新技术的风险，使得先进制造技术成果得以有效转化和应用。[②]

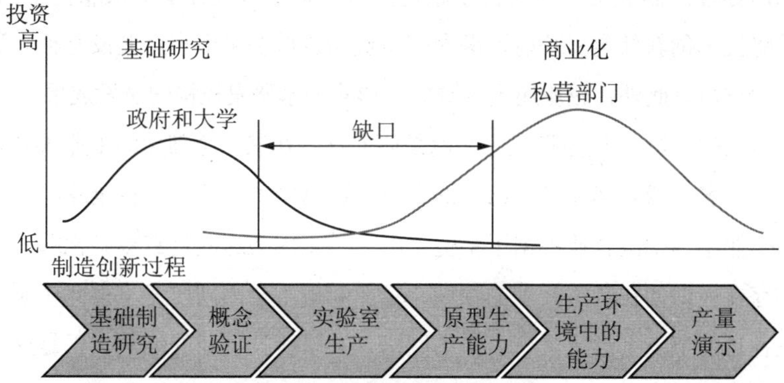

图 5.1 美国创新中心使命

资料来源：Gayle，F.W. The National Network for Manufacturing Innovation.

此外，美国积极再投资于供应链创新。美国典型小型制造商的生产率只有大型跨国公司的 60%，许多小型制造商需要获得资金和专业知识，才能采

① Manufacturing USA，Institutes，https：//www.manufacturingusa.com/institutes.

② 袁东明、郑舒丹：美国制造业创新中心的运作模式与启示，载新浪网 http：//finance.sina.com.cn/wm/2017-04-17/doc-ifyeimzx6636410.shtml。

用制造业的最新创新技术，比如3D打印、先进的传感器和数字设计等。在经历了20年的离岸外包和投资不足之后，决定美国制造业实力的小企业和供应链网络开启了新一轮再投资。白宫“供应链创新倡议”将组织商业部的霍林斯制造推广合作中心[①]、能源部的国家实验室和国防部的军事工业基地计划，致力于为美国3万多家中小型制造商提供技术并应用创新。这一努力惠及了美国三分之一的中小型制造商。

2. 德国

从19世纪后期到20世纪初期，英国科技创新的领先优势逐步丧失，全球科技创新的中心开始向德国、美国转移。19世纪中末期、20世纪初期，德国涌现出一批著名的企业和品牌，如西门子、博世、汉高、奔驰、宝马等。除了这些工业巨头，德国还活跃着大量的中小企业，数量超过德国企业总体的99%以上，它们是德国制造稳固的根基和创新的来源。这也是德国式创新的特点，即在一个很狭小的专业领域，以过硬的技术、深入的专业知识和高标准的制造工艺成为行业翘楚。这些企业很大程度上依靠自主创新，极少将技术创新外包。政府资助和研发机构也填补了中小企业没有独立研发能力的空白。此外，企业还通过赞助的形式分享研发机构的研发成果。

西蒙的《21世纪隐形冠军》就是研究这些在某一个细化的工业领域排名全球前三名，或者当地排名第一的企业。该书中统计显示，在全球的几千家领军企业中，德国企业占据了半壁江山。[②]正因为这些具有差异化的专业企业的存在，即使在竞争激烈的领域，企业间也不会因同质竞争彼此压制，而是在各自的节点上形成紧密合作的网络，共享科技创新的红利。正是这些具有工匠精神的中小企业，确保德国一直将制造业紧紧抓在手里。

3. 英国

工业革命的发源地英国是制造业创新的先驱，在17世纪至19世纪中期，英国是当时世界科技创新的中心。英国也是全球最早提出“创意产业”

---

① 霍林斯制造推广合作中心（MEP）是一个全国性的网络，包括遍布美国的60个中心和数千名受训专家，以服务中小型制造客户为目标。

② S. Hermann. Hidden Champions of the Twenty-First Century: The Success Strategies of Unknown World Market Leaders, Springer; 2009 edition（June 17, 2009）.

的国家，20 世纪末以来，文化创意产业已成长为英国仅次于金融服务的第二大产业。虽然经济结构的改变削弱了制造业占经济总量的比重，但创意产业和创新文化让英国的制造业如虎添翼，培育了一批研发创新能力强、极具竞争力的企业，主要集中在航空航天、制药等领域。此外，劳斯莱斯、路虎、宾利、捷豹、阿斯顿马丁等一批知名品牌也来自英国。

“去工业化”发展让英国在 2008 年的全球金融危机中受到重挫，维护国家经济韧性，振兴制造业又被提上日程。2011 年，英国政府将制造业作为英国经济复苏的核心，并发布《英国工业 2050 战略（The future of manufacturing：a new era of opportunity and challenge for the UK）》，将英国制造业发展提到了战略的高度，提出制造业将继续聚焦高附加值高科技产业，通过定制化快速响应市场需求，实现可持续发展。

5.2　中国制造业创新的国内环境和政策

5.2.1　创新环境

1．中国制造业创新的环境不断优化，研发投入连创新高

中国政府长期致力于加大研发投入、培养创新人才、鼓励科技创新。党的十八届三中全会以来，中国陆续出台了一批重大改革措施，广泛涉及金融、财税、制造、行政审批等领域，极大地优化了制造业创新环境，激发了企业的创新活力。随着“一带一路”倡议的提出和实施，制造业又迎来新的发展机遇，在全球范围内整合资源，加快推动结构转型升级。

2018 年国家支持力度持续加大，创新环境进一步优化。《2018 年国民经济和社会发展统计公报》显示，2018 年我国研究与试验发展经费支出 19657 亿元，比上年增长 11.6%，其中基础研究经费 1118 亿元。截至 2018 年 12 月底，正在运行的国家重点实验室 501 个，累计建设国家工程研究中心 132 个，国家工程实验室 217 个，国家企业技术中心 1480 家。国家科技成果转化引导基金资金总规模 313 亿元。

2019 年中央经济工作会议将促进制造业高质量发展作为首要举措，促进新技术、新组织形式、新产业集群的形成和发展，增强制造业技术创新能力，加大对中小企业创新支持力度，构建开放、协同、高效的共性技术研发平台。

2. 基于创新驱动的劳动力优势犹存

随着人力成本的攀升，中国的廉价劳动力优势正逐步消失，劳动密集型产业开始从中国向东南亚和墨西哥等国家转移，中美贸易摩擦也加速了这一趋势。然而，制造产品的价格优势不仅取决于劳动力成本，还取决于劳动生产率和劳动力结构。与周边发展中国家比较起来，中国劳动力仍具有一定优势。

其一，中国制造业劳动力性价比高。中国有一大批高质量制造业工人，无论工作效率、技能娴熟度，还是吃苦精神、压力承受度，中国工人都名列前茅。他们不仅能够拿下工艺要求较高的订单，还能够实现小批量定制化生产。而东南亚等国家低素质的劳动力则无法胜任工艺复杂、精细度高的产品生产，也难以适应小批量、多任务的柔性化生产方式。此外，虽然中国劳动力成本上升，但随着劳动密集型产业的外迁，机器人对人力的取代，以及其他新技术对现行生产方式的冲击，留下来的低端制造业劳动力成本将难以走高。可以说，中国有世界上性价比最高的产业工人。

其二，中国工程师数量庞大。过去十年，高校扩招为制造业提供了一批吃苦耐劳的低成本工程师，能够满足制造企业的研发、销售、售后服务、管理等部门对大量工程师的需求，而工资较欧美等发达国家低廉。此外，留学归国热潮也带回了大量高级工程师，其中不乏回国创业的硅谷精英。这将形成一个多层次、多元化的工程师队伍，有助于“工程师红利”有效释放。

3. 中国具有完备的产业链优势

基于创新驱动的制造业的竞争不只是劳动力成本的比拼，还与很多因素有关。其中，最重要的因素之一就是产业基础，除高质量数量充足的人才外，还包括相关产业的上下游供应商的数量和质量，稳定高效的基础设施，以及现代化生产设施。完备的产业链基础既能够降低成本，也能快速高效地解决上下游带来的问题，提高生产效率，增强竞争力。

经过几十年的发展，中国具备世界上最完备的制造业产业链和最庞大的制造业生态系统。通过产业集群的分工协作，中国制造业能够在很短的时间内，从拿到订单，到物流采购，到开模打样、零件生产 / 集成，到组装包装，在竞争对手几分之一的时间内出库发货。这种产业链是一个复杂庞大的体系，东南亚国家现在并不具备这样的全产业链，即使一些简单产业链能够实现整体迁移，诸如汽车、消费电子等精密复杂的产业链，几乎是难以完成的任务。产业群的建立和磨合，往往需要几十年的积累和沉淀。

4．本土市场对创新的驱动效果显著

其一，中国有全世界最大的消费市场。经济结构向消费倾斜，多样化、个性化消费需求需要与制造供给进行再匹配。中国主流消费阶层家庭数量目前已逾 1 亿户，创新企业可以利用庞大的本土消费市场，快速推动新构想的商业化。很多外资正是看准了中国庞大的消费市场，在中国直接设立高端生产车间，生产完成后就地销售。中国在代工过程中掌握了先进的生产技术，通过下游（组装生产制造）站稳市场，带动上游（设备和材料）的集聚和技术扩散，从而在完善产业链的同时开始思索自主创新之路。

其二，中国有参与度很强的消费者群体。中国消费者愿意参与产品的研发，愿意尝试新产品和新服务的早期版本，他们提出反馈意见以供企业迅速改进，因而对创新发展起到推波助澜的作用，如小米创建了用户参与的创新平台，让消费者参与产品设计。

5.2.2　制造业创新相关政策

我国自 1978 年以来一直从国家层面推动科技进步，并在改革开放二十年后开始探索科技产业化。20 世纪末中共中央、国务院《关于加强技术创新、发展高科技、实现产业化的决定》将加强产业发展纳入顶层设计，指出要加强技术创新，开发和应用先进制造技术、工艺和装备，大幅度提高国产技术装备水平。

此后，中国进入培育新兴产业、增强自主创新、构建创新体系的黄金发展期。2006 年 1 月，中共中央、国务院发布《关于实施科技规划纲要增强自主创新能力的决定》，提出增强自主创新能力，努力建设创新型国家。2010 年国务院发布的《关于加快培育和发展战略性新兴产业的决定》明确指出，在未来的二十年内，战略性新兴产业整体创新能力和产业发展水平达到世界先进水平。2012 年，中共中央、国务院印发《关于深化科技体制改革加快国家创新体系建设的意见》，促进科技与经济的紧密结合，建立企业主导产业技术研发创新的体制机制。

2015年伊始，制造业创新相关政策集中相继出台，如《关于促进云计算创新发展培育信息产业新业态的意见》《关于深化体制机制改革加快实施创新驱动发展战略的若干意见》。2015年5月，《中国制造2025》规划纲要正式发布，这标志着制造业创新进入一个快速发展时期。

2015年6月，国务院《关于大力推进大众创业万众创新若干政策措施的意见（国发〔2015〕32号）》提出创新体制机制、优化财税政策、搞活金融市场、建设创业创新平台等举措全面推动社会创新，优化创新生态环境。2015年8月，国务院印发《促进大数据发展行动纲要》，提出发展工业大数据，推动大数据在工业研发设计、生产制造等产品全生命周期、产业链全流程各环节的应用，建立工业大数据资源聚合和分析应用平台，抓住互联网跨界融合机遇，促进大数据、物联网、云计算和三维打印技术、个性化定制等在制造业全产业链集成运用，推动制造模式变革和工业转型升级。

2016年5月，《国家创新驱动发展战略纲要》出台，其提出："发展智能绿色制造技术，推动制造业向价值链高端攀升。重塑制造业的技术体系、生产模式、产业形态和价值链，推动制造业由大到强转变。发展智能制造装备等技术，加快网络化制造技术、云计算、大数据等在制造业中的深度应用，推动制造业向自动化、智能化、服务化转变。对传统制造业全面进行绿色改造，由粗放型制造向集约型制造转变。加强产业技术基础能力和试验平台建设，提升基础材料、基础零部件、基础工艺、基础软件等共性关键技术水平。发展大飞机、航空发动机、核电、高铁、海洋工程装备和高技术船舶、特高压输变电等高端装备和产品。"

2016年8月，工业和信息化部、发展改革委、科技部、财政部联合印发的《制造业创新中心建设工程实施指南（2016—2020年）》和工业和信息化部印发的《关于完善制造业创新体系，推进制造业创新中心建设的指导意见》相继出台，明确了创新中心的建设思路，并针对制造业重点行业转型升级和新一代信息技术、智能制造、增材制造、新材料等领域创新发展的重大共性需求，建设一批国家制造业创新中心和省级制造业创新中心。

2017 年 7 月 8 日，国务院印发《新一代人工智能发展规划》，提出推动人工智能与包括制造业的各行业融合创新，围绕制造强国重大需求，推进智能制造关键技术装备、核心支撑软件、工业互联网等系统集成应用，研发智能产品及智能互联产品、智能制造使能工具与系统、智能制造云服务平台，推广流程智能制造、离散智能制造、网络化协同制造、远程诊断与运维服务等新型制造模式，建立智能制造标准体系，推进制造全生命周期活动智能化。

5.3　中国制造业创新的现状

中国创新载体、流程和模式都在发生深刻的变化。创新载体从单个企业向多主体的协同创新转变。很多大中型企业与大学、科研机构、行业协会及其他企业结成创新联盟，创新活动从线性向网状转变。传统意义上的从基础研究到应用研究，从实验室成果到产业化应用，从技术创新到商业模式创新的边界越来越模糊。在新技术的推动下，网络上的创新环节连接更为紧密，甚至重叠并行，创新活动更为柔性化，产品创新周期大大缩短。世界知识产权组织最新数据显示，2018 年全年 PCT（国际专利体系）专利数量达到

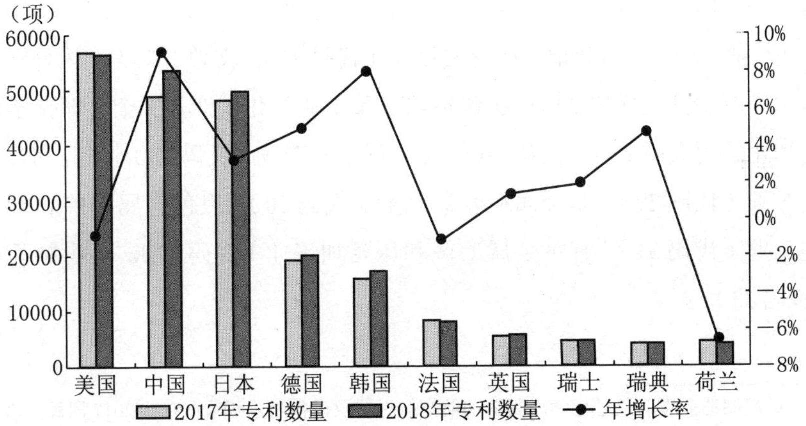

图 5.2　世界专利数量前十名国家取得专利数和年增长率（2017—2018 年）

资料来源：世界知识产权组织。

25.3万个，相比2017年增长了3.9%，美、中、日分列第一、二、三名，而中国是前十位中专利增长率最高的国家，有望在下一年度超过美国，成为专利申请数量最多的国家。

5.3.1 中国制造产业创新现状

中国制造业规模大、门类全，增长速度快，但中国制造业的创新主要发生在中高端制造业。根据国家统计局发布的《2017年国民经济行业分类与代码（GB/T 4754-2017）》，在制造业31个大类中有三分之一是中高端制造业，包括医药制造（代码27），航空、航天器及设备制造（属于代码32），电子及通信设备制造、计算机及办公设备制造（代码39），医疗仪器设备及仪器仪表制造（代码40），信息化学品制造（属于代码26）六大高端制造业，以及通用设备制造业（代码34）、专用设备制造业（代码35）、汽车制造业（代码36）、铁路、船舶、航空航天和其他运输设备制造业（代码37）、电气机械和器材制造业（代码38）、废弃资源综合利用业（代码42）、金属制品、机械和设备修理业（代码43）等中端制造业。其余三分之二属于低端制造业，其中传统轻工业12个，包括农副食品加工业（代码13），食品制造业（代码14），酒、饮料和精制茶制造业（代码15），烟草制品业（代码16），纺织业（代码17），纺织服装、服饰业（代码18），皮革、毛皮、羽毛及其制品和制鞋业（代码19），木材加工和木、竹、藤、棕、草制品业（代码20），家具制造业（代码21），造纸和纸制品业（代码22），印刷和记录媒介复制业（代码23），文教、工美、体育和娱乐用品制造业（代码24）；还包括传统重工业和化工产业7个，即化学原料和化学制品制造业（代码26），化学纤维制造业（代码28），橡胶和塑料制品业（代码29），非金属矿物制品业（代码30），黑色金属冶炼和压延加工业（代码31），有色金属冶炼和压延加工业（代码32），金属制品业（代码33）。①

① 高端制造业中的信息化学品制造和航空航天器及设备制造两项没有在2017国民经济行业分类中按照中类单另列出。其中，信息化学品制造包含在“化学原料和化学制品制造业”中，航空、航天器及设备制造包含在“铁路、船舶、航空航天和其他运输设备制造业”中。

根据中共中央、国务院关于加快发展新产业新业态新商业模式的要求，制定并发布了《新产业新业态新商业模式统计分类（2018）》，其中先进制造业大类下涵盖了新一代信息技术设备制造、高端装备制造、先进钢铁材料制造、先进有色金属材料制造、先进石化化工新材料制造、先进无机非金属材料制造、高性能纤维及制品和复合材料制造、前沿新材料制造、生物产品制造、生物质燃料制造、生物制造相关设备制造、新能源汽车及相关设备制造、新能源设备制造以及节能环保设备和产品制造 14 个中类，对高端制造业进行了更明确的定义和分类。

表 5.1　制造业划分及创新特征

	包 含 行 业	创新投入	创新活力
高端制造业	医药制造，航空、航天器及设备制造，电子及通信设备制造，计算机及办公设备制造，医疗仪器设备及仪器仪表制造，信息化学品制造。	高	高
中端制造业	通用设备制造业，专用设备制造业，汽车制造业，铁路、船舶和其他运输设备制造业，电气机械和器材制造业，废弃资源综合利用业，金属制品、机械和设备修理业。	中高	较高
传统重工业和化学工业	化学原料和化学制品制造业，化学纤维制造业，橡胶和塑料制品业，非金属矿物制品业，黑色金属冶炼和压延加工业，有色金属冶炼和压延加工业，金属制品业。	中低	一般
传统轻工业	农副食品加工业，食品制造业，酒、饮料和精制茶制造业，烟草制品业，纺织业，纺织服装、服饰业，皮革、毛皮、羽毛及其制品和制鞋业、木材加工和木、竹、藤、棕、草制品业，家具制造业，造纸和纸制品业，印刷和记录媒介复制业，文教、工美、体育和娱乐用品制造业。	低	较低

资料来源：本书编写组整理。

由图 5.3 可见，计算机、通信和其他电子设备行业研发投入总额最高，其次是电器机械和器材制造业、汽车制造业，以及化学原料和化学制品制造业。而投入强度最高的行业是铁路、船舶、航空航天和其他运输设备制造业，紧随其后的是仪器仪表制造业、医药制造业，以及计算机、通信和其他电子设备制造业。其中，研发经费充足，投入强度高的行业主要集中在中端和高端制造，而研发经费少、投入强度低或两者兼具的行业的主要集中在传统制造部门。

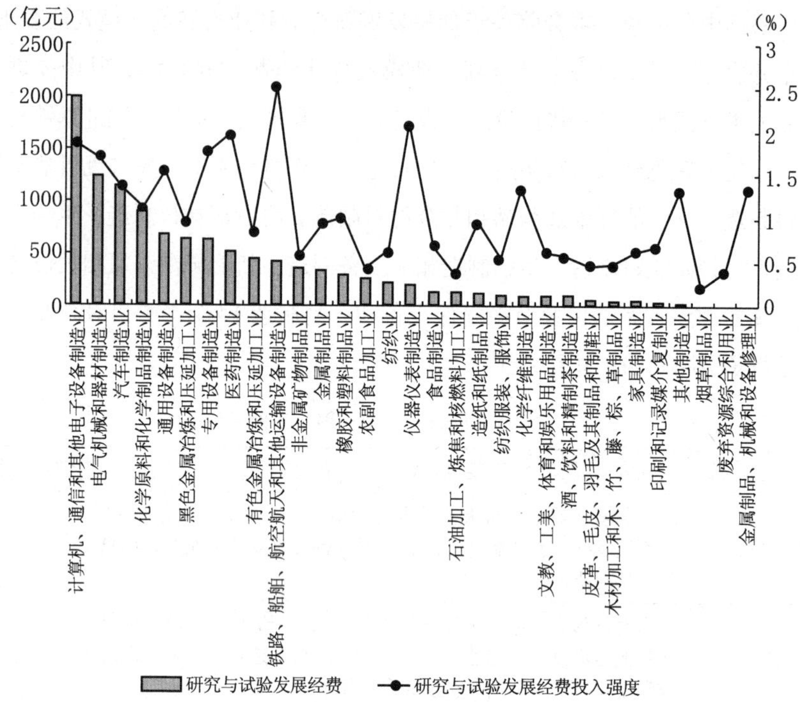

图 5.3　2017 年各行业研究与试验发展经费及经费投入强度

资料来源：《2017 年全国科技经费投入统计公报》。

不同产业的创新模式和技术扩散模式不同，相同产业在不同环境下创新效率不同，即使是同一产业，在产业生命周期的不同阶段，创新规律也各有差异。总的来看，中国制造业创新呈现如下特征：

1．部分高端制造领先世界

中国的中高端制造业是创新最集中最活跃的领域。在水平上与发达国家的差距逐步缩小，正在由跟随式创新向引领式创新转型。据《〈中国制造 2025〉重点领域技术创新绿皮书——技术路线图（2017）》预计，到 2025 年，通信设备、轨道交通装备、电力装备、海洋工程装备和高技术船舶四个领域将整体步入世界先进行列，引领技术创新。①

中国一些领域或技术已达到与世界巨头同台竞技的水平，主要集中在航空、

① 国家制造强国建设战略咨询委员会：《〈中国制造 2025〉重点领域技术创新绿皮书——技术路线图（2017）》，电子工业出版社 2018 年版。

航天、计算机、电子及通信设备制造等方面，如中国建成并运行了世界上第一颗，也是唯一的量子卫星；中国拥有世界上最大的综合孔径射电望远镜，是全球最灵敏的观天巨眼，并将在未来 10 年至 20 年保持世界一流设备的地位。

此外，中国在新一代移动通信技术和标准、集成电路制造工艺、数控机床、大飞机、特高压输变电设备、核电技术和装备制造能力等方面，不断涌现重大成果，如中国已经成为全球领先的无人机生产和制造大国；中国的 ULED 显示技术，多项指标达到或领先于世界水平。

其中一些核心技术是在中国面临“卡脖子”和禁运的情形下自主研发实现的，如中国的超级计算机“天河二号”在后期工程面临禁运，导致项目延期。而计划内的第二台超级计算机“神威・太湖之光”就依靠自主创新，使用中国自主研制芯片，核心部件全国产化，制造出世界上运算最快的计算机，打破了国外 30 年核心技术封锁。[①] 中国的超薄钢也是在日本技术封锁的情形下自主研制的，且质量远超国际先进标准，技术全球领先，并具备量产条件。[②]

2．中端和传统重化工业创新活跃

中国的中端制造业既包括与终端消费者息息相关的家用轿车、家电等消费品，也包括用于生产和运输的各种设备、机械、器材等。这些制造业大多从依赖于国外进口起步，逐渐引进技术、组装生产，经过几十年的发展形成了完整的产业链。这些本土企业在学习模仿的过程中，也开始探索自主研发，创建自主品牌，但总体上难以与国际巨头形成有力竞争，还处于追随阶段。

中端制造业往往发展比较成熟，研发投入趋于稳定（见图 5.4），也形成了独有的创新网络，有一定的技术含量，但因非高精尖领域，所以以持续性的改良为主，鲜见颠覆性创新。而中国数量巨大的廉价工程师、完善的产业配套和庞大的本土市场刚好为中端制造业创新提供了一片沃土，因而在国际

① 毛振华：《我国先后建成六家国家级超算中心，打造超级计算驱动发展新模式》，载新华网 http：//www.xinhuanet.com//tech/2019-07/06/c_1124719143.htm。

② 贺梨萍、杨漾：《笔尖钢后，太钢又攻克伦克卖的手撕钢，进口价跳水四成》载观察者网 http：//www.guancha.cn/industry-science//2019_09_19_518437.shtml。

竞争格局下具有比较优势。

中国人民大学中国经济改革与发展研究院和经济学院联合发布的《中国企业创新能力百千万排行榜（2017）》对 8 万多家高新技术企业的创新能力进行了评估和排名，高新技术企业最为集中的 5 个行业依次为：仪器仪表制造业（10.8%）、金属制品、机械和设备修理业（10.5%）、通用设备制造业（9.3%）、专用设备制造业（9.0%）、化学原料和化学制品制造业（7.0%）。这一方面解释了我国在中端制造和化工领域的优势，另一方面说明中国在高科技创新领域布局不足，与第四次工业革命重点行业偏差较大。①

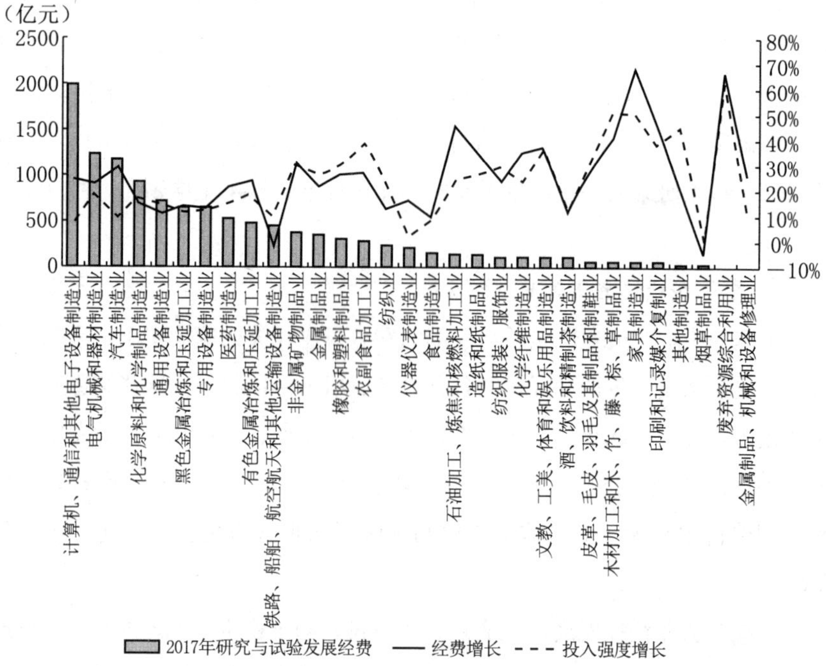

图 5.4　2017 年各行业研究与试验发展经费增长率及投入强度增长率

资料来源：《全国科技经费投入统计公报（2017 年）》。

3．部分传统重工业和传统轻工业创新乏力

传统重工业仍然处于转型升级阶段，包括化学纤维制造业、橡胶和塑料

① 中国人民大学中国经济改革与发展研究院经济学院：《中国企业创新能力百千万排行榜（2017）》，《科技与金融》2017 年第 1 期。

制品业、非金属矿物制品业、黑色金属冶炼和压延加工业、有色金属冶炼和压延加工业、金属制品业。

传统轻工业是与人们生活最息息相关的部门，包括农副食品加工业，食品制造业，酒、饮料和精制茶制造业，烟草制品业，纺织业，纺织服装、服饰业，皮革、毛皮、羽毛及其制品和制鞋业，木材加工和木、竹、藤、棕、草制品业，家具制造业，造纸和纸制品业，印刷和记录媒介复制业，文教、工美、体育和娱乐用品制造业。这些行业覆盖领域广，也是总体研发投入最低的部门。

4．关键核心技术有待突破性创新

中国高端制造业和中低制造产业的关键零部件和核心技术还存在短板，这部分精密制造中绝大部分面临国际封锁和禁运的风险，涵盖了特种材料与相关设备、材料加工、电子设备、计算机设备、传感器与激光器、导航与航空电子设备、船舶类和航空航天与推进器等领域的关键核心技术。再加上通过国际并购获取技术日趋艰难，中国在芯片设计和制造、工程机械、医疗设备、化工和新材料、船舶、精密仪器、机器人等领域进展较慢，还在系统领域艰难攻关。特别是集成电路及专用设备、民用航空装备、高性能医疗器械三个优先发展方向与世界强国仍有一定差距，如中国的芯片技术，不仅在高端毫无竞争之力，普通芯片对外依存度也很高。据海关的数据显示，2018 年我国进口芯片数量为 4175.7 亿件，同比增长 10.8%，而进口金额 3120.58 亿美元创下历史新高，同比增长 19.8%。①

其中，有些核心领域中国还是空白，如航空发动机的短舱，用于集成电路制造、医疗器械、汽车配件、数码配件、精密模具、航空航天的超精密抛光工艺等，计算机系统、通用电子系统、通信设备、内存设备和显示及视频系统中的多个领域所用的高端芯片，还有智能制造所需的核心工业软件，国产化率是零。

大部分领域，中国虽然实现了从零到一的突破，但由于材料、设计、质量、工艺等方面的原因，达不到先进标准或难以进行量产，如被广泛地应用于材料、生物、医学、冶金、化学和半导体等研究领域和工业部门的扫描电

① 《2018 年中国进口芯片超 3100 亿美元，增长 20%》，载察网 http://www.cwzg.cn/politics/201901/46783.html。

子显微镜严重依赖进口，国产化率不超过百分之十，用于新能源汽车的锂电池高端隔膜技术仍然大量依赖进口。装备制造业的关键部件液压系统所用的核心元件高压柱塞泵国产技术还不成熟，虽然液压工业规模在2017年就成为世界第二，但产业大而不强，一些高端产品90%以上的部件依赖进口。

再如，中国作为世界上最大的液晶显示屏制造国之一，很多关键原材料还需要进口，以OLED的关键设备蒸镀机为例，虽然我国已经自主研发出用于OLED生产的蒸镀机，但精度远远不够，而日本佳能Tokki生产的真空蒸镀机则一机难求，是京东方六代柔性OLED生产线能够提前量产的关键。①

表5.2 按技术领域分列的前十大来源国专利申请分布情况（2015—2017年） （单位：%）

	技术领域	中国	美国	日本	韩国	德国	法国	英国	瑞士	俄罗斯	荷兰
电气工程	电子机械、仪器、能源	6.5	4.4	10.4	9.1	8.9	6.3	5.6	5.3	3.5	7.4
	视听技术	2.1	2.9	4.7	5.4	1.5	2.3	1.7	0.9	0.6	2.7
	电　信	1.8	2.4	2.5	2.9	0.9	2.1	1.7	0.5	1.4	1.3
	数字通信	4.9	7.7	2.9	6.4	1.6	5.1	3.4	1.2	0.7	2.3
	基本通信过程	0.4	0.8	0.8	0.6	0.6	0.6	0.6	0.3	0.8	0.8
	计算机技术	7.2	12.6	6.1	8.7	3.1	5.4	6.3	2.6	2.8	6.3
	计算机管理技术	1.5	2.9	1.2	3.2	0.4	1.0	1.4	0.7	0.4	0.6
	半导体	1.4	3.0	5.7	6.4	2.5	2.1	1.1	0.6	0.8	3.3
仪器	光学	1.5	1.8	6.2	3.4	1.7	1.8	1.5	1.0	0.8	4.2
	测量方法	6.0	4.0	4.3	3.6	5.8	6.1	5.2	7.6	7.6	5.1
	生物材料分析	0.4	0.9	0.3	0.4	0.6	0.9	1.3	1.3	2.2	0.7
	控制	2.7	1.9	2.0	1.5	1.9	1.4	1.8	1.5	1.8	1.1
	医学技术	2.4	8.3	3.6	3.4	4.7	4.4	6.6	7.3	6.9	11.2
化学	有机精细化工	2.1	3.0	1.6	1.7	3.4	4.7	5.0	7.1	1.7	3.6
	生物技术	1.6	3.8	1.0	1.5	1.8	3.0	4.4	6.1	1.7	3.6
	医药技术	4.0	5.8	1.3	2.0	2.5	4.2	7.2	11.0	4.2	3.5

① 又一项"掐中国脖子技术"几亿一台却供不应求，载新浪网http://news.sina.com.cn/c/2018-04-28/doc-ifzvpatq6500636.shtml。

（续表）

技术领域		中国	美国	日本	韩国	德国	法国	英国	瑞士	俄罗斯	荷兰
化学	药物大分子化学、聚合物	2.1	1.4	2.2	1.3	2.1	1.7	0.8	2.0	0.9	3.4
	食品化学	4.5	1.0	0.8	1.8	0.4	0.8	1.0	3.4	12.5	3.1
	基础材料化学	4.4	2.9	2.2	1.7	3.4	2.2	3.1	3.1	2.8	4.9
	材料、冶金	3.6	1.1	2.4	1.9	2.0	2.3	1.8	1.5	4.9	0.8
	表面技术、涂层	1.6	1.4	2.5	1.4	1.7	1.5	1.1	1.4	1.6	1.3
	微结构和纳米技术	0.2	0.2	0.1	0.1	0.2	0.2	0.2	0.1	0.8	0.1
	化学工程	3.4	1.9	1.4	2.1	2.7	2.5	3.1	2.4	3.6	2.6
	环境技术	2.7	1.0	1.2	1.6	1.5	1.5	1.9	1.0	2.4	1.7
机械工程	处理	3.2	2.0	2.9	2.1	3.4	2.4	2.7	6.2	0.9	2.9
	机床	4.6	1.5	2.4	1.9	3.7	1.5	1.3	1.7	2.7	1.1
	发动机、泵、涡轮机	1.4	2.8	3.1	1.8	6.2	4.8	3.4	2.4	4.7	0.9
	纺织和造纸机	1.6	0.9	2.6	0.9	1.5	0.7	0.9	2.4	0.4	1.3
	其他特殊机器	4.8	2.7	2.8	2.9	3.7	3.8	2.6	2.6	5.7	4.9
	热加工设备	2.1	0.8	1.8	1.0	1.7	1.6	1.2	1.1	1.6	1.0
	机械元件	2.2	2.0	3.2	2.2	7.3	4.1	3.3	2.0	3.6	1.5
	运输	2.7	3.5	5.7	5.2	9.9	10.5	5.2	1.8	4.4	2.4
其他	家具、游戏	2.2	2.2	4.2	2.6	1.6	1.5	3.1	2.8	1.1	2.4
	其他消费品	2.0	1.7	1.5	2.8	1.8	2.5	4.1	4.9	1.2	2.0
	土木工程	4.0	3.2	2.3	3.9	3.2	3.2	4.7	2.0	6.5	3.9

注：利用世界知识产权组织的 IPC 技术一致性表①，将 2015—2017 年的申请总数转化到 35 个相应的技术领域中，并计算出每个细分技术领域申请专利数占到本国总申请数的比例。（www.wipo.int/ipstats）

资料来源：世界知识产权组织数据和 EPO PATSTAT 数据。

如表 5.2 所示，中国在国际技术创新活跃的大部分领域都表现平平，得分最高的计算机技术和电子器械、仪器、能源领域仍然跟随在美国和日本后面。还有一些关键技术或材料还没有走出实验室，一旦遭到国际禁售，我国

① Ulrich Schmoch，2008：Concept of a Technology Classification for Country Comparisons—Final Report to the World Intellectual Property Organisation（WIPO），from：https：//www.wipo.int/export/sites/www/ipstats/en/statistics/patents/pdf/wipo_ipc_technology.pdf.

产业便会遭受釜底抽薪的打击，如我国车用燃料电池还没有产业化，关键材料长期依赖国外。而我国的制轴工艺已经接近世界顶尖水平，但高端轴承用钢几乎全部依赖进口。在这些被“卡脖子”的领域，有相当一部分都是材料的问题。针对这些短板，中国正在紧锣密鼓地采取多种措施，增加研发投入，加强研发力度，布局关键核心领域。

5.3.2 中国制造企业创新现状

1．少部分中国制造企业与国际巨头同台竞技

中国在通信设备、航空航天、轨道交通装备、电力装备、海洋工程装备等领域整体实力较强，拥有一批能够与国际巨头一争高下的企业。其中不乏实力雄厚的国企，如煤电设备制造业的上海电力、哈电集团；轨道运输设备制造业的中国南车、中国北车；电力传输设备制造业的天威集团、南方电网；无线电通信设备制造业的中兴通讯等都处于全球第一梯队。此外，中国还涌现出一些“创新新秀”，在国际舞台上与国际巨头同台竞技，如无线电通信设备制造业的“领先者”华为；太阳能电池板制造业的“领先者”无锡尚德、赛维 LDK、晶澳太阳能等；在占据 90% 国内市场的陆上风力发电设备制造领域，我国领先企业主要有华锐、金风科技等。世界知识产权组织公布了 2018 年全球专利申请排名，前 50 名的中国企业有 8 家，排在日本（16 家）和美国（12 家）之后，位列第三。其中，华为 2018 年申请专利 5405 项，在所有企业中位列第一，此外榜上有名的知名企业还有中兴通讯、京东方、OPPO、大疆、深圳华兴光电和武汉华兴光电等。

还有一些企业在行业整体实力不强的情况下异军突起，率先参与到国际竞争中，如中国的涂料产销量连续几年都是全球第一，但行业整体创新能力弱，缺乏核心关键技术，在很多高端领域毫无竞争优势。而晨阳水漆一枝独秀，在模仿国外成熟技术的基础上坚持自主研发，多项技术打破国外垄断，进入全球水漆行业的“领军者”阵营。再如，红领集团在服装业整体大而不强、过度竞争的环境下，经过十几年自主研发打造的个性化定制系统，能够对顾客的身型尺寸进行数据建模，实现流水线上每一件西装都根据客户需求量身定制，领先国际水平。

2．大量中国制造企业紧密追随在模仿中寻求创新

中国企业利用中国的低成本工程师和充足的研究者加速实验与发现流

程，实现科研创新的快速发展。大量企业通过自主创新和技术研发，正在不断拉近如国际领跑者的差距。如国内汽车零部件产业总体水平还无法与国际领先企业竞争，但以华阳为首的汽车零部件企业近几年进入高速发展阶段，通过自主研发，紧密追随国际先进技术。根据 Automotive News 发布的 2018 年度全球汽车零部件配套供应商百强榜，中国（含香港地区）仅有 6 家企业入围百强，远远落后于日本（26 家）、美国（21 家）和德国（18 家）。前二十强企业中，来自中国的只有 1 家，即延锋电子，而且排在第十六位。延锋电子从开始的“代加工”到建成自己的研究中心，再到进入国际市场，只花了十几年时间。再如，产量位居全球第一的玻璃纤维行业，其龙头企业虽然进入自主研发的轨道，但仍与国际先进水平相差甚远。

情况类似的还有中国的汽车行业、纺织行业、家具行业、食品加工行业等。特别需要指出的是，中国的食品企业虽然占据了中国的大部分市场，也出口进入国际市场，但还谈不上有竞争力。除一些具有地方特色的茶叶、酒等产品，大部分产品在国际上认知度不高，甚至有负面原产国效应。

3. 数量庞大的小微企业仍然在模仿中求生存

在技术含量低的行业，如传统轻工制造业，包括纺织、服饰、皮革、毛皮制品和制鞋业、家具制造、家居建材、玩具制造、食品加工、电子通信产品配件等行业，聚集着大量以模仿为主的企业。这些企业没有自主研发力量，以跟随其他企业进行模仿、抄袭生存，创新成分微乎其微。而这些行业又恰恰与人们生活息息相关，对品牌和设计要求较高，因而其中的一些代工企业开始探索自己的产品以适应中国市场，但主要工艺仍采用其他企业先进技术，自我创新能力非常有限。

目前的趋势是将这些零散的企业整合起来，如通过资本整合实现中低端制造业转型升级；针对同质竞争严重的行业进行订单整合，通过接手大订单联合订单少或订单不稳定的企业；通过技术整合逐渐延伸产品线，从而打造完整的产业链；通过物流整合实现小批量、个性化产品的生产和运送。

5.3.3　创新中心和平台建设现状

截至 2018 年 12 月，国家制造业创新中心已达九家。这些制造业创新中心由企业、科研院所、高校等各类主体自愿自主组织，以完成创新链条各环节的活动，打造跨界协同的创新生态系统。然而，由于参与方意识、客观环境等原因，部分省市级创新中心仍然停留在产业技术研究院、产业技术联盟的层次上，企业内部研发部门与创新中心的关系还未理顺，还存在一定的竞争关系，参与各方之间互补性较低，产业链条不够完整和紧密。

表 5.3　我国已建成国家创新中心情况

建成时间	城市	国家创新中心	组　　成
2016 年 6 月	北京	国家动力电池创新中心	国联汽车动力电池研究院有限责任公司由北京有色金属研究总院与一汽、东风、上汽、长安、北汽、广汽、华晨七家整车生产企业以及天津力神电池股份公司、宁德时代、华鼎新动力共同投资组建。
2016 年 12 月	西安	国家增材制造创新中心	西安增材制造国家研究院有限公司作为国家增材制造创新中心的依托公司和承载主体，由五所大学（西安交通大学、北京航空航天大学、西北工业大学、清华大学和华中科技大学）及增材制造装备、材料、软件生产及研发的 13 家重点企业共同组建。
2018 年 4 月	武汉	信息光电子创新中心	由光电行业的多家公司共同创建［如武汉光迅科技股份有限公司、苏州天孚光通信股份有限公司、武汉高芯科技有限公司、武汉光电工业技术研究院有限公司、湖北航天高投光电子投资基金合伙企业（有限合伙）、陕西光电子集成电路先导技术研究院有限责任公司、西安中科光机投资控股有限公司、武汉祥道光电科技合伙企业（有限合伙）和廊坊中科微纳半导体技术开发有限公司等］。
2018 年 6 月	沈阳	国家机器人创新中心	由中科院沈阳自动化研究所牵头，依托沈阳智能机器人国家研究院有限公司，联合哈尔滨工业大学、新松公司等单位；整合了龙头企业、高校和科研机构等重点领域和基地。
2018 年 1 月	广州	国家印刷及柔性显示创新中心	以广东聚华印刷显示技术有限公司为载体，整合了 22 家业内国内企业、高校及科研院所，并与多家国外知名企业签署合作协议。
2018 年 7 月	上海	国家智能传感器创新中心	采用“公司＋联盟”的方式，依托上海芯物科技有限公司，由上海新微技术研发中心有限公司牵头，联合中电海康、上海国际汽车城、格科微电子、苏州晶方半导体、福建上润精密仪器、华立科技、郑州炜盛电子、杭州士兰微电子、常州波速传感器、北京中科微等行业骨干企业组建。
2018 年 7 月	上海	国家集成电路创新中心	由复旦大学牵头，采用“公司＋联盟”的方式，依托上海集成电路制造创新中心有限公司，联合行业龙头企业，建成集成电路产业链，进行协同创新。
2018 年 9 月	武汉	国家数字化设计与制造创新中心	中心由武汉数字化设计与制造创新中心有限公司组建，汇聚了华中科技大学、清华大学、上海交通大学、浙江大学等制造领域全国前十的高校以及航空、航天、重型汽轮机等领域的科研院所与龙头企业，覆盖了我国数字化设计与制造领域 50% 以上的国家重点实验室和国家工程中心。
2018 年 12 月	天津	国家先进计算产业创新中心	由中科院旗下高性能计算领域龙头企业曙光信息产业股份有限公司牵头，联合多家企业、科研院所和高校共同组建。

资料来源：科塔学术“国家制造业创新中心”。

5.4　中国制造业创新现存问题

5.4.1　中国制造业创新发展不平衡

1．中国制造业创新地域差异明显

虽然我国整体制造业创新效率有所提升，但地区差异仍然很大。国家知识产权局知识产权运用促进司与知识产权发展研究中心联合发布的《2017 年全国专利实力状况报告》对全国 31 个省（自治区、直辖市）的专利实力进行了综合评价，测评显示，广东、北京、江苏、浙江、山东、四川、上海、福建、安徽、湖北在全国专利综合实力中排名前十。经费投入强度最高的省份依次为北京、上海、江苏、广东、天津、浙江、山东、陕西、安徽、湖北。排名前十的省份中有 7 个位于我国东部。广东、北京、江苏、上海、浙江 5 个省份所拥有的高新技术企业占比高达 58.8%，而河南、江西、重庆、云南、山西、黑龙江、广西、新疆、贵州、吉林、甘肃、内蒙古、海南、青海、宁夏、西藏 16 个省份所拥有的高新技术企业合计只占 8.9%。①

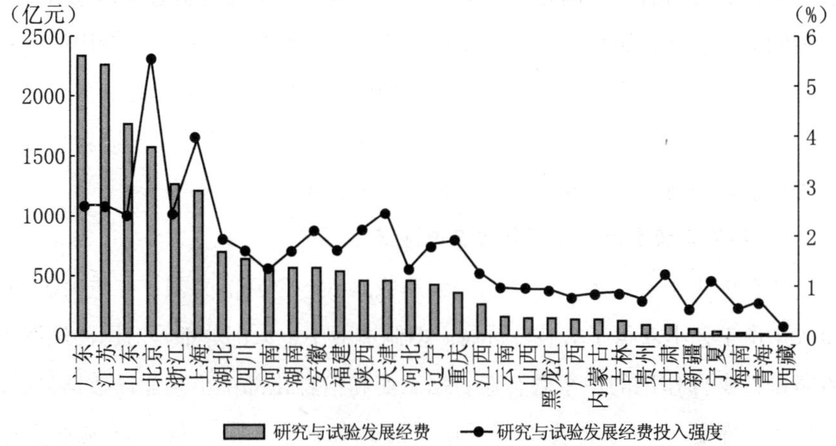

图 5.5　2017 年中国各省份研究与试验发展经费及投入强度

资料来源：《2017 年全国科技经费投入统计公报》。

---

① 2017 年中国企业创新能力 1000 强排行榜，载光明网 http：//top.askci.com/news/20170409/19243095505.shtml。

对比专利实力排名和研发经费投入情况，两者总体一致，即研发投入多的省份通常专利产出也较多，但这个规律不是绝对的，如河北、辽宁、天津、陕西、江西等地专利产出密度较小，投入与产出不成正比。除技术周期因素外，可能是由于片面追求专利数量，导致专利与科技、产业、企业匹配程度不高，专利结构有待改善。此外，还存在地区主导产业与专利布局发生偏离，新兴产业目标定位与实际专利活动趋势吻合度较低，整体专利利用和转化效率不高。

2．制造业不同行业或企业创新水平参差不齐

总体来说，传统制造业创新乏力，中高端制造业形成赶超之势，并在一些领域达到国际先进水平。从专利数量来看，绝大多数专利是由少数创新能力较强的企业申请的，而大部分企业的专利数量较少，创新能力较弱。数据显示，中国1000强高新技术企业中，创新能力最强的5%的高新技术企业申请的专利数就占到了所有申请数量的四成；在全国的8万多家高新技术企业中，专利数不足100件的企业占到九成以上，而专利数超过500件的企业占比一成都不到，申请专利数超过1000件的企业更是凤毛麟角。①

从行业分布看，中国高新技术企业主要集中于传统的制造业，包括仪器仪表制造业，金属制品、机械和设备修理业，通用设备制造业，专用设备制造业，化学原料和化学制品制造业。而第四次工业革命主要集中在人工智能、清洁能源、量子信息以及虚拟现实等重点行业。因而，中国高新技术企业的行业布局与第四次工业革命的重点有所差异。

3．不同规模制造业创新能力差异显著

从总体上来看，大型央企国企创新投入大，创新能力强，在重大装备、重大生产工艺上获得了突破性进展。但制造业中绝大部分都是对国民经济起着基础性支撑作用的中小微企业。据工业和信息化部中小企业局数据显示，2018年，制造业中小企业34.7万户，占中小企业户数的94.1%，在制造业的31个行业中，中小企业户数占比超过5%的行业有9个，非金属矿物制品业（10.0%）、农副食品加工业（7.1%）、通用设备制造业（6.8%）、金属

① 《2018年中国进口芯片超3100亿美元，增长20%》，载察网http：//www.cwzg.cn/politics/201901/46783.html。

制品业（6.8%）、电气机械和器材制造业（6.7%）、化学原料和化学制品制造业（6.6%）、纺织业（5.4%）、橡胶和塑料制品业（5.3%）、专用设备制造业（5.1%），合计占制造业中小企业户数的 59.5%，其中非金属矿物制品业、农副食品加工业、化学原料和化学制品制造业、纺织业中小企业户数比上年有所减少，通用设备制造业、金属制品业、电气机械和器材制造业、橡胶和塑料制品业、专用设备制造业与上年末相比略有增加。

这些中小微企业新旧更替较快。发展起来的中小企业主要集中在劳动密集型产业和一些技术含量低的传统产业。由于自身规模和企业实力的局限，难以吸引高素质人才，工艺和设备相对落后，再加上人员流动较快，创新投入来源不足，难以在技术上取得突破性创新，自主创新进程相对缓慢。于是很多中小微企业通过商业模式创新或企业价值再造寻求突破。

5.4.2　中国制造业基础研究薄弱

我国基础研究投入不足，应用研究差距较大。如图 5.6 可见，从 2008—2017 年，中国无论在基础研究，实验研究，还是应用研究，都与美国相差上千亿甚至万亿元人民币的投入。如，2017 年中国的基础研究投入为 975 亿元人民币，而美国为 8112 亿元人民币（按当年汇率换算），虽比十年前增长了 442%，但仅为美国同类投入的 12%。中国虽然近十年来在应用研究上的投入增长了 222%，但基础研究投入的增长却不到 13%。这说明了中国在激励创新的着力点在应用研究，对基础研究重视不够。从 1995 年到 2016 年，中国大学、研发机构和企业的应用研究投入比例都呈现下降趋势。科学研究（基础研究 + 应用研究）经费仅占全部研发经费的 15%，而试验发展经费支出增加到了 85%。[①]2016 年的研发经费占国内生产总值的比例相当于美国 60 年前水平。[②] 目前我国制造业的科技成果转化率不足 30%，而先进国家这一指标却高达 60% 至 70%，由此导致基础零部件、先进基础工艺、关键基础材料和产业技术基础等关键或基础领域非常薄弱。

① 《中国科研经费报告：万亿经费，中国都花在哪儿了？》，载分析测试百科 https：//www.antpedia.com/news/47/n-2284747.html。

② 大连理工大学管理与经济学部：《中国研发经费报告（2018）》，载知识分子网 http：//www.zhishifenzi.com/depth/depth/5360.html。

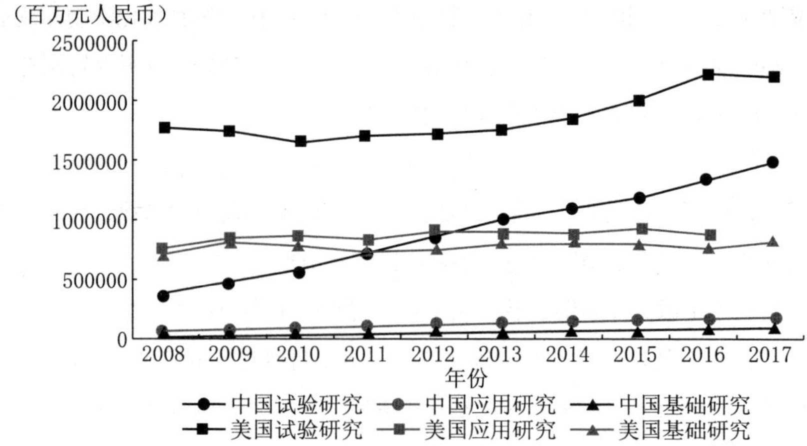

图 5.6 中国和美国研究与试验发展经费投入对比（2008—2017 年）

资料来源：根据经济合作与发展组织数据整理绘制。

5.4.3 中国制造业自主创新能力不足

由于缺乏对先进技术趋势的把握以及研发资金的缺乏等原因，制造业中占绝大多数的中小型民营制造企业虽有创新热情，但创新难度大、进程慢。相对而言，大中型企业虽然拥有创新能力，但创新动力不足，长期以来依赖进口，创新成果与企业实力不成正比。以智能制造最核心的芯片技术为例，中国占全球芯片消费的一半以上，但中国本土供应商只满足了国内 13% 的需求。[①]2018 年上半年中兴面临芯片禁售危机，业务几乎陷入停滞状态，给我国高科技电子行业敲响了警钟。从图 5.7 可见，中国的芯片进口一直远高于芯片出口，值得期待的是 2018 年的出口 / 进口比触底反弹，这在一定程度上说明了中国芯片产业正在快速成长起来。

此外，还有一些进口产品由于被列入禁售名单，国内市场只存在二等产品可供出售，还有些行业喜欢购买国际技术，甚至是别人淘汰的技术，如国产汽车发动机，一直“借鉴”国际企业经验，没有自己的创新性突破，与国际差距较大。而生产研发需要长时间的积累，如果技术攻关不针对技术前

① Choudhury S. R. 2018. “China will take a ‘long time’ to catch up to memory chip rivals, industry expert says”, https://www.cnbc.com/2018/08/30/china-will-take-time-to-catch-up-to-memory-chip-rivals-expert-says.html.

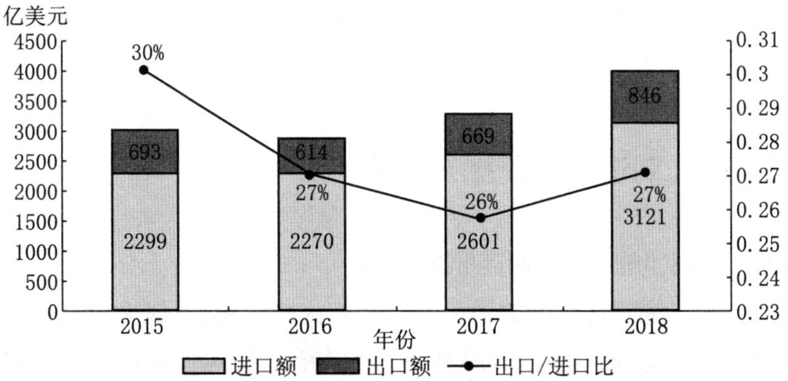

图 5.7　2015—2018 年中国芯片进出口金额及比例

资料来源：亿欧。

沿，而是亦步亦趋地学习外国成熟工艺和技术，很有可能我们的科研投入还未出成果就变成了落后的产能。

5.4.4　中国制造业创新体系不完善

近四十年间，我国建设了一大批制造业创新载体。这些创新载体在创新网络的不同位置，极大地推进了生产研发、技术扩散、商业应用和产业规模化，但彼此相对独立，创新力量比较分散，难以适应建设创新生态网络的趋势和要求，因而迫切需要建设创新生态体系：

（1）关键共性技术创新体系。各创新“孤岛”为了自身的生存和考核要求，无暇、更无力顾及共性技术研发；同时，基于不同的利益导向，高等院校、科研院所与企业的评价机制也不尽相同，导致各自创新活动与产业链上其他环节的匹配度和衔接度不高。此外，政府对于创新载体的管理也存在多头管理，导致重复投入、独立考核，尚未形成制造业协同创新网络。产业链所需的关键共性技术供给主体缺失，创新成果向产业化转化时出现脱节，难以形成合力攻破重大课题。

（2）产学研协同创新体系。高校在人才培养过程中，“校企对接”或“产学结合”并不到位，人才培养目标与企业的实际需求错位，导致在高端技术型人才和具有工匠精神的操作型人才方面都存在人才缺口。

（3）基于全产业链的创新生态系统。创新环境是创新体系中不可或缺的一部分。而我国制造业技术创新服务资源分散、创新服务水平有限。制造业的创新资金来源依旧有限，现有以银行为主体的金融体系远不能满足我国对创新资金的庞大需求。

5.5 中国制造业创新提升对策

5.5.1 以国家为推手优化制造业创新环境

从政策支持、法律法规完善、知识产权保护、制造业创新中心建设和推进、创新生态系统打造等方面优化制造业创新环境。建立有利于创新的生态环境，加强基础研究投入。由政府牵头整合创新资源，除了继续组织攻坚制造业领域重大课题外，还要明确各部门在产业链上的位置和职责，引导各创新主体之间的协作，加强核心技术攻关，推动重点领域创新发展，有序推进创新中心建设和应用。

5.5.2 以市场为导向构建差异化创新模式

制造业并不是传统意义上“制造之后进行销售”，而是“服务再制造”，即以生产为中心的价值链的构造。①由于资源禀赋、创新环境、行业特征、企业发展阶段不同，制造业创新需要采取差异化创新模式，无论采取哪种模式都应该以企业满足特定市场需求为导向，制定合适的创新战略。而建立在数据分析上的产品设计和生产能够更准确地瞄准目标市场，满足目标市场的个性化需求。因而无论研发创新、组织创新、系统创新，还是商业模式创新都应围绕这一核心，以需求为导向综合提升创新能力。通过个性化定制与柔性化制造实现消费与生产的精准化无缝对接。

5.5.3 以开放合作为前提加强自主创新能力

应对一些西方国家对我国关键技术和核心元部件的限制，必须加强自主创新能力，以开放化解封锁，以合作促进创新，积极主动地参与到全球创新网络中来。

从产业链的角度来看，创新正在由传统的企业内封闭性创新向面向全产业链的开放性生态创新演变，产业链上游的供应商、产业链下游的销售商，

---

① 英国政府科技办公室：《英国工业 2050 战略（The future of manufacturing：a new era of opportunity and challenge for the UK）》。

甚至市场终端，越来越深度参与到产品的创新过程之中。从国际化角度来看，企业整合全球创新资源的能力日趋重要，必须加快在国外创新聚集地建立研发基地和创新中心，充分利用国外的信息、人才和技术，促进新技术和新产品的研发；必须加快与国外校企强强联合，集中优势资源协同创新。①

同时，进一步强化企业对科技创新的推动作用，增强创新意识、增加研发投入、引进创新人才、建立健全人才机制，激发企业创新活力。然而，如今产业链极度细化，大规模需求让位个性化需求，规模经济和产业链垂直一体化的成本优势不复存在，创新型企业拥有完整生产链已经变成了一种负担。企业可以扮演创新系统集成者的角色，通过技术创新的外包，能够提高创新的反应速度和灵活性，降低创新风险，能够在资源不足的情况下提高创新能力。制造商将通过基于云的众包、虚拟现实和产品虚拟化，在新的和改进的产品设计方面与客户和消费者直接合作，能够提高产品成功率。②

5.5.4　以新型创新载体为依托共建协同创新生态系统

要完善国家制造业创新生态系统，需要明确创新链上各主体的责任，弥补缺失环节，优化体制机制。需要依托企业联合高校和研究院所，上下游产业协同创新，产业主体联合创新，共同构建全球制造业创新生态系统。在现有基础上加快开展新材料和共性关键技术的研究和产业化应用，增加对新一代信息技术的投入，加快我国智能制造的进程。

5.5.5　以智能制造为核心推动技术创新和商业模式创新的融合发展

智能制造不仅仅是单一技术和设备的应用，而是依靠技术创新和商业模式创新的深度融合，创造新的附加价值。理论研究和实践证明，科技创新已成为商业模式创新的重要推手，科技的潜在经济价值必须通过商业模式创新来实现。③ 以创新驱动制造业发展，通过颠覆商业模式能获取新的竞争优

① 陈鸿：习近平八天内两论自主创新与开放创新，载中国新闻网 http：//www.chinanews.com/gn/2016/04-28/7852481.shtml。韩亚品：在开放合作中加强自主创新能力，载中华网 http：//finance.china.com.cn/news/20180614/4667848.shtml。

② Industry Week Staff, Top 10 Predictions for Global Manufacturing in 2018：IDC，https：//www.industryweek.com/leadership/top-10-predictions-global-manufacturing-2018-idc.

③ Suddaby R. From the editors：What grounded theory is not［J］. Academy of Management Journal，2006，49（4）：633—642.

势，如数字化共享工厂、规模化定制、利用先进技术为客户提供更个性化的服务。

丨参考文献

[1] 程艳霞、梁天宝:《科技创新与商业模式创新融合影响因素研究——以湖北省装备制造业为例》,《企业战略》，2019年第2期。

[2] 郭燕青、李海铭:《科技金融投入对制造业创新效率影响的实证研究——基于中国省级面板数据》,《工业技术经济》，2019年第2期。

[3] 翟胜宝、王菡、陆正飞:《金融生态环境和企业创新能力——基于中国制造业的经验数据》,《经济与管理研究》2015年第7期。

[4] 武柏宇、彭本红、刘军、谷晓芬:《中国制造业科技创新能力的影响因素》,《中国科技论坛》，2016年第8期。

[5] 王海杰、宋姗姗:《互联网背景下制造业平台型企业商业模式创新研究——基于企业价值生态系统构建的视角》,《管理学刊》2019年第2期。

[6] 郑健壮、朱婷婷、郑雯好:《价值链曲线真的是"微笑曲线"吗？——基于7个制造业细分行业的实证研究》,《经济与管理研究》2018年第5期。

[7] 许晔、孟弘:《〈瓦森纳协议〉对我国高技术的出口限制》,《科技管理研究》2012年第24期。

[8] 中国人民大学经济改革与发展研究院、经济学院:《中国企业创新能力百千万排行榜（2017）》,《科技与金融》2017年第1期。

[9]《〈2017年全国专利实力状况报告〉发布》,《河南科技》2018年第15期。

[10] Suddaby R. From the editors: What grounded theory is not [J]. Academy of Management Journal, 2006, 49 (4): 633—642.

（本章主持及执笔：兰　澜）

第 6 章　以质量技术基础建设推动中国制造业高质量发展

本章提要：

制造业是国民经济的重要支撑，一个国家特别是一个大国只有拥有强大的制造业才具有强国的基础，而高质量则是制造业强大的重要标志，不仅体现了企业和产业的核心竞争力，还反映了国家的综合实力。“质量技术基础”的四个核心要素，即计量、标准、认证认可和检验检测对制造业高质量发展发挥重要的技术支撑作用。与发达国家或地区相比，我国制造业获得国际互认的计量能力相对薄弱，差距较大；标准的国际影响力和竞争力较弱，由我国参与和主导制定的具有国际影响力的国际标准不多，标准体系的国际认可度还不高；认证认可对我国制造业产品走出去支持不足，目前我国使用的认证制度源于欧美，我国制造业在认证认可方面的自主建设和引领能力不足；检验检测技术水平和服务能力也无法满足我国制造业国际化发展需求。因此，需要提高制造业计量科学研究的整体能力，为我国高质量地参与国际经济合作提供强大的计量技术支撑；通过提高制造业标准制定能力，加快推动我国标准“走出去”步伐，拓展中国制造业标准的应用范围；提升认证认可国际互认能力和对产品生产主体的甄别筛选能力，在推动中国企业走出去的同时，保证从国外进入我国市场产品的健康、安全和环保质量水平；提高检验检测设备的开发、设计和生产能力，增强我国检验检测技术满足制造业国际化发展的水平。通过提升计量、标准、认证认可和检验检测四个要素的国际话语权，为促进我国制造业高质量发展奠定坚实基础。

6.1 制造业质量技术基础基本框架

6.1.1 制造业质量技术基础

虽然我国制造业在发展过程中取得了突出的成就。然而，从制造业高质量发展角度来看，与德国、日本和美国等制造业强国相比，差距仍然较大（见表6.1）。我国制造业劳动生产率远落后于全球制造强国；制造业的研发投入和研发产出仍处于相对较低水平；制造业能源利用效率并未形成全球竞争优势，等等。这些都说明我国制造业质量与制造强国存在一定的差距。并且，随着经济全球化的发展和科技的日益进步，对制造业的需求变得越来越多样化，在技术、品牌和服务等方面的竞争日趋激烈，而高端制造、高质量制造是占据产业链、价值链、技术链高端的必备要素。而促进制造业高质量发展的关键在于夯实其“质量技术基础”，即通过计量（确保量值的准确性）、标准（确保量值的统一性）、认证认可（主要确保产品的符合性）和检验检测（减少质量信息不对称程度）等要素来保障制造业的高质量发展。计量促进制造业转型升级，能够支撑制造业产品全生命周期，应用在产品的研发、设计、生产、流通和使用等全过程。本身还被认为是科学技术的一个重要组成部分，可以达到保证最终产品的技术要求。标准是制造业升级的体现，可用来提高企业的生产水平，淘汰技术水平低、生产方式和生产工艺落后的产能和企业，还能支持制造业研发向更深程度、更高水平发展，从而推动制造业升级。随着国家各部门制定认证认可制度，引导制造业企业按照要求不断调整自身结构。企业产品质量提高后，就会对其关联企业提出更高要求，从而提高整个制造业水平，促进制造业升级。检验检测是保障制造业产品质量水平的重要保证和依据，是推动制造业升级的重要技术手段。

表 6.1　2017 年中国、美国、日本、德国和韩国的制造业发展主要指标比较

制造业发展主要指标	中国	美国	日本	德国	韩国
制造业劳动生产率（美元 / 人）	24711.56	141676.53	78895.00	90796.81	83847.76
制造业研发投入强度	1.98	2.58	3.36	3.05	3.67
单位制造业增加值的全球发明专利授权量（项 / 亿美元）	6.67	15.08	12.96	6.02	5.99
制造业单位能源利用效率（美元 / 千克石油当量）	5.99	8.83	11.97	12.56	7.89

资料来源：吕铁、刘丹：《制造业高质量发展：差距、问题与举措》，《学习与探索》2019 年第 1 期。

制造业高质量发展需要高水准制造业质量技术基础的引领，向全球价值链高端攀升过程中更需要其保驾护航。而制造业质量技术基础是响应制造业高水平发展要求，构建和执行计量、标准、认证认可和检验检测等所需的质量治理架构的统称，可以认为是国家质量基础在产业领域的具体应用，其作用在于为产业价值链各方提供计量、标准、认证认可和检验检测服务，并以此引领制造业向高质量发展迈进，并有效促进一国制造业更高效地融入全球价值链。

表 6.2　制造业质量技术基础的基本特征

	核心要素	技术属性	生产属性	贸易属性
制造业质量技术基础	计量	主要解决量值的准确性、一致性等问题	推动社会化大生产从经验走向科学	促使贸易达成的前提和基础
	标准	主要解决量值的一致性和兼容性问题	深化社会化大生产的分工与专业化程度	建立最佳贸易秩序的基本准则
	认证认可	主要解决产品或服务质量的符合性	提升社会化大生产组织的质量保障水平	推动贸易便利化的重要工具
	检验检测	主要解决活动主体质量保障能力的公允性	提升社会化大生产组织的质量保障水平	推动贸易便利化的重要工具

资料来源：制造质量强国战略研究课题组：《制造质量强国战略研究 · 基础卷》，中国质检出版社与中国标准出版社 2016 年版。

1．计量

计量是实现单位统一、量值传递的活动。它源于测量，但又比一般测量要严格，涉及整个测量领域，并按法律规定，对测量起着指导、监督和保证的作用。随着现代社会经济和科技的发展，计量的内涵、外延等已经发生了巨大的变化。不仅在传统的度量衡领域，而且已延伸到近代物理学的各个测量领域，如光、热、力、声和电等乃至现代量子学、化学、生物学等更广泛的领域。而且，不只是这些领域的一般测量活动，还增加了许多科技内容，如计量单位制的研究、测量设备的研究和测量技术与测量准确性理论的研究等。现代计量涉及人类医疗健康、安全、环境保护、资源利用、司法公正、产品质量、经济与社会有序发展等各个方面。总的来说，计量已经成为一门综合性基础学科，直接关系着经济社会发展的各个方面。

我国装备制造业中先进技术对外依赖度高，包括精密测量技术、智能控制技术、智能化嵌入式软件、机器视觉等技术，而这些都是国家重点发展的机器人产业、智能制造的基础。作为直接关联的传感器、仪器仪表和计量测试行业，更是未来的重点发展方向。计量科学家正在努力研究新的测量技术，使其能满足智能制造的高准确度需求。2015年，广东省计量院获批筹建“国家智能控制系统制造产业计量测试中心”，主要服务领域是智能控制系统制造产业和机器人产业，内容包括专用测量、测试装备，计量技术和计量测试项目能力与计量科技创新能力等。对于未来加强我国机器人产品质量监督、相关测量仪器的准确度，提升智能制造产业质量水平有重要的意义。

虽然现有的计量技术还不能满足智能制造中对准确度、测量效率、测量环境的复杂性以及在线测量的要求。国家已经通过各种科研项目的支持和政策的引导，积极鼓励计量更进一步地发挥其重要作用，政府也积极从顶层开始支持我国智能制造、计量科学的发展（见表6.3）。

表6.3　国家重点研发计划中关于智能制造、计量领域的研究方向

专项支持方向	支撑服务领域	成果形式
先进制造中关键参量的计量标准和溯源技术研究	先进制造	测量能力的提升
精密制造中的补偿和测量关键技术研究	微电子半导体、新能源及精密机械制造	测量能力的提升

资料来源：任孝平、杨帆、塔娜、何运飞：《计量科学在智能制造产业中的应用》，《计算机教育》2016年第10期。

2．标准

标准是科学、技术和实践经验的总结，是为了在一定的范围内获得最佳秩序，经协商一致制定并由公认机构批准，共同和重复使用的一种规范性文件。标准能够体现国家的技术基础和产业基础。从制造业高质量发展的角度来说，标准水平的高低反映了质量水平的高低，制造业高质量发展的一个重要标志就是能形成国际先进水平的技术标准，并能在一些重要领域引领国际标准的制定及全球范围内广泛运用。

三流企业做产品，二流企业做品牌，一流企业做标准。确立标准是企业取得成功的重要手段。例如英特尔确立了中央处理器标准、微软把持了操作系统的标准和苹果主导了手机应用标准等。通过制定标准，企业牢牢掌握国际市场竞争和价值分配的话语权。作为国际标准化组织的常任理事国，中国在国际标准制定中扮演着愈发重要的角色。高铁成为中国对外经济技术合作的“抢手货”，中国高铁技术和方案为世界带来发展红利。作为中国核电走出去的旗舰产品，“华龙一号”成熟而优秀的技术水平受到了全球关注，并已与英国、阿根廷、埃及、巴西等近 20 个国家达成了合作意向。随着产品和技术的输出，中国标准已逐渐成为世界标准。但目前，我国技术标准对制造业的发展支撑仍然不够，在关键技术指标上，与国外先进标准存在较大差距，国际标准化参与能力不足，由我国主持制定的国际标准数量偏少。

因此，需要加快关键技术标准研制和更新，促进技术和产品创新，形成一个引领世界发展的中国标准群，推动中国标准走出去，用中国标准走出去带动中国制造走出去，完善制造业标准体系，质量安全标准与国际标准加快接轨，使得制造业标准和质量的国际影响力和竞争力大幅提升，推动我国从制造大国向质量强国、制造强国转变。政府可以将标准与现有制造业政策结合，进而调整现有制造业，优化制造业发展路径，加快制造业升级。同时，制定和执行标准可以增强符合标准的产品的市场竞争力，淘汰不符合标准的产品，并且使用先进标准可以倒逼中国制造业升级。

3．认证认可

认证认可是一种综合性评定活动，运用系统管理、过程控制、卓越绩效等先进管理手段，对于提升质量管理水平发挥着基础性作用。我国主要的认证认可制度有：认证制度、认可制度、实验室和检查机构资质认定制度、进出口生产企业卫生注册备案制度和认证从业人员注册制度等。随着社会经济的发展，认证认可的应用越来越广泛。

机械工业是我国工业体系中规模最大、服务领域最广、技术难度最复杂、涵盖产业和从业人数最多的基础性、战略性产业，服务于航空、航天、铁路、船舶、军工等高端重大装备和国防工业的尖端装备，是实现制造强国、质量强国战略的基础。认证认可作为质量技术基础，在机械行业质量管理和转型升级中发挥着支撑引领作用。目前，机械行业已经建立了电工、汽车、轨道交通、机器人等产品认证制度。充分利用认证认可手段，加强全面质量管理，开展高端品质认证，推进机械行业质量建设。

认证认可可以提升制造业质量管理水平，增进制造业产品和服务满意度；消除制造业贸易技术壁垒，促进贸易便利发展；引导制造业转型升级，促进经济与资源环境可持续发展。并且，从国外发展经验来看，认证认可制度的设置是与发展阶段和国情特点相适应的，根据实际需要去变化，社会环境、法律环境不断调整，始终保持相适应。

4. 检验检测

检验检测是确保国民经济运行的重要技术支撑，是社会各界普遍依赖的质量技术基础。并且在维护质量安全、保障国计民生、加快技术创新、促进产业进步、推动经济转型升级等方面发挥着基础保障和支撑引领作用。到2018年为止，我国检验检测机构已有39472家，共出具检验检测报告4.28亿份，从业人数达到117.43万人，仪器设备资产原值突破3000亿元，并广泛应用于经济社会各个领域。①

中国作为世界制造业产值最大的国家，在加快发展高质量制造业的进程中，检验检测发挥着重要作用。借助检验检测手段，可以促进创新要素集聚和辐射，给产业发展带来技术外溢效应，提升创新驱动能力，通过为诸多有转型升级需要的企业提供研发阶段的检测服务，能够助力企业的转型升级。而我国的检验检测对产业转型升级支撑不足，缺少自主知识产权的核心检测

① 《市场监管总局发布2018年度检验检测服务业统计结果》，载中国政府网 http：//www.gov.cn/xinwen/2019-06/09/content_5398583.htm。

技术，尤其是在新兴领域。如在汽车领域，我国检验检测设备多为引进，自主配套能力较弱；智能制造领域，检验检测技术水平和服务能力无法满足产业国际化发展要求，与国际先进水平差距明显。

检验检测作为实现制造业高质量发展的关键技术手段。面对传统技术工艺的升级改造和各种新技术、新产品、新业态的研发创新不断加速，必须加快检验检测技术体系建设，破解制约制造业质量和效率提高的技术瓶颈和制度障碍。

6.1.2　制造业质量技术基础运作机理

1. 综合效应

制造业质量技术基础，是通过计量解决量的准确性问题，通过标准解决量的统一性问题，通过认证认可解决活动主体保障能力的公允性问题，通过检验检测解决产品的符合性问题，从而全面保障制造业产品质量，提升制造业核心竞争力，促进制造业转型升级和经济社会可持续发展。

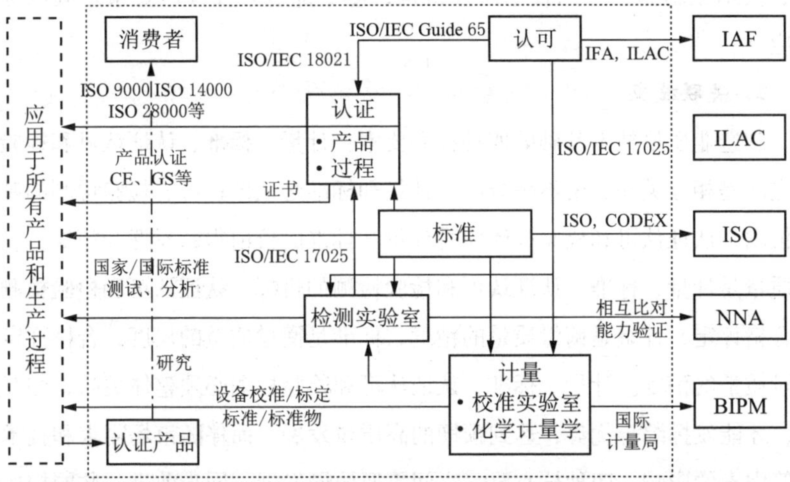

图 6.1　产业质量技术基础四个核心要素的综合效应

资料来源：制造质量强国战略研究课题组：《制造质量强国战略研究 · 基础卷》，中国质检出版社与中国标准出版社 2016 年版。

制造业质量技术基础对制造业高质量发展的支撑作用，不仅体现在四个核心要素对制造业的支撑作用，更体现在四个要素的综合效应产生的支撑作用。计量的直接表现为满足制作业产品质量要求所需的设备校准和标准物质支持，但需要通过认证认可制度对校准实验室等进行认可；标准的直接表现为技术标准对制造业产品的性能指标或特性的要求，但是否满足这些要求需要检验检测和计量技术的支持；认证认可的直接表现为对制造业产品质量、过程管理水平和可信性进行认证，但需要国际标准化组织等对认证单位进行认可；检验检测的直接表现为检测实验室对制造业产品性能进行测试、分析和研究，但需要国际标准化组织等标准对实验室检测能力进行认可，化学计量等为检测实验室提供计量技术支持。

已经有越来越多的国家由一个部门或机构组织来协调计量、标准、认证认可和检验检测工作，更有效发挥它们之间的综合效应。美国国家标准与技术研究院和德国国家物理技术研究院都兼具计量、标准、认证认可和检验检测的协调作用，并都提供涵盖计量、标准、认证认可和检验检测的全面的技术解决方案服务。美国国家标准与技术研究院通过对计量、标准、认证认可和检验检测不断强化和拓展，目前已经发展成集科技研发、计量与标准化、技术创新为一体的技术研发机构，能更加有效发挥四要素之间的综合效应。

2．关联效应

制造业质量技术基础的四种核心要素：计量、标准、认证认可和检验检测之间是相互关联、密不可分的。计量和标准是认证认可、检验检测的基础和依据，认证认可和检验检测使得计量和标准的价值得到发挥和拓展。制造业质量是计量、标准、认证认可和检验检测的目标。认证认可和检验检测构成合格评定，计量是衡量质量的精度，标准是衡量质量的尺度，合格评定是衡量质量的信度。计量、标准、认证认可和检验检测必须整体关联，相互配合，才能发挥综合优势，达到预期的高质量发展。而伴随市场需求和技术进步等因素的影响，四种核心要素之间需要协同发展、同步前进，共同构成制造业质量技术基础整体，才能共同推进制造业高质量发展。

不同主体对产业质量技术基础的视角不同，若将产业质量技术基础看成由计量、标准、认证认可和检验检测四个要素构成的模型，那么不同视角下体现的内容则反映了模型在不同视图的投影。这些投影之间存在关联与区别，共同构成产业质量技术基础的整体。

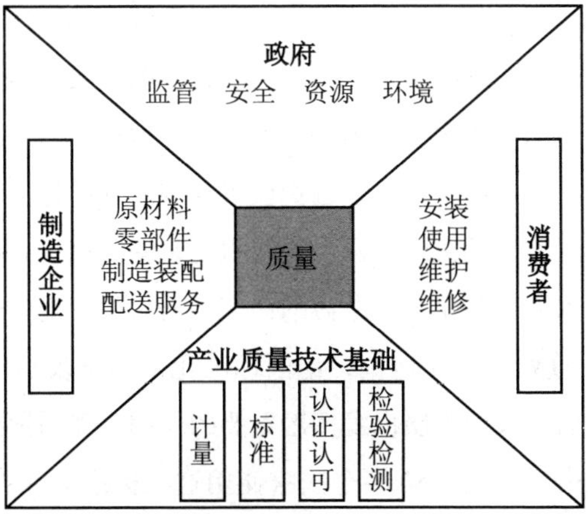

图 6.2　产业质量技术基础的不同视角

资料来源：制造质量强国战略研究课题组：《制造质量强国战略研究·基础卷》，中国质检出版社与中国标准出版社 2016 年版。

从图 6.2 来看，政府看重质量监管、安全、资源和环境，需要基础性和总体性的计量、标准、认证认可和检验检测的支撑；制造企业则看重原材料、零部件等不同产品形态的质量，以及制造装配、配送服务等不同过程阶段的质量，需要先进性和专业性的计量、标准、认证认可和检验检测的支撑；消费者更加注重产品的安装、使用和维护，需要公允性和针对性的计量、标准、认证认可和检验检测的支撑。

6.1.3　主要国际组织与机构

表 6.4　质量技术基础中的主要国际组织（机构）

质量技术基础	主要国际组织（机构）	主导国家
计　　量	国际米制公约组织、国际法制计量组织、国际计量测试联合会组织、国际标准物质信息数据库、亚太计量规划组织、亚太法制计量论坛	美国、德国、英国
标　　准	国际标准化组织、国际电工委员会和国际电信联盟	美国、德国、英国、法国、日本
认证认可	国际认证论坛、国际实验室认可合作组织	英国、美国
检验检测	国际检验机构联盟、瑞士 SGS（通用公证行）、法国 BV（必维国际检验集团）、德国 TÜV（莱茵与南德）、天祥集团、美国保险商试验室、英国劳氏船级社	英国、德国、瑞士、美国

资料来源：《制造质量强国战略研究·基础卷》，中国质检出版社与中国标准出版社 2016 年版。

在计量、标准、认证认可、检验检测方面都有相关的国际组织或机构，美国、德国、英国等在这些组织中高度活跃，占据重要的地位。在国际层面的计量组织上，美国、德国、英国一直处于领导地位。而美国在国际标准组织中发挥着重要的领导作用，并通过积极参与国际标准化活动，尽力将本国标准推向国际化，不论是在国际标准化组织还是国际电工委员会，美国在技术委员会及分技术委员会秘书处所占的比例都居世界前列。德国在国际和欧洲标准化领域一直处于领先地位，德国标准化协会不仅承担了大量委员会秘书处的工作，而且在管理层也发挥着重要的作用。英国标准协会每年发布的新标准多达2500多项，150多个国家使用这些标准，著名的ISO 9001质量管理体系标准、ISO 14001环境管理体系标准都源于英国国家标准。国际认证论坛（IAF）、国际实验室认可合作组织（ILAC）是全球两大认可组织，分别在认证机构认可、实验室认可领域建立多边互认协议，以此推动认证认可结果的国际互认。检验检测行业在欧洲国家、美国等均已形成了较为规范的检验检测市场，并形成了一批在国际上有影响力、有威望的检验检测机构，如瑞士SGS（通用公证行）、法国BV（必维国际检验集团）、德国TÜV（莱茵与南德）、天祥集团（Intertek）、美国保险商试验室（UL）、英国劳氏船级社（LR）等均是检测行业的翘楚。

我国尽管经过多年建设，初步建立了质量技术的体系，但与世界水平以及中国制造发展的需求还存在较大的差距。截至2018年上半年，中国在国际标准化组织及国际电工委员会两大国际标准组织中主导制定的国际标准达到452项，占比刚突破1%，而由发达国家主导制定的国际标准则高达95%左右。这就需要我国的优势产业在标准率先突破：如钢铁、物联网、高铁等领域推动领先产业加快中国标准“走出去”的步伐；新兴领域如人工智能、商用大飞机、卫星导航、新能源汽车等领域有竞争力的产业力争在国际标准的制定中形成突破。

发达国家之所以在质量体系中占据领先的地位，主要原因在于这些国家主导了质量体系标准国际组织，承担相应国际组织的秘书处工作，具备将地方标准、国家标准升级为国际标准的重要话语权。因此，我国也需要积极争取国际计量、标准、认证认可、检验检测组织落户中国，引导国外先进标准化技术组织参与中国标准化工作，推动中国优势产业质量体系的升级，提升中国制造业质量的国际竞争力。

6.2　中国制造业质量技术基础体系建设状况

2018 年，我国全年规模以上工业中，战略性新兴产业增加值比 2017 年增长 8.9%；高新技术制造业增加值增长 11.7%，占规模以上工业增加值的比重为 13.9%。装备制造业增加值增长 8.1%，占规模以上工业增加值的比重为 32.9%。① 如图 6.3 所示，2018 年，我国制造业知识密集型的医药、专用设

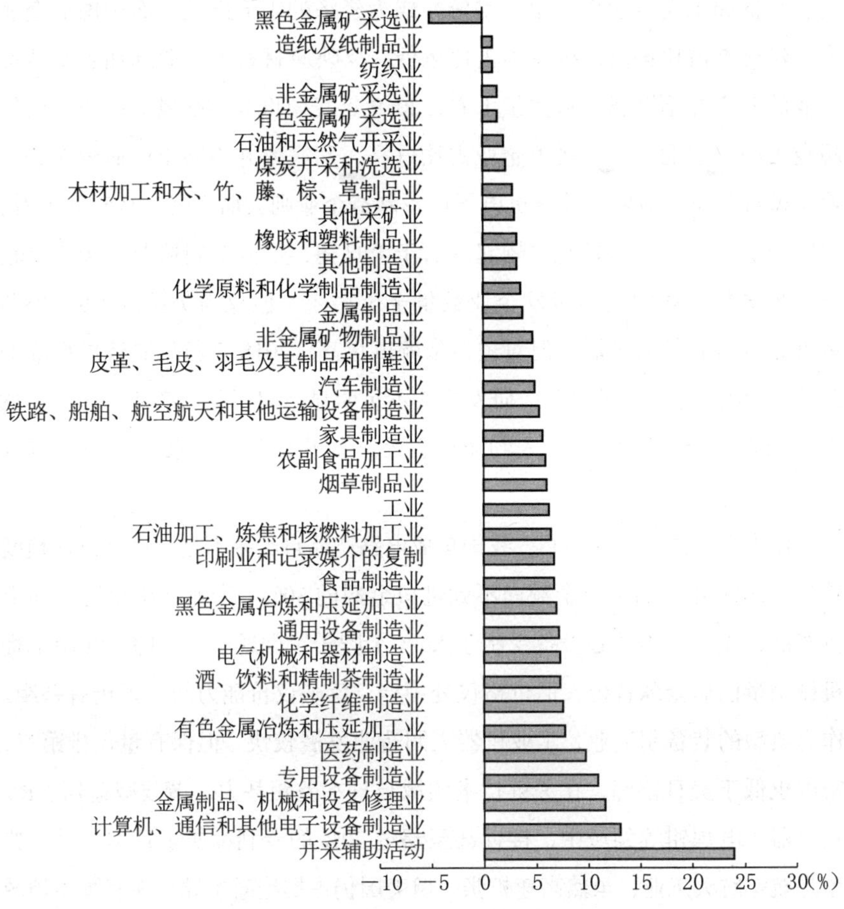

图 6.3　2018 年中国工业子行业增加值增速情况

① 国家统计局:《2018 年国民经济和社会发展统计公报》。

备制造业、计算机、通信和其他电子行业增加值增速领跑，增加值增速也都持续高于工业整体，而劳动密集型的纺织和资源密集型的石油天然气开采、煤炭开采和洗选业等增加值增速相对较低，低于工业整体水平。整体上看，我国的制造业高质量发展取得了一定的成绩。

但是与美国、日本、德国等制造强国相比，中国制造业仍有一定差距。从制造业占经济比重看，2018年中国制造业占国内生产总值比重达30%，相当于50年代初期的美国、80年代中期的日本。从制造业内部结构看，美国电子行业依靠资本市场融资，确立了领先地位；而日本原材料类、装备加工类行业依靠银行融资，成为经济的中流砥柱。而中国的金属类、建材类占比偏高，机械类占比偏低，反映原材料类行业到加工组装类行业的升级并不顺畅。从数量上看，2019年我国世界500强上榜企业已经超越美国，但能源、金属类企业占比过高，利润率并不突出。而汽车、工业机械行业略显薄弱，计算机电子设备制造企业则大而不强。从时间上看，我国制造业企业上榜较晚，崛起落后于美日德，仅汽车制造业起步相对较早。2018年，我国制药研发企业数量全球第二，但仅为美国的1/8。新药审批数量虽有较大进展，但对进口依赖度仍高。2018年药品监管局批准的51个新药中41款为进口药。研发投入不足明显阻碍了制药产业升级。2018年我国百强药企研发总投入约460亿元，尚不及美国一家领先药企研发支出。

作为半导体产品的核心，我国集成电路产品自给率不足，对进口依赖度较高，2018年产品出口金额尚不到进口金额的30%。产业结构也有待向上游拓展，光刻机等核心设备受制于人，“卡脖子”问题亟待消除。我国工程机械销量已居全球首位，但价格仅处中档，反映议价能力与美国仍有差距。作为典型的装备制造业，工业机器人制造业发展较快，但保有量仅排第三，密度也低于美日德韩，在关键技术领域与日本差距甚大，谐波减速器、RV减速器、电焊钳等领域中，接近甚至超过70%的专利都属于日本。另一典型是航空航天工业，虽然高速扩张，但美国仍占据绝对主导，现有军用领域和研发投入差距依然较大。

我国制造业技术创新能力与发达国家有较大差距，已经成为制约我国制造业国际竞争力提升的重大瓶颈。我国制造业部分基础技术、通用技术与高端装备仍处于起步发展阶段，大量关键零部件、关键材料、系统软件和高端装备等基本依赖进口，如光伏领域的高压电源、真空泵、真空计、高性能激光器，机器人领域的精密减速器、伺服电机及驱动器等，信息产业和船舶制造领域关键技术和系统的对外依存度高达 50% 以上。

6.2.1　计量发展现状

1950 年，我国设立度量衡处，逐步实现计量的发展，成立国家计量局，统筹引进计量基准器和计量测试仪；发布《关于统一计量制度的命令》，确定米制为中国基本计量制度；颁布《中华人民共和国计量管理条例（暂行）》，实现中国计量管理有法可依；加入《国际法制计量组织公约》，实现我国计量法制化等。可以发现，自 1985 年《计量法》颁布以来，我国计量基础能力得到快速提升。截至 2018 年年底，我国建立了 177 项国家计量基准、10 万余项社会公用计量标准、1 万余种国家标准物质组成的量传溯源体系。健全了以计量技术法规、计量技术机构、计量技术人员为主体的计量技术保障体系，为制造业提高企业产品质量奠定了技术基础。计量

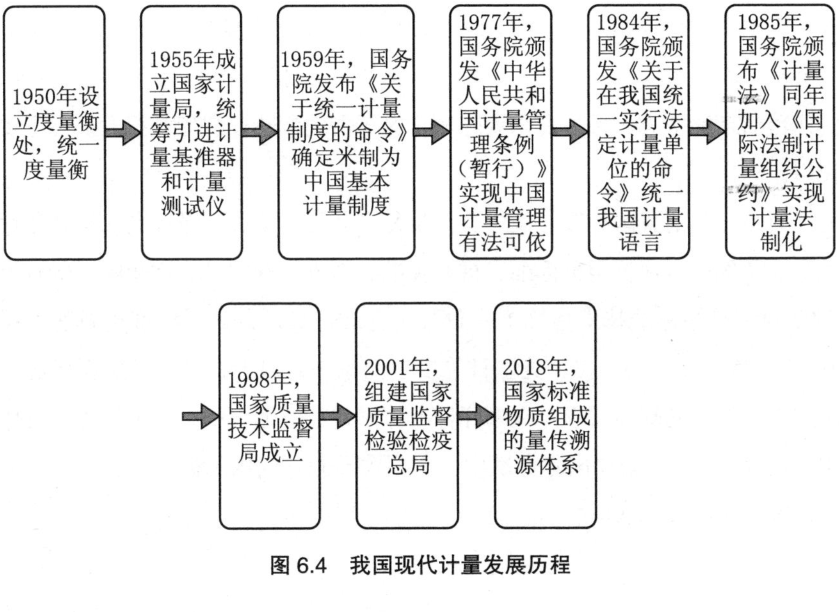

图 6.4　我国现代计量发展历程

领域的基础、前沿和共性研究方面取得了大量成果。取得国际公认的国家校准测量能力已上升到世界第四位。中国特色社会主义进入新时代，我们要把推动经济高质量发展，建设我国现代化经济体系，满足人民日益增长的美好生活需要作为奋斗目标。科技进步和工业转型升级逐渐加快，计量单位制量化系统的改革和测量值的扁平化趋势传输和可追溯性明显，新的测量技术和测量仪器已经出现，各领域对计量能力的需求一直在提高。但是，我国计量发展也存在一些亟须解决的问题。我国部分领域出现公用计量标准设施建设滞后，覆盖面不足，设备老化，计量技术能力不足等问题。

6.2.2 标准发展现状

截至 2018 年年底，中国已建立的国家标准多达 3.7 万项，覆盖了三次产业和社会公共事业的各个领域。某些领域的国家标准与国际标准的一致性水平达到了 80% 以上，其中，有 200 多项智能制造相关领域的国家标准。近年来中国标准化工作对国际标准化贡献越来越大，截至 2018 年 9 月，中国已经担任了 58 个国际标准化组织技术机构的主席和副主席的职务，承担了 78 个国际标准化组织技术机构的秘书处工作，这些成绩是“十二五”初期的两倍。中国牵头制定和发布的国际标准达 371 项，特别是国际标准化组织提交或批准的 200 多项国际标准项目，连续两年成为国际标准提案最多的国家之一。标准作为规范产品的市场准入门槛，在推动企业研发和创新、提升产品质量和性能、淘汰落后产能等方面发挥着重要作用，对于倒逼制造业转型升级发挥着重要作用。

但是，当前我国标准建设中交叉重复、矛盾、缺失、滞后老化等现象广泛存在。例如，现行国家标准、行业标准、地方标准中仅名称相同的就有近 2000 项，有些标准技术指标不一致甚至存在冲突。此外，标准更新速度缓慢，“标龄”高出德、美、英、日等发达国家一倍以上，难以适应新形势下制造业对标准的旺盛需求。在国际标准体系建设方面，中国仍未发挥应有作用，世界上 2.6 万余项国际标准中，中国主导制定的国际标准仅占 1%，“中国标准”在国际上认可度不高。

表 6.5　强制性国家标准、推荐性国家标准（截至 2019 年 11 月 16 日）[①]　　（单位：项）

强制性国家标准	现行	2091	强制性国家标准	近一年	90
	即将实施	66		近三年	226
	废止	2994		三年以上	4919
推荐性国家标准	现行	34664	推荐性国家标准	近一年	2194
	即将实施	1344		近三年	8257
	废止	5149		三年以上	32831

资料来源：国家标准化管理委员会官网。

表 6.6　强制性国家标准、推荐性国家标准行业分布情况　　（单位：项）

强制性国家标准		推荐性国家标准	
医药卫生技术	384	医药卫生技术	690
试验	24	试验	558
流体系统和通用件	61	流体系统和通用件	873
机械系统和通用件	5	机械系统和通用件	1249
机械制造	132	机械制造	2235
能源和热传导工程	285	能源和热传导工程	1150
电气工程	422	电气工程	2466
电子学	8	电子学	951
电信、音频和视频工程	65	电信、音频和视频工程	1169
信息技术、办公机械	34	信息技术、办公机械	2650
成像技术	7	成像技术	524
精密机械、珠宝	5	精密机械、珠宝	103
道路车辆工程	190	道路车辆工程	593
铁路工程	9	铁路工程	122
造船和海上构筑物	44	造船和海上构筑物	793

① 标准包括国家标准、行业标准、地方标准和团体标准、企业标准。国家标准分为强制性标准、推荐性标准，行业标准、地方标准是推荐性标准。推荐性国家标准、行业标准、地方标准、团体标准、企业标准的技术要求不得低于强制性国家标准的相关技术要求。由于官网上关于表格中的数据随时变动，官网公布的近一年、近三年、三年以上的时间区间无法确定，因此注明该数据于 2019 年 11 月 16 日从官网获得。

（续表）

强制性国家标准		推荐性国家标准	
航空器和航天器工程	4	航空器和航天器工程	203
材料储运设备	39	材料储运设备	623
货物的包装和调运	29	货物的包装和调运	349
纺织和皮革技术	21	纺织和皮革技术	1103
服装工业	6	服装工业	206
食品技术	573	食品技术	1534
化工技术	200	化工技术	2148
采矿和矿产品	35	采矿和矿产品	927
石油及相关技术	102	石油及相关技术	755
冶金	37	冶金	3153
木材技术	30	木材技术	322
玻璃和陶瓷工业	29	玻璃和陶瓷工业	401
橡胶和塑料工业	82	橡胶和塑料工业	1594
造纸技术	4	造纸技术	386
涂料和颜料工业	28	涂料和颜料工业	548
建筑材料和建筑物	134	建筑材料和建筑物	993
土木工程	17	土木工程	95
家用和商用设备、文娱、体育	224	家用和商用设备、文娱、体育	519

资料来源：国家标准化管理委员会官网。

从表6.5可以得出：强制性国家标准数量少于推荐性国家标准，而且随着经济的发展，一些标准也在与时俱进地改变，强制性国家标准和推荐性国家标准都有一定程度的废止，实施新的标准。表6.6反映的是强制性国家标准、推荐性国家标准行业分布情况。每个行业的推荐性国家标准仍是比强制性国家标准多，从中也可以看出医药卫生技术、能源和热传导工程、电气工程、食品技术、化工技术和家用和商用设备文娱体育六个行业的强制性国家标准数量较多，最多的是食品技术，可见国家对食品安全的重视；而机械系统和通用件、精密机械珠宝、航空器和航天器工程、服装工业和造纸技术五个行业强制性国家标准数量较少，特别是在航天器和航空器方面亟须设定其标准，加快推进其发展。在推荐性国家标准方面，机械制造、电气工程、信息技术办公机械、冶金、化工技术、机械系统和通用件、能源和热传导工程、电信音频和视频工程、纺织和皮革技术、食品技术和橡胶塑料工业 11 个行业的标准数量达到 1000 项，最多的行业是冶金；精密机械、珠宝，铁路工程和土木工程的推荐性国家标准也相对较少。精密机械、珠宝不管是强制性国家标准还是推荐性国家标准都相对较少，在国家强调制造业向高、精、尖方向发展的现阶段，制定国际领先的精密机械、珠宝国家标准变得至关重要。

表 6.7　已备案地方标准分布情况　　（单位：项）

地　区	数　量	地　区	数　量
北京	2082	河南省	1628
天津市	1386	湖北省	1443
河北省	1913	湖南省	1118
山西省	984	广东省	1984
内蒙古自治区	1368	广西壮族自治区	1646
辽宁省	2096	海南省	506
吉林省	1892	重庆市	928
黑龙江省	1337	四川省	2470
上海市	1133	贵州省	780
江苏省	3362	云南省	1908
浙江省	1340	西藏自治区	169
安徽省	1699	陕西省	891
福建省	1267	甘肃省	2266
江西省	1071	青海省	1384
山东省	3161	宁夏回族自治区	1378
		新疆维吾尔自治区	1888

资料来源：国家标准化管理委员会官网。

表 6.8 已备案的行业标准 （单位：项）

行 业	数 量	行 业	数 量
安全生产	442	民 政	118
包 装	108	能 源	2073
船 舶	2098	农 业	640
测 绘	177	轻 工	4700
城镇建设	726	汽 车	661
新闻出版	187	航 天	0
档 案	95	气 象	507
地 震	103	国内贸易	1394
电 力	2573	水 产	211
地质矿产	545	司 法	0
核工业	999	石油化工	1090
纺 织	1952	电 子	1786
公共安全	2865	水 利	829
供销合作	164	出入境检验检疫	6447
认证认可	136	税 务	1
广播电影电视	280	石油天然气	4183
航 空	0	铁路运输	2110
化 工	4400	土地管理	57
环境保护	93	体 育	15
海 关	58	物资管理	97
海 洋	189	文 化	91
机 械	17616	兵工民品	198
建 材	1406	外经贸	7
建筑工程	735	卫 生	812
金 融	274	文物保护	94
交 通	1321	稀 土	135
教 育	252	黑色冶金	1156
旅 游	77	烟 草	673
劳动和劳动安全	190	通 信	3385

（续表）

行　业	数　量	行　业	数　量
粮　食	313	有色金属	2158
林　业	2219	医　药	1669
民用航空	693	邮　政	209
煤　炭	1409	中医药	9

资料来源：国家标准化管理委员会官网。

表 6.7 和表 6.8 分别反映的是地方已备案标准分布和已备案行业标准分布情况。从表 6.7 可以看出，北京（2082 项）、辽宁省（2096 项）、江苏省（3362 项）、山东省（3161 项）、四川省（2470 项）和甘肃省（2266 项）这六省备案标准数量较多，尤其是江苏和山东这两省数量最多，达 3000 项以上。西藏、陕西和海南已备案标准较少，为了进一步加快制造业发展，这三省份需加大力度制定符合制造业发展的相关标准。从表 6.8 可以看出，机械（17616 项）、化工（4400 项）、石油天然气（4183 项）和轻工（4700 项）这四个行业已备案标准较多，这也符合我国是制造业大国的现实，其中机械已备案标准最多，达 17616 项。而航天、航空和中医药已备案标准较少。上文提到，2018 年，我国制药研发企业数量全球第二，但仅为美国的 1/8，所以我国要想在医药方面追赶美国，亟须制定符合其发展的标准。

表 6.9　重点工程标准状态

	制修订	计划下达日期	项目状态
半导体芯片产品 第 7 部分：数据交换的 XML 格式	制订	2016 年 3 月 16 日	已发布
半导体集成电路 电压调整器测试方法	修订	2016 年 3 月 16 日	已发布
半导体集成电路低电压差分信号电路测试方法	制订	2016 年 3 月 16 日	已发布
集成电路倒装焊试验方法	制订	2016 年 3 月 16 日	已发布
半导体芯片产品第 1 部分：采购和使用要求	制订	2016 年 3 月 16 日	已发布
半导体集成电路 模拟开关测试方法	修订	2016 年 3 月 16 日	已发布
半导体芯片产品 第 6 部分：热仿真要求	制订	2016 年 3 月 16 日	已发布

（续表）

	制修订	计划下达日期	项目状态
微波电路 噪声源测试方法	制订	2016 年 3 月 16 日	已发布
半导体芯片产品 第 4 部分：芯片使用者和供应商要求	制订	2016 年 3 月 16 日	已发布
半导体芯片产品 第 8 部分：数据交换的 EXPRESS 格式	制订	2016 年 3 月 16 日	已发布
半导体集成电路 电平转换器测试方法	制订	2016 年 3 月 16 日	已发布
串行 NOR 型快闪存储器接口规范	制订	2016 年 3 月 16 日	已发布
集成电路 存储器引出端排列	制订	2016 年 3 月 16 日	已发布
集成电路 焊柱阵列试验方法	制订	2016 年 3 月 16 日	已发布
微波电路 频率源测试方法	制订	2016 年 3 月 16 日	已发布
半导体芯片产品 第 2 部分：数据交换格式	制订	2016 年 3 月 16 日	已发布
半导体集成电路 快闪存储器测试方法	制订	2016 年 3 月 16 日	已发布
半导体芯片产品 第 5 部分：电学仿真要求	制订	2016 年 3 月 16 日	已发布
串行 NAND 型快闪存储器接口规范	制订	2016 年 3 月 16 日	已发布
半导体集成电路 第三代双倍数据速率同步动态随机存储器（DDR3 SDRAM）测试方法	制订	2016 年 3 月 16 日	已发布
非易失性存储器耐久和数据保持试验方法	制订	2016 年 3 月 16 日	已发布
半导体集成电路外形尺寸	修订	2016 年 3 月 16 日	正在批准
半导体芯片产品 第 3 部分：操作、包装和贮存指南	制订	2016 年 3 月 16 日	已发布
微波电路 压控振荡器测试方法	制订	2016 年 3 月 16 日	已发布
数字集成电路 输入 / 输出电气接口模型规范	制订	2016 年 3 月 16 日	已发布

资料来源：全国标准信息公共服务平台官网。

表 6.9 反映的是我国近期的重点工程标准情况，这 25 个重点工程绝大部分是关于半导体领域的标准。这也体现我国近年来重点发展半导体的决心。这为半导体的发展提供标准，推动了半导体发展。

6.2.3 认证认可机构发展现状

从表 6.10 可以看出，截至 2017 年年底，认证认可机构共 470 家，469 家认证机构中，规模以上认证机构共有 199 家。其中，企业类认证机构占全部认证认可机构总数的 94.04%，事业单位类认证机构占全部认证认可机构总数的 5.96%。规模以上认证机构 199 家，比 2016 年减少 1 家；规模以下认证机构增长迅速，由 2016 年的 186 家增至 2017 年的 270 家，较上年增长 45.16%。认可机构 1 家（即中国合格评定国家认可中心），占全部认证认可机构总数的 0.21%。中国合格评定国家认可中心成立于 2002 年，到 2017 年年底已成立 15 年。拥有从业人员 6235 人，占认证认可行业从业人员总数的 6.66%，从业人员数较上年相比减少 3.60%。其中管理人员共 206 人，占总人数的 3.30%；评审人员共 6029 人，占总人数的 96.70%。认可中心 2017 年度营业收入 2.29 亿元，研发经费支出 712.9 万元，较上年增长 69%，研发收入比为 3.11%。

表 6.10　2017 年认证认可机构情况　　（单位：家）

<table>
<tr><td>认证认可机构</td><td colspan="6">470</td></tr>
<tr><td rowspan="4">认证机构</td><td rowspan="4">469</td><td rowspan="2">企业类认证机构</td><td rowspan="2">442</td><td>规模以上</td><td>185</td></tr>
<tr><td>规模以下</td><td>257</td></tr>
<tr><td rowspan="2">事业单位类认证机构</td><td rowspan="2">270</td><td>规模以上</td><td>14</td></tr>
<tr><td>规模以下</td><td>13</td></tr>
<tr><td>认可机构</td><td>1</td><td>事业单位认可机构</td><td colspan="3">1</td></tr>
</table>

资料来源：国家市场监管总局、认监委：《2017 年度全国认证认可检验检测统计分析报告》。

表 6.11　2017 年认证机构数量前六位的地区　　（单位：家）

地　域	企业类认证机构	规模以上企业类认证机构	事业单位类认证机构	规模以上事业单位类认证机构
北京市	170	79	14	11
上海市	66	31	1	1
广东省	43	18	3	1
江苏省	23	7	1	0
山东省	17	6	0	0
辽宁省	12	2	0	0
四川省	12	4	0	0

资料来源：国家市场监管总局、认监委：《2017 年度全国认证认可检验检测统计分析报告》。

表6.11反映的是认证机构地区分布情况，2017年，认证机构数量排在前六位的省、自治区、直辖市依次为北京市（184家）、上海市（67家）、广东省（46家）、江苏省（24家）、山东省（17家）、辽宁省（12家）、四川省（12家），共占全国认证机构总量的73.13%。北京规模以上的认证机构数量最多，达90家；上海市位居其后，规模以上数量达32家，与北京差距较大。北京的规模以上认证机构数量占绝对主导。广东省规模以上认证机构数量达19家，与上海相差13家，差距也较大。其余地区规模以上认证机构数量都在10家以内，有11个地区规模以上认证机构数量只有1家。地区认证机构数量分布不均。企业类认证机构数量比事业单位类认证机构数量多，前者是后者的两倍多，表明认证机构市场化比较明显，有利于制造业发展，生产符合市场需求的产品。

表6.12　2017年认证机构营业收入超1亿元的地域　（单位：亿元）

地　域	企业类认证机构	事业单位类认证机构	合　计
北京市	86.14	41.84	127.98
上海市	42.41	2.69	45.10
广东省	30.35	1.20	31.55
江苏省	23.73	0	23.73
浙江省	5.54	0	5.54
山东省	2.79	0	2.79
河南省	1.91	0.84	2.75
天津市	1.65	0	1.65
广西壮族自治区	1.33	0	1.33
四川省	1.17	0	1.17
辽宁省	1.11	0	1.11
福建省	1.04	0	1.04
云南省	1.03	0	1.03
31个省份合计	206.16	46.60	252.76

资料来源：国家市场监管总局、认监委：《2017年度中国认证认可检验检测统计分析报告》。

2017 年，全国认证机构按所在地所属省份划分，各省份营业收入汇总如表 6.12 所示。营业收入超 1 亿的省份为：北京市、上海市、广东省、江苏省、浙江省、山东省、河南省、天津市、广西壮族自治区、四川省、辽宁省、福建省和云南省。十三个省份的认证业务营业收入占全国认证机构营业收入的 97.63%，说明认证机构收入地域性高度集中。

表 6.13　主要认证业务证书情况　（单位：张）

主要认证业务	有效证书	新颁发证书
质量管理体系认证	489126	136772
环境管理体系认证	178944	55291
职业健康安全管理体系认证	137398	45699
强制性产品认证	601384	132763
国家推行的服务认证	101	21
一般服务认证	4966	3665

资料来源：国家市场监管总局、认监委：《2017 年度中国认证认可检验检测统计分析报告》。

表 6.14　质量管理体系认证获证企业数量　（单位：家）

规　模	大型企业（占比）	中型企业（占比）	小微型企业（占比）	总计（占比）
制造业	6495（2.40%）	60108（22.23%）	203736（75.36%）	270339（63.22%）
服务业	2360（2.20%）	28717（26.76%）	76234（71.04%）	107311（25.10%）
其他行业	1466（2.93%）	16566（33.16%）	31928（63.91%）	49960（11.68%）
总　计	10321（2.41%）	105391（24.65%）	311898（72.94%）	427610（100%）

资料来源：国家市场监管总局、认监委：《2017 年度中国认证认可检验检测统计分析报告》。

从表 6.13 可以看出，截至 2017 年年底，全国共颁发有效认证证书 1753333 张，2017 年获证组织数共 587554 家，新颁发证书共 448689 张，监督审核 394161 次。从表 6.14 可以看出，在所有质量管理体系获证组织中，制造业获证组织占比最高，已达六成以上；服务业次之，占比约为四分之一；其他行业合计共占比约 11%。

表 6.15 2017 年度认证机构业务开展状况 （单位：张）

	A 类①	B 类②	C 类③
有效证书数量（张）	854915	893351	5067
获证组织数（家）	485812	140250	4596
新颁发证书数量（张）	254885	190118	3686
监督审核次数（次）	343541	49996	624
暂停证书数量（张）	63557	27791	30
撤销证书数量（张）	117520	31166	163
注销证书数量（张）	79	33353	0

资料来源：国家市场监管总局、认监委：《2017 年度中国认证认可检验检测统计分析报告》。

从不同业务类型看，A 类即管理体系认证截至 2017 年年底有效证书 854915 张、获证组织数 485812 家、新颁发证书 254885 张、监督审核 343541 次。B 类即产品认证有效证书 893351 张、获证组织数 140250 家、新颁发证书 190118 张、监督审核 49996 次。C 类即服务认证有效证书 5067 张、获证组织数 4596 家、新颁发证书 3686 张、监督审核次数 624 次。

通过数据分析，A、B、C 三类中，B 类即产品认证有效证书数量处于领先水平，B 类有效证书数量占 A、B、C 类有效证书总量的 50.95%。A 类即管理体系认证在获证组织数、新颁发证书数量、监督审核次数方面处于领先地位，其中 A 类获证组织数占 A、B、C 类获证组织总数的 82.68%，远超 B、C 类获证组织数量；A 类新颁发证书数量占 A、B、C 类新颁发证书总数的 56.81%；监督审核次数占 A、B、C 类总监督审核次数的 87.16%，远超 B、C 类监督审核次数。C 类即服务认证的有效证书仅占所有有效证书数量的 0.29%，获证组织数量占获证组织总数的 0.78%，新颁发证书数量占新颁发证书总量的 0.86%，处于较低水平。

截至 2017 年年底，全国认证机构中通过中国合格评定国家认可委员会认

① A 类代表体系认证。
② B 类代表产品认证。
③ C 类代表服务认证。

表 6.16　2017 年认证机构认可情况　　（单位：家）

	CNAS[①] 及境外均无认可	CNAS 及境外均认可	仅 CNAS 认可	仅境外认可
企业类认证机构	185	65	171	21
事业单位类认证机构	13	2	12	0
总　计	198	67	183	21

资料来源：国家市场监管总局、认监委:《2017 年度中国认证认可检验检测统计分析报告》。

表 6.17　2017 年研发经费支出情况

	研发经费支出（亿元）	营业收入（亿元）	研发收入比
企业类认证机构	4.65	206.16	2.26
事业单位类认证机构	0.38	46.60	0.82
总　计	5.03	252.76	1.99

资料来源：国家市场监管总局、认监委:《2017 年度中国认证认可检验检测统计分析报告》。

可的有 250 家，占全国认证机构总数的 53.30%，其中企业类认证机构 236 家，事业单位类认证机构 14 家。全国认证机构中通过境外认可机构认可的有 88 家，占全国认证机构总数的 18.76%，其中企业类认证机构 86 家，事业单位类认证机构 2 家。我国未被认可的认证机构数量还较多，需加强重视。2017 年企业类认证机构的经费支出达 4.65 亿元，营业收入达 206.16 亿元，研发收入比达 2.26；事业单位类认证机构用于研发经费的支出相比企业类认证机构较少，只有 0.38 亿元，其营业收入也相对较少，研发收入比只有 0.82。

6.2.4　检验检测发展现状

我国质量检验检测行业是在政府逐步放松管制的基础上逐步发展起来的。其发展过程与政府相应的行业政策密切相关。1989 年以前，中国的政策限制了国家质检机构对相关产品的质量检验。1989 年以后，政策逐步放开，质检行业民营企业开始发展。近十年来，我国民营检验机构数量增长迅速，行业集中度较低。随着质量检验标准的不断提高，许多行业企业面临淘汰。

① CNAS 为中国合格评定国家认可委员会。

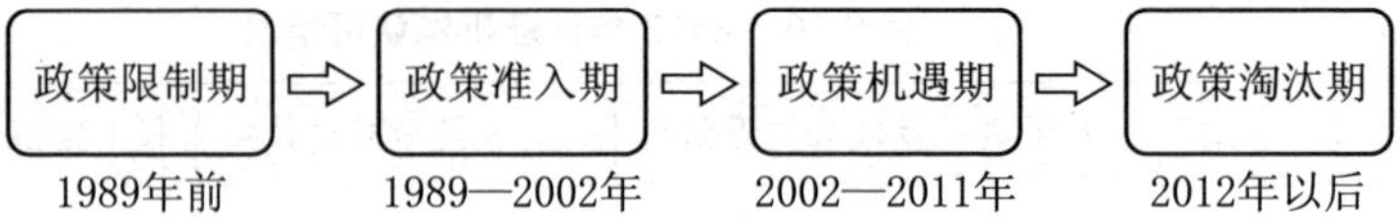

图 6.5　我国质量检验检测行业发展历程

表 6.18　不同成立年限检验检测机构数量情况　　（单位：家）

	企业类	事业单位类	其他	机构总数
2018 年成立	2638	−445	953	3146
2017 年成立	1056	123	300	1479
2 年到 5 年（2013—2016 年）	7354	853	305	8512
6 年到 10 年（2008—2012 年）	5849	1092	254	7195
11 年到 20 年（1998—2007 年）	6856	3775	533	11164
21 年到 30 年（1988—1997 年）	1536	1665	63	3264
31 年及以上（1987 年）	711	3861	141	4713
合　计	26000	10924	2548	39472

资料来源：国家市场监管总局、认监委：《2017 年度中国认证认可检验检测统计分析报告》。国家市场监管总局：《2018 年度检验检测统计简报》。

2018 年，全国各类检验检测机构 39472 家，其中企业制检验检测机构 26000 家，占比达 65.87%；事业单位 10924 家，占比达 27.68%。事业单位制检验检测机构在机构总数中的比重首次下降到 30% 以下；其他各类结构 2548 家，占比达 6.45%。年限为 6 年到 20 年的检验检测机构数量较多，企业类检验检测机构数量也相对较多。

2018 年，检验检测机构数量排在前十位的省份依次为广东（3060 家）、山东（2944 家）、河南（2248 家）、江苏（2221 家）、河北（2059 家）、浙江（1989 家）、四川（1885 家）、辽宁（1652 家）、湖北（1472 家）和湖南（1446 家）。以上 10 个省份的检验检测机构数量占全国总量的 53.14%。

从区域来看，2018 年国内六大区域检验检测机构规模比重分别为：华东 29.52%，华北 14.96%，中南 24.41%，西南 12.78%，东北 9.68%，西北 8.64%。其中：华东、华北、中南三大区域占到全国检验检测机构总量的 68.89%，同比 2017 年下降 0.23 个百分点。华北地区比重同比 2017 年下降 0.38 个百分点，中南地区比重同比 2017 年上升 0.31 个百分点，东北地区比重同比 2017 年上升 0.24 个百分点，西北地区比重同比 2017 年下降 0.01 个百分点。检验检测机构分布呈现南多北少的现象。

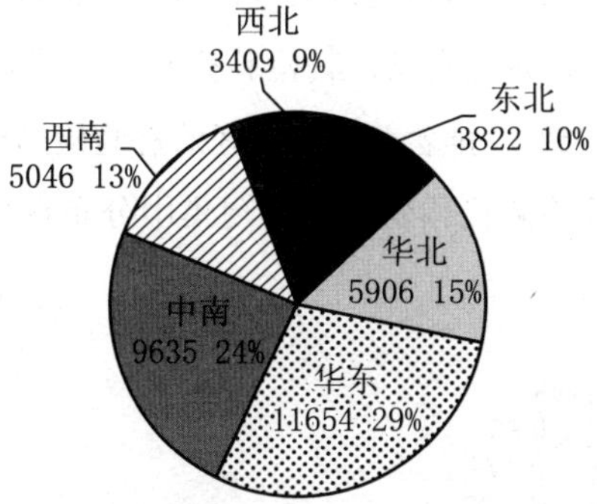

图 6.6[①]　2018 年全国检验检测机构区域分布[②]（单位：家）

表 6.19　2018 年检验检测机构营收排名前十位的地区情况

序　号	地　区	营收总额（亿元）	权　重
0	全国	2810.5	100%
1	广东省	411.74	14.65%
2	北京市	266.96	9.50%
3	江苏省	244.77	8.71%
4	上海市	227.82	8.11%
5	浙江省	197.92	7.04%
6	山东省	140.4	5.00%
7	四川省	110.64	3.94%
8	湖北省	104.46	3.72%
9	河南省	90.5	3.22%
10	安徽省	88.55	3.15%
11	前十位地区合计	1883.76	67.04%

资料来源：国家市场监管总局：《2018 年度全国检验检测统计简报》。

① 国家市场监管总局：《2018 年度全国检验检测统计简报》。

② 华东地区：上海、江苏、浙江、安徽、福建、江西、山东；华北地区：北京、天津、河北、山西、内蒙古；中南地区：河南、湖北、湖南、广东、广西、海南；西南地区：重庆、四川、贵州、云南、西藏；东北地区：辽宁、吉林、黑龙江；西北地区：陕西、甘肃、青海、宁夏、新疆。

广东省不仅检验检测机构数量最多，其检验检测机构的营收总额也是最多，达411.74亿元，占全国检验检测机构营收总额的14.65%，比重较大。位居其后的是北京市，其检验检测机构营收达到266.96亿元，与广东省有一定的差距。位于第十名的是安徽，其检验检测机构营收总额为88.55亿元，占全国的营收总额3.15%。排名前十位地区的检验检测机构营收总额占全国比重达67.04%。检验检测机构营收也呈现集中分布在少数地区，地区间营收不均衡。

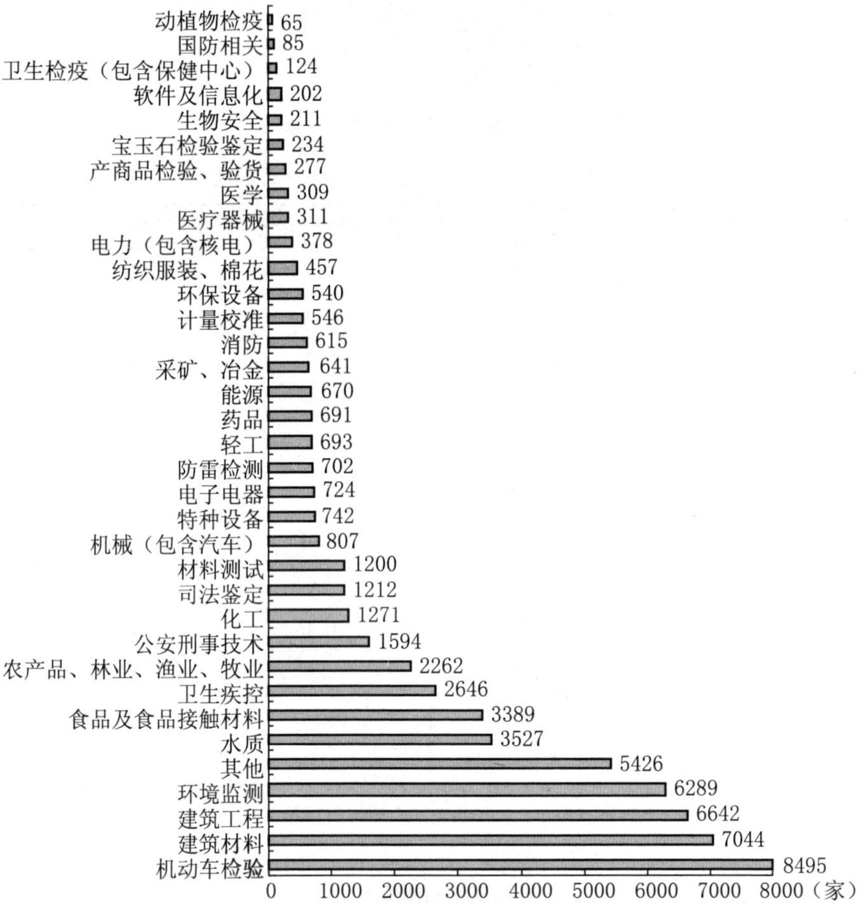

图6.7 2018年按专业领域划分的检验检测机构数量分布情况[①]

① 引自《2018年度全国检验检测统计简报》。

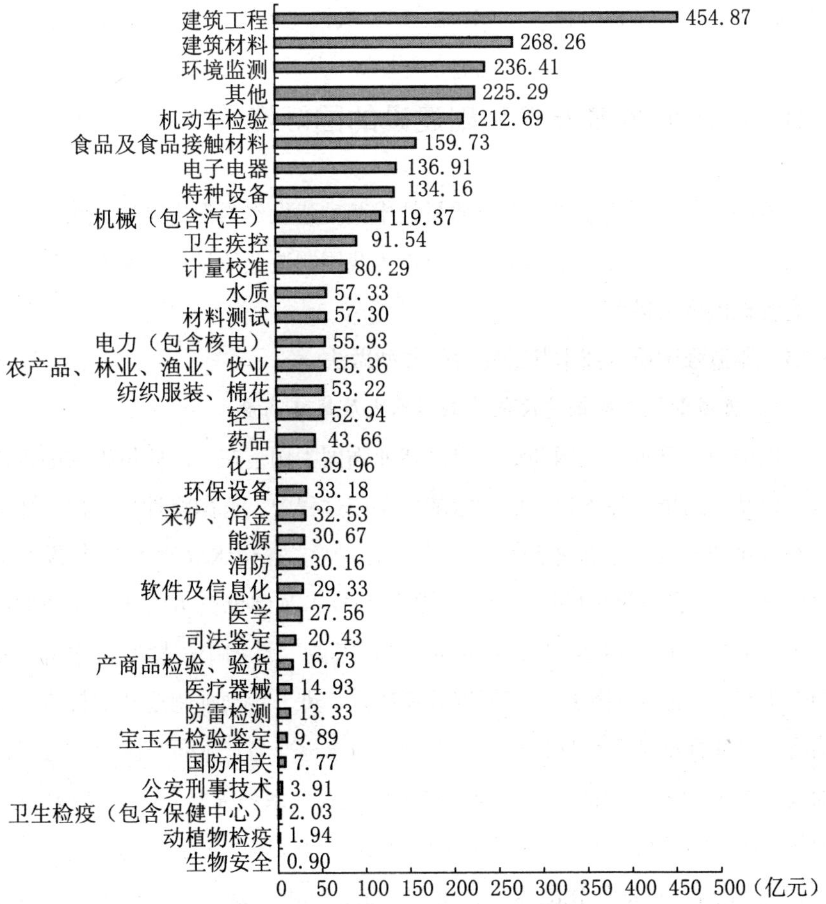

图 6.8　2018 年按专业领域划分的检验检测机构营收情况 ①

从检验检测专业领域来看，2018 年，机构数量排在前列的检验检测领域为：机动车检验（8495 家）、建筑材料（7044 家）、建筑工程（6642 家）、环境监测（6289 家）、其他（5426 家）、水质（3527 家）、食品及食品接触材料（3389 家）、卫生疾控（2646 家）、农林渔牧业（2262 家）。

营收在 100 亿元以上的检验检测领域为：建筑工程（454.87 亿元）、建筑材料（268.26 亿元）、环境监测（236.41 亿元）、其他（225.29 亿元）、机动车检验（212.69 亿元）、食品及食品接触材料（159.73 亿元）、电子电器

① 引自《2018 年度全国检验检测统计简报》。

（136.91 亿元）、特种设备（134.16 亿元）、机械（包含汽车）（119.37 亿元）。

6.3 制造业质量技术基础建设的国际经验

放眼国际，制造业强国都将质量技术基础建设作为促进制造升级的重要方式。通过总结先发国家的经验，可以为我国制造业质量技术基础建设和不断完善提供可资借鉴。

6.3.1 制造强国质量技术基础建设的典型做法

1．将质量技术基础建设提升到国家发展战略高度

以德国、日本、美国和英国等制造业强国为例，在“以质量推动品牌建设、以品牌助推产品出口”的国家战略实施过程中，德国将计量、标准作为核心技术要素支撑高技术战略以及“工业 4.0”。在德国政府 2014 年发布的“德国创新”这一新高科技战略中，质量和技术基础也被明确视作经济发展的重要支柱。在日本 2012 年制定的“知的基盘”计划中，标准化战略由首相牵头制定，战略还被纳入了国家政策体系，进一步助推制造基础打造。美国将计量和标准纳入全球战略，并对美国国家标准与技术研究院等相关机构加大了投入力度，助推国家标准与技术研究院一系列提升制造业品牌打造、创新等能力的项目落地，对美国的产业创新形成战略性支撑。2008 年，英国“高价值制造”再工业化战略中，也对计量、标准、认证认可等质量技术基础构成提供了发展支撑。

2．为质量技术基础建设提供完善的法律保障

许多制造业强国都将法律法规作为推动质量技术基础体系建设的重要保障，专门制定了计量法、标准法等法律法规，并且十分注重相关法律法规的不断完善。计量和标准早在 1987 年就被美国颁布的《质量促进法》纳入了国家全球战略。美国后续又颁布了《美国贸易协定法》《国家技术转让和促进法》《消费品安全法》等一系列法律法规以规范和保障质量技术基础建设。德国制定了完善的《计量法》《设备安全法》《产品安全法》《食品安全法》等法律法规。日本也颁布了《计量法》《工业标准化法》《消费品安全法》《电器用品安全法》等一系列质量相关法律法规。韩国出台的一系列法律法规，包括

《计量法》《国家标准法》《电器及家用产品安全管理法》等。

3．积极推动质量技术基础的国际化发展

美国、德国、英国等制造业强国在质量技术基础建设过程中，积极参与国际合作，推动本土质量技术基础国际化，帮助它们在计量、标准、认证认可、检验检测四个领域相关的国际组织或机构中都占据了重要的地位。在计量领域，这些国家秉承着为世界范围内客户提供相同标准计量服务的准则，从基础计量技术研究环节开始，就十分注重计量准则的国际通用性。在标准领域，这些国家也掌握着近乎绝对的话语权。它们一方面积极参与国际标准化组织，保持高度活跃性，积极推动国内标准和国际标准相接轨、融合；另一方面主动出击在新标准制定时就将国内标准定位国际水平，直接推动国内标准国际化。在认证认可领域，依托国际认证论坛（IAF）和国际实验室认可合作组织（ILAC）两大认可组织，参与签署国际多边互认协议，推动认证认可结果的国际互认。检验检测行业发展上，瑞士通用公证行和法国必维国际检验集团等国际领先检验检测机构，通过兼并收购世界各国本土检验检测行业内企业翘楚来不断扩展自己的国际市场版图。

4．重视质量教育

各制造业强国十分注重从观念上根植国民质量意识，而开展深入的质量教育成为培养和深化这种意识的普遍手段。为提高全民的标准化意识，美国将标准化和质量合格评定等相关内容纳入大学课程。美国国家标准学会（ANSI）还设立专门的研究和教育基金以资助举办国家和国际标准为主题的研讨会，开展标准化教育培训活动等。韩国将标准化教育作为大学的基础课程，相关教材由政府部门编写并免费提供，每年为每个大学生提供平均 40 小时的标准化教育；同时，政府也持续投入资金开展对企业的各类标准化教育和培训。

5．构筑了质量技术基础“一站式服务”体系

美国在构建和提升国家质量技术基础过程中，打造了以“制造业拓展伙伴计划”领头，多方组织机构合作，政策措施保障，专项资金支持，科学模式运行“五位一体”的“一站式服务”体系。制造业拓展伙伴计划（MEP）的前身为美国国家标准与技术研究院于 1989 年首次开展的制造业技术项目。

拓展至今，该计划通过提供质量技术基础的一站式服务，提升美国制造质量，提高美国工业企业的核心竞争力。在制造业拓展伙伴计划牵头带动下，形成了 NIST MEP、合作伙伴和区域办事处三方密切配合的组织架构。其中，NIST MEP 负责计划的组织和实施，并从国家视角对工业发展和 MEP 计划实施提供规划指导和实时建议。合作伙伴分为国家合作伙伴包括国家部委等，州政府合作伙伴和地方合作伙伴包括各类行业协会等三类，负责和美国国家标准与技术研究院合作联动，建设各地的制造拓展中心。区域办事处包括制造拓展中心及其下设的服务点，这些服务点一般是专业的技术 / 管理机构，通过与制造拓展中心签订协议的方式形成合作关系，为地方制造业企业质量技术基础建设提供直接援助。在顶层设计引领和多方机构合作支撑的基础上，美国还出台了《综合贸易与竞争法》《技术再投资计划》《重振美国制造业框架》《制造业促进法》等，为制造业质量基础建设提供全方位的政策保障。如果说架构支撑和政策保障是美国制造业质量技术基础“一站式服务”体系的“骨”，那专项基金、因地制宜的管理模式、高素质服务人才等就是该体系的“血和肉”。联邦政府为制造业拓展伙伴计划项目提供了稳定和充足有效资金供给，使美国能游刃有余地为企业提供优质的质量技术基础服

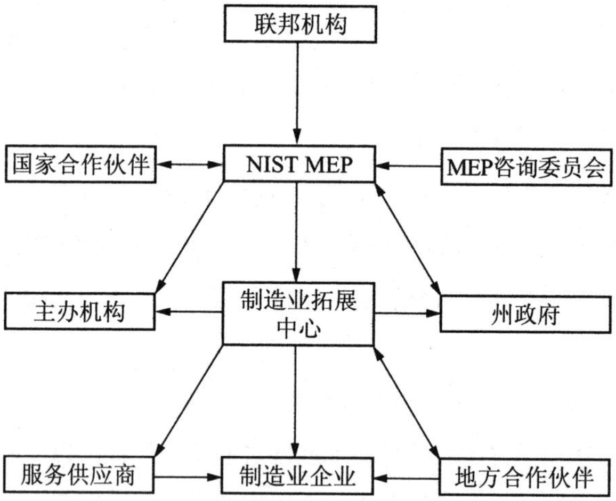

图 6.9 “制造业拓展伙伴计划”多方合作模式

资料来源：冯蕾、黄菊秀、刘红喜：《美国质量技术基础一站式服务实践及其对我国的启示》,《标准科学》2017 年第 7 期。

务。灵活科学的管理模式和高素质的人才队伍则保证了美国能够为企业提供更具针对性的质量技术基础服务。这种多维立体的“一站式”服务体系强有力地推动了美国质量技术基础体系建设。

6.3.2　制造强国质量技术基础体系建设的案例分析

案例一　日本企业的质量文化

20 世纪 40—60 年代是日本全面质量管理体系萌芽与发展的关键时期。20 年间，日本经历了全面质量管理理念的萌芽，全面质量管理理念的系统化，从法律和制度层面规范质量管理，形成以质量为中心的企业经营活动框架，全面质量管理理念面对国际化竞争环境进一步在企业内得到渗透等过程，质量文化逐渐被根植在日本企业内部。“日本制造”的成功很大程度上得益于日本微观企业个体在质量体系建设和不断完善中发挥的重要作用。

第一，日本企业内部形成了质量经营意识。日式质量经营中，企业对质量标准、质量效果、质量管控与质量波动等问题高度重视。企业在制定质量标准时以消费者需求为准绳，质量效果实现上明确质量效果对供给者而言并不是直接的，只有真正满足消费者需求，质量效果才能转化为企业收益。对质量的管控，日本企业一方面重视所有生产经营环节，调动全体工作人员对质量进行管控，另一方面还十分注重对短板和薄弱环节的重点保障。日本企业还十分重视批量生产产品质量的均一性，一方面用统计的质量管理方法尽量保证均一性，另一方面面对意外的质量问题，除了处理问题产品外，日本企业注重从根源上寻找并消除问题原因。均一性也并不意味着只能服务于单一消费者，日本企业对均一性的把握除硬性质量上的一致性外，在制定均一标准时还会考虑不同消费者的个性化需求，使个性化和均一性达到有机融合。

第二，质量文化包含了“消费者第一”、“危机意识”等丰富内涵。日本企业将“消费者第一”作为信念和责任，对消费者的需求细微关注，投诉高度重视，构建“下道工序是顾客”理念。产业链中，上游厂商对下游厂商的需求也进行充分的理解和配合。日本企业还有一种内化的危机意识，在危机意识的指引下，日本企业具有“不满足现状”、“勇于挑战”、“目标必达”等精神。员工的责任心、服从性和忍耐力得到强化，并具有强烈的自我激励。“消费者第一”、“危机意识”等是对企业质量意识及科学管理的有益助力，但这种企业文化的形成并不是一蹴而就的。质量文化氛围的构建依赖于对企业精神教育的高度重视，包括不断开展多种形式活动强化企业精神，领导者进行引领和表率等。

第三，日本企业注重持续有组织地开展质量改进活动。问题意识是质量改进的起点，日本企业在经营活动中十分重视对问题意识的强化。在问题意识的基础上，制定质量改进方案时，日本企业对问题的分析和判断建立在事实依据上，强调找准问题、多次生产现场勘查、明确改进方向后再行动。正式开展质量改进活动时，和欧美“断崖式跳跃”改进活动不同，日本的质量改进活动具有“重点改进和小改进相结合”、“渐进改进”、“累进跳跃”等特征。日本企业在质量改进活动中还十分重视速度、与日常基础相结合、多方合作等细节。为提高改进效率，日本企业内部采取责任分包认定、两日改进时限等制度。在资源分配上，日本企业采用改进与日常基础相结合的方式，以日常质量基础为主，改进活动为辅，采取改进活动和日常基础资源上的二八分配原则。通过多方合作，调动了企业内部各部门、QC活动小组、课题改进组等多方力量，共同参与到改进活动中。

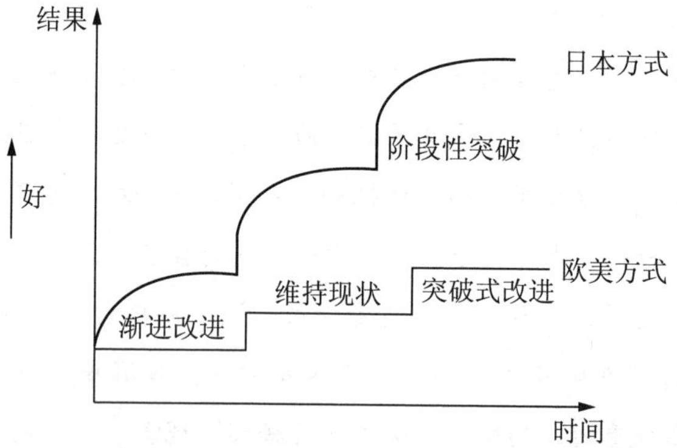

图6.10 质量改进活动日本和欧美国家的情况对比

资料来源：马林：《日本的质量经营》，中国经济出版社2009年版。

案例二　日本工业标准委员会（JISC）

1. 日本工业标准委员会概况

日本工业标准委员会（JISC）是日本的国家标准化机构，在制定日本标准方面发挥着核心作用，负责制定和修改日本国家标准。日本工业标准委员会还通过与国际标准化组织和国际电工委员会合作，帮助日本在制定国际标准上作出重要贡献。2018 年，根据日本工业标准委员会的建议，日本公布了 196 个新日本工业标准，修订了 362 个标准，撤销了 90 个标准，确认了 1893 个标准。截至 2019 年 3 月 31 日，有效日本工业标准共有 10773 个。

2. 日本工业标准制定流程

首先，由日本相关部委委托行业协会或者由利益相关方制定日本工业标准草案。草案制定完成后被提交给相关部长，然后日本工业标准委员会开始进行审议。在与监委会有关委员会和有关技术委员会审议后，审议草案再报批给相关部长，最终正式建立或修订日本工业标准。从日本工业标准制定流程中可以看到，日本的标准制定既有自上而下、也有自下而上的，在标准制定过程中充分发挥了微观主体的能动作用，将政

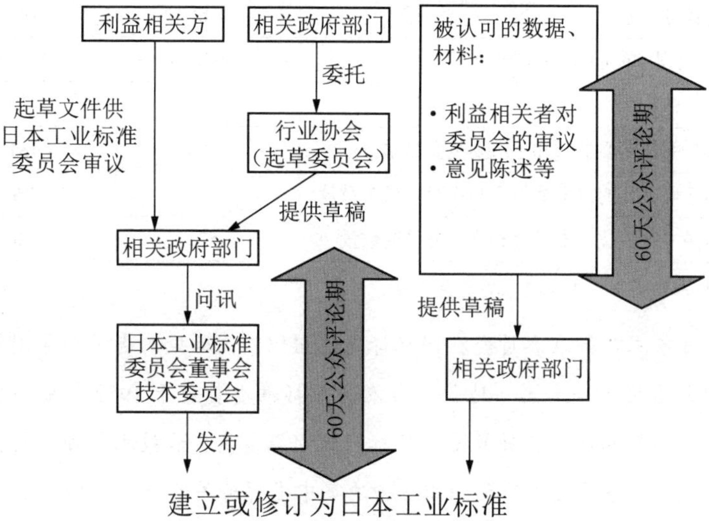

图 6.11　日本工业标准制定流程图

资料来源：日本工业标准化委员会官网。

府制度层面标准制定需求和利益相关方的微观主体的标准制定需求进行了有机的结合。为了加快日本工业标准的发展，2019年7月1日生效的《工业标准法》修订内容中添加了一项新计划。私人协会提出的日本工业标准草案如果被相关部委认可具有足够的专业性，可以跳过日本工业标准委员会的审议步骤，直接立案。这项新计划不仅提高了日本工业标准的制定效率，并且提升了私人协会根据企业实际需要制定日本工业标准的积极性，更大程度上激发了利益相关方的标准制定主观能动性。

3. 日本工业标准与国际规则的接轨

日本制定日本工业标准时十分注重本土标准与国际接轨，符合国际标准原则。日本工业标准共有10773条标准，其中6062条日本工业标准同时也是国际标准，59%的日本工业标准由国际标准修正而来，仅3%的日本工业标准与国际标准还存在出入，各项比例符合国际标准化组织和国际电工委员会的引导手册要求。

表6.20 日本工业标准委员会在国际标准化组织和国际电工委员会参与情况表（截至2017年12月31日）

指　　标	国际标准化组织	国际电工委员会
委员会数量	748	195
2016年预算（单位：1000瑞士法郎）	39782	23550
日本会员费（单位：1000瑞士法郎）	1479	919
日本参与的技术委员会和小组委员会数量	633	181
日本担任秘书处的技术委员会和小组委员会数量	75	26
日本担任主席的技术委员会和小组委员会数量	57	20

资料来源：日本工业标准委员会官网。

日本工业标准委员会在国际标准化组织和国际电工委员会等国际组织中也占据了一定主导地位。日本工业标准委员会于1952年成为国际标准化组织的成员，并且是国际标准化组织委员会和技术管理委员会的常任成员，在国际标准化组织各项决策中发挥着关键作用。2017年，日本工业标准委员会在国际标准化组织中提出了96项新的国际标准提案。日本工业标准委员会于1953年加入国际电工委员会。在国际电工委员会，日本工业标准委员会作为理事会（CB）的常任理事国，以及标准化管理委员会（SMB）和合格评定委员会（CAB）成员参与制定政策。此外，松下公司的野村俊基博士于 2014 年至 2018 年担任了国际电工委员会主席。日本在 2017 年为国际电工委员会制定国际新标准提出了 40 项新提案。日本在国际标准化组织和国际电工委员会两个组织中制定的国际标准数量自 2001 年也呈现出逐年上升趋势。

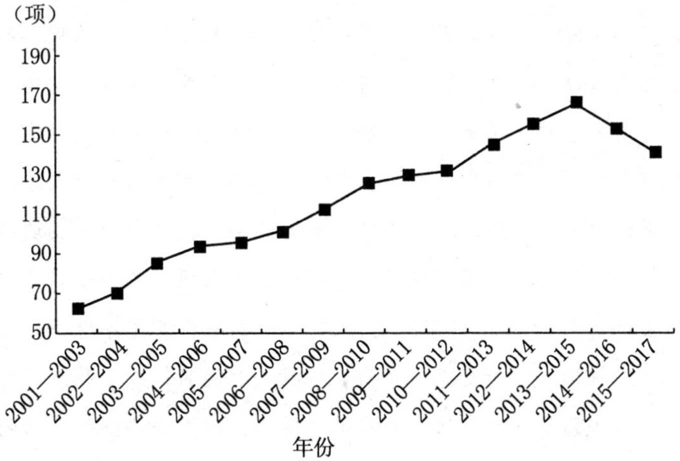

图 6.12　日本制定的国际标准化组织和国际电工委员会国际标准数量

资料来源：日本工业标准委员会官网。

案例三　德国联邦物理技术研究院

作为德国国家计量研究所，德国联邦物理技术研究院是德国在正确可靠测量方面的最高权威，同时也是全球计量学界的佼佼者。德国联邦物理技术研究院目前总共大约有 1900 名员工，其中 1500 人在布伦瑞克分部工作。德国联邦物理技术研究院是欧洲最大的计量研究院，也是全球第五大计量机构之一。1875 年由德国 17 个州共同签署的德国联邦物理技术研究院公约，被视为在国际上实施公制的里程碑。它是国际度量衡局及其度量衡大会（CGPM）的成立基础，这两个机构目前负责国际单位制的国际标准化。

德国联邦物理技术研究院在国际计量机构中能够获得举足轻重的地

位，主要源于以下几个方面的努力：

1. 注重基础技术研究与创新

德国联邦物理技术研究院在计量技术基础研究领域投入了总运营经费的大约70%，研究工作比例大于所有其他业务（例如提供计量服务等），始终将技术研发和创新作为机构发展的根基。德国联邦物理技术研究院不仅是德国著名的研究机构，而且在欧洲和世界各地也享有很高的地位。德国联邦物理技术研究院在科学和技术领域处于国际领先的国家计量机构（NMI）的最前沿，其研发工作及基于研发工作提供的计量服务都具有过硬的质量。通过在计量学领域的研究和探索，它为计量学进一步发展不断作出重大贡献。德国联邦物理技术研究院还具有优秀的研发管理策略，注重研究基础设施的投入、引进高素质科研人才以及为科研人员提供丰厚的报酬。作为德国联邦经济和技术部业务领域的下属机构，德国联邦物理技术研究院研究经费大都来源于德国政府资助。然而，德国联邦物理技术研究院运作过程中却并不将自身视为一个“典型”的政府机构，而是更像一个研发机构。但同时，德国联邦物理技术研究院与纯粹的基础研究机构存在很大区别，德国联邦物理技术研究院的研究工作以计量学为基础，并且始终坚持以应用导向为原则，提供广泛的高质量计量服务。其特殊的方法论使德国联邦物理技术研究院成为与大学和非大学研究机构开展各种研发应用项目的重要合作伙伴。

2. 积极参与欧洲、国际合作

德国联邦物理技术研究院积极参与欧洲及全世界的众多计量领域联合项目。作为欧洲最大的计量研究院，德国联邦物理技术研究院贡献了欧洲计量联合研发项目约40%的募集资金。德国联邦物理技术研究院是国际计量局的重要成员机构，德国联邦物理技术研究院主席约阿希姆·乌利希博士是国际度量衡委员会（CIPM）的成员，也是国际单位咨询委员会（CCU）的主席。德国联邦物理技术研究院还是世界上最主要的参与计量国际协调的技术机构之一，在计量领域跨国大规模合作中发挥着重要协调功能，同时作为欧洲国家计量研究院协会（EMPR）的重要成员，在参与欧洲计量研究计划（EMPR）的各国计量研究项目间进行协调。另外在国际计量委员会通过的“一次测量，各地认可”相互认可决议中，德国联邦物理技术研究院是决议指定的德国协调机关。在国际合作中，德国联邦物理技术研究院致力于尽可能准确地实现和传播计量单位，向全世界提供广泛但标准统一的计量服务。

3. 注重与高校合作，参与人才培养

德国联邦物理技术研究院以各种方式与国内和国际大学合作研究和教学。与德国联邦物理技术研究院有合作关系的高校，学生有机会被分配到德国联邦物理技术研究院的各个部门中，深度参与德国联邦物理技术研究院的内部工作。这种合作关系帮助相应领域学生学习实践技能，接触计量领域的国际前沿，也帮助德国联邦物理技术研究院提前对潜在员工进行选拔和培训。德国联邦物理技术研究院也为计量学许多领域的博士生提供相关研究课题，具有博士学位授予资格，并且为这些学生提供国际一流的教学资源，超过 20 名德国联邦物理技术研究院员工也参与到博士生的教学中。在德国联邦物理技术研究院，超过 150 名博士生为计量学的进步和德国联邦物理技术研究院的成功作出了决定性的贡献。

案例四　美国国家标准协会（ANSI）

美国国家标准协会的雏形最早可追溯到 1918 年的美国工程标准委员会（AESC）。在经历了三次重组更名后，于 1969 年正式更名为美国国家标准协会（ANSI），并成为美国国家标准（ANS）的批准机构。美国国家标准协会性质上是民间非营利性质的标准化团体，但其实质上已经成为美国国家标准机构的代表和标准化中心。美国国家标准协会的主要作用有搭建民间和政府有关系统间互动桥梁，协调并指导美国全国范围内包括标准制定、研究和使用单位等在内的标准化活动，并且提供国内外标准化前沿信息。同时，美国国家标准协会还具有行政管理机关的作用，对以独立私营领域组织形式进行运作的标准制定组织进行资格认定，获得认可的标准制定组织有资格参与并协调美国标准和合格评定政策的制定工作。

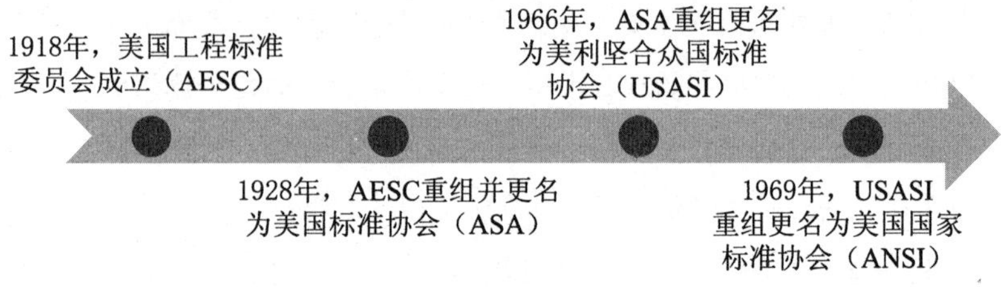

图 6.13　美国国家标准协会名称演变

资料来源：美国国家标准协会官网。

美国国家标准协会在美国国内和国际标准体系中重要地位，得益于它的以下特点：

1. 美国国家标准协会采取自下而上的标准体系运作模式

包括我国在内的许多国家，其标准化活动全部由政府机构或标准团体进行主导，具有自上而下的标准体系。而美国的标准体系却是自下而上运行的，标准化活动由相关使用者驱动进行，使用者对标准的有关需求反映给标准制定组织，再由标准组织将有关标准信息传递给国家标准机构。

相比自上而下，自下而上标准体系的市场灵活性及反应速度更高，并且自下而上的运作方式更有利于调动利益相关者的标准活动参与积极性，帮助国家标准化活动综合所有利益相关的意见，更好地满足标准使用者的实际需求，降低标准化活动成本以及相关法规数量。在自下而上的标准体系中，行业协会、政府机构、消费者等标准使用者自愿地参与制定标准和相关政策，在标准活动参与方式和标准使用上拥有自由选择权。美国国家标准协会作为美国标准化活动的中心和代表性的国家标准制定机构，充当了标准使用者需求的“需求反映者”和向政府机构传递信息的“信息供给者”的双重角色，是美国国家标准体系中不可或缺的组成部分。

2. 在美国政府、国内标准机构和国际组织间发挥了桥梁作用

在美国国内，美国国家标准协会作为政府机构和民间标准化团体中的沟通桥梁，一方面将政府制定的相关政策法规向市场传导，另一方面将私营部门的技术通过标准传递到政府政策法规中。这种沟通通过各

类会议和服务网站等形式实现，例如 2014 年，150 名国会工作人员参与了美国国家标准协会主办的“全球供应链优先事项讨论会”，与企业等其他利益相关者共同探讨劳动和食品安全、反腐败等议题；为推动智慧城市建设，美国国家标准协会还于 2014 年建立了一站式“美国国家标准协会智慧和可持续发展城市网站”等。在国际合作方面，美国国家标准协会致力于推动美国国家标准的国际化发展，包括深化与各国际组织的合作，参与协调各国际标准化组织的标准化立场，成立国际联盟推广美国国家标准国际化应用等。2013 年，美国国家标准协会加强了与美国国务院以及美国国际电信联盟协会的合作，对协调电信标准化领域国际电信联盟、国际标准化组织和国际电工委员会三大国际组织的关系及标准化立场作出了重要贡献。美国国家标准协会还与美国国际开发署（USAID）合作，建立了美国国家标准协会—美国国际电信联盟协会标准联盟，致力于资助发展中国家履行《世界贸易组织贸易技术壁垒协议》并且推广美国国家标准的国际化应用。目前，美国国家标准协会—美国国际电信联盟协会已经吸引了包括墨西哥、越南在内的十多个国家，海湾合作理事会标准化组织（GSO）、非洲标准化组织（ARSO）等多个国际组织的加入。

6.4　完善制造业质量体系的对策建议

6.4.1　营造质量为先的文化氛围

质量为先的文化氛围是制造业产品质量的精神内核，完善制造业质量体系建设，助推制造业高质量发展需要从意识上营造质量为先的文化氛围，将质量意识根植在社会文化中，优化制造业高质量发展的大环境。第一，营造质量为先的文化氛围，需要政府发挥公众意识形态和“中国制造”品牌国际推广的指引作用。提升质量教育水平，扩大质量教育范围，普及“质量为先”意识，将质量意识根植在新时代的中国文化基因中。另外，积极为国内制造业企业搭建国际化交流、展示平台，通过举办高规格、国际性的制造业质量发展大会等形式，帮助国内制造业企业明确差距和优势，逐步提升质量技术基础建设水平，不断增强中国制造业企业的“质量自信”。第二，营造质量为先的文化氛围，需要企业家精神与工匠精神的有机结合。企业家精神倡导对市场环境变化作出高效敏锐的反应，而工匠精神则强调精益求精、专注专业、爱岗敬业、勇于创新等务实观念。企业家精神与工匠精神的有机结合，会成为在生产领域推动产品质量变革的澎湃力量。第三，营造质量为先的文化氛围，需要消费者的广泛参与。作为产品或服务的使用者，消费者天然就具有监督产品质量的动机，在激烈的市场竞争中，消费者质量意识的提升是倒逼企业完善产品质量的重要力量。通过扩宽消费者质量监督参与渠道、完善公众质量监督程序和法规等方式，有助于激励消费者质量意识的觉醒和社会质量文化的成熟。

6.4.2 积极实施质量技术基础提质工程，提高国际化、市场化水平

第一，充分发挥计量、标准、认证认可和检验检测的协同作用，全方面保障产品质量。从英国、德国和美国等国家在计量、标准、认证认可和检验检测国际组织机构中占据支配地位可以看出，要想成为质量强国，需要在这四个质量技术基础领域取得较强的国际话语权。目前，我国的制造业质量技术基础建设存在缺乏整体性、系统性等问题，计量、标准、认证认可和检验检测四个领域在实践中尚未形成良好的聚合效应。面对这种现状，我国应该充分利用国际竞争及合作来全面提升质量技术基础水平，积极推动国家质量技术基础的国际化发展，实现计量、标准、认证认可和检验检测四者间的协同作用，对质量形成全面支撑。

第二,一方面促成国际组织“引进来”，吸引计量、标准、认证认可及检验检测领域国际组织在中国落地建设或者设立分部，通过搭建国际标准化协作平台、国际化质量技术基础交流平台等手段，进一步推动我国质量技术基础的国际互认互联互通；另一方面主动出击，加大对国际标准跟踪、评估、研究和转化力度，助推我国国家标准“走出去”，参与或主导国际标准制定。通过持续推进计量技术比对、测量能力认可、标准物质互认等工作，使计量、标准、检验检测及认证认可进一步融入国际体系，提升国际规则制定的话语权。

第三，推动企业标准的市场化发展，通过一定程度的标准制定权下放促

进具有竞争力的企业标准的建立，并出台奖励措施，发挥企业标准制定的积极性，鼓励企业制定高于国家标准、行业标准以及地方标准。发挥企业在产品和服务质量标准上的自我监督主观能动性，用成熟完善的自我声明公开和监督机制，落实企业标准化主体责任，逐步放宽至取消政府对企业产品标准的备案管理。依托标准化服务机构，通过对企业公开标准对比及评价活动，强化社会的质量监督作用。

6.4.3　完善质量监督体系

1．健全质量监督法律体系

目前，我国已经在质量监管领域摆脱了无法可依的尴尬困境，但相比发达国家，我国在监管法律制度以及执法依据完善度等方面仍存在较大的差距。为进一步健全完善质量监管法律体系，一方面，我国应当进一步完善并细化相关领域立法，积极推进产品质量安全市场准入制度。并且尽快将标准实施、质量监督及认证纳入法制化轨道；另一方面，完善立法的同时，还必须严格执法。政府在规范市场主体行为、制定市场运行规则等的同时，更要保证执法有效。为保证利益相关各方积极守法，在执法过程中我国还可以采取借鉴美国“恩威并施”的手段，一方面对违规违法行为、假冒伪劣产品进行严厉打击，另一方面制定一些奖励条例来提升微观主体对质量的重视程度。

2．有效发挥行业协会、标准协会和认证机构等质量中介作用

通过总结国际经验，完善而健全的质量监管体系的建立不能仅靠政府的力量。市场经济开放性、促进自由竞争等属性的存在使政府无法形成对产品质量的全方位监管。在这种现实下，有效发挥质量监管中介作用显得尤为重要。第一，需要促使政府监管与行业自律的有机结合，充分发挥行业协会等在培养行业自律中的关键作用。政府需要一定程度上放权，以降低行政成本和促进行业发展为准绳，在一些领域适当将产品质量监管职权让位给行业协会。行业协会则需要充分结合行业特点制定行规，更有针对性地切实发挥质量监管作用，将监管权用在“刀刃”上。第二，加快培育专业化的标准化组织。目前，我国的标准化组织管理制度依旧是政府主导型，标准化管理体制还没有能够适应市场经济和国际贸易。标准化活动缺乏利益相关方的广泛参与，协调一致性与透明度还不足。在这种背景下，我国需要加快专业化、标准化组织培育，进一步发挥和强化标准化组织在促进质量提升方面的功能。第三，要通过立法、舆论等综合性监管措施，保证认证、检测等中介机构的中立和公正。我国的现状是认证、检测等领域的权威中介机构数量还不足，且资质良莠不齐。下一步，在积极扶持类似中介机构加快发展的同时，法律、舆论监督等也要齐头并进，利用立法和舆论监督等多种监督规范手段相结合的方法从源头上全方位保障中介机构的中立和公正，避免先出现乱象后治理监管的局面产生。

3. 充分发挥终端消费者的监督作用

终端消费者的消费体验和使用感等是对产品质量的最终考验，培养消费者维权意识，发挥消费者对产品质量的监督作用，对质量监督也大有裨益。但目前我国还存在维权成本过高、消费者维权意识薄弱等问题，这些问题实质上削弱了消费者的质量监督作用。充分发挥终端消费者的质量监督作用需要我国在提高消费者维权积极性、主动性和降低维权成本、提高消费者协会服务意识等方面同时发力，完善消费者权益保护法规、简化消费者投诉维权手段、组织广泛的维权宣传活动等都是有效手段。

参考文献

［1］制造质量强国战略研究课题组：《制造质量强国战略研究　基础卷》，中国质检出版社与中国标准出版社 2016 年版。

［2］制造质量强国战略研究课题组：《制造质量强国战略研究　综合卷》，中国质检出版社与中国标准出版社 2015 年版。

［3］打造中国制造的脊梁：从国家质量基础（NQI）谈制造业质量基础（MQI）的构建，载新浪网 http: //blog.sina.com.cn/s/blog_629e75ec0102wbjw.html。

［4］中国质量协会：《中国制造业企业质量管理蓝皮书》，人民出版社 2016 年版。

［5］制造质量强国战略研究课题组：《制造质量强国战略研究——支撑卷》，中国质检出版社 2016 年版。

［6］念沛豪：《借鉴德国经验　推进制造业高质量发展》，《新能源汽车报》2019 年 5 月 27 日。

［7］景婉博：《德国、日本如何促进制造业高质量发展》，《中国财经报》2019 年 1 月 19 日。

［8］范馨怡、宋明顺：《美国标准制定组织的发展机制及现状研究》，《改革与战略》2018 年第 10 期。

［9］彭树涛、李鹏飞：《中国制造业发展质量评价及提升路径》，《中国特色社会主义研究》2018 年第 10 期。

［10］杨正宇：《美国国家标准学会专利许可政策演进考察》，《知识产权》2018 年第 3 期。

［11］高歌：《德国“工业 4.0”对我国制造业创新发展的启示》，《中国特色社会主义研究》2017 年第 2 期。

［12］陈燕申、陈思凯：《美国国家标准机构的发展与作用探讨——ANSI 的经验及启示》，《中国标准化》2016 年第 8 期。

［13］付强、张敬娟、王丽君：《ANSI 认可标准制定组织以及美国国家标准批准程序》，《标准科学》2014 年第 7 期。

［14］张丽虹：《重视质量　鼓励创新　提高制造业国际竞争力——美国“再工业化”及德国、日本发展制造业对我国的启示》，《质量与标准化》2014 年第 2 期。

［15］张书卿：《美国国家标准管理体系及运行机制》，《世界标准化与质量管理》2007 年第 10 期。

［16］朱小元：《德国计量体系对我国规范校准市场的借鉴意义》，《中国计量》2007 年第 6 期。

［17］霍哲珺：《德国计量管理体系概述》，《管理观察》2018 年第 33 期。

［18］李政、杨思莹、路京京：《政府补贴对制造企业全要素生产率的异质性影响》，《经济管理》2019 年第 3 期。

［19］PTB. PTB in the world of research，2019，https://www.ptb.de/cms/en/about-us-careers/about-us/ptb-in-the-world-of-research.html.

［20］PTB. Facts of PTB，2019，https://www.ptb.de/cms/en/about-us-careers/about-us/facts-about-ptb.html.

［21］PTB. PTB's tasks，2019，https://www.ptb.de/cms/en/about-us-careers/about-us/ptbs-tasks.html.

［22］吕铁、刘丹：《制造业高质量发展：差距、问题与举措》，《学习与探索》2019 年第 1 期。

［23］马林：《日本的质量经营》，中国经济出版社 2009 年版。

［24］JISC. JISC's relationships with ISO and IEC，2019，https://www.jisc.go.jp/eng/iso-iec/index.html.

［25］JISC. Flowchart of JIS development，2019，https://www.jisc.go.jp/eng/jis-act/flow-dev.html.

［26］任孝平、杨帆、塔娜、何运飞：《计量科学在智能制造产业中的应用》，《计算机教育》2016 年第 10 期。

［27］余典范：《上海打响全球卓越智造品牌难点及对策》，《科学发展》2019 年第 6 期。

［28］王岳平：《德国提升制造业产品质量的做法及对我国的启示与借鉴》，《经济研究参考》2012 年第 55 期。

［29］冯蕾、黄菊秀、刘红喜：《美国质量技术基础一站式服务实践及其对我国的启示》，《标准科学》2017 年第 7 期。

（本章主持及执笔：余典范、陈磊、高录问、王佳希）

第 7 章　加快中国制造业品牌建设

本章提要：

加快中国制造业品牌建设不仅是重塑中国制造业竞争新优势的应有之意，也是扩大内需的坚实保障，更是顺应新一轮科技革命的必然选择。从 20 世纪末承接全球制造业转移的“全球制造基地”，到大规模对外投资获取海外资源、技术，中国制造业发展已积累了丰富的经验和较强基础，产品质量水平稳步提升，自主品牌占有率不断提高，品牌影响力显著增强，超级品牌不断涌现，质量管理水平明显提高。加快制造业品牌建设不仅仅是设备更新和硬件升级，更是一项长期的系统工程，应当在夯实制造业基础的同时，突出系统集成，不断充实制造业品牌建设的生态内涵。中国制造业品牌建设的生态内涵涵盖五大要素：技术是制造品牌生态体系的核心，质量是制造品牌生态体系的基础，创新是打响制造品牌的“临门一脚”，平台是打响制造品牌的重要载体，品牌文化与制度是实现制造品牌价值的重要保障。为此，中国制造业品牌建设应围绕核心技术、标准体系、创新体制机制、国际化运营能力、品牌经济价值等维度进行系统性突破。围绕上述难点，须采取关键举措：一是坚持以创新驱动发展支撑企业品牌建设，重点在基础研究上获得先发优势；二是充分利用新一轮扩大开放的战略，在对接国际规则和标准上实现突破；三是构筑良好的公司治理机制，强化企业以质量和信誉为核心的品牌意识；四是拓展产业的区域空间红利，形成品牌建设的区域合力；五是提升品牌的文化内涵，彰显中国制造国际影响力。

7.1　加快中国制造业品牌建设的重大意义

制造强国战略是当前我国制造业发展的根本指针，是实现中国制造由体量大到能力强、由速度快到质量优的系统转变的必然路径，也为加快我国制造业品牌建设、提升品牌国际竞争力提出了更高的要求。

7.1.1　质量和品牌是重塑中国制造业竞争新优势的应有之意

质量和品牌是制造业发展的重要评价指标，不仅代表着一国制造业产品的美誉度和影响力，也代表着一国的国家形象。从微观企业视角出发，质量优先战略目的是不断迎合消费者的能级提升需求，有助于提高企业产品的市场份额及核心竞争力。从中观产业层面考察，质量和品牌建设是重塑中国制造业竞争新优势的重要内容。在新一轮产业分工浪潮下，我国制造业发展面临着前所未有的挑战，突出表现为国内外“双重挤压”的矛盾。一方面，2008 年全球金融危机后，全球经济进入了缓慢复苏期，欧美等传统制造业大国为提振本国经济和就业，纷纷将制造业作为振兴实体经济的重要内容，“再工业化”和“制造业回归”的趋势已经形成；另一方面，随着我国劳动力、土地等生产要素成本的不断攀升，发达国家将越来越多的劳动力密集型制造业转入成本相对较低的东南亚地区，进而重新配置全球生产链，对我国制造业外资形成了一定的挤出效应。因此，面临严峻的内外部形势，长期以来我国践行的粗放型发展模式已难以为继，亟待通过转型升级重塑中国制造业竞争新优势。结合自身发展阶段和国外制造业大国的实践经验，加快提升制造业质量和品牌必须成为转型升级的重要内涵。

7.1.2　品牌建设为扩大内需提供坚实保障

改革开放以来，我国已经形成了庞大的内外市场，内需总量和层级不断提升。一方面，基础设施、工程装备等领域的快速发展，迫切需要相关产品在质量稳定性、安全性上大幅度提升，进而满足国内外市场需求；另一方面，消费者需求的多样性、个性化特征日益明显，对于品牌及其蕴含的文化价值愈发看重。因此，加快制造业品牌建设能够更好地匹配内需扩张的趋势，二者的良性互动也将为制造业品牌影响力和竞争力提升提供强劲的内生动力。

7.1.3 打造质量品牌竞争力是顺应新一轮科技革命的必然选择

以制造业和新一代信息技术深度融合为特征的智能制造成为各国竞争的新战场，如美国率先出台“美国先进制造业国家战略计划”，提出要通过科技创新和智能制造，保持美国在先进制造领域中的国际主导地位；德国提出“工业4.0”国家战略，核心是以智能制造为主导的第四次产业革命；日本推出“工业价值链计划（IVI）”，将3D打印、人工智能和智能信息通信技术作为转型升级的轴心。在此推动下，我国也推出了以加快新一代信息技术与制造业深度融合为主线，以推进智能制造为主攻方向的“中国制造2025”。新一代信息技术与制造业的深度融合引发了关键技术领域技术体系、制造业模式和市场推广方式的深度变革，例如网络化创新改变了制造业研发的传统范式，智能制造创造了新的生产范式（个性化定制、精准供应链管理），大数据推动着精准营销。这些改变为我国制造业打破既有标准和市场壁垒提供了新的机会。

7.1.4 质量和品牌建设任务重要而紧迫

从国家层面来看，以品牌著称的经济体大致都推动了以质量为导向的品牌振兴计划，并在此过程中逐渐占据了国际质量规则制定的制高点、拥有了主导权。如德国在20世纪50年代推出了“以质量推动品牌建设，以品牌助推产品出口”的品牌发展战略，制定并实行严格的质量标准管理制度。日本同样在20世纪60年代实施了“质量救国”的战略，其首创的全面质量管理模式成为许多经济体、企业争相模仿的标杆，使得日本生产的产品成为了高品质的代名词，风靡全球市场，奠定了世界制造业强国的地位。同样，美国在20世纪80年代推出的《质量振兴法》，以及2008年全球金融危机后开始实施的“制造业回归”行动计划等，最终目的均是旨在提升制造质量，这也是美国长期领先于创新前沿产业的秘诀所在。高质量的产品和服务是世界一流制造企业的“底板”，世界一流制造企业通常视质量为生命，一以贯之地提升产品和服务的质量，绝不因为短视的逐利而降低对高质量的要求。

从20世纪末承接全球制造业转移的“全球制造基地”，到大规模对外投资获取海外资源、技术，中国制造业发展已积累了一定基础，具有全球竞争力的大型制造业跨国公司不断涌现，品牌和服务意识也得到显著提升。但是，依托科技、管理、人才、营销渠道等高级生产要素推进产品质量升级的进程仍不容乐观，例如，企业对信息化、智能化需求相对较低，品牌管理水平较为低下；核心技术和零部件内生研发能力弱，难以形成自主可控的制造品牌；世界级知名品牌偏少，品牌附加值、国际影响力仍然较低。因此，加强品牌建设，让更多制造企业从贴牌生产转向创建自主品牌，生产具有自主知识产权的品牌产品，打造更多享誉世界的“中国制造”品牌，是我国制造业向全球产业链与价值链中高端攀升以及实现高质量发展的必由之路。我国应当清醒地认识到，加快制造业品牌建设不仅仅是设备更新和硬件升级，更是一项长期的系统工程，应当在夯实制造业基础的同时，突出市场引导、系统集成，不断充实制造业品牌建设的生态内涵。

7.2　中国制造业品牌建设的生态内涵

结合“中国制造 2025”规划纲要，我国制造业发展的重点领域主要分为四个层次：一是未来前沿产业，包括人工智能、数字经济、量子通讯、航空航天；二是战略性新型产业，包括新一代信息技术、智能制造装备、互联网技术与物联网、新医药与生物技术、新能源与新材料等；三是传统优势产业改造提升，包括机械、石化、纺织、建材冶金等；四是服务型制造，包含工业设计、科技服务、现代物流等服务生产制造的现代服务业。应当注意的是，在当前制造智能化、融合化、平台化的发展趋势下，制造的品牌及其竞

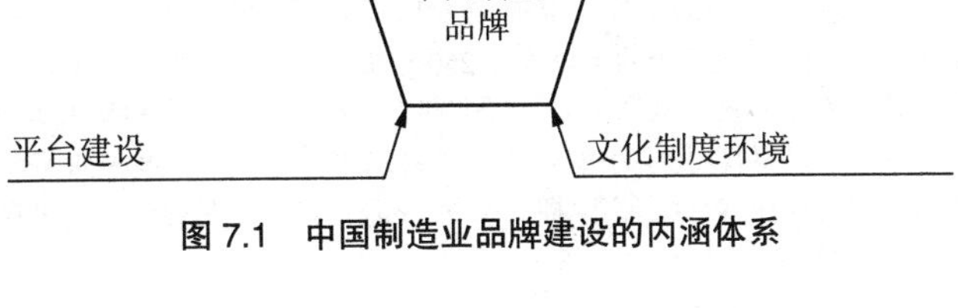

图 7.1　中国制造业品牌建设的内涵体系

争力也并不仅仅是产品层面的竞争，更是技术、人才、平台建设、制度环境等制造生态的竞争。通过产业生态的优化实现经济高质量发展，是中国制造业品牌建设的核心要义所在。

7.2.1　技术是制造品牌生态体系的核心

在一些关键环节、核心技术上“卡位”成功是塑造卓越品牌的关键所在。不论是德国众多的“隐形冠军”①，还是日本由“工匠精神”为代表的精致技术，或是美国所主导的“创新技术”，都是以其独特的技术优势赢得了产业界和消费者的认可。中国要打响制造品牌，必须认准产业链和价值链高端，瞄准最前沿和最尖端的战略性技术、颠覆性技术，瞄准产业核心环节，瞄准那些带动面广的“源创新”，用“高端”体现“品质”，形成中国制造品牌的技术优势。中国制造发展导向应该是高复杂度、高集成、高收入弹性和高关联度的制造，以及进口替代制造、高进入壁垒制造，而具有上述特征的制造契合了产业升级的趋势。高复杂度、高集成的制造意味着需要高素质且结构合理的人才队伍以及很强的系统控制能力，能用较快的速度管理复杂的技术链、供应链，实现高精准的生产。集成电路、商用大飞机、航空发动机、微电子等这些产业均具有这样的特征。高收入弹性和高关联度的制造意味着未来这类产业的渗透力较强，能够获得较高的附加值及带动周边产业的发展。

当前，我国长三角和珠三角地区的不少城市经济发展水平开始进入高收入行列，对未来产业发展具有一定的“先知”基础、需求基础，例如，上海是长三角制造带与世界制造融合的枢纽，具有广袤的制造、服务腹地，而智能制造、大数据、人工智能、高端芯片等领域均是符合高收入弹性和高关联度的产业；又譬如在人工智能方面，目前全国1/3的人工智能技术人才聚集

① 1986年，德国著名管理学家赫尔曼·西蒙第一次提出“隐形冠军”的概念。所谓的隐形冠军，大致有三个含义：第一，它是同行业世界前三或者所在大洲第一名的企业，是市场上的领先者；第二，它的年收入少于50亿欧元，从全球的维度看，它是一个中型企业。因为世界500强企业最低的年收入是250亿美元，50亿欧元不足它的四分之一；第三，这些隐形冠军并不被大众所熟知，即那些在产品质量、种类和技术等方面具有独特竞争力和一定市场垄断性的中小型企业。过去二十多年，赫尔曼·西蒙收集了全世界2734家隐形冠军公司的数据，德国拥有1307家隐形冠军，是数量最多的国家，美国是366家，日本是220家。中国仅有68家。

在上海，全国数据总量的 12% 在上海，全国日均数据交易量的 50% 发生在上海大数据交易中心，且上海已形成比较成熟的人工智能产业技术和商业模式。[①] 高进入壁垒制造可以是高资本投入、高技术、高进入规模经济以及高风险的制造，从事这类产业要有充裕畅通的融资条件、良好的技术储备、庞大的市场以及稳定的风险分担体系和机制。中国在这些方面无疑比其他发展中国家更有条件与优势。未来中国经济由“出口导向”转向“进口替代”不仅是新的国际贸易形势所迫，更是中国经济转型与产业升级的内在需求。从中国的进口商品规模来看，芯片、汽车、飞机等排在前列。类似这样的产业体量较大，中国本土的需求量极大，有基础也有能力率先在此方面取得突破。

7.2.2 创新是打响制造品牌的“临门一脚”

制造品牌的形成必须有一定经济效益的规模支撑。这与前面的技术水平是一脉相承的，如果说关键的技术主要体现基础研究的能力，那么产业创新更多地体现了创新产业化的能力。并且在当前技术和制造能力深度融合的趋势下，核心技术的研发与突破需要产业链和产业空间的支撑。因此，产业创新是一个系统工程。

首先，需要有比较强的基础研发能力。对于中国来说，制造业在研发方面的一个较大问题是微观企业主体的研发投入强度较低，尤其是在一些关键技术领域。从万得数据库统计来看，2017 年“芯片国产化”概念板块共有 47 家公司，共计研发投入 239.4 亿元，平均每家公司研发投入约为 5 亿元，占营业收入的 14%。通过与全球半导体公司相比，国内芯片公司研发投入规模和强度仍显不足。首先，基础研究的不足导致中国独有的专利技术、核心知识产权以及关键性技术缺失，削弱了在整个产业链上的主动权；其次，有了好的科技成果，产业创新的实现还需要有适应转化的体制机制，其中薄弱的中试环节、产业化的服务平台建设等均是亟须完善的方面，企业家精神塑造与研发转化功能型平台建设是打通中试环节、提升创新产业化的重要突破口；最后，产业化的发展需要有相应的空间载体，这对于中国产业创新、制

① 陈冰：《创新，迸发无限可能》，《新民周刊》2018 年第 5 期。

造品牌塑造是一个更为现实且迫切的问题。

7.2.3 平台是打响制造品牌的重要载体

平台是推动创新与制造业协同发展的重要支撑。平台化是未来创新与智能制造的重要趋势，也更能发挥中国经济能级。为顺应全球制造业创新体系和创新模式的一系列变革，发达国家着眼于全面提升制造业核心竞争力，抢占未来竞争制高点，加快建设新型制造业创新载体平台，如美国积极构建制造业创新网络，英国加紧建设“产业技术创新中心”，都是力图弥补技术创新与产业发展之间的断层，促进实验室技术向实际产品转移转化。同时，随着制造和创新活动日益社会化、定制化、大众化、网络化，网络信息技术、大型科研设施开放共享、智能制造技术提供了功能强大的研发工具和前所未有的制造与创新平台，使创新门槛迅速降低，协同创新不断深化，创新生活实验室、制造实验室、众筹、众包、众智等多样化新型创新平台和模式不断涌现，科研和创新活动向个性化、开放化、网络化、集群化方向发展，催生越来越多的新型科研机构和组织。

制造品牌体系中的平台建设，至少包含创新平台建设和品牌平台建设两方面。创新平台又可细分为制造业创新中心、研发与转化功能型平台。制造业创新中心相对而言是一个空间、产业链涵盖较广，具有复合功能的平台组织方式，主要弥补实验室产品与产业化之间的缺失环节，解决行业共性技术供给不足的问题，打通前沿技术和共性技术之间研发供给、转移扩散和首次商业化存在的障碍，破解基础研究与商业化应用之间所谓的“死亡之谷”。[①]但其也面临如何实现社会化的协同、如何解决“自主经营、自负盈亏、自我造血、自我发展”的难题。研发与转化功能型平台更多体现在制造业创新中心的创新链的各个环节，涉及基础研究、技术研发、成果转化等环节，并且常常表现为具体的产业或者技术导向，也有些平台呈现出创新中心的雏形。

7.2.4 品牌文化与制度是实现制造品牌价值的重要保障

有效的制度供给对于质量依赖性高的品牌经济显得尤为重要。在卓越制

① 美国国家标准技术研究院曾在一份研究报告中指出，90% 的科研成果还没走向市场，就被埋没在从基础研究到商品化的过程中，形成科技创新过程中的“死亡之谷”。

造品牌的体系中，技术创新、产业创新、质量技术基础、平台建设都需要相应制度的支撑。从实现品牌价值的角度看，品牌的评估、交易、流通制度的建设是非常重要的一环。再好的品牌，没有流通、不能交易，就体现不了它的价值。只有通过评估、交易和流通，价值才能不断得以彰显。建设品牌经济发展的要素市场，也是市场的需要。品牌无形资产的价值评估这一环节打通了，品牌交易、质押贷款、融资租赁等金融服务就可有序开展。鼓励金融机构运用品牌价值评估结果开展品牌质押融资、融资担保等创新业务。有了品牌价值评估、交易市场，中国目前沉淀的一些有价值的老品牌就有了焕发活力的渠道。

品牌的国际影响力是评价品牌文化的重要考核指标。在 Future Brand① 的《2014 年国别制造报告》中，日本、中国、韩国三个亚洲国家品牌影响力位居世界前十。其中，日本位列第 4，中国位列第 9。虽然近年来以高铁、装备制造为代表的我国制造业产品在海外的影响力不断提升，市场占有率显著提高，但相对于以“工匠精神”著称的日本，我国制造业的整体形象还有待进一步提升。而 Statista② 发布的“2017 年国别制造指数”将中国排在第 49 位，“中国制造”比“印度制造”和“印尼制造”的排名还低，这与我国产品的实际质量并不相符，虽然明显低估了我国产品的质量，但也反映出我国制造业品牌文化传播效果不佳。虽然我国政府与企业高度重视对外宣传，也投入了一些资源提高国家形象和品牌形象，但投入资源并不必然带来更好的效果。

① Future Brand 是全球著名的战略咨询公司，也是国家品牌研究、创造和管理方面的权威机构之一。Future Brand 发布的《2014 年国别制造报告》是基于对全球不同国家的 1000 多位消费者和意见领袖进行的调查。在这项研究中，Future Brand 主要选择了三种调查方法：（1）对来自美国、法国、巴西、印度、中国、日本和澳大利亚的超过 1000 名消费者和意见领袖进行了调查，并对收集到的意见结果进行分析；（2）通过举办研讨会的方式，对欧洲、亚太、美洲的品牌专家、经理、顶尖学者作深度访谈；（3）利用其国际代理机构网络分析品牌、标签、图像等如何影响消费者的认同度。

② 在德国汉堡成立的 Statista 是知名的数据统计公司，由超过 250 位统计学家、数据库专家、分析师组成。Statista 拥有超过 100 万项统计数据，这些数据覆盖大约 20 个行业，比如电子商务、互联网、媒体和广告、运动和娱乐等。Statista 发布的“2017 年国别制造指数”调查了 52 个国家的 4.3 万名消费者，每位被调查的消费者评估了 3 个不同国家。每个国家至少被 2500 人评估过，此项调查一共收到 13 万份评估结果。

7.3 中国制造业品牌影响力的突出进展

7.3.1 产品质量水平稳步提升，自主品牌占有率不断提高

制造业产品中原材料和装备类产品质量提升明显，消费类产品质量明显提高，民族文化产品占据绝对市场优势。一方面，航天、发电、轨道交通等重大装备质量水平位居世界前列，工程机械、通用装备质量与可靠性水平不断提高，与国际先进水平的差距进一步缩小；另一方面，纺织、家电等产品达到国际先进水平，移动通信、基础软件等信息技术产品的主要功能和性能达到或接近国际同类产品水平。在国内消费品市场，自主品牌占据较大的市场份额，彩电、空调、冰箱、服装、家纺等产品市场占有率都达到80%以上。[①]丝绸、陶瓷等民族文化特点显著的产品占有绝对市场优势。在工业品市场，主要产品国内自给率不断提高。高铁、核电等产品已经成为中国制造的“国际品牌”，华为、中兴、海尔等一批自主品牌已经成为名副其实的国际品牌。

7.3.2 品牌影响力持续增强，出海品牌在多个品类实现品牌力增长

借力我国对外开放战略，各类制造业企业加快“走出去”步伐，积极开展全球品牌网络布局，品牌国家化进程显著加快，全球知名品牌的数量得到大幅提升。中国入围 Brand Finance“全球500强品牌”的数量由2007年的12家上升到2019年的77家，其中制造业品牌为21家，是2007年的近10倍。制造业入围企业占全部中国入围企业比重进一步攀升到27%。2019年，全球500强品牌总价值中国企业达到13074亿美元，占全部500强品牌价值的19%，仅次于美国的45.4%。

表7.1 2007—2019年全球500强品牌中国入围企业增长趋势

年　份	2007年	2010年	2015年	2019年
全球500强品牌中国企业入围数量（个）	12	20	39	77
全球500强品牌中国制造业企业入围数量（个）	2	5	9	21
中国制造业入围企业占全部中国入围企业比重（%）	17	25	23	27

资料来源：Brand Finance：历年《全球最具价值品牌年度报告》。

① 《工信部：中国制造需加强质量和品牌建设》，载数字化企业网 http：//news.e-work.net.cn/cafegory6/news63449.htm。

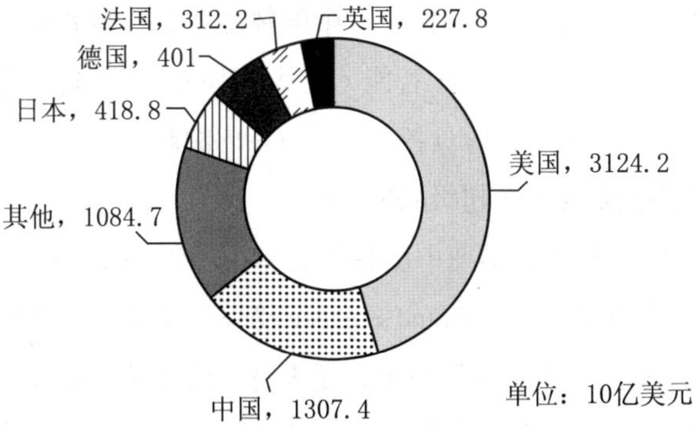

图 7.2　2019 年全球 500 强品牌价值构成（国别分类）

资料来源：Brand Finance：《2019 年全球最具价值品牌年度报告》。

中国企业的产品和服务进军海外市场与中国政府的“一带一路”倡议密切相关。该倡议旨在通过海外基础设施建设等多项举措来提升中国的软实力。但中国消费品牌怀有更大的抱负，它们的出海之路并未局限于“一带一路”沿线地区，不仅进入亚洲和非洲的发展中市场开展业务，也投身于激烈竞争的欧洲和北美市场。BrandZ 数据显示，2019 年中国出海品牌 30 强的品牌力同比增长 15%，在多个品类实现品牌力增长，制造业中家电、智能设备增幅靠前，分别为 39% 和 20%。海外业务占比十强中包括了中国政府推进的“中国制造 2025”行动纲领中所关注的重点行业，这些行业中的成熟型

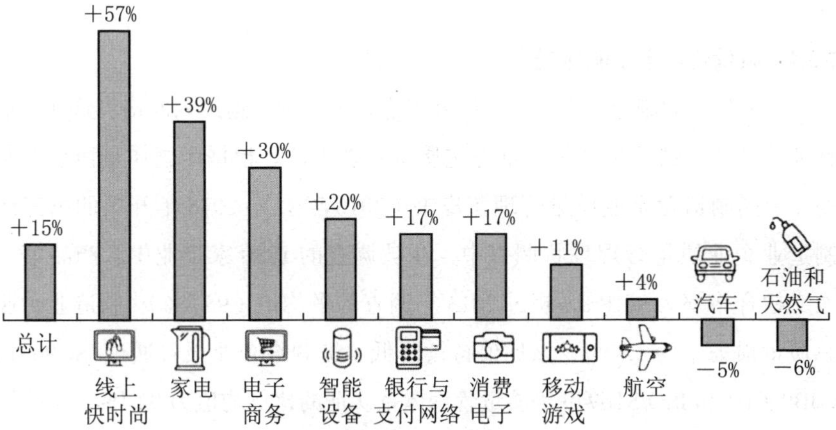

图 7.3　中国出海品牌 30 强在各品类的品牌力增长

资料来源：《2019 年 BrandZ 中国出海品牌 50 强报告》。

品牌和初创品牌在榜单中都有体现。“中国制造 2025”旨在促进中国从世界工厂转型，成为能建设包括人工智能（尤其是物联网和智能家电）、机器人、绿色能源和汽车、医药和医疗设备多个行业在内的制造强国。

7.3.3 新兴生态圈加速孕育超级品牌

从发展速度上来看，早期中国品牌只有中国工商银行、中国电信、中国移动等少数大型央企入选 Brand Finance 榜单，反映出我国制造业品牌在全球竞争中的缺失。“十三五”以来，越来越多的建筑行业和科技型制造企业开始登陆榜单。2016 年，华为首次入选 Brand Finance 全球价值品牌 500 强，位列第 47 位。随着华为在智能手机、网络通信领域的不断发展，2019 年华为在该榜单位次攀升到第 12 位，成为中国制造的杰出代表。在家电领域，中国的家电品牌通常以原始设备制造商起家，诞生了以格力、小米、美的等为首的自有品牌产品家电商，产品的科技含量也不断提升。通过拥抱新兴的移动互联，传统行业品牌逐渐从数字化营销向数字化业务发展，进而重新焕发生机。新兴生态圈加速孕育了一批超级品牌，加速品牌的崛起，也加速品牌的消亡。BrandZ 中国品牌海外业务占比十强榜单上，也涌现了世界领先的消费无人机与商业无人机制造商大疆、在人工智能和人型机器人（应用于商业、教育和娱乐等多个领域）方面领先的企业优必选以及在中国和印度市场上领先的智能手机制造商小米（该品牌重点发展人工智能和物联网）。

7.3.4 质量管理水平明显提高

越来越多的制造业企业借鉴国外先进管理经验，运用六西格玛管理、卓越绩效模式、精益生产等一批先进质量管理方法。根据中国质量协会发布的《中国制造业企业质量管理蓝皮书（2016 年）》，2016 年开展的第三次制造业企业质量管理现状调查中，在被调查的 1830 家企业中，产品第一次交检合格率为 96.1%，超过 2013 年调查的平均值（95.8%）。制造业企业总质量损失率为 1.83%，该比值持续降低。被调查企业报告通过 ISO9001、GJB9001B 和 ISO/S16949 等质量管理体系认证的比例均值为 94.1%，呈持续上升态势。

7.4　加快中国制造业品牌建设的难点突破

中国制造业品牌塑造的根本在于完善其品牌生态建设。世界先进国家在制造领域都有其自身独特的品牌，且在先进制造领域具有“领先一步”的趋势，如东京的先进制造、纽约的时尚制造、伦敦的人工智能等。对中国而言，制造业品牌生态建设首先要突破核心技术和关键技术受制于人的境况，建立技术优势；其次要在质量管理上对标国际标准，在具有潜在优势的领域积极争取获得国际认可的中国标准、中国认证，这是中国制造真正打响品牌的根本所在；最后制造创新战略要真正形成“创新网络”，形成可持续发展的创新生态。

7.4.1　力争核心技术取得突破

随着中美贸易摩擦的进一步发展，中国制造业必然会遭受较大冲击。中国制造业本来就具有外向度高的特点，且对美出口占比较大，尤其是重点发展的电子信息产业、机械、医药、汽车等都是对美出口的重要领域。尽管我们可以通过开拓其他国际市场或压缩成本消化一部分，但这一冲击力依然不容忽视，况且进出口替代市场也没有太大回旋空间。进出口大幅走弱对中国制造的发展是一个非常大的挑战。

更为严峻的是，我国重点发展产业的关键零部件和原材料的供应严重依赖美国。一方面，跨国公司的核心研发与创新基本在企业内部循环，不能奢望得到跨国公司核心技术的溢出；另一方面，我们在高技术领域还被诸多无形的屏障所笼罩，特别是由技术领先国家和地区所构成的技术交易限制，其典型代表就是《瓦森纳协定》。[①] 中国发展先进制造所需的关键技术几乎都

① 《瓦森纳协定》又称瓦森纳安排机制，全称为《关于常规武器和两用物品及技术出口控制的瓦森纳安排》，它是世界主要的工业设备和武器制造国在巴黎统筹委员会解散后于 1996 年成立的一个旨在控制常规武器和高新技术贸易的国际性组织。《瓦森纳协定》虽然允许成员国在自愿的基础上对各自的技术出口实施控制，但实际上成员国在重要的技术出口决策上受到美国的影响。中国、伊朗、利比亚等均在这个被限制的国家名单之中。《瓦森纳协定》严重影响着我国与其成员国之间开展的高技术国际合作。在中美高技术合作方面，美国总是从其全球安全战略考虑，并以出口限制政策为借口，严格限制高技术向我国出口。中美两国虽然在能源、环境、可持续发展等领域科技合作比较活跃，但是在航空、航天、信息、生物技术等高技术领域几乎没有合作。

在限制之列，必须突破这些核心技术的封锁。由于美国是全球唯一的超级大国，欧盟及其成员国在各方面都会受制于美国，特别是在中欧高技术领域的合作，而《瓦森纳协定》正是欧美共同战略利益和政治理念的鲜明体现。2004年，捷克政府曾批准捷克武器出口公司向我国出售10部总价值为5570万美元的“维拉”雷达系统，但在美国的压力下，取消了这一合同。2006年，我国与意大利阿莱尼亚空间公司曾签署了发射意卫星的合作协议，但由于美国的干预，意方不惜经济和信誉损失而最终取消了合作协议。作为《瓦森纳协定》成员国之一的日本，出于政治和经济的需要，也一直对中日两国高技术合作与交流持消极、谨慎的态度。日本与我国的高技术合作项目很少，而影响力大的合作项目就更少。

基础研究能力不足是制约中国核心技术能力的重要因素，在以往的创新发展中，从上到下都非常强调产业化的作用，也出台了不少推进产业化的政策，但实际上收效甚微。因此，需要从创新链的角度追本溯源，创新产业化效果差很大原因在于创新链前端技术成果的技术属性与市场未来的发展不相匹配。一项好的基础研究成果应该符合市场发展的趋势，能解决相应领域的技术“痛点”。而目前中国的基础研究是制约创新的短板。基础研究不足导致中国在专利技术、核心知识产权以及关键性技术等领域严重缺失，从而丧失了在整个产业链上的主动权。中国制造业研发的一个较大问题是，微观企业主体的研发投入强度较低。基础研究投入乏力就无法为原创性成果提供支撑，这直接体现在专利质量较高的PCT国际专利方面申请数量较少。

表7.2　部分行业技术水平对比

行　业	中国技术水平	国际技术水平
航空装备	主要参与全球航空装备一般技术研发和民用飞机制造；基本具备了民用飞机设计、制造、试验、试飞、适航取证等研制能力，形成了以新舟MA系列、运-8系列、运-9系列、运-12系列、直-8系列、直-9系列和直-11系列等为主的民机生产体系，可生产8大系列30多种机型的旅客机、货运飞机、通用飞机和民用直升机。	发动机、机载设备、标准件及特殊材料等主要航空技术集中在美欧等国少数航空巨头公司。 整机被主要几个公司垄断，干线客机被波音和空中客车两大民机巨头垄断，支线客机市场也几乎被庞巴迪、巴航等控制。

（续表）

行　业	中国技术水平	国际技术水平
集成电路	芯片制造工艺：已突破 20 nm 工艺，16/14 nm 成功研发。 封装测试：已实现TSV技术为基础的 3D/2.5D 封装。 移动智能终端的基带芯片和应用处理器仍然保持世界前列水平。	集成电路设计：已突破 28 nm。 晶圆生产技术：已实现 12 英寸 16 nm 工艺量产。
3D 打印	国产 3D 打印装备零部件稳定性差、材料质量和品种不够丰富，研发材料需进口。 3D 打印应用局限于模具打印、文化创意产品等少数领域。	3D 打印装备零部件可靠性强、材料质量和品种丰富，装备整体稳定性好。 3D 打印技术已在新产品开发、生物医疗、航空航天、影视教育创意等方面有较多应用。
机器人	在工业机器人基础零部件的研发与生产方面取得突破但核心部件高性能交流伺服电机和高精密减速器方面尚未实现技术国产化。	已实现核心部件高性能交流伺服电机和高精密减速器的量产。在高精度机器人用减速机方面，市场份额的 80%。 以上被日本的帝人、Harmonic 谐波减速机两家公司所垄断。
新材料（石墨烯）	石墨烯应用技术多处于中试阶段，尚未实现量产。 研发多集中于 bottom-up 方法制备、在锂离子电池电极中的应用、石墨烯复合材料方面，在半导体器件方面和石墨烯应用领域的研发能力不足。	研发主要集中在石墨烯晶体管、石墨烯超级电容器、锂离子电池用纳米石墨烯复合材料电极、高灵敏探测器以及石墨烯基电子产品。
生物医药	国产生物药品主要是基因乙肝苗、干扰素、白细胞介素 -2、G-CSF（增白细胞）、重组链激酶、重组表皮生长因子等 15 种基因工程药物。单克隆抗体研制已由实验进入临床阶段，B 型血友病基因治疗已初步获得临床疗效，遗传病的基因诊断技术达到国际先进水平，重组凝乳酶等 40 多种基因工程新药正在进行开发研究。	TNF 抗体、癌症抗体、病毒抗体、促红细胞生成素、促卵泡激素、干扰素 α、干扰素 β 粒细胞集落刺激因子、酶替代疗法、人生长激素、炎症抗体、眼科用抗体、胰岛素及其类似物、重组凝血因子等几大类的生物技术药物已实现规模化生产，已逐步涉及未来健康管理、可穿戴系统和设备、分子诊断、细胞治疗和组织工程等相关技术研发。

资料来源：本书编写组整理。

7.4.2　加速提升质量标准水平

响亮的制造品牌需要具有国际竞争力的质量技术基础作为支撑。经过多年的积累，中国质量技术基础体系日臻完备，正向国际质量标准化高地进发。然而，与世界水平以及中国制造发展需求之间还存在较大差距，截至

2018年上半年，中国在国际标准化组织及国际电工委员会两大国际标准组织中主导制定的国际标准达到452项，占比刚突破1%，而由发达国家主导制定的国际标准则高达95%左右。我国产业质量技术基础缺乏整体性、系统性，计量、标准、认证认可、检验检测在实践中没有形成聚合效应。

一是质量技术基础供给与日新月异的制造创新需求之间存在发展不平衡的矛盾。现有技术基础与产业创新协同发展的有效机制尚不完善。新技术、新产业、新模式、新业态层出不穷，亟须质量技术的支持，但其供给缺口较大。计量测试服务还不能满足部分新兴制造领域创新产品的检测需求和覆盖全产业链的诊断需求，智能制造、物联网、通信产业等领域量传溯源技术能力仍落后于国际先进水平。

二是真正具有国际竞争力的质量技术基础要素比较缺乏，缺少如“瑞士制造”的世界级标准品牌，缺少从良到优的“高质精品”和先进产品标准。“中国制造”分领域标准的科学性、代表性、参与性还需进一步深化，国际认可度与影响力有待培育。许多新兴领域如新能源、新材料等的量传溯源仍受制于国外，中国的国际标准化参与度不高，主导国际和区域计量标准量值关键比对的能力不足，高端精密测量仪器设备的研制开发、大尺度和极端量测量技术能力等比较薄弱。

三是质量技术基础发展的市场化环境有待改善。计量、标准、认证认可、检验检测大多由政府主导制定，市场主体缺位比较严重。如检验检测行业准入门槛名目繁多，多头管制，行业割据严重，资源配置效率不高，市场竞争不充分。在标准方面，市场自主制定、快速反应需求的标准不能有效供给，有些企业的标准也要到政府部门履行审查性备案，企业能动性受到抑制。

7.4.3 理顺制造创新网络效应的体制机制

制造品牌的技术基础以及创新品牌效应的发挥都有赖于强大的创新网络建设。创新网络节点的塑造和连接的强度都是中国亟须突破的难点。

一是前沿产业布局方面，以龙头企业带动的产业生态格局还未形成。在智能制造等新兴领域，往往存在着诸多专、精、特的中小企业围绕着龙头企业集聚或者形成联系紧密的产业链的特点，但龙头企业带动的产业生态形成过程较长，且龙头企业也未真正成长壮大。同时，数据开放流通性和开发利用率仍待提高，研发和资本双轮驱动的投融资机制须加快创新。

二是创新平台的能级与发展机制亟须提升与完善。中国在创新中心和研发平台方面的建设总体上推进较快，成效显著。但从已有创新平台的建设与运行情况看，还有一些亟须解决的难点：首先，各种创新中心、技术研发平台较多，但前沿探索性和成果转化平台较少，且这些平台之间存在发展不平衡等问题；其次，创新平台人才储备不足，缺乏核心技术人才支撑，高级技术和管理人才缺口较大，培训人才的需求很强烈。

三是制造创新网络的空间联动效应还未充分体现。空间是制造业创新发展的重要支撑，东京、纽约、伦敦等全球城市基本上都形成了产业都市圈发展的格局。在目前地方政府层面的协调机制不断做实的前提下，真正减少行政壁垒、尊重市场主体合作，是推动区域创新一体化的长远之计。与此同时，跨区域创新成果转化资源配置和利益分配机制也不完善，例如张江等园区创新成果显著，但自身缺乏成果加速转化空间。若要通过跨区域联动来承载创新成果，需要有新的制度和机制支撑。

7.4.4　打造制造品牌的国际化运营能力

在品牌经营方面，中国仍然缺少“叫得响、传得远”的品牌，现代化、国际化、资本化运营能力尚不足。目前，我国制造业企业在国际上被认知程度还不高，竞争手段仍处于价格竞争为主，客户黏性较低。很多制造品牌出海，如高铁、工程装备，是通过政府行政手段推广，市场自发拓展能力弱，政治风险高。国内市场发掘不够充分，大量内需通过到海外采购方式加以满足，例如中国游客赴海外采购电饭锅、马桶盖等产品的现象屡见不鲜。卓越的整合全球创新链、产业链、价值链的能力是检验世界一流企业品牌的试金石。强大的跨国经营能力是世界一流企业的应有之义，也是检验一流企业品牌国际影响力的试金石。《2018 年中国企业 500 强分析报告》的数据显示，2018 年中国 100 大跨国企业的平均跨国指数只有 15.8%（达到世界平均水平的仅有 2 家），这一水平不仅远低于世界 100 大跨国企业 61.91% 的水平，甚至还不到发展中国家跨国公司 100 大（2017）平均跨国指数 37.32% 的一半（达到发展中经济体平均水平的也只有 16 家）。这在一定程度上折射出推动我国世界一流企业发展还任重道远。即使是如华为这样优秀的企业，在国际化经营特别是在成熟国际市场上的拓展也举步维艰，我国企业的跨国经营更多地体现在产品、生产的国际化上，以全球设计研发、全球营销等全球经营能力立足的国际化企业还非常匮乏，与之相匹配的管理体系、治理机制也与内涵式的国际化有一定的差距。同时，我们还面临对中国企业壁垒高企的发达国家市场，以及与高水平跨国公司技术合作的限制。以往通过"干中学"弥补我们跨国经营经验不足的空间在压缩，通过并购实现"借船出海"的方式也面临更多繁琐的东道国审查，以至于"流产"成了大概率事件。在此背景下，我们应通过进一步扩大开放的措施，吸引、引进高水平跨国公司进入中国市场，为中国本土跨国公司提供学习、合作的对象，对冲海外市场对中国企业的"收缩"。同时，我们的优势企业需要改变过去那种"高举高打"咄咄逼人的国际化发展思路，以"步步为营"稳打稳扎的方式推进国际化。迎合东道国产业链本土化的需求，将研发设计、生产、销售等部分环节或全部环节放在东道国本土，既能满足当地的市场需求与就业需求，也较易获得当地政府和消费者信任和欢迎，同时，也有利于跨国公司规避关税。

国有品牌、"老字号"品牌的机制转化和市场交易等仍有待激活。要创新发展模式、深耕价值洼地、激发品牌潜力、释放企业活力，彰显品牌的力量。要积极鼓励各类国有企业及国有控股企业，通过第三方公共服务平台推介、评估等，以商标转让、许可、入股等多种市场化方式，盘活一批低效的商标资源，重点激活老品牌、老字号，让它们依托市场、重振辉煌。同时，在一些自力更生发展品牌价值的制造企业领域，应鼓励其通过融入新的元素、积极开拓国际市场提升自身的品牌价值。

7.5　加快中国制造业品牌建设的对策建议

中国制造品牌战略不是一个短期的应急战略，需要统筹新发展理念，为国家整体战略的实现提供强有力的支撑。因此，既要发扬中国制造的优势，更要重视最为本质的智造品牌生态的塑造，形成关键技术、质量技术基础、创新网络、市场化品牌价值机制在内的中国制造品牌体系。

7.5.1　坚持以创新驱动发展支撑企业品牌建设，重点在基础研究上获得先发优势

创新是企业品牌建设的原动力，是企业永葆生命力的根本途径。在世界一流制造业企业品牌的生态系统中，独特的技术优势是核心环节。在一些关键、“卡脖子”技术上实现突破并掌握主动权是塑造世界一流企业品牌的“支柱”，也是核心竞争力所在。以“隐形冠军”惊艳于世界制造的德国，用“工匠精神”塑造精致技术、产品的日本，引领创新前沿、技术潮流的美国等，均是通过长期创新积淀成就独特技术优势，从而赢得了产业界、消费者的广泛认可，并由品牌企业形成了相应产业乃至整个国家的品牌认可度。中国潜在的世界一流制造业企业理应成为未来新兴技术发展的“策源点”，并以此占据产业链以及价值链的高端环节，带动中国企业乃至全球企业的创新，在全球创新生态系统中起重要的网络节点作用，推动中国形成整体的技术优势。

基础研究由于其收益低、风险高的特点，政府给予支持是国际通行的做法。但政府不能替代企业和市场直接选择技术，特别是在诸如高新技术这样竞争性的技术上，政府支持的重点在于利用其组织资源的优势，搭建技术合作研发的平台，组织科研机构、大企业共同攻关，技术和投资的决策交给企业和市场。基础研究阶段科学家和创新团队的作用是关键，高端领军型人才通常是产业形成和技术突破的核心推动者。目前中国大部分的高技术领域还严重依赖引进人才，在这一大前提下，须重点解决高端引领人才与国内现有体制机制的对接以及“水土不服”问题。另外，对基础研究成果的评价方式也需要调整，不能仅看论文的发表，还要看专利水平以及成果在国际的获奖等，这些都是基础研究的技术价值和市场认可的载体。

在研发与转化功能型平台和制造创新中心的建设上，重点完善其服务与造血功能。政府的资助水平要体现一定的差异性和竞争性。造血功能体现在创新中心或者研发平台在建设后期必须有可持续发展的商业模式，这些模式可能是实现技术的产业化，也可能是成为一个行业内具有重要影响力的服务平台等，能够以灵活的方式获得各种可持续的收入。在上述框架下，对于创新平台的评价、考核应重视重大技术突破、服务能力提升以及平台的连接与扩散等网络效应。特别是对平台的会员数量、会费收入以及人才培养加以重

点考量。对技术研发类平台，可采取3年为1个周期的考核；对前沿探索性平台，可以5年为1个周期开展考核、评价。建立动态管理和退出机制，对考核、评价不合格的平台进行及时转型和清理，强化过程管理。

在智力支撑环节，应当需要遵循高端人才团队建设的规律，改革与之不相适应的体制机制，缓解引进人才“水土不服”的难题。更为重要的是要搭建以产业、事业为平台的人才融合发展机制，促进高端引进人才与本土人才深度交流与融合，在人才梯度建设中增强人才的中国根植性，使创新人才的培育成为创新的应有之义。此外，我们需要调整基础研究成果的评价重点，基础研究兼具技术价值和市场价值，因此，除了论文以外，应增加高质量专利以及国际影响力的评估权重。更为重要的是，应该增加人才培养成效的权重，基础研究作为需要代代传承的累积型创新活动，缺乏人才梯队的建设是很难获得可持续创新优势的。

7.5.2 充分利用新一轮扩大开放的战略，在对接国际规则和标准上实现突破

充分利用新一轮扩大开放的战略，在对接国际规则和标准上实现突破，形成中国制造开放的新优势。当前，中国先进制造的许多关键技术严重依赖国外，为了突破技术封锁，首先需要自身突破核心技术，相关领域的技术限制才会从国外封锁清单中清除。突破技术封锁的一条路径就是通过对接技术贸易的国际规则，加入诸如《瓦森纳协定》这样的协议。应鼓励北京、上海、深圳等地积极在重点技术领域开展技术合作的国际试点，代表国家与技术协议合作。可对标协议的执行标准，完善自身的基础和条件。大多数的技术协议都是非强制性的柔性控制，中国同样可以有针对性地通过利益互换、共享原则与相应国家进行技术合作，以点带面突破技术封锁。积极争取国际计量、标准、认证认可、检验检测组织落户中国，引导国外先进标准化技术组织参与中国标准化工作，“以评促建”，推动中国优势企业质量体系的升级，提升中国质量的国际声誉。

与此同时，我国的制造业优势企业要在质量上率先突破，发挥先锋作用，应当积极参与国际标准化的合作与竞争，在此过程中提升质量水平，形成一批被国际社会广泛认可的行业、产品以及管理标准。在我国具备一定优势的产业如钢铁、物联网、高铁等领域推动领先企业加快中国标准“走出

去”的步伐；从增量的角度在一些新兴领域如人工智能、商用大飞机、卫星导航、新能源汽车等领域有竞争力的企业力争在国际标准的制定中形成突破，带动更多中国标准成为国际标准，提升中国企业的国际影响力和竞争力。同时，通过简政放权积极推动企业标准建设的市场化、简化，甚至有条件地取消企业标准的备案管理，鼓励一些优势企业制订严于国家标准、行业标准、地方标准的产品和服务标准，完善和深入推进企业产品和服务标准的公开和监督制度的建设，鼓励专业的社会机构对企业标准进行评价，发挥社会监督功能，以此强化企业标准化的主体责任。

专栏 7.1　实施质量标准提质工程

应重点支持产业质量基础发展的基础性技术，并强化质量技术服务体系建设，形成对先进制造产业的全产业链质量保障服务，并争取国际互认，提升质量技术基础的国际竞争力。其次，积极争取国际质量、计量、标准、认证组织落户中国。

积极推动质量技术基础国际互认互联互通，加大国际标准化协作平台建设力度，搭建国际交流平台。积极引导国外先进标准化技术组织参与标准化工作，加快物联网、汽车、钢铁、电子信息、中医药、家具等重点领域的中国标准“走出去”。加大国际标准跟踪、评估、研究和转化力度，积极参与或主导国际标准制定。持续推进计量比对、测量能力认可、标准物质互认等工作，努力培育有国际影响力的品牌实验室，促进计量、标准、检验检测和认证认可融入国际体系，提升国际规则制定的话语权。

积极推动企业标准的市场化，放权促进具有竞争力企业建立标准，鼓励企业制定标准高于国家标准、行业标准、地方标准。建立企业产品和服务标准自我公开声明和市场监督制度，逐步取消政府对企业产品标准的备案管理，落实企业标准化主体责任。鼓励标准化专业机构对企业公开的标准开展比对和评价，强化社会监督。

7.5.3　构筑良好的公司治理机制，强化企业以质量和信誉为核心的品牌意识

良好的公司治理机制是世界一流制造业企业品牌的定海神针。良好的公

司治理是一流制造业企业长期稳定发展的共性标准，一流企业往往通过制度来协调利益相关者的关系，这些是中国制造业企业迈向世界一流企业的必须补足的短板。良好的公司治理不仅能在企业面临外部负面冲击时分担风险，更能帮助企业有效规避成功后的失败风险，是企业依法合规经营的保障。世界一流企业需要标志性的公司领袖，但脱离这些人物后依然能够依靠内部机制继续高质量运转才是一流企业的基业长青的秘诀。相比较而言，中国一些优势企业在面临外部冲击、创始人更迭时所表现出的被动、应对乏力等均表明我们还缺少这样的基因。对标国际高水平的公司治理体系，我们首先需要完善合规经营与管理的底线，这是企业最基本的治理机制基础，但我国多数企业在规模扩张过程中还未对此足够重视，企业的合规体系还存在明显的漏洞，中兴通讯事件更是引发了我们对合规经营的反思。参照国际一流企业的做法，企业应组建相对独立的合规部门，建立高效的合规管理体制，多数企业会设立首席合规官，编制相应的合规手册，以正面清单加负面清单规范企业和员工的行为。并形成包括合规培训、合规风险评估与应对、考核与评价等在内的合规管理机制，最终形成合规经营管理的企业文化。其次，让市场的力量在公司治理中起基础性作用，尽管世界一流企业的公司治理模式不尽相同，治理结构存在一定的差异，但其市场化导向的基石是相同的——尊重企业的市场主体地位，市场化的激励机制与约束机制相结合，以市场化原则规范决策机制和制衡机制。与中国市场化改革相匹配，这样才能真正培育具有全球竞争力的世界一流企业。

7.5.4 拓展产业的区域空间红利，形成品牌建设的区域合力

依托、服务长三角、京津冀、长江经济带等区域一体化战略，拓展产业的“空间红利”，打造若干先进制造业产业集群，通过推动产业链布局优化、产业创新协作、产业组织优化等，形成中国制造联动发展、合作共赢的新格局。

一是通过推动产业链的优化布局实现制造业“空间红利”。围绕区域一体化战略中的重点区域，尽快推动区域产业地图编制，形成产业链空间的动态导航图。这一地图需要重点体现产业链不同环节的布局、企业和要素的集聚，提高重点产业集群的标识度，并通过数据共享引导产业和区域在纵向产业链上错位竞争、优势互补，引导跨区域产业协作、要素市场化流动，形成

成本共担、利益共享的机制。

二是通过创新链协同推进世界级科技创新中心的形成。世界级科创中心需要具有强大的原始创新能力、产业创新能力与应用市场。目前来看，我国长三角地区拥有众多重大科研基础设施，具备较强的创新策源能力，以及广阔的市场化转化和推广腹地空间。创新链的协同能够推动关键核心技术、“卡脖子”技术的联合攻坚。上海制造以及科创中心建设在创新链上能够带动整个长三角创新驱动的发展，协同提升我国在集成电路、大飞机、生物医药等战略性新兴产业核心技术和竞争力方面的提升。目前，上海协同长三角创新一体化的推进已经有了实质性的突破，国家集成电路（暨长三角集成电路设计与制造协同创新中心）、智能传感器创新中心（中心发起方有 1/3 为苏浙皖企业）等国家级的制造创新中心已正式落沪。未来，三省一市将立足产业发展趋势、长三角产业整体优势，对制造创新发展进行前瞻性布局，有可能在新兴领域协同打造长三角人工智能、智能网联汽车等协同创新研究院，协同推动先进功能纤维、石墨烯、物联网等国家制造业创新中心建设，共同推进长三角的产业创新力，促进长三角世界级创新中心的形成。

三是通过产业组织的创新推动中国制造能级的提升。产业和技术的智能化、网络化、平台化、融合化需要产业组织的创新发展。中国制造在发展过程中，要积极推动区域一体化产业平台建设，以产业组织形式的融合、集成，探索突破区域行政壁垒的制约。如 G60 科创走廊等创新型产业集群方式的推进、重点园区（如张江长三角科技城）和重点飞地（如盐城大丰飞地）的建设，通过这些示范性产业平台的建设，促进长三角相应区域科技、产业、人才、信息等要素的有效流动，促进长三角三省一市逐渐形成统一的大市场，进一步促进产业的集群发展，提升产业的辐射力和影响力。未来，我国应鼓励重点区域搭建更多智能制造产业联盟，共同打造世界人工智能大会、世界物联网博览会等重大平台品牌，彰显中国“智造”的国际影响力。

7.5.5　提升品牌的文化内涵，彰显中国制造国际影响力

品牌既是理念的载体、技术的载体，更是文化的载体。纵观世界各国优秀品牌，无一不重视品牌文化价值的开掘和提升。奔驰品牌包含“有组织、高效率和高品质”的德国文化。华为“学习、创新、获益、团结”的文化根

植于中国文化土壤。

一方面，要为中国品牌注入文化内涵，挖掘、提炼和传播中华优秀文化价值观，让民族品牌承载中华文化，让中华文明随着中国品牌的成长广为传播，发扬光大。文化自信是建设制造强国的精神力量。要构筑中国品牌的核心价值体系，提升企业品牌文化的深度和高度，让消费者在品牌中找到自我产品意识和归属感。同时，要开阔视野，放宽眼界，加强与国际社会的交流和沟通，包容和理解各地区文化差异，提升国际市场对中国品牌的文化认同，在促进跨文化沟通中擦亮中国品牌，在把握跨地域需求中赢得市场。

另一方面，培育具备被世界广大的市场、消费者认同的企业价值观和企业文化。历史上，很多企业也具有非常亮眼的财务报表数据，但因为单纯追求经济利益而丧失发展底线，被市场所抛弃的企业比比皆是。国际知名制造业企业能持续稳定发展的内在因素是“文治”，即优秀的企业文化成为企业发展的“基因”，企业的技术、组织、管理创新一般都有企业文化的烙印、根植于受人尊敬的企业文化。首先受人尊敬的企业文化应具有超前的战略眼光与创新进取精神，能够引领相关领域的发展潮流，满足市场不断升级的需求，推动整个社会的进步；其次，世界一流的企业，要尽到一流的社会责任，践行创新、协调、绿色、开放、共享的发展理念。新时代中国企业迈向世界一流的过程中需要更加注重与社会、人文和环境的协调发展，需要在技术、产品国际化的同时，在全球市场中塑造负责任、有担当的企业形象，在此过程中潜移默化地沉淀优秀的企业文化。

参考文献

[1] Dani Rodrik. What's So Special about China's Exports? [J] China & World Economy, 2006 (5): 1—19.

[2] Felicitas Morhart, Lucia Malär, Amélie Guèvremont, Florent Girardin, Bianca Grohmann. Brand authenticity: An integrative framework and measurement scale. [J] Journal of Consumer Psychology, 2015, 25 (2): 200—218.

[3] Gregory M. Rose, Altaf Merchant, Ulrich R. Orth, Florian Horstmann. Emphasizing brand heritage: Does it work？ And how？[J] Journal of Business Research, 2016, 69 (2): 936—943.

[4] 刘英为、聂春艳、张璟：《全球化背景下中国品牌原型化战略研究》，《管理世界》2016年第4期。

[5] 林仕芬、穆天强:《对垒德国“工业 4.0”“中国制造 2025”有哪些启示》,《经济研究导刊》2018 年第 3 期。

[6] 龙小宁、林志帆:《中国制造业企业的研发创新:基本事实、常见误区与合适计量方法讨论》,《中国经济问题》2018 年第 2 期。

[7] 孟繁怡、傅慧芬:《中国品牌利用文化元素改善外国消费者品牌态度的路径研究》,《外国经济与管理》2016 年第 4 期。

[8] 王可、李连燕:《“互联网 +”对中国制造业发展影响的实证研究》,《数量经济技术经济研究》2018 年第 6 期。

[9] 吴华明:《企业品牌生态圈竞争战略的特点与环境分析》,《商业经济研究》2019 年第 1 期。

[10] 武振、王博然:《提升“中国制造”国际竞争力的分析与思考》,《当代经济研究》2010 年第 8 期。

[11] 余典范:《上海打响全球卓越智造品牌难点及对策》,《科学发展》2019 年第 6 期。

[12] 余典范:《以“品牌强基”推进世界一流企业的建设》,《清华管理评论》2019 年第 Z2 期。

(本章主持及执笔:葛鹏)

第 8 章　深化改革与制造业高质量发展

本章提要：

近几年来，中国工业化发展迅速、实力不断提升，稳居世界制造业第一大国，对全球制造业的影响力日渐提升。2016 年，中国制造业实际增加值是 2000 年的 7 倍，占全球制造业总产出的比重高达 30.9%。制造业是社会物质产品的生产者和提供者，也是扩大就业和实现公平增长的主要渠道，即便经济不景气，制造业也能吸引大量非熟练劳动力，且不会限制低收入者的市场需求（Rodrik，2016）。制造业水平的不断提升，在带动其他产业创新发展、扩大就业、增加居民收入和提高人民生活水平等方面发挥着重要作用，有力地推动了我国的工业化和现代化进程。

制约制造业高质量发展的原因固然有部分源于制造业自身的结构性问题，但更大部分则源于体制机制方面存在的一些深层次问题：第一，国内区际市场分割政策和地方保护主义时有发生，“以邻为壑”的招商引资政策阻碍生产要素的自由流动；第二，非公有制经济面临许多不合理规定和隐性壁垒，市场准入门槛整体过高，市场准入管理复杂，法律法规庞杂，市场准入公平性不够，透明度不高；第三，行政审批项目繁多、流程复杂、审核过程漫长，制度性交易成本过高，国内营商环境亟须改进。

从根本上解决上述问题，关键在于坚持全面深化改革不动摇，紧紧围绕政府与市场关系这一核心，进一步约束政府对市场的不当干预，充分发挥市场的决定性资源配置作用，加大对内开放程度，实行统一的市场准入制度，消除限制民间投资的各种“玻璃门”“弹簧门”“旋转门”现象。同时，深化行政审批制度改革，坚决取消和下放一批审批事项，加强特定行业和领域事中、事后监管，为制造业转型升级、实现高质量发展创造新条件。

8.1　国内区际开放提升制造业全要素生产率的机制与实证分析

制造业是国民经济的物质基础和工业化的产业主体，是强国之本、立国之基，从根本上决定着一个国家的综合实力和国际竞争力。从制造业产值全球占比来看，中国已经是一个名副其实的制造业大国，但与发达工业化国家相比，中国制造业仍存在较为显著的产出效率过低、过多依赖劳动力和资源等物质性投入以及环境污染严重等问题。制造业高质量发展的关键指标取决于全要素生产率，只有通过全要素生产率的提升，才能有效解决人均增加值较低、技术创新能力薄弱、竞争优势层次低下等问题，实现从产业链的“中低端”逐步走向“中高端”并最终迈向“最顶端”。

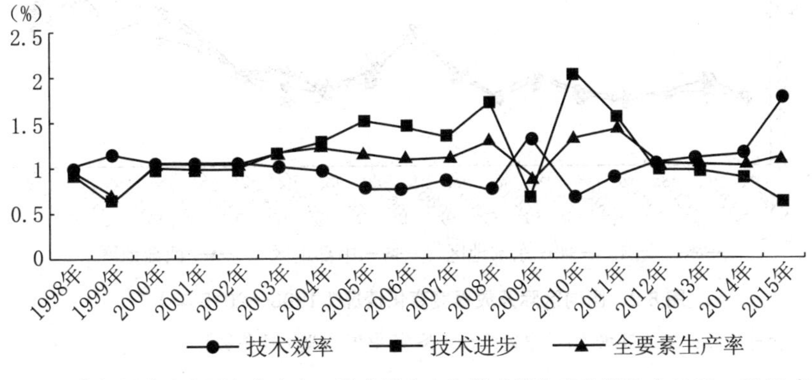

图 8.1　省级制造业全要素生产率、技术进步率和技术进步变化情况（1998—2015 年）

数据来源：万得数据库；《中国统计年鉴》《中国工业统计年鉴》。

全要素生产率是指产出增长率超出资本、劳动要素投入增长率的部分，是衡量制造业技术进步的重要指标。图 8.1 显示，一方面，1998—2015 年间，我国制造业全要素生产率（TFP）水平并未明显提高，1998—2000年和2008—2010年期间甚至被技术效率下降所拉低；另一方面，技术进步对全要素生产率具有较强的拉升作用：2003—2008年和2009—2012年期间，全要素生产率在技术进步的拉动作用下升幅较为明显。2010年以后，技术效率升幅更为显著，对全要素生产率的拉升作用也开始显现。

8.1.1 国内区际开放提升制造业全要素生产率的机制

市场经济国家通常具有对内和对外“二重”经济开放特征，一般以进出口贸易和利用外资数量作为衡量经济对外开放程度的主要指标，对内经济开放程度则利用区域一体化进程来衡量。图8.2显示的是国内区际开放度指数变化情况：整体来看，二十多年来，国内区际开放度呈平稳上升态势。值得注意的是，自2014年以来，国内区际开放度呈较为明显的下降趋势。国内区际开放度下降的原因在于不同区域制定的市场分割政策。徐保昌等也认为，地方保护主义和“以邻为壑”的招商引资政策等，阻碍着生产要素跨区域自由流动，是导致区域产业结构低层次趋同等问题的主要原因——这种现象不利于全要素生产率的提高与制造业高质量发展。①

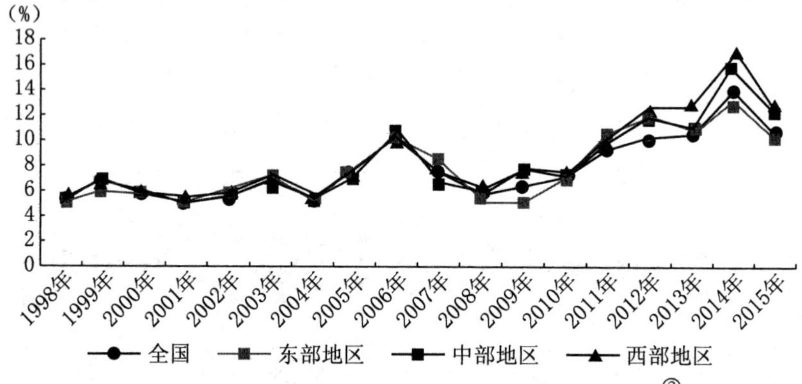

图8.2 国内区际开放程度变化情况（1998—2015年）②

资料来源：万得数据库；《中国统计年鉴》《中国工业统计年鉴》。

① 徐保昌、谢建国：《市场分割与企业生产率：来自中国制造业企业的证据》，《世界经济》2016年第1期。

② 转引自：黄永明、李娄：《对外贸易开放对内区际开放与制造业全要素生产率提升》，《中国工业经济》2019年第1期。

从全球来看，2018 年爆发的以铁铝关税为导火索的中美“贸易摩擦”，对国内出口导向型产业造成较大冲击，国内市场开发日益重要，这就要求打破区域市场分割，提高省际开放度，确保生产要素能够跨区域自由流动，实现人才、技术和原材料配置效率最大化，提升制造业全要素生产率，推动制造业高质量发展。

对内区际开放主要从以下四个方面影响着制造业全要素生产率：

（1）从生产要素层面看，对内区际开放不仅可以充分发挥市场的资源配置职能，以价格信号来现生产要素在区域间的调节和优化，还可以借助市场无形之手打破国内区域贸易壁垒和地方保护主义，发挥循环累计因果机制的产业集聚效应，提升制造业企业的全要素生产率。①

（2）从产业结构层面看，对内区际开放能有效促进地区制造业企业间的交流，避免重复建设与产业结构趋同，激励不同区域发挥比较优势，在相互竞争中提升制造业全要素生产率。

（3）从区域合作层面看，对内区际开放能有效遏制地方政府“以邻为壑”的竞争性招商引资政策，削弱区域性隐性市场壁垒和地方保护主义，加强区域间制造业企业的交流与合作，以技术溢出效应提高产品质量和市场竞争力。②

（4）从对外贸易层面看，在提升全要素生产率方面，对内区际开放和对外贸易开放相互促进、相得益彰，即对外贸易开放度越高，国内区际开放对制造业的全要素生产率的边际提高效应也越显著。

8.1.2　国内区际开放提升制造业全要素生产率的实证检验

新古典经济增长理论认为，全要素生产率（技术水平）不仅取决于研发投入和人力资本水平，也受到对外开放程度和出口贸易波动的影响。为实证检验国内区际开放对制造业全要素生产率的影响，本书利用 Miller 和 Upadhyay（2000）构建的全要素生产率模型，构造具有对内区际开放的制造业生产函数。

① 李雪松、张雨迪、孙博文：《区域一体化促进立刻经济增长效率吗？——基于长江经济带的实证分析》，《中国人口 · 资源与环境》2017 年第 1 期。

② 银温泉、才宛如：《我国地方市场分割的成因和治理》，《经济研究》2001 年第 6 期。

$$Y = A(\cdot)F(K, L) \tag{1}$$

其中，Y代表产出，K代表物质资本投入，L代表劳动力，$A(\cdot)$是希克斯中性技术进步函数，代表劳动力之外的其他因素（对外开放、国内区际开放、营商便利度等）对社会产出增长的贡献。

假定，劳动力和资本等其他投入要素保持不变，技术水平以γ的外生速率增长，在考虑到国内区际开放度和人力资本水平的效应后，我们可以得到涵盖更多影响因素的生产函数：

$$Y_{i,t} = A_{i,0}e^{\sigma_{i,t}}\text{Open}_{i,t}^{\delta_i}\ \text{Into}_{i,t}^{\gamma_i}\ \text{Hc}_{i,t}^{\mu_i}F(K_{i,t}L_{i,t}) \tag{2}$$

其中，i和t分别表示地区和时间，Open和Into代表对外贸易和国内区际开放程度，Hc代表人力资本，Y代表总产出，A代表发展初期的生产技术水平，γ和μ分别表示国内区际开放和人力资本对技术水平的影响，δ为对外贸易开放对技术进步水平的影响参数。

对式（2）两边同除$F(K, L)$并取自然对数后，可以得到：

$$\text{Ln TFP}_{i,t} = \ln A_{i,0} + \delta_i \ln \text{Open}_{i,t} + \gamma_i \ln \text{Into}_{i,t} + \mu_i \ln \text{Hc}_{i,t} + C \tag{3}$$

鉴于本章主要研究国内区际开放水平对全要素生产率的影响，在加入相应的控制变量后，我们可以将上述理论模型扩展为如下计量估计模型：

$$\begin{aligned}\text{Ln TFP}_{i,t} = \alpha + \ln A_{i,0} + \delta_i \ln \text{Open}_{i,t} + \gamma_i \ln \text{Into}_{i,t} + \\ \mu_i \ln \text{Hc}_{i,t} + \rho_i GS_{i,t} + \beta_i \text{RD}_{i,t} + \xi_i\end{aligned} \tag{4}$$

依据学术惯例，本章采用基于DEA的Malmquist指数法测量制造业全要素生产率，借用国内各地区市场分割指数构建对内区际开放度指标，选取对外开放、人力资本水平、企业研发投入、政府支出规模等作为控制变量，利用国内29个省（自治区、直辖市）1998—2005年非平衡面板数据进行固定效应估计，数据主要来源于各省、自治区、直辖市《统计年鉴》《中国统计年鉴》《中国工业经济统计年鉴》以及国家统计局网站，根据Hausman检验结果（$P = 0.000$），选用固定效应估计方法。

表 8.1　国内区际开放对制造业全要素生产率的影响：固定效应估计

被解释变量：制造业全要素生产率			
变　量	回归（1）	回归（2）	回归（3）
国内区际开放程度	0.072*** （2.58）		0.070*** （3.70）
对外开放程度		0.064*** （2.97）	1.152* （1.64）
人力资本水平	0.307*** （10.66）	0.306*** （10.57）	0.306*** （10.58）
政府支出规模	−0.244*** （−2.72）	−0.262*** （−2.91）	−0.237*** （−2.64）
企业研发投入	0.026 （0.61）	0.005 （0.12）	0.025 （0.59）
对外开放与国内区际开放的交叉项			0.052*** （3.84）
常数项	0.833*** （3.71）	0.588*** （2.88）	0.852*** （5.10）
调整的 R^2	0.568	0.560	0.570
Hausman 检验结果		39.56 [0.000]	

注：括号内为标准误，* 表示显著性水平为 10%；** 表示显著性水平为 5%；*** 表示显著性水平 1%（下同）。限于篇幅，外商直接投资等控制变量的估计结果未在表中报告。

表 8.1 反映的是国内区际开放程度对制造业全要素生产率的影响的固定效应回归结果。从回归结果可以看出，国内区际开放、对外开放和国内区际开放与对外开放的交叉项系数符号为正，且在 1% 显著性水平上高度显著，这说明国内区际开放和对外开放程度，以及两者的交互影响对全要素生产率的提升具有显著的促进作用。究其根源，正如前文理论分析所述，国内区际开放可以在生产要素层面、产业结构层面、区域合作层面和对外贸易层面发挥市场对资源的调节和配置作用，打破区域性市场壁垒和地方保护主义，缓解地方政府“以邻为壑”的竞争性招商引资政策，促进不同区域间制造业相关企业的交流与合作，发挥技术溢出效应和产业集聚效应的全要素生产率提升作用。

因此，未来深化改革应充分重视自由流动要素市场的重要性，加大要素市场改革力度，支持跨区域制造业企业之间的技术交流和商业合作，在企业间充分扩散传播技术创新知识。同时，深化市场体制改革，利用市场配置资源的天然优势，激发市场主体活力、增强投资者的投资热情，吸引资本、人才等生产要素流入本地区，提高本地区制造业全要素生产率，推动实现制造业高质量发展。

8.2 国内市场准入改革历程、特征与存在的问题

市场准入（Market Access）一词，最早使用于20世纪70年代末西方市场经济国家在国际贸易中所签订的多变或双边协议，比如，“北美农产品市场准入”等，其最初、最本质的含义，是指“一国市场在国际中进入的自由度，表现为具有国民待遇的难易程度，从某种意义上也是体现了该国市场份额能被贸易伙伴占有的程度”（Rachtman，1995）。国内市场准入一词最早出现于20世纪90年代《中美市场准入谅解备忘录》一文，此后，随着市场经济体制的逐步建立，市场准入理念逐渐拓宽至国内投资管理实践，由“在世贸组织制度框架下，一国市场主体自由进入某国的程度”拓展为“市场主体和交易对象被政府准许进入市场的程度和范围”，“负面清单”管理模式也随着上海自贸试验区建设的不断推进而为人们所熟知。

8.2.1 中国市场准入的变革历程与历史逻辑

市场准入是政府为维护公共安全和社会秩序，合理配置社会资源、规范市场主体的投资经营行为而制定的一系列规则，内容主要涵盖两个方面或需要满足两个条件：市场主体资格的实体条件和取得主体资格的程序条件，市场准入制度的主要目的是规范市场竞争、促进技术进步、保护民族工业和维护消费者利益。

从理论上讲，市场是配置资源的最佳方式，但在现实中，由于存在外部效应、公共物品、信息不对称、自然垄断、经济波动等问题，市场无法实现资源配置的帕累托最优。因此，弥补市场不足、提高资源配置效率成为最初的政府职能。另外，政府是由大量具有个人利益的雇员所组成，政府弥补市

场缺陷的干预并非尽善尽美，自由裁量权所产生的寻租行为、基于有限信息制定的偏差性政策等，特别是政府的市场干预行为缺乏激励措施而导致的效率低下在所难免，且政府干预市场的主要方式是设置行政许可，但缺乏问责机制的审批制度往往会致使审批流程日益繁杂，寻租机会日渐增多，浪费市场经营主体的时间与资源，影响市场主体的理性预期，降低市场活力，造成效率和福利损失。以法律形式存在的规范化的市场准入管理制度可以有效明确政府与市场的边界，规范政府行为，纠正“政府失灵”，减少政府不当干预，激发市场主体活力，释放经济增长潜力。

改革开放四十多年来，我国社会主义市场经济体制逐渐完善，“让市场在资源配置中发挥决定性作用”的理念日益深入人心，市场准入制度改革亦不断向纵深推进：政府审批领域日趋缩小、市场支配范围逐渐扩大，市场准入领域日渐放宽，政府直接干预市场的行为得到有效约束和控制，市场主体活力和经济增长潜力得以有效释放。

从我国政府与市场关系的变革历程来看，市场准入管理制度改革大致可分为四个阶段：

第一阶段，计划经济向商品经济过渡阶段（1978—1989 年）。这一阶段，计划经济的弊端逐渐被承认，指令性计划的范围和领域在一定程度上得以缩小，个体工商户也在法律许可的一定范围内允许从事工业、服务业、交通等商业活动，市场主体由国家和集体扩展至个体工商业，但须按照所有制差异进行登记，在一定程度上，工商企业的民事主体地位得以确立，个体工商活动在一定范围内得以开展，市场活力和经济增长在一定程度上得以释放。这一时期，基本可以认为是计划经济向有计划的商品经济的过渡时期，也是商品经济理念的社会普及于接受、认可时期，市场准入受到严格限制的时期，并不存在严格意义上的市场准入管理制度。

第二阶段，市场经济确立时期（1990—1999 年）。这一阶段是建立社会主义市场经济体制的探索期，严格意义上的市场准入管理体制设立期，市场主体的经营行为也以法律形式予以明确。1988 年，国务院正式颁布《关于投资管理体制的近期改革方案》，第一次以国家的名义系统阐述投资管理体制改革的目标、任务和具体措施。之后，市场准入改革进程加快，《中外合作经营企业法》《企业法人登记管理条例》和《私营企业暂行条例》相继颁布，市场准入管理体制逐步建立和完善，逐渐走向法制化轨道，企业准入登记转变为企业法人登记。1992年，党的十四大提出建立社会主义市场经济体制，计划经济体制下严格管控型的市场准入管理体制逐渐被打破。1993年12月，《公司法》正式颁布实施，符合市场经济要求的、法制化的市场准入管理体制正式登上历史舞台。

第三阶段，市场准入制度完善期（2000—2012年）。2001年11月，我国正式加入世界贸易组织。为适应世界贸易规则，并与国际贸易标准惯例接轨，相继制定并取消一些约束市场主体行为的法律法规，市场准入标准统一化步伐不断加快。2004年7月，国务院发布《关于投资管理体制改革的决定》，主要从转变政府职能、确立企业的投资主体地位、规范政府投资行为等方面，要求进一步简化和规范政府投资项目审批程序，明确审批、备案、核准三种投资管理方式的适用范围。此后，经过多年的不懈努力，"市场引导投资、企业自主决策"的新型投资管理体制逐步建立，国内市场准入管理体制统一化的轮廓渐趋清晰。

第四阶段，市场准入制度全面展开时期（2013年以来）。2013年，党的十八届三中全会通过的《关于全面深化改革若干重大问题的决定》，标志着市场准入制度进入全面深化改革时期。《决定》提出要"实行统一的市场准入制度，在制定负面清单基础上，各类市场主体可依法平等进入清单之外的领域"，"探索对外商投资实行准入前国民待遇加负面清单的管理模式"，"清除妨碍全国统一市场和公平竞争的各种规定和做法"。这一时期的市场准入制度改革力度较大、范围较广，公开、开放、透明的市场规则得以建立，以负面清单改革市场准入管理制度的思路逐渐明确，企业自主经营、公平竞争，消费者自由选择、自主消费，商品和要素自由流动、平等交换的现代市场体系初步形成。

8.2.2 市场准入的制度特征及存在的问题

1. 国内市场准入制度的特征

国内曾经长时期计划经济管理体制下政府包揽一切的做法和思想，是现代市场准入制度改革需要突破的隐形障碍。经过四十余年理论与实践领域的不断突破与创新，市场的价格决定机制逐渐完善，公开、透明、开放的市场规则和法治化的营商环境逐步建立，市场准入制度也更加完善，大致具有以下制度特征：

（1）三类主体分类管理的市场准入格局。

经过多年持续不断的市场取向改革，当前国内基本形成一般主体、特殊主体和涉外主体分类管理的市场准入格局。一般主体进入的市场领域大多属于开放程度较高、自由竞争较为充分的产业，由民法加以调整，主要采取备案和简易审批的管理方式。特殊主体的市场行为大多关系到国计民生、社会公共安全和国家利益，不适宜完全放开，须取得行政许可才可进入，由行政法、经济法或行业法加以调整，采取审批或核准的管理形式。涉外主体的市场准入行为分外国资本进入本国市场和本国资本进入外国市场两类，通常采取审批许可的形式。

（2）国际惯例与中国国情相结合。

改革开放是对外学习国际先进的市场管理经验、对内深化市场体制改革的过程，也是以西方发达资本主义国家的市场准入模式，改革政府管得过宽的计划经济模式，在某种程度尚具有混合管理的特征。一方面，脱胎于计划经济体制的市场准入制度，基于中国的国情，至今仍然将市场主体区分为国有企业、集体企业、民营企业和外资企业四大主体，并分别使用不同法律法规予以管理，“特事特办”现象时有发生；另一方面，深化改革开放离不开对国际经验的借鉴，以及在开放中不断与国际惯例接轨，对外开放成为倒逼市场准入制度改革的重要推动力，特别是加入世贸组织以来，国内市场准入制度改革步伐明显加快，国有企业市场化步伐加快，计划经济时期的一些特殊性地位和优惠待遇在一定程度上被取消或弱化，市场主体更加多元化，市场活力也在一定程度上得以迸发。

（3）“严进疏管”特征明显。

改革开放四十多年来，计划经济体制逐渐被社会主义市场经济体制所取代，但在国内市场准入管理方面尚存在一定的计划管理方式，重事前准入监管，轻事中、事后责任管理的特征较为明显：一方面，市场准入环节，审批、核准流程过长、环节过多，对市场主体准入资质标准设定过高，便捷性、透明性和便民性有所欠缺，部分地区存在人为提高市场主体准入成本的现象；另一方面，国内现行法律法规并没有有效约束市场准入管理方或中介机构的条款，对其责任缺乏明确规定和有效监督，市场准入申请人的弱势地位得不到有效保护、合法权益也难以维护，处于事实上的弱势状态。市场主体获得准入资格后，下一阶段的事中监督大多只是形式上的宽松监督，严格程度远远低于准入申请要求，“严进疏管”特征非常明显。

2. 国内市场准入制度存在的问题

政府失灵与市场失灵一样都是社会福利的损失，社会主义市场经济体制下，政府应该发挥怎样的职能，是最根本的问题，也是中国对内改革、对外开放必须要认真思考的问题。从整体来看，国内四十余年来的市场准入改革始终朝着减少政府对市场的直接干预的方向前进，政府对市场经济的直接干预力度和范围大幅减少，市场已经在大多数经济活动中发挥支配性作用。但在实际经济运行中，尚存在一些直接或间接增加市场主体交易性成本和制约市场活力的制度性问题：

（1）市场准入门槛整体偏高。

四十余年来，市场准入制度改革稳步推进，市场准入领域和范围不断扩大，特别是近年的商事制度和行政审批制度改革，极大地释放了市场主体活力和经济增长潜力，但仍与成熟、发达的市场经济要求有一段距离，市场准入门槛仍旧存在整体偏高。目前，国内的市场准入制度立法在很大程度上仍以行政许可为主要手段，政府相关部门拥有的自由裁量权过大，寻租、腐败现象更多出现于一些拥有行政审批权的部门，这也是拥有市场准入控制权的行政主管部门倾向于设立较高市场准入标准与条件的原因之一，直接增加市场主体的制度性交易成本，抑制市场活力的有效发挥。

（2）市场准入管理复杂、法律法规庞杂。

国内市场准入管理体系的构成和运作非常复杂，在很大程度上限制着市场主体的自主经营权利：管理机构多，拥有市场准入审批权限的行政机构分为中央和地方，发展和改革委员会、住房和建设部门、土地管理局、安监局、环保局、消防局等部门及其所属附属机构；准入方式多，营业执照颁发、审批、注册、行政许可、准许、特许、批准、审核等，准入方式繁多且多有交叉重复；审批环节多、流程长，层层审批、程序复杂、手续繁多，直接或间接提高市场准入难度和成本。

（3）市场准入公平性不够、透明度不高。

国内的市场准入体制更多体现的是国家的意志和政府的权力，然而，政府职能的履行者是相关机构的工作人员，在经济利益的驱使下，地方政府直接干预市场、进行资源配置就很难做到公平对待所有市场主体——这也是形成区域垄断和行业封锁的重要原因之一。所以，由政府部门完全履行市场准入职能，会在一定程度上造成不同所有制企业、不同组织形式的市场主体，特别是民营企业与国有企业之间的不平等竞争，隐性提高其市场准入门槛。当政府部门拥有“剩余决定权”时，市场就会处于获取“合法”地位的焦虑之中。

8.2.3　国内汽车产业市场准入存在的问题与解决办法

国内汽车产业的市场准入分为两部分：汽车生产企业的市场准入和汽车产品的市场准入。汽车产业的市场准入过程也是汽车生产企业的资质认可和获取的过程，汽车生产企业只有在设备、厂房、人员、管理设置、技术等方面满足国家相关法律法规要求，才被认可为具备汽车生产能力，获取汽车产品的生产资质，准许进入汽车生产市场。限制性的市场准入政策是导致国内汽车产业发展滞后的重要原因。

改革开放前后，中国汽车产业基础薄弱，政府实施“市场换技术”，由外资提供发动机、变速器等核心零部件，中外企业合作生产直至实现核心零部件自主研发的发展路径。不久，政府决策部门考虑放开汽车市场准入后，出现国内资本向汽车产业过度投资，造成资源浪费和重复建设等问题，便扶持几家车企垄断国内汽车产业，但是，这种政策性限制市场准入的做法最严重的弊端就是垄断性汽车生产企业缺乏市场竞争和自主创新意识，研发投入严重不足（约为同期销售收入的 0.8%），私有资本纵有决心，也难以获得汽车产业准入许可。

据统计，1986—1994 年间，中国汽车产业无一民族品牌诞生。1994 年，政府决策部门却进一步提高汽车产业市场准入门槛：发动机排量在 1600 CC 以下的轿车项目年产量不得低于 15 万辆，轻型货车项目年产量不得低于 10

万辆，轻型客车项目年产量不得低于5万辆。起步阶段的汽车工业只能望而却步。

表8.2 自主品牌汽车生产资质获取时间

汽车品牌	企业成立时间	资质获取时间
吉利	1986年	2001年
长城	1984年	2002年
奇瑞	1997年	2000年
比亚迪	1995年	2003年

另外，中国汽车市场准入的管理部门主要有工信部、质检总局、环保部、交通部和公安部交通管理局，与之相对应，汽车产品的市场准入大致可分为公告、中国强制认证、环保、燃料消耗量、注册和年检、召回。

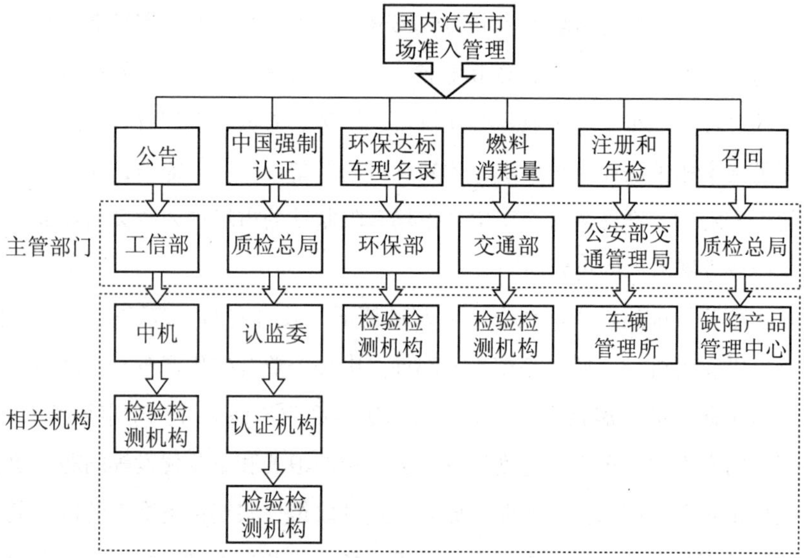

图8.3 国内汽车市场准入管理模式

近几年，汽车产业的市场准入限制大幅放宽，但仍存在政府监管部门过多，部分监管职能重叠的现象。同一产品有时需要多头申请和认证，存在审查流程复杂、周期过长等问题。以新能源汽车为例，按照现在的市场准入申请流程，汽车生产企业需要走完以下几步：

第一步，通过国家发改委审核，取得新能源汽车生产资质。

第二步，建设四大工艺生产线、购进设备等，生产性能源汽车。

第三步，需要经过“中机车辆技术服务中心”检测。

第四步，进入工信部企业和产品审核阶段……

此后，获准进入的企业还需进入产品推介目录，根据产品类别，再次递交相关申请，等待审批等等，许多新车建造势力并没有能力走完全部市场准入流程，只能以代工和合资合作的方式进入汽车产业。

此外，为扶持本地新能源汽车产业发展，某些地方以制定地方小目录、备案、年检、认定、监制、要求设立分支机构等形式，提高外地新能源汽车市场准入门槛，妨碍市场公平竞争和新能源汽车产业健康可持续发展。

本书认为，未来深化汽车产业市场准入制度改革应重点从以下四个方面展开：第一，允许企业相互代工和改装；第二，破除市场准入的各种隐性障碍，开放民营资本和其他产业资本进入汽车产业的通道；第三，深化政府行政管理体制改革，彻底改变政府部门多头管理、重复管理的局面；第四，从大品牌、大企业开始试点，逐渐放开汽车产品的自我认证限制。

8.3　行政审批制度对制造业高质量发展的影响

市场经济是企业在经济活动中发挥主要作用的经济体制，这就要求改变计划经济时期政府管得过宽、管得过多的问题，逐步改革计划经济遗留下来的行政审批体制，减少和优化行政审批事项，给企业自主经营松绑，激发企业的创造力与创新力，激活市场经济，促进经济增长。事实上，2001 年以来，中国的行政审批改革一直快速进行着，党的十八大后，政府更是在两年内取消或下放行政审批 500 多项，减少量超过三分之一。但是，由于国内许多地区还存在放权不到位等问题，或者是在某种程度上存在“你放我不放”“放小不放大”“放责不放权”“放权不放编”和“基层接不住”等现象，中国的审批改革进展并没有社会预期那样大。世界银行发布的《2015 全球营商环境报告》显示，中国营商便利度在 189 个主要经济体中名列第 90 位，而分项指标“开办企业”则居世界第 128 位，中国的行政审批仍然过于复杂、略显低效（夏杰长、刘成，2017）。这在很大程度上是企业制度性交易成本的主要来源，也抑制着企业创新能力和生产效率的提升。为此，《中国制造 2025》就把深化行政审批制度改革作为提升制造业企业活力，推动中国制造业由大变强的战略支撑和重要保障之一。①

8.3.1 行政审批制度改革的历程、特征与衡量指标

1. 行政审批制度改革历程

20 世纪 90 年代末，探索性的行政审批制度改革开始于深圳、江门等沿海开放地区，取得了较好的实践价值，积累了宝贵的改革经验。2001 年，中央层面实质性的行政审批制度改革正式拉开帷幕。截至 2017 年，中央政府共推动实施七次较大规模的行政审批制度改革，改革历程大致可分为以下三个阶段：

（1）起步阶段（2001—2004 年 6 月）。

2001 年 9 月，国务院成立行政审批制度改革领导小组，并召开专题电视电话会议，开展部署行政审批制度改革事项，实质性的行政审批制度改革在全国层面正式展开。②2001—2004 年间，国务院分三批取消或调整行政审批项目 1772 项。这一阶段行政审批制度改革以取消或调整行政审批事项为主，目的在于解决行政审批项目繁多的问题。

（2）发展阶段（2004 年 7 月—2012 年）。

2004 年 7 月 1 日，《中华人民共和国行政许可法》正式颁布，标志着行政审批制度改革步入法制化、规范化阶段。2004—2012 年间，国务院共计下文清理、取消、调整 314 项行政审批项目，与此同时，中央和各级地方政府严格依照法律规定，审核控制新增行政审批事项，行政审批事项审查论证机制初步建立。十余年间（2001—2012 年），中央政府的行政审批事项减少 69.3%，省级地方政府行政审批事项减少 68.2%，政府行政效率明显提升、

---

① 国务院关于印发《中国制造 2025》的通知 http：//www.gov.cn/zhengce/content/2015-05/19/content_9784.htm。

② 经检索发现，2001 年前成立审批中心的只有上海、深圳、广州、杭州、江门、连云港、绍兴、芜湖、鹰潭、宝鸡十个城市。2010—2014 年间，这十个城市占有 24% 的中小板公司，其中，上海、深圳和广州较为集中。

企业制度性交易成本显著降低，国内营商环境大幅改观。①

（3）深化阶段（2013 年以来）。

2013 年以来，行政审批制度改革步入简政放权、释放市场活力新阶段。此后三年间中央政府共计下文清理、取消、调整行政审批项目 714 项，变更 193 项工商行政事前审批为后置审批。② 中央层面清晰界定"政府—市场—社会"边界的权利的行政审批负面清单制度正式登上历史舞台。

2．行政审批制度改革的特征

中国的行政审批制度改革具有"中央鼓励""由点到面""自上而下"的典型特征。

（1）中央大力推进，改革方式多样。

2001 年以来，中央政府是行政审批制度改革强有力的推行者，也是改革的动力源泉。此后每年国务院都会调整或取消一批行政审批事项。与此同时，相应的法律法规修订也同步跟进。据统计，2001—2016 年间，国务院共计提请全国人大修订相关法律 34 项，从法律层面为进一步的行政审批制度改革扫清障碍。

从整体来看，前期的行政审批制度改革以"取消"审批项目为主要方式，随着改革的不断深入，审批事项的"调整"则是改革的主要手段，主要包括：合并和下放行政审批事项、公布审批事项权利清单、下放行政审批管理权、退出行业协会和自律组织具备审批能力的审批事项等。2007 年以后，改革开始触及有法律法规依据的行政审批事项。

（2）"先试点、后推广"的改革模式。

20 世纪 90 年代末，国内一些省市先于中央政府开始探索行政审批制度改革措施。比较典型的有海口市 1992 年实行的"三制"制度（直接办理制、窗口服务制和社会服务承诺制）和深圳市基于海口市改革经验于 1997 年开始的行政审批制度创新改革（分类管理、合并同类审批事项和由事前审批向

① 《我国十年行政审批制度改革成效明显》，载人民网 http：//politics.people.com.cn/GB/1026/16814807.html。

② 中国政府网 http：//spcx.www.gov.cn/bmcx/index.html。

事后监督转变等）。

此后，东部沿海地区（宁波、江门、金华等）的行政审批制度改革方式多为设立行政服务中心或行政审批中心，多部门集中办公提供一站式审批服务，以便利招商引资、改善营商环境，促进经济和社会发展，更是成为各地相仿的对象并作为成功经验在全国各地广泛推广。目前，全国各地区基本都已经设立行政服务中心或行政审批中心。

（3）外部因素的倒逼。

2001年，中国正式加入世界贸易组织，当时中国政府的行政管理方式尚与世贸组织规则存在一定的差异。《关于中国加入世界贸易组织有关情况的通报》就指出，强制清除和停止实施与世界贸易组织规则相悖的法律法规是中国政府的主要任务之一。因此，根据世界贸易组织规则要求，尽快调整政府管理方式与相关法律法规，就成为推动中国行政审批制度改革的重要外部因素之一。

2008年，全球金融危机爆发，世界经济增速放缓，国务院旋即成立行政审批制度改革工作部际联席会议，并审议通过三个行政审批制度改革的文件，①以期通过行政审批制度改革提高政府服务效率和质量，应对中国经济增长放缓的威胁，促进经济保持中高速增长，成为新一轮行政审批制度改革的重要推动力。

3．行政审批制度改革的衡量指标

行政审批中心是各地区行政审批事项的集中办理点，②目的在于实现审批事项的简化和集中办理，具有集聚整合和创新再造能力，是审批改革能否全面深化的关键（艾琳等，2013）。鉴于国内各地区社会发展水平存在一定的差距，各地市行政审批改革进展不一，因此，可以考虑采用行政审批中心设立的时序差异作为改革进展主要表现形式，这也可以较好地衡量该地区行政审批改革的进展程度和强度（夏杰长、刘成，2017）。因此，本书借鉴其

① 行政审批制度改革工作部际联席会议通过的三个文件分别是：《行政审批制度改革工作部际联席会议工作规则》、《关于深入推进行政审批制度改革工作的意见》和《全国行政审批制度改革工作电视电话会议方案》。

② 审批中心背后往往设立行政审批改革领导小组，指导全市的行政审批改革工作。

他文献的研究方法，利用行政审批中心设立的时序差异作为审批改革的衡量指标。

考虑到数据的可得性，本书选择地级以上城市作为研究样本，并在计量估计时将对应城市设立行政审批中心后的年份设置为 1，其余年份设置为 0（2013 年以前，国内各地市基本都已经设立行政审批中心）①，图 8.4 展示的是全国各地市新增行政审批中心的时间分布情况。

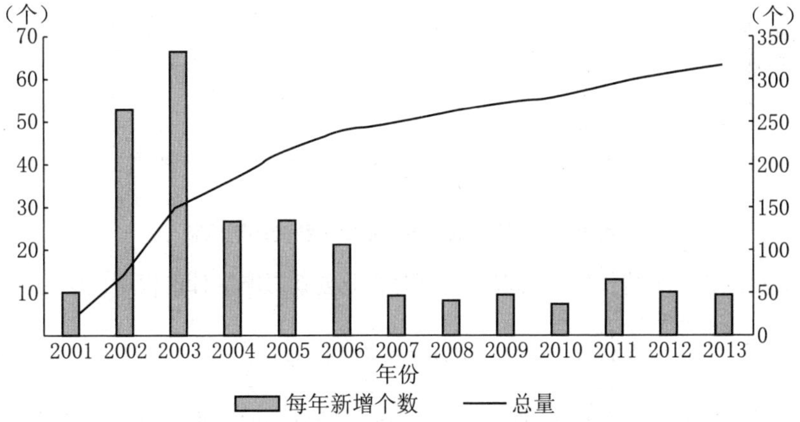

图 8.4　地级市设立行政审批中心的时间进度

从图 8.4 中可以看出较为明显的两个发展规律：第一，随着时间的推进，中国地级市设立的行政审批中心数量逐渐增多；第二，2002 年和 2003 年各地行政审批中心设立数量最多，审批改革政策的推动作用明显。尤其是 2002 年，当年成立行政审批中心 53 个，是以前年份成立总数的 5.3 倍，2005 年之后，大多数地级市均已设立行政审批中心，新设速度也逐渐趋缓。

8.3.2　行政审批制度对制造业企业创新产出的影响

企业创新能力的提升是企业发展的持久动力，也是制造业高质量发展的关键，政府政策的变化会对企业创新活动产生重大影响（左晶晶等，2016）。行政审批改革就是清晰界定政府与市场的权利边界，降低企业制度性交易成

① 2013 年以后，中国审批中心建设继续推进，2014 年 5 月天津滨海新区成立了全国首个行政审批局，启用行政审批专用章，实现“一颗印章管审批”。

本，最大限度地发挥市场的决定性作用，激发制造业企业创新能力，推动制造业高质量发展。

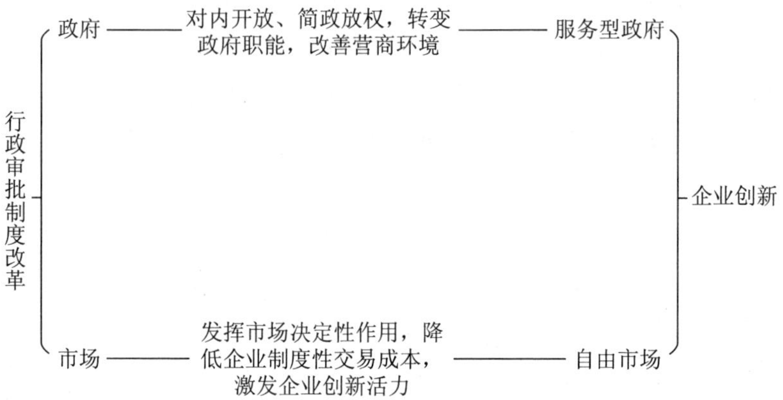

图 8.5　行政审批改革对企业创新的影响机制

因此，本书将检验行政审批改革对企业创新影响的计量模型设定为：

$$\text{Ln}\, Eio_{ijt} = \alpha + \beta^{*} Aer + C_{it} + \zeta_{it} \tag{5}$$

其中，*Eio* 表示企业创新产出，*Aer* 表示行政审批改革，*C* 表示控制变量；*i*、*j* 和 *t* 分别代表企业、城市和年份，被解释变量借鉴王文春等（2014）、赵西亮等（2016）和胡草（2017）的做法，使用制造业企业新产品产值代表企业创新产出；解释变量——行政审批改革借鉴夏杰长等（2017）和 Zhu 等（2016）的做法，利用各地级市行政审批中心成立的时序差异作为衡量指标；控制变量主要选取反映企业特征和城市情况的一些指标，比如企业规模、出口情况、政府补贴收入、资产负债率等和城市人口密度、产业结构、教育程度等。

本书制造业企业数据（新产品产值、出口产值、研发投入等）主要来源于中国工业企业数据库（1998—2009 年），并对其进行适当的稳健性处理，地级以上城市的数据（城市人口密度、产业结构等）主要来源于《中国城市统计年鉴》（根据 Hausman 检验结果 $P=0.000$，采用固定效应模型进行计量估计）。

表 8.3　行政审批改革对企业创新的影响：固定效应估计

被解释变量：企业创新产出（取对数）			
变　量	回归（1）	回归（2）	回归（3）
行政审批改革	0.045*** （0.018）	0.062*** （0.017）	0.054*** （0.016）
企业规模		0.572*** （0.011）	0.566*** （0.012）
政府补贴		−0.546*** （0.177）	−0.658*** （0.184）
资产负债率		−0.078** （0.032）	−0.084** （0.033）
常数项	9.533*** （1.183）	5.786*** （1.162）	3.254*** （0.510）
样本数	118875	118848	117737

注：限于篇幅，部分回归结果（企业性质、城市教育程度、产业结构等变量未在表格报告）。

回归结果显示，增加控制变量与否，行政审批改革对制造业企业创新产出的影响为正值，且在 1% 水平上显著，结果较为稳健。这说明，政府进一步深化行政审批制度改革，对内开放、简政放权，放松各类管制、改善营商环境，能有效降低制造业企业的交易费用，显著提升制造业企业的创新产出，降低制造业企业生产成本、提升产出效率，推动制造业高质量发展。

8.3.3　行政审批制度对制造业企业生产率的影响

制造业是技术创新和进步的载体，制造业高质量发展要求企业生产效率不断提高，以更少的物质要素投入生产更多的高质量产品。制造业企业生产率的提高，不仅指劳动生产效率的不断提高，使用更少的劳动力，还包括物质资料利用效率的不断提升，即生产同样的产品消耗越来越少的原材料和燃料。政府行政审批的主要目的在于降低企业制度性交易成本，构建公平竞争的市场准入环境、简政放权，以对内开放的形式放松各种管制、改善营商环境，发挥市场在资源配置中的决定性作用，推动生产要素流向高效率企业，为制造业企业生产率开辟新的增长空间。

因此，本书将检验行政审批改革对企业生产效率影响的计量模型设定为：

$$Ep_{ijt} = \alpha + \beta^{*}Aer + C_{it} + \zeta_{it} \quad (6)$$

其中，Ep 表示企业生产效率，Aer 表示行政审批改革，C 表示控制变量；ξ_{it} 是随机误差项，代表在行政审批改革和控制变量以外影响企业生产效率的其他随机性因素。i、j 和 t 分别表示企业、城市和年份，被解释变量按照学术惯例采用全要素生产率（TFP）刻画企业生产效率，表示企业 i 在 j 城市 t 时期的全要素生产率；解释变量行政审批改革借鉴夏杰长等（2017）和 Zhu 等（2016）的做法，利用各地级市行政审批中心成立的时序差异作为衡量指标；控制变量主要是反映企业特征和城市情况的一些指标，比如企业规模、出口情况、政府补贴收入、资产负债率等和城市人口密度、产业结构、全市人均外商直接投资额的对数值、教育程度等。

本书制造业企业数据（新产品产值、出口产值、研发投入等）主要来源于中国工业企业数据库（1998—2009 年），并对其进行适当的稳健性处理，地级以上城市的数据（城市人口密度、产业结构等）主要来源于《中国城市统计年鉴》。

表 8.4　行政审批改革对企业生产效率的影响：固定效应回归

被解释变量：企业生产效率			
变　量	回归（1）	回归（2）	回归（3）
行政审批改革	0.045*** （0.003）	0.082*** （0.006）	0.069*** （0.003）
企业规模		0.126*** （0.012）	0.130*** （0.012）
政府补贴		−0.228*** （0.046）	−0.244*** （0.046）
资产负债率		−0.031*** （0.006）	−0.030*** （0.006）
Log（全市人均 FDI）			0.024*** （0.003）
样本数	1290850	758206	753787

注：限于篇幅，部分回归结果如企业性质、城市教育程度、产业结构等变量未在表格列出。

表 8.4 的回归结果显示，增加控制变量与否，政府行政审批改革项系数符号均为正数，且在 1% 的水平上显著，结果非常稳健。这表明进一步深化行政审批制度改革，简政放权，规范审批事项，简化程序、明确时限，消除各种形式的行政垄断和地方保护主义，营造公平竞争的营商环境，完善市场的价格决定机制，能显著提高制造业企业是国内效率，推动制造业高质量发展。

8.3.4　进一步深化行政审批制度改革的建议

1．由事前审批向事中、事后监管转变

国内目前的行政审批制度存在重审批、轻监管的问题，这会在一定程度上造成增加制造业企业市场准入的制度性交易成本，但并没有有效减轻生产经营过程存在的违规经营现象。因此，本书认为，未来行政审批制度改革的方向应该是由事前审批向事中、事后监管转变，这需要从以下两个方面入手：第一，进一步加大行政审批制度改革力度，认真梳理保留的事前行政审批项目，削减不合理的事前行政审批项目。第二，建立全国性的企业诚信经营数据库，将企业违法、违规经营行为录入信息系统，并根据企业的信用记录审核企业的审批申请，同时，加大对企业经营行为的事中、事后监管力度，及时查处企业的违法、违规经营行为。

2．运用“互联网＋”和大数据技术提升审批效率

行政审批事项对制造业企业造成的制度性交易成本很大一部分来自繁多的项目、复杂的流程和漫长的审核过程，这也是阻碍制造业向产业链“中高端”迈进的主要原因之一，行政审批制度改革最重要的目的就是提升企业审批效率，可以考虑运用先进的信息技术提升行政审批效率。

（1）建立全国统一的审批信息管理系统，实现行政审批无纸化办公，以“零见面、零接触”的方式办理审批全流程，节约企业往来奔波的时间和物质损耗，降低企业制度性交易成本，提高行政审批效率。

（2）建立信息共享机制，避免多头重复审批。从前文所述的汽车产业的行政审批流程来看，政府各部门之间尚存在一定的信息壁垒，多头审批、重复审批现象时有发生，这也是目前行政审批效率低下的原因之一。未来进一步改革可以考虑利用互联网信息技术构建涵盖发改委、交通部、环保局、质监局、工商局等部门的审批信息共享数据库，实现信息共享和信息循环流动机制，消除重复审批现象，提高行政审批效率，降低企业制度性交易成本，提高企业生产效益。

3．大力打击审批中的腐败现象

行政审批制度改革的主要目的在于减少政府对企业和市场运行的不当干预，消除政府官员利用审批权限获取的寻租空间，行政审批制度改革意味着利益关系的重塑和一些政府部门权力的减小，必将遭到原有利益集团的阻碍。因此，可以考虑从反腐败角度入手，严厉打击制造业行政审批领域的腐败现象，震慑政府官员的寻租腐败念头，消除政府官员借助行政审批获取的寻租空间，降低行政审批制度改革的推行阻力，最大限度减少政府对企业的不当干预，降低制造业企业的制度性交易成本，发挥市场的决定性资源配置作用，提高制造业生产效率，降低生产成本，推动制造业实现高质量发展。

参考文献

[1] Joel P.Trachtman，Trade in Financial Services under GATs，NAFTA and the EC：A Regulatory Jurisdiction Analysis[J]，*Columbia Journal of Transnational Law*，1995，c34.

[2] Rodrik，D.，Premature deindustrialization[J]，*J Econ Growth*，2016，Vol.21：1—33.

[3] Miller，S. M.，Upadhyay，M. P.. The Effects of Openness，Trade Orientation，and Human Capital on Total Factor Pro-ductivity [J]，Journal of Development Economics，2000，63（2）：399—423.

[4] 黄永明、李姿：《对外贸易开放、对内区际开放与制造业全要素生产率提升》，《中国工业经济》2019 年第 1 期。

[5] 李雪松、张雨迪、孙博文：《区域一体化促进立刻经济增长效率吗？——基于长江经济带的实证分析》，《中国人口·资源与环境》2017 年第 1 期。

[6] 苗圩：《大力推动制造业高质量发展》，《求是》2019 年。

[7] 徐保昌、谢建国：《市场分割与企业生产率：来自中国制造业企业的证据》，《世界经济》2016 年第 1 期。

[8] 银温泉、才宛如：《我国地方市场分割的成因和治理》，《经济研究》2001 年第 6 期。

[9] 夏杰长、刘成：《中国行政审批制度改革对交易成本和经济增长的影响》，《中国经济学家》2007 年第 5 期。

[10] 胡草：《行政审批制度改革对中国制造业发展的影响研究》，华中科技大学博士论文。

[11] 艾琳、王刚、张卫清：《由集中审批到集成服务——行政审批制度改革的路径选择与政务服务中心的发展趋势》，《中国行政管理》2013 年第 4 期。

[12] 左晶晶、唐跃军、季志成:《政府干预、市场化改革与公司研发创新》,《研究与发展管理》2016 年第 6 期。

[13] 胡草:《行政审批制度改革对中国制造业发展的影响研究》, 华中科技大学博士学位论文 2017 年。

[14] 艾琳、王刚、张卫清:《由集中审批到集成服务——行政审批制度改革的路径选择与政务服务中心的发展趋势》,《中国行政管理》2013 年第 4 期。

（本章主持及执笔：郑得坤）

第 9 章　扩大开放与中国制造业高质量发展

本章提要：

制造业是中国对外开放最早的领域之一，同时也是市场竞争最为充分、激烈的领域之一。从理论上来看，扩大对外开放与中国制造业高质量发展是相辅相成、互相促进的辩证关系；制造业的高质量发展是推动中国由“制造大国”向“制造强国”转变的必然选择，而推动中国制造业高质量发展意味着制造业进一步扩大对外开放和走出去的广度和深度，充分利用国内国外两个市场；同时，制造业扩大开放有助于制造业营商环境的改善，有助于高质量制造业的“引进来”和“走出去”。中国制造业的发展过程就是一部制造业逐步对外开放和逐步深化开放的历史：改革开放早期的制造业对外开放主要是引入外国投资，通过优惠政策吸引国外资金来中国投资建厂，在引进资金和技术的同时，通过外溢效应推动中国制造业的发展；随着中国经济发展进入新常态阶段和中国高度融入全球产业价值链，中国制造业呈现出高水平、全方位的开放阶段，主要对外商实施“准入前国民待遇”加“负面清单”管理制度，与此同时，中国制造业“走出去”的步伐逐年加大、走出去的质量也得到很大的提升。中国制造业的开放发展呈现出三大特征：中国制造业利用外资政策逐年宽松，营商环境逐年提升；近几年来，引进的制造业规模有所下降，但引进的质量逐年上升，国外先进高端制造业纷纷进入中国，有助于中国制造业的高质量发展；中国制造业走出去的步伐逐年加快，且“走出去”的高端制造业所占比重呈显著上升趋势。

2018 年中国政府提出将全面开放制造业，中国制造业将全面实施“准入前国民待遇”加“负面清单”的管理模式、推动重大外资项目落地实施、坚持对内资企业与外资企业在中国发展一视同仁的原则。未来，中国将进一步通过扩大开放来推动制造业的高质量发展，着重进一步优化营商环境、加大引进国外高端制造业力度、推动中国高端制造业走出国门。

9.1　扩大开放与中国制造业高质量发展的关系

扩大开放与中国制造业高质量发展是相辅相成，互相促进的辩证关系：“推动制造业高质量发展”成为中国由“制造大国”向“制造强国”转变的必然选择，而推动制造业高质量发展蕴含进一步扩大对外开放，充分利用国内外两个市场来推动中国制造业的高端化发展的必然选择。扩大开放有助于制造业的高质量发展，有助于制造业营商环境的改善，有助于国外高端制造的引进来，有助于中国制造业尤其是高端制造业的走出国门，参加全球化竞争。

9.1.1　开放与发展的辩证关系

纵观中国 40 多年的改革开放和经济发展历程，可以发现：中国的开放与发展是相辅相成、相互促进的关系，对外开放极大地降低了制约中国经济发展的各类障碍和约束，促进了中国经济的快速发展；同时，中国经济的快速发展反过来进一步推动了中国开放的广度和深度。

一是开放会极大地促进经济的快速发展。经济发展是每一个国家执政党必须面对和思考的问题，如何推动本国经济快速和持续发展已经成为每个国家政府关注的重大问题。从新中国成立以来的经济发展历程来看，改革开放是中国经济快速发展的巨大推动力，是实现“两个一百年”奋斗目标、实现中华民族伟大复兴的关键举措。1978 年 12 月召开的党的十一届三中全会作出了改革开放的重大战略决策，邓小平在科学总结新中国成立后 30 年发展经验的基础上，提出了对内改革和对外开放的战略思路，从此中国经济开始了腾飞。一方面，改革开放解除了许多制度、政策、环境等方面的束缚，为中国经济的快速发展创造了良好的政策环境；另一方面，对外实行开放使得中国经济在发展的过程中可以充分地利用国内与国外资源，最大限度地发挥国内外两个市场的作用，是发展社会生产力的必然选择，是推动社会生产力发展的基本途径。中国改革开放 40 多年的发展经验表明，改革开放推动了中国经济的高速发展，是中国经济高速发展的动力源泉：中国国内生产总值从改革开放开始 1978 年的 3678.7 亿元增长至 2018 年的 90.03 万亿元，41 年间增长了约 243 倍；占世界经济的比重从 1978 年的 1.8% 提高到 2018 年的 15.9%，年均国内生产总值增幅达 9.6%，是世界平均发展水平的三倍；国内生产总值从 1978 年在全世界排名第 10 位到 2010 年超越日本，成为世界第二经济大国；人均国内生产总值从 1978 年的 385 元上升至 2018 年的 64644 元。可以说，改革开放推动了中国经济的快速发展；没有改革开放，就没有中国经济的腾飞和人民生活水平的快速提升。

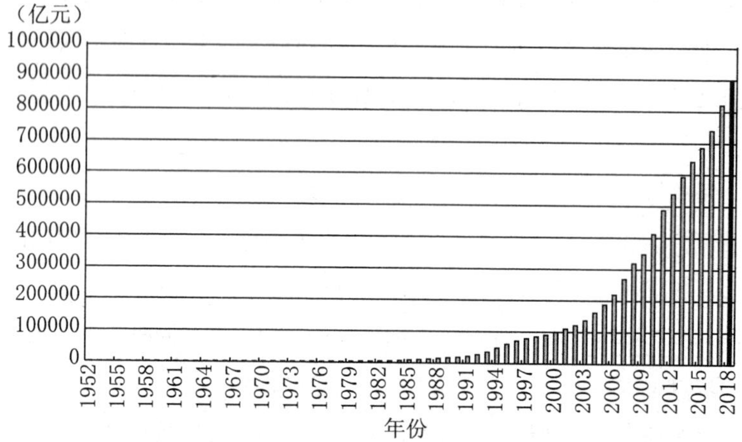

图 9.1　中国国内生产总值情况（1952—2018 年）

资料来源：万得数据库。

二是经济的快速发展反过来也会进一步促进对外开放。一方面，随着经济的快速发展，将会面临资源要素、资金要素等要素投入不足的问题；另一方面，经济的快速发展也会要求有更加广阔的市场来满足日益增加的生产能力。这时，快速发展的经济会推动对外开放的广度和深度不断扩大，促进对外开放。从中国经济发展和对外开放的历程也可以看到，国内经济发展是对外开放的保障和基础，一国对外开放的深度和广度也是与其经济发展水平息息相关的：在 1949 年至 1978 年改革开放之前的发展阶段，中国经济发展较慢，国内生产总值处于缓慢增长阶段，1978 年中国占世界经济比重仅为 1.8%，处于全球经贸体系的边缘。经济发展的严重滞后，反过来要求中国进行改革开放：在 1978 年 12 月召开的中共中央工作会议闭幕会上，邓小平提出中国要从局部地区、局部行业逐步推行改革开放。之后，随着 1978 年至 1991 年间中国经济的起步，中国贸易额和外商投资额开始出现缓慢增长，中国的对外开放处于试探期。随后，中国经济出现快速增长，全国国内生产总值从 1991 年的 22005.60 亿元增长至 2018 年的 90.03 万亿元。在此期间，中国对外开放的广度和深度均得到了极大的拓展：20 世纪 90 年代初期，上海浦东开始发展；2001 年中国加入世界贸易组织加速了中国融入全球贸易体系的步伐；2008 年全球金融危机爆发后，中国在困境中率先实现经济发展和贸易增长，推动全球经贸格局发生进一步变化；2013 年成为世界第一大货物贸易国；“一带一路”倡议带动了中国制造业企业与沿线国家和地区的全方位合作，等等。从中国经济的发展历程来看，经济发展得越快，那么改革开放的广度和深度也随之提升。随着中国经济的快速发展，中国在经济、政治、文化、教育、科技等各个方面的开放发展都取得了极大成就。近几年来中国经济的发展要求中国进一步提升经济开放的广度和深度，全面融入全球价值链中。

9.1.2　制造业高质量发展蕴含进一步深化对外开放

一是“推动制造业高质量发展”成为中国目前的必然选择。制造业是实体经济的基础和主体，中国经济要实现高质量发展离不开高质量制造业的发展。一方面，目前中国已经成为世界制造业大国，在世界各地均可以发现“中国制造”的身影：在世界 500 多种的主要工业产品中，我国生产的产品产量位居全球首位所占的比重已经超过了 40%；世界 500 强企业榜单上的中国企业数量逐年上升，2017 年世界 500 强企业榜单上的中国企业已经超过了 100 家，达到 120 家，上榜企业数量位居第二位，仅次于美国（上榜企业数量为126家），且中国上榜企业数量是排名第三位的日本的2倍多（日本上榜企业数量为52家）；① 制造业占全球比重逐年增长，近年来中国制造业占全球的比重基本稳定在26%以上，中国制造业的快速发展也为世界制造业的发展提供了广阔的市场空间和发展机会。另一方面，中国制造业在快速发展的同时，创新能力仍然相对较弱，在关键基础材料、核心基础零部件、元器件、先进基础工艺等工艺基础能力依然薄弱，关键核心技术短缺局面仍然没有根本性改变，也制约了中国制造业国际竞争力的提升。2018年，工信部对多家企业关键基础材料所做的一项调研显示，近三成的关键材料在中国仍然处于空白状态，关键基础材料、高端专用芯片、智能终端处理器、存储芯片等核心关键材料仍然严重依赖进口，部分核心关键材料的进口依赖度超过了90%。且我国制造业核心竞争力仍然较弱，在全球产业价值链仍然处于中低端；我国高新技术制造业占规模以上工业增加值的比值始终较低，2018年所占比重仍然不足五分之一，仅为13.9%；我国制造业创新投入不足，企业研发投入强度仍有很大的提升空间，2017年我国规模以上制造业企业的研发投入仅高于1%，为1.14%，与欧美等发达国家的研发投入强度存在较大的差距。2018年12月，欧盟发布的《2018年欧盟工业研发投资排名》显示，在榜单的前50名中，中国企业上榜的仅有华为一家公司②。因此，在中国经济发展由高速增长向经济高质量发展转变的新阶段，如何推动中国经济从量向质的转变，推动中国由“制造大国”向“制造强国”转变，推动中国制造业工艺基础能力的提升和关键核心技术的攻克，推动制造业的高质量发展，是中国制造业目前亟待解决的重大问题。

二是推动制造业高质量发展蕴含着进一步扩大对外开放。从2006年开始，中国出台了一系列推动高端装备制造业发展的政策：2006年《国务院关于加快振兴装备制造业的若干意见》、2017年的《中国制造业2025》、2017年的《增强制造业核心竞争力三年行动计划（2018—2020年）》、2018年

① 《2018年财富世界500强排行榜》，载财富中文网 http：//www.furlunchina.com/fortune500/c/2018-07/19/content_311046.htm。

② 《欧盟委员会发布〈2018年欧盟工业研发投资排行〉中国共有11家企业进入全球前100名》，http：//www.elecfans.com/d/838194.html。

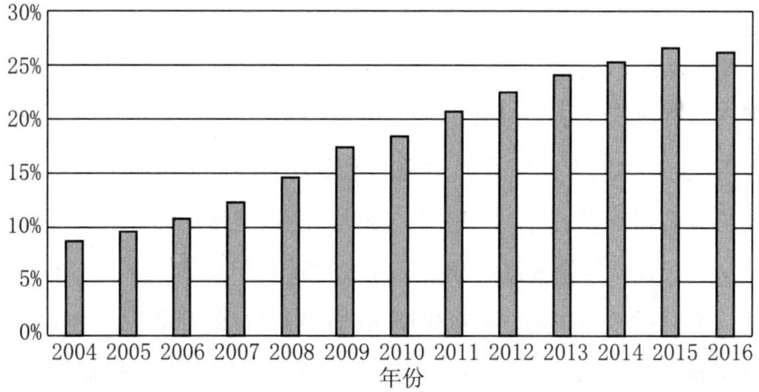

图 9.2　中国制造业增加值占全球市场份额（2004—2016 年）

资料来源：智研咨询。

的《新一代人工智能产业创新重点任务揭榜工作方案》等。中国发布的这一系列政策法规都指出中国要建设具有全球竞争力的制造产业、创建具有国际影响力的企业等，这些战略规划都暗含着制造业需要进一步扩大开放。因此，要推动中国制造业的高质量发展，必须要进一步扩大和深化制造业的开放；扩大制造业开放是推动制造业高质量发展的必然途径，通过进一步扩大对外开放，充分利用国内国外两个市场的资源，推动中国制造业的优化升级，努力推动中国制造业从全球价值链中低端向全球价值链中高端迈进。中国制造业的快速发展是伴随着 1978 年以来的改革开放政策的有力实施和力度增加而不断扩大。党的十九大报告在部署“贯彻新发展理念，建设现代化经济体系”时，明确提出中国推动形成全面开放新格局。因此，中国制造业高质量发展意味着需要进一步提升中国企业的国际竞争力，实现中国从国际价值链的中低端向价值链中高端的跨越，在引进高质量制造业企业的同时推动中国高端制造业的“走出去”，推动中国企业和全面参与国际分工协作，更好地融入全球经济中。因此，推动中国制造业的高质量发展、提升中国制造业的国际竞争力、扩大中国制造在全球产业价值链中的话语权，必须进一步扩大制造业的开放，吸引更多的外国先进高端制造业进入中国，同时也推动中国高端制造业走出国门，提高中国制造业在全球制造中的话语权。

9.1.3 扩大开放有助于制造业的高质量发展

一是扩大开放有助于制造业营商环境的改善。良好而宽松的营商环境，是一国经济快速发展和制造业高质量发展的基础条件。“水深则鱼悦，城强则贾兴”，良好的营商环境有助于吸引聚集发展要素，有助于吸引资金、技术、人才等生产要素的流入与集聚，因此，营商环境的好坏将会极大地影响一个国家或者地区经济发展的质量和速度。近几年来，中国政府不断优化营商环境，为制造业的快速发展提供坚实的基础，在此背景下，中国的营商环境得到了极大的提升，营商环境在世界的排名快速上升：根据世界银行发布的《2019 年营商环境报告》，2018 年中国的营商环境总体得分 73.64，比 2017 年提高 8.64 分，总体排名也已经从 2013 年的第 96 位跃升至 2018 年的第 46 位；中国电力指标、开办企业指标、保护少数投资者指标、办理施工许可证指标四项指标大幅上升，极大地促进了中国营商环境世界排名的快速上升。① “优化进口结构，积极扩大进口；进一步放宽市场准入，缩减外资准入负面清单，允许更多领域实行外资独资经营；……加快与国际通行经贸规则对接，提高政策透明度和执行一致性，营造内外资企业一视同仁、公平竞争的公正市场环境；……支持国家级经开区、高新区、新区开展自贸试验区相关改革试点……”②2019 年国务院政府工作报告提出的一系列推动全方位对外开放新举措将会进一步促进中国营商环境的改善，进而推动中国营商环境世界排名的持续提升，从而为高端制造业的引进来和走出去创造良好的发展环境。

二是扩大开放有助于国外高端制造“引进来”。“栽下梧桐树，引得凤凰来”，良好的营商环境，将会吸引大量国外制造业企业尤其是优质的高质量制造业企业进入中国，推动中国制造业的转型升级和高质量发展，提升中国制造业的国际竞争力。随着中国制造业的全面开放，《市场准入负面清单（2018 年版）》、“中国建立 12 个自由贸易试验区”等政策的逐步实施，外资企业在中国生产经营所面临的环境越来越宽松，越来越多的战略性新兴产业、高端制造企业等纷纷落户中国。商务部数据显示，2018 年中国新设立的制造业

① 世界银行：《2019 年营商环境报告：强化培训，促进改革》，10 月 31 日。

② 《2019 年国务院政府工作报告》。

外商投资企业逐月增加，全年设立制造业外商投资企业达 6152 家，较之于 2017 年同比增速为两位数，达到 23.4%，1—4 月的增速最快，达到 47.4%。制造业实际使用外资金额也快速增加，全年实际使用外资达 411.7 亿美元，同比增速达到两位数，为 22.9%；高新技术制造业实际使用外资占比增速高于整个制造业的外资使用增速，达到 35.1%。大量优质的外资制造业进入中国，一方面将大量的高端制造业引入中国市场，推动中国制造业的高质量发展；另一方面，国外先进技术和管理体系为中国本土企业学习新技术和先进经验提供了可供学习借鉴的渠道，从而进一步推动中国制造业的高质量发展。

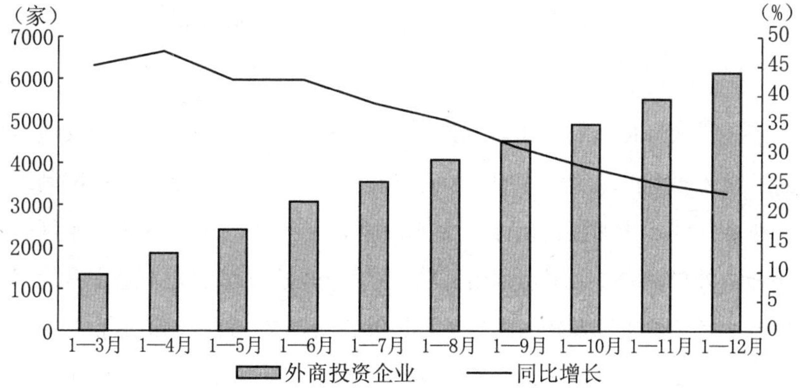

图 9.3　2018 年 1—12 月全国制造业新设立外商投资企业情况

资料来源：中国商务部。

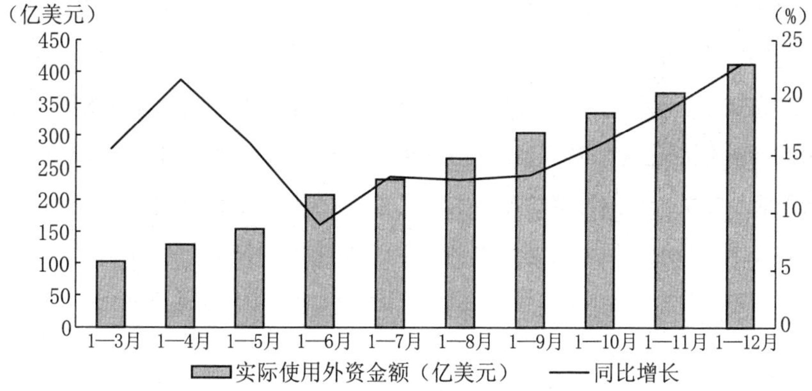

图 9.4　2018 年 1—12 月全国制造业实际使用外资金额情况

资料来源：中国商务部。

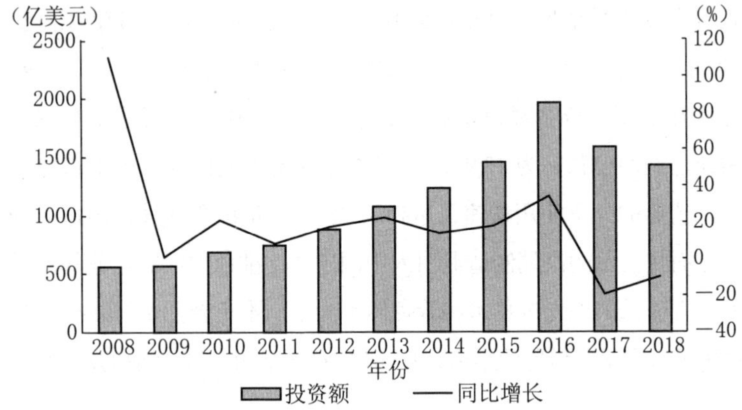

图 9.5　中国对外直接投资情况（2008—2018 年）

资料来源：中国商务部。

三是扩大开放有助于中国制造业“走出去”。随着中国对外开放的不断推进，对外投资的政策法规的不断完善和促进措施的不断实施，中国制造业走出去的步伐逐步加快，且行业投向范围进一步扩大。近几年来，中国制造业企业海外投资的步伐呈快速增长趋势：一方面是为了应对日益上升的劳动力成本、环境成本以及较高的税费负担等各项成本，国内制造业企业纷纷加快走出去的步伐；另一方面，为了提升自身国际竞争力和开拓国外市场，中国制造业企业逐步提升在国外中高端制造业的战略布局，中国高端制造业走出去的步伐也逐年加快。在两者的共同作用下，中国制造业的对外直接投资金额逐年上升。从商务部公布的数据可以看到，中国对外直接投资呈逐年上升趋势：从 2008 年的 559.1 亿美元增加到 2018 年的 1430.4 亿美元；在中国对外直接投资持续上升的大趋势下，中国制造业对外直接投资也逐年增加，2017 年中国制造业对外投资额达到 295.1 亿美元，比 2016 年增长 1.6%，占全国对外投资金额的比重达 18.64%。[①] 制造业对外直接投资的行业总数占全部对外投资行业的比重也高达 40%，[②] 成为中国海外投资的重点领域，投资领域涵盖了汽车、电子、食品、机械等诸多行业。中国制造业企业的“走出

① 《2018 对外投资回顾和 2019 年展望》，载搜狐网 http：//www.sohu.com/a/286885417_740456。
② 《2017—2018 年中国企业对外直接投资的现状与特点分析》，载网易网 http：//dy.163.com/v2/article/detail/E4UQ7V0H0519PJJ6.html。

去”，给当地带去了资金、技术和产品，推动了当地的经济发展，同时也为当地创造了大量的就业机会：截至 2017 年年底，中国企业在境外经贸合作区的投资累计就已经达 307 亿美元；给当地创造的就业岗位达 25.8 万个。显然，中国制造业的开放发展加快了中国制造业“走出去”的步伐，尤其是高质量制造业的“走出去”；在推动当地经济发展的同时，提高了中国制造业在全球产业体系中的话语权，提升了中国制造业的全球竞争力。

9.2 中国制造业开放发展现状分析

中国制造业的开放大致经历了四个阶段：开放发展的起步阶段、开放发展的加速阶段、开放发展的融入全球制造业体系阶段、开放发展的高水平阶段。随着制造业对外开放的程度和深度的不断扩大，中国制造业的对外开放呈现出三大特点：中国制造业利用外资政策逐年宽松，营商环境逐年提升；引进制造业的规模和质量呈现出一定程度的反向变动趋势；中国制造业“走出去”的步伐逐年加快。

9.2.1 中国制造业开放发展的历史沿革

改革开放以来，中国制造业快速发展，竞争力和成就都令世人瞩目。中国制造业的快速发展离不开其不断地对外开放，而中国制造业的开放发展与中国整体的改革开放是息息相关的。根据中国改革开放的进程，大致可以将中国制造业的开放发展分为四个阶段：

一是探索起步阶段（1979—1991 年）。1978 年党的十一届三中全会后中国的改革开放开始起步，在整个 20 世纪 80 年代，全国各地都沐浴在改革开放的春风中。其中，沿海地区的改革开放的步伐较大，并成为引领全国改革开放的重要力量。在改革开放起步和不断推进的大背景下，中国制造业的开放发展也随之进入了探索起步阶段。制造业探索起步阶段的最显著特征是：在该阶段主要通过非常优惠的外资政策吸引外国直接投资进入中国。且随着一系列外商投资政策的陆续发布，诸如《中外合作经营企业法》《涉外经济合同法》等，中国利用外资的制度体系逐步形成，为持续地引入外商直接投资奠定了政策基础。在制造业开放发展的探索起步阶段，中国 1980 年在广东、福建设立了四大经济特区——深圳、珠海、厦门和汕头，经济特区的设立极大地推动了经济的快速发展；1984年中国进一步开放了上海、大连、秦皇岛、天津、烟台等14个沿海城市。随着经济特区的设立和沿海城市的开放，中国的开放发展程度不断提升，沿海城市经济发展均取得了令人瞩目的成绩，并进一步带动非沿海地区经济的发展。同时，大量的外商直接投资进入中国沿海城市的制造业，推动了中国制造业的起步发展和技术提升。中国大门第一次主动向世界打开，一大批商业嗅觉敏锐的外国制造业企业，如汽车、轻纺制造业等外资企业纷纷来到中国，这些大型制造业企业在给中国带来资金和技术的同时，也推动了中国制造业的快速发展和转型升级，对中国制造业产生了非常显著的外溢效应。

二是加速开放阶段（1992—2001年）。一方面，以1992年邓小平南方谈话为契机，中国制造业“引进来”步伐逐步加快。20世纪90年代，在邓小平南方谈话和党的十四大政策引导下，中国改革开放加快向长江流域推进，在此期间，中国基本形成“四沿”的全方位开放格局，即沿海、沿江、沿边、沿路全方位开放格局。当时世界国际形势正朝着多极化方向发展，党中央、国务院根据世界国际新形势和中国90年代改革开放的总体战略部署，决定开发浦东，要把上海建设成为国际经济、金融、贸易中心的重大战略举措。浦东大开发在推动上海经济快速发展的同时，也带动了长三角地区和整个长江流域地区经济的快速发展；在此期间，上海也成了全国改革开放的先行者和排头兵，中国改革开放的进程进一步加快，随之而来的是中国制造业开放步伐的加快。在此阶段，随着开放的进一步深化，制造业利用外资的政策逐步规范，也成为吸引外商直接投资进入中国制造业的重要推动力：1995年我国颁布了《外商投资产业指导目录》《指导外商投资方向暂行规定》等政策法规；1997年进一步修改颁布了《外商投资产业指导目录》。在此期间的外商直接投资政策逐步转向“正面清单”+“负面清单”的形式，对外公示鼓励、允许、限制与禁止外商投资的具体产业目录。外商投资政策的转变提高了外商投资预期，使得外商投资的领域和范围进一步扩大，助推了我国制造业的快速发展和转型升级。在此期间，中国制造业的外商直接投资合同项目从1996年的18399个增加至2001年的19106个；实际利用外商直接投

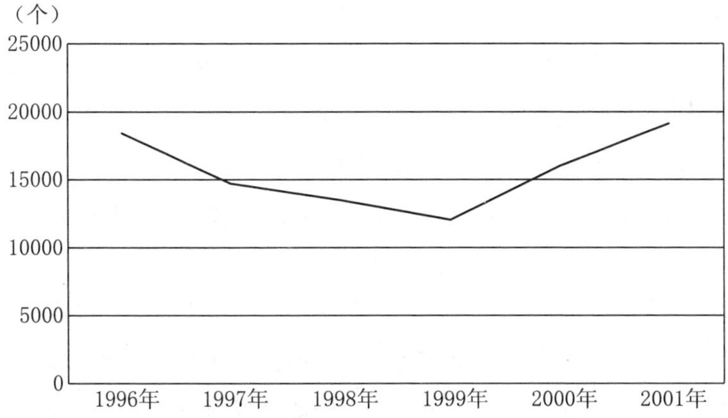

图 9.6　中国制造业外商直接投合同数量（1996—2001 年）

资料来源：万得数据库。

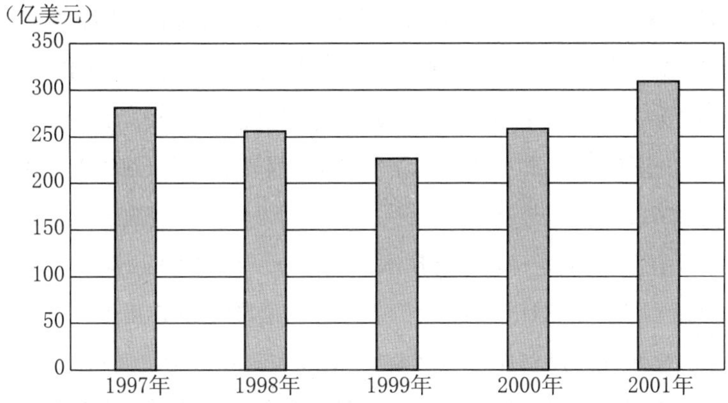

图 9.7　中国制造业实际利用外资情况（1997—2001 年）

资料来源：万得数据库。

资金额由 1997 年的 281.20 亿美元增长至 2001 年的 309.07 亿美元；在引进外资的同时，中国制造业开始广泛引进国外的设计和制造技术，且随着大量外国制造业企业进入中国，大量的各类制造业人才也纷纷涌入中国。另一方面，在此期间，中国制造业“走出去”开始起步。1998—2001 年间，世界开始了第五次并购浪潮；同时，2000 年中国提出“走出去”战略①，并出台了

① 2000 年，《中国中央关于制定国民经济和社会发展第十个五年计划的建议》首次提出“走出去”战略，2001 年“走出去”战略正式被写入《国民经济和社会发展第十个五年计划纲要》。

一系列支持企业“走出去”的优惠政策。在并购浪潮和中国“走出去”战略的双重作用下，中国制造业企业“走出去”开始起步，中国对外直接投资开始缓慢增长，但此阶段的对外投资较为分散，产业优势并不明显。

三是融入全球制造业体系阶段（2002—2012 年）。经过长达 15 年的艰难曲折的谈判，中国于 2001 年 12 月 11 日成为世贸组织成员。自此，中国的对外开放也从有限范围、领域、地域内的开放，向全方位、多层次、宽领域的开放转变。以加入世贸组织为契机，中国制造业的开放速度快速提升，中国制造业迅速走向全球市场。一方面，对外商投资的管理逐步与国际接轨。加入世贸组织后，中国不断对外商投资的相关法律法规进行了修改，以符合世贸组织的国际标准和要求，中国外商投资政策进一步从加速开放阶段的“‘正面清单’＋‘负面清单’”管理体制向“对外商投资实施准入后国民待遇”转变，对外商投资的管理进一步与国际接轨。外商投资管理政策的调整，对外商直接投资有着双重影响：在此期间，中国制造业利用外资从 2002 年的 24930 个下降至 8970 个；但与此同时，外商直接投资的质量和投资规模有所提升，实际利用外商直接投资金额由 2002 年的 368 亿美元上升至 2012 年的 488.66 亿美元。另一方面，越来越多的中国制造业企业开始走出国门，面向全球市场开展国际化竞争。在此期间，随着中国“走出去”战略的实施和全球化竞争的日益加剧，中国制造业走出去步伐加快。中国制造业对外直接投资净额从 2003 年的 62404 万美元快速增加至 2012 年的 866741 万美元，10 年间对外直接投资净额增长近 13 倍。在此期间，中国企业收购步伐加快：联想收购 IBM 的个人计算机业务、中石油收购哈萨克斯坦 PK 公司、中石油和中石化联合收购加拿大石油公司在厄瓜多尔的石油资产和管道资产、北汽收购瑞典萨博公司部分知识产权、吉利收购了沃尔沃轿车集团的全部实物资产和无形资产等等。越来越多的中国制造业企业通过收购兼并国外企业，推动了中国制造业大规模拓展走出去的领域，突破垄断获得更多关键核心技术。更多的中国制造业企业走出国门，在提升自身国际竞争力的同时，也提高了在全球价值链中的话语权，进一步融入全球制造业体系。

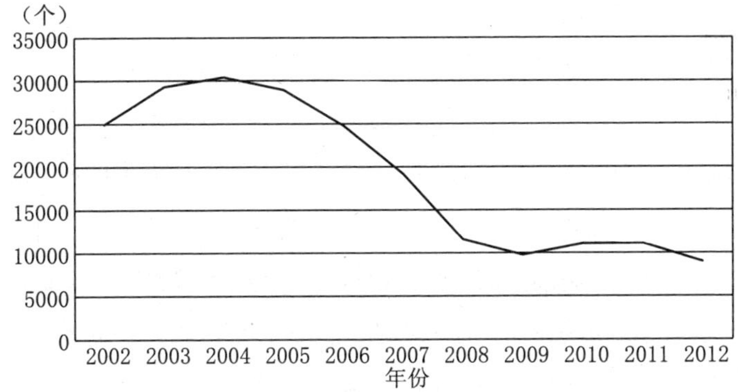

图 9.8　中国制造业外商直接投资合同数量（2002—2012 年）

资料来源：万得数据库。

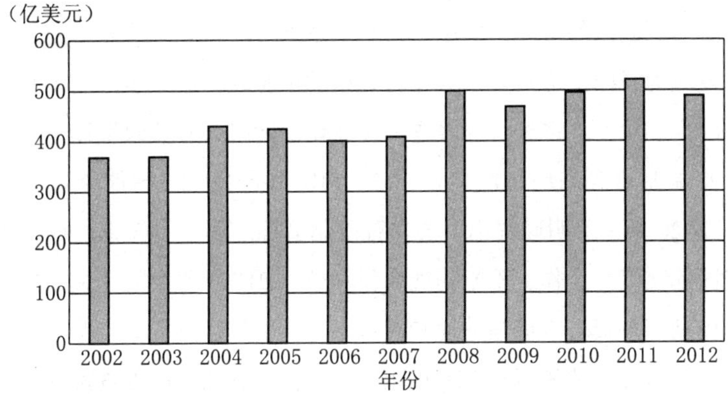

图 9.9　中国制造业实际利用外资情况（2002—2012 年）

资料来源：万得数据库。

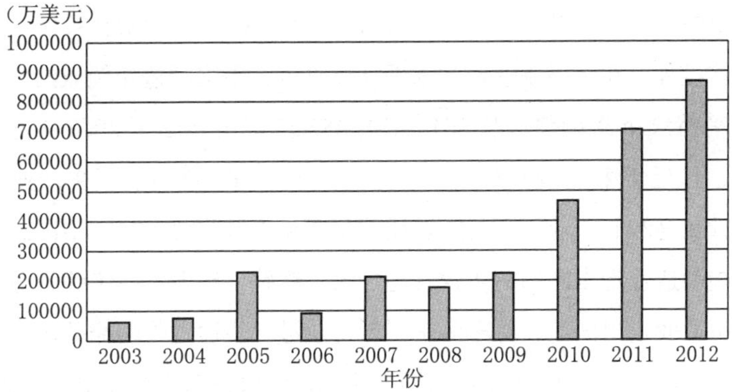

图 9.10　中国制造业对外直接投资净额（2003—2012 年）

资料来源：万得数据库。

四是高水平开放阶段（2013 年以来）。经过 30 多年的高速发展，中国经济取得了令人瞩目的成绩；同时，中国经济发展速度逐步放缓，进入了“增速放缓、质量效率型集约增长、创新驱动”的经济新常态发展阶段。在新的经济发展阶段，中国的对外开放进入了高水平、全方位发展阶段。随之对应的，中国制造业也逐步进入了创新引领的开放发展新阶段。（1）外商投资管理制度进一步向“实施准入前国民待遇加负面清单管理制度”转变。2013 年，中国（上海）自由贸易试验区正式挂牌成立，自贸区内对外商投资实行“准入前国民待遇”加“负面清单”管理；随后，上海自贸区的成功经验被推广至全国，截至 2018 年，上海、广东、天津、福建、辽宁、浙江、河南、湖北、重庆、四川、陕西、海南 12 个省份均设立了自由贸易试验区。随着大量自由贸易试验区的设立，国家出台了一系列外资管理办法和措施，使得自贸区建设成为我国推进对外开放先行先试的试验区，进一步推动了我国经济开放的广度和深度。在经济开放进一步深化的同时，开放政策逐步转向智能制造、高端制造等高质量制造业领域：2016 年印发的《智能制造发展规划（2016—2020 年）》明确提出，要在智能制造标准制定、知识产权等领域广泛开展国际交流与合作，不断拓展合作领域；2017 年印发的《关于扩大对外开放积极利用外资若干措施的通知》指出，鼓励外商投资高端制造、智能制造、绿色制造等制造领域；2018 年印发的《积极有效利用外资推动经济高质量发展若干措施》明确表示，取消或放宽汽车、船舶、飞机等领域的外资准入限制；2018 年 6 月底，新版外商投资准入负面清单发布，在新的外商投资负面清单中，制造业开放是其中一项重点内容。（2）外商直接投资也进入了结构调整过程。在中国制造业高水平开放阶段，中国制造业领域的外商直接投资额呈持续下降趋势，从 2013 年的 455.55 亿美元降至 2017 年的 335.06 亿美元，且近年来中国外商直接投资进一步向高端制造、新兴产业等领域拓展，且在高端制造业方面的投资比重呈逐年上升趋势。（3）中国制造业尤其是高端制造业走出国门的步伐日趋加大。铁路、核电、海工装备等一批高端装备制造业走出国门；更多的中国制造业进一步通过收购兼并方式大规模拓展海外市场，如 2013 年双汇集团并购全球最大猪肉生产商史密斯菲尔德，2014 年联想收购摩托罗拉旗下所有专利、品牌和商标组合、全球 50 多家运营商的合作关系等等。随着“一带一路”倡议的提出和“中国制造 2025”战略的提出，中国制造企业进一步加大与“一带一路”沿线国家的合作，加大对沿线国家的投资；中国制造业对外直接投资金额则呈快速上升趋势，从 2013 年的 71.97 亿美元上升至 2017 年的 295.07 亿美元。

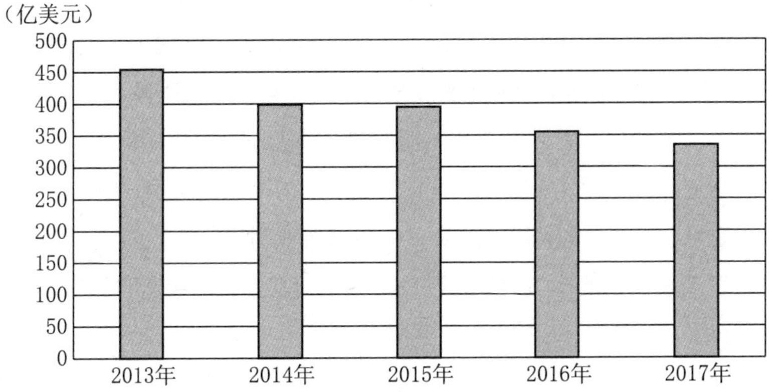

图 9.11　中国制造业实际利用外资情况（2013—2017 年）

资料来源：万得数据库。

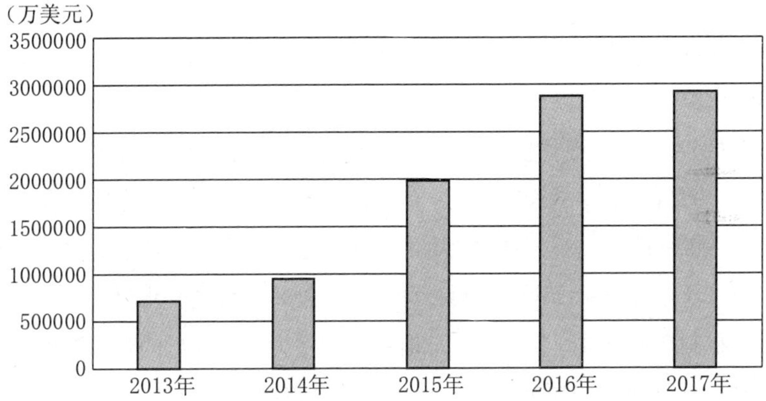

图 9.12　中国制造业对外直接投资净额（2013—2017 年）

资料来源：万得数据库。

9.2.2　中国制造业开放发展的现状特征

中国制造业经历了 40 多年的改革开放，随着开放的不断推进和深化，中国制造业的开放领域不断扩大；同时，我国制造业在“引进来”的同时坚持

“走出去”，逐步形成了全方位、多层次、宽领域的对外开放格局。从中国制造业的开放发展历程来看，中国制造业开放呈现出三大显著特点：中国制造业利用外资政策随着国内外环境在不断的调整中，且外资政策逐年宽松，营商环境逐年提升；中国引进制造业外商投资的规模呈下降趋势，但引进的外资质量则呈现出逐年上升的趋势；中国在引进高端制造业的同时，“走出去”的步伐逐年加快，且近年来高端制造业走出去的步伐呈快速上升的趋势。

1. 中国制造业利用外资政策逐年宽松，营商环境逐年提升

营商环境的优化，为制造业企业的持续快速发展提供了沃土，有利于促进中国制造业的快速发展，并进而推动制造业的高质量发展。

一是从1978年改革开放以来，中国制造业引进外资政策逐年放松，开放政策逐渐成熟并逐步与国际化接轨，为中国制造业的快速和健康发展创造了良好的外部环境。从制造业的开放发展的历史沿革来看，中国的外商投资管理政策经历了从探索起步阶段的大力引进外资、加速发展阶段的“正面清单”＋“负面清单”、融入全球制造业体系阶段的与逐步“国际接轨”以及高水平发展阶段的实施“准入前国民待遇”加“负面清单”管理制度四个阶段。中国的外商投资管理政策逐步宽松，为制造业的外资引入创造了良好的政策环境。近几年来发布的一系列政策，体现了我国主动全面放开制造业的战略思路：2013年以来，中国推出来一系列政策措施，放宽外资准入，为制造业的发展创造公平竞争环境；从加入世界贸易组织、全面融入世界经济，到上海自由贸易试验区的设立、海南中国特色自由贸易港的建设、推动共建“一带一路”……一系列政策的发布实施助推中国制造业的对外开放形成了中东西全方位制度创新，对外开放的广度和深度进一步得到扩展。具体来看，在制造业开放早期阶段，此时颁布的多为非常优惠的政策法规，旨在大力吸引外资进入中国制造业，如《中外合资经营企业法》《涉外经济合同法》等，为早期外资进入制造业奠定了良好的政策基础；而到了高水平发展阶段，此时的开放政策则更注重公平、涵盖范围的大小、产业结构的优化布局、高端制造业发展等方面，如《外商投资产业指导目录（2017年）》进一步降低了对外商投资的准入限制。2018年，中国进一步修订出台了外商投资准入的负面清单，进一步拓宽了外商投资的准入领域，飞机制造业、船舶建造和汽车制造业等领域在不久的将来也均将对外资开放。

二是中国制造业对外开放已经处于较高的水平。中国制造业的外资准入越来越宽松。中国一般制造业在准入环节上已经实现全部对外资开放。商务部发布的数据显示，2018 年中国新设立的制造业外商投资企业数量达 6152 家，同比增长达到 23.4%。按照《外商投资产业指导目录（2017 年）》，制造业的 31 个大类中，完全对外资开放的比重已经达到了 71%；179 个中类和 609 个小类的制造业完全对外资开放的比重均已超过 90%，分别为 93.3% 和 96.1%；2018 年，中国进一步修订出台了外商投资准入的负面清单，将会进一步扩大制造业对外资开放的领域。政策环境的不断优化宽松、更有吸引力的营商环境，使得中国与外资形成了稳定的共赢格局：根据中国国家统计局公布的数据，2016 年规模以上外商投资的工业企业实现利润总额达 17351.9 亿元，较之于 2015 年增长了 12.1%，高于全国平均水平 3.6 个百分点；根据上海美国商会发布的《2017 年中国商业报告》，2016 年绝大部分受访的美国企业在华均实现了盈利。①

2. 引进制造业的规模和质量呈现一定程度的反向变动趋势

一是外商直接投资规模呈先升后降的趋势。从图 9.13 可以看到，自

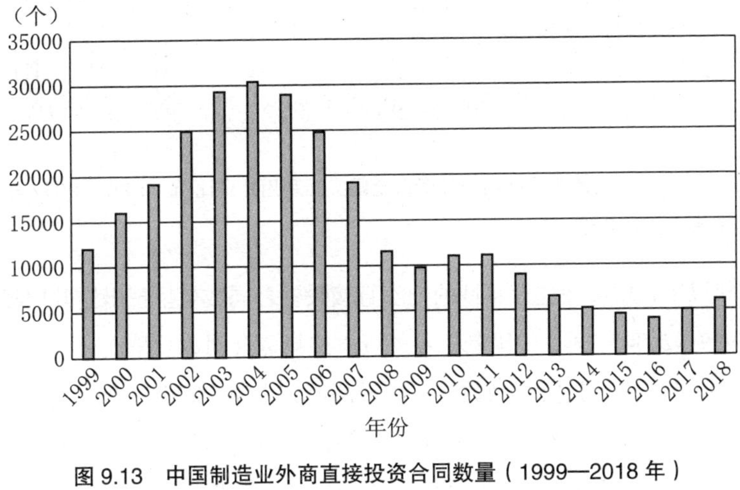

图 9.13　中国制造业外商直接投资合同数量（1999—2018 年）

资料来源：万得数据库。

① 《商务部：我国引进外资已连续 25 年位居发展中国家的首位》，载证券时报网 http：//kuaixun.stcn.com/2017/1012/13685732.shtml。

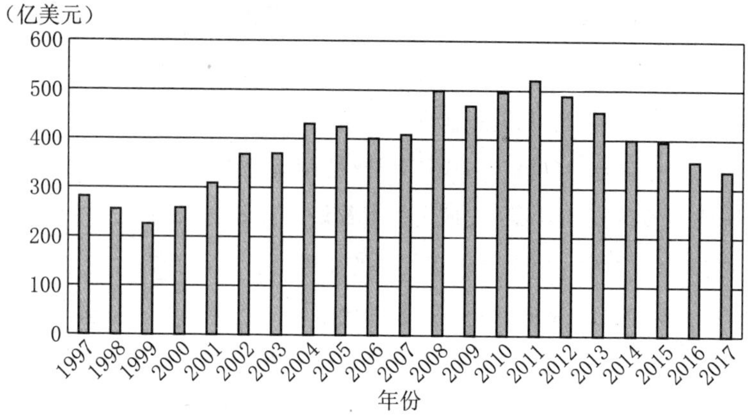

图 9.14　中国制造业实际利用外资情况（1997—2017 年）

资料来源：万得数据库。

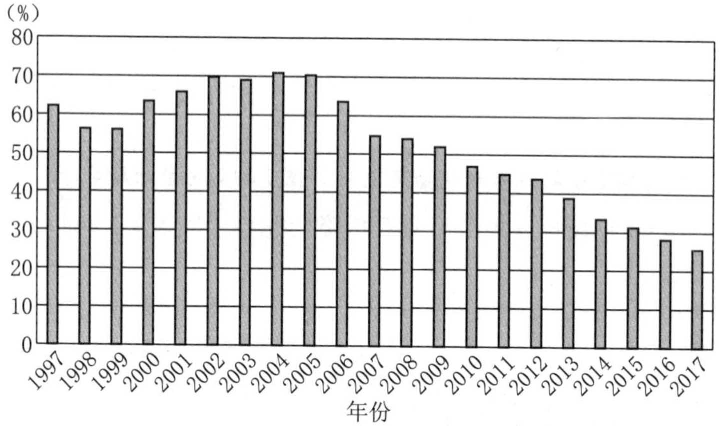

图 9.15　中国制造业实际利用外资占全国实际利用外资比重（1997—2017 年）

资料来源：万得数据库。

1999 年以来，中国制造业领域的外资直接投资合同数量呈现出先升后降的趋势：1999—2004 年间，中国制造业外资直接投资合同数量呈上升趋势，2004 年制造业外资直接投资合同数量达到最高值，为 30386 个；2004—2018 年间制造业外资直接投资合同数量呈下降趋势，2016 年达到最低值，为 4013 个，随后制造业外商直接投资合同数量又有一定的上升趋势。与制造业外商直接投资合同数量变动趋势相一致的是，中国制造业实际利用外资金额基本上也呈现出先升后降的趋势；同时，相比于合同数量的波动幅度，制造业利用外资金额的波动则相对稳定，近年来实际利用外资额尽管有下降的趋势，但保持在较高的相对稳定水平，从图 9.14 可以看到，2004 年以来的制造业实际利用外资金额基本保持在 400 亿美元以上。同时，制造业实际利用外资金额占全国实际利用外资金额的比重也出现先升后降的趋势，但近年来所占比重趋于稳定，基本上占全国实际利用外资金额的三分之一左右。

二是外商直接投资质量呈逐年上升趋势。一方面体现为单笔合同金额呈逐年上升趋势。从图 9.16 可以发现，尽管在 1997—2003 年间单笔实际利用外资金额有下降趋势，但之后年份中的单笔实际利用外资则呈快速上升趋势，从 2003 年的 126.14 万美元一路增长至 2016 年的 877.37 万美元（2017 年以来有所下降），这说明单笔合同的外商投资金额越来越大。另一方面体现为外商直接投资逐步拓展至高新技术制造业领域。随着中国制造业从高速增长阶段转向高质量发展阶段，与此相对应的是中国更加注重智能制造业、高新技术制造业等高端制造业领域的发展。与中国产业的战略布局也影响了外商直接投资的投向，使得外商直接投资的重点从加工制造逐步拓展至计算机、集成电路、智能制造等高新技术领域：2016 年高技术制造业引进外资占比接近五分之一，为 19.1%，所占比重较之于 2012 年提高了 5 个百分点；跨国公司在华研发中心数量快速上升，已经超过了 2400 家。①

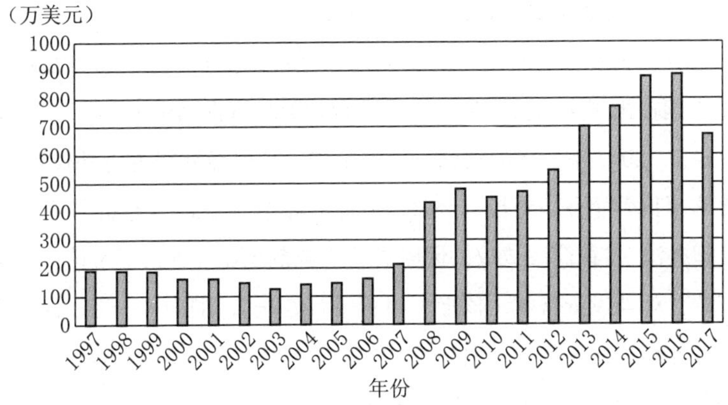

图 9.16　中国制造业单笔合同金额情况（1997—2017 年）

资料来源：万得数据库。

① 《扩大开放频繁出招　我国吸收外资呈现四大亮点》，载中国产业信息网 http：//www.cinic.org.cn/index.php?a=show&catid=16&id=406965&m=content。

三是外商直接投资资金的地区来源更趋多样化、合理化。从外商直接投资的资金来源来看，中国外商直接投资主要来自亚洲，2015—2017年来自亚洲的外商直接投资占全部外商直接投资的比重的80%左右，但来自欧洲和北美洲等地区的外商直接投资近年来有增长趋势。

表9.1 外商直接投资的地区分布（2015—2017年）

地 区	2015		2016		2017	
	外商直接投资（亿美元）	占比（%）	外商直接投资（亿美元）	占比（%）	外商直接投资（亿美元）	占比（%）
总计	1262.66	100	1260.01	100	1310.35	100
亚洲	1041.59	82.49	988.21	78.43	1091.94	83.33
非洲	5.85	0.46	11.27	0.89	6.57	0.50
欧洲	68.97	5.46	94.34	7.49	88.37	6.74
拉丁美洲	91.38	7.24	122.16	9.70	63.62	4.86
北美洲	30.43	2.41	31.04	2.46	42.86	3.27
大洋洲及太平洋岛屿	24.44	1.94	12.68	1.01	16.10	1.23
其他	0	0.00	0.20	0.02	0.90	0.07

资料来源：中国统计年鉴。

3. 中国制造业走出去的步伐逐年加快

一是中国企业“走出去”的政策逐步完善，企业“走出去”更趋理性。2000年中国提出“走出去”战略，并出台相关政策推动中国企业走出国门融入世界经济；2017年，中国出台了《关于进一步引导和规范境外投资方向的指导意见》《民营企业境外投资经营行为规范》，国家发改委发布了《企业境外投资管理办法》，在简政放权的同时进一步规范企业境外投资改革；2018年1月实施的《对外投资备案（核准）报告暂行办法》，围绕“一带一路”倡议，在推进对外投资便利化的同时防范对外投资的风险，推动中国对外投资的持续健康发展；2018年1月实施的《境外投资敏感行业目录（2018年版）》，则对四大敏感领域的对外投资进行相应规定。一系列对外投资政策的出台和实施，为中国制造业对外投资的健康稳定发展提供了政策基础。在政策的大力推动和企业融入全球化内在要求的双重作用机制下，中国一大批品牌纷纷走出国门，将中国制造业的高品质、高技术、高服务、高性价比带给全世界。

二是中国制造业对外直接投资规模呈增长趋势。从图 9.17 可以看到，在 2003—2009 年间，中国制造业对外直接投资额均保持较低水平，均未超过 50 亿美元；随后，随着中国经济和制造业的快速发展，中国制造业对外直接投资额出现了快速增长，从 2003 年的 6.24 亿美元快速增加至 2017 年的 295.07 亿美元，15 年间增长了 46.29 倍。

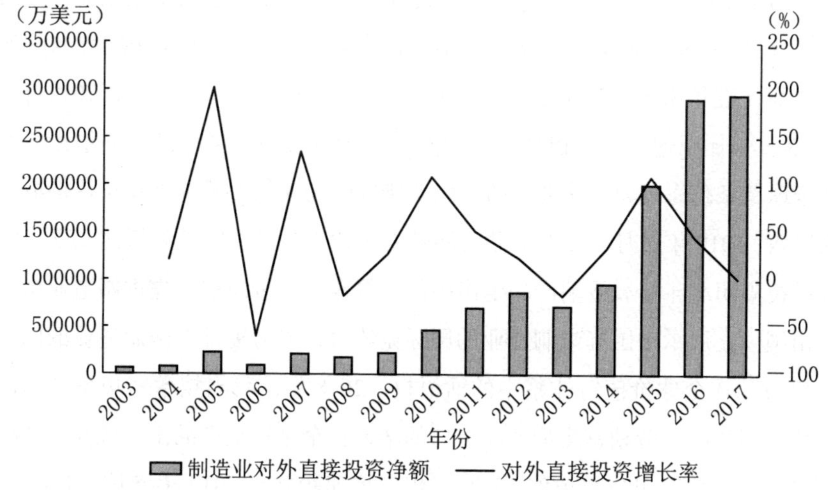

图 9.17　中国制造业对外直接投资额及其增速（2003—2017 年）

资料来源：万得数据库。

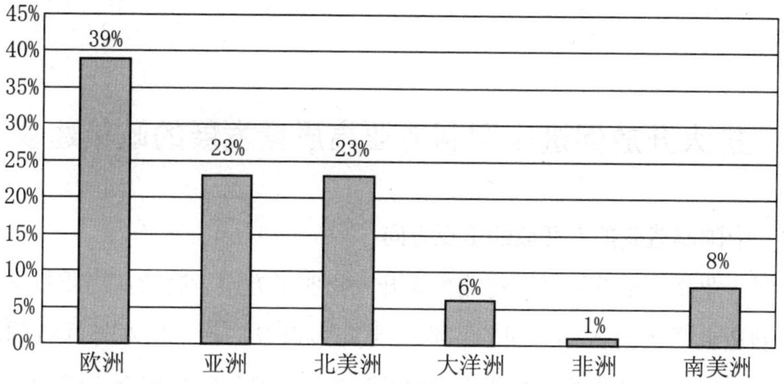

图 9.18　2017 年中国对外直接投资的地区分布

资料来源：企业国际化蓝皮书课题组，《中国企业全球化报告（2018）》，社会科学文献出版社 2018 年版。

三是制造业对外直接投资规模快速增加的同时，资金投向更趋合理。从海外投资的区域分布看，2017 年中国企业海外投资集中于欧洲、亚洲及北美洲，投资数量最高的为欧洲，39% 的中国海外投资投向了欧洲；其次是亚洲国家，23% 的海外投资流向了亚洲；资金流入第三位的则为北美洲，23% 的资金流向了北美洲。流向这三个地区的中国对外直接投资金额占比达到 85%；流向其他地区的资金占比则为 15%。

四是中国企业“走出去”的质量逐年上升。越来越多的中国企业“走出去”，已经从最初的投资分散、投资于中低端产业逐步延伸至不同领域的各个方面，近年来更是转向技术含量高、产品附加值高的产业，如 2019 年 2 月 13 日，比亚迪集团与巴西巴伊亚州正式签署合同，将在巴西萨尔瓦多修建全球首条跨海云轨，比亚迪研发团队研发的无人驾驶系统等高科技将被引入巴西；2019 年 2 月，北斗船载终端随着蓉达长沙号货船顺利抵达文莱，航天科技集团北斗船载终端产品走出国门，等等。大量高端的先进制造业纷纷走出国门，展示中国高端制造业的国际竞争力，努力提升中国制造业的国际竞争力和在全球价值链体系中的话语权。2018 年，我国技术密集型产品出口增速明显高于劳动密集型产品出口的增速：全年机电产品出口额高达 9.65 万亿元，占我国出口总值的 58.8%，出口增速较之于 2017 年增长 7.9%；而同期的服装、玩具等 7 个大类劳动密集型产品出口额则远低于机电产品出口额，为 3.12 万亿元，同比增速仅为 1.2%，低于机电类产品出口增速 6.7 个百分点。①

9.3 扩大开放促进中国制造业高质量发展的政策建议

9.3.1 中国制造业扩大开放的重点方向

制造业高质量发展为制造业扩大开放指明了方向。制造业高质量发展是未来制造业发展的方向和重点：党的十九大报告将新一轮对外开放的战略目标定位于实现“高质量发展”；2019 年 3 月，国务院总理李克强的政府工

① 《中国企业“走出去”，越走越好》，《人民日报（海外版）》2019 年 2 月 28 日。

作报告提出了“围绕推动制造业高质量发展，强化工业基础和技术创新能力，促进先进制造业和现代服务业融合发展，加快建设制造强国”；[①]2019年4月，工信部进一步表示我国将深化制造业开放合作。因此，未来重点布局先进制造业、推动制造业高质量发展，是中国制造业提质增效、提升中国制造业国际竞争力、增强中国制造业在全球价值链中的话语权的有力抓手，也将推动中国从“制造大国”转向“制造强国”。未来中国制造业扩大深化开放的领域将关注于四个方面：一是制造业的全面开放，包括飞机、船舶、汽车、电信等领域的开放；二是扩大深化高端装备制造业、高附加值制造业的开放；三是鼓励全球制造业研发中心在华建立，通过引进国外先进、核心、关键性技术推动中国制造业的高质量发展；四是吸引高新技术领域的外国直接投资。

9.3.2　进一步优化营商环境

一是加强顶层设计与制度安排，推动政策制度的逐步完善，营造公平竞争的市场环境。首先，营造更加宽松的政策环境。营商环境的完善，离不开完善的顶层设计与制度安排；从制造业开放发展的历程来看，整个制造业营商环境的改善，是与制度环境的逐步完善息息相关的。从开放早期对外资的“优惠待遇”到近年来的“非禁即入”的规定，制造业发展所面临的政策环境愈加宽松。2018年11月发布的《国务院办公厅关于聚焦企业关切进一步推动优化营商环境政策落实的通知国办发〔2018〕104号》指出，中国将进一步减少社会资本的市场准入限制，为外资的进入尤其是高质量资本的进入营造更加宽松的环境。[②]其次，清理地方保护以及行政垄断行为。2019年修订的《公平竞争审查制度实施细则（暂行）》指明，将纠正滥用行政权力排除、限制竞争行为，创造公平公正的市场竞争环境。再次，拓宽融资渠道，缓解中小微企业融资困境。中小企业是一国持续创新的动力源泉，需要贯彻落实国家对中小企业融资政策及配套措施，创新政银企协调机制，开展供应链金融创新服务，推动缓解中小微企业融资难融资贵问题。复次，制定

① 《2019年国务院政府工作报告》。

② 《国务院办公厅关于聚焦企业关切进一步推动优化营商环境政策落实的通知国办发〔2018〕104号》，2018年11月8日发布。

并完善相关标准体系建设，为推动制造业加快转型升级、引进先进高端制造业创造良好的制度环境。最后，加强诚信政府建设，提高政府的公信度和诚信度。

二是提高政府的服务效率和服务便利性，推动政策制度的落地。高效、便利的政府服务是衡量营商环境的重要指标，也涉及政策能否有效地落地。首先，需要提升政府与企业的良性沟通。作为营商环境制度创新供给方的政府，应该建立与企业的制度需求的良好沟通和反馈机制，使得政府与企业间信息能够及时沟通、反馈。其次，完善不同部门之间的协同机制。政策的推进落地涉及多个政府部门，明确各个部门的职责和权限，建立各个部门之间完善的协同机制，使得各部门能够形成与企业快速响应和反馈，有助于优化营商环境。最后，推进"互联网 + 政务服务"，全方位提升政务服务效率。随着互联网技术的快速发展，互联网技术被运用到了各个领域，因此，通过推进"互联网 + 政务服务"，为推动制造业高质量发展提供更为便利的服务。

三是完善营商环境评价体系。目前，世界银行的营商环境评价体系中商业法规指标所占的比重较高，所评估的内容可能过于狭窄；营商环境不仅包含法律法规指标，也应该包含良好的经济发展环境、人文环境、生态环境等多个方面的内容，因此，应该进一步完善中国营商环境的评价体系构建，在参考借鉴世界银行营商环境评价指标体系的基础上，将上述四个方面的内容引入营商环境评价指标中，从而赋予营商环境更多的内涵，完善中国营商环境评价体系。

9.3.3 加大引进国外高端制造业

一是政策指引国外先进高端制造业进入中国，推动中国制造业高质量发展。国外先进制造业进入中国，需要中国对制造业的整体战略规划和政策引导。中国已经发布了一系列的政策，引导国外高端制造业进入中国：2016 年发布的《智能制造业发展规划（2016—2020 年）》对智能制造业的开放作出了相关规定；2017 年发布的《关于扩大对外开放积极利用外资若干措施的通知》鼓励外商投资高端制造、智能制造、绿色制造等制造领域；2018 年 6 月发布的《积极有效利用外资推动经济高质量发展若干措施》在取消或放宽部分领域的外资准入限制外，进一步鼓励外资投向高新技术领域，等等。因此，未来仍需进一步在智能制造、先进制造业、高端制造业等方面发布相关的政策法规，积极创造更有吸引力的投资环境，引导外资进入先进高端制造业、高新技术制造业等领域，推动中国制造业高质量发展。

二是打造先进制造业基地，为引入国外高端先进制造业打造沃土。产业集群通过溢出效应、规模效应等促进地区经济增长；产业集群有利于区域内先进技术的扩散，增强地区整体竞争能力。因此，中国应筑巢引凤，通过推动先进高端制造业集群发展，打造一批先进高端制造业集群；通过园区内良好的基础设施和优惠的政策，吸引国内先进高端制造业进入；通过先进高端制造业集群的集聚效应、规模效应、溢出效应等，推动我国制造业的高质量发展，并进而推动我国产业从全球价值链的中低端向全球价值链的中高端迈进。

三是积极主动提高制造业对外开放的层次和水平，将各个领域的先进高端制造业引入中国。产业的全球化发展趋势不可逆转，中国制造业未来会进一步扩大开放领域和开放深度。目前来看，中国一般制造业已经全部实现对外开放，中国也将进一步落实汽车、船舶、飞机等行业开放要求，放宽外资股比限制特别是汽车行业外资股比限制；未来智能制造进一步在集成电路、新一代信息通信技术产业、数控机床及智能机器人、航空航天装备、节能与新能源汽车、海洋工程装备及高技术船舶、新材料、生物医药及高性能医疗设备等战略性新兴高端制造产业对外开放，引入国外相关企业进入中国。随着先进制造业和高端制造业对外开放广度和深度的拓展，将会进一步吸引国外先进高端制造业进入中国。

9.3.4　推动中国高质量制造业走出国门

一是依托国家“一带一路”倡议推动中国高质量制造业走出国门。“一带一路”建设，是我国今后相当长一个时期对外开放和对外合作的总规划，将有利于推动中国制造业拓展国外市场，为中国制造业的“走出去”提供了良好的历史性机遇，对于全面提升我国全方位开放水平具有重大意义。“一带一路”沿线国家和地区 65 个，约 44 亿人口，约占世界总人口 60%，但经济总量占世界的比重约为三分之一，多数国家资源丰富但工业化相对落后。因此，中国制造业依托“一带一路”倡议，发挥沿线开放优势，推动有条件的国家和地区建立一批境外合作产业园区，设立合作产业投资基金、培育合作龙头企业、兼并重组当地企业、建立研发机构等多种方式，在全球产业价值链重新布局的大背景下，助推“中国制造”走出去，提高中国制造品牌的国际影响力，全面提升我国制造业的国际竞争能力和全球产业价值链中的话语权，推动中国制造业的高质量发展。

二是借助自由贸易试验区和海南自由贸易港建设推动中国高端制造业走出国门。自由贸易试验区和自由贸易港是中国全面探索深化改革开放的“试验田”，是中国在激烈国际竞争中的一块重要探路石，是中国建立新的全球竞争力和向价值链中高端攀升的重要抓手。中国应充分利用自由贸易试验区和贸易港内的优惠政策和特殊监管政策，推动中国制造业加大科技研发能力，攻克核心和关键性技术，提升中国制造业的核心竞争力，提高中国制造业在全球产业链中的话语权和全球影响力，推动中国制造业全面融入全球产业链和向全球价值链的中高端攀升，实现“制造大国”向“制造强国”的转变。

三是大力发展专业服务机构推动中国高端制造业的“走出去”。中国制造业走出国门，提高国际竞争力，离不开专业服务机构的有力支撑。通过发展专业服务机构，为高端制造业的走出国门提供科学准确的海外风险信息，使得制造业能够胸有成竹地“走出去”，提升自身的国际竞争力；推进人民币全球服务体系的构建，加快建设完善人民币支付清算体系，为人民币国际使用提供基础性服务，为中国制造业资金的海外清算提供便利，帮助制造业企业在“走出去”过程中“走得稳、走得好”。

参考文献

[1] 丁晋清:《从哲学高度把握开放发展的内涵和要求》,《人民日报》2016 年 11 月 11 日第 7 版。

[2] 韩超、朱鹏洲:《改革开放以来外资准入政策演进及对制造业产品质量的影响》,《管理世界》2018 年第 10 期。

[3] 李廉水:《中国制造业 40 年：回溯与展望》,《江海学刊》2018 年第 5 期。

[4] 刘洪民、刘炜炜:《改革开放 40 周年中国制造业创新发展的历史回顾与思考》,《技术与创新管理》2019 年第 1 期。

[5] 马大卫:《改革开放 40 年中国制造业的荣衰变迁及其未来崛起之路》,《云南社会

科学》2018 年第 3 期。

[6] 苗圩:《大力推动制造业高质量发展》,《求是》2019 年 3 月 18 日。

[7] 穆朗峰:《改革开放以来中国制造业成就与面临挑战》,《理论视野》2018 年第 11 期。

[8] 企业国际化蓝皮书课题组:《中国企业全球化报告（2018）》2018 年 12 月 12 日。

[9]《中国制造业全面开放惠全球》,《人民日报（海外版）》2018 年 5 月 1 日。

[10] 尚会永、白怡珺:《中国制造业高质量发展战略研究》,《中州学刊》2019 年第 1 期。

[11] 世界银行:《2019 年营商环境报告》2018 年 10 月 31 日。

[12] 孙虎、陆平:《推动制造业实现　更高水平开放》,《经济日报》2018 年 9 月 14 日。

[13] 王俊岭:《中国企业"走出去",越走越好》,《人民日报（海外版）》2019 年 2 月 28 日。

[14] 王珍珍、黄茂兴、梅红:《持续优化营商环境方略》,《开放导报》2019 年第 4 期。

[15] 王学先、张秦肇:《从对外开放到开放发展——习近平开放发展思想与邓小平对外开放思想比较研究》,《南华大学学报（社会科学版）》2018 年第 8 期。

[16] 辛国斌:《以制造业高质量发展引领建设制造强国》,《中国科技产业》2018 年第 8 期。

[17] 赵勤:《进一步优化营商环境助力经济高质量发展》,《黑龙江日报》2018 年 4 月 10 日。

[18] 张国勇、娄成武:《基于制度嵌入性的营商环境优化研究》,《东北大学学报》2018 年第 3 期。

[19]《商务部：我国引进外资已连续 25 年位居发展中国家的首位》，载证券时报网。

[20]《扩大开放频繁出招　我国吸收外资呈现四大亮点》，载中国产业经济信息网。

（本章主持及执笔：曹永琴）

第 10 章　制造业高质量发展的产业政策转型研究

本章提要：

改革开放 40 多年来，中国制造业高速发展并取得巨大成就，并已跃居全球第一制造大国。但是仍须看到，中国离制造强国仍有相当距离，现阶段制造业发展面临一些突出的问题与挑战，这包括全要素生产率及资本回报率的恶化，传统低成本竞争优势的逐渐减弱，精益制造能力相对不足，技术能力与创新能力仍相对落后。中国迫切需要推动制造业高质量发展。制造业的高质量发展，有以下几层含义：第一，制造业发展应具有较高的效率，这包括具有较高的生产效率、配置效率以及生产率的持续提升；第二，制造业产品质量的持续提高，产品可靠性、稳定性、安全性、加工精度等逐渐向国际先进水平靠拢，更好满足人民对高品质产品的需求；第三，制造业技术能力与创新能力不断积累与提升，主导产业的技术水平与创新能力逐渐达到世界先进水平；第四，制造业绿色可持续发展，实现制造业发展与环境生态可持续之间的协调；第五，制造业包容性增长，让更多的人能公平地参与制造业的发展中来，并分享由此带来的繁荣和利益。

当前，中国推动制造业高质量发展主要面临四个主要方面的障碍：一是不公平竞争与竞争失序问题依然较为严重；二是制造业创新生态欠佳，包括知识产权保护制度不完善，制造业技术创新与扩散的公共服务体系缺失；三是对传统制造业发展、传统制造业与高新技术产业协同发展的重要性认识不足；四是当前产业政策模式不能适应制造业高质量发展的需求。推动制造业高质量发展，需要高度重视传统制造业的高质量发展，并以功能性产业政策促进制造业高质量发展。构建功能性产业政策体系，需要注意以下四个方面：一是产业政策应与竞争政策是相容、互补与协同；二是激励与促进技术创新和扩散的政策居于核心地位；三是应重视包容性发展，让各阶层的人们可以凭借自身努力，相对公平而充分地参与到制造业发展中来，并分享发展成果；四是高度重视促进产业绿色发展，协调产业发展与环境可持续之间的矛盾，促进两者之间的协同。

促进制造业高质量发展的产业政策体系，主要包括以下八个方面的内容：一是建立现代化的产业治理体系，构建公平竞争的市场环境；二是构建完备科技创新与技术扩散公共服务体系，高度重视先进实用性技术在传统制造业领域的应用与扩散；三是培养多层次高质量人才，积极引进国际高水平人才；四是推进更高层次、更高水平对外开放，鼓励企业融入全球创新链；五是以公平竞争推动优胜劣汰，促进产业组织的优化调整；六是优化调整产业补贴政策，提升产业补贴的合规性与有效性；七是严格生态环境保护，推动制造业绿色发展；八是产业政策制定程序与组织方式的优化调整，嵌入公平竞争审查机制。

10.1　中国制造业发展概况

改革开放 40 多年来，中国制造业高速发展并取得巨大成就。2010 年中国就已跃居成为全球制造业第一大国。2016 年，中国的制造业增加值为 30798.95 亿美元，居于世界第二的美国其制造业增加值为 21830 亿美元，中国制造业增加值接近美国与世界第三位日本的制造业增长值之和。① 但是，中国制造业的发展仍不充分，在向高质量发展转型过程中还面临诸多问题和

① 黄群慧：《改革开放 40 年中国的产业发展与工业化进程》，《中国工业经济》2018 年第 9 期。

挑战。第一，粗放式规模扩张的产业发展方式越来越难以为继，投资效率与全要素生产率正在迅速恶化，环境与生态承载已接近极限化；[①]第二，由于劳动力成本与环境成本的快速上升，我国制造业在国际市场中低端产品领域传统的低成本竞争优势不断减弱，与此同时，发达国家在制造业领域和先进技术领域加强了战略部署，力图占领未来制造业发展的制高点，强化其在制造业领域的技术与创新优势，巩固并重塑其在全球制造业的竞争优势，中国制造业的高质量发展面临双重挤压的不利局面；第三，精益制造能力、高品质产品生产能力与质量管控能力不足，个性化、高复杂性、高质量要求的产品的生产能力不足，在制造加工的精密性、极端制造能力、产品的可靠性、质量的稳定性等方面与世界先进水平仍有相当差距；第四，技术能力与创新能力不足，关键技术与核心技术受制于人，近年来中国与美国、欧盟的贸易摩擦加剧，对于中国在高新技术领域旨在获取技术的跨国并购、技术购买均保持高度的警惕，中国从外部获取先进技术的难度显著增加。

当前，中国制造业生产效率恶化、竞争优势减弱，导致“过早去工业化”或“恶性去工业化”的风险显著加大，并且对于中国跨越中等收入陷阱带来不利影响。[②]现阶段，制造业应仍是中国经济增长的重要引擎，必须提升制造业发展的质量。[③]党的十九大报告指出：“我国经济已由高速增长阶段转向高质量发展阶段，正处在转变发展方式、优化经济结构、转换增长动力的攻关期，建设现代化经济体系是跨越关口的迫切要求和我国经济发展的战略目标。”制造业的高质量发展在整个国民经济高质量发展中居于相对核心的地位。2018年底召开的中央经济工作会议及2019年初国务院政府工作报告中均明确提出要推动制造业高质量发展，加快建设制造强国。目前，中国制造业高质量发展仍面临诸多问题，现行的产业政策体系也不能适应现阶段高质量发展的要求，需要进行调整和优化。

① 江飞涛、武鹏、李晓萍：《中国工业经济增长动力机制转换》，《中国工业经济》2014年第5期；白重恩、张琼：《中国生产率估计及其波动分解》，《世界经济》2015年第12期。

② 黄群慧、黄阳华、贺俊、江飞涛：《面向中上等收入阶段的中国工业化战略研究》，《中国社会科学》2017年第12期。

③ 魏后凯、王颂吉：《中国“过度去工业化”现象剖析与理论反思》，《中国工业经济》2019年第1期。

10.2　制造业高质量发展面临的主要问题

制造业的高质量发展，有以下几层含义：第一，制造业发展应具有较高的效率，这包括具有较高的生产效率、配置效率以及生产率的持续提升；第二，制造业产品质量的持续提高，产品可靠性、稳定性、安全性、加工精度等逐渐向国际先进水平靠拢，更好满足人民对高品质产品的需求；第三，制造业技术能力不断积累与增强，创新能力不断提升，主导产业的技术水平与创新能力逐渐达到世界先进水平；第四，制造业绿色可持续发展，实现制造业发展与环境生态可持续之间的协调；第五，制造业包容性增长，让更多的人能公平地参与制造业的发展中来，并分享由此带来的繁荣和利益，为低收入阶层创造更多提高收入的就业机会。当前，中国制造业发展面临一些比较突出的问题，不利于制造业的高质量发展。

10.2.1　不公平竞争与竞争失序问题依然较为严重

不公平竞争与不正当竞争仍是制约制造业高质量发展的重要原因。公平的市场竞争能通过优胜劣汰机制不断改进市场的配置效率，并迫使企业不断创新、提升效率与产品质量。现阶段，中国制造业公平竞争的制度环境尚未形成，公平竞争审查机制的落实相对缓慢，产业政策与竞争政策之间存在较为严重的冲突。这主要表现在以下几个方面：

第一，当前中国部分行业通过实施严格管制准入与投资审批，导致这些行业不同程度存在行政性垄断。对于市场准入的管制、对于投资的管制、进口实行国营贸易管理和配额政策、对于某些商品价格的直接管制等，加剧了市场主体之间的不平等，不利于公平竞争市场环境的形成，降低了市场效率。① 行政性垄断行业的效率提升缓慢，并对于下游行业的发展、整个国民经济效率的提升与健康发展带来不利影响。②

① 魏加宁、杨光普：《以竞争政策推动高质量发展》，《比较》2019 年第 1 期。

② 于良春、张伟：《中国行业性行政垄断的强度与效率损失研究》，《经济研究》2010 年第 3 期；伍晓鹰：《测算和解读中国工业的全要素生产率》，《比较》2013 年第 6 期；刘明康、陈永伟：《中国的全要素生产率现状、问题和对策》，《比较》2016 年第 3 期。

第二，部分产业政策仍然具有“保护和扶持在位大型企业，限制中小企业对大企业市场地位的挑战和竞争”的特征，尤其是在钢铁、煤炭、汽车、有色金属等行业。这类政策的做法有：制定有利于在位大型企业的行业发展规划；制定有利于大型企业发展和限制中小企业发展的项目审批或核准条件；制定有利于在位大型企业的准入条件或严格限制新企业进入；在项目审批和核准过程中照顾大企业的利益、优先核准大型企业集团的投资项目，对中小企业的项目进行限制。在钢铁产业、汽车工业的产业政策中，限制竞争的特征尤为突出。①

第三，投资核准、市场准入、强制淘汰（去产能）是中国推行产业政策具有较强约束力的重要手段，这些政策手段具有显著排除与限制竞争的特点。2016年以来，钢铁、煤炭行业去产能政策中，严格禁止新增产能投资、通过行政体系目标责任体制强制去产能甚至强制限产的政策，都具有非常强的排除与限制竞争的特点。2017年，黑色金属冶炼与压延加工业主营业务收入利润率高达5.07%，是仅次于2007年的历史高点；煤炭开采与洗选业主营业务利润率高达11.63%，也是接近历史最高水平。在这种情况下，国家发展改革委确定2018年钢铁行业去炼钢产能3000万吨、煤炭行业去产能1.5亿吨的目标。这种去产能政策正在逐渐演变成政府主导的卡特尔模式。②

第四，中国产业政策是典型的选择性、特惠型的产业政策模式，这种政策模式往往有违公平竞争的基本原则。中国产业政策中的这种选择性并不显著表现为对具体产业的选择和扶持，而是更多表现为对各产业内特定技术、产品、工艺、特定企业、特定地区的选择和扶持。中国选择性、特惠型的产业政策特征，还体现在对于特定企业、特定园区（地区）的倾斜性扶持。已有的研究表明中国的补贴政策具有很强国有企业偏好、大规模偏好、出口偏好，国有企业或大规模企业获得补贴的概率要远远高于民营企业及中小企

① 江飞涛、李晓萍：《直接干预市场与限制竞争：中国产业政策的取向与根本缺陷》，《中国工业经济》2010年第9期。

② 江飞涛、李晓萍：《产能及产能投资管制政策中的公平竞争问题》，《政府管制评论》2018年第1期。

业，大企业、出口企业获得补贴的强度也要高于中小企业或者不出口的企业。[①]在信贷配置方面的产业政策一直就倾向于支持国有企业，政策性贷款也倾向于提供给国有企业、大企业。

第五，各级地方政府制定实施有利于（或保护）本地企业的产业政策。地方政府出于发展本地经济、就业、财政与政绩方面的考虑，往往采用低价供地、税收优惠、投资补贴、提供廉价能源等手段支持本地企业发展，在本地企业遭遇危机时提供大量财政补贴或者减免税额、干预金融体系继续提供信贷支持。这些行为严重阻碍市场的公平竞争。地方政府在政府采购、公共工程招标过程中制定有利于本地企业的标准、向本地企业倾斜，要求本地国有企业采购本地企业产品，节能产品或者新能源产品补贴仅针对本地企业生产的产品，这些违背公平竞争原则的政策是当前常见的地方保护行为。部分地方政府环境保护执法中纵容本地企业或部分企业违规排污，在很大程度上也会造成不公平竞争。

以上这些导致不公平竞争的政策，使得优胜劣汰机制难以有效发挥作用，导致中国制造业跨企业配置效率低下。Brandt（2009）[②]、龚关等人（2013）[③]的研究表明跨企业资源配置效率的低下，是中国生产部门全要素生产率增长的重要障碍。李平等人（2012）[④]、黄少卿和陈彦（2017）[⑤]的研究表明，政府补贴是导致中国“僵尸企业”大量存在的重要原因。这些政策同时还带来设租、寻租等一系列问题，进一步降低相应行业的整体效率。

还需要指出的是，中国法律体系与执行机制尚不完善，虚假广告、低质

① 耿强、胡睿昕：《企业获得政府补贴的影响因素分析——基于工业企业数据库的实证研究》，《审计与经济研究》2013 年第 6 期；孔东民、刘莎莎、王亚男：《市场竞争、产权与政府补贴》，《经济研究》2013 年第 2 期。

② Brandt L，Biesebroeck V，Zhang Y. Creative Accounting or Creative Destruction？Firm-Level Productivity Growth in Chinese Manufacturing［J］，Journal of Development Economics，2012，97（2）.

③ 龚关、胡关亮：《中国制造业资源配置效率与全要素生产率》，《经济研究》2013 年第 4 期。

④ 李平、简泽、江飞涛：《进入退出、竞争与中国工业部门的生产率——开放竞争作为一个效率增进过程》，《数量经济技术经济研究》2012 年第 9 期。

⑤ 黄少卿、陈彦：《中国僵尸企业的分布特征与分类处置》，《中国工业经济》2017 年第 3 期。

量竞争、损害消费者利益、侵犯知识产权、假冒伪劣等不正当行为仍不能得到有效遏制，对于市场竞争秩序、公平竞争与优胜劣汰机制产生了较大的不利影响，导致“优不胜，劣难汰”甚至“劣币驱逐良币”，同时抑制了企业研发创新的动力与投入。

10.2.2 制造业创新生态欠佳

制造业创新生态欠佳，主要体现在两个主要方面，一是知识产权保护制度体系不完善，知识产权保护不力，严重影响企业创新的积极性；二是制造业技术创新与扩散体系还很不完备，尤其是基础技术、共性技术的公共研发与扩散主体相对缺失，不利于制造业创新能力与技术水平进一步提升。

知识产权通过对创新成果产权的界定并形成对创新收益预期，来激励创新主体的研发投入、工程化、商业化等一系列的创新努力，有力的知识产权保护制度是激发企业创新、形成分工合作创新生态的重要基础。① 知识产权保护不力导致企业研发投入不能获得应得的创新回报，导致企业研发意愿、研发投入及投入能力的下降，严重不利于企业乃至整个产业的创新发展。人才流动中的知识产权保护问题亟待解决，不少企业通过高薪挖人的方式获取其他企业的核心技术与知识产权，严重影响企业创新与培育人才的积极性。知识产权实际保护不力还是制约科研院所、大学与企业之间科技成果转化的重要因素，并严重制约“以企业为主体”科技成果转移转化的创新体系的完善。②

制造业行业中共性技术研发主体缺失与研发投入不足。1999年以前，我国国民经济各产业门类都有国家级科研机构，承担行业共性技术、重大关键技术、前沿技术的研发工作，这些大院大所转制后迫于生存压力与市场竞争，倾向开发短平快产品，极大弱化了共性技术研发。③ 已建立的制造业创新中心主要集中在前沿技术和新兴产业领域，且以企业牵头的模式及相关制度安排很难保障其作为国家共性技术服务平台的战略定位以及运营管理的独

① 吕铁、贺俊：《中国制造业转型升级的关键点》，《财经》2016年第2期。

② 贺俊：《破解我国科技成果转化关键障碍的思路与对策》，中国社会科学院工业经济研究所研究报告。

③ 李卫：《优化调整制造业共性技术研发体系》，中国钢研科技集团调研报告。

立性。现有国家制造业创新中心中，由于多家单位合作知识产权问题，各自核心技术保密等问题使预期效果大打折扣，并未达到预期目的。[①] 技术扩散主体也相对缺乏。我国已经建有“国家技术转移中心”“国家技术转移示范机构”等机构，但是面临过于依托“精英”科研院所而导致科技成果转移功能不突出、覆盖面小，各级生产力中心作用也极为有限，难以满足制造业企业需求。

忽略先进实用性技术的开发、应用和推广。目前，我国制造业企业技术能力处于工业 2.0、3.0 和 4.0 并行的现状，除极少数企业外大量制造业企业还处于工业 2.0（机械化）至 3.0（自动化）区间的水平上。广大制造业企业尤其是传统制造业企业在技术升级过程中对成熟的先进适用技术不了解、不掌握以及企业技术与管理能力相对不足。帮助这些企业掌握成熟的自动化技术或柔性生产技术、先进成熟的生产工艺以及与之相适应的管理能力，能更为务实有效地提升企业的技术能力、效率与竞争能力。

10.2.3　对传统制造业发展、传统制造业与高新技术产业协同发展的重要性认识不足

从中国根深蒂固的产业结构思想来看，制造业的高质量发展就是要不断提高高新技术产业的比重，不断降低传统产业的比重。从制造强国的发展轨迹来看，不同制造强国其高质量发展的路径具有多样性。美国制造业高质量发展主要体现在由研究型大学支撑的企业前沿技术创新能力引领全球前沿技术、新兴产业的发展；日本制造业的高质量发展则体现在其精益生产方式，以及在制造业前沿领域的紧跟追随并持续改进的能力；德国高质量发展的特征则主要体现在前沿技术开发与新兴技术融合，[②] 以及新兴技术在传统产业的有效应用与传统产业的持续创新方面。[③] 德国制造业高质量发展的经验表明：“中低技术产业在技术方面可以有惊人的创新性，它们对整个经济体创

① 贺俊：《面向技术前沿的国家科技服务体系调整优化》，中国社会科学院工业经济研究所研究报告。

② 黄群慧、贺俊：《中国制造业的核心能力、功能定位与发展战略——兼评〈中国制造2025〉》，《中国工业经济》2015 年第 6 期。

③ ［德］奥利弗·素姆、伊娃·科娜尔：《德国制造业创新之谜——传统企业如何以非研发创新塑造持续竞争力》，人民邮电出版社 2016 年版。

新能力的重要性是不应被忽视的……研发密集型产业在就业和经济增长方面的重要性被过度高估了，而中低技术产业的重要性仍旧没有受到足够重视。”（奥利弗·素姆、伊娃·科娜尔，2016）

中国对于加快传统制造业转型升级的重要性、传统制造业与高新技术产业协同高质量发展的重要性认识不足。我国虽然将传统制造业的转型升级作为制造业高质量发展的重要内容，但政策资源主要导入到高新技术制造业或者战略性新兴产业，对于传统制造业发展的支持则相对不足。传统制造业在现阶段及未来很长一段时间，仍然是解决大量劳动力就业的重要途径与稳定经济增长的重要力量。根据国家统计局发布的数据，2018 年我国高技术制造业增加值占规模以上工业增加值比重为 13.9%，高技术产业中就业所占比重则更低。还需指出的是，中国在高新技术产业发展方面虽已取得长足进展，但与国际先进水平相比仍有相当差距。中国必须高度重视传统制造业的发展，传统制造业转型升级为高新技术产业发展带来的重要市场机会与空间，传统制造业与高新技术融合对中国制造业发展具有重要价值。

中国亦试图推动信息技术与智能制造技术在传统制造业领域的应用，进而推动传统制造业的发展升级，但当前政策仍存在值得商榷之处。推动制造业信息化与智能化的过程中，存在实施方案与产业（企业）现实需求之间的脱节问题。当前，过于关注技术的先进性，过于强调上“云”、上“平台”、上示范“无人车间”，对于这些技术是否与现实中特定产业具体需求场景紧密结合、是否与企业的现实能力相匹配、是否能促进企业核心能力的提升，则是被忽略了的。对于信息技术、智能制造技术在特定产业具体场景的应用性技术开发，相关部门的关注与支持也相对不足。不少企业反映，上“云”、上“平台”获得的服务与他们的需求不匹配，作用有限，且增加了企业的负担。

10.2.4 当前产业政策模式不能适应制造业高质量发展的需求

现阶段中国实施的产业政策仍然以选择性产业政策为主体。在这种政策模式中，政府居于主导地位，政府“驾驭”市场、干预市场与替代市场。近年来，这种产业政策模式的缺陷和不良效应日益凸显，不再利于制造业高质量发展。前述已经阐述中国选择性的产业政策导致不公平竞争，并进而对于行业效率的提升、产业创新等产生较为严重的不利影响。在此，本部分进一步探讨选择性产业政策已经与当前制造业发展的内在需求不相匹配。

随着我国经济发展进入新的发展阶段，我国越来越不具备继续实施选择性产业政策的必要条件。在高新技术制造业领域，新一轮科技革命与产业变革带来巨大机遇的同时，在技术路线、商业模式、新业态的选择方面带来了巨大的不确定性，多样化、个性化消费需求的兴起强化了这种不确定性。政府很难挑选“正确”产业、技术路线、产品、业态及产业模式进行扶持。而对于传统制造业而言，中国已经建立起门类齐全、规模庞大的传统制造业，传统制造业发展的重点已转至创新与技术能力的持续积累以及效率的持续提升上，选择性产业政策在传统制造业领域也失去了相应的基础。

总而言之，现阶段选择性产业政策的效果越来越有限，由此带来的不良政策效应越来越显著，甚至开始成为产业转型发展与竞争力提升的障碍。过多直接干预，不仅会扭曲市场信号，降低市场效率，也会造成新的损失，积累新的风险。当前，中国步入中等偏高收入国家行列，进入高质量发展阶段，制造业发展水平向技术前沿逼近。下一步产业升级和技术进步的方向，并没有可供借鉴的现成路径。与此同时，中国经济发展的效率恶化，面临发达国家再工业化与后发国家追赶等带来的严峻挑战。新一轮科技革命和产业变革为中国制造业高质量发展带来巨大发展机遇的同时，带来了巨大的不确定性以及由此所带来的严峻挑战。现行的以选择性政策为主体的产业政策框架体系，已经成为制造业高质量发展的不利因素，也难以适应新的发展形势以及新的挑战。

10.3　促进制造业高质量发展的总体思路

10.3.1　高度重视传统制造业的高质量发展

现阶段，传统制造业高质量发展在整个制造业高质量发展战略中具有十分重要的地位，不仅仅因为传统制造业高质量发展是稳增长、稳就业的重要途径，还有以下三个方面的原因：

第一，传统制造业高质量发展是巩固中国制造业全球竞争优势的重要手段。我国传统制造业的成本优势正在逐渐减弱，但产业链完整的优势依然存在。我国可以通过持续提升传统制造业的工艺、质量、设计与效率巩固已有竞争优势；通过应用先进技术提升改造传统产业，将其发展成为先进制造的重要组成部分。德国经验表明，传统制造业高质量发展能成为国家竞争力的重要来源。德国的传统制造业企业采用渐进务实的方式应用先进适用技术持续完善工艺、改进产品、提升质量与创新服务，成为先进制体系或现代产业体系的重要构成，并孕育了大量“隐形冠军”企业，成为德国国家创新能力与竞争能力的重要组成。

第二，为新兴产业与技术的发展提供重要市场。现阶段，我国传统制造业的转型升级，为新一代信息技术、智能制造技术等新兴技术与先进技术的发展提供了重要的应用场景，为新兴产业的发展提供了广大的、本土化的市场需求，为我国新兴产业的发展与追赶提供了有利条件。例如长三角、珠三角地区许多传统产业企业“机器换人”的过程中，就释放了对机器人（手）、先进装备的大量需求。

第三，为高新技术产业的发展提供重要支撑。高技术产业或战略性新兴产业的发展，亦需要传统产业精密制造能力或者精益加工能力作为保障，需要传统制造业为其制造加工设备、关键零部件（元器件）以及关键材料。例如，我国在发展高精度数控机床上，在零部件加工精度与材料质量、伺服电机质量与稳定性、装配工艺水平面临一系列瓶颈。

10.3.2 以功能性产业政策促进制造业高质量发展

中国制造业的高质量发展，就是要促进全要素生产率提升，促进制造业的创新能力与技术能力持续提升，化解过剩产能的同时增加有效供给、提升产品质量与品质、推动工业绿色可持续发展。这就需要建立健全市场经济相关法律制度体系，构建维护公平竞争的制度体系与市场环境，充分发挥市场机制的作用，尤其是发挥市场机制在优胜劣汰提高资源静态与动态配置效率，引导调节市场供需平衡去除过剩产能，不断发现和揭示新的产业发展领域以及未来制造业发展的新方向，激励企业在产品、工艺、组织形态、管理模式与商业模式等领域积极创新，进而推动制造业转型升级与高质量发展。与此同时，还需要为制造业及制造业企业的技术创新、技术能力的学习与积累，创造良好的公共基础设施体系与公共服务体系以及相应的制度与政策环境。

功能性产业政策正符合以上两个方面的内在需要。功能型产业政策的重点在于为市场机制充分发挥其决定性作用提供完善的制度基础，强化保持市场良好运转的各项制度，建立开放、公平的竞争市场体系，培养人力资本以适应产业结构升级与经济发展对于高技能劳动力的需求，支持科学研究与技术创新等方面。功能型产业政策尤为注重促进企业创新与能力建设，强调完善有利于创新的市场制度与市场环境，构建科技信息交流与共享平台、技术转移平台、科技成果评估与交易平台、产学研合作创新平台等科技服务公共平台，对于创新活动的普遍性支持，促进制造业乃至整个国民经济的质量、效率与国际竞争力。因而，推动工业高质量发展应转为实施以功能性产业政策为主体的产业政策体系。

构建促进制造业高质量发展的功能性产业政策体系，需要注意以下四个方面：第一，产业政策应与竞争政策相容、互补与协同。竞争政策与产业政策均是促进产业发展与竞争力提升进而促进产业高质量发展的重要政策工具。其中，竞争政策居于基础性地位，产业政策必须服从竞争政策，遵循公平竞争的基本原则，政策工具方面主要采用功能性、服务性的政策工具。第二，激励与促进技术创新和扩散的政策居于核心地位。创新是产业发展的源动力，是制造业结构调整、转型升级与高质量发展的关键所在。必须加快构建有利于创新发展的市场制度体系，构建完善的公共科技研发与服务体系，支持科学研究与通用技术研究等。第三，应重视包容性发展，让各阶层的人们可以凭借自身努力，相对公平而充分地参与到制造业发展中来，并分享发展成果。第四，高度重视促进产业绿色发展，协调产业发展与环境可持续之间的矛盾，促进两者之间的协同发展。①

10.4　促进制造业高质量发展的功能性产业政策体系

10.4.1　建立现代化的产业治理体系，构建公平竞争的市场环境

改革创新体制机制，构建现代化的产业治理体系与市场公平竞争制度体

① 江飞涛、李晓萍：《改革开放四十年中国产业政策演进与发展——兼论中国产业政策体系的转型》，《管理世界》2018 年第 10 期。

系，应以厘清政府、市场与社会关系为重点，全面推进简政放权和审批制度改革，调整完善产业监管体制机制，优化政府公共服务，为制造业高质量发展创造良好的制度环境和公平竞争的市场环境。

第一，构建公平竞争的市场环境。公平竞争是市场机制的灵魂所在，市场机制核心功能的发挥依赖于公平竞争的市场过程。首先，建立公平、开放与透明的市场准入体制。负面清单的制定和调整应开放、透明，并坚持“非禁即准、平等待遇”的基本原则，准入标准与负面清单的设定应局限在生态与环境保护、产品的质量与安全性、劳工权益与生产安全三个领域，取消不合理、不必要的准入条件，保障不同所有制企业、不同规模的企业具有公平进入市场的权利。其次，企业公平享有法律赋予的权利与义务。产业政策应满足透明、非歧视性的基本原则，让不同所有制企业在税负、社会责任要求方面能得到同等对待。促进产业发展的优惠政策应以普惠政策为主，主要面向产业中所有企业的特定行为，主要包括技术研发、节能环保投资。并且还应控制优惠政策的范围和规模，规范优惠政策制度，提高优惠政策的透明度，对优惠政策的效果必须进行严谨的评估。再次，加快建立和完善公平竞争审查机制。各级政府与相关部门应根据《国务院关于在市场体系建设中建立公平竞争审查制度的意见》及实施细则，加快清理违背公平竞争基本原则、排除与限制竞争的条款。加快建立以竞争执法部门为核心的公平竞争审查机制。

第二，以法治为基础建立现代产业监管体系。法治是市场经济的基础，应转变以事前行政审批替代监管的产业治理模式，转为建立以法治为基础，以事中、事后监管为主要手段的现代产业监管体系。遵循“法无禁止即可为”的基本原则，不在负面清单管理之类的项目与产业，应尽可能地减少管制和审批（以及名为“备案核准”的变相审批），尤其是在“新技术、新业态、新模式、新产业”领域，要尽可能减少前置性审批与管制。完善市场经济相关法律制度体系及其执法体制。在反不正当竞争、维护公平竞争、保护知识产权、生态与环境保护、产品质量安全与消费者权益保护等方面，加快完善法律法规体系，改革优化执法体制。

第三，应加快建立健全知识产权保护相关法律制度，完善相应执行机制。对于地方政府干预司法保护本地企业侵犯他人知识产权的行为，应对相关责任人严厉追责。要依靠法治来建立严格保护知识产权的长效机制。建议最高人民法院及巡回法庭受理跨行政区的重大知识产权案件，审理知识产权法院和中级人民法院审理的专利等知识产权案件的上诉案件。支持建立知识产权保护实验室、存证固证系统，快速精准地采集、分析、核验、认定、存储涉案数据。建议国家为《劳动法》中"同业禁止"与"竞业限制"条款，制定更具操作性的实施细则，以此规范企业核心技术人员的流动行为，制约企业通过"挖"其他企业核心技术人员的方式，来获取与侵犯其他企业或者研究机构知识产权行为。

第四，严格保护消费者权益，加强产品质量与食品安全的监管。发达国家的经验表明，有力保护消费者权益，是推动消费品品质提升的重要手段。中国需加快修改完善《消费者权益保护法》，加大消费领域惩罚性赔款的力度并确保其震慑作用，允许消费者进行集体诉讼，完善并严格实施举证责任倒置制度（李平，2019），侵犯消费者权益重大案件（涉及本地企业的）进行异地审理或交由巡回法庭审理。改革完善产品质量与食品安全行业标准、国家标准的制定机制，对标国际标准、发达国家先进标准，全面提升消费品质量和食品安全标准。高度警惕相关行业企业及企业联盟以"中国国情"为理由游说行业、国家相关部门制定低标准，损害国内消费者权益的行为。

10.4.2　构建完备科技创新与技术扩散公共服务体系，高度重视先进实用性技术在传统制造业领域的应用与扩散

产业政策资源应逐步将导向帮助企业提升技术能力、创新能力及竞争能力的科技公共基础设施及服务体系建设方面来。构建完备的科技创新基础设施体系与公共服务体系，包括独立的国家实验室、基础技术与共性技术研发机构、技术扩散机构以及综合性中小企业公共服务体系。公共服务体系的经济功能主要是通过促进战略性技术、通用技术、共性技术的供给、扩散和应用，切实提升企业的技术创新能力（贺俊，2017）。第一，布局和建立国家实验室，国家实验室在治理与运作机制上应相对独立，聚焦于任务导向、长周期、跨学科前沿技术研究，充分保障国家实验室在学术和具体事务管理上

的独立性和灵活性（钟少颖等，2016）。第二，借鉴德国佛朗霍夫协会的成熟经验，改革现有的制造业创新中心或工业技术研究院，采取“公私合作”的运营模式，建立高效、完善的治理机制、运营管理机制、内部激励机制，建设高水平的基础技术、共性技术公共研发平台，并以此公共平台为基础推动行业内产、学、研、用在共性技术方面的合作研发，并予以资金支持。第三，建立起覆盖面广的科技成果转移专门机构，解决“主体缺位”的问题。从国外的科技成果转化经验可以看出，建立专门机构加强各主体之间联系是各国通行的做法。可参考德国技术转移中心的模式，建立全国性的技术转移网络（在重要的节点城市设立分中心），积极吸纳各类科技服务机构、研究机构、行业协会与企业的参与，使之能更为有效地为企业尤其是中小企业提供技术信息服务、技术咨询与技术服务、技术交易项目的受理与评估、专利保护咨询等方面的服务，重点是加快先进技术、技术创新成果以及先进成熟的适应性技术在中小企业中的应用。①

重视先进适用技术的开发与应用。第一，借鉴日本中小企业评价系统与政府认证的咨询师制度，帮助企业提升市场意识、技术水平与管理水平。可借鉴该制度，组织、认证专门的、具备丰富的生产管理经验和现代工艺知识的专家队伍，为传统制造业企业提供技术服务、质量管理、现场管理、流程优化等方面的咨询与培训，让企业能够更快速获得先进适用技术及相应的管理咨询服务，逐步解决现实问题。第二，借鉴新加坡生产力促进中心的运作模式，帮助传统制造业企业掌握成熟的先进适用生产工艺、自动化技术或柔性生产技术以及与之相适应的管理能力，帮助企业更为务实有效地提升技术能力、效率与竞争能力。中国虽然也有类似的生产力促进中心，但这些中心更为注重为企业提供科技服务，且服务的质量与效率都有待提高。而日本、新加坡的生产力促进中心在帮助企业提升技术能力、生产效率与持续改善质量方面，更加注重帮助企业开发、获取和应用成熟的先进适用技术，注重帮助企业在生产管理、现场管理、经营管理水平与企业劳动者技能的提升，帮助企业形成持续改善生产率与质量的企业文化与制度。当前，科技能力不足

① 李晓萍、李平和江飞涛：《创新驱动战略中市场作用与政府作为——德国经验及其对我国的启示》，《产经评论》2015年第6期。

并不是导致中国企业效率和质量水平不高的唯一原因，科学管理水平不高、劳动者技能水平较低以及管理体制不完善亦是当前导致中国企业效率与质量较低的更为重要原因，并制约着企业科技能力的提升。当前，我国整合现有资源与机构，改革其运营与治理机制，从协助与促进企业提升管理水平（包括生产管理、现场管理、质量管理等）、员工技能、技术能力以及协调三者发展的能力等方面着手，促进企业生产效率与质量的提升。①

推进信息技术与智能制造技术的应用应更为务实。应鼓励“互联网 +”，智能制造相关制造业创新中心针对传统制造业行业、企业的具体发展情况，结合成熟的自动化技术、信息技术、智能化技术开发经济适用性技术。培育发展智能制造系统解决方案供应商，培育发展基于互联网平台的行业解决方案提供商和工程服务公司。支持发展针对传统产业转型升级和中小微企业发展的专业技术服务、人才培训、数字化转型解决方案等服务。此外，在支持创业企业的发展与小微企业的技术创新方面，可借鉴发达国家 SBIR（Small Business Innovation Research）政策经验，以政府科技经费支持小微企业的研发创新与产业化。

10.4.3　培养多层次高质量人才，积极引进国际高水平人才

培养人力资本以适应产业结构演进与经济发展对于高技能劳动力的需求，既是促进制造业高质量发展的重要手段，也是创造高质量就业、帮助劳动者更多分享制造业发展成果的重要措施。当前，新一轮产业变革与科技革命，会对劳动者技能与就业结构产生深远的影响，需高度重视帮助劳动者获取新的工作技能以适应新技术与新产业的发展。②

构建多层次的高质量人才培养体系。第一，支持大学、应用研究机构与企业合作，培养既懂科研又懂管理、市场的实用型创新人才。第二，大力发展职业教育，提升职业教育水平。支持职业技术院校在课程设置、技能培训方面与企业展开紧密合作，共同培养高素质、技能型的技术工人。③

① 李晓萍：《推动生产力水平整体提升》，《人民日报》2016 年 3 月 28 日第 21 版。

② 江飞涛、李晓萍：《产业政策中的市场与政府——从林毅夫与张维迎产业政策说起》，《财经问题研究》2018 年第 1 期。

③ 江飞涛、李晓萍：《应加快选择性产业政策向功能性产业政策的转型》，《中国经济报告》2016 年第 12 期。

第三，鼓励国内双一流大学适时调整学科与专业设置，培育与新兴产业、新兴技术及先进制造相适应的高素质知识型员工。鼓励高校、高职调整培养培训体制，大力推进学历和技能教育的同步双元制教学，推进优秀的企业高级技术人员、高级管理人员充实师资队伍，优化学科与专业设置，加强制造工艺工程学科建设，让中国制造具备更多的设计能力，打通技能教育与技术型（学历教育）的通道，让人才在全制造体系内充分发挥作用。

积极引进全球高层次人才。适应国际尖端人才的需要，创新境外人员的引进与管理机制，吸引全球高素质人才汇聚。以灵活的机制吸引领军人才。在引进顶级人才或者领军人才时，不只是要提供有竞争力的激励机制、有力的研究经费支持，还要在科研组织管理、人事等方面给予充分的自主性，允许领军人才在体制机制上创新改革，探索新的与国际接轨而又符合中国发展的科研运作机制。创新国际人才引进模式，探索建立技术移民制度。根据产业发展的需要，制定技术人才引进管理办法，对外籍人员高级管理人才和技术人才到中国工作，可签发不超过五年的居留许可证。适度放宽外国技术型人才取得永久居留证的条件，对于在中国工作五年以上，并具备相应条件的外籍人员发放永久居留证。给予符合条件的外籍人员国民待遇，国际高端人才享受同等优惠政策。

此外，在公共科技创新服务体系的建设中，应特别重视新技术的教育和新技术领域相应人才的培训，相应人才不只是包括新技术研究开发人才，还包括新技术应用所需要工程师与技术工人的培训。在产业结构的演进过程中，一些传统产业会因此收缩并带来失业，对于这些行业失业人员，政府应提供再就业培训方面的支持。

10.4.4 以公平竞争推动优胜劣汰，促进产业组织的优化调整

首先，应放弃扶持大企业、限制小企业，以行政力量强行推动市场集中的产业组织政策，转为通过公平竞争、优胜劣汰机制来促进产业组织的自发优化调整。其次，市场优胜劣汰机制，会使得资源和市场份额不断地向优势企业集中，能推动产业组织的自发调整和优化，因而让优胜劣汰的市场环境充分发挥作用是加快产业组织优化调整最为有效的政策工具。而建立公平竞

争的市场环境，是让优胜劣汰机制能充分发挥作用的关键所在。①

促进市场内生的产业组织优化，还必须疏通“劣汰”渠道。低效率企业退出，才能为高效率企业发展腾出发展空间，才能推动生产要素向高效率企业的流动，从而实现产业组织的优化或竞争性集中。市场中“劣汰”最为重要的是破产机制，然而，由于某些地方政府保护本地企业、破产法及其执行机制不完善、企业破产清算成本较高等问题存在，破产机制这一“劣汰”机制严重受阻。因而，促进产业组织优化调整，必须在严禁各级政策为陷入破产危机的企业“输血”的同时，加快完善破产制度及其执行机制。具体而言，从以下几个方面入手：一是强化出资人的破产清算责任，当市场主体出现破产原因时，出资人在法定期限内负有破产清算义务，如违反该义务，应当承担相应的民事、行政乃至刑事责任；二是增强破产程序的司法属性，明确司法权和行政权在企业破产中的边界，增强法院在企业破产中的主导作用，使企业破产制度回归司法本质，避免地方政府对企业破产程序的直接介入；三是对于债权债务涉及面广、涉及金额大、有重大影响的破产案件，交由最高人民法院巡回法庭审理，避免地方政府干预破产司法程序；四是优化破产程序，完善破产管理人的相关规定，降低破产财产评估、审计、拍卖费用，减少破产清算成本，提高破产清算收益，提高债务人、债权人申请破产的积极性；五是适时修改《商业银行法》，赋予商业银行在处置不良资产中的投资权利，促进商业银行创新不良资产处置方法。

企业破产带来的失业问题以及由此引起的社会问题，是地方政府不愿意本地企业退出、干预企业破产的重要原因。因而，有必要建立健全辅助退出机制，缓解企业破产退出带来的失业及相应社会问题。重点做好失业职工的安置与社会保障工作，并对失业人员再就业提供培训、信息服务甚至必要的资助；如破产资产不足以安置失业职工时，中央政府应减免破产企业土地处置应缴土地增值税，并以腾退与再开发破产企业土地所产生的部分收益用于职工安置。对于产能过剩行业集中的地区，中央政府还应给予一定财政支持失业职工的安置与再就业，并在土地开发利用方面提供支持；对于严重产能

① 江飞涛：《中国产业组织政策的缺陷与调整》，《学习与探索》2017 年第 8 期。

过剩行业集中地区、落后地区还可以提供特别的税收优惠政策，支持这些地区发展经济。①

10.4.5　优化调整产业补贴政策，提升产业补贴的合规性与有效性

优化调整产业补贴政策，以增强补贴的合规性与有效性为目标。基本思路如下：第一，对于实施效果不佳、妨碍国内公平竞争与统一开放市场的产业补贴政策，国家应予以取消；第二，在符合世界贸易组织规则的前提下，对于促进我国产业竞争能力提升有显著积极作用的产业补贴，国家应尽可能予以保留；对于不符合世界贸易组织规则但行之有效的产业补贴，应按照世界贸易组织规则进行规范调整，充分利用世界贸易组织规则提供的政策空间。此外，在严格控制产业补贴规模的同时，还应推动普遍性的减税，全面降低企业税负。

逐步清理和规范各项补贴。第一，审查清理违背《公平竞争实施细则》第十六条第一款、第二款的各类违反公平竞争原则的地方补贴项目与专项资金。第二，建立评估与退出机制。建立科学的政策评估程序与标准，借鉴发达国家先进经验改进评估方法，对于当前正在实施的各类补贴政策进行严格评估，政策效果不明显的补贴项目，应尽快取消。第三，国务院应明确规定各部委及地方政府财政直接补贴项目的范围、方式及名目，并严格财政直接补贴资金的管理。未经国务院批准，各地区、各部门不得制定针对企业的各类补贴政策，已制定的补贴政策中未经批准的一律停止执行。第四，各级商务部门应加强对于补贴政策世界贸易组织合规性的审查，各级政府及相关部门制定补贴政策时必须经商务部门审查通过后方可出台，上级政府的商务部门应加强对下级商务部门在世界贸易组织合规审查方面的指导和检查。

控制补贴规模，调整产业补贴的结构。第一，应制定相应法规，控制各级政府对于企业财政补贴的规模以及财政补贴在财政支出中所占的比重。还应全面统计各级财政对于企业财政补贴的情况，审计部门则应对统计数据进行核实。第二，调整产业补贴的结构。为企业提供的财政直补资金，应集中在支持研究开发与绿色环保发展领域，重点支持企业基础研究、竞争前技术

① 江飞涛：《化解过剩产能政策的调整和优化》，《团结》2017年第4期。

的研发活动，以及支持企业在节能环保、清洁生产技术的应用与相关投资方面。第三，在补贴对象方面，财政直补应更多向中小企业倾斜。在支持高技术创业企业的发展与中小企业的技术创新方面，可全面借鉴发达国家中小企业创新研究（Small Business Innovation Research）政策经验。

采取更为灵活的产业补贴方式。中国已进入创新驱动发展阶段，产业政策的重点应从促进资本形成与投资转到促进技术创新与新技术的扩散与应用，财政资金支持方面重点应放在支持公共科技服务体系的建设与为具有很强溢出效应的战略性技术、通用技术、共性技术的研究开发、扩散与应用提供资金支持。公共科技服务体系主要包括国家实验室、共性技术研发服务机构和公共技术扩散服务机构三个组成部分。政府对于产业的财政补贴，可以将补贴资金发放给公共科技服务体系，或支持其研究开发、技术扩散以及为企业提供其他技术服务的活动，或支持其与企业的合作研发活动，从而促进产业技术的发展与企业技术创新能力的提升，并避免政府对企业的直接补贴，从而尽可能避免了违反《补贴与反补贴措施协议》。这也是美、日、德等国通常的做法。以德国为例，产业补贴配比逐渐从企业向非营利性组织以及私人家庭倾斜，企业直接获得的补贴从 2000 年的近 70% 降至 2015 年的 53.7%。

10.4.6　严格生态环境保护，推动制造业绿色发展

近几年来，中国政府高度重视环境保护问题，通过行政体系目标分解、严格督查与行政问责的方式，在节能减排、保护生态环境方面取得了重大进展。但是在政策实施中，也带来了一些问题，例如污染物排放标准变化频繁且难以预测，使得企业无所适从，部分地方政府“一刀切”关闭原材料行业企业，这在一定程度上产业发展带来不小的影响。中国需要优化环境保护政策、协调环境保护政策与产业发展政策，通过绿色产业政策推动产业绿色发展。①

完善生态环境保护法律及执行机制。建立健全严格的生态环境保护法律制度，建立完善生态环境保护的公众参与制度以及民事、行政公益诉讼制

① 李晓萍、张亿军、江飞涛：《绿色产业政策：理论演进与中国实践》，《财经研究》2019 年第 8 期。

度，加大对于破坏生态环境违法行为的惩处力度，支持地方政府完善生态环境保护相关地方法规。建立重大生态环境保护案件异地审理、巡回法庭审理制度，避免地方政府干预审理过程保护本地企业。逐步提高能耗与污染物排放标准，标准的提高需要有严格的时间表，在什么时间内要求达到什么标准要有严格的时间表，给企业以稳定的政策预期。

完善促进绿色发展财政与税收政策。进一步完善资源与环境相关税收体制，健全资源环境价格形成机制，“建立反映市场供需和资源稀缺程度、体现生态价值和代际补偿的资源有偿使用制度和生态补偿制度”，将生态环境与资源的成本内部化为企业成本。采用排污权交易、环境税、资源产品定价、碳排放标志认证等市场化政策工具引导市场主体参与生产和消费过程的绿色化转换，同时整合行政立法、财税金融（绿色金融、政府绿色采购、补贴、贴息贷款、融资担保等）等多种方式扶持绿色产业技术创新。加强和优化绿色政府采购政策，加大政府采购对绿色产品与服务的支持力度，完善相关法律法规，为绿色产品和服务开拓市场。地方政府与社会资本合作，吸引社会资本参与公共性环境保护项目。①

促进绿色技术创新与推广。加大对节能减排与绿色生产技术的研发的投入，对于企业该领域的研发投入予以适度财政补贴与税收优惠，支持产学研在绿色技术方面的交流与合作。支持低碳技术与清洁生产技术的开发、应用与推广；支持清洁能源技术的研发与应用，推动清洁能源的开发和利用；推广清洁生产技术，加快清洁能源开发利用；构建覆盖全社会、覆盖生产消费全流程的资源循环利用体系，支持资源回收与再利用产业的发展。积极支持以节能环保和资源循环利用为重点的绿色服务业发展。构建多层次的绿色金融市场体系，降低节能环保、低碳项目的投资成本与风险。②

10.4.7 产业政策制定程序与组织方式的优化调整，嵌入公平竞争审查机制

优化调整产业政策推动制造业高质量发展，还需要推动产业政策制定程序与组织机制的优化调整，并将竞争审查嵌入其中。③ 总体思路如下：

---

① 吕薇：《营造有利于绿色发展的体制机制与政策环境》，《经济纵横》2016 年第 2 期。

② 熊鸿儒：《支持绿色产业发展，政府如何作为？——来自发达经济体的政策经验及启示》，《中国经济论坛》2017 年第 10 期。

③ 李晓萍、江飞涛：《中国产业政策制定程序与组织机制研究》，《比较》2019 年第 3 期。

第一，设立经济政策委员会和产业政策委员会，产业政策的制定与决策权归由政策委员会，相应行政部门则主要负责产业政策的执行，这样能避免行政部门在政策制定决策过程中出于部门利益而制定干预、限制与扭曲竞争的产业政策。

第二，建立审议会制度，为产业政策所涉及各相关利益群体参与到政策过程中提供了制度性渠道，有利于各相关利益群体反映自身利益诉求；为政策制定者与各方政策参与者及相关利益群体进行信息交流提供了一个重要平台，有利于产业政策相关信息的充分披露与交流，有利于发挥各方面专家专业知识的作用，更有解决政策制定中的信息问题。公开、透明的审议过程，有利于各相关利益方及公众监督政策制定者的行为，防止政策制定者制定扭曲与限制竞争、导致不公平竞争的不当政策，同时也防止特定利益集团俘获政策制定者（政策部门制定倾向于特定利益集团违背公平竞争原则的产业政策）。

第三，将公平竞争审查嵌入产业政策制定的程序与机制中，有利于让产业政策遵循公平竞争的基本原则，有利于产业政策与竞争政策的互补与协同，有利于产业政策制定者与竞争政策当局更为深入地交换意见及沟通。

第四，在制定产业政策采取公平竞争审查例外条款时，政策制定者与各方政策参与者及相关利益群体进行更为充分的讨论，也有利于竞争政策部门更为准确的判断政策可能带来的社会福利损失与收益。

10.4.8　推进更高层次、更高水平对外开放，鼓励企业融入全球创新链

积极支持企业整合利用全球创新资源、深度嵌入全球创新链。鼓励国内企业主动走出去在海外设立研发机构，或者与海外企业、研究机构联合设立研发中心，以此融入发达经济体的本地创新网络，加强前沿科技信息的收集、整理与分析，强化科技研究开发方面的合作。充分利用大科学装置，积极吸引海外顶尖科研团队与科研人才来华工作或与国内团队开展合作研究工作。在维护国家安全的前提下全面放宽境外产业准入门槛。扩大外贸经营权，在外贸经营权限上，逐步放松对企业外贸自营权的限制。加大金融开放力度，放宽对外资银行的管制。深化外汇管理改革，探索外汇管理方式创新，促进贸易投资便利化。根据对外开放的需要，适度调整企业外汇留存比例。

| 参考文献

［1］黄群慧:《改革开放40年中国的产业发展与工业化进程》,《中国工业经济》2018年第9期。

［2］江飞涛、武鹏、李晓萍:《中国工业经济增长动力机制转换》,《中国工业经济》2014年第5期。

［3］白重恩、张琼:《中国生产率估计及其波动分解》,《世界经济》2015年第12期。

［4］黄群慧、黄阳华、贺俊、江飞涛:《面向中上等收入阶段的中国工业化战略研究》,《中国社会科学》2017年第12期。

［5］魏后凯、王颂吉:《中国"过度去工业化"现象剖析与理论反思》,《中国工业经济》2019年第1期。

［6］魏加宁、杨光普:《以竞争政策推动高质量发展》,《比较》2019年第1期。

［7］于良春、张伟:《中国行业性行政垄断的强度与效率损失研究》,《经济研究》2010年第3期。

［8］伍晓鹰:《测算和解读中国工业的全要素生产率》,《比较》2013年第6期。

［9］刘明康、陈永伟:《中国的全要素生产率现状、问题和对策》,《比较》2016年第3期。

［10］江飞涛、李晓萍:《直接干预市场与限制竞争:中国产业政策的取向与根本缺陷》,《中国工业经济》2010年第9期。

［11］江飞涛、李晓萍:《产能及产能投资管制政策中的公平竞争问题》,《政府管制评论》2018年第1期。

［12］耿强、胡睿昕:《企业获得政府补贴的影响因素分析——基于工业企业数据库的实证研究》,审计与经济研究2013年第6期。

［13］孔东民、刘莎莎、王亚男:《市场竞争、产权与政府补贴》,《经济研究》2013年第2期。

［14］Brandt L, Biesebroeck V, Zhang Y. Creative Accounting or Creative Destruction? Firm-Level Productivity Growth in Chinese Manufacturing［J］, Journal of Development Economics, 2012, 97(2).

［15］龚关、胡关亮:《中国制造业资源配置效率与全要素生产率》,《经济研究》2013年第4期。

［16］李平、简泽、江飞涛:《进入退出、竞争与中国工业部门的生产率——开放竞争作为一个效率增进过程》,《数量经济技术经济研究》2012年第9期。

［17］黄少卿、陈彦:《中国僵尸企业的分布特征与分类处置》,《中国工业经济》2017年第3期。

［18］吕铁、贺俊:《中国制造业转型升级的关键点》,《财经》2016年第2期。

［19］贺俊:《破解我国科技成果转化关键障碍的思路与对策》,中国社会科学院工业经济研究所研究报告。

［20］李卫:《优化调整制造业共性技术研发体系》,中国钢研科技集团调研报告。

［21］贺俊:《面向技术前沿的国家科技服务体系调整优化》,中国社会科学院工业经济研究所研究报告。

［22］黄群慧、贺俊:《中国制造业的核心能力、功能定位与发展战略——兼评〈中国

制造 2025〉》2015 年第 6 期。

［23］［德］奥利弗·素姆、伊娃·科娜尔：《德国制造业创新之谜——传统企业如何以非研发创新塑造持续竞争力》，人民邮电出版社 2016 年版。

［24］李平：《上海推进现代化经济体系建设战略研究》，《科学发展》2019 年第 6 期。

［25］贺俊：《面向技术前沿的国家科技服务体系调整优化》，中国社会科学院工业经济研究所研究报告。

［26］钟少颖等人：《美国国防部资助的国家实验室管理模式研究》2016 年第 11 期。

［27］江飞涛、李晓萍：《改革开放四十年中国产业政策演进与发展——兼论中国产业政策体系的转型》，《管理世界》2018 年第 10 期。

［28］李晓萍、李平和江飞涛：《创新驱动战略中市场作用与政府作为——德国经验及其对我国的启示》，《产经评论》2015 年第 6 期。

［29］李晓萍：《推动生产力水平整体提升》，《人民日报》2016 年 3 月 28 日第 21 版。

［30］江飞涛、李晓萍：《应加快选择性产业政策向功能性产业政策的转型》，《中国经济报告》2016 年第 12 期。

［31］江飞涛：《中国产业组织政策的缺陷与调整》，《学习与探索》2017 年第 8 期。

［32］江飞涛：《化解过剩产能政策的调整和优化》，《团结》2017 年第 4 期。

［33］李晓萍、张亿军、江飞涛：《绿色产业政策：理论演进与中国实践》，《财经研究》2019 年第 8 期。

［34］吕薇：《营造有利于绿色发展的体制机制与政策环境》，《经济纵横》2016 年第 2 期。

［35］熊鸿儒：《支持绿色产业发展，政府如何作为？——来自发达经济体的政策经验及启示》，《中国经济论坛》2017 年第 10 期。

［36］李晓萍、江飞涛：《中国产业政策制定程序与组织机制研究》，《比较》2019 年第 3 期。

［37］江飞涛、李晓萍：《产业政策中的市场与政府——从林毅夫与张维迎产业政策之争说起》，《财经问题研究》2018 年第 1 期。

（本章主持及执笔：江飞涛、李晓萍）

第 11 章　节能减排与制造业高质量发展

本章提要：

对于经济处于转型期的中国而言，其所面临的节能减排压力日益加大。能源消耗与污染排放的主要来源是工业部门，而制造业又是工业行业中的能耗与排放大户。因此，缓解节能减排压力与工业部门绿色低碳转型发展以及制造业高质量发展密不可分。作为实体经济的重要载体，制造业的高质量发展对于整个经济的高质量发展意义重大。制造业高质量发展旨在以创新驱动为核心，打造世界级先进制造业集群，加快处置“僵尸企业”，以推动制造业实现绿色、可持续发展。从某种意义上讲，制造业高质量发展与节能减排的关系，并非相互排斥的，而是相互促进的。本章首先梳理了改革开放以来中国节能减排政策的演进脉络，揭示了经济发展不同阶段节能政策与减排政策的不同侧重点，以及节能减排政策工具的多元化演进规律。其次，本章基于总量与强度指标分析了中国节能减排的现状。分析发现，中国存在节能减排的系统性较弱、节能减排技术供给缺乏内生动力、制造业内部“两高行业”过度集中等问题。再次，本章从直接技术进步效应和间接倒逼效应分别阐述了节能减排对制造业高质量发展的影响机制。一方面，节能减排压力促使在位企业改进技术，提高能源利用效率；另一方面，节能减排压力不仅迫使未达标的两高行业退出市场，而且提高潜在进入者的准入门槛，降低两高行业的比例。复次，本章基于 2004—2015 年的数据，运用数据包络分析和

Malmquist 指数分解方法，测算了中国制造业 27 个细分行业的节能减排综合效率，并从技术进步、要素配置、政策规制等方面进一步探讨了节能减排效率的影响因素。最后，本章从企业经营理念、能源消费结构、政策协调性等角度提出了节能减排背景下中国制造业高质量发展的对策建议。

11.1 中国节能减排的政策脉络与现状分析

11.1.1 节能减排的政策脉络梳理

1．节能政策先行阶段（20 世纪 80 年代）

我国实行改革开放政策后，经济建设得以快速发展，随之而来的能源问题日益成为国民经济发展中的一个突出矛盾，工业生产增长所需要的能源，必须主要依靠合理利用和节约来解决，实现高效节能与产出增加的统一。1980 年，国务院发布了《关于加强节约能源工作的报告》，高度重视能源问题，强调我国要采取以煤为主的燃料结构，狠抓能源的管理和节约，搞好能源的综合利用，不断提高能源的利用率。国家专门成立了节能管理机构统筹我国各行各业的节能工作，“开发与节约并重，近期把节约放在优先地位”是节能管理机构开展节能工作的长期指导方针。

《关于加强节约能源工作的报告》还提出，从根本上提高我国能源利用率，解决能耗高、浪费大问题，必须加强节能技术的研究与推广工作。自 1982 年起，国务院相继发布了《对工矿企业和城市节约能源的若干具体要求（试行）》《超定额耗用燃料加价收费实施办法》《关于按省、市、自治区实行计划用电包干的暂行管理办法》和《中国节能技术政策大纲》（张永宁和沈霁华，2016）。1986 年，国务院发布了《节约能源管理暂行条例》（以下简称《条例》）对节能技术相关政策进行规范性说明，再次强调节能技术的开发与推广，重视对节能技术改造和应用科研采取扶持政策，并将重大节能技术纳入国家重点科研计划，加快节能法规、标准和规范的制定。该《条例》基于能源开发与能源节约并举的方针，从多个方面和多重环节规定了节能的详细措施，有效地推动了中国节能工作的实施。

2．节能减排政策并行阶段（20 世纪 90 年代）

随着我国工业化与城镇化进程的加快，污染物排放量大幅增加，生态环境质量恶化。我国自1988年6月1日起实施了《中华人民共和国大气污染防治法》，旨在遏制污染排放，有效改善人类生存环境，推动生态文明建设与经济社会协调发展。1989年12月26日，由第七届全国人民代表大会常委委员会通过的《中华人民共和国环境保护法》第一章第四条规定，保护环境是国家的基本国策，国家采取有利于节约和循环利用资源、保护和改善环境、促进人与自然和谐的经济、技术政策和措施，使经济社会发展与环境保护相协调。该法的实施意味着中国节能减排政策进入并行阶段，同时也标志着节能减排政策进入了法制化阶段。

1990年，《国务院关于进一步加强环境保护工作的决定》进一步强调，依法采取有效措施防治工业污染，对资源浪费严重、环境污染严重的企业，尤其是小造纸、小化工、小印染、小土焦、土硫磺等乡镇企业，根据管理权限，必须责令其限期治理或分别采取关、停、并、转等措施。1991年，《中华人民共和国大气污染防治法实施细则》加强对大气污染防治的监督管理，针对防治烟尘、废气、粉尘和恶臭污染作出了相关规定，明确了违反大气污染防治法规定的法律责任。

1998年1月1日，我国开始实行《中华人民共和国节约能源法》。该法对能源进行了清晰地界定，即能源是指煤炭、石油、天然气、生物质能和电力、热力以及其他直接或者通过加工、转换而取得有用能的各种资源。同时，该法明确指出，节约能源，是指加强用能管理，采取技术上可行、经济上合理以及环境和社会可以承受的措施，从能源生产到消费的各个环节，降低消耗、减少损失和污染物排放、制止浪费，有效、合理地利用能源。这是继《中华人民共和国环境保护法》之后，又一标志性的法律文件。《中华人民共和国节约能源法》规定，节约能源是我国的基本国策之一，我国将实施“节约优先、节能与开发并重”的能源发展战略，同时明确制定了节能的国家标准、行业标准、产品能耗限额标准，以及相应的法律责任。该法使得节能工作有法可依，是节能工作的重要法律保障，有效促进了节能减排工作的推进。

稳步推进我国节能减排工作的关键一步是节能产品的认证，以及节能产品市场的构建。1999年2月11日，根据《中华人民共和国产品质量法》《中华人民共和国产品质量认证管理条例》和《中华人民共和国节约能源法》，国家发改委颁布了《中国节能产品认证管理办法》。该法对节能产品进行了清晰的界定，并提出了详细的效率或能耗指标。

3．节能减排政策实施总量控制阶段（21 世纪初）

2000 年，《国民经济和社会发展第十个五年规划纲要》仅制定了主要污染物排放总量目标，即“十五”时期（2001—2005 年）主要污染物排放总量比 2000 年减少 10%，但是并没有对能耗提出具体的要求。2006 年，《国民经济和社会发展第十一个五年规划纲要》指出，“十一五”时期（2006—2010 年），单位国内生产总值能源消耗降低 20%，主要污染物排放总量减少 10%，降低能耗与减少排放均属于约束性指标。为保证经济社会的可持续发展，我国政府在“十二五”期间（2011—2015 年）规定了“国内生产总值能源消耗下降 16%、主要污染物排放总量减少 8%—10%”的节能减排约束性指标。如表 11.1 所示，“十二五”规划在资源节约环境保护目标中还新增了“非化石能源占一次能源消费比重达到 11.4%”，“单位国内生产总值二氧化碳排放降低 17%”，“化学需氧量、二氧化硫排放分别减少 8%”，“氨氮、氮氧化物排放分别减少 10%”。“十三五”规划制定的节能减排目标分别是单位 GDP 能耗降低 15%、主要污染物排放总量减少 10%—15%。与“十二五”相比，“十三五”制定的能耗目标有所下调，但是减排目标却明显拔高，尤其是二氧化硫、氮氧化物的排放量目标“升级”为“减少 15%”。这些具体的能耗与排放目标表明我国节能减排政策逐渐细化、逐步完善，政府对节能减排工作也更加重视。

表 11.1 国民经济和社会发展五年规划纲要节能减排目标

规划纲要	指　　标	规划目标	完成情况	属　性
“十五”计划	主要污染物排放总量减少	10%	小于 10%	
“十一五”规划	单位 GDP 能源消耗降低	20%		约束性
	主要污染物排放总量减少	10%		约束性
“十二五”规划	非化石能源占一次能源消费比重	11.4%	12%	约束性
	单位 GDP 能源消耗降低	16%	18.2%	约束性
	单位 GDP 二氧化碳排放降低	17%	20%	约束性

（续表）

规划纲要	指　　标	规划目标	完成情况	属　性
“十二五”规划	主要污染物排放总量减少 化学需氧量 二氧化硫 氨氮 氮氧化物	 8% 8% 10% 10%	 12.9% 18% 13% 18.6%	约束性
“十三五”规划	单位 GDP 能源消耗降低	15%		约束性
	非化石能源占一次能源消费比重	15%		约束性
	单位 GDP 二氧化碳排放降低	18%		约束性
	主要污染物排放总量减少 化学需氧量 氨氮 二氧化硫 氮氧化物	 10% 10% 15% 15%		约束性

注：约束性指标是在预期性基础上进一步明确并强化了政府责任的指标，是中央政府在公共服务和涉及公众利益领域对地方政府和中央政府有关部门提出的工作要求，政府要通过合理配置公共资源和有效运用行政力量，确保实现。

4. 节能减排政策工具多元化阶段：规制型→市场型→信息型→公众参与型

在节能减排政策的形成和发展阶段，政府主要使用规制型政策工具，运用“法律”“条例”“规定”“细则”等方式直接供给和管制的方式实现政策目标（张心宁和沈霁华，2016），例如 1986 年的《节约能源管理暂行条例》，以及“十五”主要污染物排放总量指标、“十一五”节能减排双指标，均是具有法律约束力的指标，属于规制型的节能减排政策工具。

随着经济与社会的发展，节能减排政策工具逐渐进入多元化阶段，市场型政策工具不断显现。例如，“十一五”规划提出“建立反映市场供求状况和资源稀缺程度的价格形成机制”“改革资源税制度”“积极稳妥推进资源型产品价格改革”。“十二五”规划强调“完善资源性产品价格形成机制和资源环境税费制度”“探索建立低碳产品标准、标识和认证制度，建立完善温室气体排放统计核算制度，逐步建立碳排放交易市场”。国内首个碳排放权交易平台于 2013 年 6 月 18 日在深圳启动，此后，北京、天津、上海、广东、湖北、重庆等省份先后启动了碳排放权交易试点。2017 年 12 月 19 日，全国碳排放交易体系正式启动。

进一步地，节能减排政策也更加倾向于信息化管理，以及实行“自下而上”的治理模式，充分依托社会不同主体的力量。“十一五”规划明确指出，在环保措施方面，实施排放总量控制、排放许可和环境影响评价制度，实行环境质量公告和企业环保信息公开制度，鼓励社会公众参与并监督环保。接着，“十二五”规划提出，建立完善温室气体排放统计核算制度。“十三五”规划又进一步提出，实行最严格的环境保护制度，强化排污者主体责任，形成政府、企业、公众共治的环境治理体系，实现环境质量总体改善。这些政策措施，意味着“信息披露、信息公开、全民参与”将在实现节能减排目标过程中发挥着越来越重要的作用。

11.1.2　节能减排的现状分析

1．能源消费总量

图 11.1 展示了 2000—2015 年中国、工业、制造业能源消费总量及其占比情况。如图 11.1 所示，2000—2015 年期间中国能源消费总量呈逐年小幅递增趋势，由 2000 年 146964 万吨标准煤上升到 2015 年 429905 万吨标准煤，2003—2011 年增幅相对较快，2012—2015 年能源消费总量得到了有效控制，增幅明显放缓。工业部门能源消费总量整体呈现先大幅上升后小幅增加再缓慢下降的趋势，制造业能源消费总量与工业部门呈现出相同的趋势。进一步从能源消费量占比来看，2000—2015 年期间，工业部门所消耗的能

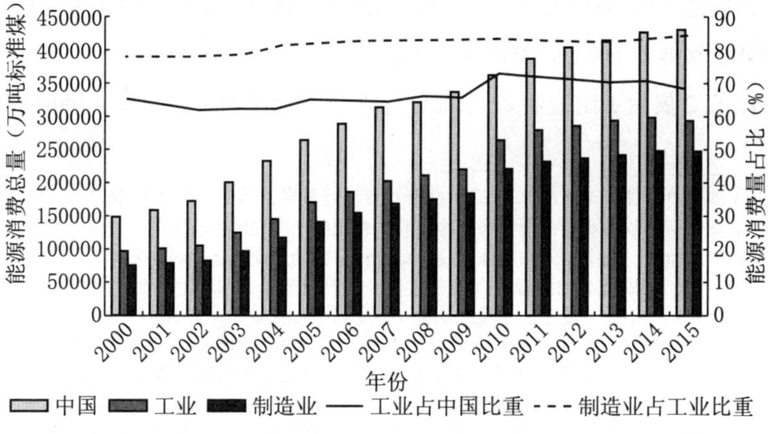

图 11.1　2000—2015 年中国、工业、制造业能源消费总量及其占比

资料来源：《中国能源统计年鉴》。

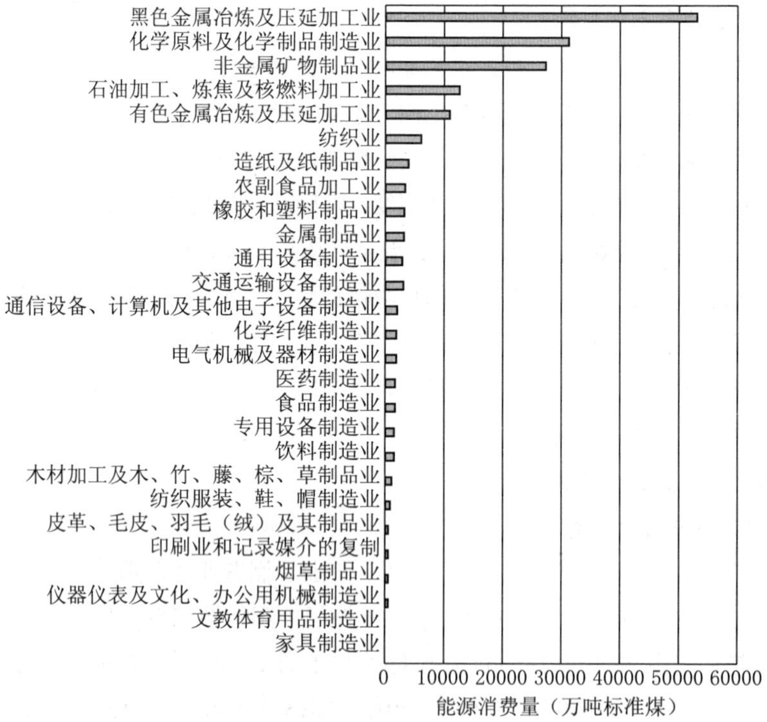

图 11.2　制造业 27 个细分行业能源消费量（2000—2015 年均值）

资料来源：《中国能源统计年鉴》。

源占中国能源消费总量的比重整体变化较小，基本位于 60%—75% 区间范围内，而制造业所消耗的能源在工业部门能源消费总量中所占的比重呈小幅上升趋势，整体处于 75%—85% 区间范围内。

图 11.2 展示了制造业 27 个细分行业[①] 的能源消费量情况（2000—2015

① 基于数据可得性，本章选取了 27 个细分行业进行考察，其中，2011 年及之前年份将橡胶制品业和塑料制品业进行合并为“橡胶和塑料制品业”，2012 年及之后年份将汽车制造业与铁路、船舶、航空航天和其他运输设备进行合并为“交通运输设备制造业”。27 个细分行业分别是农副食品加工业、食品制造业、饮料制造业、烟草制品业、纺织业、纺织服装、鞋、帽制造业、皮革、毛皮、羽毛（绒）及其制品业、木材加工及木、竹、藤、棕、草制品业、家具制造业、造纸及纸制品业、印刷业和记录媒介的复制、文教体育用品制造业、石油加工、炼焦及核燃料加工业、化学原料及化学制品制造业、医药制造业、化学纤维制造业、橡胶和塑料制品业、非金属矿物制品业、黑色金属冶炼及压延加工业、有色金属冶炼及压延加工业、金属制品业、通用设备制造业、专用设备制造业、交通运输设备制造业、电气机械及器材制造业、通信设备、计算机及其他电子设备制造业、仪器仪表及文化、办公用机械制造业。

年均值)。由图 11.2 可知，制造业细分行业能耗的内部差异较为明显。具体而言，能源消费量超过 10000 万吨标准煤且排名靠前的 5 个行业依次是黑色金属冶炼及压延加工业、化学原料及化学制品制造业、非金属矿物制品业、石油加工、炼焦及核燃料加工业、有色金属冶炼及压延加工业；而能源消费量低于 300 万吨标准煤且排名靠后的 4 个行业依次是家具制造业，文教体育用品制造业，仪器仪表及文化、办公用机械制造业，烟草制品业。

结合图 11.1 和图 11.2 可知，平均而言，作为中国的主要实体经济部门的工业行业消耗了 60% 以上的能源，而制造业又是工业部门中最大的能源消耗行业，制造业的能源消耗占工业行业的比重长期处于 70% 以上。因此，制造业是中国实现节能目标的关键行业，而制造业细分行业中的 5 大高能耗行业，即黑色金属冶炼及压延加工业，化学原料及化学制品制造业，非金属矿物制品业，石油加工、炼焦及核燃料加工业，有色金属冶炼及压延加工业，则是节能的主要目标行业。

2．碳排放总量

图 11.3 展示了 2000—2015 年中国、工业部门以及制造业行业的二氧化碳排放总量及其占比情况。可以看出，2000—2013 年期间中国整体二氧化碳排放量呈现逐年递增趋势，从 2000 年的 314003 万吨上升到 2013 年的 923679 万吨；2014—2015 年有所下降，2015 年的碳排放量为 914660 万吨。

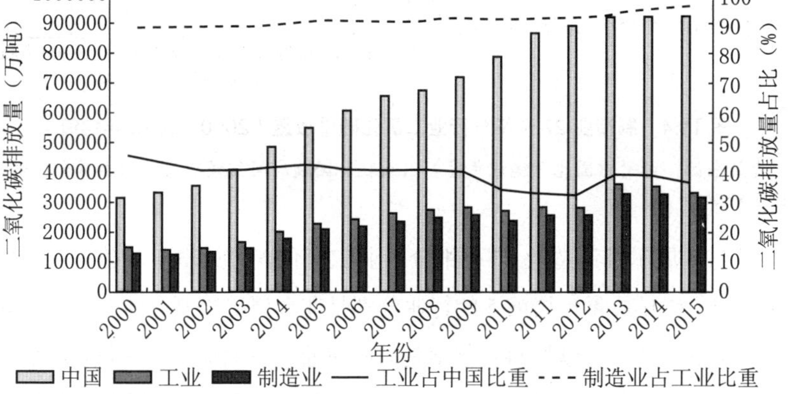

图 11.3　2000—2015 年中国、工业、制造业二氧化碳排放量及其占比

资料来源：国际能源署、《中国工业统计年鉴》《中国能源统计年鉴》。

工业部门和制造业行业的二氧化碳排放量在样本期间的走势基本相同，均整体呈现出波动上升态势。从二氧化碳排放量占比情况来看，工业部门占中国整体的碳排放的比重呈波动下降趋势，占比从2000年的45%下降到2015年的36%。然而，制造业占工业碳排放的比重呈缓慢上升趋势，2012年以后制造业占比超过了90%。

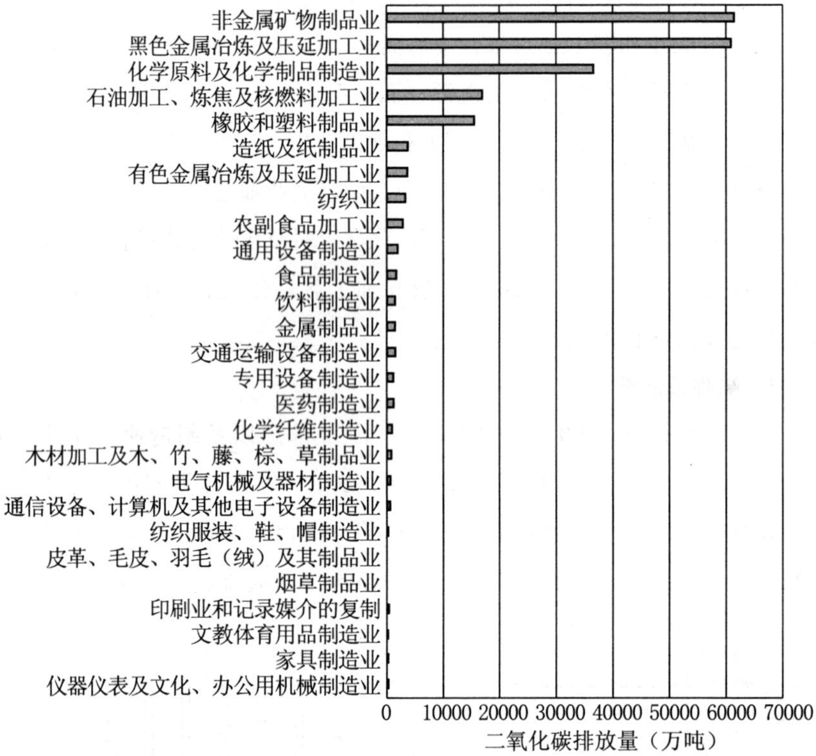

图 11.4 制造业27个细分行业二氧化碳排放量（2000—2015年均值）

资料来源：由《中国能源统计年鉴》以及联合国政府间气候变化专门委员会提供的数据计算所得。

图11.4展示了制造业27个细分行业二氧化碳排放量年均值情况。由图11.4可知，碳排放量位居前5的行业分别是非金属矿物制品业，黑色金属冶炼及压延加工业，化学原料及化学制品制造业，石油加工、炼焦及核燃料加工业，橡胶和制品业。其中，非金属矿物制品业、黑色金属冶炼及压延加工业的碳排放量均超过了6亿吨，化学原料及化学制品制造业的碳排放量超过

了 3 亿吨，而石油加工、炼焦及核燃料加工业，橡胶和制品业的碳排放量则均超过了 1.5 亿吨。碳排放量靠后的 5 个行业分别是烟草制品业，印刷业和记录媒介的复制、文教体育用品制造业，家具制造业，仪器仪表及文化、办公用机械制造业，这 5 个行业的碳排放量均低于 0.05 亿吨。

结合图 11.3 和图 11.4 可以得知，一方面，中国的碳排放总量以及工业部门、制造业的碳排放量虽然总量仍处于较高水平但是增长速度有所下降，表明近几年的减排取得了一定成效；另一方面，制造业碳排放占工业的比重仍处于上升趋势，而且制造业行业内部碳排放差异也十分显著，非金属矿物制品业，黑色金属冶炼及压延加工业，化学原料及化学制品制造业，石油加工、炼焦及核燃料加工业，橡胶和制品业 5 个行业的高排放量是推进减排工作的主要阻力。

3．能源强度与碳排放强度

本章进一步以能源强度和碳排放强度两个指标分析节能减排现状，其中国内生产总值和工业产值、制造业产值指标分别利用居民消费价格指数和工业出厂价格指数将其平减为 2000 年不变价。

图 11.5 展示了 2000—2015 年中国能源强度、工业能源强度以及制造业能源强度的变化趋势。可以看出，2000—2002 年期间中国能源强度变化较小，2002—2005 年期间出现明显上升。然而，2005 年以后，中国能源

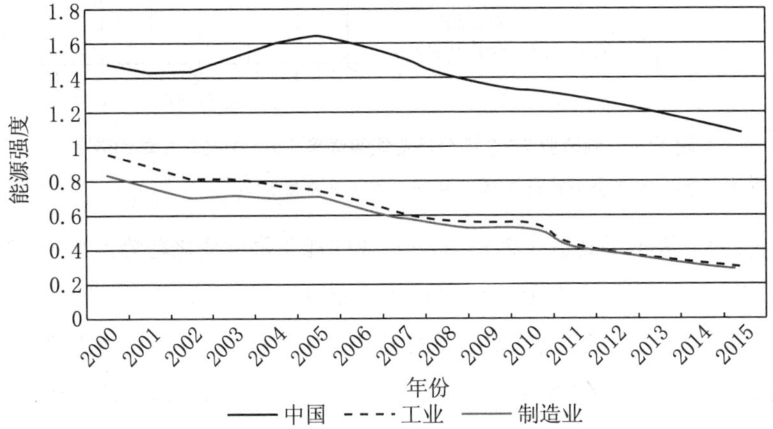

图 11.5　2000—2015 年中国、工业、制造业能源强度

资料来源：《中国统计年鉴》《中国能源统计年鉴》《中国工业统计年鉴》。

强度呈现明显的逐年下降趋势，能源强度由2005年的峰值1.635下降到了2015年的低值1.078。2000—2015年期间，工业能源强度和制造业能源强度整体上均呈波动下降趋势，其中，工业能源强度由2000年的0.954下降到2015年的0.307，而制造业能源强度由2000年的0.827下降到2015年的0.286。

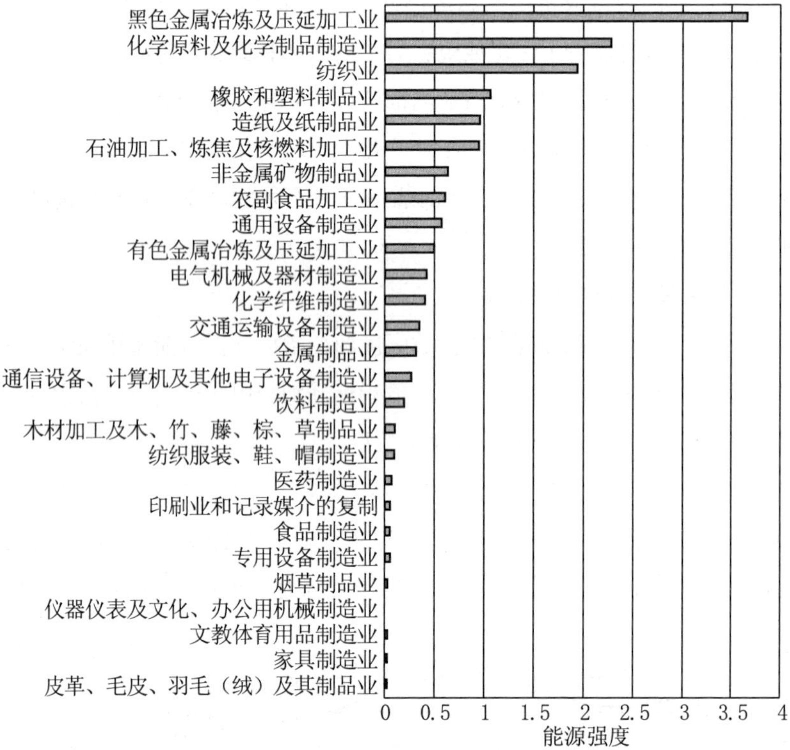

图11.6　制造业27个细分行业能源强度（2000—2015年均值）

资料来源：《中国能源统计年鉴》《中国工业统计年鉴》。

图11.6展示了制造业27个细分行业的能源强度变化趋势（2000—2015年均值）。整体而言，制造业细分行业的能源强度较低，能源强度大于1的行业仅有4个，分别是黑色金属冶炼及压延加工业，化学原料及化学制品制造业，纺织业，橡胶和塑料制品业。具体而言，黑色金属冶炼及压延加工业的能源强度最大，超过了3.5，其次是化学原料及化学制品制造业，能源强度高达2.28，纺织业接近2，而橡胶和塑料制品业略大于1。造纸及纸制品

业和石油加工、炼焦及核燃料加工业的能源强度均接近 1，非金属矿物制品业，农副食品加工业，通用设备制造业，有色金属冶炼及压延加工业的能源强度均略高于 0.5，其余 17 个行业的能源强度均低于 0.5。

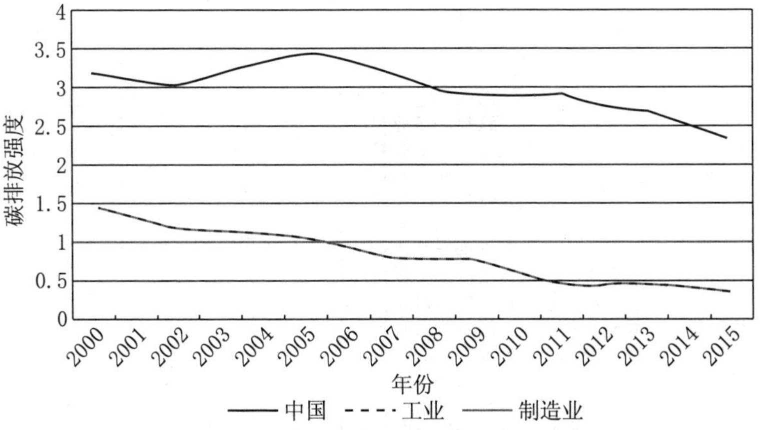

图 11.7　2000—2015 年中国、工业、制造业碳排放强度

资料来源：国际能源署；《中国工业统计年鉴》《中国能源统计年鉴》。

图 11.7 展示了 2000—2015 年期间中国整体、工业部门及制造业的碳排放强度变化趋势。由该图可知，样本期间，中国的碳排放强度呈波动下降趋势（除 2002—2005 年的上升趋势外），碳排放强度由 2005 年的峰值 3.40 下降到 2015 年的 2.29。对比图 11.5 可以发现，中国整体碳排放强度与能源强度的整体趋势较为一致，这表明，样本期间，中国节能减排工作取得了一定的成效。进一步地，由图 11.7 可以看出，工业和制造业的碳排放强度变化趋势基本保持一致，整体而言二者的碳排放强度均呈波动下降趋势，碳排放强度的大小也十分接近。

图 11.8 展示了制造业 27 个细分行业碳排放强度的大小（2000—2015 年均值）。由图 11.8 可知，制造业细分行业整体碳排放强度较低，碳排放强度大于 1 的行业仅有 4 个，分别是非金属矿物制品业，化学原料及化学制品制造业，黑色金属冶炼及压延加工业，石油加工、炼焦及核燃料加工业，这 4 个行业的碳排放强度依次为 4.199、2.658、1.424、1.307。橡胶和塑料制品业，交通运输设备制造业的碳排放强度略高于 0.5，其余 21 个行业的碳排放

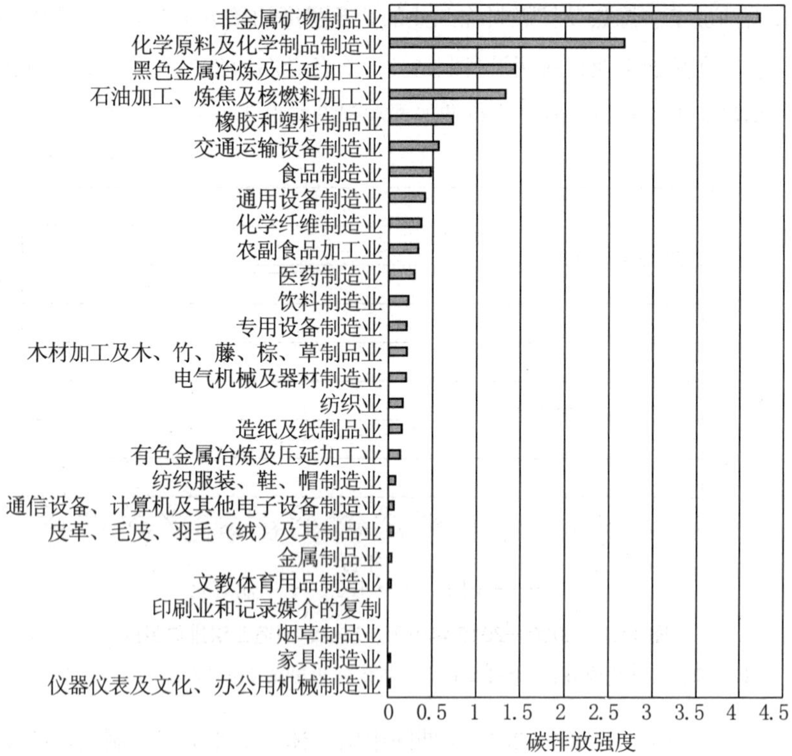

图 11.8 制造业 27 个细分行业碳排放强度（2000—2015 年均值）

资料来源：由《中国能源统计年鉴》以及联合国政府间气候变化专门委员会提供的数据计算所得。

强度均低于 0.5。

11.1.3 节能减排过程中存在的问题

改革开放以来，中国政府高度重视节能减排工作，采取了一系列与经济发展相适应的规制型、市场型、信息型节能减排政策，制定了一系列较为具体的能源消耗与污染物排放总量和强度控制的目标，取得了一定的成效。然而，与当前经济高质量发展的要求相比，中国节能减排工作仍存在诸多问题。

1. 节能减排工作缺乏系统性

目前，我国的节能减排工作呈现出行业层面“单打独斗”、地区层面“目标不对等”现象。一方面，在工业领域，节能减排工作仅围绕部分重点工序与重点设备、单一企业以及行业展开，忽略了上下游企业之间的衔接，不同行业之间的协同作用，以及工业与社会之间生态链接等系统性节能减排，制约了系统层面节能减排潜力的释放。另一方面，在地区层面，节能减排压力存在显著差异，重工业化地区面临的节能减排约束明显强于其他地区。“十二五”以来，西部地区部分省份投产和开工了大批高耗能项目，目前这些项目产能持续释放，导致这些地区节能减排压力远高于其他地区，尤其是工业重化程度较高的海南、青海、宁夏、新疆等地区节能减排形势十分严峻。①

2．节能减排技术供给缺乏内生动力

中国节能低碳技术在原煤洗选、钢铁、化工等高耗能行业得到了广泛应用。但是，由于投入大、成本高，在产能过剩、产品价格走低的条件下，工业企业利润率较低，企业加大节能减排技术投资力度并扩大技术应用范围的内在激励不足。《“十三五”以来中国企业节能减排状况调查报告》显示，无法完成节能减排年度计划的企业在调查的样本企业的比例约为 10%，节能减排基础工作有所欠缺的企业约有 30%。因此，在缺乏政府补贴或其他资助的情况下，节能减排技术往往难以转化为企业的竞争优势（史丹，2015），企业节能减排投入不仅受到产能过剩和资金链偏紧的制约，而且也受到专业知识储备不够的限制。整体上，企业节能减排的内生动力仍然不足。

3．制造业内部“两高行业”过度集中

我国制造业能源利用效率并未形成全球竞争优势，粗放的能源消耗方式不仅使制造业体系长期处于“高耗能、高污染、高排放”的低效运转模式，也拉低了制造业企业的效益水平，降低了产品的国际竞争力，严重限制了企业转型发展的能力（吕铁和刘丹，2019）。从能源消费总量和碳排放总量进行分析可知（如图 11.9—11.10 所示），制造业细分行业中的 4 个高能耗、高排放行业（两高行业），即黑色金属冶炼及压延加工业，化学原料及化学制品制造业，非金属矿物制品业，石油加工、炼焦及核燃料加工业，有色金属冶炼及压延加工业，几乎消耗了整个制造业 70% 以上的能源，并且其碳排放量大约占据整个制造业的 80% 以上。

如图 11.9 所示，2000—2015 年期间 4 个两高行业能源消费总量之和占

① 《“十三五”节能减排仍面临诸多挑战》，载新华网 http：//www.xinhuanet.com/2019-01/23/c_1124028683.htm。

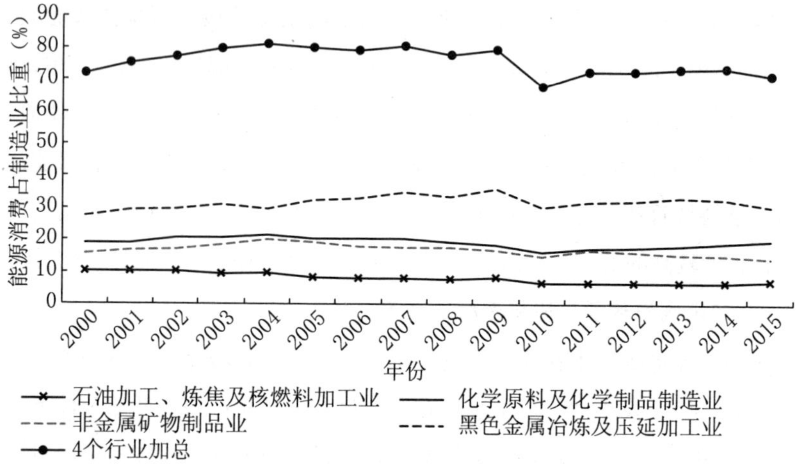

图 11.9　两高行业的能源消费总量占比

资料来源：《中国能源统计年鉴》。

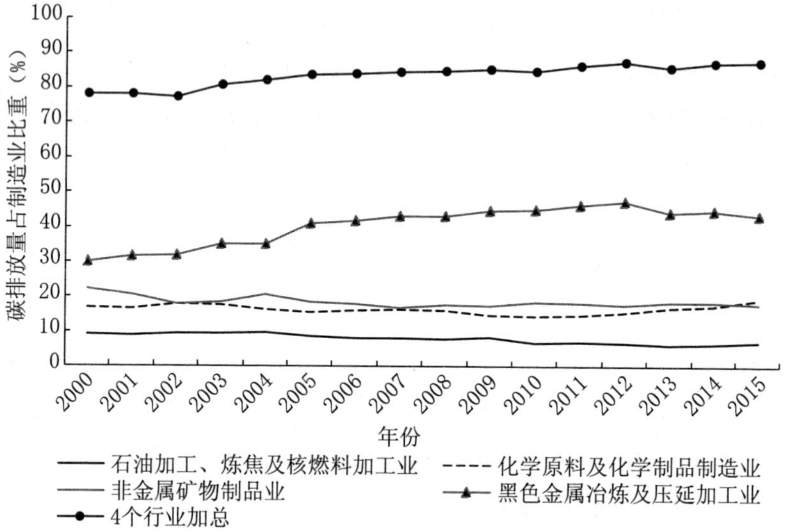

图 11.10　两高行业的碳排放总量占比

资料来源：由《中国能源统计年鉴》以及联合国政府间气候变化专门委员会提供的数据计算所得。

整个制造业的比重高达 70% 以上（除 2010 年以外）。其中，黑色金属冶炼及压延加工业能源消费量占比最高（27%—36%）且样本期间保持波动上升的趋势，化学原料及化学制品制造业能源消费量占比变化幅度较小（16%—

22%），非金属矿物制品业的能源消费量占比（14%—21%）整体处于波动下降的趋势，石油加工、炼焦及核燃料加工业的能源消费量占比（6%—10%）下降趋势较为明显。

如图 11.10 所示，2000—2015 年期间 4 个两高行业碳排放总量之和占整个制造业的比重处于 77%—88% 范围内，并且整体呈逐年上升趋势。其中，黑色金属冶炼及压延加工业的碳排放量占比远高于其他三个行业，样本期间，其占比整体呈上升趋势，2015 年其占比为 43.24%。化学原料及化学制品制造业和非金属矿物制品业的碳排放占比较为接近且整体变化均较小，占比范围为 15%—20%。石油加工、炼焦及核燃料加工业的碳排放量占比较低，且呈现小幅下降趋势，2015 年其占比约为 7%。

结合图 11.9 和图 11.10 可以看出，制造业的能源消耗与二氧化碳排放过度集中于黑色金属冶炼及压延加工业等上述 4 个“两高行业”。然而，这 4 个行业的实际产值在制造业行业中的占比却比较低。如图 11.11 所示，2000—2015 年期间，4 个两高行业的实际产值（2000 年不变价）占制造业行业的比重均不足 9%。其中，化学原料及化学制品制造业，非金属矿物制品业的实际产值占比均呈上升趋势，黑色金属冶炼及压延加工业的实际产值占比呈倒 U 形变化趋势，而石油加工、炼焦及核燃料加工业的实际产值占比却

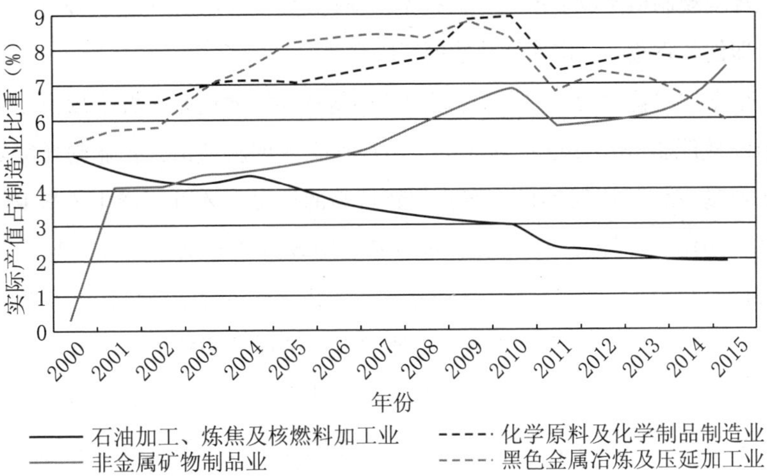

图 11.11　两高行业的实际产值占比

资料来源：《中国工业统计年鉴》。

持续走低。由此可知，两高行业的发展模式过于粗放，不仅消耗了绝大部分能源，还排放了大量二氧化碳，但是并没有创造出较高的行业产值。

11.2 节能减排对制造业高质量发展的影响机制

中国政府制定的节能减排目标具有法律约束性，对用能企业形成外在压力，尤其是对高能耗高污染行业的影响更大。整体而言，节能减排政策对制造业高质量发展产生两方面的影响，一是形成直接的技术进步效应，即节能减排压力促使在位企业改进技术，提高能源利用效率；二是形成间接的倒逼效应，即节能减排压力不仅迫使未达标的两高行业退出市场，而且提高潜在进入者的准入门槛，降低两高行业的比例。

11.2.1 直接的技术进步效应

1. 波特假说：诱发技术进步

波特假说认为，环境规制对企业的技术进步具有促进作用（Porter，1991）。波特假说还可以区分了强波特假说和弱波特假说（Jaffe 和 Palmer，1997）。强波特假说是指，环境规制所引发的技术创新能够提高企业生产率并获得足以弥补创新成本的收益，进而提高企业竞争力。弱波特假说则是指，环境规制虽然能够激发企业技术创新行为，但不一定能给企业带来净收益，即创新收益不一定能给补偿创新成本。

根据“波特假说”，环境规制的“创新补偿”效应是否存在取决于企业创新绩效能否补偿环境管理成本。而根据企业创新理论，企业创新绩效是在企业具有较强创新动机并实施创新行为的情况下才可能产生（李卫红和白杨，2018）。因此，政府制定的环境规制政策的激励作用在诱导企业进行节能减排技术研发的过程中至关重要。具有经济激励作用的环境规制政策，在长期不仅能够激发创新，也能够促进节能减排技术或新能源技术的研发，还能改进生产无效性并提高投入生产率，最终部分或全部抵消短期执行环境政策的成本，甚至为厂商带来净收益，这是实现波特假说的创新补偿途径（陈诗一，2010）。目前，中国与节能减排相关的环境规制政策兼具“胡萝卜”和“大棒”特色。一方面，节能减排技术推广与应用的补贴政策（“胡萝卜”），以及环境规制与产业政策融合的协同政策，能够有效激发企业创新动机，推动企业技术升级；另一方面，明确并强化节能减排责任的相关措施能够对在位企业形成外在压力（“大棒”），进一步诱发企业创新行为。

2．技术偏向理论：引导企业研发偏向绿色技术创新

节能减排的目标导向是推动制造业高质量发展，而高质量发展的关键在于引导企业研发偏向绿色技术创新。偏向型技术进步主要受价格效应和市场效应的两个因素的影响（Acemoglu et al.，2012）。价格效应是指为降低生产成本，企业采用的技术会有利于节约稀缺要素的投入水平；市场效应是指为扩大市场规模，企业采用的技术会有利于提高丰裕要素的产出水平（陶峰和王余妃，2018）。

在价格效应和市场效应的作用下，技术进步偏向最终取决于稀缺要素与丰裕要素的替代弹性。以能源与非能源（资本和劳动力）要素为例，如果能源与非能源要素之间是替代关系，节能减排政策导致能源相对价格的提高进而会使得企业选择更多地使用非能源要素的生产技术，即能源节约型技术进步；如果资本和劳动是互补关系，能源相对价格的提高将会激发提高能源使用效率的技术发明，企业生产最终会更多地使用能源，即非能源要素节约型技术进步（陈晓玲等，2015）。

节能减排政策作为环境规制的一种表现形式，显然会影响生产要素的稀缺性和替代弹性，进而导致技术进步的要素偏向变化。一是环境规制可能提高能源获取的稀缺度，进而抬高能源价格，企业在面临较高的能源要素使用成本时，将更倾向于采纳能源节约型技术进步；二是环境规制使得污染排放的外部性内部化，进而增加企业的生产成本，企业也会倾向于减排型技术进步；三是环境规制会影响消费者对绿色产品的偏好，使得绿色产品的市场需求增加，企业为获得更大的市场份额，其技术创新也会偏向于绿色产品开发。一旦绿色产品开发企业获得了较大的市场认可度并形成较强的市场竞争力时，绿色技术创新的示范效应会使得更多的企业调整技术创新的方向，进而产生一种循环累积的因果效应，促进整个行业走向绿色技术进步的轨道（陶峰和王余妃，2018）。

11.2.2 间接的倒逼效应

节能减排政策的实施，表明企业面临着具有法律约束力的外在压力。对于“高污染、高耗能、高耗水”的企业（三高企业）而言，在面临相同的环境标准与节能减排目标情形下，与其他非三高企业相比，三高企业必须投入更大的环境污染治理成本。显然，相对其他非三高企业而言，三高企业的利润水平被大幅压缩。在成本收益不对等以及节能减排技术投入受限的情况下，三高企业难以实现环境与竞争的双赢，最终会自动退出市场。

与此同时，对于潜在的三高企业而言，节能减排的政策目标约束所形成的市场准入门槛，也就意味着进入市场将付出较高的环境治理成本，市场竞争力将会被削弱。因此，在较高的市场准入门槛形成后，节能减排政策将大幅限制潜在的三高企业进入市场。整体而言，节能减排对企业形成间接的倒逼效应：不仅对在位的三高企业形成压力，也对潜在的三高企业构成门槛，进而能够通过市场机制逐渐淘汰三高企业，从而降低行业的产能过剩。

11.3 制造业行业的节能减排效率测算及分解

11.3.1 制造业行业的节能减排综合效率测算及分解

1．投入产出指标选择与数据描述性分析

数据包络分析方法（Data Envelopment Analysis）是测算生产效率的代表性方法之一，现已被广泛应用于评估节能减排效率（余泳泽，2011；何小钢和张耀辉，2012；蔡宁等，2016）。数据包络分析方法通过测算相对效率而评价具有相同类型的多投入和多产出的决策单元（Decision Making Units，DMU）是否有效，即是否实现了既定投入条件下产出的最大化（产出导向型）或既定产出条件下投入的最小化（投入导向型）（Charnes et al.，1978）。决策单元的相对效率值范围为（0，1]，当相对效率值为1时，表明决策单元达到了最优的生产前沿。

本章基于数据包络分析方法，测算2000—2015年中国制造业的节能减排效率。具体而言，以中国制造业27个细分行业为决策单元，在考虑期望产出即工业总产值的同时也纳入非期望产出即二氧化碳排放，并选取资本、

劳动力、能源三种要素作为投入指标。投入产出指标的具体含义与数据来源如表 11.2 所示。

表 11.2　投入产出指标

	指　标	具体含义	单　位	数据来源
产出指标	期望产出	工业总产值	亿元	《中国工业统计年鉴》
	非期望产出	二氧化碳排放量	万吨	《中国能源统计年鉴》
投入指标	资本	资本存量	亿元	《中国工业统计年鉴》
	劳动力	年平均就业人数	万人	《中国工业统计年鉴》
	能源	能源消费量	万吨标准煤	《中国能源统计年鉴》

（1）期望产出。期望产出为制造业各细分行业的工业总产值，并根据 2000—2015 年分行业工业品出厂价格指数将其折算为 2000 年不变价。分行业工业品出厂价格指数的数据来源于《中国统计年鉴》。

（2）非期望产出。二氧化碳是温室气体排放的主要组成部分，而且二氧化碳排放又主要来自化石燃料燃烧和水泥、石灰、钢铁等工业生产过程（陈诗一，2009），因此，本章主要考虑将制造业行业二氧化碳排放量视为非期望产出，并以煤炭、原油和天然气为基准一次能源，结合公式（11.1）来计算制造业各细分行业的二氧化碳排放量。

$$C_t = \sum_{i=1}^{3} C_{i,\ t} = \sum_{i=1}^{3} E_{i,\ t} \cdot NCV_i \cdot CEF_i \cdot COF_i \times \frac{44}{12} \tag{11.1}$$

其中，t 是时间，i 为三种一次能源（煤炭、原油和天然气）。C 代表估算的二氧化碳排放量（万吨），E 是能源消耗量，NCV 是能源净发热值，CEF 是碳排放系数，COF 是碳氧化因子（煤炭为 0.99，原油和天然气均为 1），44 和 12 分别为二氧化碳和碳的分子量。

（3）要素投入。资本投入指标为制造业细分行业的资本存量，借鉴陈诗一（2011）的方法对其进行测算。劳动力投入指标为制造业细分行业的年平均就业人数。能源投入指标为工业分行业终端能源消费量（标准量）（发电煤耗法口径）。

进一步地，本章结合表 11.2 和表 11.3 对数据进行描述性分析。首先，根据2000—2015年各行业能源消费量和二氧化碳排放量的历年均值，将制造业27个细分行业分成低排放组和高排放组、低能耗组和高能耗组，历年均值排名前13位为高值组、后14位为低值组，具体分组情况如表11.3所示。由表11.3可以看出，高排放、高能耗行业（简称两高组）有11个，低排放、低能耗行业（简称两低组）有12个，低排放、高能耗行业与高排放、低能耗行业各有2个。

表11.3　制造业细分行业按排放与能耗分组情况

<table>
<tr><th colspan="2">D：低排放、高能耗（2个）</th><th colspan="2">C：高排放、高能耗（11个）</th></tr>
<tr><td colspan="2">● 交通运输设备制造业
● 通信设备、计算机及其他电子设备制造业</td><td>● 农副食品加工业
● 纺织业
● 造纸及纸制品业
● 石油加工、炼焦及核燃料加工业
● 化学原料及化学制品制造业
● 橡胶和塑料制品业</td><td>● 非金属矿物制品业
● 黑色金属冶炼及压延加工业
● 有色金属冶炼及压延加工业
● 金属制品业
● 通用设备制造业</td></tr>
<tr><th colspan="2">A：低排放、低能耗（12个）</th><th colspan="2">B：高排放、低能耗（2个）</th></tr>
<tr><td>● 烟草制品业
● 纺织服装、鞋、帽制造业
● 皮革、毛皮、羽毛（绒）及其制品业
● 木材加工及木、竹、藤、棕、草制品业
● 家具制造业
● 医药制造业</td><td>● 文教体育用品制造业
● 化学纤维制造业
● 专用设备制造业
● 电气机械及器材制造业
● 仪器仪表及文化、办公用机械制造业
● 印刷业和记录媒介的复制</td><td colspan="2">● 食品制造业
● 饮料制造业</td></tr>
</table>

注：行业能耗与排放的高低是相对值，因此，存在高排放、低能耗组以及低排放、高能耗组。

进而，按照低排放组、高排放组、低能耗组、高能耗组分别展示各组投入和产出指标的描述性统计结果（见表11.4）。从二氧化碳排放分组来看，高排放组的劳动力、能源消费平均值均明显高于低排放组，但两组的实际产出、资本存量的平均值却相距较小。从能源消费分组来看，高能耗组的实际产出、碳排放、资本存量的平均值明显高于低能耗组，但两组就业水平的差距相对较小。对比两高组与两低组的结果可以看到，平均而言，两高组的实际产出、碳排放、资本存量、劳动力与能源消费均大于两低组。这表明，高排放、高能耗的制造业行业在消耗更多地资本、劳动力与能源等要素的同时，也带来了较高的产值。从要素投入指标均值的绝对差值来看，两高组的资本存量、劳动力投入和能源消费的均值均显著大于两低组，由此可以判断出，高排放、高能耗的行业通常具有资本、劳动力与能源密集型特征。

表 11.4　制造业细分行业排放与能耗分组描述性统计

变　量	均值	标准差	最小值	最大值	均值	标准差	最小值	最大值
	低排放组（224 个观测值）				高排放组（208 个观测值）			
工业总产值	14653.34	24342.08	370.18	150257.80	15566.40	13902.97	332.85	67958.56
二氧化碳排放量	682.27	604.79	76.99	2545.29	16418.90	28230.38	1079.00	146533.40
资本存量	220.98	202.53	18.61	977.50	280.30	155.96	55.85	652.06
劳动力	2599.66	2885.75	87.40	16079.73	5749.13	4616.64	697.18	25378.90
能源消费	1080.50	920.78	103.86	4084.28	12381.52	16775.76	834.39	80336.07
	低能耗组（224 个观测值）				高能耗组（208 个观测值）			
工业总产值	7986.22	10000.88	370.18	66910.27	22746.36	24714.45	332.85	150257.80
二氧化碳排放量	773.38	666.23	76.99	2888.51	16320.79	28283.47	421.03	146533.40
资本存量	164.57	135.56	18.61	637.82	341.05	185.25	55.85	977.50
劳动力	1951.67	1745.80	87.40	9911.11	6446.96	4651.95	697.18	25378.90
能源消费	950.77	694.49	103.86	2579.65	12521.22	16691.59	691.43	80336.07
	两低组（192 个观测值）				两高组（176 个观测值）			
工业总产值	8151.05	10623.43	370.18	66910.27	17124.42	14446.53	332.85	67958.56
二氧化碳排放量	606.85	541.95	76.99	2450.65	19081.88	29938.16	1079.00	146533.40
资本存量	169.94	144.94	18.61	637.82	307.20	154.18	55.85	652.06
劳动力	1838.73	1809.46	87.40	9911.11	6316.37	4784.87	697.18	25378.90
能源消费	859.32	696.41	103.86	2579.65	14360.07	17529.27	1218.41	80336.07
	全样本组（432 个观测值）							
工业总产值	15092.96	19990.55	332.85	150257.80				
二氧化碳排放量	8259.17	21093.09	76.99	146533.40				
资本存量	249.54	183.81	18.61	977.50				
劳动力	4116.07	4126.40	87.40	25378.90				
能源消费	6521.73	12944.50	103.86	80336.07				

2．制造业节能减排综合效率总体特征

基于2000—2015年27个细分行业的面板数据，选用考虑非期望产出的数据包络分析模型，使用DEAP2.1软件测算中国制造业细分行业节能减排的综合效率，测算结果如表11.5所示。综合效率可以反映不同行业节能减排的总体情况，其值越高，表明该行业节能减排能力越强。

表11.5　制造业细分行业节能减排的综合效率及排名（2000—2015年）

制造业细分行业（27个）	2000年	2005年	2010年	2015年	均值	排名
烟草制品业	1	1	1	1	1	1
通信设备、计算机及其他电子设备制造业	1	1	1	1	1	2
仪器仪表及文化、办公用机械制造业	1	1	1	1	1	3
化学纤维制造业	0.94	0.928	1	1	0.992	4
文教体育用品制造业	1	1	1	1	0.964	5
石油加工、炼焦及核燃料加工业	1	1	1	1	0.871	6
皮革、毛皮、羽毛（绒）及其制品业	1	1	1	1	0.824	7
电气机械及器材制造业	0.983	0.998	0.96	0.913	0.791	8
交通运输设备制造业	0.489	0.516	0.577	0.6	0.748	9
纺织服装、鞋、帽制造业	1	1	1	0.953	0.714	10
有色金属冶炼及压延加工业	0.615	0.598	0.625	0.652	0.695	11
家具制造业	0.996	0.986	0.897	0.819	0.638	12
金属制品业	0.878	0.868	0.834	0.719	0.610	13
黑色金属冶炼及压延加工业	0.361	0.465	0.416	0.458	0.588	14
印刷业和记录媒介的复制	0.506	0.519	0.514	0.546	0.580	15
医药制造业	0.571	0.547	0.534	0.507	0.579	16
农副食品加工业	0.609	0.573	0.565	0.489	0.530	17
专用设备制造业	0.381	0.397	0.427	0.428	0.518	18
通用设备制造业	0.375	0.388	0.418	0.412	0.501	19
化学原料及化学制品制造业	0.336	0.356	0.368	0.384	0.493	20
木材加工及木、竹、藤、棕、草制品业	0.533	0.526	0.498	0.428	0.492	21
造纸及纸制品业	0.402	0.377	0.384	0.402	0.491	22
橡胶和塑料制品业	0.692	0.636	0.624	0.821	0.474	23

（续表）

制造业细分行业（27 个）	2000 年	2005 年	2010 年	2015 年	均值	排名
饮料制造业	0.413	0.386	0.379	0.351	0.464	24
食品制造业	0.448	0.424	0.410	0.334	0.421	25
纺织业	0.433	0.42	0.429	0.373	0.392	26
非金属矿物制品业	0.091	0.281	0.276	0.26	0.374	27
均值	0.669	0.635	0.689	0.626	0.657	

总体来看，2000—2015 年期间制造业 27 个细分行业的节能减排综合效率值较低，整体均值为 0.657，而且从各细分行业的历年均值来看，大部分行业的综合效率值小于 1，这表明中国制造业节能减排效率未达到最优状态，节能减排能力相对较弱。目前，中国制造业行业的研发投入和研发产出仍处于较低水平，而且整体上呈现“研发投入强度不大、单位制造业产出专利少、产品在国际市场受到中低端压制”的产业技术经济特征。① 因此，节能减排技术的投入与应用也相应受到抑制，行业的节能减排效率仍存在较大提升空间。

从细分行业层面来看，行业间的节能减排效率差异较大。2000—2015 年期间一直处于最优状态的行业仅有**烟草制品业**，通信设备、计算机及其他电子设备制造业以及**仪器仪表及文化、办公用机械制造业** 3 个行业（粗体表示该行业属于两低组），其综合效率均值为 1。而**化学原料及化学制品制造业**，木材加工及木、竹、藤、棕、草制品业，**造纸及纸制品业**，**橡胶和塑料制品业**，饮料制造业，食品制造业，**纺织业**，**非金属矿物制品业** 8 个行业（粗体表示该行业属于两高组）的综合效率均值低于 0.5，其中大多数行业属于高排放、高能耗行业。这表明，高排放、高能耗行业普遍存在能源利用水平偏低、污染物排放高度密集等现象，这些行业节能减排能力相对较弱。

图 11.12 展示所有细分行业在样本期间综合效率均值的时序变化，可以

① 《我国制造业高质量发展的基本思路与举措》，载中国经济网 http://paper.ce.cn/jjrb/html/2019-04/18/content_389136.htm。

看到，制造业节能减排综合效率年均值变化较为平稳，整体上位于0.6—0.8之间，但综合效率仍未达到最优水平。进一步分析四大高排放高能耗行业（碳排放量和能源消费量均排名前四的行业）的综合效率趋势，如图11.12所示。可以看到，2000—2015年期间效率值由高到低依次为石油加工、炼焦及核燃料加工业、黑色金属冶炼及压延加工业、化学原料及化学制品制造业、非金属矿物制造业。石油加工、炼焦及核燃料加工业的综合效率在2008年之前达到了最优水平，远高于其他3个两高行业，但是在2008年之后其综合效率逐年下降，2015年仅为0.598；黑色金属冶炼及压延加工业的综合效率在2008年之前呈上升趋势，但在2008年之后呈逐年下降趋势；化学原料及化学制品制造业与非金属矿物制品业的综合效率在样本期间均呈逐年上升趋势。

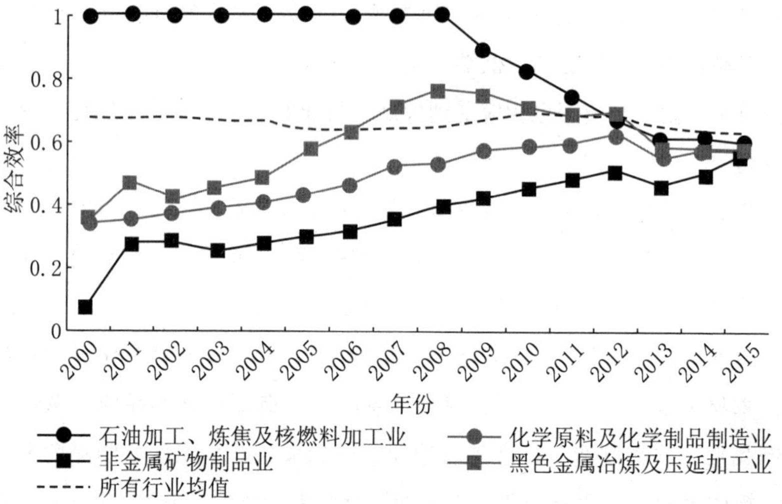

图11.12 2000—2015年四大高能耗、高排放行业的综合效率及所有行业综合效率均值

3. 制造业节能减排综合效率及分解

节能减排综合效率可分解为纯技术效率与规模效率。其中，纯技术效率是指特定生产技术水平决定的投入要素利用程度，规模效率则用于衡量产出与投入的比例是否适当（黄洁等，2016；郭姣和李健，2018）。本章利用2000年、2005年、2010年、2015年节能减排综合效率和纯技术效率的散点图，以及综合效率与规模效率的散点图来反映综合效率的驱动因素。

如图 11.13 所示，（a）—（d）依次展示了各年份 30 个省份（图中的散点）纯技术效率与综合效率、规模效率与综合效率的分布情况。图中的散点越靠近右上方，表明该省的纯技术效率、规模效率、综合效率的值越大。图中的对角线为 45 度线，用于衡量各省纯技术效率或规模效率与综合效率的差距。位于 45 度线上的点，表明该省份的纯技术效率或规模效率与其综合效率相等；而位于 45 度对角线上方的点，则表明该省份的纯技术效率或规模效率大于其综合效率，也就意味着该省份综合效率提升的主要驱动因素是纯技术效率或规模效率。可以看到，纯技术效率—综合效率散点图中接近 45 度线的散点数量逐年减少，而规模效率—综合效率散点图中接近 45 度线的散点数量逐年增多，这表明纯技术效率较高的省份数量逐年下降，而规模效率提升较为明显的省份数量逐年增加。更进一步地，相对而言，规模效率的散点

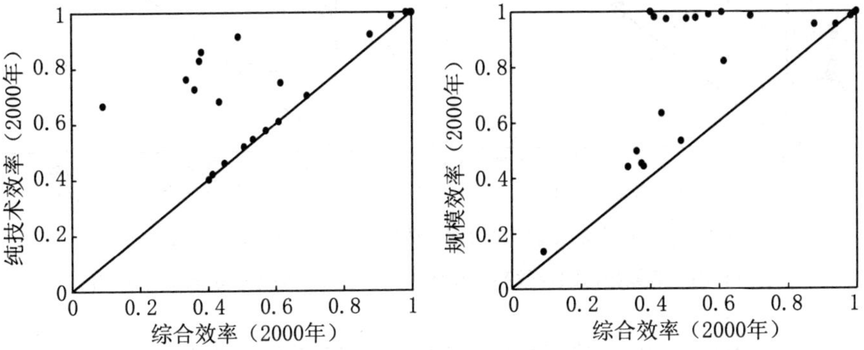

（a）2000 年节能减排综合效率、纯技术效率、规模效率的散点图

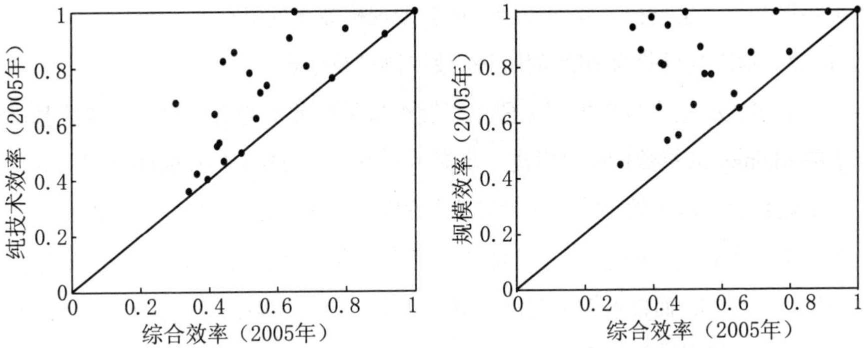

（b）2005 年节能减排综合效率、纯技术效率、规模效率的散点图

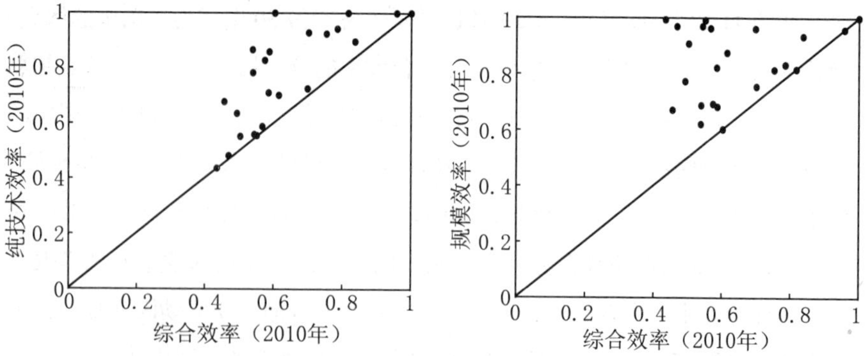

（c）2010 年节能减排综合效率、纯技术效率、规模效率的散点图

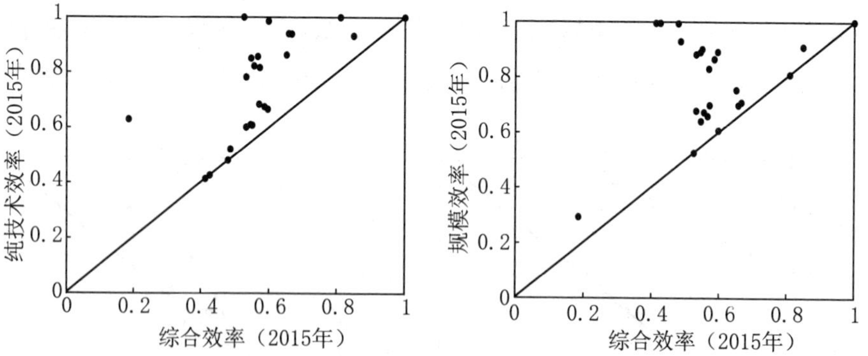

（d）2015 年节能减排综合效率、纯技术效率、规模效率的散点图

图 11.13　节能减排综合效率、纯技术效率、规模效率的散点图（a—d）

逐年向右上角集中的趋势更加明显。综合表明，节能减排综合效率的主要驱动因素是规模效率。因此，整体而言，中国制造业节能减排综合效率的提高主要得益于产出与投入要素比例的调整即规模效率的提高。

11.3.2　制造业行业的节能减排动态效率测算及分解

上述数据包络分析模型主要用于测度决策单元的静态效率，而在此基础上的 Malmquist 指数模型可以进一步揭示决策单元的效率值在时间维度上的动态变化趋势，以及效率值发生动态变化的原因。Malmquist 指数也可以称为全要素生产率变化（*tfpch*），并可将其分解为技术效率变化（*effch*）和技术进步变化（*techch*），而技术效率变化（*effch*）又可以进一步被分解为纯技术效率变化（*pech*）和规模效率变化（*sech*），分解所得的各部分之间的关系为 *tfpch*=

effch×*techch*=*pech*×*sech*×*techch*。其中，技术进步变化（*techch*）反映了生产前沿面的移动对全要素生产率变化的贡献程度，纯技术效率变化（*pech*）反映了技术应用水平是否得以提高，而规模效率变化（*sech*）反映投入和产出比例是否得以优化。接下来，本章通过 Malmquist 指数对节能减排效率的动态特征进行评价，并从技术进步变化（*techch*）、纯技术效率变化（*pech*）和规模效率变化（*sech*）三个方面分析节能减排效率变动的原因以及各自的贡献程度。

表 11.6　制造业行业 Malmquist 生产率指数及其分解（2000—2015 年）

年　份	技术效率变化（*effch*）	技术进步变化（*techch*）	纯技术效率变化（*pech*）	规模效率变化（*sech*）	Malmquist 生产率变化（*tfpch*）
2000—2001	1.042	1.09	0.982	1.061	1.136
2001—2002	0.999	1.085	0.991	1.008	1.084
2002—2003	0.979	1.131	0.982	0.997	1.107
2003—2004	1.008	1.115	1.004	1.004	1.125
2004—2005	0.968	1.054	0.989	0.979	1.02
2005—2006	1.009	1.049	1.014	0.994	1.058
2006—2007	1.017	1.039	1.009	1.008	1.057
2007—2008	1.01	0.982	1.004	1.006	0.991
2008—2009	1.035	1.048	1.028	1.006	1.084
2009—2010	1.046	1.019	1.021	1.024	1.066
2010—2011	0.991	1.135	0.99	1.001	1.125
2011—2012	0.988	0.996	1.002	0.986	0.984
2012—2013	0.939	1.122	0.991	0.947	1.053
2013—2014	0.986	1.037	0.976	1.01	1.023
2014—2015	0.988	1.055	1.014	0.975	1.043
均　值	1	1.063	1	1	1.063

表 11.6 是 2000—2015 年制造业行业的 Malmquist 生产率指数（年均值）及其分解结果。从行业均值来看，制造业全要素生产率（*tfpch*）年均增速为 6.3%，技术进步（*techch*）年均增速为 6.3%，而技术效率（*effch*）、纯技术效率（*pech*）、规模效率（*sech*）均没有发生变化。由此可知，技术进步变

化（*techch*）对制造业全要素生产率变化的贡献程度为100%，即技术进步是提高制造业行业全要素生产率的唯一驱动因素。由表11.6还可以看出，除2007—2008年、2011—2012年以外，2000—2015年期间制造业全要素生产率均表现出增长态势，年平均增长率为6.3%。同样地，除2007—2008年、2011—2012年以外，2000—2015年期间制造业技术进步的年均增速均为正，然而，技术效率的年均增速在多数年份为负，再次表明制造业全要素生产率的年均增速为正主要是源于技术进步的贡献。

表11.7　制造业细分行业Malmquist生产率指数及其分解

制造业细分行业（27个）	技术效率变化（*effch*）	技术进步变化（*techch*）	纯技术效率变化（*pech*）	规模效率变化（*sech*）	Malmquist生产率变化（*tfpch*）
非金属矿物制品业	1.130	1.075	1.002	1.128	1.214
烟草制品业	1	1.129	1	1	1.129
通信设备、计算机及其他电子设备制造业	1	1.129	1	1	1.129
化学原料及化学制品制造业	1.036	1.089	1.005	1.031	1.128
交通运输设备制造业	1.038	1.083	1.001	1.036	1.123
黑色金属冶炼及压延加工业	1.028	1.078	1.011	1.017	1.108
饮料制造业	1.010	1.095	1.009	1.001	1.106
通用设备制造业	1.027	1.078	1	1.027	1.106
纺织业	0.999	1.102	0.969	1.030	1.100
食品制造业	0.995	1.098	0.993	1.002	1.092
造纸及纸制品业	1.021	1.068	1.028	0.993	1.091
农副食品加工业	0.985	1.100	0.990	0.995	1.084
专用设备制造业	1.027	1.052	1	1.027	1.081
有色金属冶炼及压延加工业	1.005	1.063	1.015	0.990	1.068
医药制造业	1.002	1.064	1.011	0.991	1.066
木材加工及木、竹、藤、棕、草制品业	1.001	1.055	1.008	0.994	1.056
电气机械及器材制造业	0.974	1.078	0.996	0.978	1.050
印刷业和记录媒介的复制	1.011	1.029	1.017	0.994	1.041

（续表）

制造业细分行业（27 个）	技术效率变化（*effch*）	技术进步变化（*techch*）	纯技术效率变化（*pech*）	规模效率变化（*sech*）	Malmquist 生产率变化（*tfpch*）
金属制品业	0.967	1.074	0.989	0.977	1.039
石油加工、炼焦及核燃料加工业	0.966	1.066	0.999	0.967	1.030
化学纤维制造业	1.004	1.020	1.001	1.003	1.024
仪器仪表及文化、办公用机械制造业	1	1.018	1	1	1.018
皮革、毛皮、羽毛（绒）及其制品业	0.972	1.022	0.990	0.981	0.993
纺织服装、鞋、帽制造业	0.959	1.024	0.967	0.992	0.982
橡胶和塑料制品业	0.916	1.069	0.993	0.923	0.979
家具制造业	0.958	1.019	1	0.958	0.976
文教体育用品制造业	0.986	0.941	1	0.986	0.928
均　值	**1**	**1.063**	**1**	**1**	**1.063**

表 11.7 展示了制造业 27 个细分行业的 Malmquist 生产率指数及其分解情况。分行业来看，全要素生产率年均增速为正的行业有 22 个，其中增速达到 10% 及以上的行业有 9 个（见表 11.6 中粗体的行业名称），包括非金属矿物制品业（21.4%），烟草制品业（12.9%），通信设备、计算机及其他电子设备制造业（12.9%），化学原料及化学制品制造业（12.8%），交通运输设备制造业（12.3%），黑色金属冶炼及压延加工业（10.8%），饮料制造业（10.6%），通用设备制造业（10.6%），纺织业（10%）。然而，全要素生产率年均增速为负的行业有 5 个，分别是皮革、毛皮、羽毛（绒）及其制品业（−0.7%），纺织服装、鞋、帽制造业（−1.8%），橡胶和塑料制品业（−2.1%），家具制造业（−2.4%），文教体育用品制造业（−7.2%）。

如图 11.14 所示，将制造业 27 个细分行业全要素生产率变化与综合效率均值进行对比分析，可以发现，烟草制品业，通信设备、计算机及其他电子设备制造业这两个行业的节能减排综合效率不仅达到了最优生产前沿，全要素生产率也实现了较高的年均增速。非金属矿物制品业的节能减排综合效率

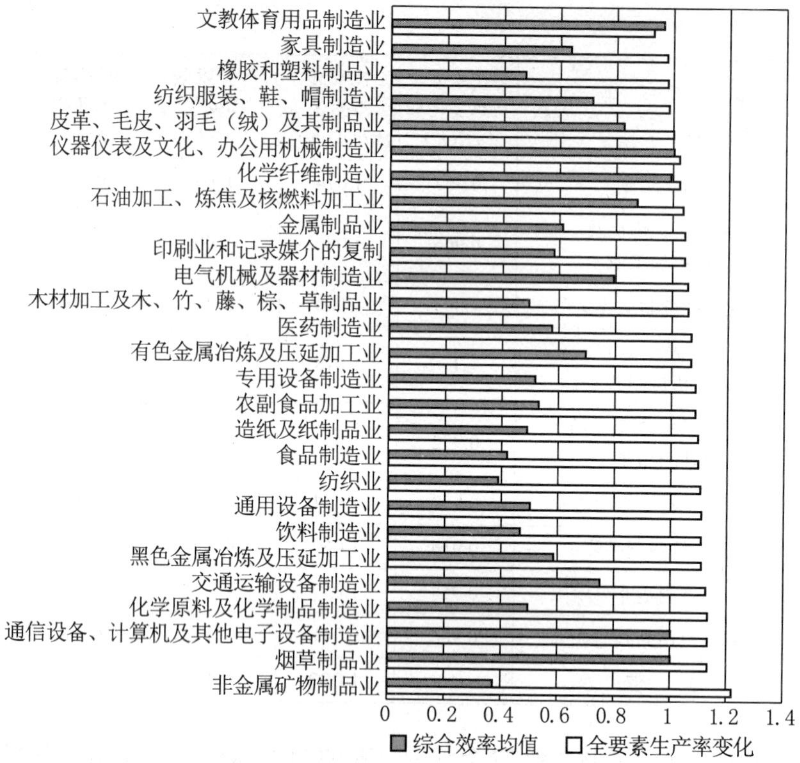

图 11.14　制造业 27 个细分行业全要素生产率变化与综合效率均值对比

虽然未达到最优生产前沿（低于 0.5），但是非金属矿物制品业的全要素生产率年均增速最高，达到了 21.4%，而且该行业规模效率的贡献度十分显著，达到了 12.8%（见表 11.7），这表明非金属矿物制品业拥有较大的节能减排潜力，而且该行业节能减排效率得到提升的主要动力是规模效率的提高。饮料制造业，纺织业，化学原料及化学制品制造业，通用设备制造业这 4 个行业的综合效率均值均低于 0.5，但是其全要素生产率的年均增速均超过了 10%，并且均主要来自技术进步的贡献。

11.4　制造业行业的节能减排效率影响因素分析

11.4.1　模型设定

Tobit 模型被称为截尾回归模型或删失回归模型，适用于因变量取值受限的数据分析。上一节所测算的节能减排效率的取值范围限定于 0 到 1 之间，因此，基于 2004—2015 年 27 个细分行业的面板数据，本章采用面板 Tobit 模型对制造业行业节能减排效率的影响因素进行分析。具体模型设定如下：

$$te_{it} = \alpha_0 + \alpha_1 \chi_{1it} + \alpha_2 \chi_{2it} + \alpha_3 \chi_{3it} + \alpha_4 \chi_{4it} + \alpha_5 \chi_{5it} + \varepsilon_{it} \tag{11.2}$$

其中，i 和 t 分别表示行业和年份。te 表示各行业的综合效率值，x_1 表示技术创新水平，x_2 表示污染治理费率，x_3 表示人均资本存量，x_4 表示污染排放强度，x_5 表示外商进入程度。α_i（$i = 0, 1, 2, 3, 4, 5$）为待估计参数，ε_{it} 为随机扰动项。

11.4.2　变量选择

各行业历年的综合效率值（te）由数据包络分析方法测算所得（详见 11.3.1）。技术创新水平（x_1）用各行业工业企业研究与试验发展经费内部支出占主营业务收入的比重衡量（景维民和张璐，2014）。技术创新通过提高企业全要素生产率，进而减少能源消耗，降低污染物排放，从而改善节能减排效率（蔡宁，2016），因此，技术创新水平预期符号为正。污染排放治理费用率（x_2）用各行业废气和废水治理设施本年运行费用之和与本行业主营业务收入之比来度量。污染排放治理费用率可以体现各行业治污减排的努力程度，污染减排治理费用率越高，表明事后企业治污减排的努力程度越大。然而，从企业资本投入的角度分析，较高的污染减排治理费用可能会对事前企业节能减排技术的投入形成挤出效应，从而不利于节能减排效率的提升（景维民和张璐，2014）。因此，污染排放治理费用率的系数预期为负。考虑到行业的资本密集程度对节能减排效率也会产生影响，因此本文在模型中引入人均资本存量（x_3）作为控制变量，用各行业资本存量与就业人数的比重来度量（景维民和张璐，2014）。参考李玲和陶锋（2012）、景维民和张璐（2014）的做法，污染排放强度（x_4）的具体计算方法如下：（1）分别计算废水和废气污染物排放量占行业工业总产值的比重，得到单位产值污染物排放量；（2）对单位产值污染物排放量进行线性标准化；（3）将废水和废气两类污染物的单位产值污染物排放量进行等权加总，得到污染排放强度指标。污染物排放强度越大，行业节能减排效率越低，因此，该变量的预期符号为负。外商进入程度（x_5）用外商投资和港澳台商工业企业总产值占全部规模以上工业企业总产值的比重衡量（景维民和张璐，2014；陶锋和王余妃，2018）。外商直接投资能够为本国企业带来技术溢出效应，进而能够促进清洁技术的模仿与吸收，从而提高本国清洁技术水平和企业节能减排能力（景维民和张璐，2014）。因此，外商进入程度的预期符号为正。

11.4.3 数据来源

各行业工业企业研究与试验发展经费内部支出、主营业务收入的数据分别来源于《中国科技统计年鉴》《中国工业统计年鉴》，废气和废水治理设施本年运行费用、废水和废气污染物排放量的数据来源于《中国环境统计年鉴》，外商投资和港澳台商工业企业总产值、各行业工业总产值的数据来源于《中国工业统计年鉴》。基于数据可得性，选取 2004—2015 年 27 个行业的面板数据进行实证分析，表 11.8 展示了各变量的描述性统计。

表 11.8 面板 Tobit 模型变量描述性统计

变量名称	变量符号	度量指标	单位	均值	标准差	最小值	最大值
综合效率	*te*	数据包络分析测算	—	0.65	0.21	0.19	1.00
技术创新水平	x_1	研究与试验发展经费内部支出占主营业务收入的比重	%	1.01	1.93	0.14	33.86
污染治理费率	x_2	废气、废水治理设施运行费用占主营业务收入的比重	%	0.17	0.22	0.00	2.00
人均资本存量	x_3	资本存量与就业人数之比	亿元 / 万人	22.53	24.28	1.41	145.08
污染排放强度	x_4	单位产值污染物排放量（线性标准化处理）	—	0.37	0.28	0.00	1.00
外商进入程度	x_5	外商投资和港澳台商企业总产值占比	%	29.05	15.97	0.05	84.14

11.4.4 结果分析

进行回归分析之前，通过似然比检验（*LR* 统计量）对随机效应和固定效应模型进行选择。根据似然比检验的结果：*LR* 统计量为 373.55，对应的 *P* 值小于 0.05，表明应该选择随机效应 Tobit 模型。随机效应面板 Tobit 模型的估计结果如表 11.9 所示。

表 11.9　面板 Tobit 模型的估计结果

变　量	符　号	系　数	标准误	Z 统计量	P 值
技术创新水平	x_1	0.005029	0.002395	2.10	0.036
污染治理费率	x_2	−0.06446	0.032816	−1.96	0.050
人均资本存量	x_3	−0.00227	0.000685	−3.32	0.001
污染排放强度	x_4	−0.11597	0.018783	−6.17	0.000
外商进入程度	x_5	0.003054	0.000777	3.93	0.000

注：回归结果省略常数项。

由表 11.9 可知，技术创新水平的系数为 0.005，并通过了 5% 的显著性水平检验，表明技术创新水平的提升有利于提高各行业的节能减排综合效率。具体而言，研究与试验发展经费内部支出占主营业务收入的比重每增加 1%，行业的节能减排综合效率将提高 0.005%。污染治理费率的系数为－0.064，并通过了 5% 的显著性水平检验，意味着增加污染治理费的比例会挤占节能减排清洁技术的研发投入，污染治理费率每增加 1%，各行业的节能减排综合效率将下降 0.064%。人均资本存量的系数在 1% 的水平上显著为负，说明制造业行业资本密集程度越高，该行业的节能减排综合效率越低，节能减排能力相较更弱。在制造业细分行业中，按照人均资本存量的历年均值进行划分，高于均值的行业有 8 个，其中，造纸及纸制品业，石油加工及炼焦业，化学原料及化学制品制造业，黑色金属冶炼及压延加工业，有色金属冶炼及压延加工业这 5 家行业均属于高能耗、高排放行业。而且，这些行业具有前期资本投入大、投资效果慢等特点，在生产成本锁定周期长以及资金周转受限的情况下，企业采纳节能减排技术的积极性较弱。因此，中国制造业细分行业中资本密集程度越高的行业，其节能减排效率越低。污染排放强度的系数在 1% 的水平上显著为负，表明污染排放越严重，行业节能减排能力越弱，节能减排综合效率的提升越困难。外商进入程度的系数为正且在 1% 水平上显著，表明外商直接投资带来的清洁技术溢出效应能够显著提高行业的节能减排效率。

11.5 节能减排背景下中国制造业高质量发展的未来展望

11.5.1 转变企业经营理念，稳固绿色制造意识

中国拥有门类较为齐全的工业体系，然而，高能耗、高污染行业占比较高，产业结构不合理问题突出。在应对全球气候变暖以及实现经济高质量发展的背景下，促进产业结构升级已经成为实现节能减排目标的关键举措。毋庸置疑，技术进步既是实现产业结构升级的根本动力，也是提高能源利用效率的长期动力。然而，作为节能减排措施的关键执行者，企业进行技术创新并促进产业结构升级的意愿与行动在很大程度上决定了中国节能减排目标的实现情况。因此，企业作为重要的市场主体，现阶段忽略能耗与污染等短视的经营理念亟须转变，清洁、低碳、绿色的制造意识仍需继续深入与稳固。

一是企业应转变经营理念，以中长期目标为导向，将依赖要素投入的急功近利行为逐步有序扭转为依托技术进步的内生增长行为。随着全球信息技术的推进与工业互联网的快速发展，工业制造环境更加互联互通，产品生产便利化、管理手段科技化已经为企业实现“以技术创新为核心的经营理念、以节能减排为导向的生产方式”的转变奠定了良好的基础。二是企业亟须摒弃“任务”型的被动节能减排观念，应深刻认识到节能减排与高质量发展的统一性，努力打造节能减排与企业发展的双赢局面。企业应稳固绿色制造意识，将技术进步作为根本抓手，实现能源利用效率改善和产业结构升级的良性循环，形成低能耗、低污染、低排放的产业体系，最终实现制造业绿色低碳发展。三是通过市场机制化解钢铁、煤炭等重点领域产能过剩，淘汰“僵尸企业”，推动在位企业节能减排技术的研发与应用，基于平台的新模式、新业态促进制造业转型升级。

11.5.2 调整能源消费结构，提高能源利用效率

能源消费结构与能源效率是影响碳排放强度的主要因素，而能源密集型的产业结构以及较低的行业能源利用效率则是中国二氧化碳排放居高不下的重要原因。由于产品自身特性以及生产环境的不同，制造业细分行业内部能源消费和污染物排放存在较大差异，因此，逐步降低能源密集型产业的行业

份额，有针对性地调整能源消费结构，并提高相应行业的能源利用效率，是实现节能减排目标以及制造业高质量发展的关键。

化学原料及化学制品制造业，造纸及纸制品业，橡胶和塑料制品业，纺织业，非金属矿物制品业等高能耗、高排放行业，不仅普遍存在能源利用率偏低、污染物排放高度密集等现象，而且其节能减排综合效率较低（效率均值低于 0.5），节能减排能力较弱。这些行业对节能减排目标的实现以及制造业高质量发展形成较大的威胁，亟须予以重点关注。采取以提高节能减排技术水平为主、限制行业发展规模为次、寻找接续替代产业为辅的政策方针，在给予一定资金与技术支持的基础上，加快这些高能耗、高排放行业的高质量发展。

烟草制品业，通信设备、计算机及其他电子设备制造业，仪器仪表及文化、办公用机械制造业这 3 个行业的节能减排综合效率已经达到最优水平，应对这类资本、技术密集型的行业形成重点支持，有序引导这些行业发展成为制造业的支柱产业，注重提高其在产业结构中的比重，从而引领制造业行业的高质量发展，并促进节能减排目标的稳步实现。

11.5.3　优化节能减排政策，增强政策协调性

节能减排是我国经济社会发展的一项重要战略政策，节能减排政策对中国工业绿色技术进步的促进作用不言而喻。2003 年以来，中国政府高度重视通过节能减排政策来推动产业结构的调整与升级，进而促进节能减排目标的实现。然而，现有的节能减排或环境规制政策却大多以政府为主导、自上而下的模型推行，具体实施过程中各个部门之间的协调性较差，节能减排工作缺乏一致性。面临日益加深的节能减排压力以及复杂的节能减排政策运行环境，加强环境保护一体化、环保规制同步化、环境政策协同化已成为我国推进节能减排工作的重要趋势（张国兴等，2017）。

政策标准应充分考虑行业特性。一是节能减排政策必须适时提高新增工业项目的能耗与排放标准，遏制高能耗、高排放行业的盲目扩张。二是应充分兼顾能耗、排放的行业异质性，针对性地设计因行业而异的节能减排约束政策，重点落实以下节能减排潜力大的重点行业与企业的差异性约束目标：化学原料及化学制品制造业，木材加工及木、竹、藤、棕、草制品业，造纸

及纸制品业，橡胶和塑料制品业，饮料制造业，食品制造业，纺织业，非金属矿物制品业。三是引导产业向低能耗低排放行业转型，把增长方式转到完全由技术进步内生驱动的绿色增长、科学发展路径上来（何小刚，2012）。

“胡萝卜”等激励型政策优先实行。在基于节能减排政策对产业结构优化调整的过程中，应使引导措施与金融措施双管齐下，达到促进产业结构升级目标，同时，减少财政税收措施和其他经济措施的联合使用，或者多运用“胡萝卜”等激励型政策而不是惩罚规制，充分调动企业自主、自觉进行节能减排的意识（张国兴等，2018）。

节能与减排目标双管齐下。制造业行业中存在一些能耗与排放不对等的行业，例如交通运输设备制造业、通信设备、计算机及其他电子设备制造业等高能耗、低排放行业，以及食品制造业、饮料制造业等低能耗、高排放行业。针对这些行业应将节能政策和减排政策应同步进行，充分考虑两种政策的协调性。同时，减排目标的实现应以节能目标为前提，并适时选择合理的减排指标，逐步引导高能耗、低排放行业向低能耗、零排放行业转变，低能耗、高排放行业向低能耗、低排放行业转变。此外，当期和未来很长一段时期内，中国的新型城镇化过程仍然存在大量的能源和碳排放需求，快速降低碳排放强度的目标并不现实，节能减排政策也应随着经济发展阶段而进行调整（邵帅等，2019）。

参考文献

［1］蔡宁、丛雅静、姚懿珈：《基于行业数据的新型工业节能减排效率与技术创新研究》，《工业技术经济》2016年第8期。

［2］陈诗一：《能源消耗、二氧化碳排放与中国工业的可持续发展》，《经济研究》2009年第4期。

［3］陈诗一：《节能减排与中国工业的双赢发展：2009—2049》，《经济研究》2010年第3期。

［4］陈诗一：《中国工业分行业统计数据估算：1980—2008》，《经济学（季刊）》2011年第3期。

［5］陈晓玲、徐舒、连玉君：《要素替代弹性、有偏技术进步对我国工业能源强度的影响》，《数量经济技术经济研究》2015年第3期。

［6］郭姣、李健：《中国三大城市群节能减排效率的变化及测度》，《城市问题》2018年第12期。

［7］何小钢、张耀辉:《技术进步、节能减排与发展方式转型——基于中国工业 36 个行业的实证考察》,《数量经济技术经济研究》2012 年第 3 期。

［8］黄洁、吝涛、张宏强:《基于 DEA 和 Malmquist 模型的中国三大城市群可持续发展效率研究》,《中国人口・资源与环境》2016 年 S1 期。

［9］景维民、张璐:《环境管制、对外开放与中国工业的绿色技术进步》,《经济研究》2014 年第 9 期。

［10］李玲、陶锋:《中国制造业最优环境规制强度的选择——基于绿色全要素生产率的视角》,《中国工业经济》2012 年第 5 期。

［11］李卫红、白杨:《环境规制能引发"创新补偿"效应吗?——基于"波特假说"的博弈分析》,《审计与经济研究》2018 年第 6 期。

［12］吕铁、刘丹:《我国制造业高质量发展的基本思路与举措》,《经济日报》2019 年 4 月 18 日。

［13］邵帅、张可、豆建民:《经济集聚的节能减排效应:理论与中国经验》,《管理世界》2019 年第 1 期。

［14］史丹:《"十二五"节能减排的成效与"十三五"的任务》,《中国能源》2015 年第 9 期。

［15］陶锋、王余妃:《环境规制、研发偏向与工业绿色生产率——"波特假说"再检验》,《暨南学报(哲学社会科学版)》2018 年第 5 期。

［16］余泳泽:《我国节能减排潜力、治理效率与实施路径研究》,《中国工业经济》2011 年第 5 期。

［17］张国兴、张培德、修静、柴建:《节能减排政策措施对产业结构调整与升级的有效性》,《中国人口・资源与环境》2018 年第 2 期。

［18］张国兴、张振华、管欣、方敏:《我国节能减排政策的措施与目标协同有效吗?——基于 1052 条节能减排政策的研究》,《管理科学学报》2017 年第 3 期。

［19］张永宁、沈霁华:《中国节能减排政策的演进——基于 1978—2016 年政策文本的研究》,《中国石油大学学报(社会科学版)》2016 年第 6 期。

［20］Acemoglu, D., Aghion, P., Bursztyn, L., Hemous, D. The Environment and Directed Technical Change［J］. The American Economic Review, 2012, 102 (1): 131—166.

［21］Charnes, A., Cooper, W. W., Rhodes, E. Measuring the Efficiency of Decision Making Units［J］. European Journal of Operational Research, 1978, (2): 429—444.

［22］The Intergovernmental Panel on Climate Change (IPCC), 2006. 2006 IPCC Guidelines for National Greenhouse Gas Inventories. Institute for Global Environmental Strategies (IGES), Hayama, Kanagawa, Japan.

［23］Jaffe, A. B., Palmer, K. Environmental Regulation and Innovation: A Panel Data Study［J］. The Review of Economics and Statistics, 1997, 79 (4): 610—619.

［24］Porter, M. E. America's Green Strategy［J］. Scientific American, 1991, 264 (4): 168.

（本章主持及执笔人:邵帅、张燕、杨振兵）

第 12 章　典型区域制造业高质量发展案例

本章提要：

本章主要是从东到西分别选取了上海、杭州、深圳、武汉、重庆、贵阳 6 个城市作为城市层面典型区域分析其区域，制造业为主业的园区和其中典型的制造业企业高质量发展的案例。从选取的 6 个区域的工业总产值来看，上海和深圳处于比较接近的发展状态，均在 3 万亿元左右。紧随其后的是重庆，工业总产值达到 2.4 万亿元。接下来的杭州与武汉，工业总产值分别达到了 1.24 万亿元和 1.29 万亿元。处在末位的是贵阳，工业总产值只有 0.28 万亿元。从它们的制造业结构来看，上海最突出是六个重点行业是石油化工及精细化工制造业、精品钢材制造业、电子信息产品制造业、成套设备制造业、生物医药制造业、汽车制造业；而杭州重要的是战略性新兴产业，制造业部分则在高新技术产业、装备制造业这三大块；武汉努力发展的新经济主要包括三大战略性新兴产业：生命健康产业，智能制造产业，信息技术产业。深圳制造业结构中重要的细分产业是：通用设备制造业，专用设备制造业，电气机械和器材制造业，计算机、通信和其他电子设备制造业，电力、热力生产和供应业，石油和天然气开采业，汽车制造业，橡胶和塑料制品业，金属制品业，医药制造业。重庆 2018 年规模以上工业中，按产业划分规模较大的几个分别为：汽车产业、摩托车产业、电子产业、装备产业、化工产业、医药产业、材料产业、消费品产业、能源工业。贵阳发展最快的五个产业（行业）分别是：电力生产及供应业、特色食品业、橡胶及塑料制品业、装备制造业、医药制造业。通过总结选取的六个地区制造业产业的立志高质量发展的思路与策略，可以看见，结合自身区域优势，提早对产业进行谋篇布局，打造制造业发展基地，吸引人才，借助科技进步的趋势利用大数据等实现落后地区的赶超，在细分行业打造隐形冠军，提升传统产业等为未来谋求制造业高质量发展提供了诸多思路和方法，值得其他区域借鉴。另外，该六个地区以制造业产业为主导的园区高质量发展的思路与策略，包括园区转型发展，如深圳经济技术开发区创新的“开放式”管理体制以简化管理；以大数据等发展为契机带动园区制造业升级，如武汉经济技术开发区制定园区发展规划；推出鼓励企业创新与节能减排的激励措施等，为制造业园区谋求高质量发展与管理提供了诸多思路和方法。

12.1　典型区域制造业发展态势

依据 2015 年 10 月 29 日中国共产党十八届五中全会提出的“创新、协调、绿色、开放、共享”五大新理念，并结合经典经济学理论—地区要素禀赋结构和比较优势理论，从东到西分别选取了上海、杭州、深圳、武汉、重庆、贵阳 6 个城市作为城市层面典型区域来探讨制造业发展态势。主要是通过分析宏观和工业统计数据如地区生产总值、工业产值（增加值）、制造业产值（增加值）、资产合计、固定资产合计、平均用工人数、主要工业产品产量以及其占比，来探讨制造业的规模和在地区经济发展中的比重。

12.1.1　制造业规模与占比

从表 12.1 可以看出该 6 个城市 2016 年宏观经济状况并不均衡（全市水平）。上海地区生产总值超过 2.8 万亿元，其次是深圳和重庆均达到了 1.7 万亿元以上，杭州和武汉也达到了 1.1 万亿元水平。最后是处于明显弱势的贵阳，只有 3000 亿元的量级。贵阳的经济规模约是上海的 1/9、深圳和重庆的 1/6、杭州和武汉的 1/3。但是，人均地区生产总值呈现出一幅不一样的景象，上海、杭州、武汉和深圳均在 11 万元以上，重庆与贵阳则在 6 万元上下。

表 12.1 六个选取城市 2016 年宏观经济状况

城市	地区生产总值（万元）		人均地区生产总值（元）		地区生产总值增长率（%）	
	全市	市辖区	全市	市辖区	全市	市辖区
上海	281786500	281786500	116562	116562	6.9	6.9
杭州	113137223	98354845	124286	134798	9.6	9.7
武汉	119126100	96306028	111469	125463	7.8	8
深圳	194926012	194926012	167411	167411	9	9
重庆	177405900	157244600	57902	65586	10.7	10.7
贵阳	31577001	24036527	67772	72571	10.1	10.74

资料来源：《中国城市统计年鉴》(2017 年)。

表 12.2 六个选取城市 2016 年规模以上工业发展状况

城市	地区生产总值（万元）	工业总产值（当年价格）（万元）	固定资产合计（万元）	2016 制造业年末城镇单位从业人员（人）	工业企业数（个）
上海	281786500	311360286	86121250	1810460	8351
杭州	113137223	124209588	30412722	651937	5684
武汉	119126100	129352100	41990300	531482	2516
深圳	194926012	272922943	39208359	2339247	6627
重庆	177405900	239065803	80001548	892939	6782
贵阳	31577001	28322714	14475101	150437	679

资料来源：《2017 中国城市统计年鉴》。

表 12.2 列出了 6 个选取城市 2016 年规模以上工业发展情况。从工业总产值来看，上海和深圳处于比较接近的发展状态，均在 3 万亿元左右。紧随其后的是重庆，工业总产值达到 2.4 万亿元。接下来的杭州与武汉，工业总产值分别达到了 1.24 万亿元和 1.29 万亿元。同样处在末位的是贵阳，工业总产值只有 0.28 万亿元（见图 12.1）。与工业总产值高度一致的指标是 2016 年制造业年末城镇单位从业人员数量，上海和深圳均有 200 万人左右从事制造业工作。其后是重庆，有 89 万人。处在第四位、第五位的是杭州和武汉，分别有 65 万人和 53 万人就业于制造业。工业总产值最少的贵阳，制造业带来的就业人口也只有 15 万人。另外，工业企业的个数也为 6 个城市间不同

的规模的制造业水平提供了一个类似的模式。固定资产的角度看，上海与重庆居先，均在 8000 亿元以上，处在第二梯队的是杭州、武汉和深圳，固定资产也都高于 3000 亿元。贵阳的能级处于末端，为 1447.5 亿元。

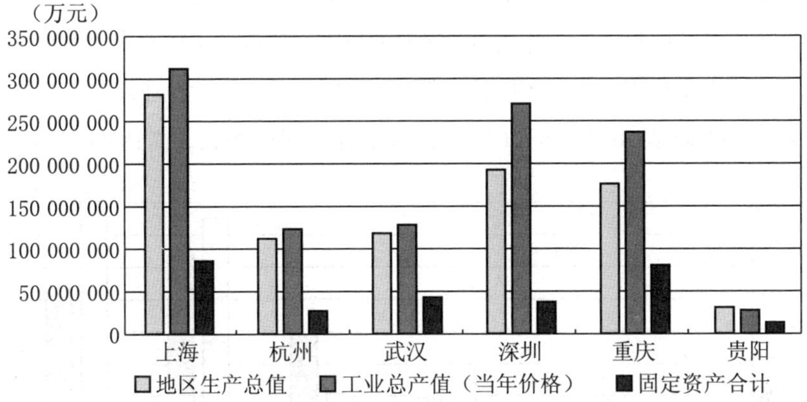

图 12.1　六个选取城市 2016 年制造业规模

资料来源：《2017 中国城市统计年鉴》。

表 12.3　六个选取城市 2016 年制造业从业人员及比率

城市	制造业从业人员（人）	年末常住人口（万人）	制造业从业人员占年末常住人口比率
上海	1810460	2419.7	7.48%
杭州	651937	918.8	7.10%
武汉	531482	1076.62	4.94%
深圳	2339247	1190.84	19.64%
重庆	892939	3048.43	2.93%
贵阳	150437	469.68	3.20%

资料来源：《2017 中国城市统计年鉴》，选取 6 个城市的 2016 年国民经济和社会发展统计公报。

表 12.3 展示了 6 个城市与工业发展水平相一致的制造业从业人员指标及其占年末常住人口的比率。除杭州和贵阳外，其他 4 个城市的年末常住人口均超千万，堪称“超级大都市”。而比率指标揭示深圳有接近 20% 的常住人口是从事制造业相关的工作，相比之下，其他 5 个城市的比率只有 3%—7.5%，可见制造业对于深圳就业的重要性。

12.1.2 制造业增长速度

依据中国城市统计年鉴最近三年的统计数据，对选取的 6 个城市在规模以上工业总产值、规模以上工业企业固定资产合计、年末制造业城镇单位从业人员及规模以上工业企业数 4 个统计指标上进行增长速度分析。

除上海和杭州之外，其他四个选取的城市三年间的工业总产值增长率均为正，特别是重庆和贵阳，增长率都在 9% 以上。从工业企业固定资产增长率来看，贵阳从 2014 年至 2015 年出现了爆发式的增长，高达 74.13%，在

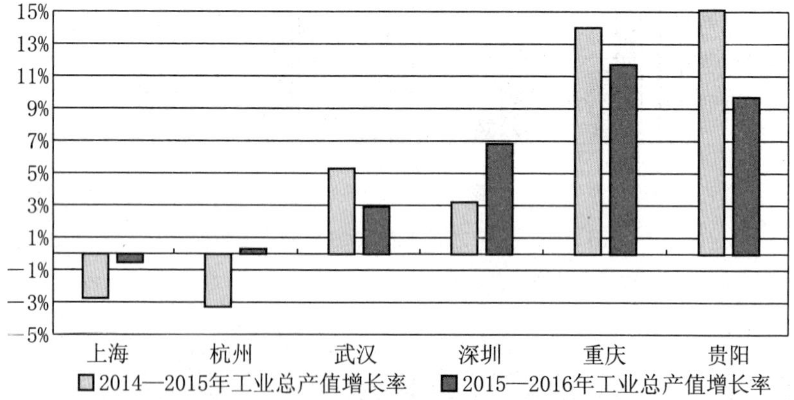

图 12.2 六个选取城市工业总产值增长率

资料来源：《中国城市统计年鉴》(2015—2017 年)。

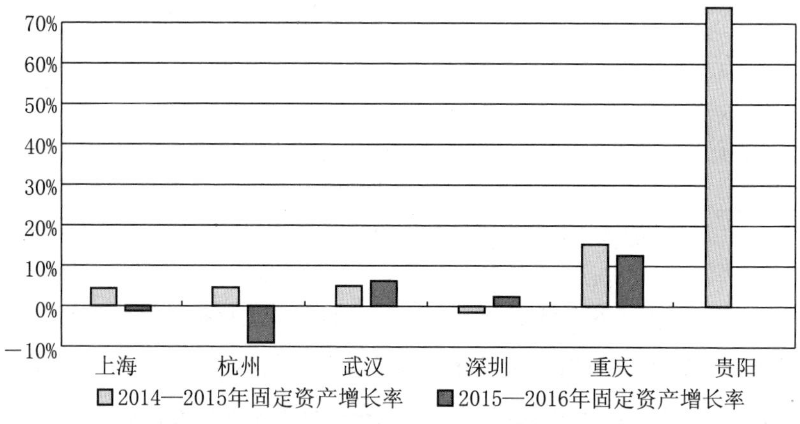

注：贵阳 2016 年数据缺失。

图 12.3 六个选取城市制造业固定资产增长率

资料来源：《中国城市统计年鉴》(2015—2017 年)。

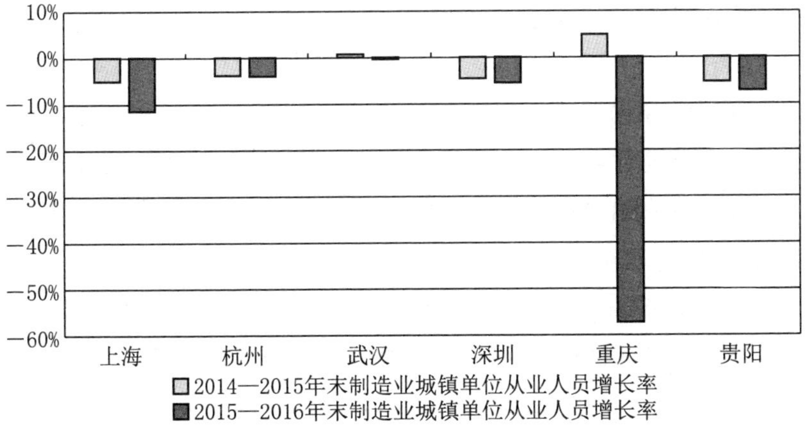

图 12.4　六个选取城市年末制造业城镇单位从业人员增长率

资料来源：《中国城市统计年鉴》(2015—2017 年)。

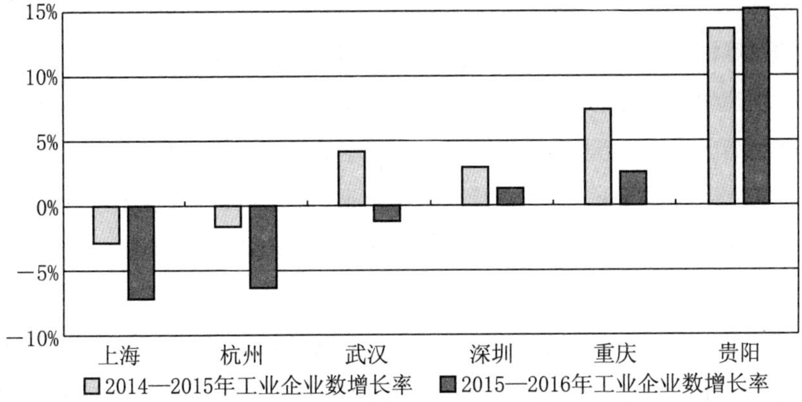

图 12.5　六个选取城市工业企业数增长率

资料来源：《中国城市统计年鉴》(2015—2017 年)。

同一期间，只有深圳是负增长。从 2015 年至 2016 年间，上海和杭州固定资产投资下降，武汉、深圳和重庆都增加了制造业固定资产投入。依照年末制造业城镇单位从业人员指标分析，重庆的增速在三年间出现了巨大的反转，先是小幅增速为 5.13%，然后迅速反转为减少 58%。有 4 个城市显示制造业从业人员数量在不断下降。对于工业企业数量指标来说，6 个选取的城市出现了三种不同的类型：上海和杭州工业企业数量在持续地下降，武汉的工业企业数量是先增加后减少，深圳、重庆和贵阳则是企业数量持续的增加。特别是贵阳连续两次的增速都逼近15%，这跟贵州大力出台政策发展工业息息相关。

12.1.3 制造业结构

本节主要讨论6个选取的城市制造业内部结构和其发展的不同重点领域，采用的数据信息包括国民经济和社会发展统计公报和其他可获得的公开信息与数据。

上海近年来通过大力发展战略性新兴产业，已经获得很大效果。依据2018年数据，全年战略性新兴产业增加值5461.91亿元，其中，工业增加值2377.60亿元，占整个战略性新兴产业增加值的43.53%；服务业增加值3084.31亿元。战略性新兴产业增加值占上海市生产总值的比重为16.7%，比上年提高0.3个百分点。这些工业战略性新兴产业主要包括新能源汽车、新一代信息技术、高端装备、节能环保、新能源、生物、新材料等。2018年工业战略性新兴产业完成的工业总产值比上年增长3.8%，达到10659.91亿元，增速快于工业总产值2.4%，占全市工业总产值30.6%。而在工业总产值中最突出的是6个重点工业行业：汽车制造业、石油化工及精细化工制造业、精品钢材制造业、电子信息产品制造业、成套设备制造业和生物医药制造业，累加的工业总产值比上年增长1.4%，达到23870.77亿元，占全市工业总产值的比重高达68.5%。

杭州除了强大的数字经济核心产业，如电子商务产业和软件与信息服务产业等，还有一定规模的制造业。依据2018年数据，规模以上工业增加值3405亿元中高新技术产业、战略性新兴产业、装备制造业增加值占比分别为57.2%、33.3%和45.0%。杭州在2018年加大了高耗能行业整治，具体包括全面淘汰重点行业低端产能，推进高耗能行业节能改造提升，实施能效“领跑者”制度。包括化学原料及化学制品制造业、电力热力生产和供应业、非金属矿物制品业、造纸及纸制品业、纺织业五大高耗能行业为重点，综合采用行政约束、经济调控和要素保障等多种措施，加快低端产能的淘汰。2018年的数据显示这些措施是有一定效果，八大高耗能行业增加值占比24.3%，下降0.3个百分点。

武汉努力发展的新经济主要包括三大战略性新兴产业，智能制造产业、信息技术产业、生命健康产业。2018 年的估算数据显示智能制造产业总产值比 2017 年增长了 18.8%，信息技术产业、生命健康营业收入分别增长 21.5% 和 19.2%。2018 年高技术制造业投资增长 56.5%，工业技改投资增长 28.9%，战略性新兴产业投资比上年增长 24.3%。另外，2018 年烟草制品业增长 5.0%，石油、煤炭及其他燃料加工业下降 1.3%，农副食品加工业增加值比上年增长 7.7%，非金属矿物制品业增长 3.7%，金属制品业增长 4.1%，化学原料和化学制品制造业增长 7.5%，医药制造业增长 9.4%，黑色金属冶炼和压延加工业下降 0.3%，汽车制造业下降 1.1%，计算机、通信和其他电子设备制造业增长 12.5%，电气机械和器材制造业增长 7.4%，具体产量见表 12.4。

表 12.4　2018 年武汉主要工业产品产量

产品名称	单　位	产　量
生铁	万吨	1572.61
钢材	万吨	1744.86
汽车	万辆	170.52
城市轨道车辆	辆	294.00
卷烟	万箱	255.17
原油加工量	万吨	801.85
发电量	亿千瓦时	254.64
显示器	万台	1167.97
光电子器件	亿只	1.57
化学药品原药	吨	19136
乙烯	万吨	88.40
光缆	万芯千米	6739.29
水泥	万吨	1031.23
手机	万台	3771.07
电子计算机整机	万台	1111.45

资料来源：2018 年武汉市国民经济和社会发展统计公报。

深圳 2018 年战略性新兴产业增加值合计 9155.18 亿元，比上年增长 9.1%，占地区生产总值比重 37.8%。其中，新一代信息技术产业增加值

4772.02亿元；数字经济产业增加值1240.73亿元；高端装备制造产业增加值1065.82亿元；绿色低碳产业增加值990.73亿元。分行业看，规模以上工业增加值前十大行业依次为：电力、热力生产和供应业，计算机、通信和其他电子设备制造业，电气机械和器材制造业，通用设备制造业，专用设备制造业，石油和天然气开采业，橡胶和塑料制品业，汽车制造业，金属制品业，医药制造业。

2018年，重庆产业发展持续壮大。全年高技术产业增加值增长13.7%，占规模以上工业增加值的比重分别为22.9%和18.0%；工业战略性新兴产业增加值比上年增长13.1%。新一代高端装备制造产业、生物产业、信息技术产业、新材料产业分别增长13.4%、10.0%、22.2%和6.5%。全年工业技术改造投资增长20.7%，占工业投资的比重为39.7%；高技术产业投资比上年增长0.9%，占固定资产投资的比重为6.1%。新产品产量实现较快增长，其中增长势头最迅猛的几个产业分别为：新能源汽车、智能手机、液晶显示屏、工业机器人、风力发电机组以及医疗仪器设备及器械。2018年规模以上工业中，按产业划分规模较大的几个分别为：汽车产业、摩托车产业、电子产业、装备产业、化工产业、医药产业、材料产业、消费品产业、能源工业。按行业划分主要有：有色金属冶炼和压延加工业、农副食品加工业、化学原料和化学制品制造业、计算机通信和其他电子设备制造业、电气机械和器材制造业、黑色金属冶炼和压延加工业、非金属矿物制品业、通用设备制造业、电力热力生产和供应业。

贵阳作为6个城市里面发展相对滞后的地区，近年来主打新动能新产业新业态的工业发展模式。2018年见效显著，全年高技术产业投资增长57.9%，占固定资产投资的比重为4.7%。全年高技术制造业增加值增长15.1%，装备制造业增加值增长11.1%。全年增加值比上年增长7.4%。重点产业工业增加值较上一年增长8.7%，占整个工业增加值的85.2%。其中，发展最快的5个产业（行业）分别是：电力生产及供应业、特色食品业、橡胶及塑料制品业、装备制造业、医药制造业。工业园区工业企业增加值比上年增长7.5%，占整个工业增加值的87.7%。贵阳全市35个工业行业中，24个行业呈增长趋势，其中工美、文教、体育和娱乐用品制造业增长了 50.8%、电气机械和器材制造业增长 23.9%、专用设备制造业增长 21.0%、食品制造业增长 19.2%，这 4 个行业增价值占全市规模以上工业增加值的 7.8%。

12.2　典型区域制造业高质量发展

12.2.1　上海先进制造业的发展

从 2005 年开始，上海着力于发展先进制造业，是一种使用高新技术成果和先进管理技术并在制造业全过程中进行综合应用的产业。其中，最为突出的是高端装备制造业，上海立志成为全球科创中心所要优先布局的方向，从而站稳产业价值链的高地。从上海出台的一系列政策来看，着力发展的支柱产业重点包括电子信息产业、汽车产业、石油化工产业等。具体有信息产业与其他制造业融合，集成电路设计与整机制造联动发展；鼓励电子信息产业向数字电视、关键元器件、汽车电子和媒体内容产业延伸。集成电路重点发展整机开发及集成电路设计，整机产品所需的各种系统级芯片和专用集成电路等。重点发展零部件制造及客车、重型载重汽车、集装箱运输卡车和专用车等；大力推进燃料电池、燃气、混合燃料等新能源汽车的开发与生产。

在全市范围内，通过多年的布局和政策激励已经初步形成了六大产业基地，即石油化工及精细化工基地、汽车产业基地、精品钢材基地、船舶产业基地、微电子产业基地、装备产业基地。分类来说，微电子产业基地包括核心区和扩展区：核心区是以张江高科技园区为重点，以金桥出口加工区和外高桥保税区为延伸的浦东微电子产业带；扩展区包括漕河泾新兴技术开发区、松江科技园区和出口加工区、青浦工业园区、国家集成电路设计上海产业化基地和紫竹科学园区。国际汽车城规划面积 68 平方公里，其中贸易区、产业区、零部件园区、国际赛车场、研发区、同济汽车学院等功能区建设已取得重要进展。具体的产业导向为汽车文化休闲、零部件制造、汽车研发、整车制造、汽车贸易。

表 12.5　2018 年上海六个重点行业工业总产值及其增长速度

指　标	绝对值（亿元）	比上年增长（%）
六个重点行业工业总产值	23870.77	1.4
电子信息产品制造业	6450.23	1.9
汽车制造业	6832.07	0.8
石油化工及精细化工制造业	4006.76	−1.5
精品钢材制造业	1233.42	−6.5
成套设备制造业	4171.70	4.8
生物医药制造业	1176.60	9.8

资料来源：2018 年上海市国民经济和社会发展统计公报。

依照上述六大产业基地的布局，至 2018 年，上海已经发展成型了 6 个重点行业，其中的生物医药制造业不在六大基地发展之列，但是近年来已成先进制造业的一个不可忽视的重点产业。按照表 12.5 所示，6 个重点工业行业在 2018 年完成工业总产值 23870.77 亿元，较 2017 年增长了 1.4%，占全市规模以上工业总产值的比重为 68.5%。同时，在此基础上，上海又将新一代信息技术、高端装备、新能源、新能源汽车、生物、节能环保、新材料等行业定位为战略性新兴产业，从而让先进制造业朝着更具引领带动的方向发展。按照 2018 年数据，工业战略性新兴产业完成工业总产值 10659.91 亿元，较 2017 年增长了 3.8%，增速快于工业总产值 2.4%，在整个上海市工业总产值中占比为 30.6%。

12.2.2　深圳高新科技产业高质量发展

深圳作为一个创新之城，立志于高举深圳高新科技产业这面旗帜，并下大力气在加快高新技术产业高质量发展。深圳地区的制造业企业曾经基本属于劳动密集型企业，且大部分为“三来一补”，高新科技产业基本一片空白。40 年来，深圳通过自主创新正在实践着高新技术产业的高质量发展。

20 世纪 80 年代，深圳利用其与香港毗邻的独特的地理优势，构建了“外引内联”的经济发展战略。大量的工业企业，特别是电子工业企业如雨后春笋般出现，从而为高新科技产业打下了基础。深圳在 1984 年颁布了《深圳经济特区引进先进技术鉴定暂行办法》，目标是引进国内外资金与技术以发展高新技术产业。在 1985 年，深圳与中国科学院共同创办了我国第一个国家级科技园区——深圳科技园。这是深圳高新技术聚集的重要据点。其后，为大力引进高新技术与发展民营高新技术企业，在 1987 年深圳相继出台了一系列重要文件，如《深圳经济特区加快高新技术及其产业发展暂行规定》《关于鼓励科技人员兴办民间科技企业的暂行规定》等。在全国范围内尝试鼓励科技人员以资金、专有技术、个人专利等投资入股创办科技企业，从而极大地激起了年轻人的创业热情。

20 世纪 90 年代，深圳提出以市场为导向发展高新技术产业的基本思路，体现为主张让高新技术发展成深圳第一经济增长点。重点发展的科技领域为：电子信息、新材料和生物工程技术。在这个时期，深圳进行了分配制度改革和人才政策创新，大力度积极地打造人才洼地，吸引国内外优秀科技人才；同时鼓励资本与技术要素入股参与分配，从而调动科技人员的积极性。在这样开创性政策的引导下，深圳的高新技术产业获得了快速发展，自 1992 年起，高新技术产业产值年增长率一度达 60%，1991 年该产业的产值为 22.86 亿元，占整个工业总产值比重为 8.1%。1998 年时，高新技术产业的产值达到 655.18 亿元，占工业总产值比重上升到 35.4%。在 90 年代的后半期，深圳又相继推出了一系列扶持和鼓励高新科技产业发展的政策，如“22 条”等，从而促进技术产品信息交流与成果转化，推动本土企业做大做强。世纪之交开始，深圳每年举办的中国国际高新技术成果交易会，搭建一个国际化高新技术交流的平台。

进入 21 世纪以来，深圳继续颁布了 50 多个重要文件，以鼓励企业自主创新提高核心竞争力。在 2008 年 6 月，深圳成为全国首个国家创新型试点城市，城市发展的主导战略提升到自主创新层级。这一主导战略的设立标志着深圳高新科技产业的发展从依靠优惠政策转向建设自主创新体系。故此，深圳激励自主创新的知识产权保护体系、大力支持研发创新等。近年来，深圳市的高新科技企业研发投入占全市地区生产总值比重一直维持在 3% 以上，接近或达到国际先进水平。2018 年底数据显示，深圳高新科技产业产值达到 16639 亿元，实现增加值 5466.6 亿元，该产业对于深圳地区生产总值的贡献率达 29.64%，而且拥有的国家级高新技术企业超过 1.12 万家。全社会研发投入743.75亿元，占地区生产总值比重为4.2%。深圳连续14年位列国际发明专利申请量的全国第一，2017年达20457件，高新区的综合实力继续位列全国第二，成为名副其实的“创客之都”。

12.2.3 重庆推动装备制造业高质量发展

重庆是国家开发建设最早的工业基地之一，现经过50多年的建设，重庆已是国家重点支持的十大装备制造业基地之一。历经2012年的“1322”计划，即打造13个产业群，重点推进8个百亿元产业，实现销售总产值2200亿元。重庆的装备制造业已成为重庆的支柱产业，在其国民经济中占据重要的地位。现今装备制造业已经是重庆“6+1”支柱产业（即汽车制造业、电子制造业、装备制造业、化医行业、材料行业、消费品行业、能源行业）中重要的一部分，而且一直处于持续的增长阶段。

2017年，重庆市有10个项目获得国家智能制造专项支持，项目立项数与上海、山东并列全国第五。中船重工海装风电5MW海上风力发电机组、重庆机床数控磨齿机等6个产品获得国家首台（套）重大技术装备保险补贴。另外，中船重工重庆红江机械有限责任公司被评为2017年国家智能制造试点示范企业，显示了重庆装备制造业良好发展局面。

近期重庆正在以大数据智能化引领创新驱动发展，精准施策，精准服务，推动其装备制造业实现高质量发展。重庆大力支持企业开展装备制造业的智能化改造。智能化改造的具体措施包括在制造业领域广泛实施“机器换人”行动，鼓励企业使用自动化、智能化设备代替人工，重点推动电子、汽车等行业企业开展“机器换人”，有效提高产品质量，减少用工人数，降低生产成本。2018年至少支持100家企业开展机器换人，节约用工人数2000人以上，年节约人工成本1亿元。另外，重庆成立了智能制造专家咨询委员会，聘请国内智能制造领域知名专家27名，组建了重庆市智能制造专家咨询委员会，负责对重庆市智能制造发展战略和目标、战略任务和部署等重大事项的决策提供咨询和建议，对重点行业实施方案进行评估，参与专项指南编制，并指导企业实施智能制造工程。重庆还搭建了智能制造供需对接平台，为企业提供便利的信息。

重庆市政府着力于引导装备工业的创新发展。重庆经信委装备处提供的具体努力的三个方向包括：第一点是整合国内外资源，发挥骨干企业的主导作用和高等院校的辅助作用，加快工业机器人、激光加工、风力发电、智能机床、增材制造、智能制造关键装备、通用航空、轨道交通等新兴产业领域的整机、关键零部件和关键技术的研发创新。第二点是继续发展高端交通装备。着力拓宽通用飞机整机谱系，逐步形成涵盖中、小、轻型固定翼飞机和中、小、轻型直升机的通用飞机谱系。通过组装生产起步，以项目合作、自主研发等方式开展通用航空飞行器设计研制，逐步提高自主研发能力。加快航空发动机技术引进，打造全系列、多型号航空发动机总装集成、验证测试和维修保障体系。第三点是推动、壮大能源环保装备。加快垃圾高效清洁焚烧发电成套装置、H140-3MW 风力发电机组等产品产业化步伐，重点研制 10 兆瓦海上超导风电机组、生物质垃圾沼气发电热电联产成套装备等先进产品，引进培育页岩气勘探、钻井、完井等环节成套装备企业，推动生物能源装备基地等重点项目建设，加快能源环保装备产业发展。

12.2.4 贵州发展大数据产业推动制造业转型升级

“欠发达、欠开发”是贵州的基本省情和经济社会发展的最显著特征，所以为了守住发展和生态两条底线，培植后发优势，奋力后发赶超的策略。贵州探索走出一条有别于东西部其他省份的发展新路子，即以发展大数据推进制造业的转型升级，从而推动经济高质量发展。如今贵州的大数据产业已经称为“世界认识贵州的新名片”，其数字产业化和产业数字化已成为贵州着力发展努力的方向。

习近平总书记 2014 年 3 月在参加十二届全国人大二次会议贵州代表团审议时特别强调：“要扎实推进扶贫开发工作……切实做到经济效益、社会效益、生态效益同步提升，实现百姓富、生态美有机统一。”2015 年 6 月，习近平总书记视察贵州工作时指出：“守住发展和生态两条底线，培植后发优势，奋力后发赶超，走出一条有别于东部、不同于西部其他省份的发展新路。”习近平总书记的一系列重要指示，是贵州以大数据促进产业转型升级与推动经济高质量发展的根本遵循。2014 年以来，贵州运用新发展理念，瞄准机遇、发挥优势、先行先试以实施大数据战略来发展数字经济。

贵州大数据，从无到有，从小到大，如今已成为“世界认识贵州的新名片”，大数据推动贵州经济社会发生了历史性变化。贵州全力推动数字产业化和产业数字化，从而推动制造业的创新发展。主要表现在两个方面：一是大数据电子信息产业快速发展。2014年至2017年，全省规模以上电子信息制造业增加值、软件业务收入和网络零售交易额年均分别增长57.7%、35.9%和38.2%，大数据对全省经济增长的贡献率超过20%。2018年，全省1625户实体经济企业与大数据实现深度融合，电信业务总量增长165.5%，电子信息制造业增加值增长11.2%，规模以上软件和信息技术服务业、互联网和相关服务营业收入分别增长21.5%和75.8%，大数据成为支撑全省GDP增长的重要因素。二是大数据推动工业转型升级。依托“千企改造”“万企融合”等，推进贵州工业向个性化定制、网络化协同、服务化延伸、智能化生产转型。培育工业互联网平台，推动企业全流程和全产业链智能化改造，打造工业互联网公共服务平台体系，全省工业云平台应用率达到38%。①

以位于贵州、贵阳“双心”位置的白云区为例，可以看到大数据引领所带来的巨大变化。该区从“一铝独大”的传统工业区转变为产业结构“多点开花”的大数据生态区。从2015年开始，贵阳加快大数据发展步伐，白云区也按照全市“双千工程”“万企融合”等行动要求，推动工业转型升级进入“快车道”。以大数据为引领，白云区食品医药、装备制造等产业迅速壮大，这对于“一铝独大”局面持续多年的白云区来说，是一次巨变。2018年，白云区规模以上工业增加值（2000万元口径）完成95.13亿元，同比增长9.9%，其中，装备制造、食品医药、新材料等特色优势产业实现工业增加值近90亿元，产业结构已从完全依靠铝制品的生产变为多个产业的齐头并进。依托大数据，白云区推进大数据、人工智能等与实体经济深度融合，对辖区企业开展“大数据工业”应用改造，推动经济转型升级，激发企业的转型动力。已累计投入2200余万元，实施“大数据工业”深度融合示范项目27个。截至2017年底，白云区规模以上工业企业达123家，中铝贵州企业占全区生产总值的比重从2011年的44%下降到11.5%，装备制造、食品医药等新产业占比从2011年的37.9%提升到53%，电子信息制造业产值从2011

① 《大数据助力经济社会发展的实践与探索》,《光明日报》2019年3月20日。

年的 14.06 亿元提升到 50.6 亿元，高新技术企业实现增加值 21.3 亿元，占规模以上工业增加值比重的 23.3%。

12.2.5　武汉培植隐形冠军成就制造业高质量发展

隐形冠军理论提出者赫尔曼·西蒙认为："经济发展取决于处于市场领先地位的企业。"而隐形冠军代表着核心竞争力和市场话语权，它们长期专注于某个细分领域，牢牢控制着本地、地区甚至全球市场。截至 2017 年底，武汉市共有 84 家企业被工信部、省经信委评为制造业单项冠军和隐形冠军企业。2018 年又有精测电子和锐科光纤入围工信部第三批制造业单项冠军示范企业公示名单，49 户入围湖北省第二批隐形冠军企业公示名单，这批隐形冠军成为拉动经济发展的新引擎。2017 年，湖北省启动支柱产业细分领域隐形冠军企业培育工程，引导企业专注于擅长的领域。同时，武汉市落实国家、省市相关要求，对隐形冠军企业进行密集走访调研，建立了隐形冠军培育库，把培育和提升隐形冠军当作促进制造业高质量发展的重要举措。

2016 年，国家工信部实施制造业单项冠军企业培育提升专项行动，引导制造业企业专注于细分产品领域，精耕细作，支持企业专注于细分产品领域的创新、产品质量提升和品牌培育，提升国际知名度与竞争力。受此政策启发，2018 年湖北省启动支柱产业细分领域隐形冠军企业培育工程，引导企业专注于擅长的领域，走"专特新精"发展道路，推进传统产业转型升级和战略性新兴产业培育，促进产业向中高端升级。所以，武汉一手在实施"万千百工程"，加快打造光电子信息、汽车及零部件 2 个万亿元级产业集群，推动 6 个千亿元产业，抓好 20 户百亿元企业增长，推进一批准百亿元企业成长壮大。同时，也在着力培育隐形冠军在产业细分领域里的"专特新精"优势，成为武汉万亿元产业集群里最具活力的创新细胞，不断推动千亿元产业迈上新台阶。

武汉在着力培植发展细分产业的隐形冠军政策出台后，新兴产业成隐形冠军聚集地。2017 年，武汉智能制造工业总产值比上年增长 22.0%，生命健康、信息技术营业收入分别增长 18.7% 和 18.2%，三大战略性新兴产业领跑武汉经济社会发展，已成为经济高质量发展的"三驾马车"，动能十足。在武汉 84 家隐形冠军企业中，有新一代信息技术 22 家，智能装备行业 14 家，生物医药及高性能医疗器械 10 家，新材料领域 7 家，隐形冠军企业在新兴产业领域扎堆聚集。

隐形冠军企业在专业领域内具备长期的技术积累和市场优势。所以，武汉做大做强万亿元产业关键在企业，打造的隐形冠军未来可以为万亿元的产业沃土培植力量。另外，武汉的配置隐形冠军策略已经有孕育出“创新雨林”生态的特色。“创新雨林”在硅谷风险投资家维克多·黄和格雷格·霍洛维茨合著的《硅谷生态圈：创新的雨林法则》中首次提出，指在多样化的雨林创新生态中，“意外”的新物种总是会源源不断地涌现。隐形冠军在市场竞争的狭缝间隙里久久为功，依靠技术、商业模式创新，“十年磨一剑”，一朝突破产业壁垒，走在产业前端，从点到面进行突破，构建起新的业态。2000 年鼎龙控股在武汉开发区起步创业，专注研发打印复印耗材。而今，鼎龙控股已从一家小型民营科技企业发展成为全球打印复印耗材行业隐形冠军。彩色聚合碳粉是打印复印机里面的核心关键性材料，是打印复印能否定影成像的关键因素之一。鼎龙的彩色聚合碳粉生产规模已是全球最大、国内唯一，依靠对彩色聚合碳粉的技术突破和产业化生产，打破国外垄断，实现进口替代，鼎龙控股在打印复印耗材细分领域一跃成为全球隐形冠军，大幅降低了彩色聚合碳粉的价格，同步也大幅降低了彩色打印复印用户的成本。

武汉培植隐形冠军成就制造业高质量发展的策略，一个最大的特色是打造隐形冠军企业需具备的“匠心”，从而在狭缝里做出大市场。隐形冠军也是“匠心”的代名词，它们在细分领域内能够出类拔萃，靠的就是“十年磨一剑”的精神，心无旁骛地长期专注于企业擅长的领域，走“专特新精”发展道路，推进传统产业转型升级和战略性新兴产业发展，促进产业迈向中高端，为实体经济高质量发展持续提供动能。以武汉磐电科技股份有限公司为例，在其成立的 12 年里，专注做电力计量检测设备，做出了全球首款 1000 kV 特高压电压互感器车载校验平台，目前已投入产业应用。2015 年，该公司成为了全国首家能够开展电力互感器检测及校准服务的民营企业。在电力计量检测这个看似狭小的市场里，磐电科技十多年如一日专注技术创新，做成了隐形冠军，在原本狭小的市场里，不断开辟出新市场。该企业的业务范围从互感器的检测服务，拓展到电力设备的检测校准，初步估计市场容量在 100 个亿左右。磐电科技的隐形冠军“长尾效应”正在显现，依托独有的技术优势，把狭小的“尾巴”做大做强，做出了大市场。

12.2.6　杭州全面改造提升传统制造业

2017 年，杭州推出了全面改造提升传统制造业的实施方案和《中国制造 2025 杭州行动纲要》，以期推进“互联网 +”“机器人 +”“标准化 +”“大数据 +”在传统制造业领域的融合应用，从而能够持续推动传统制造业质量变革、效率变革、动力变革，目标是到 2020 年，信息化和工业化深度融合水平明显提高，智能制造、绿色制造等新型制造模式全面推进，产业结构、产业层次等方面实现战略性转型。故此，杭州确立了纺织、服装、化工、化纤、造纸、橡胶塑料制品等 12 个行业作为全市传统制造业改造提升工作重点。

2017 年中，浙江省政府推出了《浙江省全面改造提升传统制造业行动计划（2017—2020 年）》，以期对经济转型升级系列进行决策部署，提升传统制造业发展水平，加快推动经济结构调整和发展方式转变，要求全省各地把传统产业改造提升工作摆上更加突出位置，特别是选定重点传统制造业。2017 年 9 月，浙江省传统制造业改造提升工作推进会召开，会议要求力争通过若干年努力，把浙江省基本建成全国传统制造业转型升级示范区。在此背景下，杭州也推出了《杭州市全面改造提升传统制造业实施方案（2017—2020 年）》。其主要目标是让重点传统制造业发展质量和效益总体达到国内先进水平，产品品质品牌形象明显提升，规模以上传统制造业增加值年均增长 5% 左右、全员劳动生产率年均增长 7% 左右，产业集中度不断提高，加快打造超千亿元级产业集群 1 个，培育超百亿元龙头企业 3 家。

杭州立足于其自身的传统制造业的产业优势和发展实际，综合考虑产业关联性、发展基础和市场前景等因素，确定 12 个重点改造提升的传统制造业，具体进行改造提升的细分项目有：节能新型纺纱、织造工艺技术的研发和产业化。提升印染行业的后整理工艺水平、清洁生产水平，应用新型染色、印花、自动控制及在线监测等新技术，推进无纺布的多领域应用等。在服装制造业方面，以杭州丝绸女装、针织服饰等为重点，研发新产品，提升创新设计水平，推广个性化定制，进一步缩短新品的上市周期，推动服装制造业向时尚化、个性化、精品化方向发展，打造“名新精优”产品。对于化工制造业，以绿色、安全、集聚、高端为目标，做精做强化工制造业。按照主体功能区划分及城市发展规划要求，优化空间布局，规范园区建设，推动企业入园发展，不断提升产业集聚度。淘汰落后产能，压缩通用型产品产能，转型发展高端专用化学品等化工新材料。在化纤制造业方面，加快推动高强高模聚乙烯纤维、对位芳纶纤维（芳纶 1414）、间位芳纶纤维（芳纶 1313）和聚苯硫醚纤维等高技术纤维发展。加快推动涤纶、锦纶、氨纶等其他化学纤维品种的差别化、功能性改性纤维制造。

支持龙头企业加快转型升级步伐，提升改造非金属矿物制品制造业的具体措施有通过产能置换、布局优化、技术改造和产业链延伸，进一步提升水泥建材行业资源综合利用水平和质量效益，促进特种砂浆和部品化制品产业发展，60% 以上水泥窑实现协同处置。引导中小微企业走“专精特新”发展道路，提高专业化协作水平，着力培育一批隐形冠军。最后是具备杭州特色的制笔制造业，主要的提升点是发挥行业研发平台公共服务功能，加大制笔研发投入，突破关键核心技术，提升笔尖、模具的设计制造能力。加强制笔行业自主品牌培育，利用“互联网 +”“文化 +”等模式，通过设计创新和人才引进，提升高端笔产品的设计能力，推进产品个性化提高产品附加值。

12.3　典型区域制造业园区的高质量发展

表 12.6 列出了本章所讨论的 6 个区域所拥有的国家级经济技术开发区与国家级高新技术产业开发区数量。依据 2018 年的数据显示，这 6 个地区的两种类型的开发区数量占据全国同类开发区总量分别为 8.22% 和 5.95%。

表 12.6　国家级经开区和高新区数量

	上海	深圳	重庆	贵州	武汉	杭州	全国	比例
国家级经济技术开发区	6	1	3	2	2	4	219	8.22%
国家级高新技术产业开发区	2	1	2	2	1	2	168	5.95%

资料来源：《中国开发区审核公告目录》（2018 年版）。

表 12.7　制造业为主导产业的区域开发区列表

	国家级经济技术开发区名称	批准时间	核准面积（公顷）	主导产业
上海	闵行经济技术开发区	1986.08	1638	装备制造、机电、医药
	上海金桥经济技术开发区	2001.09	2738	新能源汽车、机器人
	上海化学工业经济技术开发区	2012.03	2940	石化、新材料
	松江经济技术开发区	2013.03	5777	装备制造、集成电路、新材料
杭州	杭州经济技术开发区	1993.04	1000	装备制造、生物医药、信息技术
	萧山经济技术开发区	1993.05	920	通用设备、服装纺织
	杭州余杭经济技术开发区	2012.07	2746.72	装备制造、医药健康、节能环保
	富阳经济技术开发区	2012.10	741	有色金属采冶加工、电气机械器材、纸制品
武汉	武汉临空港经济技术开发区	2010.11	1900	汽车、农副食品
	武汉经济技术开发区	1993.04	1000	汽车、电子电器、食品
重庆	万州经济技术开发区	2010.06	582	化工、能源建材、照明电气
	重庆经济技术开发区	1993.04	960	电子信息、装备制造
	长寿经济技术开发区	2010.11	1000	综合化工、钢铁冶金、装备制造
贵州	贵阳经济技术开发区	2000.02	955	装备制造、大数据、医药
	遵义经济技术开发区	2010.06	1253	茶叶加工、粮油、农副产品
深圳	深圳经济技术开发区	1996.09	1150	电子信息、生物医药、光机电一体化、新材料

资料来源：《中国开发区审核公告目录》(2018 年版)，载中国开发区网 www.cadz.org.cn。

表 12.7 详细列出了本章所讨论的 6 个区域下辖的国家级经济技术开发区的信息，这些开发区均是有制造业作为主导产业的。在该部分的 6 点分析讨论中，将以表 12.7 所列的这些开发区为基础展开说明区域政策是如何支持其中制造业园区的高质量发展的。

12.3.1　上海典型园区的制造业高质量发展

该部分选取的上海典型园区是上海闵行经济技术开发区（以下简称“闵

行开发区”)。该园区创建于1983年，1986年8月经国务院批准为国家级经济技术开发区。现在的闵行园区核准面积1638公顷，是国家级开发区中占地面积最小的工业开发区。其产业定位的基本情况是在发展中形成以轨道交通、电站设备为代表的主导产业，以医药医疗产业（以血制品、常用药物为代表）和轻工产业（以食品、饮料为代表）为辅的三大产业。

梳理上海闵行经济技术开发者的发展历程，可以看到其从20世纪80年代的起步后，到进入21世纪一直在探索一条行之有效的高质量发展路径。经过27年的创业，闵行开发区形成了以机电产业为主导、以食品轻工产业和医药医疗产业为辅的三大产业板块。近十年来，闵行开发区经历了两次大的转型发展，一是在全球金融危机之前开始注重引进2.5产业，发展以研发中心为主导的生产服务业，不断提升产业能级；二是经过产业结构不断优化，在自然集中、产业集聚基础上，逐步向企业集群化发展，形成十多个企业集群及核心企业。闵行开发区重视开发区环境保护工作，积极引导企业节能降耗，坚持走可持续发展之路。闵行开发区已整体通过ISO14000环境管理体系认证和ISO9000质量管理体系认证。开发区单位能耗、水耗等各项指标都远低于上海市平均水平。

闵行开发区在集约化、内涵式发展的同时，按照上海市委、市政府优先发展先进制造业的要求，突破资源约束瓶颈，积极投入临港开发。2006年2月经国务院批准，国土资源部、商务部和建设部联合发文，闵行开发区在临港成功扩区，规划面积为13.3平方公里，是原闵行开发区建设面积的近4倍。闵行开发区临港园区位于上海东南长江口和杭州湾交汇处的上海临港新城产业区内，距上海中心城区75公里。随着浦东国际机场、洋山深水港、海港新城、东海大桥、沪芦高速公路、两港大道、临港轨道交通和浦东铁路的相继规划和建成，形成了港、城、区联动发展的良好态势。

国家级上海闵行经济技术开发区临港园区是临港新城产业发展与上海打造国家级现代装备制造业基地的重要组成部分，重点发展现代装备工业和先进制造业。以现代装备制造业为核心，以高附加值先进制造业、高新技术产业为基础，形成具有显著产业特色和竞争优势的新型工业园区。目前已有上海电气、中船集团、西门子、YKK、苏尔寿、卡尔玛、瓦锡兰等20余家中外企业落户临港园区。为更好地服务于园区的开发建设，由上海闵行联合发展有限公司和上海临港经济发展（集团）有限公司共同投资成立上海闵联临港联合发展有限公司（以下简称“闵联公司”），是国有综合型投资开发公司。2007 年，闵联公司以《提高土地使用效益的集约化管理》获得国家级管理成果创新一等奖。其后，为细化临港双特政策和优惠措施，临港管委会又制定了三十条实施细则，简称“临港三十条”，在产业发展扶持、土地政策、体制机制、人才奖励等方面展现巨大倾斜力度。

根据上海闵行经济技术开发区的数据显示：至 2013 年底开发区引进了 19 个国家和地区的 174 个项目，合同投资总额超过 37.07 亿美元，平均单项投资超过 2130 万美元。每平方公里吸引外资超过了 10 亿美元。累计销售收入 5361.57 亿元，企业利润 558.15 亿元，上缴税收 468.45 亿元。持续名列国家级开发区单位土地面积上缴税收和销售收入排行榜前列。全球 500 强企业直接投资的项目占开发区企业总数的 37%，其主要经济指标在开发区所占比重超过 80%。在 2013 年，开发区实现销售收入 558 亿元；实现利润 53.9 亿元。

12.3.2　深圳典型园区的制造业高质量发展

深圳地区所选取的典型园区是深圳经济技术开发区，该园区成立于 1996 年 9 月，核准面积 1150 公顷，是国家科技部“建设世界一流科技园区”发展战略的首批试点园区之一。这个开发区先后获得多项殊荣，如国家认定的“高新技术产品出口基地”“亚太经合组织（APEC）科技工业园区”“先进国家高新技术产业开发区”“中国青年科技创新行动示范基地”和“国家火炬计划软件产业基地”等。

深圳经济技术开发区践行了一条创新的“开放式”管理体制，即在国家有关法律、法规之下，不改变政府各部门现有职权管辖范围。三级管理体制是指：决策层贯彻执行市委市政府有关建设高新技术产业园区的方针、政策；管理层负责日常行政事务；服务层为企业和科研教育提供服务。政府的主导作用是：产业导向、制定政策、创造环境和提供服务。园区倡导积极营造完善的产业生态，激情的人文生态和良好的环境生态。数万名园区人才汇聚这里，体现“敢于冒险、勇于创新、宽容失败、追求成功”的园区精神。

高新区获得ISO9002质量管理、ISO14000环境管理、SA8000社会责任管理三大体系认证。

良好的投资环境加上对于高科技创新创业的追求让园区的磁场效应愈加明显，大批国内外企业竞相入驻，逐渐形成了生物工程产业群、电子信息产业群和新材料产业群。国内大企业有华为、中兴、联想、长城、TCL、创维、海王、东大阿尔派、创智等；跨国公司有IBM、飞利浦、康柏、奥林巴斯、爱普生、朗讯、哈里斯、汤姆逊等。这些企业具有自主知识产权的高新技术产品产值已占“半壁江山”。华为、中兴的程控交换、移动通信和接入设备；长城的计算机系统；飞通的光器件；迈迪特、迈瑞的医疗器械；科兴、匹基的基因工程产品；海王、海普瑞的医药产品；长园的新材料等，都在国内外占有相当的市场份额。许多企业都在园区设立研发中心，相当一部分企业的研发经费已超过销售收入的10%，已形成了以市场为导向、以产品为核心、以企业为主体、以大学、科研院所为依托，辐射周边地区，拓展国内外，“官产学研资”相结合的研究开发体系。

深圳经济技术开发区的所探寻的高质量发展之路，自身具备六个主要特点：第一，具有自主知识产权、自主品牌的计算机与通信产品、软件产品、光器件产品、数字电视产品、数字无线对讲机产品以及生物医药、医疗器械、新材料、装备制造业产品等都在国内外具有相当影响。第二，高新技术产业链已然形成。高新区已形成了从移动通信、程控交换到光纤光端、网络设备的通信产业群；从配件、部件到整机的计算机产业群；从集成电路设计、嵌入式软件到系统集成软件的软件产业群；从检验试剂、基因疫苗、基因药物到医疗器械的医药产业群。高新区高新技术产业规模不断扩大，涌现出了一批产值超十亿元甚至百亿元的大、中型企业。第三，“官产学研资介”相结合的区域创新体系。园区倡导建立和完善以市场为导向，产业化为目的，企业为主体，人才为核心，公共研发体系为平台，形成辐射周边、拓展海内外、官产学研资介相结合的区域创新体系。

12.3.3 重庆典型园区的制造业高质量发展

重庆地区选取的典型园区是万州经济技术开发区。该园区于2002年12月经重庆市市政府批准设立，2003年6月启动建设，2010年6月经国务院批准升级为国家级经济技术开发区，核准面积582公顷，重点发展的产业包括新材料新能源、机械电子、盐气化工、纺织服装、食品药品五大特色产业，且逐步形成了以产业集群为特色的千亿元级开发区。自从建园以来，万州经开区秉持的高质量发展之路是坚持不懈地走开放、特色、集群的产业发展路子，并取得显著的建设成效，已成为万州实施工业强区的大平台、破解产业空虚的突破口、经济发展的增长极、移民就业的主渠道。

面对新的制造业发展形势，在2019年，万州经开区规划继续发挥新型工业化主战场作用，一手抓存量优化，一手抓增量扩大，加快互联网、大数据、人工智能和实体经济深度融合，推动工业企业转型升级，挺起万州工业“主脊梁”。加快产能释放，推动雷士照明新增500万至1000万台灯盘、三雄极光绿色照明扩产等16个技改扩能项目达产达效。加快智能化改造，完成金龙集团智能化机械和自动铸造、施耐德工厂数字化系统改造等5个智能化升级项目。加快创新驱动，运营好万州科技创新中心，促成金龙集团“中科院铜管工程研究中心”“应用科学与技术研究院”“博士后工作站”三大核心研发机构和雷士照明中央研究院、先导稀材研究院落户万州。巩固“三去一降一补”成果，推动“高耗低效”“沉睡僵尸”企业和项目尽快出清。加快产业项目建设，竣工投产鸥威光电玻璃CD纹理眩光保护片精加工、维都利新能源锂电池等19个项目，开工建设友鹏食品易拉盖和罐生产、国瑞年产10万套医用便携式微网雾化器等15个项目。力争培育规模以上工业企业7家、高新技术企业8家、各类研发机构20个。

为谋求高质量发展，万州经济技术开发区还在税收收入和非税收收入两方面进行调整。依据2018年数据显示，万州经济技术开发区税收收入63715万元，下降24.1%。其中，增值税21006万元，下降8.4%；营业税159万元，下降32.9%；企业所得税9170万元，增长39.9%；个人所得税3292万元，增长261%；资源税830万元，增长17.7%；房产税3423万元，下降13.7%；印花税4122万元，增长36.7%；城镇土地使用税19108万元，下降35.3%；土地增值税−2710万元，下降495.6%；耕地占用税741万元，下降93.9%；契税4574万元，增长36.5%。非税收入12010万元，下降73.7%。其中：专项收入3853万元，增长351.2%；行政事业性收费收入4538万元，下降47.1%；其他收入3619万元。对于收入下降的原因，一个突出的方面是万州经济技术开发区主动调整基数、做实数据，积极为调整优化经济结构释放空间，从而为推动高质量发展夯实基础。其他主要原因有：国家系列减税降费政策实施，致政策性减收；按照有关规定将城市建设配套费从一般公共预算调入政府性基金预算管理；新增地方政府债券转贷资金减少；受经济下行压力大，中美贸易战影响，部分企业利税下降；土地增值税审计整改退税。

12.3.4 贵州典型园区的制造业高质量发展

贵州省选取的典型园区是贵阳经济技术开发区。该园区于2000年2月经国务院批准成立为国家级经济技术开发区。始建于1993年3月，总人口149万，核准面积955公顷，首期规划建设面积9.55平方公里。后于2011年4月，贵阳市城市基层管理体制改革工作在园区所处的小河区全面进行，撤销辖区内4个街道办事处，授牌成立航空社区服务中心、航天社区服务中心、平桥社区服务中心、金欣社区服务中心、黄河社区服务中心、三江社区服务中心、小孟社区服务中心、金竹社区服务中心。小河区范围内的所有街道办事处全部撤销，全区25个居委会、20个村委会均由12个社区服务中心指导服务管理工作，全区均执行"市—区—社区"三级服务管理模式，颇具创新意义。

为谋求高质量发展，贵阳经开区主导以创新为动能精准发力来推动高质量发展。经过几年的努力，在商务部公布的2018年度国家级经济技术开发区综合发展水平考核评价结果中，贵阳经开区列全国219家国家级经开区第36位，较2016年排名的第109位实现三年排位前移73位，2018年，贵阳经开区实现规模以上工业增加值为210.4亿元，同比增长10.4%。其迅猛发展的背后原因与贵阳经开区的管理政策转变息息相关。贵阳市委提出了"一品一业、百业富贵"的工业发展愿景，贵阳经开区牢牢把握高质量发展的根本要求，以供给侧结构性改革为主线，推动增量扩容、提质升级。紧密结合贵州省今年来着力发展的大数据产业，聚焦大数据与实体经济融合、军民融合、产城融合三个结合点。努力从"制造"转变为"智造"。

2018年，贵阳经开区在大数据和大工业发展上取得了佳绩。以"中国数谷”建设为契机，推动大数据安全、数字物流、大数据应用场景发展。新增大数据入统企业30家，同比增长26%，累计达145家；新增规模以上大数据企业5家，累计达37家；大数据产业实现主营业务收入220亿元，同比增长25.7%，占全市比重的22%。在大工业方面，以“千企改造”“万企融合”为抓手，助推传统产业转型升级，推动实体经济高质量发展。编制完成《贵阳经济技术开发区“十三五”工业发展倍增计划实施方案》，新增规模以上工业企业12家，累计达99家，实现规模以上工业增加值210.4亿元，同比增长10.4%，占全市比重的30%。另外，在招商层面也取得佳绩，通过设立大数据安全、数字物流、现代服务业等10个专业招商小组，开展精准小分队招商、靶向招商、产业链招商，全年招商引资实际到位资金完成179.16亿元，同比增长38.4%，占年度目标任务的104.2%；引进航天十院“智能制造基础件产业集群基地”、珠海欧比特“贵州卫星大数据产业园”等一批成长性好、科技含量高、带动性强的项目。

2019年4月份，贵阳经开区在2018年迅猛发展的基础之上，又出台了标准化建设激励政策以激励2019年的建设。《标准化建设激励政策实施细则》明确对经开区主导制定标准及组织承办有关标准化交流活动、标准化试点（示范）等标准化建设项目的激励政策。该激励政策是为在经开区依法设立的法人单位（企业单位、事业单位、社会团体、有关部门）的标准化项目提供激励。详细为：主导制定国际标准、国家标准、行业标准、地方标准、团体标准的，分别给予100万元、50万元、20万元、10万元、5万元的激励经费，且一经获得立项，即可兑现激励金额的30%，项目验收后兑现剩余的70%。其他标准化项目如建设标准化示范（试点）项目、承担标准化管理委员会秘书处、标准化良好行为企业、评为标准“领跑者”的单位，均可给予一定额度的经费补助。该《细则》还特别对大数据标准化领域的专项激励政策作了规定，对大数据领域的技术成果转化为国际、国家、行业、地方标准的，上浮20%进行激励，对参与大数据标准试验验证和承办大数据标准化合作交流活动的，分别给予一定额度的经费补助。该《细则》目标为提高全区标准化水平，引导推动高水平开放、高质量发展将起到巨大的推动作用。

12.3.5 武汉典型园区的制造业高质量发展

武汉地区选取的典型园区是武汉经济技术开发区（汉南区）。该区位于武汉西南，为承载中法合资神龙项目而建，1991 年 5 月动工兴建，1993 年 4 月经国务院批准为国家级经济技术开发区，2000 年 4 月经国务院批准在开发区设立湖北武汉出口加工区。2013 年 12 月，武汉市委、市政府决定由开发区整体托管汉南区，实施一体化发展，开发区规划控制面积由 20270 公顷扩大为 48970 公顷，下辖 7 个街道，人口近 40 万。

武汉经济技术开发区（汉南区）的产业体系是以汽车及零部件、电子电器为核心，以智能装备、新材料、新能源、通航卫星、食品饮料为支撑，以现代服务业为补。数据显示，2016 年武汉开发区（汉南区）实现地区生产总值 1152 亿元，规模以上工业总产值 2949 亿元，规模以上工业增加值 738.8 亿元，固定资产投资 774.2 亿元，其中工业投资 511.6 亿元，一般公共预算总收入 324 亿元，已然成为湖北省武汉市重要经济增长极之一。

通过回顾武汉经济技术开发区（汉南区）发展“十三五”规划，可以窥见其积极探索制造业高质量发展的路子。具体的发展思路有：实施两大战略：持续创新战略、转型升级战略。并谋求建设三个车都：智造车都，打造产业创新中心；宜居车都，打造生活品质之城；绿色车都，打造魅力生态新区。同时形成智能制造示范基地，同时加快向生产服务型制造业转型升级。武汉经济技术开发区（汉南区）在其现有的制造业基础上，通过在以下三个方面的发展，制造业获得了质的提升。一是智能装备产业。以工业机器人为核心和重点，发展高档数控机床、增材制造、智能检测与装配等智能制造装备以及智能化生产线，突破新型传感器、智能测量仪表、工业控制系统等智能核心装置以及关键应用软件。二是新能源汽车与智能网联汽车产业。通过发展新能源汽车整车及驱动电机、电控系统以及锂、石墨烯等关键零部件和轻量新材料、充电设施等相关产业，建设国家新能源汽车研发生产示范区。发展智能传感、辅助驾驶系统及高精度地图、车联网等智能网联汽车产业，打造智能网联汽车研发制造基地。三是通用航空及卫星产业。以国家低空领域开放为契机，以通用飞机整机制造为核心和引领，聚集发展核心零部件、飞机运营维修、飞行培训等相关产业，发展通用航空运营业务，打造机型最为齐全、配套最为完整、全国一流的通航与卫星产业制造创新基地、全国重要的航电系统研制基地、航空运动产业中心、中国“星谷”。

未来五年，武汉经济技术开发区（汉南区）立志将围绕打造世界知名“车都”，布局发展“下一代汽车”、人工智能等产业，努力打造“车都”“机器人之都”“智能家电之都”。奋力实现经济、城市、民生升级，建设活力、生态、法治和幸福车都，从而谋求高质量发展之路。

12.3.6 杭州典型园区的制造业高质量发展

杭州地区选取的典型园区为萧山经济技术开发区。该园区创建于 1990 年 5 月，1993 年 5 月经国务院批准为国家级经济技术开发区，是全国首批国家级开发区之一。该园区还是浙江省内日商、台商投资最密集的地区。开发区下辖市北城、桥南城、科技城和益农拓展区，核准面积 920 公顷。特别需要说明的是，萧山经济技术开发区区域位置优越，交通便捷，其所在区萧山区位于民营经济最为活跃的长三角地区，综合实力居浙江县（市、区）首位，连续多年被评为“中国十强县”。

经过 20 多年的发展，萧山开发区已经形成了机械制造、电子电器、轻纺服装、汽车整车及关键零部件、医药食品、建材家具、新材料新能源等支柱产业。数据显示，2015 年开发区累计实现地区生产总值 181.1 亿元，同比增长 9.4%；实现规模以上工业销售产值 425.8 亿元；实现规模以上工业增加值 108.8 亿元，同比增长 12.8%；实现全社会固定资产投资 54.5 亿元，同比增长 36.3%；实现外贸出口 19.9 亿元；实现限上社会消费品零售额 41.7 亿元，同比增长 7.5%；实现服务业增加值 60.7 亿元，同比增长 12.2%；完成财政总收入 43.4 亿元，同比增长 16.1%。其中，地方财政收入 18.8 亿元，同比增长 14.2%。

目前，萧山经济技术开发区积极谋求高质量发展模式，尝试以杭州成功创建“两区”为契机，大力推进信息经济、智慧经济和创新型经济的集聚发展，加快经济的转型升级。以机器人小镇和信息港小镇建设为载体，积极培育特色经济，已集聚了一批机器人研发、生产、制造型企业和信息技术领域的重要企业；以大众创客园、跨境电商园、上海交大杭州科技园建设为平台，推进“大众创业、万众创新”；以优化服务保障为目标，研究出台了共15亿元的产业发展基金，支持高新技术产业、战略性新兴产业的加快发展；特别是培育和发挥四大区块的各自优势，推进联动发展、差异发展、融合发展，努力开创开发区科学发展新局面。

此外，为促进萧山经济技术开发区经济又好又快发展，该园区早在2013年9月就推出了谋求更高质量发展的若干意见。目的是促进萧山经济技术开发区产业结构的转型升级，增强科技创新能力，加快推进项目建设，强化企业节能减排，鼓励企业做强做大，不断提高经济运行的质量和效益。具体措施包括鼓励增资引强，如区内企业与世界500强企业在开发区内兴办合资企业，实际利用外资300万美元（含）以上的，在全部注册资金到位后给予一次性奖励30万元；实际利用外资600万美元（含）以上的，在合同约定的全部注册资金到位后给予一次性奖励60万元等。二是鼓励做强做大，如评选10强工业企业，通过对企业规模、质量、效益及单位土地产出率等指标进行的综合考评，对排名前10位的工业企业，授予年度开发区十强工业企业荣誉称号，并奖励企业经营团队10万元。评选亿元规模企业，通过对当年工业销售产值（以统计口径为准）首次突破1亿元、5亿元、10亿元、30亿元、50亿元的企业，分别一次性奖励企业经营团队5万元、8万元、10万元、30万元、50万元。在环境污染防治和节能减排方面，也有诸多针对制造业企业的鼓励政策，如分别设置了节能项目奖、节能降耗奖、绿色企业奖、危险废物安全处置奖。具体有对列入开发区重点节能减排项目计划、总投资50万元以上的节能降耗、资源综合利用和循环利用项目，按项目竣工验收认定的实际设备投资额给予9%的财政资助，单个项目资助最高金额为100万元；其中财政资助额的10%，一次性奖励企业项目实施团队。鼓励企业采取合同能源管理方式，对当年签订合同实施的单个项目，年节能在500吨标准煤（含）以上的（以考核验收为准），给予企业200元/吨标准煤奖励。对当年认定的能源计量示范单位、绿色企业、当年通过ISO14000认证的企业，分别一次性给予企业2万元、3万元、2万元的奖励。亿元以上重点工业企业委托有资质的专业单位安全处置危险废物的，凭有效处理协议和移交接收清单，每年一次性补助企业5000元。

12.4　经验总结与发展展望

12.4.1　制造业产业高质量发展经验总结与发展展望

从上文讨论分析的 6 个典型区域制造业发展案例，可以总结出它们各具自身特色的区域制造业产业高质量发展方式。

上海对于发展先进制造业，这一种使用高新技术成果和先进管理技术并在制造业全过程中进行综合应用的产业，早在 2005 年就开始进行谋篇布局。通过一系列的政策激励，在全市范围内，初步规划建设六大产业基地，即微电子产业基地、汽车产业基地、精品钢材基地、石油化工及精细化工基地、船舶产业基地、装备产业基地。依照上述六大产业基地的布局，至 2018 年，上海已经发展成型了电子信息产品制造业、汽车制造业、石油化工及精细化工制造业、精品钢材制造业、成套设备制造业、生物医药制造业六个重点行业。由此可见，适度积极的政策引导和合理的产业布局有助于形成制造业重点行业。

改革开放的 40 多年来，深圳主要是通过自主创新实践着制造业中高新技术产业的高质量发展。梳理回顾可以看见，20 世纪 80 年代，深圳利用其独特的与香港毗邻的地理优势，制定了“外引内联”的经济发展战略。大量的工业企业，特别是电子工业企业如雨后春笋般出现，从而为高新科技产业打下了基础。同时，深圳出台一系列的法规把高新区作为发展高新技术产业的重要载体，采取特殊政策和灵活措施来鼓励科技人员创办企业和吸引资金与技术。进入 20 世纪 90 年代，深圳提出以市场为导向发展高新技术产业的基本思路，体现为主张让高新技术发展成深圳第一经济增长点。进入 21 世纪以来，深圳继续颁布了 50 多个重要文件，以鼓励企业自主创新提高核心竞争力。在 2008 年 6 月，深圳成为全国首个国家创新型试点城市，并将自主创新提升为城市发展的主导战略，引领深圳高新科技产业发展。

重庆以大数据智能化引领创新驱动发展，精准施策，精准服务，推动其装备制造业实现高质量发展。重庆大力支持企业开展装备制造业的智能化改造。减少用工，有效节省人工成本，促进生产效率大大提升。智能化改造的具体措施包括在制造业领域广泛实施“机器换人”行动。此外，重庆市政府着力于引导装备工业的创新发展。重庆经信委装备处提供的具体努力的三个方向包括：第一点是整合国内外资源，发挥骨干企业的主导作用和高等院校、科研院所的支撑作用，加快工业机器人、智能机床等新兴产业领域的整机、关键零部件和关键技术的研发创新；第二点是继续发展高端交通装备；第三点是推动壮大能源环保装备。

为了守住发展和生态两条底线，培植后发优势，奋力后发赶超的策略。贵州探索走出一条有别于东西部其他省份的发展新路子，即以发展大数据推进制造业的转型升级，从而推动经济高质量发展。贵州全力推动数字产业化和产业数字化，推动制造业的创新发展。主要表现在两个方面：一是大数据电子信息产业快速发展；二是大数据推动工业转型升级。大数据与工业深度融合推动产业质量效益持续提升。

武汉出台政策着力培植发展细分产业的隐形冠军，建设隐形冠军聚集地。2017 年，湖北省启动支柱产业细分领域隐形冠军企业培育工程，引导企业专注于擅长的领域。同时，武汉市落实国家、省市相关要求，对隐形冠军企业进行密集走访调研，建立了隐形冠军培育库，把培育和提升隐形冠军当作促进制造业高质量发展的重要举措。武汉一手在实施“万千百工程”，即打造光汽车及零部件和电子信息 2 个万亿元级产业集群，推动 6 个千亿元产业上水平，突出抓好 20 户百亿元企业增长，加快推进一批准百亿元企业成长壮大。

2017 年，杭州推出了全面改造提升传统制造业的实施方案《杭州市全面改造提升传统制造业实施方案（2017—2020 年）》和《中国制造 2025 杭州行动纲要》，以期推进“互联网 +”“机器人 +”“标准化 +”“大数据 +”在传统制造业领域的融合应用，从而能够持续推动传统制造业质量变革、效率变革、动力变革。目标是到 2020 年，工业化和信息化深度融合水平明显提高，智能制造、绿色制造等新型制造模式全面推进，产业结构、产业层次、技术创新、空间布局等方面实现战略性转型。故此，杭州确立了纺织、服装、化工、化纤、造纸、橡胶塑料制品、非金属矿物制品、农副食品加工、有色金属冶炼及加工制造、汽车零部件、电线电缆、制笔 12 个行业作为全市传统制造业改造提升工作重点。

综上所述，通过总结该 6 个地区制造业产业的立志高质量发展的思路与策略，可以看见，结合自身区域优势，提早对产业进行谋篇布局，打造制造业发展基地，吸引人才，借助科技进步的趋势利用大数据等实现落后地区的赶超、在细分行业打造隐形冠军、提升传统产业等为未来谋求制造业高质量发展提供了诸多思路和方法，值得其他区域借鉴。

12.4.2　制造业园区高质量发展经验总结与发展展望

上文讨论的典型区域制造业园区发展案例，揭示了不同政策对于当地园区的助推作用。

上海闵行经济技术开发区在其近十年的发展中，经历了两次大的转型发展，一是在全球金融危机之前开始注重引进 2.5 产业，发展以研发中心为主导的生产服务业，不断提升产业能级；二是经过产业结构不断优化，在自然集中、产业集聚基础上，逐步向企业集群化发展，形成十多个企业集群及核心企业。

深圳经济技术开发区践行了一条创新的“开放式”管理体制，即在国家有关法律、法规之下，不改变政府各部门现有职权管辖范围。三级管理体制是指：决策层贯彻执行市委市政府有关建设高新技术产业园区的方针、政策；管理层负责日常行政事务；服务层为企业和科研教育提供服务。政府的主导作用是：产业导向、制定政策、创造环境和提供服务。良好的投资环境加上对于高科技创新创业的追求让园区的磁场效应愈加明显，大批国内外企业竞相入驻，逐渐形成了电子信息产业群、生物工程产业群和新材料产业群，已形成了以市场为导向，以产品为核心，以企业为主体，以大学、科研院所为依托，辐射周边地区，拓展国内外，“官产学研资”相结合的研究开发体系。

面对 2019 年新的制造业发展形势，重庆万州经开区规划一手抓存量优化，一手抓增量扩大，加快互联网、大数据、人工智能和实体经济深度融合，推动工业企业转型升级。一是产能释放。二是加快智能化改造与加快创新驱动，运营好万州科技创新中心。同时，为谋求高质量发展，重庆万州经济技术开发区还在税收收入和非税收收入两方面进行调整，主动调整基数、做实数据，积极为调整优化经济结构释放空间，从而为推动高质量发展夯实基础。

为谋求高质量发展，2018 年，贵阳经济技术开发区以“中国数谷”建设为契机，推动大数据安全、数字物流、大数据应用场景发展。在大工业方面，以“千企改造”“万企融合”为抓手，助推传统产业转型升级，推动实体经济高质量发展。编制完成《贵阳经济技术开发区“十三五”工业发展倍增计划实施方案》。另外，2019 年 4 月，贵阳经开区在 2018 年迅猛发展的基础之上，又出台了标准化建设激励政策以激励 2019 年的建设。《标准化建设激励政策实施细则》明确对经开区主导制定标准及组织承办有关标准化交流活动、标准化试点（示范）等标准化建设项目的激励政策。该激励政策是为在经开区依法设立的法人单位（企业单位、事业单位、社会团体、有关部门）的标准化项目提供激励。

通过回顾武汉经济技术开发区（汉南区）发展“十三五”规划，可以窥见其积极探索制造业高质量发展的路子。具体的发展思路为实施两大战略：持续创新战略、转型升级战略。并谋求建设三个车都：智造车都，打造产业创新中心；宜居车都，打造生活品质之城；绿色车都，打造魅力生态新区。同时形成智能制造示范基地，同时加快向生产服务型制造业转型升级。未来五年，武汉经济技术开发区（汉南区）立志将围绕打造世界知名车都，加快推进转型升级、创新发展，加快体制机制创新改革。

杭州萧山经济技术开发区积极谋求高质量发展模式，尝试以杭州成功创建“两区”为契机，大力推进信息经济、智慧经济和创新型经济的集聚发展，加快经济的转型升级。以机器人小镇和信息港小镇建设为载体，积极培育特色经济，已集聚了一批机器人研发、生产、制造型企业和信息技术领域的重要企业。此外，该园区早在 2013 年 9 月就推出了谋求更高质量发展的若干意见，目的是促进萧山经济技术开发区产业结构的转型升级，增强科技创新能力，加快推进项目建设，强化企业节能减排，鼓励企业做强做大，不断提高经济运行的质量和效益。具体措施包括鼓励增资引强、鼓励做强做大与环境污染防治和节能减排。

综上所述，通过总结该 6 个地区以制造业产业为主导的园区高质量发展的思路与策略，可以看到，园区转型发展，如深圳经济技术开发区创新的“开放式”管理体制以简化管理、以大数据等发展为契机带动园区制造业升级，如武汉经济技术开发区制定园区发展规划、推出鼓励企业创新与节能减排的激励措施等，为未来谋求制造业园区高质量发展与管理提供了诸多思路和方法。

| 参考文献

［1］周轶昆，Jing W：《深圳高新技术产业自主创新的发展历程回顾与思考》，《中国经济特区研究》2011 年第 1 期。

［2］《大数据助力经济社会发展的实践与探索》，《光明日报》2019 年 3 月 20 日。

［3］《一批隐形冠军成武汉制造高质量发展样板》，《长江日报》2018 年 10 月 29 日第 6 版。

（本章主持及执笔人：樊豪斌）

第 13 章　智能制造

本章提要：

本章以智能制造系统的全球发展趋势为背景，集中分析了我国智能制造现阶段的发展情况及面临的主要局限，并以此为基础提出相应建议。

首先，本章从生命周期、系统层级及智能特征三个维度对智能制造系统进行了全面界定，并在系统架构与微观企业层面对其进行了具体解释。在此基础上，本章从全球智能制造发展现状，美国、德国等制造业大国产业政策梳理以及智能制造技术动态前沿三个角度对现阶段智能制造的全球发展趋势展开分析。

其次，就本章对中国智能制造发展现状的情况分析，纵观我国多数制造企业已完成了数字化转型，并且以行业领军者为主体的部分企业积极布局智能制造产业链，迎接数字化智能化阶段的到来；横向来看，“并联式”的发展过程使我国“工业 2.0”“工业 3.0”“工业 4.0”同步发展，新业态和传统业态交融共存。另外，自 2010 年起我国加快构筑智能制造产业政策体系，形成了以《中国制造 2025》为中心的政策架构，并重点部署了数控机床、机器人、增材制造等新兴制造领域。

再次，针对目前的发展现状，本章提出了我国发展智能制造的局限之处，主要体现于制造业发展基础薄弱，主要核心技术依赖进口，价值链低端锁定，产业、区域发展的不平衡性问题突出，产业链布局分散，产品链条短。此外，本章以工业机器人、3D 打印及数控机床为例，通过与国外发展对比，对目前中国智能制造的发展现状及局限作出具体分析。

最后，本章根据目前我国智能制造的发展现状及现阶段存在的局限性，提出了包括构建多元集成创新体系、推进产业链重塑、个性化市场需求与智能制造网络对接，以及深化智能制造海外合作在内的四项政策建议。

13.1　智能制造系统与全球发展趋势

13.1.1　智能制造系统

宏观层面，工信部《智能制造发展规划（2016—2020 年）》对智能制造及其生产系统进行了明确定义，规划指出智能制造是基于新一代信息通信技术与先进制造技术深度融合，贯穿于设计、生产、管理、服务等制造活动的各个环节，具有自感知、自学习、自决策、自执行、自适应等功能的新型生产方式（如下图 13.1 所示）。①

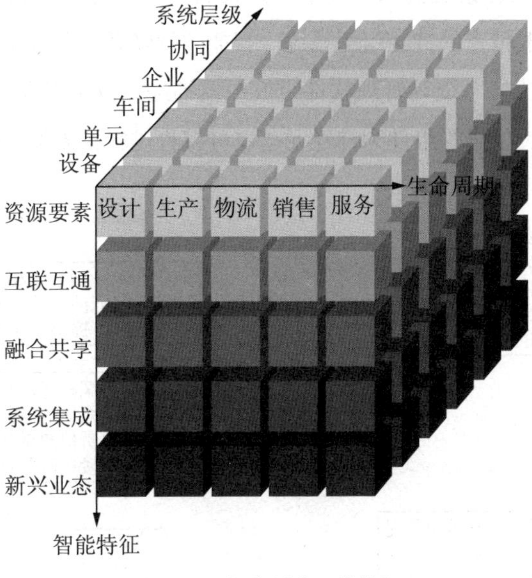

图 13.1　智能制造系统构架

资料来源：工信部《国家智能制造标准体系建设指南》。

① 《国家智能制造标准体系建设指南（2018 年版）》，《机械工业标准化与质量》2018 年第 12 期。

具体而言，首先，生命周期纬度是产品从设计研发开始到回收再制造，性态随时间纵向演变的过程，是由一系列彼此相关的生产环节构成，如设计、生产、物流等等，生命周期中的各类生产任务具有可重复性可进行迭代优化，且生命周期各类生产环节组成与配合的方式因不同行业而异。其次，系统层级纬度是企业组织生产活动中各类结构的层级划分，基本包括生产设备、单元、车间、企业和协同五类主要层级。最后，智能特征维度是融合了新一代信息通讯技术使制造活动能够实现自我感知、学习、决断、执行等功能的系统层级，以资源要素、互联互通、融合共享、系统集成和新兴业态五层智能化层级为主。总体而言，制造业智能化是实现企业内部生产组织不同层级协调发展的纵向集成，是融合各层面制造业智能化特点的横向集成，亦是贯穿智能产品全生命周期的端到端集成。

具体于企业层面而言，智能化升级可以增加企业在研发、生产、管理等各个生产环节便利性的转变过程。简而言之，制造业智能化的流程即为企业引进工业机器人、数控机床等高端生产设备，并已经实现自动化生产基础上，搭建人脑般精密的神经组织系统。智能“神经系统”以企业资源计划系统、生产过程执行系统等管理软件组成中枢神经，以传感器、嵌入式芯片、射频识别标签、条码等组件为神经元，以可编程逻辑控制器为链接控制神经

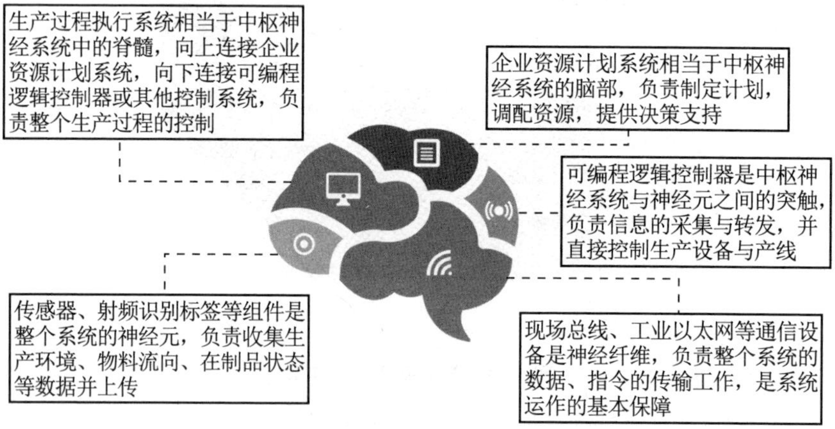

图 13.2　智能“神经系统”的基本架构

资料来源：艾瑞咨询研究院。

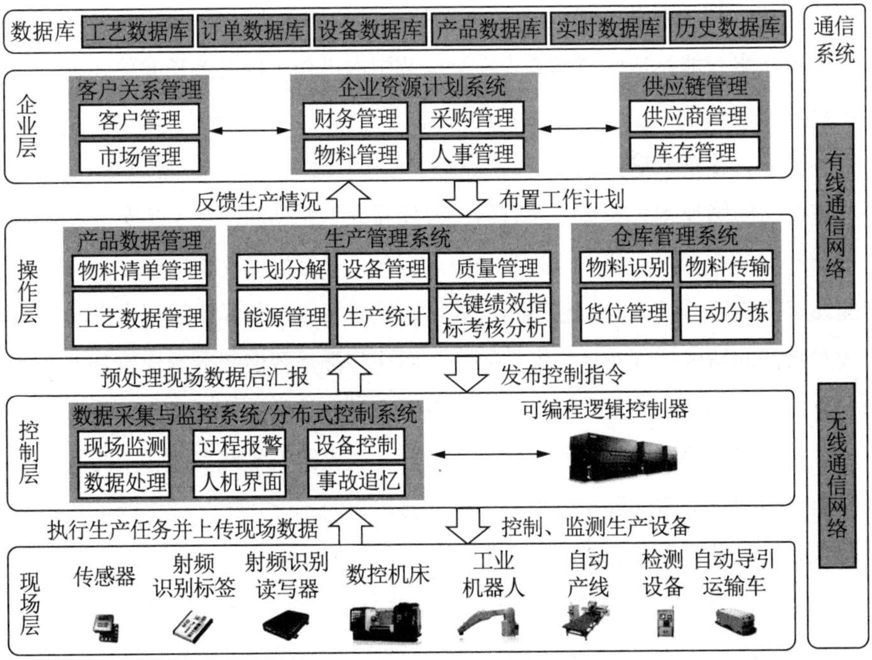

图 13.3　典型智能制造系统架构

资料来源：艾瑞咨询研究院。

元的突触，以现场总线、工业以太网、NB-IoT 等通信技术为神经纤维。最终企业生产将凭借精密完备的“神经系统”完成环境感知、信息获取、指令传递等等动作，进一步实现智能设计、合理排产、科学决策、远程指导等等智能化工作任务，最后使自动化生产设备如臂使指。①（如图 13.2 和图 13.3 所示）

13.1.2　全球智能制造发展趋势

（1）全球智能制造发展现状

20 世纪 80 年代后期，信息技术的存在与发展还没有对人类生活和生产方式产生巨大影响，智能制造的概念就已在西方发达国家被提出。进入 21 世纪之后，实现智能制造的技术和成本条件日渐成熟，并且随着自然

① 艾瑞咨询研究院：《2019 年中国制造业企业智能化路径研究报告》，载艾瑞网 http：//report.iresearch.cn/report_pdf.aspx？id=3351。

环境恶化、资源枯竭、劳动力价格上升等制约制造业生产力发展因素的强化，近年来智能制造的市场需求在全球范围内出现了极具增长并伴随着新的特点。

第一，移动互联网技术的应用推广成为实现只能制造转变的原生动力。一方面，网络技术、宽带、大数据、云计算等一系列高新技术拓宽了“互联网”的定义体系，形成了“泛互联网”模式，只有借助互联网技术，最终才能使智能传感器设备的信息感知能力得以充分发挥，并最终运用宽带网络完成对数据的精确控制及远程操控协作，而这些都是智能制造的构筑基础；另一方面，互联网的应用广泛，突破了组织边界，并最终使制造业与服务业实现融合。美国的先进制造业战略及其对下一代机器人的开发部署，便是基于移动互联网技术的开发与应用。以谷歌公司为例，近几年其在发展扩张互联网产业的同时也不断尝试向制造业进军。

第二，人机交互功能和具备自适应能力是智能制造系统正在逐步实现的发展方向。智能制造正在向工况自感知、智能控制、智能决策、生产设备自律执行的高度自治封闭循环的目标发展，并完成对周围环境的自适应能力。随着人工智能、仿真等技术的发展，智能制造系统内部将自动生成运作与故障解决的方案，人和系统之间的合作模式也将协调并形成更深程度的相互“理解”，并最终实现更广泛的人机交互及系统间交互，从而使劳动力从重复性的工作中释放出来，从事附加价值更高且更具创造力工作。

第三，跨国公司不断扩大其增加智能制造的投资规模。其表现在两个方面：其一，为充分发挥本身的信息技术优势，互联网公司开始投资实体经济。例如，谷歌公司在仅2013年一年中，就收购了8家机器人公司，次年又收购了智能家居公司Nest与人工智能公司DeepMind，谷歌正在将智能制造发展成为其新兴业务领域。其二，为适应环境变化，传统制造企业正在加大智能制造投资力度，以期推动传统制造生产过程的升级与改造。以富士康为例，继“百万机器人”计划启动之后，2015年又提出未来3年内，其将以实现由设备自动化以及更大程度的“机器换人”为目标。

第四，以工业机器人为主的智能制造装备得到了广泛应用。随着传输和处理技术、人工智能技术以及信息存储能力的极速提升，工业机器人出现了智能化发展趋势。具备人工智能功能的新型机器人搭载了传感器及能够识别环境的变化，做出判断，从而减少对劳动力的依赖。将来无人工厂能够根据个性化订单要求自主规划生产流程，在无人力参与的情况下自行完成产品生产制造。另外，高速宽带网络和云存储技术的日渐成熟也使得机器人逐步成为未来物联网的结点与终端。随着信息通讯技术的进步，工业机器人将更加有效地接入网络，并最终形成完整生产系统，实现多台机器人协同生产将成为可能。①

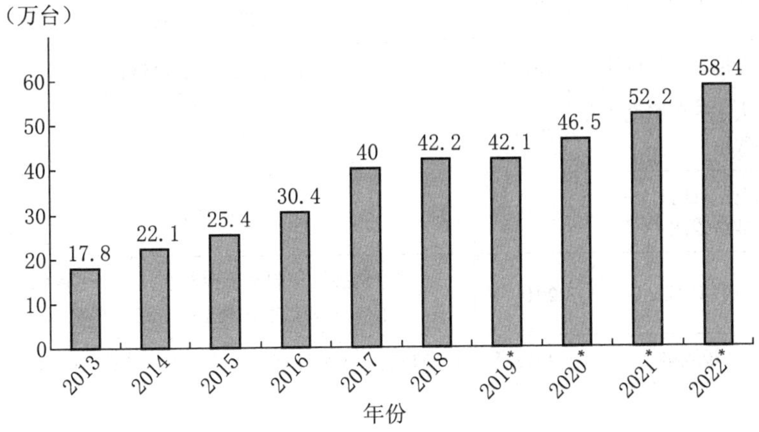

注：* 表示预测。

图 13.4　2013—2022 年全球工业机器人出货量

资料来源：国际机器人联合会（IFR）《全球机器人——工业机器人》。

（2）各国产业政策梳理

本节对美国、德国、英国、日本和韩国 5 个国家的主要智能制造政策进行了梳理。第一，表 13.1 对美国 2009 年到 2015 年的智能制造国家战略进行了归纳汇总。由该表可知美国在实现智能制造的过程中将“创新支持”置于较高的制造业发展战略地位，并形成了独立的创新政策体系。

① 吕铁、韩娜：《智能制造：全球趋势与中国战略》，《人民论坛 · 学术前沿》2015 年第 11 期。

表 13.1　2009—2015 年美国智能制造国家产业政策演进一览表

政策名称	时间	重点技术领域
重振美国制造业框架	2009 年	生物技术、下一代机器人、先进交通基础设施
制造业促进法案	2010 年	原材料、基础设施
先进制造业伙伴计划	2011 年	先进材料、下一代机器人、行业安全、新的制造工艺
美国制造业复兴——四大增长目标	2011 年	可再生能源、新一代航空运输系统、电网现代化
美国创新战略	2011 年	生物技术、纳米技术、信息技术、空间能力、基础设施
电网现代计划	2011 年	清洁能源、电网现代化
先进制造业国家战略计划	2012 年	电子、金属、复合材料，先进制造企业、先进制造材料
美国制造业创新网络初步设计	2013 年	增材制造、先进材料
从互联网到机器人——美国机器人路线图	2013 年	机器人
金属增材制造（3D 打印）技术标准路线图	2013 年	增材制造
先进制造业伙伴计划 2.0	2014 年	现今传感、控制和平台制造技术；可视化、信息话和数字化制造；先进材料制造
美国国家创新战略	2015 年	先进制造、大脑计划、智慧城市、计算机新领域等等

资料来源：作者整理。

第二，德国政府早在 20 世纪 90 年代就提出了面向制造业升级的“制造 2000 计划”，21 世纪初德国制造业产业政策的频繁出台，为之后“工业 4.0”战略的提出打下了坚实的基础，德国政府于 2013 年正式发布《保障德国制造业的未来——关于实施“工业 4.0”战略的建议》(具体内容如表 13.2 所示)。此后，德国的智能制造产业政策推进主要围绕“工业 4.0”战略展开，如 2015 年发布的《德国“工业 4.0”实施战略报告》明确提出将以工业 4.0 作为德国智能制造的参考架构，更加清晰了“工业 4.0”范式，2016 年发布了包括《“工业 4.0” IT 安全指南》、《中小企业“工业 4.0”实施指南》等在内的智能制造具体实施政策，并发布了 295 个应用案例以及 50 个测试机床。

表 13.2　德国"工业 4.0"战略的主要内容

概　括	内　　容
一个核心	"智能＋网络化"，即通过虚拟网络—实体物理系统（CPS），构建智能工厂，实现智能制造
双重战略	"领先的供应商战略"和"领先的市场战略
三大集成	企业内部灵活且可重新组合的网络化制造体系纵向集成
	通过价值链及网络实现企业间横向集成
	贯穿整个价值链的端到端的工程数字化集成
八项举措	实现技术标准化和建设开放标准的参考体系
	通过建立模型来管理复杂的系统
	提供综合的工业宽带基础设施体系
	建立安全保障机制
	创新工作组织和设计方式
	重视培训和持续的职业发展
	健全规章制度
	提升资源效率

资料来源：李震彪，黎宇科：《发达国家智能制造战略研究》，《汽车与配件》2017 年第 32 期。

第三，作为工业革命的发源地，英国的制造业经历了巨大的变革，特别是全球金融危机后，制造业在英国国民经济中的地位更是一路下滑，为振兴制造业英国于 2008 年起推出一系列战略政策，如鼓励先进制造业发展以及提高制造业价值含量的《高价值战略（2008—2011）》等，2013 年英国政府科技办公室正式颁布了《制造业的未来：英国面临的机遇与挑战》(即《英国工业 2050 战略》) 报告，报告将制造业创新技术分为两级（如图 13.5 所示）。

第四，日本是全世界实施智能制造战略最早的国家之一，且其产业政策的技术导向明确，形成了以机器人产业发展为主体，科技发展基本规划辅助的政策格局。2015 年，日本政府发布《机器人新战略》，该战略确定地提出了日本机器人发展的五类方向、三大核心目标及六大重要举措（具体内容如表 13.3 所示）。此外，2016 年，日本内阁会议于审议通过了第五期《科技发展基本计划（2016—2020）》。该计划核心在于制造业发展，融合利用信

第一级基础技术	第二级或然技术	影响和结果
• 信息通讯技术 • 先进材料 • 传感器 • 生物技术 • 可持续（绿色）技术 • 数字建模和算法 • 机电一体化 • 光子技术 • 知识系统 • 微电子技术 • 摩擦学 • 人工智能 • 人机界面 • 网络	• 移动互联网 • 基于信息的自动化 • 物联网 • 大数据 • 云计算 • 自动机器人 • 能源管理 • 增材制造 • 可打印电子技术 • 集成安全系统 • 虚拟产品创造 • 低能耗交通 • 虚拟制造 • 适应性系统	• 产品个性化 • 可持续性和循环经济 • 知识产权转移和保护 • 网络安全和伪造 • 技能要求变化 • 供应链变化 • 出口控制 • 标准化 • 通信协议 • 产品质量检测

图 13.5 《英国工业 2050 战略》技术概况

表 13.3 日本《机器人新战略》主要内容

核心内容	主 要 内 容
发展方向	易用性
	简便性
	关系调整
	先进性
	人工智能
核心目标	世界机器人创新基地
	世界第一的机器人应用国家
	迈向世界领先的机器人新时代
重要举措	一体化推进创新环境建设
	人才队伍建设
	关注下一代技术和标准
	制定机器人应用领域的战略规划
	推进机器人的应用
	确定数据驱动型社会的竞争策略

息通信技术，最终基于物联网，打造世界领先水平的“超智能社会”（5.0 社会）。2016 年，日本产业界提出“工业价值链计划”，强调基于智能制造单元的架构和企业间的互联互通，通过顶层让不同的企业通过宽松标准接口，在一种“松耦合”的情况下相互连接，实现工业价值链的互联互通，进而提高制造生产效率和整体竞争力。①

第五，自 20 世纪 80 年代起，以韩国为代表的新兴国家在世界制造业领域的重要性逐日凸显，尤其进入后工业时代以来，韩国一直重视发挥信息技术与制造业融合的潜在优势，并持续向制造业领域推广信息技术应用，为新产业与传统产业的融合发展奠定了基础。2014 年，韩国中央政府发起了“制造业革新 3.0”战略和“智联工厂”（CSF）等顶层战略性项目，其中以“制造业革新 3.0”战略作为核心，将目标定位于：通过软件技术、信息通讯技术与制造业的融合，孕育产生新兴融合型产业，最终创造并增加产品附加值，以重塑产业核心竞争。为实现制造业强国目标，韩国“制造业革新 3.0”战略主要包含以下三大战略任务，6 项核心课题及其后续对策（如表 13.4 所示）。

表 13.4　韩国“制造业革新 3.0”战略核心内容

三大战略	6 项课题	后续对策
创造融合型新制造业	基于信息技术和软件的工程创新	制定四大类产业，十三大增长动力产业具体推进计划
	创造融合制造动力	
升级制造业创新基础	需求制订型人力、土地供给	改革产业人力培养体系；制定向东北亚研发中心跃进的战略
	像东北亚研发中心跃进	
强化主力产业核心能力	确保材料零部件的主导权	制定强化制造业软实力的综合对策
	强化制造业软实力	

（3）技术发展前沿

近几年，全球智能制造发展过程中部分领先的互联网企业、工业企业以及生产性服务企业逐渐成为融合型生态系统中各类创新活动的主要载体和实

① 延建林、董景辰、古依莎娜、杨晓迎：《加快制定适合我国国情的智能制造技术战略》，《中国工程科学》2018 年第 4 期。

践者，因其各自发展的基础和优势迥异，形成了不同行业企业创新模式方向、路径和部署的差异。新业态、新模式也在行业中不同的产业链环节呈现不同的侧重。

表 13.5　全产业生命周期中产业链各环节新业态新模式类型 ①

产业链环节	新业态新模式类型
研　发	协同研发
	定制设计
	模块设计
	众包设计
	大数据开源
	虚拟仿真
制　造	规模定制化
	协同制造
	数字工厂
	云制造
	实时采控
	动态跟踪
	全过程数字化
	智能监控
供应链	预测供应
	智能决策
	物流跟踪
	物流可视
	数字仓储
	设计制造协同
	门到门（DOOR TO DOOR）
	供应商标准化
	供应商协同
	协同采购

① 马为清、杜慧婵、牛江蓉:《智能制造新模式、新业态发展研究》,《智能制造》2017 年第 7 期。

（续表）

产业链环节	新业态新模式类型
销　售	电子商务（B2C，O2O）
	社会化推广
	按开工量付费
产品和服务	智能产品（互联、感知、适应）
	数据挖掘
	产品质量追溯
	备件供应
	远程诊断维护
	智能监控
	云平台服务
	产融对接（PPP 等）
	商业化的回收、报废和再利用
	车联网

通过对研究中新业态新模式的归类合并，表 13.5 显示出在“研发—制造—供应链—销售—产品—服务”全产品生命周期中，产业链不同环节新业态、新模式所体现出的类型。

由此，智能制造并不仅限于运用计算机实现生产自动化，还涉及信息物理系统（数字化映射），生产流程以及最终产品或服务的虚拟模型建立。整个过程，简而言之，即为通过全方位运用的智能传感器低时延网络，实现信息数据的云端传送，并在云端完成数据的处理分析。这一类物理世界与虚拟世界间的映射系统构建，体现出了极大的优势。例如，通用电气利用飞机引擎上的智能传感器采集数据，用于建立数字模型并进行模拟，进而根据模拟涡轮叶片的磨损程度及时替换单个涡轮叶片，避免了引擎大修之痛，缩短了引擎停工维护的时间。① 因而可知，智能制造的未来发展趋势必然不仅仅局限于工厂内部应用，还将连接产业链上的其他垂直行业，并将原材料采购、研发、生产、销售、物流等各个环节打通连接。预计到 2025 年，增材制造

① Gary、Maidment：《智能制造：不只是机器人》，《智能制造》2017 年。

将突破原型开发的局限，逐步应用于规模批量生产中，以应用于服装、体育用品、电子产品中的纳米材料，届时将发展成为年产值1700亿美元重要行业。此外，工业机器人与人工智能技术的发展也将刺激生产并扩大新领域需求规模。

13.2 中国智能制造的发展现状

13.2.1 发展阶段

1. 发展阶段

广义而论，智能制造是一个不断演进的大型系统。智能制造是新一代信息通讯技术与先进制造技术深度融合，并贯穿产品、制造、服务全生命周期各环节及其相应系统的优化集成，实现制造的数字化、网络化和智能化，并持续提升企业的产品质量、效益和服务水平，最终推动制造业创新、绿色、协调、开放、共享协同发展。

智能制造的演进过程大体呈现出三种基本范式，即数字化制造——第一代智能制造；数字化网络化制造——“互联网＋制造”或第二代智能制造；数字化网络化智能化制造——新一代智能制造（如图13.6所示）。

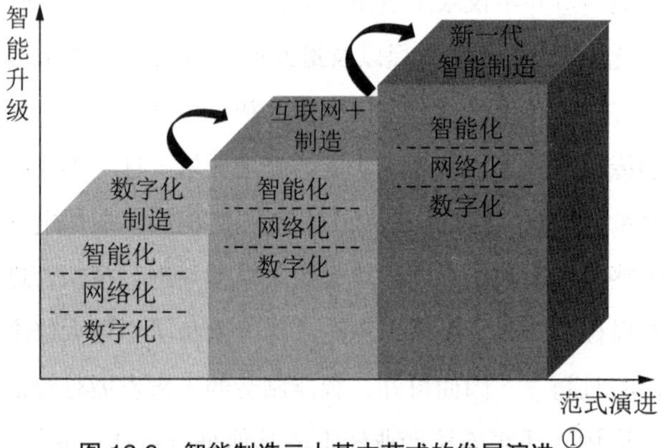

图13.6 智能制造三大基本范式的发展演进 ①

① “新一代人工智能引领下的智能制造研究”课题组：《中国智能制造发展战略研究》，《中国工程科学》2018年第4期。

第一阶段，数字化制造。数字化制造是智能制造的第一个基本范式，亦称第一代智能制造。20 世纪 50 年代，以数字化为主要特征的信息技术开始应用于制造业，并推动制造业逐步由自动化向数字化转变。由此可知，数字化制造的实质是在制造技术和数字化技术二者融合的背景下，通过对产品、工艺信息以及资源信息进行数字化描述、分析、决策和控制，快速生产出满足用户要求的产品。数字化制造的主要特征表现在三个方面：其一，产品方面，数字技术在产品中实现了广泛应用，并形成了以数控机床等为代表的“数字一代”产品；其二，制造过程中大量使用数字化装备、设计、建模与仿真，采用信息化管理等技术；其三，集成和优化运行成为整个生产过程的突出特点。

20 世纪 80 年代以来，我国企业开始推广应用数字化制造，并且在推动制造、设计、管理过程的数字化进程，推广数字化制造装备与控制系统，推动企业信息化改革等方面，取得了明显的技术进步，特别是近年来，各地区大力推进“机器换人”“数字化改造”等政策措施，伴随着大量的数字化生产线、数字化车间、数字化工厂建立起来，一大批企业完成了数字化制造升级，我国的数字化制造进程进入了新的发展阶段。但我国大多数企业，特别是大量的中小企业，仍没有完成数字化制造的转型升级。因而，我国在推进智能制造过程中必须实事求是，踏踏实实地完成数字化“补课”，以进一步夯实智能制造发展的基础。

第二阶段，“互联网 + 制造”——数字化网络化制造。智能制造的第二种基本范式是数字化网络化制造，亦称为“互联网 + 制造”，或第二代智能制造（即 smart manufacturing）。

20 世纪 90 年代末以来，随着互联网技术的日渐成熟，并且“互联网 +”的提出推动了互联网和制造业的深度融合，最终完成了人、流程、数据等相孤立节点的网络连接，通过企业内部和企业之间的协同，使各类社会资源得到集成与优化，“互联网 + 制造”重塑制造业的价值链，推动制造业完成数字化制造向数字化网络化制造阶段的进化。

“互联网 + 制造”的主要特征主要表现在产品、制造和服务方面：在产品方面，数字技术的发展使网络技术得到了普遍应用，最终实现了设计、研发、生产等各环节的协同与共享；在制造方面，在厂内集成的基础上，进一步完成了制造的供应链、价值链集成和端到端集成，制造系统的信息流与数据流进一步实现连通；在服务方面，设计、制造与维护等产品全生命周期以及用户、企业等主体都通过网络平台实现联接和交互，制造模式也完成了从以产品为中心向以用户为中心的过渡。

近年来，我国工业企业大力推动发展“互联网 + 制造”，制造业与互联网龙头企业率先布局生产，将工业化联网、云计算等新兴技术应用于制造领域。一方面，部分数字化制造基础扎实的企业成功完成数字化网络化升级，成为了数字化网络化制造的示范；另一方面，占多数的仍处于数字化制造阶段的企业，则以数字化制造和“互联网 + 制造”的双技术路线，实现数字化制造“补课”的同时，跨越到“互联网 + 制造”阶段，实现企业的全面优化升级。

第三阶段，新一代智能制造——数字化网络化智能化制造。智能制造的第三种基本范式是数字化网络化智能化制造，亦称新一代智能制造（即 intelligent manufacturing）。

近年来，在云计算、大数据和物联网等新一代信息技术的突破性推动下，以大数据智能、跨媒体智能、人机混合智能、群体智能等为代表的新一代人工智能技术发展迅速，并与先进制造技术深度融合，形成了新一代智能制造，即数字化网络化智能制造。新一代人工智能的本质性特征是具备学习、生成知识和运用知识的能力，实现了本质飞跃。新一代智能制造的发展将会对传统设计、制造、服务等环节的产生本质性变革，彼时新产品、业态及模式将层出不穷，未来社会的产品形态、生产模式乃至人类社会的生活方式和思维模式都将被深刻地影响和改变，并推动社会生产力的全面发展。新一代人工智能将为制造业发展带来颠覆性变革，也将成为驱动未来制造业发展的核心动力。

2．产业发展基础

中国实现现代化的过程与西方发达国家存在极大的差异。西方发达国家总体呈现出“串联式”的发展形态，即以工业化、城镇化、农业现代化、信息化的顺序发展，如德国在已经实现了“工业 1.0”“工业 2.0”与“工业 3.0”基础之上，向“工业 4.0”迈进。而作为新兴工业国家的中国，则需要在进行“工业 2.0”补课和“工业 3.0”普及的同时，把握“工业 4.0”所带来的机遇。在科技创新的国际环境中，进一步缩小与发达国家的差距。

由此可知，未来中国将面临着极大的机遇，且处于目前的发展阶段，我国必然面临的是“并联式”的发展过程，即工业化、信息化、城镇化、农业现代化，“新四化”叠加发展，“工业 2.0”“工业 3.0”“工业 4.0”同步推进。新一轮工业革命带来的多样技术选择以及空前的科学技术发展，尤其是信息技术的广泛应用，将大大压缩我国工业化进程的时间跨度。当前，中国和发达国家面临均等的掌握新一轮工业革命核心技术的机会，这也是我国发挥后发优势和实现跨越发展的关键之处。在这一轮的工业革命中，我们可以通过掌握新工业革命的核心技术，成为新的竞赛规则的重要制定者、新的竞赛场地的重要主导者，也意味着不再跟随西方发达国家一步一步地顺序发展，而是依靠工程科技创新和“并联式”发展，在比较短的时间内追赶发达国家的先进水平，这将大大加快中国工业现代化的进程。①

由此可知，中国将在较长一段时间内处于新旧业态转换时期（如图 13.7 所示），新业态是在特定产业发展层次和阶段，在新技术的创新及推广应用、新的消费需求显现或者被挖掘出来、新的规制变革等多种因素综合作用下形成的新产品、新商业流程和新服务模式等全新业态。也即意味着，在未来较长一段时期内，中国新业态和传统业态将持续交融共存，并处于一种相互竞争又相互合作的共生状态。

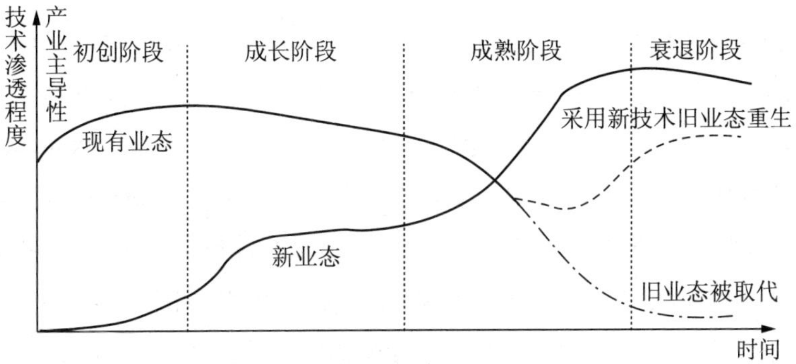

图 13.7　新旧产业发展生命周期示意图②

① 周济：《智能制造——“中国制造 2025”的主攻方向》，《中国机械工程》2015 年第 17 期。

② 马为清、杜慧婵、牛江蓉：《智能制造新模式、新业态发展研究》，《智能制造》2017 年第 7 期。

13.2.2 产业政策

我国政府连续出台政策力推智能制造发展，国家层面的智能制造战略框架逐渐建立并日渐完善。2010 年 10 月，由国务院发布的《关于加快培育和发展战略性新兴产业的决定》，明确大力培育发展包括高端装备制造业等在内的七大战略性新兴产业，并将智能制造装备列为高端装备制造产业的重点方向之一。

2012 年 4 月，由国家科技部发布的《智能制造科技发展“十二五”专项规划》，布局了五项重点任务，具体包括智能化装备、制造过程智能化成套技术与装备、智能制造基础技术与部件以及系统集成与重大示范应用等；同年 5 月，国家工信部发布的《高端装备制造业“十二五”发展规划》提出将在智能制造装备领域，重点部署智能仪器仪表与控制系统、关键基础零部件、高档数控机床与基础制造装备、重大智能制造成套装备四大类产品。

从 2011 年到 2014 年连续四年，国家发改委连同财政部、工信部共同颁布实施《智能制造装备发展专项》，重点突破包括工业机器人、伺服及其执行部件在内的智能装置，并在金融财税政策方面加大对智能制造产业的支持力度。2015 年 3 月，国家工信部正式启动了“智能制造试点示范专项行动”，并重点部署智能制造的标准化体系建设。

2015 年 5 月，国务院正式印发《中国制造 2025》，并将其提升至国家战略层面，其内容主要涵盖五大工程，涉及十类领域。智能制造工程位居五类工程前列，“规划”提出：紧密围绕重点制造领域关键环节，开展新一代信息技术与制造装备融合的集成创新和工程应用①；同时“规划”所涉及的十类产业领域中，“高档数控机床和机器人”领域是与智能制造产业直接相关的领域，亦是我国进口需求最大的领域，因而“规划”明确，一方面开发一批精密、高速、高效、柔性数控机床与基础制造装备及集成制造系统②，另一方面则围绕汽车、机械、电子、国防军工、轻工等工业机器人应用，以及医疗健康、家庭服务等服务机器人应用的需求，积极研发新产品，促进机器

① 王菲：《智能制造之国家政策归纳》,《智慧工厂》2016 年第 2 期。

② 《中国制造 2025》,《船舶标准化与质量》2015 年第 3 期。

人标准化、模块化发展，扩大市场应用。突破机器人本体，减速器、伺服电机、控制器、传感器与驱动器等关键零部件及系统集成设计制造技术等技术瓶颈。① 另外，为细化落实《中国制造2025》，2017年2月《中国制造2025》“1+X”规划体系正式发布，“X”是指11个配套的实施指南、行动指南和发展规划指南，其中五项工程实施指南中即包括智能制造工程，规划体系提出智能制造工程实施以数字化制造普及、智能化制造示范为抓手，推动制造业智能转型，推进产业迈向中高端。②

为配合《中国制造2025》的落实开展，2016年《智能制造发展规划》（2016—2020）与《机器人产业发展规划》（2016—2020）正式发布。《智能制造发展规划》提出十项任务：一是加快智能制造装备发展，攻克关键技术装备，推进在重点领域的集成应用；二是加强关键共性技术创新；三是建设智能制造标准体系，开展标准研究与实验验证；四是构筑工业互联网基础，研发新型工业网络设备与系统、信息安全软硬件产品，构建试验验证平台，建立健全风险评估、检查和信息共享机制；五是加大智能制造试点示范推广力度，开展智能制造新模式试点示范；六是推动重点领域智能转型，在《中国制造2025》十大重点领域试点建设数字化车间、智能工厂；七是促进中小企业智能化改造，引导中小企业推进自动化改造；八是培育智能制造生态体系；九是推进区域智能制造协同发展，推进智能制造装备产业集群建设；十是打造智能制造人才队伍，健全人才培养计划。③ 同时提出了加强统筹协调、完善创新体系、加大财税支持力度、创新金融扶持方式、发挥行业组织作用、深化国际合作交流六个方面的保障措施。④

而《机器人产业发展规划》（2016—2020）则将机器人产业规模持续增长、技术水平显著提升、关键零部件取得重大突破及集成应用取得显著成效作为发展目标，以深入推进重大标志性产品率先突破，大力发展机器人关键

---

① 《〈中国制造2025〉推动机器人发展》，《机器人技术与应用》2015年第3期。

② 《国务院〈中国制造2025〉“1+X”规划体系全部发布》，《中国信息化》2017年第2期。

③ 《〈智能制造发展规划（2016—2020年）〉发布》，《机械制造》2017年第1期。

④ 《工信部、财政部：〈智能制造发展规划（2016—2020年）〉发布》，《中国信息化》2016年第12期。

零部件，强化产业创新能力，着力推进应用示范，积极培育龙头企业为主要任务，同时实施了一系列加强统筹规划和资源整合、加大财税支持力度等的保障措施。

2017 年 11 月，国务院印发《深化“互联网＋先进制造业”发展工业互联网的指导意见》，提出“三步走”目标，全面部署推进工业互联网发展。“三步走”目标，即到 2025 年，基本形成具备国际竞争力的基础设施和产业体系；到 2035 年，建成国际领先的工业互联网网络基础设施和平台，工业互联网全面深度应用并在优势行业形成创新引领能力，重点领域实现国际领先；到 20 世纪中叶，工业互联网创新发展能力、技术产业体系以及融合应用等全面达到国际先进水平，综合实力进入世界前列。①2018 年，国家工信部推进工业互联网“323”行动实施。“323”行动具体是指打造网络、平台、安全三大体系；推进两类应用，一是大型企业集成创新，二是中小企业应用普及；构建产业、生态和国际化三大支撑。②

同时，地方政府也在积极配合，纷纷结合自身地方特点进行路径探索。据不完全统计，目前各地出台智能制造相关政策 145 项，投入地方财政资金 37.5 亿元，支持了智能制造相关项目 2709 个；在市场度较高的地区，龙头企业发挥了重要作用，积极推进机器换人、生产线改造和装备企业发展。此外，一些先进发达地区开始尝试创新中心建设，进行相关技术突破和产业化。在产业聚合方面，一批产业联盟正在发挥重要作用。在整个实践探索领域，中国智能制造是并联式路径的实施。

13.2.3 重点发展领域

智能制造以构建新型制造体系为目标，重点聚焦“五三五十”任务，即攻克五类关键技术装备，夯实智能制造三大基础，培育推广五种智能制造新模式，推进十大重点领域智能制造成套装备集成应用（具体如表 13.6 所示）。③

① 《国务院：明确工业互联网发展“三步走”目标》，《改革与开放》2017 年第 23 期。

② 《工信部推进工业互联网“323”行动 三年行动首期工程也将启动》，《墙材革新与建筑节能》2018 年第 3 期。

③ 《我国启动智能制造试点示范 2016 专项行动》，《水泵技术》2016 年第 2 期。

表 13.6 “十三五”重点任务

“十三五”规划重点任务	
五类关键技术装备	高档数控机床与机器人；增材制造装备；智能传感与控制装备；智能检测与装配装备；智能物流与仓储装备
智能制造三大基础	搭建国家智能制造标准体系；提升智能制造软件支撑能力；建设工业互联网基础和信息安全系统
五种智能制造新模式	离散性智能制造；流程型智能制造；网络协同制造；大规模个性化定制；远程运维服务
十大重点领域	电子信息领域；高档数控机床与机器人领域；航空航天装备领域；海洋工程装备及高技术船舶领域；先进轨道交通装备领域；节能与新能源汽车领域；电力装备领域；新材料领域；生物医药及高性能医疗器械领域

13.2.4　现阶段主要特点

1. 智能制造战略框架逐渐完善

智能制造成为重塑我国国际竞争力的支柱型产业，为推进其发展，国家政府部门与地方政府配合出台了一系列战略措施，虽然目前工业发展阶段决定了相比于制造业领先国，我国智能制造政策计划出台实施存在着一定的时间差，但总体而言，我国智能制造战略的框架正在逐步建立与持续完善。由上文可知，我国的智能制造产业政策从 2010 年起便持续出台，直到 2015 年《中国制造 2025》这一强国战略第一个十年纲领发布后，后续出台的包括《智能制造发展规划》和《机器人产业发展规划》在内的各项智能制造战略规划均围绕其展开。2017 年国家发布《中国制造 2025》“1+X”体系，也标志着我国智能制造产业政策系统正在逐渐形成和完善，一系列连续出台落地的国家战略政策使我国智能制造产业的重点发展领域部署与发展定位日渐明确。

2. 东部发达地区率先发展智能制造

历经了四十多年的改革开放历程，东部相对发达的地区制造业的要素供给产生了颠覆性的变化，逐步过渡到了一个全新的发展阶段。与此同时，来自劳动力、能源、土地的制约也相伴而生。处于诸多自然禀赋制约下的制造业，谋求进一步发展必须依靠来自科技进步与产业变革的驱动作用，因而智能制造成为此阶段制造业发展的主要诉求。受需求拉动的影响，东部发达地区的各级地方政府领先于其他地区制订了智能制造发展的产业政策规划。以浙江省和广东东莞市为例，浙江省2012年着手推动“全面推进机器换人”项目的实施，并为此注资约5000亿元，并计划于2017年年底全面完成此项计划；广东东莞自2014年每年注资2亿元扶持企业的“机器换人”计划的运作，目前大量工业机器人出现于生产线各环节中应用范围得到了极大的拓展。另外，当前政府的扶持政策已产生了阶段性的成效，机器人制造商的数量越来越庞大。以上海、江苏、广东等为代表的多个省份均成立了“工业机器人产业技术创业联盟”。其中2013年在北京成立的“中国机器人产业创新联盟”，更是标志着我国制造业发展进入了一个全新阶段。[1]

3．领先制造企业加快布局智能制造

汽车、家电、信息通讯等领域的制造业领军企业，开始引进并逐步展开了智能制造生产布局。以海尔公司与奇瑞公司为例。2012年，海尔数字化启动了“互联网工厂”的规划建设，开启了智能制造创新模式的初步探索。到目前为止，海尔已经建立了两大互联网支撑平台（众创汇用户交互平台、海大源模块商资源平台）、四大互联网工厂（沈阳冰箱工厂、佛山洗衣机工厂、郑州空调工厂、青岛热水器工厂），推动大规模定制化生产模式的全面运行，契合了“工业4.0”的智能制造生产模式的内涵。奇瑞成为汽车生产领域智能制造的成功示范。汽车制造领域是智能技术运用最广泛的领域，为此，奇瑞建立了机器人公司，并将自主研发的200台工业机器人应用于生产，打造了一个国内领先的具备一定规模的工业机器人生产基地。①

13.3 我国智能制造发展制约因素

13.3.1 发展基础薄弱，核心技术依赖进口

纵观欧美日韩等工业强国，其创新实力的缔造无一不是基于完善的以企业为主体、市场为导向产学研结合的研发系统，而我国创新系统的完善仍需更多时日，目前还面临自主创新能力仍处于较弱水平，核心技术匮乏，智能

① 赵光辉、冯帆：《中国智能制造发展的国际背景与政策研究》，《中国市场》2017年第31期。

制造所需的软硬件如传感器、关键零部件、操作系统等高端领域仍受制于人的等等窘境。中国制造业智能化转型既要面临来自新工业革命的机遇与挑战，又要承担完成“短板”“补课”的历史任务。这在很大程度上影响了制造业的智能化转型升级。由图 13.8 可知，目前中国的智能制造发展整体处于美国、德国、英国等传统制造业强国与日本、韩国等制造业新兴国家之后，拥有部分核心技术，但主要尖端技术仍然依赖进口，拥有大规模生产集成能力，但自主研发能力不足。

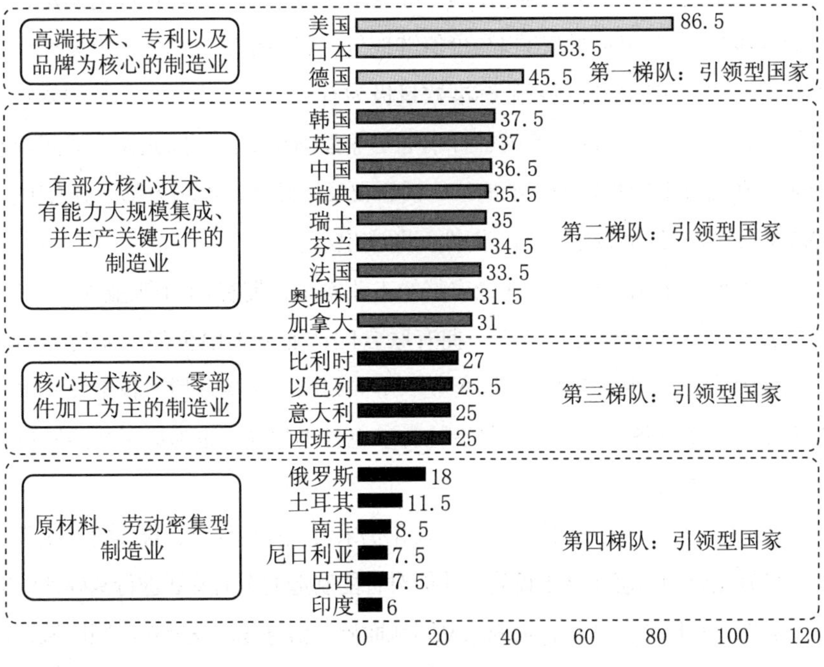

图 13.8　全球智能制造发展指数

资料来源：中国经济信息社。

13.3.2　处于价值链低端

我国智能制造建设尚处于初始化阶段，长时间以来我国制造业更是处于劳动力价格低廉的比较优势中，依靠在国际市场中打“价格战”赢得机遇。时至今日多数企业也并未表现出以智能装备取代劳动力的迫切愿望，甚至短期来看，“机器换人”的投资回报比例并不容乐观，即便个别制造企业引入了智能设备，也仅仅是应用于工业生产的最浅层阶段，企业并无诸多动机去完成智能设备的更深层次研究发展。最终导致我国的智能制造业被锁定于全球价值链低端，并存在难以突破的障碍，缺乏核心价值的引领。

此外，我国在核心工业软件研发、网络信息安全维护、智能制造标准建立等方面的基础仍然薄弱。智能制造核心软件的自主研发、网络信息安全处理维护等基础性技术一直以来就是我国智能制造发展的制约点，如国际智能制造工厂所常用的基础款生命周期管理软件基本是由德国西门子联合美国参数技术公司及法国达索公司所共同开发研制并投入生产；进入后工业化时代以来，制造业尤其是智能制造业的国际竞争焦点集聚于行业标准的制定，行业标准也决定了一国的话语权与价值链地位。我国制造业总体规模庞大但实力有限，主导定制的制造行业标准数量极为有限，且在国际社会上的认知度始终较低，实难与美国、德国、日本等工业强国相抗衡，因此在全球制造业行业标准制订中始终处于被动地位，话语权及国际社会影响力都十分有限。

13.3.3 产业、区域发展的不平衡性问题突出

一方面，中国已建成全球最完整的工业系统，拥有 41 个工业大类、201 个中类以及 581 个小类，是唯一拥有联合国产业分类中全部工业门类的国家。正因为工业门类齐全，不同行业、不同领域的市场环境、技术发展水平都不相同，因此各行业对智能制造的诉求也各不相同，也形成了智能制造产业发展的失衡问题。

另一方面，目前我国信息化与工业化仍未实现深度融合，仅停留在浅显层面。只有完善的信息化基础设施，才能对智能制造的全面发展进行基础性的支撑。然而，我国幅员辽阔，资源禀赋因地而异，信息化的发展在不同区域、行业甚至是企业间均呈现除了极不平衡的状态，少数地区、行业和企业已经处于“工业 4.0”智能化路径的初步探索阶段，而大多数行业和企业现仍处于相对落后的“工业 3.0”阶段，甚至未达“工业 2.0”。据《中国企业两化融合发展报告（2015 年）》的统计数据，截至 2015 年，国内制造业市场仍是以未开启信息化进程的企业占主体，比例高达 40%，仅有 14.6% 的国内企业实现了生产流程的较高水平信息化，更是仅剩 3% 的企业基于信息技术实现了业务协作与创新。

13.3.4 产品链条短

智能制造发展与新一代诸如大数据、云计算、物联网等信息技术的快速

发展形成了良性互补关系。同时，智能制造是贯穿于产品生产生命周期的各阶段端到端的集成应用体系。首先，产品生产初期的设计阶段需要依靠数字化、仿真与模拟技术等实现智能化。第二，生产阶段则需依靠数字化的系统控制技术、机器人技术等实现智能化。第三，生产后期的技术服务阶段则主要依靠云服务技术、传感技术等实现智能化。由此可知，智能制造从初期的设计研发、到中期的制造生产再到后期的安装服务具有极高的技术门槛，仅依靠独立企业的单打独斗完成产业链的技术探索与创新，不但耗时长、成本高，甚至也会使企业处于智能化改造的高风险情景中，这也是国内一众大型制造企业、龙头企业虽有实力却迟迟没有迈出智能化转型升级的主要原因。另外，我国智能制造的技术研发环节主要集中于高校、科研机构等社会专门的研发部门，且大多仍处于实验阶段，无法实现产业化，也就形成了当下技术研发与产业化之间的断层局面，且信息化基础的缺失使相关产业间的资源不能实现完全共享，产业链基础层上的系统集成环节的缺失，也造成了目前无法形成产品研发、生产制造、技术服务等精细完善产品链条的状态。这两方面共同阻碍了制造企业完成智能化的转型意愿。

13.3.5　案例分析

本节从产业政策、生产技术及市场需求三方面，对三类（工业机器人、3D 打印及数控机床）主要智能制造发展领域进行分析，以及对现阶段我国智能制造产业的发展状态及其局限性做出评价。

1．工业机器人

作为机械、电子、控制、传感、计算机、人工智能等各类前沿技术的集大成者，工业机器人产业链的布局主要包括核心零部件、机器人本体及系统集成三部分。与传统制造业强国相比，我国工业机器人产业发展基础薄弱，关键零部件如伺服电机、减速器、控制器等主要依赖进口。我国机器人企业大多分布于系统集成这一生产环节，且由于市场占有率极高的企业巨头多数拥有垂直产业链，因而中国机器人集成商获利微薄，而其他生产环节的发展均相对较为落后。而其他国家与中国相比，主要存在以下方面不同：

第一，机器人产业布局的政策内容方面。美国政府更加重视鼓励机器人企业进行科技研发以及实际场景应用，因而其产业政策大多偏向于通过大规模投资计划的制定，重点扶持机器人企业软件开发活动，以及拓展机器人在军事、宇宙、海洋、核工程等特殊领域的融合应用，如2011年6月奥巴马政府开启的《先进制造伙伴计划》就提出了投资28亿美元重点扶持开发第三代运用物联网技术的智能机器人。作为机器人生产大国，日本政府的机器人产业政策更加重视发挥市场的作用，“产官学”各方合作，共同制定了面向未来的机器人产业的发展战略；2014年日本政府颁布的《新经济增长战略》，就将机器人产业作为日本经济发展的重要支柱，并将战略目标定位于到2020年工业机器人的使用量增加2倍，市场总体规模达到2.85万亿日元。德国的“工业4.0”计划则直接将智能工业机器人与智能制造技术作为新一轮工业革命的载入点。韩国政府更加注重机器人与各行业的融合应用，因而机器人产业政策的制定更加系统化与规模化，重视发挥整个产业生态的系统性功能，而该政策生态的组成正是韩国产业资源部、科技部、信息通信部等各部门根据自身实际制定的针对机器人研发的政策举措。我国也正在加速布局国内机器人产业化的战略，2013年年底出台了《关于推进工业机器人产业发展的指导意见》，之后相继拟定开展了一系列专项行动与重点工程，促进产业迅速发展。但目前我国本土机器人企业成长受到了来自行业准入门槛、产品推广及应用、市场培育等诸多不利因素限制（主要国家和地区工业机器人产业政策详见表13.7）。

表13.7 主要国家和地区近几年机器人发展规划

国家/地区	时间	规划	主要内容
日本	2014年6月	机器人战略	旨在领先世界普及价格低廉、使用方便的机器人，将看护、农业、基础设施检查及灾害救援和工厂等列为支持的重点领域
	2014年7月	机器人白皮书	充分运用机器人技术来解决人口减少问题等社会课题，其中预测，医疗、护理等服务行业机器人将进一步普及，2020年市场规模预计为现在的3倍以上，达到约2.8万亿日元
	2014年8月	机器人新战略	提出三大核心目标，即“世界机器人创新基地”、“世界第一的机器人应用国家”、“迈向世界领先的机器人新时代”；为实现上述三大核心目标，该战略制定了5年计划，旨在确保日本机器人领域的世界领先地位

（续表）

国家 / 地区	时 间	规 划	主 要 内 容
韩国	2010 年 12 月	服务型机器人产业发展战略	积极推动清洁机器人和教育用机器人等服务型机器人产业的发展，使韩国成为世界三大机器人强国
	2012 年 10 月	机器人未来战略展望 2022	将政策焦点放在扩大韩国机器人产业并支持国内机器人企业进军海外市场等方面
	2014 年 7 月	智能机器人基本计划（2014—2018 年）	提高机器人研发实力、在各产业推广机器人、营造开放的机器人产业链、构筑机器人产业融合系统，特别是提出了机器人健康设施的研究与开发
欧盟	2014 年 6 月	全球最大的民用机器人研发计划	到 2020 年欧委会将投资 7 亿欧元，euRobotics 将投资 21 亿欧元推动机器人研发，有 180 多家公司、1.2 万研发人员参与。欧委会预计，该计划将在欧洲创造 24 万就业岗位，使欧洲机器人行业年产值增长至 600 亿欧元，占全球市场份额提高至 42%
英国	2014 年 7 月	首个官方机器人战略 RAS2020	英国政府技术战略委员会拨款 2.57 亿美元用于发展机器人和自主系统（RAS），希望在 2025 年获得估值约 1200 亿美元的全球机器人市场 10% 的份额
法国	2013 年 3 月	法国机器人发展计划	投资 1 亿欧元用于支持法国机器人技术领域的发展，实现“到 2020 年成为世界机器人领域前五强”的目标
美国	2013 年 3 月	机器人技术路线图：从互联网到机器人	由美国机器人协会联合麻省理工学院、卡耐基梅隆大学、加州伯克利、宾夕法利亚等大学共同发布，对制造业、医疗业、服务业、空间探索、国防五大领域的机器人发展作了详细规划

数据来源：上海科学技术情报研究所（ISTIS）分析整理。

第二，机器人技术发展与产业链生产布局方面。机器人本体、伺服系统、减速器、控制系统四个部分组成了工业机器人的核心部件。而机器人产业结构布局因其生产环节不同而不同。具体而言，就基础零部件而言，谐波减速器市场几乎由日本哈默公司独家垄断，RV 减速器市场则形成了以日本纳博、住友，斯洛伐克 Spinea、韩国赛劲为主的寡头垄断市场，而整体减速器市场中日本哈默和纳博两家公司的全球占有率就高达 75%；伺服系统市场则形成了极具地域特色的梯形分布结构，因机器人发展方向与侧重不同分别形成了日系、欧系和美系三类主导伺服系统市场；机器人控制器是目前机器人整体生产中技术国别差距最小的环节，因此其市场竞争性仍处于较高水平，呈现出“井喷式”发展。国产机器人的关键核心零部件如减速机、伺服电机等制造技术缺乏精密度，整体难以达到国际标准，因而目前仍主要依赖进口，加之较高的关税壁垒造成了国产机器人生产成本居高不下，据悉我国减速机、伺服电机、控制器等零部件的购买价格是国外企业的 5 倍之多。

第三，市场需求潜力方面。我国机器人消费已多年维持全球最大规模，据统计年均消费增速达到 25% 以上。国内机器人需求市场的扩张，促使国外企业加速中国市场的布局。工业机器人"四大家族"（日本发那科公司、德国库卡、瑞士 ABB、日本安川电机）占据中国机器人市场份额的七成以上。而我国制造业的高工业机器人需求与低使用密度共存的现象也十分突出，机器人使用密度更是与韩国、日本、德国等工业发达国存在极大的差距。2015 年 1 月公布的《世界机器人报告》显示（见图 13.9），2014 年韩国占据全球工业机器人使用密度首位，每万名工人机器人使用数量是 437 台；日本以每万名工人机器人使用数量 323 台位居其次；德国第三，为 282 台；而中国仅 30 台，甚至未到达全球平均水平（62 台）的一半。巨大的市场需求规模与机器人使用密度差距，同时意味着目前我国工业机器人极大的发展潜力和增长空间。

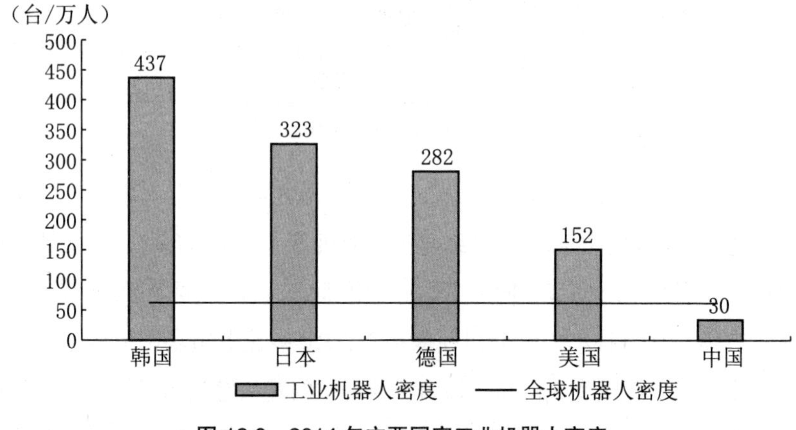

图 13.9　2014 年主要国家工业机器人密度

资料来源：国际机器人联合会：《世界机器人报告（2014）》。

2．数控机床

机床是现代制造业发展的基础，但与工业机器人的情况类似，起步较晚、技术经验积累有限的因素使我国数控机床产业的发展被锁定于产业链中低端环节，而中高端数控机床市场则主要由外商占领。此外，相比发达国家，我国机床数控化率处于较低水平。据统计，目前生产产值数控化率仍还不到三成，消耗值的数控化率还不到一半，而日本和德国的数控化率均高达甚至超过了七成。

第一，数控机床的产业政策布局方面。美国的数控机床研发生产侧重于主机的设计制造与计算机数控系统开发，美国机床工业的发展呈现出高智能化、高速化、精密化的特点。2010 年美国政府公布的《美国制造业促进法》就是以大力促进高精尖先进制造业发展、提升美国先进制造业竞争力为目的；以培育中小企业竞争实力为核心政策核心的德国更加重视与数控机床主机配套的器件研发，相继出台了一系列全方位鼓励中小企业开展研发活动的政策措施，其中中小企业创新核心项目（ZIM）的覆盖范围最广泛、ERP 项目则主要为初创企业提供长期低息贷款等。日本政府将产业政策重心置于数控机床的核心技术研发，并制定了一系列相关的计划与法规，以扶持各类科研机构和企业共同参与攻克关键技术，开发智能核心产品。我国政府也先后将发展高等数控机床产业列入了《国家中长期科技发展规划》和《国务院关于振兴装备制造业的若干意见》的重要任务中，并将高等数控机床与机器人产业共同列为“十二五”战略性新兴产业之一。足以见得我国政府赋予了数控产业极高的重视程度，但目前针对数控机床配套设施生产的政策支持力度仍需提高，不利于形成国产数控的系统性发展。

第二，数控技术发展方面。目前全球高端数控机床市场仍是由掌握着核心数控技术的美国、德国、日本等工业强国占领。作为数控机床起源国的美国，其在自动化机床与生产线、数控机床等技术方面一直主导着世界机床产业的发展。以辛辛那提机床、G&L、哈挺、Ingersoll 等公司为代表的数控机床企业向全球机床市场输送了大量高精、高效、高自动化数控机床。日本在各类低中高端数控系统生产技术商均处于世界领先地位，成为了全球规模最大的数控机床制造和供应国。德国是大型、重型、精密数控机床生产技术领先国的典型代表，其各类机床功能部件，无论是质量还是性能都位居世界前列。目前，我国数控机床的主要功能部件、刀具、数控系统等仍以依靠国外技术支撑为主，国内数控机床整机企业中具有完全自主研发能力的企业仅占5%—6%，与美日德等工业强国的数控技术存在极大的差距。

第三，市场需求潜力方面。中国的机床进口和消费量水平位居全球首位。中国机床工具工业协会的数据统计显示，2012年我国机床工具行业的产值增速达到了20%，总产值规模超3000亿元，而国内制造企业对高等数控机床需求量的增速超过了30%。国内企业转型升级及智能化改造，将会进一步扩大中高端数控机床需求的规模比例，中国市场成了全球机床厂商逐利的宝地。如图13.10所示，目前我国的中高端数控机床仍依赖于进口，国内机床市场也一直被美德日韩等国的企业占据。

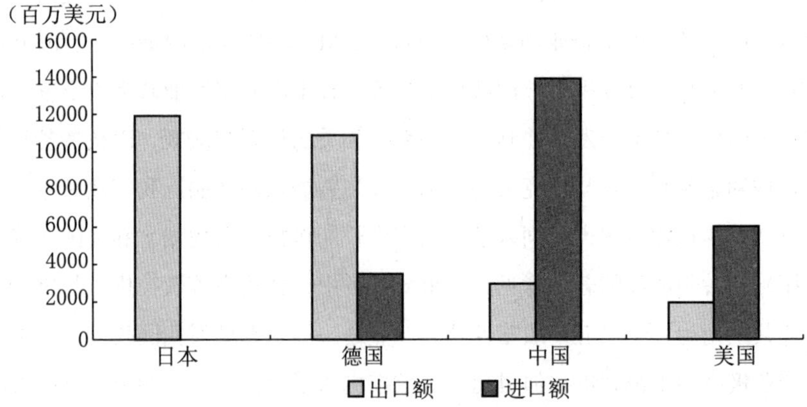

图13.10　2012年世界主要国家机床贸易情况

资料来源：《中国与主要发达国家智能制造的比较研究》。

3．3D打印

被誉为"改变世界的制造新技术"的3D打印技术，是增材制造技术的主要表现形式，其主要利用金属、陶瓷、树脂、塑料等材料，借助计算机辅助设计模型驱动，分层制造形状复杂的物理实体。目前，我国3D打印产业仍处于技术产业化的初期，3D打印技术甚至于整个3D打印产业相较欧美国家存在极大的差距。

第一，产业政策布局方面。欧美国家及日本十分看重3D打印技术未来市场的应用前景，因而政府常常通过税收减免及政府采购的方式对3D打印企业进行技术研发支持，并对3D打印产品的市场应用进行积极推广。例如，

2012 年 10 月为充分利用增材制造技术提振美国制造业，政府拨款约 6000 万美元成立增材制造研发机构；同年，英国政府也投入近 700 万英镑用于本国 3D 打印的技术研发；欧洲航天局积极布局 3D 打印技术开发，以期将其利用与航天器、飞机、甚至核聚变金属部件的制造；2014 年为研究开发全球最高水平的运用于 3D 打印的金属粉末，日本经济产业省投资了近 45 亿日元。2015 年 2 月，我国颁布了《国家增材制造产业发展推进计划（2015—2016 年）》，首次将 3D 打印产业的扶持政策上升到国家战略层面。

第二，技术研发层面。目前，3D 打印技术最具开发与应用实力的国家是美国、德国和以色列。美国金属材料研发能力拥有全球领先的水平；欧洲对 3D 打印产业开发则更加侧重于实践应用，且已实现数字规模化生产。目前，法国、德国、比利时等都拥有了技术实力超群的 3D 打印企业。我国 3D 打印技术目前尚处于起步阶段，工艺、激光和材料等技术领域一直处于模仿生产的阶段，而核心零部件仍无法自主生产研发依赖进口，技术研发多集中于高校及科研机构，产业化程度不足，企业的技术研发参与度较低。我国生产制造的 3D 打印设备无论是在物品打印精度，还是设备可靠性方面与国际水平之间存在极大的差距。我国目前从事 3D 打印的设备生产、服务供给、工艺研发等业务的企业数量极少，而拥有核心技术的企业更是少之又少。

第三，市场需求潜力方面。由于受制于发达国家的技术封锁、国际社会认可度不足等因素，我国 3D 打印产品的市场推广一直困难重重，进度缓慢，全球市场仍以欧美企业为主导。据统计，2013 年全球约 40 亿美元规模的 3D 打印市场，我国仅占约为 3 亿美元的份额，而欧洲却占据约 10 亿美元，美国 15 亿美元（如图 13.11 所示）。全球 3D 打印市场中美国 3Dsystems 和 Stratasys 两家公司，德国 EOS 公司和以色列 Object 公司垄断了近 70% 的市场份额。在关键技术的不断突破、政策的极大支持、3D 打印技术概念的大范围推广、资本市场的热捧等多方面因素的影响下，中国成为全球最大 3D 打印市场的潜力巨大。①

① 任宇：《中国与主要发达国家智能制造的比较研究》，《工业经济论坛》2015 年第 2 期。

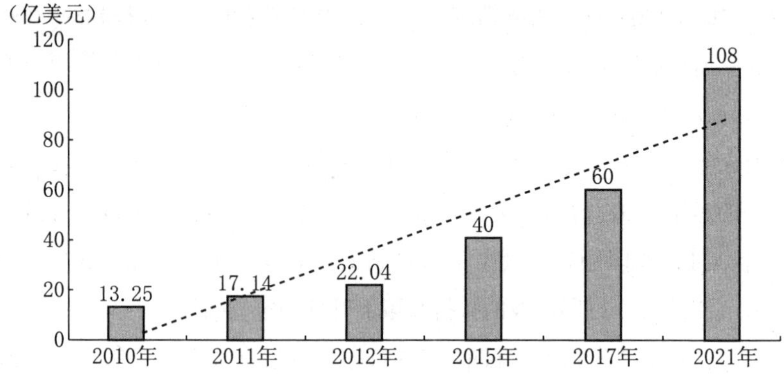

图 13.11　全球 3D 打印产业市场规模

资料来源：Wohlers Associates。

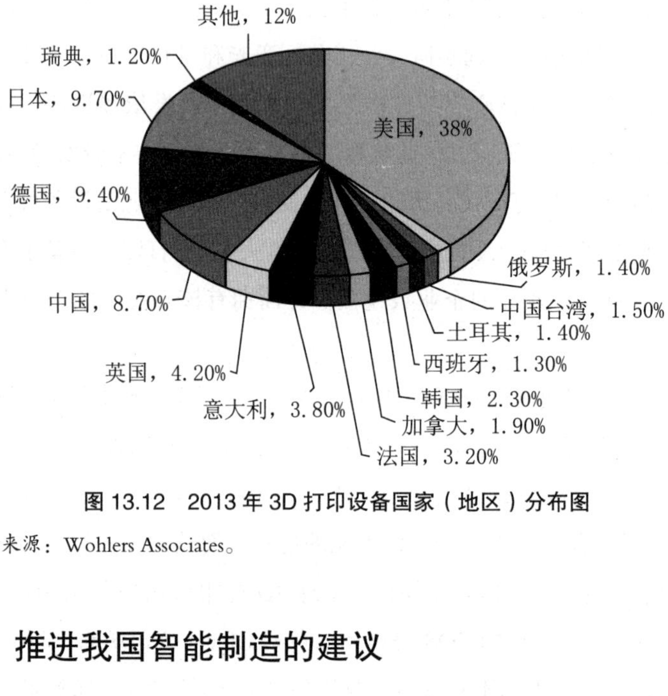

图 13.12　2013 年 3D 打印设备国家（地区）分布图

资料来源：Wohlers Associates。

13.4　推进我国智能制造的建议

工信部部长苗圩在日前举行的中国发展高层论坛上表示，制造业是实体经济的主体，在中国经济和世界经济中都发挥着关键作用，推动制造业高质量发展是我国 2019 年的重要任务之一。关于推动制造业高质量发展的路径，他提出要增强制造业技术创新能力，实现从要素驱动向创新驱动的根本转变。进一步深化科技体制改革，围绕产业链来部署创新链，提高科技创新对产业发展的支撑稳定性。①

13.4.1　构建多元集成创新体系

现阶段我国智能制造产业发展的基础性技术、系统软件开发以及自主创新能力与欧美、日韩等工业强国之间仍然存在明显的差距，而存在于智能化初期的区域、领域以及企业间的极度不平衡现象十分突出。因而，一方面，在存在差异性的领域、区域中，根据其功能部署构建多种类型的智能制造相关部门如创新研究中心、工业软件开发中心、系统化集成中心等，其存在的目的在于创新智能制造技术方式，这种方式能够吸引更多高层次、高技术类人才，并使人才充分参与到智能制造技术的研发与创新中，真正实现“人尽其能”。另外，鼓励技术领先型制造企业，促使社会资本重新分配到智能制造的技术研发与创新过程中。②

另一方面，从微观层面而言，市场多元化必然导致制造企业在智能化的过程中，将面临来自技术、网络设备等各方面的标准无法统一问题。此类问题的解决首先需要借助政府的力量，将部门发展的实际情况融入国际化的标准体系中制定具体的行业标准，而后随产业发展，根据龙头企业、行业领先者或行会的生产组织方式构筑统一的行业标准并落实，最终实现智能制造产业综合性标准体系的构建。注重完善具备基础性和通用性智能化标准，同时根据具体领域和行业进行推广，积极与国际化标准对接，尤其是共性技术、关键性技术的相关标准统一化。

13.4.2　推进产业链重塑

智能制造的基础性研究是目前制约我国发展的主要短板，因而亟须突破智能制造领域重大前沿科学问题，加大对包括传感器、芯片、算法等在内的基础性技术的研发投入力度。一方面，鼓励引导智能制造的相关科研机构与企业参与到国际产学研合作中，进一步夯实智能制造的技术基础；另一方面，积极搭建智能制造的创新平台，加快完成智能制造产品的自主研发与产业化，培育智能制造核心技术体系与基础零部件制造系统的创新能力。最

① 《苗圩：推动制造业高质量发展》,《中国总会计师》2019 年第 4 期。

② 覃浩高:《智能制造企业技术创新效率及其影响因素》,《经贸实践》2018 年第 14 期。

终，形成囊括核心技术、关键系统、支撑平台和智能应用的完备产业链和高端产业群。推动智能制造向提高民生服务和社会管理智能化水平等多样化方向发展，增强智能制造信息安全保障系统建设。① 对仍处于智能化初期的我国制造业，当前需要着力推进智能制造试点示范工程实施，建成一批智能制造试点示范企业与示范工厂，并在此基础上逐渐增加试点示范推广力度。

13.4.3 个性化市场需求与智能制造网络对接

需求个性化要求制造业能够拥有足够强大的数据处理能力，因而建立统一的国家智能制造数据中心，持续更新和完善国家宏观数据库，能够更好地支撑智能制造的发展，并融入各行业的发展特点建设具有行业特色的智能制造标准体系。工业互联网、核心支撑软件与行业标准是目前国际公认的智能制造发展所依赖的三大基础性技术，但数据处理技术的关键性作用并未获得足够关注。传感数据从某种程度而言决定着智能制造系统在整个生产过程中的对环境感知、问题处理、应用反馈、处理决策等智能化水平。对于制造业智能化的过程来说，大数据起着核心作用。智能制造中大数据的积累、总结与分析，需要先期的布局与准备，才能使市场的需求反馈充分与制造网络对接。首先，国家智能制造数据中心的建立，打破了之前的信息孤岛，加强了信息的流动性，促进数据及时交换，进而实现数据资源共享；其次，通用且具有权威性的语义化描述与数据字典引入将进一步强化智能基础的标准支撑，使大数据积累得以快速有效处理与利用。

13.4.4 深化智能制造的海外合作

深化改革开放，鼓励企业开拓海外市场，完成海外的专利布局。现阶段主要以寻求海外战略伙伴和跨国并购具备较高技术水平企业的两类方式，进行全球专利布局以提升企业的技术创新能力。目前，我国智能制造产品的国际知名度仍有极大的提升空间，以并购的方式进行对外投资，在获得目标企业专利知识产权的同时，也将加速整合优化智能制造全产业链，以实现工厂的智能化与产品的国际化，进而提升国内智能制造企业的国际竞争力。一方面，我国智能制造产业要积极对接多样化和个性化的国际市场需求，尽快完

① 王璐宁：《我国发展智能制造的产业政策研究》，《法制博览》2018 年第 32 期。

成大规模标准化生产向个性化定制的研发生产方式转变。以“一带一路”建设为契机，加强与沿线国家在交通运输、能源资源、基础设施、海洋航空工程装备等领域的合作，使我国智能制造产品真正实现“走出去”。另一方面，引进国外智能制造企业，以产业园区的形式实现深化合作，使中国智能制造产品进一步国际化，适应国际市场需求。推动国内智能制造产品生产达到国际化水平，积极打造全球智能制造创新中心，实现我国智能产品的高端化生产，逐步融入全球竞争，提升我国的全球价值链地位，扩大我国智能制造平台的全球影响力。

参考文献

[1] 吕铁、韩娜:《智能制造：全球趋势与中国战略》,《人民论坛·学术前沿》2015 年第 11 期。

[2]《国家智能制造标准体系建设指南（2018 年版）》,《机械工业标准化与质量》2018 年第 12 期。

[3] 艾瑞咨询研究院:《2019 年中国制造业企业智能化路径研究报告》，载艾瑞网 http://report.iresearch.cn/report_pdf.aspx?id=3351。

[4] 李震彪、黎宇科:《发达国家智能制造战略研究》,《汽车与配件》2017 年第 32 期。

[5] 延建林、董景辰、古依莎娜、杨晓迎:《加快制定适合我国国情的智能制造技术战略》,《中国工程科学》2018 年第 4 期。

[6] 马为清、杜慧婵、牛江蓉:《智能制造新模式、新业态发展研究》,《智能制造》2017 年第 7 期。

[7] Gary、Maidment:《智能制造：不只是机器人》,《智能制造》2017 年。

[8]“新一代人工智能引领下的智能制造研究”课题组:《中国智能制造发展战略研究》,《中国工程科学》2018 年第 4 期。

[9] 周济:《智能制造——“中国制造 2025”的主攻方向》,《中国机械工程》2015 年第 17 期。

[10] 王菲:《智能制造之国家政策归纳》,《智慧工厂》2016 年第 2 期。

[11]《中国制造 2025》,《船舶标准化与质量》2015 年第 3 期。

[12]《〈中国制造 2025〉推动机器人发展》,《机器人技术与应用》2015 年第 3 期。

[13] 马为清、杜慧婵、牛江蓉:《智能制造新模式、新业态发展研究》,《智能制造》2017 年第 7 期。

[14]《国务院:〈中国制造 2025〉“1+X”规划体系全部发布》,《中国信息化》2017 年第 2 期。

[15] 高洁:《智能制造发展规划（2016—2020 年）发布十个重点任务》,《中国设备工程》2017 年第 1 期。

[16]《〈智能制造发展规划（2016—2020年）〉发布》,《机械制造》2017年第1期。

[17]《工信部、财政部:〈智能制造发展规划（2016—2020年）〉发布》,《中国信息化》2016年第12期。

[18]《国务院：明确工业互联网发展“三步走”目标》,《改革与开放》2017年第23期。

[19]《工信部推进工业互联网“323”行动　三年行动首期工程也将启动》,《墙材革新与建筑节能》2018年第3期。

[20]《我国启动智能制造试点示范2016专项行动》,《水泵技术》2016年第2期。

[21] 赵光辉、冯帆:《中国智能制造发展的国际背景与政策研究》,《中国市场》2017年第31期。

[22] 任宇:《中国与主要发达国家智能制造的比较研究》,《工业经济论坛》2015年第2期。

[23]《苗圩：推动制造业高质量发展》,《中国总会计师》2019年第4期。

[24] 覃浩高:《智能制造企业技术创新效率及其影响因素》,《经贸实践》2018年第14期。

[25] 王璐宁:《我国发展智能制造的产业政策研究》,《法制博览》2018年第31期。

（本章主持及执笔：李伟、底晶）

第 14 章　绿色制造

本章提要：

绿色制造是绿色发展理念与制造业转型升级的深度融合，是破解我国资源环境瓶颈约束的必然选择，也是推动高质量发展、提升我国产业竞争力的重要路径。《中国制造 2025》将绿色制造工程作为五大重点工程以来，我国绿色制造进入加速发展和全面系统推进的时期，工信部联合多部委出台了多项政策文件，明确了绿色制造体系的构成要素，评价标准和重点任务，并开展了一系列的试点示范。经过近 5 年的系统推进，我国已经初步形成由绿色设计产品、绿色工厂、绿色园区和绿色供应链构成的绿色制造体系，绿色制造的标准体系框架已经初步建立。虽然我国绿色制造发展成效显著，但是与国际先进水平相比仍然存在一定的差距。发达国家在传统制造业绿色转型和新兴绿色产业的培育方面起步较早、基础扎实，目前已经建立了完善的绿色制造认证制度和绿色制造标准体系，并呈现出智能化、服务化和社会化的新趋势。从我国绿色制造的现状来看，我国绿色制造仍然存绿色设计的水平不高、绿色制造企业的集成能力较弱、绿色产品的市场认可度不高、创新能力不足等问题，难以充分发挥绿色制造的优势。此外，落后产能淘汰进程缓慢也挤占了我国绿色制造的发展空间，制约了我国绿色制造的后续发展。针对目前我国绿色制造存在的问题，本书认为应当加快构建绿色制造的协同创新体系，推动企业间创新协作和产学研协同创新，应当进一步深化供给侧结构性改革，加速落后产能淘汰进程，应当加快发展绿色金融、创新绿色金融产品，优化绿色制造的投融资机制，应当依托政府绿色采购，树立绿色消费观念。

14.1 高质量发展背景下的绿色制造

14.1.1 绿色制造与高质量发展的内在联系

1．绿色制造是高质量发展的必然要求

党的十九大报告指出，“我国经济已经由高速增长阶段转向高质量发展阶段”。① 从高质量发展的内涵来看，高质量发展是体现新发展理念，是创新成为第一动力。绿色成为普遍形态、开放成为必由之路、共享成为根本目的的发展。② 高质量发展的增长动力不再依靠增加资金、劳动力、资源环境等要素的投入，而是通过人力资本积累和技术创新带来全要素生产率的提升，资源高效利用、清洁绿色生产将是高质量发展的主要特征。习近平总书记在2019年的两会期间提出“要探索以生态优先、绿色发展为导向的高质量发展新路子”。这要求制造业要将资源节约和环境友好的理念融入生产的全过程，推进以绿色理念为指导、以绿色技术为动力、以绿色工厂和绿色园区为载体的绿色制造，将环保理念贯穿于产品的设计、生产、使用和回收全生命周期。因此，绿色制造既是制造业发展的必然趋势，也是高质量发展阶段制造业转型升级的主要方向。

从高质量发展目标来看，高质量发展是能够很好满足人民日益增长的美好生活需要的发展。③ 经济高质量发展追求物质产品和福利的共同增加，随着人民收入和消费水平的提升，以生态产品和生态服务为代表生态福祉成为人民日益增长的新需求。为保障人民的生态福祉，一方面要通过运用绿色技术、绿色生产工艺，在增减物质产品的同时，必须要降低资源和环境代价，

① 习近平:《决胜全面建成小康社会　夺取新时代中国特色社会主义伟大胜利——在中国共产党第十九次全国代表大会上的报告》，载新华网 http：//www.xinhuanet.com//politics/19cpcnc/2017-10/27/c_1121867529.htm。

②③ 任保平:《我国高质量发展的目标要求和重点》,《红旗文稿》2018 年第 24 期。

减少物质产品生产对生态服务功能的破坏，另一方面要通过产品的绿色设计、绿色使用和回收，满足人民对绿色产品的需求。因此，绿色制造既是实现高质量发展目标的必由之路，也是高质量发展对制造业的必然要求。

2．绿色制造是提升我国产业竞争力的重要途径

我国是制造业大国，制造业能否实现高质量发展直接关乎我国的产业优化升级，直接影响到我国在全球产业分工中的地位。中国制造业占全球产值的 28%，我国具有世界上最完备的工业体系，525 个小类中，其中 220 个产能是世界第一位，高技术产业已经占制造业产值的 20% 以上。从绝对规模来看，制造业仍然是中国的最大行业，2018 年我国制造业增加值约为 264820 亿元，约为同期中国国内生产总值总量的 29.4%。目前，我国制造业发展不仅面临淘汰落后产能、加强技术创新能力等任务，还面临着环境管制趋紧、国际绿色贸易壁垒等外部转型压力，传统的低水平、粗放式发展模式已经难以为继。绿色制造不仅包括绿色制造技术和工艺，还包括绿色组织管理和产品设计。推进绿色制造不仅能够实现资源利用效率持续提升、废弃物减量化排放和资源化利用，进而实现包括资源环境要素在内的全要素生产率持续提升，而且有助于推动工业和服务也的联动和融合发展，培育形成绿色生产性服务业，进而推动产业的转型升级。

从产品角度来看，我国制造业产品仍以价值链中低端产品为主，获得同样额度的贸易顺差需要消耗更多的资源能源和劳动力，在国际贸易中处于劣势地位，并产生了“生态逆差”。而部分发达国家企业正在积极推动绿色转型，绿色低碳的发展趋势必将进一步挤压我国工业制成品的市场空间。绿色制造在产品设计、生产、使用和回收全生命周期都融入资源节约和环境友好的理念，绿色制造能够打破发达国家设置的环保壁垒、提升制造业产品的国际竞争力，增加中国制造的产品附加值，提升其在全球价值链中的地位。因此，绿色制造既是制造业高质量发展的内在要求，也是提升我国产业竞争力的突破口和重要路径。

3．绿色制造是破解资源环境约束的必由之路

在上一阶段的发展中，我国的制造业具有明显的粗放型和外延式特点，制造业是能源消耗、资源利用的主要行业，也是环境污染物的主要排放源，我国温室气体排放的70%来自工业部门，而钢铁、煤炭、有色、电力、建材、化工六大传统高耗能产业的排放又占工业排放的70%。① 根据工业和信息化部的文件显示，工业领域的二氧化硫排放量占全国的90%，氮氧化物排放量占全国的70%，烟粉尘排放量占全国的85%。随着制造业规模的持续扩大，我国目前的资源储量和环境容量已经难以支持制造业的持续发展，铁矿石、铝土矿、铜、镍等矿产资源已经无法满足生产需求，大量依赖进口，2016年我国铁矿石进口量达10.24亿吨，同比增长7.5%，创历史新高。② 虽然我国持续推进资源节约环境友好的新型工业化，但我国工业化的速度与资源环境利用水平并不匹配，资源性产品供求矛盾依然存在，环境支撑工业化的能力仍然不足，亟须通过绿色制造降低单位产出的能源和资源消耗水平。绿色制造在微观层面是对制造业的资源利用方式、生产技术、工艺流程、废弃物减量化再利用整个生产过程的绿色化改造，从制造和生产的全过程统筹考虑生产的资源消耗和环境污染，降低生产企业的能源消耗、资源用量、减少环境污染和废弃物排放。在宏观层面是对包括资源环境在内各种要素的配置方式、企业生产的组织管理模式的绿色化变革，通过绿色供应链、绿色产品全设计实现减量化、资源化的资源利用模式，从而减少全社会资源的消耗和废弃物的排放。在绿色制造的技术、标准、企业的推动下，制造业的资源利用效率将持续提升，环境影响将持续降低，从而实现经济发展与资源环境相脱钩。

14.1.2 高质量发展背景下绿色制造的内涵和特征

绿色制造最早是1996年由美国制造工程师学会（SME）在其发布的蓝皮书《绿色制造》中提出的，并系统介绍了其内涵和作用。美国加州大学伯克利分校设立了环境意识设计和制造的研究机构，并建立了绿色制造的查询网站GreenMfg。随后以国际生产工程学会（CIRP）、美国制造工程师学会（SME）等为代表的研究机构，以美国电话电报公司为代表的美国企业，都针对环境意识制造进行了研究。随着我国经济由高速发展进入高质量发展，

① 黄群慧、杨丹辉：《加快构建绿色制造体系的建议》，《中国经济学人》2016年8月17日。
② 毛涛：《我国绿色制造体系构建面临的困境及破解思路》，《中国党政干部论坛》2017年第5期。

我国制造业进入由大转强的转型升级阶段，绿色制造代表了全球制造业转型升级的趋势和方向，也是全球低碳竞争的重要方面。在这样的背景下，我国在《中国制造 2025》和“十三五”规划中都对绿色制造的内涵和构成做出了进一步的阐释和完善，其中《中国制造 2025》提出了构建绿色制造体系的一系列具体内容，包括“开发绿色产品，建设绿色工厂，发展绿色园区，打造绿色供应链，壮大绿色企业，强化绿色监管”①，明确了绿色制造的构成；“十三五”规划中提出“支持绿色清洁生产，推进传统制造业绿色改造，推动建立绿色低碳循环发展产业体系”②，明确了绿色制造的重点任务。综合现有对绿色制造的界定和阐释，本书认为在高质量发展背景下，绿色制造应具有如下内涵和特征：

1．绿色制造的内涵

目前对绿色制造尚未有统一的定义，现有研究和实践通常将绿色制造定义为一个综合考虑环境影响和资源效率的现代制造模式，其目标是使产品从设计、制造、包装、运输、使用到报废处理的整个产品生命周期中，对环境的负面影响最小，资源效率最高。③绿色制造通常也被称为环境意识制造，或者是面向环境的制造④，在保证产品的功能和质量的同时，绿色制造从产品设计阶段就开始考虑资源和环境问题，通过技术创新和系统优化，将绿色设计、绿色材料、绿色技术和工艺、绿色生产、绿色管理、绿色供应链、绿色就业贯穿于产品全生命周期中⑤，使得产品在设计、制造、包装、使用到报废的全生命周期中都能做到资源利用效率最高、能源消耗最少、对生态环境的负面影响最小⑥，并追求废弃物的减量化、无害化和资源化，进而实现企业经济效益、生态效益和社会效益的共赢和协调。

---

① 国务院：《中国制造 2025》，2015 年。

② 黄群慧：《构建绿色制造体系的着力点》，《经济日报》2015 年 12 月 10 日。

③ 王艾泉、吴秋敏：《探究绿色制造技术在制造业中的应用》，《现代制造技术与装备》2007 年第 6 期。

④ MyerKutz：《环境意识制造》，人民邮电出版社 2010 年版。

⑤ 黄凤文、吴育华：《绿色供应链管理及其发展前景研究》，《天津大学学报（社会科学版）》2003 年第 3 期。

⑥ 中国工程院绿色制造发展战略研究课题组：《推进绿色制造建设生态文明——中国绿色制造战略研究》，《中国工程科学》2017 年第 3 期。

中国工程院绿色制造发展战略研究课题组对绿色制造的界定为，绿色制造是一个闭环系统，也是一种低熵的产品生产制造和使用模式。必须在整体论和系统工程的视野下，综合考虑和解决产品的原料制备——加工制造——使用维修——产品的报废——二次资源回收利用等环节中一系列关于环境的问题，通过提升产品质量和性能、延长产品寿命、降低产品制造的物质和能量消耗，同时加强各行业间、行业与社会间的生态链接（见图 14.1），以此实现环境成本的最小化影响。①

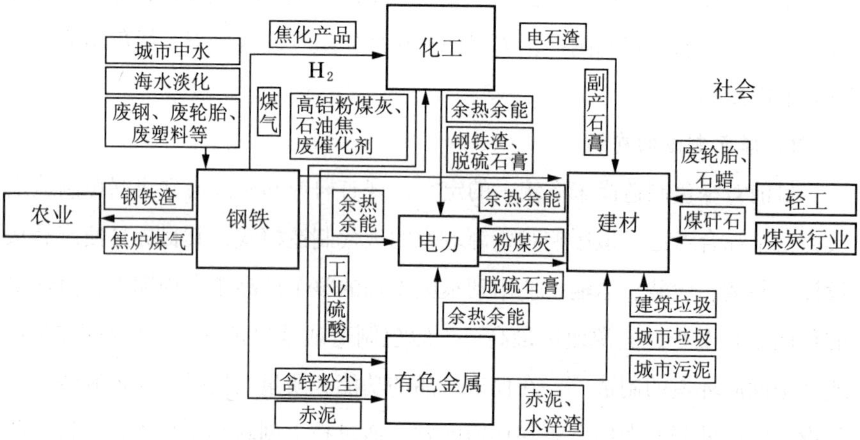

图 14.1　各行业间、行业与社会间的生态链接示意图

2．高质量发展背景下绿色制造的特征

绿色制造作为高质量发展的内在要求和重要任务，并不仅仅局限于传统制造业的节能减排改造，而是在转型动力、全生命周期管理和绿色全要素生产率提升等多方面的系统性转型。

在转型发展的动力方面，绿色制造摒弃了传统制造业发展中以资本、劳动力和资源等要素的扩张来驱动的增长模式。绿色制造是以技术创新和管理创新为主要驱动力，通过资源节约和环境友好的绿色技术创新提升制造业的效率，增强产品的竞争力和附加值，从而实现对传统制造业的改造升级，形成具有较高技术门槛的竞争优势。

① 中国工程院绿色制造发展战略研究课题组：《推进绿色制造建设生态文明——中国绿色制造战略研究》，《中国工程科学》2017 年第 3 期。

在制造业产品的生产方面，绿色制造不再局限于产品的生产制造环节，而是将绿色理念拓展到产品的设计、生产、管理、供应链以及报废回收等各个环节，实现产品的全生命周期的绿色化。绿色制造通过绿色产品设计减少产品生产和使用中的环境影响，降低产品报废回收的难度；通过绿色生产工艺降低产品生产过程中的资源消耗和环境污染；通过绿色管理对产品生产过程中的资源配置进行优化提升资源利用效率；通过绿色供应链管理对原材料储运和产品流通等环节进行管控，实现全流程的资源节约和环境友好。

在生产效率提升方面，绿色制造不仅注重资金、劳动力等传统生产要素的效率提升，而且将资源能源消耗也作为生产要素投入的重要方面，将环境污染作为生产的成本进行考虑，在技术改造、工艺升级的过程中考虑绿色全要素生产率的提升，着眼于经济效益、生态效益和社会效益的共赢。

从涉及领域来看，绿色制造具有鲜明的集成性特征。绿色制造中的设计是更加广义的设计，不仅包括产品设计，也包括生产过程、制造环境的设计。绿色制造的制造更是要考虑到原料和产品从自然中来并回归自然生态的可持续过程，需要综合考虑产品设计的绿色化、绿色的原材料、绿色制造工艺、绿色包装、绿色的回收处理等方面的问题，是制造、资源、环境等多个领域和学科交叉的“大制造”概念。

14.1.3　高质量发展背景下绿色制造的体系构成

1. 绿色制造体系

绿色产品是指综合考虑全生命周期资源节约和环境友好的产品，其生产过程是具有节能、节材、低排放、无污染的特点；其使用过程也具有节能、节水、低毒的特点；其回收阶段具有更强的可再生性和可回收性。绿色产品也是绿色科技和工艺深度融入产品生产各环节和各主体的结果，对企业来说，绿色产品的生产环节应该采用了清洁生产工艺，选择无污染易回收的原材料；对用户来说，绿色产品的使用环节应具有资源能源节约和零污染的特点；对社会来说，绿色产品在回收环节的再利用和资源化应当更加便捷。总之，绿色产品的全生命周期都应当以产品品质高、资源消耗低、环境行为优、回收利用率高为特征，并且更能够满足人的需求，具有较高的舒适度。

绿色工厂是实现了“用地集约化、原料无害化、生产清洁化、废物资源化、能源低碳化的工厂”。① 工信部颁布的《绿色工厂评价通则》中规定：“绿色工厂应在保证产品功能、质量以及生产过程中人的职业健康安全的前提下，引入生命周期思想，优先选用绿色原料、工艺、技术和设备，满足基础设施、管理体系、能源与资源投入、产品、环境排放、绩效的综合评价要求。”②

绿色园区是将绿色发展理念贯穿于园区的发展规划、空间布局、产业发展、能源利用、资源利用、基础设施、生态环境、运行管理等全过程和全方位的一种可持续园区发展方式。③ 绿色园区具有布局集聚化、结构绿色化、链接生态化的特征。工信部将绿色园区定位为：“突出绿色理念和要求的生产企业和基础设施集聚的平台，侧重于园区内工厂之间的统筹管理和协同链接”。④ 目前，我国的绿色园区大都是从国家级和省级产业园区中评选的，具有较为扎实的工业基础，完善的基础设施和较高的绿色化水平。

绿色供应链是在供应链中综合考虑环境影响和资源配置效率的现代管理模式，是对传统意义上的供应链理念的升华。1996 年，美国密歇根州立大学制造研究协会将绿色供应链定义为：“以绿色制造理论和供应链管理技术为基础，涉及供应商、生产商、销售商和消费者，其目的是使产品从物料获取、加工、包装、运输、使用到报废处理的整个过程中，对环境影响最小、资源效率最高”。⑤ 绿色供应链结合绿色制造的相关理论，以及供应链管理的相关技术，侧重于供应链节点上企业的协调与协作。绿色供应链要求企业在采购、生产、营销、回收及物流体系等环节中贯彻绿色、循环、低碳的理念。绿色供应链上企业应当以绿色化为共同目标，通过绿色伙伴式供应商管理，加强上下游企业之间的协调和协作，推动资源利用高效化、环境影响最小化。

①② 《GBT36132-2018 绿色工厂评价通则》，工业和信息化部 2018 年版。

③ 中国社会科学院生态文明研究智库：《国家绿色园区发展报告（2018）》，中国社会科学院生态文明研究智库 2018 年 12 月 24 日。

④ 《工业和信息化部办公厅关于开展绿色制造体系建设的通知》，载中国工信部网站 http：//www.miit.gov.cn/n1146285/n1146352/n3054355/n3057542/n3057544/c5258400/content.html。

⑤ 工业和信息化部赛迪研究院：《中国制造业绿色供应链发展研究报告 2018》，工业和信息化部赛迪研究院 2019 年 1 月 25 日。

2. 绿色制造标准体系

绿色制造标准体系是为了推进绿色制造标准化提升而建立的系统性标准体系。根据工信部《绿色制造标准体系建设指南》绿色制造标准体系，由“综合基础、绿色产品、绿色工厂、绿色企业、绿色园区、绿色供应链和绿色评价与服务七部分构成”。① 在绿色制造标准体系中，综合基础标准明确了推进绿色制造的基本规范和保障体系，绿色产品标准明确了绿色制造最终产品和成果的品质，绿色工厂标准规范了绿色制造推进和实现主体行为，绿色企业标准明确了企业在绿色制造的设计、生产、运营和回收各个环节的行为，绿色供应链标准规范了绿色制造各环节和各流程的管理和衔接行为，绿色园区标准明确了绿色制造各类主体的集聚和共生的规则。《中国制造 2025》提出“积极构建绿色制造体系”，其重点工作在绿色制造标准体系中都得到体现和对应，其中构建绿色产品、绿色工厂、绿色企业、绿色园区、绿色供应链标准子体系是制造业绿色化建设的重点，综合基础和绿色评价与服务则是为这五方面重点任务提供基础设施、技术、管理、评价、服务等方面的支撑。②

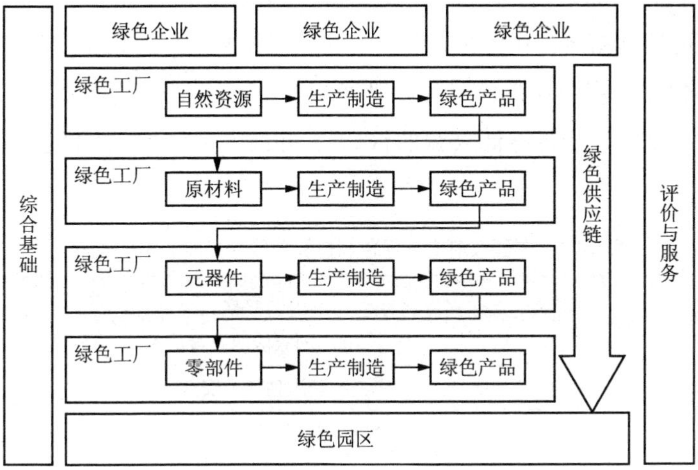

图 14.2　绿色制造标准体系

①② 《绿色制造标准体系建设指南》，载中国工信部网站 http：//www.miit.gov.cn/n1146295/n1652858/n1652930/n3757016/c5269613/content.html。

14.2 国外绿色制造的现状和主要趋势

14.2.1 国外绿色制造的现状和经验

1. 政府制造业振兴战略推动绿色制造发展

绿色制造已经成为全球制造业发展转型的大趋势和主要方向，世界各国都将其作为产业振兴和培育新经济增长点的着力点，提出各自的绿色制造激励引导政策，从技术研发、资金支持、标准制定、产业孵化等多方面推动绿色制造业发展。

美国绿色制造的政策方面不仅出台了专项的绿色制造支持计划，即可持续制造促进计划（Sustainable Manufacturing Initiative，SMI），还在制造业振兴和发展计划中不断强调绿色制造的重要性。例如，在“重振制造业”计划中，美国将新能源、智能电网，以及3D打印、轻量制造等与绿色制造密切相关的新兴产业作为培育和发展的重点，向绿色经济投资高达1000亿美元；在2014年10月，美国总统科技顾问委员会（PCAST）发布的《先进制造伙伴计划2.0》对标“德国工业4.0”和“中国制造2025”，在该计划中将“可持续制造”作为振兴制造业的关键技术之一。此外，在2012年，美国还提出了绿色制造的目标“到2020年原材料消耗量减少15%，加工废屑减少90%，能耗降低75%的目标”，并出台了“可持续制造”的度量标准。

表14.1 美国政府支持绿色制造和新能源战略的相关政策

时 间	战略名称
2005年	《2005国家能源政策法》
2007年	《美国能源独立及安全法》
2009年	《2009美国复苏与再投资法》 《美国能源安全法》
2010年	《制造业促进法》
2011年	《美国创新战略：促进持续增长和提供优良工作机会》 《可持续制造促进计划》 《先进制造业伙伴计划》

（续表）

时　间	战略名称
2012 年	《先进制造业国家战略计划》 《国家制造业创新网络计划》
2014 年	《振兴美国先进制造业 2.0 版》 《振兴美国先进制造业和创新法》
2015 年	《美国创新战略》

资料来源：李思琪：《绿色制造：国内外创新探索与经验启示》，《国家治理》2017 年第 47 期。

日本的绿色制造始于 20 世纪 80 年代的企业能源效提升计划，日本通过立法引导和推动工厂、机械器具、运输和建筑等高耗能领域的能效提升，并通过《绿色采购法》《再生资源利用促进法》等法律引导企业建立绿色供应链。日本也重视绿色制造产业的培育，在推出“绿色行业计划”、产品环境标志、绿色增长战略等产业促进政策，重点培育环保汽车、风能发电等心绿色产业。2008 年，日本政府实施的“环境与能源革新技术开发规划”在绿色技术研发领域投资 300 亿美元。2015 年，日本政府出台的《绿色革命与社会变革》政策提出将绿色制造作为重振制造业的发力点。

韩国将生产者责任延伸制度（EPRS）作为发展绿色制造的着力点，将生产者的责任延伸到产品的全生命周期，要求生产者承担产品报废后的处理、回收和再利用。韩国政府为强化生产者的环境责任和义务，在新修订的《资源节约及回收利用促进法》中要求产品生产者按照国家规定的比率进行回收、处理和资源化利用报废产品。①

欧盟 2009 年设立了“未来工厂（The Factories of the Future）”项目，作为第 7 框架的一部分，并提出新型生态工厂模型（New Eco-Factory Model）和绿色产品制造模式（Green Products Manufacturing），旨在通过产品的绿色设计、绿色的制造工艺，创造环境友好和经济增长的双赢局面。

英国 LINK 计划下设立了“可持续技术创新项目”（STI）、“废物减量化的 3R 项目”（WMR3）等子计划，支持可持续发展相关研究。在《未来制

① 李思琪：《绿色制造：国内外创新探索与经验启示》，《国家治理》2017 年第 47 期。

造》计划中，英国提出节材75%、温室气体减排80%、提高现有产品的生态性能、重建完整的可持续工业体系的目标。①

德国将绿色制造的重点聚焦于新能源汽车和可再生能源领域，在德国“工业4.0”中将“资源效率与环境影响”作为八大关键领域之一。在新能源汽车领域，德国政府着力培育新能源汽车市场，提出在2020年投入使用100万辆电动汽车的计划，并期望能通过新能源汽车产业抢占绿色制造的先机。在可再生能源领域，德国一方面通过征税限制传统工业的能源使用，倒逼其提升能源利用效率，另一方面通过颁布《可再生能源法》、推广太阳能屋顶等举措，培育风能、光伏发电等可再生能源产业。在装备制造领域，德国启动“Blue Competence”高能效机电产品倡议，提出机床减重50%以上、能耗降低30%—40%、报废后机床100%可回收等全生命周期的绿色设计要求。

2．制造业企业主动推进绿色制造转型

国外传统的制造业企业在认识到新一轮科技革命和产业革命对绿色发展的要求后，在技术创新、工艺升级、产品设计等方面做出了积极响应，并积极推动制造业由产品生产向基于产品的整体解决方案和全价值链服务延伸和转型。由于绿色技术创新的高风险和交叉性，各大制造业企业通过组建战略联盟的方式共同推进绿色技术的研发和应用。其中，德国在产业联盟的推动下，有14个行业协会自主确定了减排目标。通用电气、通用汽车等美国企业与美国环保局结成伙伴关系，“气候领导者计划”。索尼公司推出了“Road to Zero”环境计划，提出到2050年环境负荷为零的目标。

国外的制造业企业也将绿色制造作为企业的新盈利点，并依托下一代工厂的建设计划，对产品的设计、生产和回收等环节进行全面绿色改造。德国大众汽车集团提出了“Think Blue Factory”的生产理念，其目标是提高生产能效，同时显著减少排放、提高资源利用率。西门子环境友好型产品和解决方案涵盖了楼宇节能、绿色基础设施、高效能源和水资源管理等多个领域的绿色解决方案。通用电气推出了“绿色创想”计划，将绿色环保产品的研发和推广作为企业未来的增长点和盈利点，并提出在可再生能源、混合动力、

① 刘成雁、田福林、王志嘉：《关于在我国科学仪器产业中应用绿色制造技术的思考》，《现代科学仪器》2014年第6期。

发光二极管、燃料利用率六大领域推出绿色产品。丰田公司于 2015 年提出了“丰田环境挑战 2050”计划和“第六次丰田环境行动计划”，以新能源汽车作为突破，推动氢燃料电池、低 CO_2 生产技术的开发和应用。

国外制造业企业也积极推动其业务向再制造环节延伸，补齐产品报废和回收利用环节。美国卡特彼勒公司目前已经由一家工程机械制造企业逐步转型为再制造企业。该公司已经在全球 7 个国家建设了 18 家再制造工程，早在 2007 年其再制造业务部门的销售额就已经超过了 20 亿美元，到 2009 年实现了 250 万件产品旧件的回收能力，其再制造业务每年能够循环利用 5000 万公斤废铁、超过 1 亿磅的废旧金属，再制造过程能保留原产品附加值的 85%，接近“零废弃物”排放。

3．标准体系引导绿色制造加速发展

绿色制造标准一方面能够通过产品和企业认证提升绿色制造产品的认可度和附加值，另一方面也能够倒逼传统企业转型，因此世界各国都将标准体系作为推动绿色制造健康高速发展的重要工具。在绿色产品领域，美国能源之星（Energy Star）确定了产品的能效标准，并得到多国政府的采信，欧盟关于电子电器设备中限制使用有害物质的指令（RoHS）及配套标准是有害物质管控的引领者，欧盟产品环境足迹（PEF）基于生命周期评价方法从定量角度综合规范了绿色产品。

在绿色工厂领域，国际标准化组织发布的环境管理体系（ISO 14001、ISO 14004）、能源管理体系（ISO 50004）、温室气体管理（ISO 14064）等资源环境相关的标准体系，都有工厂清洁生产和节能减排的相关内容，对工厂的绿色化转型进行了引导。欧盟组织环境足迹（OEF）技术规范以组织为环境足迹评价的单位，以组织提供的所有商品、服务有关的活动为评价对象，评价其对资源环境的影响。韩国的绿色认证技术规范通过认证推动企业绿色转型，规范包括事业、技术、设施、产品等。

在绿色企业领域，世界标准组织发布了《社会责任指南》将资源节约和环境保护作为企业社会责任的重要组成，美国也发布了类似的《社会道德责任标准》。韩国绿色企业认证规范围绕技术和产品进行评价，销售产品的 20% 采用了绿色技术即为绿色企业。

在绿色供应链领域，生产者责任组织（PROs）建立共用的产品回收体系的生产者责任延伸已经得到广泛的认可。

14.2.2 国外绿色制造的发展趋势

从目前全球绿色制造的发展的现状和经验来看，世界各国在推进绿色制造战略中，传统制造业绿色转型与新兴绿色产业培育仍然是各国发展绿色制造的主要模式。在新技术的推动下，绿色制造业也呈现出智能化、服务化和社会化的趋势。

1. 绿色化转型和新兴绿色产业培育仍是各国发展绿色制造的主要模式

世界各国在推进绿色制造的过程中都将其作为制造业转型发展的主要方向，既强调传统制造业企业的绿色转型，也重视新兴绿色产业的培育。在传统制造业转型升级方面，美国、德国、日本以及韩国等制造业大国都采取“堵”和“疏”相结合的策略，一方面通过资源环境相关法律加强对企业用能、原材料、排放强度的约束，倒逼传统制造业企业采用清洁生产技术、改变生产工艺，提升制造过程中的资源环境效率；另一方面在制造业发展战略中，各国都将绿色制造作为未来制造业革新的重要方式，通过资金技术支持降低绿色制造转型的风险，引导企业瞄准绿色制造领域，通过绿色标志、能效标志等认证确立绿色制造企业的竞争优势，提升产品的绿色竞争力。

在新兴绿色产业培育方面，世界各国已经普遍认识到新能源、新材料、节能环保产业将是未来制造业的重要构成，都将抢占绿色制造先机作为产业战略的重要任务。美国、德国、英国、日本等国都提出了各自的新能源产业发展计划，日本、德国等国还提出重点培育节能环保装备制造的战略。

2. 智能制造与绿色制造深度融合成为制造业发展的主要方向

随着人工智能技术的进步，以信息技术为支撑的制造业成为发达国家当前产业发展的一个重要特征，智能化、自动化的设备已经成为先进制造业企业基本标准，已经有越来越多的企业将人工智能技术、大数据技术应用于产品设计和生产流程优化等制造环节。智能化的产品设计和制造能够更加准确评估产品的环境影响，更加精准的控制原材料的使用，实时监控生产状态和环境影响，智能制造与绿色制造的结合已经成为制造业发展的主要方向。

在绿色设计产品环节，绿色产品需要综合考虑产品质量和功能、生产成本效益、资源消耗和环境影响等多目标的实现，要优化这些目标需要较为复杂的算法，需要人工智能技术提供更强的计算能力和支撑产品优化设计，例如可以应用知识系统、模糊系统和神经网络等人工智能技术量化产品设计、材料消耗和废弃物产生之间的关系，优化产品设计过程。在生产环节，增材制造、自动化生产技术已经逐步在现有生产中普及，这些技术的实现都要以智能化的设备为基础，绿色生产过程中的原材料控制、生产流程监控等环节也是基于智能化装备。此外，基于数据分析的弹性制造、个性化定制也能够降低生产环节的材料过度消耗，降低产品使用和回收环节的环境影响。

3．服务化和社会化成为绿色制造发展的主流趋势

绿色制造的集成性特征使得绿色制造不再仅局限于生产环节，制造业企业需要向产品设计、用户行为分析等环节延伸，研发创新、技术服务、产品设计等服务环节在制造业企业中的地位和作用将会越来越大。同时，智能化和自动化的生产设备也使得绿色制造的制造环节与其他环节可以分离，制造业企业甚至可能通过外包生产环节转型为生产服务型企业，进一步降低企业运行过程中的能源和资源消耗。

绿色制造对产品全生命周期的管控使得绿色制造企业不仅要关注绿色产品的设计和生产，还需要要考虑产品的使用和回收利用，例如汽车、冰箱、空调、电脑等设备的回收需要由专业的回收企业与使用者进行配合，不仅要求产品易于回收，还要求响应的制度和设施的配合。在这种情况下，企业、产品、用户之间形成了更加紧密的联系，企业需要承担更多的社会责任和环境责任，绿色制造企业也需要更多将制度安排、消费者行为等社会因素与产品的设计生产相结合。

14.2.3　国外绿色制造的案例

汽车产业涉及能源、机械、材料、电子信息等多个产业，产业链上下游关联的制造业企业较多，是绿色制造最为重要的领域之一。丰田公司作为全球最大乘用车制造企业，也是最早开始探索绿色制造的企业之一。丰田公司将新能源汽车作为企业绿色转型的着力点，并以此为核心逐步构建了从企业战略、产品到企业社会责任的绿色制造体系。在丰田公司 2015 年 10 月 15 日发布的“丰田环境挑战 2050”战略中，丰田公司提出了三大领域 6 项挑战，涉及新能源汽车、绿色工厂、废旧零件回收利用和企业环境公益活动等多方面，全面体现了丰田公司推进绿色制造的发展战略、实施规划、推进方案和技术革新。

在公司战略规划层面，丰田公司发布了“丰田环境挑战 2050”战略，在产品领域提出“打造更好的汽车”，以及“使汽车产生的负面影响无限接近于零”目标；在生产领域提出“更好的生产活动”目标，在企业社会责任领域提出，“为社会带来正能量”，以及“美好城市和美好社会”目标。为推动企业长期战略的实现，丰田公司目前已经制定了 6 次“丰田环境治理计划”，作为实现企业长期战略的中期执行计划。

在绿色产品层面，丰田公司以“打造更好的汽车”为目标，提出“挑战新车二氧化碳零排放”和“挑战生命周期二氧化碳零排放”两个具体目标。主要采取以下举措保证目标实现：一是提升能源效率，开发更加先进和更低油耗的发动机，将发动机的热效率提高到世界顶级水平，提升燃油经济性 10% 甚至更多，依托丰田的 Toyota New Global Architecture 技术开发更高性能的动力总成。二是推动燃料多样化，将混合动力技术作为核心技术开展各种新一代汽车的开发，通过开发更耐高温、更易于高压化的全固体电池，提升电池的能量密度和电动车的储能效率，通过开发 SiC（硅碳化合物）功率半导体优化动力控制单元，提升混合动力车的燃油经济性，通过推广氢燃料电池汽车和加氢站建设，丰富燃料品类。三是推动产品全生命周期的碳减排，在研发环节推动低碳材料的开发和应用，在生产环节减少原材料和零件量，在使用环节使用再生生物材料，在回收环节应用易拆解设计，丰田公司希望通过这些方式在 2020 年削减新车行驶过程中 22% 的碳排放量，到 2050 年，碳排放量削减 90%。

在绿色工厂层面，丰田公司的目标是到 2050 年全球工厂的碳排放为 0，主要采取以下举措保证目标实现：一是开发和应用低碳生产技术，引进不使用能源即可进行加工和搬运等新技术。二是利用可再生能源和氢能源，丰田在巴西的工厂不断提高水力、风力、生物质能等能源供电比率，到 2015 年已完全采用可再生能源供电，丰田还将积极推动氢能的利用，一方面研发氢能的“燃烧技术”作为热源，另一方面研发氢能的“发电技术”即氢能燃料电池。三是推动工厂用水量最小化和工厂废水管理，例如收集和利用雨水代替部分工业用水，推动各生产环节的水资源重复利用，工厂废水循环再利用等。

在产品回收利用层面，2016 年丰田公司开始推广“合理处理”机制和循环经济技术。“合理处理”机制是通过获得资质认证的“汽车拆解设施”，在确保安全和环保的前提下，对来自报废企业的资源进行回收和处理。丰田公司还积极推进循环经济技术和系统的推广，推动全球报废汽车的循环利用和资源化。

在企业环境公益活动层面，丰田公司的“丰田植树造林”已在日本国内外工厂和中国河北省丰宁县等地累计植树 860 万棵；“资助环保活动”与全球生态环境保护相关团体建立联系，并在全球设立生态环境保护项目。“环境教育贡献”已在中国、泰国等国家设立“环境教育中心”。

14.3　我国绿色制造发展回溯和现状

14.3.1　我国绿色制造的提出和发展历程

虽然我国早在 20 世纪 80 年代就将节能减排作为工业发展重要任务，并且在产业转型升级和生态文明建设中不断强调绿色、低碳、循环的理念和要求，但将绿色制造作为重点并进行系统推进的时间相比发达国家较晚。我国自 2012 年在《绿色制造科技发展“十二五”专项规划》中正式提出绿色制造后，绿色制造经历了正式提出和初步探索、全面系统推进和优化三个阶段，虽然提出的时间较短，但是绿色制造发展的成效十分显著。

正式提出和探索阶段（2012—2014 年）。我国在制造业节能减排和转型升级领域启动较早，但绿色制造的正式提出和系统推进的时间相对较晚。2012 年 4 月 1 日，科技部颁布了《绿色制造科技发展“十二五”专项规划》，首次将绿色制造作为产业转型和科技创新的重要任务提出，并着重从绿色制造技术研发、产业技术升级、人才培养的角度提出推进绿色制造的任务。但是绿色制造在这一阶段仍处于酝酿和探索阶段，发改委、工信部等产业发展部门并未制定的相应的推进政策。

全面系统推进阶段（2015—2017 年）。2015 年 5 月 19 日我国正式出台了《中国制造 2025》，将绿色制造作为五大重点工程之一，标志着绿色制造成为中国制造的重点方向。2016 年，工业和信息化部推出了支持绿色制造的系列政策，主体是“一方案、一规划、二指南”：“一方案”是指《绿色制造 2016 专项行动实施方案》，“一规划”是指《工业绿色发展规划（2016—2020 年）》，“二指南”是指《绿色制造工程实施指南（2016—2020 年）》和《绿色制造标准体系建设指南》，并发布了《关于开展绿色制造体系建设的通知》《关于开展绿色制造系统集成工具的通知》等相关政策文件，明确了绿色制造体系的构成要素、评价标准和重点任务等，并陆续公布了一批绿色设计产品名录以及绿色工厂、绿色园区和绿色供应链企业名单。绿色制造进入全面系统推进阶段。

表 14.2 我国绿色制造演进发展历程

阶　段	重 要 事 件
正式提出和探索阶段（2012—2014 年）	2012 年 4 月 1 日　科技部出台《绿色制造科技发展“十二五”专项规划》首次正式提出绿色制造概念
全面系统推进阶段（2015 —2017 年）	2015 年 5 月　国务院正式印发《中国制造 2025》，全面推进绿色制造成为五大重点工程之一 2016 年　工信部连续出台绿色制造相关政策文件： 4 月 18 日　绿色制造 2016 专项行动实施方案 6 月 30 日　工业绿色发展规划（2016—2020 年） 9 月 3 日　关于开展绿色制造体系建设的通知 9 月 18 日　绿色制造工程实施指南（2016—2020 年） 9 月 30 日　绿色制造标准体系建设指南 11 月 16 日　关于开展绿色制造系统集成工作的通知 2017 年 8 月　工信部公布 2017 年绿色制造系统集成项目，全国共有 142 个项目被列入名单 2017 年 9 月　工信部发布《关于加快推进环保装备制造业发展的指导意见》，提出要全面推进绿色制造，提升先进环保装备有效供给
优化和持续推进阶段（2018 年以来）	2018 年 1 月 18 日　工信部公布《第二批绿色制造示范名单》 2018 年 5 月 18 日　工信部公布《绿色工厂评价通则》国家标准 2018 年 11 月 6 日　工信部公布《第三批绿色制造示范名单》 2018 年 11 月 20 日　工信部公布机械、汽车、电子电器等行业绿色供应链管理体系评价标准体系

资料来源：根据公开政府文件整理。

优化和持续推进阶段（2018 年以来）。随着绿色制造体系的初步构建，2018 年后我国关于绿色制造的体系、标准和任务目标基本明确，绿色制造进入规范化推进和优化的新阶段。2018 年政府工作报告提出高质量发展的要求，也赋予了绿色制造新的任务和要求。现阶段绿色制造不仅承担着破解资源环境约束，推进生态文明建设的任务，还承担着推动我国制造业转型升级、提升中国制造绿色竞争力的任务，仍需要在现有的体系和标准下，进一步细化各行业的标准，提升企业、社会的认可度。

14.3.2　我国现行的绿色制造推进政策

1．国家层面的政策

绿色制造正式提出以来，其在中央文件和国家战略中的地位不断提升，在《中国制造 2025》中，绿色制造成为五大重点工程之一，在《“十三五”规划纲要》中提出促进制造业朝高端、智能、绿色、服务方向发展。工业和信息化部也陆续出台专门的政策文件，从构建绿色制造建设体系、建设绿色制造标准体系、财政资金支持等方面推进绿色制造工程。

表 14.3　绿色制造相关政策文件

类　型	发文部门	发文时间	文件名称
综合	工信部	2016 年 4 月	绿色制造 2016 专项行动实施方案
	工信部	2016 年 6 月	工业绿色发展规划（2016—2020 年）
	工信部	2016 年 9 月	关于开展绿色制造体系建设的通知
	工信部	2016 年 9 月	绿色制造工程实施指南（2016—2020 年）
	工信部、财政部	2016 年 11 月	关于开展绿色制造系统集成工作的通知
	工信部、商务部、科技部	2016 年 12 月	关于加快推进再生资源产业发展的指导意见
	工信部	2017 年 9 月	关于加快推进环保装备制造业发展的指导意见
绿色设计产品	工信部、发改委、环保部	2013 年 2 月	关于开展工业产品生态设计的指导意见
绿色工厂	工信部	2015 年 5 月	工业清洁生产审核规范
	工信部	2015 年 5 月	工业清洁生产实施效果评估规范

（续表）

类　型	发文部门	发文时间	文件名称
绿色工厂	发改委、财政部、工信部等 7 部门	2014 年 12 月	能效“领跑者”制度实施方案
	财政部、发改委、工信部、环保部	2015 年 6 月	环保“领跑者”制度实施方案
绿色供应链	商务部、环保部、工信部	2014 年 12 月	企业绿色采购指南（试行）
	国务院	2016 年 12 月	生产者责任延伸制度推行方案
相关标准	工信部	2016 年 9 月	绿色制造标准体系建设指南
	国家标准化委员会	2017 年 6 月	绿色制造　制造企业绿色供应链管理　导则
	工信部	2018 年 5 月	绿色工厂评价通则

资料来源：根据公开政府文件整理。

2. 试点示范政策

在绿色制造推进过程中，工信部联合多部门进行试点示范企业评选，绿色供应链城市和企业试点等多项举措，支持和引导一部分有条件的城市和企业率先探索绿色制造的模式。工信部先后分三批公布了绿色设计产品、绿色工厂、绿色园区、绿色供应链管理企业等示范名单。工信部联合商务部、生态环境部等八部门还开展了绿色供应链的城市试点工作，其中天津、上海、深圳和东莞成为全国首批绿色供应链试点城市。2018 年 4 月，全国绿色供应链示范城市已经增加到了 55 个。

3. 各省市的绿色制造扶持政策

目前，各级地方政府都提出了绿色制造的创建目标，并出台了相应的奖励政策。对绿色制造的扶持政策主要由激励型和约束型两类，激励型政策主要是以财政奖补政策和金融支持政策为主，约束型政策主要是对企业采取限期整改甚至关停等强制性措施。

补贴政策：目前，已经有湖南、云南、天津、安徽、广东等 18 个省市，以及 29 个地级市出台了相关的补贴政策，对完成绿色工厂、绿色产品、绿色园区和绿色供应链等相关认证的企业，给予不同额度的奖励和优惠政策。

例如，河南省对绿色工厂和绿色园区示范制定了奖励政策；天津市除了对绿色工厂、绿色园区示范进行奖励外，还增加了对绿色供应链示范企业的奖励政策。

金融支持政策：针对河北、山西、内蒙古、江苏、浙江、湖北、广东、四川 8 个省份出台了扶持绿色制造的信贷支持政策。其中，浙江省作为绿色金融改革综合试点省，编制了全国首个地方性绿色金融发展规划，创建了全国首家地方性“绿色金融事业部制银行”，建立全国首套地方性绿色金融统计指标体系和全国首个地方性绿色监管评价体系。通过创新排污权抵押贷款模式、创新小微企业绿色节能贷款模式等方式，支持传统制造业和小微制造业企业绿色转型。

强制性政策：山西省对绿色评估不同等级的企业进行错峰生产管控，对绿色评估不及格的企业进行全面停产整治。

14.3.3　我国绿色制造的发展现状

我国绿色制造全面推进的时间虽晚，但是发展迅速，取得的成效十分显著。目前来看，我国绿色制造体系已经初步形成，绿色制造的标准体系框架已经建立，行业的绿色制造标准体系正在不断地完善和细化过程中。从 2017 年 9 月公布第一批绿色制造示范企业起，到 2018 年工信部已经发布了三批绿色制造示范企业名单，共计认证公布绿色工厂 795 家、绿色设计产品 740 种、绿色园区 80 家、绿色供应链管理示范企业 40 家。2017 年 8 月，工信部公布了 2017 年绿色制造系统集成项目，全国共有 142 个项目被列入名单。

1．绿色设计产品

工信部从 2016 年起启动绿色设计产品名录、绿色设计产品标准、绿色技术产品评价规范等的编写工作。在产品能效方面，我国已经制定了 60 余项产品的国家标准，在绿色设计产品标准方面，我国先后颁布了《生态设计产品评价通则》《生态设计产品标示》《生态产品评价规范》等国家标准。截至 2019 年 3 月，工信部出台的《绿色设计产品标准清单》已经确定了 64 大类产品的绿色设计产品的评价技术规范。在绿色设计产品的评价标准指导下，工信部先后发布了三批次共 740 种绿色设计产品名录，涵盖 36 类商品。绿色设计产品的认证也为企业在销售和盈利方面带来优势，提升了产品的竞争力。

表 14.4　绿色设计产品名录　　　　（单位：种）

	第一批	第二批	第三批	合计
家用洗涤剂	58	0	71	129
可降解塑料	11	5	27	43
杀虫剂	1	1	0	2
房间空气调节器	10	2	57	69
电动洗衣机	21	6	10	37
家用电冰箱	77	26	27	130
吸油烟机	1	0	5	6
电热水器	4	0	0	4
空气净化器	1	2	2	5
纯净水处理器	7	0	5	12
卫生陶瓷	2	0	0	2
生活用品	1	0	0	1
羊绒针织品	5	5	17	27
空气净化器	0	2	2	4
电饭锅	0	0	3	3
商用电磁炉	0	0	1	1
商用冰箱	0	0	8	8
生活用纸	0	1	12	13
铅酸蓄电池	0	3	32	35
丝绸（蚕丝）制品	0	2	18	20
标牌	0	0	1	1
电水壶	0	0	1	1
水性建筑涂料	0	0	74	74
厨房厨具用不锈钢	0	0	5	5
锂离子电池	0	0	6	6
电视机	0	0	4	4
微型计算机	0	0	7	7
智能终端　平板电脑	0	0	12	12

（续表）

	第一批	第二批	第三批	合计
汽车产品和传统能源车	0	0	9	9
移动通信终端	0	0	23	23
稀土钢	0	0	5	5
铁精矿	0	0	1	1
烧结钕铁硼永磁材料	0	0	12	12
汽车轮胎	0	0	13	13
复合肥料	0	0	12	12
储水式电热水器	4	0	0	4

资料来源：根据工信部公布的绿色制造名单整理。

2．绿色工厂

我国绿色工厂领域已经开展了标准制定、验证与示范等标准化工作，为我国推动工厂绿色化转型提供标准和依据。目前，国家已经发布了 100 余项单位产品能耗限额强制性国家标准，还制定了资源节约型企业、环境友好型企业评估规范，并先后组织钢铁、化工、建材等高耗能行业的两批企业开展试点，推动我国绿色企业创建。目前，工信部已经先后公布三批绿色制造示范名单，有 795 家企业获得绿色工厂认证，基本上覆盖了除西藏外的所有省份，其中江苏、广东成为绿色工厂最多的省。

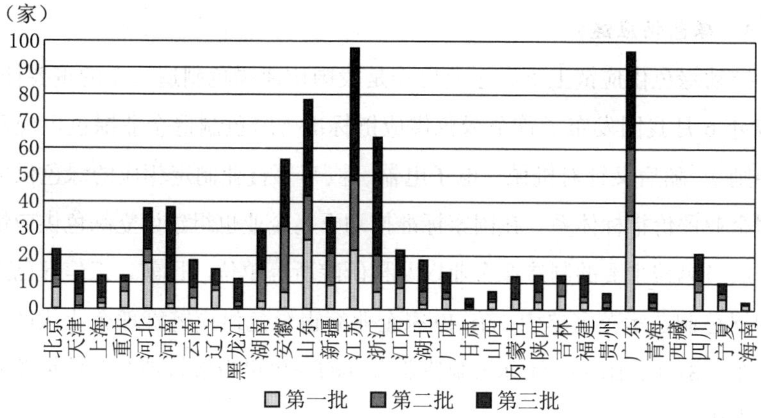

图 14.3　不同省级行政区绿色工厂的数量

资料来源：根据工信部公布的绿色制造名单整理。

3．绿色园区

我国的绿色园区主要是由国家级、省级产业园区升级评选的。我国制定了《国家生态工业示范园区标准》，并通过国家低碳工业园区试点、园区循环化改造、国家生态工业示范园区、国家新型工业化产业示范基地等专项工作的推动，建立了一批低碳、循环、生态示范园区。根据工信部发布的绿色制造示范名单，有 80 家企业获得绿色工厂认证，其中江苏、河南、安徽、山东的绿色园区数量最多。

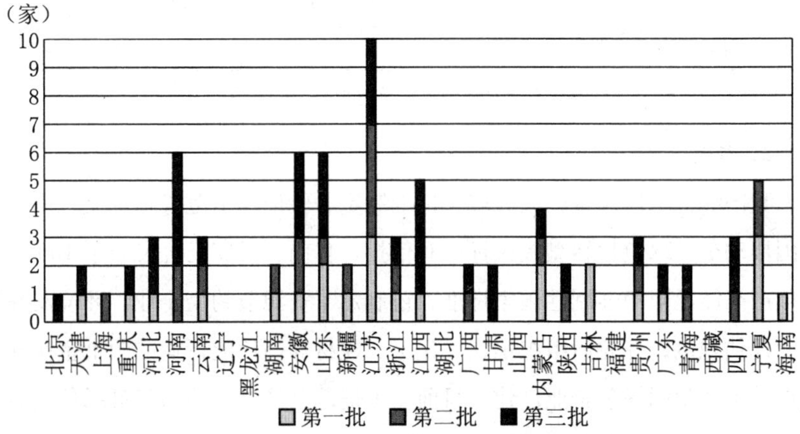

图 14.4　不同省级行政区绿色园区的数量

资料来源：根据工信部公布的绿色制造名单整理。

4．绿色供应链

推动绿色供应链上下游企业协作是我国构建绿色制造体系的重要任务。2017 年 6 月我国发布了首个绿色供应链标准《绿色制造企业绿色供应链管理导则》，随后又针对机械、电子电器、汽车等行业制定相应的绿色供应链管理企业评价指标体系。在国家标准推动下，企业也组建设立绿色供应链联盟，成员涵盖主要的制造业企业以及科研院所等单位。目前，工信部已经发布的绿色制造示范名单中，有 40 家企业获得绿色供应链管理企业认证，其中广东、浙江、山东、江苏等制造业大省的绿色供应链管理企业数量领先于其他省市。

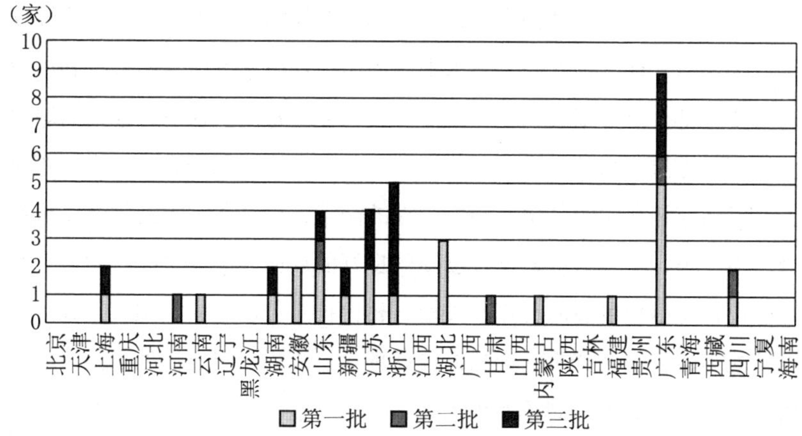

图 14.5　不同省级行政区绿色供应链管理的数量

资料来源：根据工信部公布的绿色制造名单整理。

14.4　我国绿色制造发展存在的问题和瓶颈

在国家和地方激励政策的支持下，我国绿色制造虽然较晚，但发展十分迅速，绿色制造体系已经初步形成，绿色制造的标准体系基本建立。但总体而言，我国绿色制造与发达国家相比仍然存在一定的差距，绿色制造的核心技术仍然薄弱、绿色制造产品的市场认可度和产品附加值仍然有待提升，推动企业绿色转型的投融资机制和制度安排依然需要进一步完善，具体来说，当前我国绿色制造发展仍然存在以下几个方面的问题和瓶颈。

1．绿色创新能力有待进一步提升

绿色技术水平和创新能力是绿色制造的核心和动力，直接关系到绿色制造的持续发展和体系的完善。与国际先进水平相比，我国绿色制造的技术水平仍有差距，具体表现在几个方面：一是基础研发能力相对薄弱。绿色制造技术代表了产业发展的前沿和未来，目前的技术路线挖潜空间有限，新材料、新能源等领域都需要基础性创新甚至颠覆性创新，我国在制造业发展初期一直采取引进—吸收—再创新的道路，导致我国重视应用技术而忽视基础理论研究，对绿色制造相关的基础理论和底层技术的创新能力不足，严重制约了我国绿色制造体系的成熟。二是制造工艺水平相对落后。我国制造业的工艺水平与世界先进水平仍有差距，尤其是在高能效动力设备、节能环保装备制造等环节，加工精度和工艺水平的制约往往限制了能效和资源利用效率的进一步提升。三是集成创新和群体性创新能力不足。目前，我国的绿色创新仍然相对零散，绿色供应链上下游企业之间的协作和集成创新仍然相对较少，难以适应绿色制造全生命周期管控的需求，产学研的协同创新的机制和平台尚不完善，难以形成群体性创新的良好的局面。此外，绿色制造中产品的绿色设计是绿色制造的起点和关键，相比技术创新和生产领域，我国的产品设计能力落后更为严重，产品的设计理念、流程、规范仍处于模仿和学习阶段，绿色设计的人才储备严重短缺，绿色制造业的进一步发展的后劲严重不足。

2．落后产能挤占绿色制造发展空间

我国产业构成中仍有很大比例的传统制造企业，这些企业的能效水平、产品竞争力都相对较低，很多已经是需要淘汰的落后产能。传统制造业的落后产能和过剩产能形成了较大规模的沉淀成本，严重拉低了资金、劳动力和资源等要素的生产效率，进而挤占了绿色制造业的投资、要素供给和市场空间。此外，造成这种现象的制度因素、机制因素也使得绿色制造处于相对不公平的竞争环境中，挤占了绿色制造企业的市场份额、盈利空间，难以发挥其高能效、低污染、高产品附加值的优势，进而影响投资者、创业创新者和消费者的信心和动力，严重制约绿色制造的发展。

3．绿色制造的集成性优势发挥不足

绿色制造的集成性特征使得绿色制造企业不再是单一的生产商，而是贯穿产品全生命周期的服务提供商。但从目前企业申报的绿色设计产品来看，我国绝大多数企业仍然是以提供产品为主，企业在后续服务和回收环节的参与度不高，难以发挥出产品的绿色设计在全生命周期中的资源环境优势。目前，申报的绿色工厂很多仍然停留在节能减排和成本节约的层面，基于工厂核心功能的整体解决方案相对较少。绿色设计产品生产、使用和回收环节的分割，绿色工厂绿色转型的整体性不足，绿色供应链上下游企业之间的协作效率不高等问题使得绿色制造的集成性优势难以充分发挥，严重限制了绿色制造体系的作用。

4．绿色制造产品的市场认可度不高

绿色设计产品与传统产品的优势在于其资源节约和环境友好的特性，但是对于普通消费者来说，可能更加关注产品的使用环节。在生态文明理念尚未完全普及，绿色消费观尚未形成的情形下，绿色设计产品的竞争优势并不明显，消费者往往会重视购置成本而忽视寿命使用成本，甚至由于成本、回收等因素的影响，消费者可能会转而选择更加便宜和可直接丢弃的传统产品。消费观念的落后导致绿色设计产品的市场认可度不高，难以为企业带来显著的短期效益。

当前，市场对再制造产业和回收再利用产品的认知仍存在较大的误区，将再制造产品与二手、翻新等廉价产品画等号，再制造产品市场遇冷也反过来影响了再制造企业的效益，形成恶性循环。此外，目前对再制造设备和产品的标准和规范尚不完善，也导致部分企业的再制造设备和产品存在性能不足的问题，加深了市场对再制造产品的误解。

14.5　推进我国绿色制造发展的政策建议

1．加快构建绿色制造协同创新体系

对绿色制造发展所需的关键技术、核心技术开展预研究和技术储备，制定技术路线图，着力突破绿色设计、绿色工艺、绿色回收资源化等绿色制造关键技术和共性技术。形成具有自主知识产权的理论成果和发明专利。构建产学研协同创新平台，发挥企业在绿色技术创新中的主体地位。鼓励企业与科研院所、高等院校共同建设实验室和绿色技术研发中心，既明确绿色技术的适用对象，突出绿色技术的应用价值，又发挥企业在技术转化和产业化方面的经验和优势。引导和鼓励绿色供应链上下游企业共同建立研发中心，组成绿色制造创新联盟。建立绿色技术数据库，探索试点绿色技术银行、绿色技术专利池等知识产权储备和共享平台，推动绿色技术的转化、运营、完善、增值。培育和发展绿色技术的服务企业，推进绿色制造项目甄别、技术鉴定、成果推广和信息交流，帮助企业在战略布局中整合运用现有绿色技术。培育和发展技能培训、技术咨询、效果评估、投融资服务等科技服务

业，发挥其对企业、科研院所和投资机构的桥梁作用。实施绿色制造培训行动计划，引导各类高校在市场营销、物流、企业管理等专业开设绿色制造相关的课程，加大绿色制造相关领域的人才培养，完善绿色制造领域人才的引进和培养机制，为企业提供绿色制造人才培训、咨询、信息等绿色技术促进服务，引导和支持传统领域从业人员转向绿色岗位。

2．深化供给侧结构改革淘汰落后产能

深化供给侧结构性改革，加快淘汰钢铁、建材等行业的落后产能，推动绿色技术、绿色工艺在传统产业各个环节的应用，加速传统制造业企业技术升级和绿色化改造。加强环境规制强度，发挥环保督查、污染防治攻坚战等生态文明建设行动对“散乱污”企业的倒逼机制。引导各种经济要素投入到资源节约、环境友好的产业领域和技术领域。完善绿色财税政策，降低正在进行生态化改造企业的运行成本，降低企业应用绿色技术，更换节能环保设备的成本。发挥环境政策激励机制，积极优化财政补贴和转移支付政策，内化企业绿色化改造成本，培育绿色新兴产业，支持重点领域的制造业发展，推动产业结构升级。按照绿色制造演进规律和市场前景，引导绿色制造企业优化产品类型，提升产品附加值。

3．发展绿色金融优化绿色制造投融资机制

绿色研发和投资的效果具有长期性和不确定性等特点，在现有技术路径下，很多行业绿色工艺技术开发应用、绿色产品市场推广都将在不同程度上直接推高企业成本。鼓励金融机构针对绿色制造企业设计金融产品，引导金融机构通过信托、基金等方式为企业绿色转型提供投融资服务，建立和完善支持绿色制造发展风险投资市场。发挥绿色金融在降低资金成本方面的作用，稳步扩大绿色信贷、绿色债券、绿色保险等绿色金融产品的规模。进一步优化产业绿色发展基金的设立、运行和收益机制，引导社会资本投向产业绿色发展领域。各级财政要加大对中小企业绿色发展的支持力度，鼓励金融机构为中小企业的绿色转型提供便捷、优惠的担保服务和信贷支持。建立绿色信用体系，将企业的环境责任与企业信用评价相连接。

4．依托政府绿色采购树立绿色消费理念

加强绿色产品的认证和标识推广，并逐步淘汰能效低、资源消耗大的低端产品。以政府采购带动绿色消费，将绿色产品列入政府优先采购产品目录，鼓励政府选择绿色设计产品。依托新媒体平台，多渠道、多形式宣传绿色环保理念，将绿色消费塑造成新的时尚。编制行业和产品的绿色设计产品清单，鼓励企业和公众选择绿色设计产品。加快推进再制造产业、回收产业的行业标准，进一步细化再制造各行业的标准，提升再制造产业的产品品质。积极开展城市矿山等试点工作，鼓励绿色制造企业开展产品回收再利用服务。

参考文献

［1］MyerKutz:《环境意识制造》，人民邮电出版社 2010 年版。

［2］习近平:《决胜全面建成小康社会　夺取新时代中国特色社会主义伟大胜利——在中国共产党第十九次全国代表大会上的报告》，载新华网 http://www.xinhuanet.com//politics/19cpcnc/2017-10/27/c_1121867529.htm。

［3］任保平:《我国高质量发展的目标要求和重点》,《红旗文稿》2018 年第 24 期。

［4］黄群慧:《构建绿色制造体系的着力点》,《经济日报》2015 年 12 月 10 日。

［5］毛涛:《我国绿色制造体系构建面临的困境及破解思路》,《中国党政干部论坛》2017 年第 5 期。

［6］黄群慧:《从高速度工业化向高质量工业化转变》,《人民日报》2017 年 11 月 26 日。

［7］中国工程院绿色制造发展战略研究课题组:《推进绿色制造建设生态文明——中国绿色制造战略研究》,《中国工程科学》2017 年第 3 期。

［8］国务院:《中国制造 2025》，2015 年。

［9］《GBT36132—2018 绿色工厂评价通则》，工业和信息化部 2018 年版。

［10］中国社会科学院生态文明研究智库:《国家绿色园区发展报告（2018）》，中国社会科学院生态文明研究智库 2018 年 12 月 24 日。

［11］《工业和信息化部办公厅关于开展绿色制造体系建设的通知》，载中国工信部网站 http://www.miit.gov.cn/n1146285/n1146352/n3054355/n3057542/n3057544/c5258400/content.html。

［12］《中国制造业绿色供应链发展研究报告》，工业和信息化部赛迪研究院 2019 年。

［13］《绿色制造标准体系建设指南》，载中国工信部网站 http://www.miit.gov.cn/n1146295/n1652858/n1652930/n3757016/c5269613/content.html。

［14］黄凤文、吴育华:《绿色供应链管理及其发展前景研究》,《天津大学学报（社会科学版）》2003 年第 3 期。

［15］王艾泉、吴秋敏:《探究绿色制造技术在制造业中的应用》,《现代制造技术与装备》2007 年第 6 期。

［16］李思琪:《绿色制造：国内外创新探索与经验启示》,《国家治理》2017 年第 47 期。

［17］刘成雁、田福林、王志嘉:《关于在我国科学仪器产业中应用绿色制造技术的思考》,《现代科学仪器》2014 年第 6 期。

（本章主持及执笔：张文博）

第 15 章　服务型制造[①]

本章提要：

服务型制造是制造与服务融合发展的新型生产模式和商业模式，是我国产业迈向中高端、经济发展高质量的必然路径之一。近几年来，在互联网、大数据与实体经济深度融合的背景下，服务型制造的内涵已经突破企业边界——不仅是制造企业内部发生的模式变革，更是在社会化大生产过程中，形成的以制造为基础，以服务提升生产和交易效率、提高产品价值、提高用户体验的复杂网络系统，涉及供应链、产品链、产业链和价值链的深度变革。在《中国制造 2025》《发展服务型制造专项行动指南》等一系列政策的引导下，我国服务型制造已经进入全面推进阶段。目前，我国服务型制造的发展同发达国家（特别是美国和德国）相比还有一定的差距，部分企业已经开始实践以服务导向的战略转型，但总体而言，我国服务型制造起步较晚，大多数企业对这一新兴领域还比较陌生，相关准备更是无从谈起。特别是在当前整体制造业转型升级的大背景下，我国推进服务型制造还必须突破外资抑制、创新短板、生态脆弱以及内生成本四大壁垒。未来应进一步鼓励和支持制造业企业实施以服务导向的战略转型，鼓励和支

① 本章系国家社科基金一般项目“中国制造业与服务业协调发展研究”（课题编号：16BJY072）的阶段性研究成果。

持服务业企业向制造领域的延伸和渗透，同时依托全产业链优势弥补创新链，建立创新生态体系，不断完善有助于服务型制造发展的政策环境和制度环境。

《中国制造 2025》提出，“要加快制造与服务的协同发展，推动商业模式创新和业态创新，促进生产型制造向服务型制造转变”。在外部竞争激烈、内部动力转换的形势下，服务型制造凭借其以人（客户）为本、跨界融合、协同创新、价值创造的特性，已经成为我国产业迈向中高端、经济发展高质量的必然路径之一。

15.1　服务型制造的内涵与特征

服务型制造并非新生事物。早在 20 世纪 70—80 年代，发达国家的许多企业就开始探索从制造企业向服务供应商转型，与之相关的“服务增强”“制造业服务化”等概念成为研究热点。在我国，服务型制造的实践起步相对较晚，学术界在 2007 年开始将“服务型制造”作为 21 世纪的先进制造模式开展了一系列研究。

服务型制造被认为是“制造与服务相融合的新产业形态，是新的先进制造模式，是为了实现制造价值链中各利益相关者的价值增值，通过产品和服务的融合、客户全程参与、企业相互提供生产性服务和服务性生产，实现分散化制造资源的整合和各自核心竞争力的高度协同，达到高效创新的一种制造模式”（孙林岩等，2007），是“基于制造的服务和面向服务的制造，是基于物质产品生产的产品经济和基于消费的服务经济的融合”（周静芳、俞安平，2011）。李刚、汪应洛（2017）结合新一代信息技术背景，认为服务型制造“是制造和服务深度融合的新型商业模式和生产模式，是在新一代信息技术推动下，以客户价值创造为导向，基于分工、共享、协作、共赢的理念，引导客户积极参与价值共创，制造企业和上下游合作伙伴通过密切的产业分工，创造面向客户个性化需求的产品服务系统”。在互联网、大数据与实体经济深度融合的背景下，服务型制造的内涵已经突破企业边界——不仅是制造企业内部发生的模式变革，更是在社会化大生产过程中，形成的以制造为基础，以服务提升生产和交易效率，提高产品价值和用户体验的复杂网络系统，涉及供应链、产品链、产业链和价值链的深度变革。

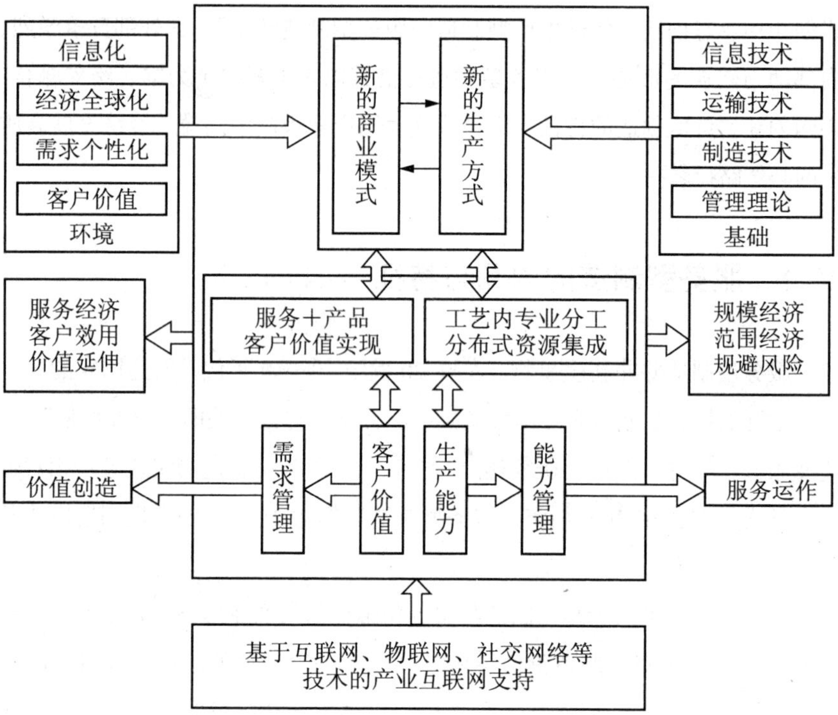

图 15.1　服务型制造体系结构框架

资料来源：李刚、汪应洛：《服务型制造：基于“互联网”的模式创新》，清华大学出版社 2017 年版。

服务型制造一般具有以下特征：第一，服务型制造以生产制造为基础、以客户需求为导向，是制造与服务相互融合的产物；第二，服务型制造提供“有形产品＋无形服务”的产品组合，其中，以客户需求为导向的无形服务贯穿于有形产品链，实现产品链各环节、各参与主体的价值增值；第三，服务是企业塑造竞争优势、实现价值增值的源泉；第四，服务型制造有两种主要的表现形式——制造企业向服务领域的拓展和延伸以及服务企业向制造领域的延伸和控制（李刚、汪应洛，2017）。

表 15.1　服务型制造案例

表现形式	案　　例
制造企业在服务领域的延伸和拓展	IBM 出售了个人计算机硬件生产业务，专注于 IT 服务。目前 IBM 主要为客户提供硬件、软件、服务为一体的信息系统整体解决方案，成功转型为信息技术服务公司。
	罗尔斯•罗伊斯是全球率先实现服务化转型的公司之一，通过服务型制造，该公司实现了航空发动机在制造和服务方面的高度整合与统一。
	米其林集团针对供应链上下游不同需求，采取两种不同的供应链金融服务。针对上游供应商数量多、规模小，国家分布广泛、贷款数额庞大等，米其林与第三方合作开发了多银行间供应链金融管理平台，一旦纳入平台的供应商向米其林出售产品或服务，就可以将经认可的发票转让给平台上任意一家银行或金融机构，从而获得利率优惠的贴现服务。通过这一平台，米其林集团与供应商、金融机构之间实现整合，提升了上游供应链各环节资金的流动性。对于下游经销商，米其林集团利用自身信用，为其在银行做担保，提供资金支持。
服务企业向制造领域的延伸和控制	ARM（Advanced RISC Machines）是芯片行业隐形冠军企业。该公司不涉足半导体芯片的生产和销售，而是专注于指令集架构、微处理器、图形核心、互联架构等芯片的中央处理单元，并将知识产权授权给高通、飞思卡尔、三星、华为海思等芯片公司使用。其收入完全来自对半导体专利的授权和版税。
	香港利丰集团提供的点对点物流解决方案涵盖由产品出厂至到达消费者受上的整个流程，基本上能够提供定制化供应链服务，为每一个客户提供从原材料采购到生产运输的全流程服务，确保每一个客户获得最佳收益。由于利丰深谙于这一行业，通过于不同类型生产商的长期合作，利丰了解全球各国的进出口规定，同时熟悉各个生产商、供应商的制造技术、产量、产能、质量、配额等各个方面，因此，利丰能够根据其客户要求在全球范围内为其挑选最具竞争力、最有效率的生产商和供应商。

资料来源：工信部服务型专家组、电子第五研究所：《服务型制造典型模式解读》，经济管理出版社 2016 年版。

综上所述，服务型制造与“生产型制造”“生产性服务”等相关概念的区别就显而易见了。其中，生产型制造是以产品为导向、以有形产品为主要产品形态，与服务型制造以客户为导向、以“产品＋服务”为主要产品形态有显著不同。对于制造企业而言，从“生产型制造”向“服务型制造”转型的过程就是“服务化”的过程，在这一过程中，企业通过“服务增强”等方式形成产品差异化从而塑造自身竞争优势。

同生产性服务（业）相比，首先需要明确的是，生产性服务是服务型制造系统的重要组成部分，其直接关系着服务型制造系统的整合和运作效率，关系着服务型制造系统价值创造和价值增值的能力。特别是当生产性服务直接服务于“产品生产”或“制造环节”时，就是服务型制造的一种表现形式，例如产品研发设计。此外，同服务型制造相比，一方面，生产性服务的服务对象除了制造业企业之外，还包括农业、建筑业、服务业等多种类型的企业；另一方面，生产性服务主要为企业或机构提供服务，而不包括最终消费者；再一方面，生产性服务业中的“服务”强调随着企业专业化程度不断提高而从企业内部“分离”出去的，而服务型制造强调的则是制造与服务的“融合”，其根本立足点仍然是制造（何哲等，2012）。

15.2 服务型制造的发展趋势

服务型制造并非新生事务——发达国家的许多企业（特别是制造业企业）早在20世纪70—80年代就开始尝试服务化转型。在当时背景下，一是信息技术发展带来了制造业与服务业的跨界融合，二是生产性服务业专业化程度不断提升，三是发达国家制造业中的生产环节不断向发展中国家的转移，为服务型制造能够生根发芽、蓬勃发展提供了特定的土壤。

如今，互联网、大数据、人工智能与实体经济的深度融合进一步拓展了生产模式和商业模式的创新空间，追求制造与服务融合发展的服务型制造，也呈现出新的趋势。一是标准和数据的作用凸显。从发展实践来看，上一阶段服务型制造的主导企业往往具有核心技术优势，从而能够形成对整体价值链的掌控，而在新的发展理念和发展实践中，主导企业对于标准及数据等核心资源的掌控，似乎更加重要。二是服务内容拓展和服务效率提升。随着大数据、云计算等信息技术的发展，智能化、数字化成为产业发展的重要趋势。其中，智能化极大的提升了客户参与的空间和形式，数字化以及大数据的广泛使用则极大的提升了客户参与的质量和效率。三是通过产业链、供应链与创新链协同，追求价值共享。服务型制造缘起于企业追求产品差异化从而形成竞争优势。工业互联网的出现以更高的效率链接了企业与客户，意味着企业基于客户需求导向的生产方式成为必然，协同生产、协同服务成为一种趋势，与协同生产和协同服务相关的价值协同与共享亦将成为一种趋势。

例如，波音 787 客机的研制，利用全球网络协同平台，联合了全世界 6000 余名工程师共同完成该客机的设计和工程化，实现了与全球合作伙伴的分布式协同设计。而传统的飞机制造模式则是由波音公司设计出产品，再将零部件图纸分送去各个制造工厂进行生产（工业和信息化部服务型制造专家组等，2016）。

15.3　我国服务型制造的发展概况

我国从政策层面开始关注服务型制造始于 2011 年的“十二五”，到 2015 年,《中国制造 2025》提出“积极发展服务型制造和生产性服务”。

15.3.1　进化之路

从政策关注度来看，我国推进服务型制造的发展历程大致可以分为三个阶段。

1．理念形成阶段（2006 年之前）

随着我国进入对制造业发展“高投入和低成本”的反思，“现代制造服务业”等为代表的服务型制造理念逐渐形成。

对于制造业发展方式的反思，在政策层面上主要表现为对服务业的关注。其中，2001 年的“十五”计划，将服务业列为主要的发展目标；2006 年的“十一五”规划，明确提出“大力发展以生产为导向的服务业”。自此，一些专业化的生产性服务逐渐从制造过程中分离出来，形成生产性服务业，为后续服务型制造的发展做了一定铺垫。

同时，在实践层面，已经经历并在实践服务化转型的以发达国家跨国公司为代表的企业——如通用电气、ABB、西门子等——开始将“系统解决方案”等当时颇为先进的商业模式带入中国市场，并占据了相当可观的市场份额。

2．探索准备阶段（2006—2014 年）

从 2006 年到 2014 年，我国进入了“服务型制造”的探索准备阶段。在这一阶段，一是学术界对于“服务型制造”研究逐渐深入，关于服务型制造以及制造业服务化、服务增强等概念、内涵、特征等方面的研究不断拓展。二是在政策层面对于“服务型制造”的关注度不断提高。特别是在2011年的“十二五”规划，明确提出“推动‘生产型制造’向‘服务型制造’”转变。三是中国本土制造业开始积极推动自身服务化转型，例如陕西鼓风机、上海电气等企业都开始发展服务业务，对发展工程总集成总承包等服务型制造进行初步探索和尝试。四是中国生产性服务业经历了一个快速发展时期。

3．全力推进阶段（2015年以来）

2015年，《中国制造2025》提出“积极发展服务型制造和生产性服务业”，并将其列为战略任务之一。此外，“十三五”规划及国务院《关于积极推进“互联网＋”行动的制造意见》《关于深化制造业与互联网融合发展的指导意见》等也都将服务型制造作为我国制造业调结构、转方式的重要路径。

为细化《中国制造2025》的相关领域配套措施，2016年，工业和信息化部、国家发展改革委员会和中国工程院共同制定了《发展服务型制造专项行动指南》(以下简称“《行动指南》”)。在《行动指南》中，明确了服务型制造的发展方向、目标任务等。其中提出了“设计服务提升、制造效能提升、客户价值提升、服务模式创新”四项行动，以及“创新设计、定制化服务、供应链管理、网络化协同制造、服务外包、全生命周期管理、系统解决方案、信息增值服务、金融支持服务和智能服务”十大任务。同时，为了贯彻落实《行动指南》，工信部在2017年、2018年分别公布了两批服务型制造示范企业（项目、平台、城市）名单，共有63家示范企业、110个示范项目、61个示范平台以及6个示范城市。

15.3.2 发展现状

相比发达国家，我国服务型制造的起步与发展总体滞后，但进展相对较快。下文将通过比较分析和案例分析对我国服务型制造发展现状进行剖析。

1．比较视角下我国服务型制造的总体进程

从生产型制造向服务型制造转型的过程就是制造业服务化。制造业服务化指数即制造业中服务要素投入量占制造业部门总投入的比例（黄群慧，霍景东，2014），主要用来描述服务化进程。从制造业服务化指数来看，中国服务型制造同主要国家相比还有一定差距。

首先，中国制造业服务化同美、德、日、韩等国家相比还有一定差距。我国大多数制造业中，来自服务业的投入普遍低于上述国家。除了“药品及药品准备制造”的投入比重高于 20% 之外，其他行业的服务投入都在（5%，15%）区间内。而德国各制造行业的服务投入比重主要分布在（15%，30%）区间内，美、日、韩也大多分布在（10%，25%）的区间内。

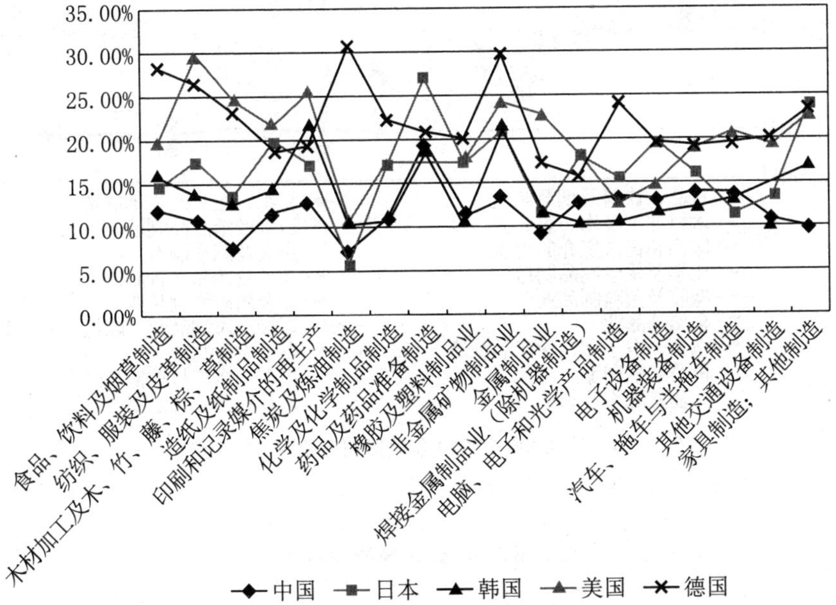

图 15.2　2014 年主要国家制造业服务化指数比较

资料来源：根据世界投入产出数据库（WIOD）数据计算。

其次，我国制造业整体服务化程度不高。除“药品及药品准备制造”之外，主要制造业行业的服务化指数从 2002 年开始下降，并在 2008 年后缓慢上升。其中，“药品及药品准备制造”的服务化指数在 2005 年之后就保持在 17% 以上，并在 2014 年超过 20%，在制造业各行业中遥遥领先。“汽车、拖车与半拖车制造”“机器装备制造”“电脑、电子和光学产品制造”以及“电子设备制造”的服务化指数相对较高，在（12%，14%）区间内。服务化程度最低的则为“金属制品业”“木材加工及木、竹、藤、棕、草制造”以及“焦炭及炼油制造”三个行业，服务化指数都在10%以下。

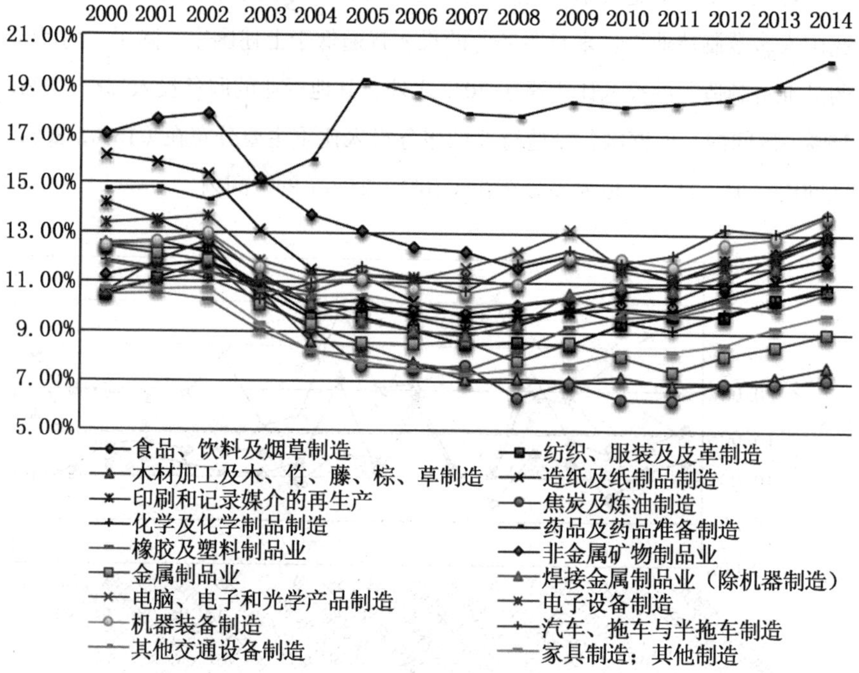

图15.3 2000—2014年我国制造业服务化指数

资料来源：根据世界投入产出数据库（WIOD）数据计算。

2．“四项行动”“十大任务”的重点领域推进情况

截至2018年，工信部《行动指南》提出的“5155”示范任务目标基本完成。2016年发布的《行动指南》，提出了发展服务型制造的三年目标，即“到2018年，力争完成‘5155’示范任务，即培育50家服务能力强、行业影响大的服务型制造示范企业；支持100项服务水平高、带动作用好的示范项目；建设50个功能完备、运转高效的公共服务平台；遴选5个服务特色鲜明、配套体系健全的示范城市。”截至2018年，工信部公布了两批服务型制造示范企业（项目、平台、城市）名单。其中2017年确定了30家示范企业、60个示范项目、30个示范平台，2018年确定了33家示范企业、50个示范项目、31个示范平台以及6个示范城市。此外，部分省市也开展了服务制造示范企业、示范项目和示范平台的遴选工作。

表 15.2　我国服务型制造示范企业（项目、平台、城市）数

年度	示范企业	示范项目	示范平台	示范城市
2017	30	60	30	0
2018	33	50	31	6
合计	63	110	61	6

数据来源：根据中国工业和信息化部网站公布数据整理。

其中，从示范企业和示范项目的分布来看，重点聚焦了四大类服务，即信息增值、总集成总承办、全生命周期管理和供应链管理。其中，在示范企业中，40% 的企业涉及全生命周期管理，36% 的企业涉及总集成总承包服务。在示范项目中，四类服务分布相对均衡，31% 的项目涉及全生命周期管理，27% 的项目涉及总集成总承包服务。

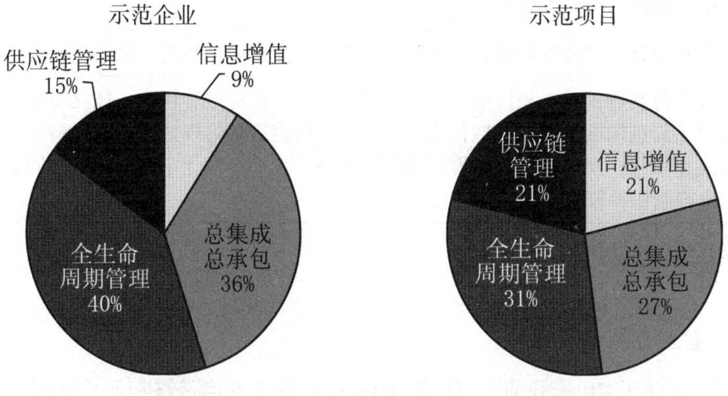

图 15.4　示范企业与示范项目所涉及的四类服务占比

资料来源：根据 2017 年及 2018 年示范企业和示范项目名单整理。

从示范城市情况，嘉兴、苏州、广州、泉州、郑州和厦门近年来都在大力发展服务型制造。嘉兴以“互联网 +”“机器人 +”等形式赋能制造业，广州以大力发展生产性服务业赋能制造业，泉州以工业设计赋能制造业，均取得了明显成效。

表 15.3　2018 年服务型制造示范城市二、三产业增加值情况

城市	第二产业增加值（亿元）	占比	增速	第三产业增加值（亿元）	占比	增速
嘉兴	2624.5	53.90%	8.4%	2132.5	43.80%	7.1%
苏州	8933.3	44.50%	5.6%	9450.2	50.80%	8.1%
广州	6234.1	27.27%	5.4%	16401.8	71.75%	6.6%
泉州	4885.0	57.70%	8.7%	3381.2	39.90%	9.5%
厦门	1980.2	41.30%	8.1%	1980.2	58.20%	7.5%
郑州	4450.7	43.90%	8.1%	5545.5	54.70%	8.3%

数据来源：苏州数据来自苏州统计局，其他城市数据来自各城市发布的《2018 年国民经济和社会发展统计公报》。

表 15.4　服务型制造示范城市推进方式

示范城市	推进方式
嘉　兴	“4 个＋”做法，即以“互联网＋”驱动服务型制造、以“机器人＋”促进生产过程服务化、以“工业设计＋”延伸服务链条、以“品牌标准＋”打造行业专业服务型制造平台。
广　州	瞄准“微笑曲线”两端，加快制造业产业链、价值链双提升。重点发展工业设计、现代物流、电子商务等生产性服务业。
泉　州	立足产业转型升级和高质量发展，重点发展工业设计、柔性制造、现代物流。
郑　州	在汽车及装备制造领域，积极推广全生命周期管理、供应链管理、一体化解决方案等模式；在电子信息领域，重点推广智能产品、信息增值服务等模式；在新材料领域大力推广总集成总承包；在消费品领域推广柔性制造、大规模个性化定制、网络协同制造、线上线下电商营销等模式。

资料来源：根据网络信息整理。

3．重点企业绩效表现

本章选择了 20 家企业，对其 2016—2018 年的绩效进行了分析。之所以选择这 20 家企业，主要基于以下两方面的考量：一是典型性，这些企业主要选自工信部的示范企业和示范项目所涉及的企业，代表了我国服务型制造的先进企业；二是数据可得性，这些企业全部是上市公司，并且在主营业务中对服务业务有分类，公开数据可得性比较高。

在上述 20 家企业中，80% 的企业所提供的服务业务在营业收入中的比重超过 25%，45% 的企业超过 50%。其中，服务业务收入占营业收入的比重

表 15.5　重点企业的服务业务类型及绩效

上市代码	公司简称	公司简介	所属行业	服务业务类型	主要指标	2018 年	2017 年	2016 年
600875.SH	东方电气	全球最大的发电设备供应商和电站工程总承包商之一。	重型电气设备	工程及服务	占营业收入比重（%）	11.34	12.48	11.70
					毛利率（%）	17.26	17.13	3.54
					对毛利的贡献率（%）	9.75	11.92	3.44
				现代制造服务业	占营业收入比重（%）	8.90	—	—
					毛利率（%）	55.45	—	—
					对毛利的贡献率（%）	30.63	—	—
002202.SZ	金风科技	公司成立于 1998 年，致力于成为国际化的清洁能源和节能环保整体解决方案提供商。	重型电气设备	风电场开发	占营业收入比重（%）	13.63	12.95	9.16
					毛利率（%）	64.17	65.91	62.29
					对毛利的贡献率（%）	33.68	28.23	19.49
				风电服务	占营业收入比重（%）	5.75	8.20	4.73
					毛利率（%）	19.72	15.35	16.38
					对毛利的贡献率（%）	4.37	4.16	2.65
600718.SH	东软集团	核心是软件技术。基于其强大的软件技术研发能力，通过软件与服务、软件与制造、技术与行业管理能力的结合，基于软件产品、平台和服务，提供行业解决方案和产品工程解决方案。	应用软件	自主软件、产品及服务（含医疗设备及熙康）	占营业收入比重（%）	83.41	80.93	79.27
					毛利率（%）	32.40	35.33	35.16
					对毛利的贡献率（%）	90.10	90.37	91.17
872166.OC	新烽光电	在物联网领域向客户提供系统集成解决方案、软、硬件产品（光机电一体化传感器、火灾探测器、气体传感器、水利水文仪器仪表和设备、环境监测治理仪器仪表和设备、气象监测仪器仪表等）及信息化服务的供应商。	信息科技咨询与其他服务	系统集成服务	占营业收入比重（%）	79.09	54.16	74.67
					毛利率（%）	59.31	62.33	56.93
					对毛利的贡献率（%）	91.82	55.84	69.30
				技术服务	占营业收入比重（%）	20.74	43.39	20.30
					毛利率（%）	20.53	59.41	82.32
					对毛利的贡献率（%）	8.33	42.65	27.24

（续表）

上市代码	公司简称	公司简介	所属行业	服务业务类型	主要指标	2018 年	2017 年	2016 年
600487.SH	亨通光电	公司主营业务为光纤光缆的生产与销售。	通信设备	光通信网络设计与系统集成	占营业收入比重（%）	28.33	33.44	9.05
					毛利率（%）	39.48	40.49	18.62
					对毛利的贡献率（%）	59.14	67.43	8.00
600105.SH	永鼎股份	研制、生产和销售光缆、光器件、电力柜等系列产品，并提供配套工程服务。	通信设备	海外工程承揽	占营业收入比重（%）	24.24	20.82	11.90
					毛利率（%）	10.67	14.24	22.49
					对毛利的贡献率（%）	18.30	15.94	16.67
				软件开发	占营业收入比重（%）	3.13	5.42	2.22
					毛利率（%）	67.96	58.06	75.18
					对毛利的贡献率（%）	15.06	16.92	10.41
002353.SZ	杰瑞股份	主营油田专用设备制造，油田、矿山设备维修改造及配件销售，提供海上油田钻采平台工程作业服务。	石油天然气设备与服务	油田技术服务	占营业收入比重（%）	17.38	22.69	16.84
					毛利率（%）	11.20	6.37	—
					对毛利的贡献率（%）	6.15	5.39	—
				油气田工程建设服务	占营业收入比重（%）	7.57	2.42	7.00
					毛利率（%）	31.16	14.83	—
					对毛利的贡献率（%）	7.46	1.34	—
				环保服务及设备	占营业收入比重（%）	7.34	6.09	2.92
					毛利率（%）	31.27	38.11	—
					对毛利的贡献率（%）	7.26	8.66	—
				油田开发服务	占营业收入比重（%）	1.45	2.24	1.36
					毛利率（%）	23.92	22.97	—
					对毛利的贡献率（%）	1.10	1.92	—

（续表）

上市代码	公司简称	公司简介	所属行业	服务业务类型	主要指标	2018 年	2017 年	2016 年
002278.SZ	神开股份	以研究、开发、制造石油勘探仪器、石油钻探井控设备、采油井口设备和石油产品规格分析仪器为主的高新技术企业。	石油天然气设备与服务	综合录井服务	占营业收入比重（%）	22.31	21.76	—
					毛利率（%）	32.18	33.28	—
					对毛利的贡献率（%）	22.01	19.80	—
				随钻设备及服务	占营业收入比重（%）	4.30	3.80	—
					毛利率（%）	15.22	15.45	—
					对毛利的贡献率（%）	2.01	1.61	—
				工程技术服务	占营业收入比重（%）	—	—	16.14
					毛利率（%）	—	—	13.89
					对毛利的贡献率（%）	—	—	7.37
002386.SZ	天原集团	氯碱化工龙头企业，电石法聚氯乙烯制造龙头企业。	基础化工	商贸	占营业收入比重（%）	61.08	61.76	63.55
					毛利率（%）	0.46	0.41	0.31
					对毛利的贡献率（%）	3.42	3.73	2.64
600690.SH	青岛海尔	青岛海尔始终坚持以用户需求为中心的创新体系驱动公司持续健康发展，逐步发展成为全球最大的家用电器制造商之一。	家用电器	渠道综合服务及其他	占营业收入比重（%）	14.05	12.80	15.54
					毛利率（%）	8.19	10.23	12.98
					对毛利的贡献率（%）	3.97	4.23	6.50
000528.SZ	柳工	从事工程机械研发、生产、销售的行业龙头之一。主营业务为工程机械及相关业务。	建筑机械与重型卡车	融资租赁业务	占营业收入比重（%）	2.42	3.16	5.94
					毛利率（%）	53.46	58.34	58.04
					对毛利的贡献率（%）	65.13	71.83	58.28
603686.SH	龙马环卫	公司是集城乡环境卫生系统规划设计、环卫装备研发制造销售、环卫运营、投资为一体的环境卫生整体解决方案提供商。	建筑机械与重型卡车	环卫产业服务	占营业收入比重（%）	30.30	19.84	13.18
					毛利率（%）	17.67	18.86	25.77
					对毛利的贡献率（%）	21.70	13.92	11.00

（续表）

上市代码	公司简称	公司简介	所属行业	服务业务类型	主要指标	2018 年	2017 年	2016 年
300021.SZ	大禹节水	公司是集节水灌溉材料研发、制造、销售与节水灌溉工程设计、施工、服务为一体的专业化节水灌溉工程系统提供商。	建筑产品	节水工程收入	占营业收入比重（%）	64.94	55.53	38.41
					毛利率（%）	24.21	19.17	18.87
					对毛利的贡献率（%）	55.24	40.39	27.11
				设计收入	占营业收入比重（%）	16.12	8.41	1.09
					毛利率（%）	20.17	41.89	47.91
					对毛利的贡献率（%）	11.43	13.37	1.94
002023.SZ	海特高新	公司是我国现代飞机机载设备维修规模最大、维修设备最全、用户覆盖面最广的航空维修企业。	航天航空与国防	航空维修、检测、租赁及研发制造	占营业收入比重（%）	61.33	61.30	66.29
					毛利率（%）	41.32	38.33	52.45
					对毛利的贡献率（%）	60.02	56.71	71.78
				航空培训	占营业收入比重（%）	29.43	33.91	26.84
					毛利率（%）	41.90	43.76	43.44
					对毛利的贡献率（%）	29.21	35.81	24.07
002639.SZ	雪人股份	公司是中国最大的制冰设备及制冰系统生产商和供应商之一。	工业机械	油气技术服务	占营业收入比重（%）	28.67	29.10	17.48
					毛利率（%）	28.42	29.96	34.01
					对毛利的贡献率（%）	35.31	37.26	20.67
				制冰成套系统	占营业收入比重（%）	25.38	28.84	42.34
					毛利率（%）	21.51	25.62	34.63
					对毛利的贡献率（%）	23.66	31.59	50.97
				中央空调系统	占营业收入比重（%）	8.35	12.59	13.69
					毛利率（%）	16.58	17.36	15.82
					对毛利的贡献率（%）	6.00	9.34	7.53

（续表）

上市代码	公司简称	公司简介	所属行业	服务业务类型	主要指标	2018 年	2017 年	2016 年
601369.SH	陕鼓动力	公司提供系统问题解决方案及系统服务的制造商、集成商和服务商。形成了“能量转换设备制造、工业服务、能源基础设施运营”三大业务板块。	工业机械	能量基础设施运营	占营业收入比重（%）	26.28	23.54	21.20
					毛利率（%）	23.32	22.28	17.12
					对毛利的贡献率（%）	27.81	25.04	15.31
				能量转换系统服务	占营业收入比重（%）	22.39	19.41	21.97
					毛利率（%）	19.42	23.80	24.91
					对毛利的贡献率（%）	19.73	22.04	23.09
002698.SZ	博实股份	公司主要从事石化化工后处理成套设备业内拥有自主研发、生产、销售和服务一体化综合优势的大型成套设备供应商。	工业机械	产品服务	占营业收入比重（%）	37.97	38.34	37.30
					毛利率（%）	37.57	37.65	41.90
					对毛利的贡献率（%）	36.86	39.61	38.62
832370.OC	博柯莱	公司专业从事工厂自动化的研发设计、制造和销售，为客户提供一体化解决方案。	工业机械	工业机器人及工业机器人柔性制造系统	占营业收入比重（%）	—	61.34	57.29
					毛利率（%）	—	31.61	27.76
					对毛利的贡献率（%）	—	62.06	56.32
				自动化包装系统	占营业收入比重（%）	—	22.14	8.13
					毛利率（%）	—	28.43	27.10
					对毛利的贡献率（%）	—	20.15	7.80
				智能物流系统	占营业收入比重（%）	—	14.72	32.91
					毛利率（%）	—	29.06	27.40
					对毛利的贡献率（%）	—	13.69	31.93

（续表）

上市代码	公司简称	公司简介	所属行业	服务业务类型	主要指标	2018 年	2017 年	2016 年
834710.OC	嘉和科技	公司主要研发、生产和销售耐腐蚀、耐磨蚀、耐高温特种工业泵设备，并提供系统集成及维护与支持服务。	工业机械	维护与支持服务	占营业收入比重（%）	40.93	43.79	59.67
					毛利率（%）	57.17	28.68	52.21
					对毛利的贡献率（%）	51.21	35.56	75.09
				泵系统集成	占营业收入比重（%）	28.99	19.36	21.03
					毛利率（%）	42.82	23.17	14.73
					对毛利的贡献率（%）	27.17	12.70	7.47
300274.SZ	阳光电源	公司是专注于太阳能、风能等可再生能源电源产品研发、生产、销售和服务的国家重点高新技术企业。	电气部件与设备	电站系统集成（不含自制产品）	占营业收入比重（%）	56.59	52.52	54.72
					毛利率（%）	19.04	15.84	17.37
					对毛利的贡献率（%）	43.34	30.52	38.65
				光伏电站发电收入	占营业收入比重（%）	1.92	2.80	0.42
					毛利率（%）	56.58	68.40	63.42
					对毛利的贡献率（%）	4.38	7.02	1.09

资料来源：各上市公司年报及万得数据库。

在“75%—100%”的企业有 5 家，分别是东软集团、新烽光电、大禹节水、海特高新以及博柯莱[①]。这些企业除东软集团从事应用软件开发之外，其他企业均在相关领域提供系统集成或一体化服务。服务业务收入占营业收入的比重在“0%—25%”的企业有 4 家，分别是东方电气、金风科技、青岛海尔及柳工。尽管如此，这几家企业的服务业务对毛利的贡献率却非常高，例如柳工的“融资租赁”服务虽然只占营业收入的 2.42%，但其毛利率高达 53.46%，对毛利的贡献率达到 65.13%。

尽管上述企业的服务型制造绩效表现不俗，大多数已经超过了全球制造业服务收入占营业收入 26% 的平均值，但是这些企业可以看作是我国服务型制造领域的凤毛麟角，我国大多数企业（包括政府部门）对于服务型制造的认识不足，相应的战略准备和能力积累不足。尽管这些企业已经开始涉猎研发设计及系统化、一体化解决方案等高端服务领域，但仍有大量企业的服务范围依然局限在一些基本的安装和维修服务。按照中国机械工业联合会与德勤咨询联合发布的《2014 中国装备制造业服务创新调查》报告显示，“在参与调查的企业中，78% 的企业服务收入占总营业收入比重不足 10%，只有 6% 的企业服务收入占总营收比超过 20%；就净利润而言，81% 的企业服务净利润贡献率不足 10%，其余企业的服务净利润贡献率基本在 10%—20% 间徘徊。而在全球范围内，制造企业服务收入和利润贡献率远超过中国。德勤曾调查 80 家全球领先制造业公司，结果显示其服务收入占总销售收入的平均值为 26%，服务净利润贡献率平均值则达到 46%。”（德勤等，2014）

15.3.3　典型案例[②]

1．案例一：陕鼓动力

西安陕鼓动力股份有限公司 2017 年入选工信部服务型示范企业名单，其示范模式为总集成总承包。

转型动力：陕鼓动力成立是国内较早开始从生产商向服务商转型的企业之一。在转型之前，公司主要生产单一风机产品，由于该产品使用周期较长、市场容量有限，因此，在转型之前，陕鼓动力面临着由于仅提供单一产

① 博柯莱未公布 2018 年数据，其占比主要根据 2016 年和 2017 年的数据计算。

② 除特别说明外，案例分析中的资料来源于该公司网站及其公开年报。

品带来的同质化竞争。而在风机产品使用中，客户更关心基于风机使用的延伸配套功能（例如消声、除尘等）的实现，为公司根据客户需求定制生产提供了可能性。

主要模式：公司高层自2001年起提出了从制造商向服务提供商转型的战略。借鉴通用电气、IBM的转型经验，公司在2005年提出了“两个转变”，即“从提供单一产品向能量转换领域系统问题的解决方案商和系统服务商转变”和“从产品经营向品牌经营、资本运作转变”。基于此，公司构建了“能量转换设备制造”“能量转换系统服务”和“能源基础设施运营”三大业务板块。

绩效评价：从2001年到2018年，公司营业收入从3.12亿增加到50.38亿。其中，2018年，“能量转换系统服务”和“能源基础设施运营”两大服务板块近年来发展迅速，在营业收入所占比重分别达到22.39%和26.28%（2011年分别为13.25%和0.28%），毛利率分别达到19.42%和23.32%。

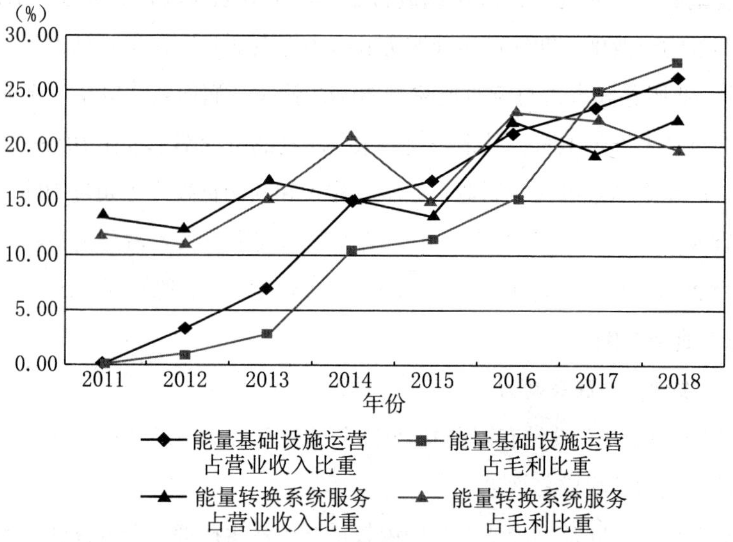

图15.5 陕鼓动力服务业务绩效

资料来源：万得数据库。

2. 案例二：青岛海尔

海尔集团公司2017年入选服务型制造示范企业，其示范模式为供应链管理。本书以其旗下子公司之一青岛海尔股份有限公司作为案例进行分析。

转型动力：青岛海尔在本轮战略转型之前，已经经历了四次主要的转型，分别为：名牌战略（1984—1991 年）、多元化战略（1991—1998 年）、国际化战略（1998—2005 年）以及全球化品牌战略（2005—2012 年）。青岛海尔的战略转型很大程度上来自企业高层的管理认知，使其能够在关键节点顺应发展潮流和发展趋势，主动对接市场。在第五轮“网络化战略”转型中，也得益于其管理者对于互联网市场的敏锐认知，观察到了“制造业与互联网之间的巨大鸿沟”。

主要模式：青岛海尔进入网络化战略阶段的主要目标是要实现“海尔从传统制造家电产品的企业转型为面向全社会孵化创客的平台，致力于成为互联网企业，颠覆传统企业自成体系的封闭系统，而是变成网络互联中的节点，互联互通各种资源，打造共创共赢新平台，实现攸关各方的共赢增值”。为此，海尔致力于探索和打造涵盖“战略、组织、员工、用户、薪酬和管理”的“动态循环体系”。在战略上注重与生态圈中各参与主体实现共赢增值；在组织上开放各个互联网节点形成网络状组织架构；员工也从雇佣者转变为创业者与合伙人；在薪酬上体现“用户付薪”机制，驱动员工创业；在管理上探索非线性管理。

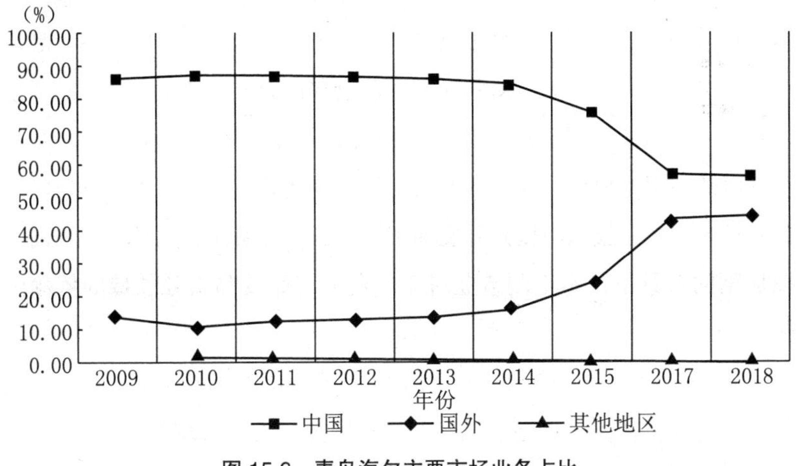

图 15.6　青岛海尔主要市场业务占比

资料来源：万得数据库。
注：2016 年数据暂缺。

绩效评价：基于其“U＋智慧生活云平台”“COSMOPLAT 工业互联网云平台”以及“顺逛”三大平台，青岛海尔目前贡献了在大型家电业务、冰箱业务、洗衣机业务等领域的多个“全球占有率第一”。其在中国市场以外的业务占营收比重已经接近 50%。

15.4　我国推进服务型制造的主要壁垒

尽管部分企业已经开始尝试从生产型制造向服务型制造的转型，但总体而言，我国服务型制造起步较晚，大多数企业对于服务型制造的认识不足、准备不足。未来，我国推进服务型制造还必须突破四大壁垒，包括外资抑制、创新短板、“生态”脆弱以及内生成本。

15.4.1　外资抑制：外资在价值链高端的锁定

相比本土制造企业，外资制造企业在研发实力、技术水平和市场开拓等方面具备更强的优势，在发展服务型制造方面已经积累了更多经验和优势，长期占据价值链高端。其中，作为“工业 4.0”、工业互联网重要发起者和参与者的西门子、博世、ABB、通用电气等大型外资企业，一方面，在中国市场已经有着多年的经营经验，其对于中国市场和企业的熟悉程度并不逊于本土制造业企业，并且更具有品牌优势和市场优势，在特定生产领域，即便本土制造业企业承担了“总集成总承包”服务，但其中一些关键产品还是依赖外资供给；另一方面，这些外资企业很有可能成为新工业革命的开拓者和领先者，它们在生产模式、技术领域和商业模式方面的创新将进一步锁定其在价值链高端的地位。这种锁定效应我国制造业在短期内难以突破的，可能需要长期的技术投入、模式开发和市场开拓才能实现。尤其是在当前贸易摩擦加剧的背景下，本土制造业对于外资关键研发和服务领域的依赖亟待打破。

以 ABB 为例，进入 21 世纪，其在华本土化战略不断延伸，已在中国建立了强大的本土研发、制造、销售和工程服务能力，实现全产业链本土化，国内许多智能制造项目中不乏其身影。2017 年，ABB 面向市场推出了包括 180 多种 ABB 产品组合和服务的 ABB Ability^{TM} 数字化解决方案。该方案依托 ABB 从设备到边缘计算到云的跨行业、一体化的数字化能力，通过设备、系统、解决方案和平台为客户提供服务。该方案的应用进一步巩固了集团在第四次工业革命的行业领先地位，扭转了 ABB 业绩下滑的趋势，提升了 ABB 竞争实力——2018 年 ABB Ability™ 数字化解决方案确立了领先的市场地位，全年订单总额增长 8%（按美元计价增长 14%）。同年，ABB 进一步明确了战略方向，即“将 ABB 塑造为数字化行业技术领导者”。①

数据显示，2017 年，全球服务贸易总量达到了 5.1 万亿美元，过去十年其增速超过商品贸易的 60 倍。尽管如此，那些隐藏在制造业产品中的服务、跨国公司内部的服务转移以及一些跨国的免费数据服务等，都未能统计在内。根据估算，这一部分未统计的服务贸易总量大概在 8.3 万亿美元。②因此，中国服务型制造的发展要突破跨国公司在服务领域的封锁，任重而道远。

15.4.2 协同短板：创新链、产业链、供应链协同性不高

服务型制造的发展除了依赖企业自身能力之外，还依赖于企业与其他主体基于创新链、产业链和供应链的协同，以从供给和需求两端共同推动企业业务领域的沿“链”扩展。然而，由于区域发展差异、企业发展差距以及关键领域不足（不强或空白）等原因，导致单个链条各环节协同优势不高、链条之间的交互作用不强，进而抑制企业向价值链两端拓展的空间和可能。特别是在互联网经济背景下，制造业与服务业的深度融合的本质就是要实现产业链、创新链和供应链之间的“交互”关系。因此，我国的全产业链优势如何过渡到全产业链协同优势，并进而与创新链、供应链和价值链之间实现积极的交互作用，是我国推进服务型制造的又一大壁垒。

以产业链为例，全产业链一直是“中国制造”保持国际竞争力的重要载体之一。但是这一优势更多体现在产业链各部门的全面性和完整性，而产业链各环节之间的协同效应、产业链同供应链、创新链之间更高层次的整合与协同效应，还未能有效的发挥。据德国学者的调查发现，70%—80% 的上游

① 资料来源：根据 ABB 中国官网相关新闻素材整理。

② 数据及资料来源：Globalization in Transition：the Future of Trade and Value Chain，MGI report，2019。

企业的创新实际上都来自下游企业的需求——这就也意味着基于产业链合作的企业之间完全有能力提升协同性——以提高全社会的创新能力从而构筑更加有效率的创新链，同时也提升了上下游企业的价值。我国大多数产业链中各部门、各企业之间的关系主要还是基于要素、产品的上下游关系，两者之间的联系往往是单向的要素流动和产品流动，而基于顾客导向的双向价值流动关系还没有建立起来。而在我国，由于整体技术水平不高、产业链上企业之间的技术差距和经济实力差距也比较大，因此，产业链优势还没有进一步过渡到产业链协同优势。

15.4.3 “生态”脆弱：发展理念、关键组件、体制机制相对薄弱

作为复杂网络系统，服务型制造的发展需要“生态环境”的同步培育，包括发展理念、发展环境和体制机制等等。我国已经进入了大力推进服务型制造的阶段，但有利于服务型制造的发展“生态”，还需要经历较长时间的培育。

一是企业间发展理念和发展层次差异较大。服务型制造的重要特征之一在于客户需求导向，这就要求服务型制造的企业能够将目标客户、目标企业发展成为协同生产者。目前我国产业及企业发展程度差异较大，竞争程度、发展理念、技术水平、产品和服务质量等方面都存在较大落差，在这一背景下，企业之间实现共同价值提升的可能性就会大打折扣。

二是服务型制造发展的“关键组件”明显不足。除了技术创新和理念创新之外，作为服务型制造体系重要组成部分的生产性服务业，与发达国家相比还有较大差距。根据世界投入产出数据库数据计算的 2014 年生产性服务业[①]在总投入中的占比（如表 15.6 所示），中国 10.74% 的水平还不到美国的一半，而与韩国的差距也接近 4 个百分点。

表 15.6　2014 年主要国家生产性服务业在总投入中的占比

中国	日本	韩国	美国	德国
10.74%	17.13%	14.69%	23.44%	20.10%

资料来源：根据世界投入产出数据库相关数据计算。

① 本书较为粗略统计了生产性服务业，主要包括：交通、运输及仓储、通信、计算机编程、信息服务、金融、保险、法律、会计、咨询、建筑工程服务、研发服务。

三是服务型制造发展的体制机制环境还有待进一步完善。随着工业化与信息化深度融合，我国长期依赖“制造业优先发展”工业化思路近年来已经发生了较大转变，但是对于这些新业态、新模式，政府监管的经验不足，在部分领域对传统体制机制的路径依赖和制度惯性仍然存在。对于制造业和服务业融合、制造业和信息化融合所产生的新业态、新模式等，或由于企业发展思路固化而难以创新，或由于政府缺位而难以有效的开展业务，或由于多头管理增加了交易成本。

15.4.4　内生成本：制造业企业转型的“服务悖论”

无论发达国家还是发展中国家，向服务型制造转型的过程对企业而言存在一些固有的风险和挑战，导致转型很难成功。“服务悖论”的相关研究（Gebauer et al.，2005；Brax. S，2005）业已表明，由于服务类型的复杂性、与供应商、客户等之间的重新协调以及依赖于传统产品生产的组织架构整合（Oliver and Kallenberg，2003；Slack，2005）等原因，制造业企业在服务化过程中往往会面对由于业务转型带来的包括产品、组织、管理、文化等方面诸多的风险和挑战，很难获得预期的高回报。特别是服务收入占企业总收入达到一定比例之前，对企业的理论往往存在负面影响（Fang，2008），其对

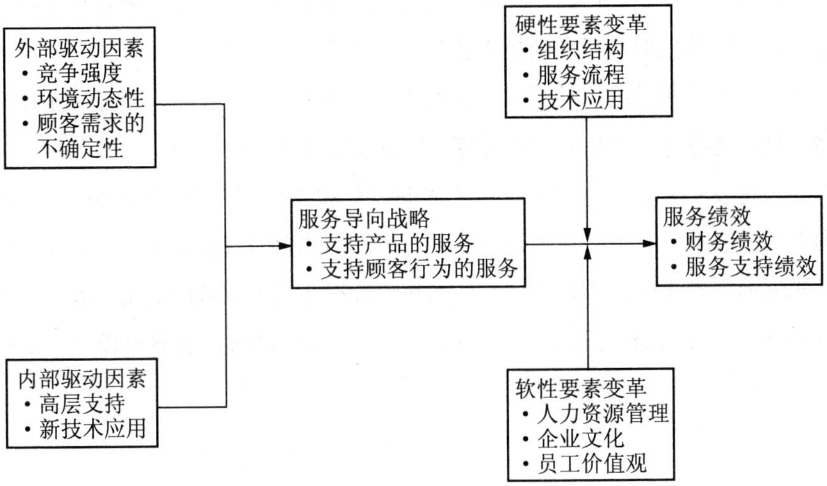

图 15.7　服务型制造战略实施框架

资料来源：李刚、汪应洛：《服务型制造：基于“互联网”的创新》，清华大学出版社 2017 年版。

企业所产生的正面效应往往只存在于高层次的服务化中（Tether，2010）。

从理论上而言，企业的战略转型面临着复杂的内外部环境，同时需要相应的组织结构、服务流程、技术应用、人力资源管理、企业文化和价值观的同步变革，才有可能实现绩效的改善。我国大多数制造业企业才刚刚开始探索服务化战略转型，战略方向的把握、企业内部的硬性要素和软性要素的相应转型都还在进一步探索中。在一个创新不甚灵活的环境中，所要付出的成本（包括机会成本和经营成本）和面临的风险可能更高。

15.5 我国推进服务型制造的应对建议

从工业化与信息化深度融合的趋势来看，服务型制造的发展已经从企业内部扩展到了体系建设。因此，推进服务型制造不仅需要企业自身在战略导向、模式创新方面有所突破，还需要在产业协同、创新生态和政策体系方面作出相应的调整和改善。

15.5.1 鼓励和支持制造业企业实施以服务导向的战略转型

一是加强制造业企业基础能力建设。成功实现服务转型和服务创新的制造企业，往往都具有产品过硬和技术过硬的基本特征。因此，鼓励和支持制造业企业实施以服务导向的战略转型，首先要夯实其产品性能，提高其技术水平，以有竞争力的产品为载体，提高服务要素投入，在研发设计、流程再造、信息支撑等领域拓展服务内容、提高服务效率。

二是支持制造业企业通过“互联网+”和“+互联网”创新生产模式、商业模式和业务形态。本轮服务型制造的发展理念和发展趋势以及企业在相关领域的发展实践，都得益于互联网和大数据在相关领域的应用。因此，鼓励制造业企业通过“互联网+”及“+互联网”推动客户在研发设计、生产流程和售后服务中的高效介入。

三是对实施服务化转型的企业基于优惠政策支持。对于实施战略转型的企业，一方面要加大示范推广和宣传力度，以点带面，全面推开；另一方面对于转型企业给予税收减免、低息贷款等实实在在的优惠政策补贴，给予模式创新企业和技术创新企业同等待遇；再一方面，通过设立发展基金等，切实分担企业转型中的风险和成本。

15.5.2　鼓励和支持服务业企业向制造领域的拓展业务

对于服务业企业而言，通过研发设计、信息增值等方式影响制造，已经成为服务型制造的重要表现形式之一。因此，积极鼓励和支持服务业企业对制造领域的延伸和渗透，不仅有助于提高制造效率和交易效率，而且有助于改善服务型制造生态体系建设。

一是鼓励具有客户基础的消费互联网企业为制造业企业搭建平台。在消费互联网领域，我国已经走在世界前列。在消费互联网的衍生应用方面，对于服务制造业转型升级应该具有更大的诚意和能力。鼓励消费互联网企业依托现有信息技术手段，与制造业企业合作共建交易、生产等信息平台；依托现有用户基数，辅助制造业企业建立个性化定制等服务模式。

二是大力发展生产性服务业。生产性服务业一直是中国推进制造业与服务业协调发展中的一大“短板”。生产性服务业不仅是服务型制造的重要支柱之一，同时以研发设计等为代表的生产性服务业本身就是服务型制造的重要组成之一，因此，应大力发展生产性服务业，特别是研发、设计、供应链管理、信息增值等领域的专业化服务，不断提升其服务的广度和深度。

15.5.3　依托全产业链优势建立创新生态体系

1．推进供应链、产业链与创新链协同

供应链、产业链与创新链协同，是制造业与服务业深度融合的表现形式之一，也是服务型制造的未来发展趋势之一。通过完善不同节点、不同链条、不同参与者的合作方式，有助于促进知识外溢、提升客户黏性。已有研究表明，非研发型企业进行技术创新和服务创新的动力和来源是客户／用户，需求端企业技术能级的提升将通过前向关联激励供给端企业进行产品创新和服务创新。

推进供应链、产业链和创新链协同，一是以大企业为核心，鼓励其与上下游企业之间建立基于技术合作、定制生产的相互依存关系；二是支持有条件的企业基于产业链、供应链和创新链等建立网络平台，提高互联网、大数据等信息技术在其中的应用深度；三是在产业链基础上推进产品生命周期管理、总集成总承包、整体解决方案等服务；四是加大产学研合作，支持科研

院所技术创新成果的产业化应用，修补制造业企业创新链。

2．鼓励“混合创新”

创新形式多种多样——除了技术创新之外，以不同形式呈现出的产品创新、工艺创新、组织创新和服务创新等，都能够与制造业、与生产领域相融合，从而推进服务型制造的发展。在制造业领域，大多数推动服务化转型的企业所凭借的都不是纯技术创新或纯产品创新，而是多种创新形式的叠加和配合——在技术创新基础上进一步创新服务模式，在服务创新基础上进一步推进组织形式创新等。因此，鼓励“混合创新”对于推进服务型制造具有重要意义。

鼓励混合创新，首先要夯实企业的产品基础和技术基础，为建立有利于企业内部服务化转型创造基础条件。在此基础上，在政策层面，一是要以监管手段、负面清单形式为模式创新、业态创新创造宽松的发展环境；二是要综合以市场绩效、研发投入等指标（而不仅仅关注研发投入），对企业开展“混合创新”的影响进行评估，并提供其与技术创新相同待遇的政策支持和政策优惠。

15.5.4　完善有助于服务型制造发展的制度环境

在工业化与信息化深度融合，互联网、大数据与实体经济深度融合的背景下，制造业与服务业关系发生了显著的变化，过去以“制造业为核心”发展理念导向下所形成的一系列产业政策，已经无法适应现阶段产业和企业的发展需求，亟须完善有助于服务型制造发展的制度环境。一是在工商登记、行业监管等方面为发展服务型制造创造条件、提供便利，打破按照传统产业、产品为基础设定的经营范围限制，鼓励企业突破产业边界、产品边界和地域边界提供多种类型的产品和服务；二是尽快出台服务型制造的统计标准和评估标准，统计标准和评估标准的建立，有助于政府政策制定更为有效、更具针对性的产业政策和竞争政策；三是建立和完善服务型制造公共服务平台，通过公共服务平台，整合汇集研发设计、系统集成、专业外包、市场开拓等服务资源，链接政产学研等各方力量（国家制造强国建设战略咨询委员会等，2016）；四是加强对知识产权的保护，特别是研发设计成果、技术创新成果等方面的保护力度。

| 参考文献

［1］Anders Gustafsson，Bo Edvardsson，Saara Brax，2005，A manufacturer becoming service provider-challenges and a paradox，Managing Service Quality：An International Journal，Vol.15，Iss.2，pp.142—155.

［2］Baines，T.，Lightfoot，H. W. and Smart，P.，2011，Servitization Within Manufacturing：Exploring the Provision of Advanced Services and Their Impact on Vertical Integration. Journal of Manufacturing Technology Management，Vol.22，Iss：7，pp.947—954.

［3］Baines，T.S.；Lightfoot，H.W.；Benedettini，O.；Kay，J.M. 2009，The Servitization of Manufacturing：A Review of Literature and Reflection on Future Challenges. Journal of Manufacturing Technology Management，Volume 20，Number 5，pp.547—567.

［4］Ben Clegg，Jillian MacBryde and Prasanta Dey，Howard Lightfoot，Tim Baines，Palie Smart，2013，The Servitization of Manufacturing：A Systematic Literature Review of Interdependent Trends，International Journal of Operations & amp；Production Management，Vol.33，Iss 11/12，pp.1408—1434.

［5］Saara Brax，2005，A manufacturer becoming service provider—challenges and a paradox，Managing Service Quality：An International Journal，Vol.15，Iss 2，pp.142—155.

［6］Fang，E.E.，Palmatier，R. W. and Steenkamp；E.M.，2008，Effect of Service Transition Strategies on Firm Value，Journal of Marketing，Vol.72（2），pp.1—14.

［7］Gunter Lay. 2014，Servitization in Industries，Springer International Publishing.

［8］Johnstone，S.，Dainty，A. and Wilkinson，A.，2009，Integrating Products and Services Through Life：An Aerospace Experience，International Journal of Operations & Production Management，Vol.2，No.5，pp.520—538.

［9］Mathieu，V. 2001. Service Strategies Within the Manufacturing Sector：Benefits，Costs and Partnership. International Journal of Service Industry Management，Vol.12，Iss 5，pp.451—475.

［10］Oliva，R. and Kallenberg，R. 2003，Managing the Transition from Products to Services. International Journal of Service Industry Management，Volume 14，Number 2，pp.160—172.

［11］Tukker，A. 2004. Eight types of product-service system：Eight ways to sustainability？ Experiences from Suspronet. Business Strategy and the Environment，13（4），pp.246—260.

［12］Vandermerwe，S.，& Rada，J.（1988）. Servitisation of business：Adding value by adding services. European Management Journal，6（4），pp.314—324.

［13］Vargo，S.L. and Lusch，R.F. 2008. Service-dominant Logic：Continuing the Evolution. Journal of the Academy of Marketing Science，Vol.36，No.1，pp.1—10.

［14］安筱鹏：《制造业服务化路线图：机理、模式与选择》，商务印书馆 2012 年版。

［15］德勤、中国机械工业联合会：《方圆有度　创新无疆——2014 中国装备制造业服务创新调查》。

［16］工业和信息化部服务型制造专家组、工业和信息化部电子第五研究所：《服务型制造典型模式解读》，经济管理出版社 2016 年版。

[17] 国家制造强国建设战略咨询委员会、中国工程院战略咨询中心:《服务型制造》,中国工信出版集团、电子工业出版社 2016 年版。

[18] 何哲、孙林岩:《服务与制造的历次大讨论剖析和服务型制造的提出》,《管理学报》2012 年第 10 期。

[19] 何哲、孙林岩、朱春燕:《服务型制造的概念、问题和前瞻》,《科学学研究》2010 年第 1 期。

[20] 李刚、汪应洛:《服务型制造:基于"互联网"的模式创新》,清华大学出版社 2017 年版。

[21] 李伟:《工业 4.0 与上海产业转型升级研究》,上海社会科学院出版社 2016 年版。

[22] 蔺雷、吴贵生:《服务延伸产品差异化:服务增强机制探讨——基于 Hotelling 地点模型框架内的理论分析》,《数量经济技术经济研究》2005 年第 8 期。

[23] 蔺雷、吴贵生:《我国制造企业服务增强差异化机制的实证研究》,《管理世界》2007 年第 6 期。

[24] 简兆权、伍卓深:《制造业服务化的路径选择研究——基于微笑曲线理论的观点》,《科学学与科学技术管理》2011 年第 12 期。

[25] 上海市经济和信息化委员会:《上海产业和信息化发展报告——工业转型升级》,上海科学技术文献出版社 2014 年版。

[26] 上海市经济和信息化委员会:《2013 上海产业和信息化发展报告——工业》,上海科学技术文献出版社 2013 年版。

[27] 孙林岩:《服务型制造——理论与实践》,清华大学出版社 2007 年版。

[28] 孙林岩、李刚、江志斌等:《21 世纪的先进制造模式——服务型制造》,《中国机械工程》2008 年第 18 期。

[29] 周静芳、俞安平:《服务型制造的差异化优势及其形成机理研究》,《科技进步与对策》2011 年第 10 期。

(本章主持及执笔:俞晓晶)

第 16 章　人工智能

本章提要：

新的工业革命即将来临，而人工智能将在其中扮演重要角色。对中国而言，人工智能的发展是一个历史性的战略机遇，对缓解人口红利销售、应对可持续发展以及促进经济结构的转型升级至关重要。尽管人工智能技术已经渗透到社会生产生活的各个方面，但对于人工智能概念、发展现状和未来进展存在着不同的观点。本章通过梳理人工智能在中国发展的不同的阶段现状，同时对产业链结构、绩效和行为进行分析，发现中国人工智能产业目前存在的问题与挑战，并从政府和企业层面提出建议。本章力图综合展现中国人工智能发展现状和趋势，以提升公众认知水平，助力产业健康发展，服务国家战略决策。

16.1　我国人工智能产业发展回顾、现状与特征

人工智能的概念[①]最早在 20 世纪 50 年代初步形成，1956 年的达特茅斯暑期会议上正式提出了人工智能的概念，距今已经超过了 60 个年头。随着

① 人工智能的概念虽有多种定义，但是整体逐步形成统一，本书采取了目前较为流行的定义：指的是由人类发明设计的智能系统，能够模仿人类的思考方式，实现人脑的部分功能，替代人脑解决特定问题。

大数据、云计算、物联网等相关领域产业的发展，人工智能产业整体进入了新的发展阶段。人工智能作为新技术，在新一轮产业变革中是核心动力，将进一步释放每一次科技变革和产业革命蓄积的巨大热量，对于创造新动力具有重要意义，正在慢慢发展为国家间相互竞争的新核心和经济发展的新动能。

16.1.1 四大发展阶段

由于2016年后全球科技的飞速进步，人工智能成为主导产业发展的重要组成部分。整体而言，全球人工智能产业的变迁成长可以分为四个阶段，在不同阶段起着不同的作用。

1. 概念提出阶段：从理论到应用（1956—1976年）

1956年的夏季，“侃谈会”在美国达特茅斯学院举行，参加会议的有明斯基、申农、麦卡赛和罗切斯特等一批年轻科学家，此次会议标着这人工智能学科的诞生。三个最著名的项目小组在此次会议上成立，分别为IBM公司工程课题研究组、麻省理工学院研究组和Carnegie-RAND协作组。达特茅斯会议对人工智能产业的发展具有重要的意义，标志着人工智能进入到一个崭新的发展阶段。人工智能产业发展的初期主要涉及的研究方向是博弈分析、定理证明以及机器翻译等。

在1956年，科学家首次在人工智能方面取得了突破，开辟了运用计算机程序来模拟人类大脑思维的先例。1960年，McCarthy自主创立了人工智能程序设计语言LISP。一系列的人工智能技术的突破，使得科学家相信通过研究人类大脑思维规律，运用计算机程序来模拟人类思维，能够创造一个最优的逻辑决策体系。人工智能产业在这样的背景下快速的形成以及推进。

2. 初步产业化阶段，从应用到产业化（1977—2005年）

人工智能产业经过20年的发展，1977年，在第五届国际人工智能联合会会议上，“知识工程”的概念被首次提出，这一概念的诞生标志着人工智能从以前基于程序能力研究策略转向基于知识的方法研究策略的转变。计算机科学的快速发展与人工智能基础理论的交叉融合，开发出许多人工智能系统，其实用性较强的系统已经实现商业化的发展，对经济以及社会的发展起到积极的推进作用。举例说明，DEC公司运用人工智能系统用作vax计算机的建构，节约成本 2000 万美元 / 年；斯坦福大学研制的专家系统 prospector，被用到勘探领域，预测开采价值超 1 亿美元的钼矿位置。人工智能在快速发展的时期，同样也会面临着技术、人力等方面带来的挑战，使得运用人工智能系统后未达预期目标，使得智能机器或专家系统的计划面临危机。

3．产业快速成长阶段：深度学习的应用（2006—2015 年）

2006 年 Hinton 教授提出深度学习[①]的神经网络概念，并通过新的智能算法将神经网络的概念应用到多种领域中。2013 年，深度学习算法主要在语音和视觉识别两个领域应用取得重大突破，语音识别率能够达到 99%，视觉识别率可以达到 95% 以上。这一阶段，人工智能产品种类快速丰富起来，新的要素出现在人工智能产业链上，例如剑桥大学的语音识别 HTK 开发工具包，人脸识别数据集 ImageNet 等，尤其是 2012 年后人工智能产业化应用的浪潮席卷全球，新产品、新应用、新场景层出不穷，人工智能的产业化应用增长加速，人工智能的产业化迎来起飞。

4．爆发阶段：新的浪潮到来（2016 年以来）

2016 年年初，人工智能 AlphaGo 战胜世界冠军韩国围棋国手李在石，人工智能第一次在智力层面战胜人类再次引起世界关注。因此，2016 年被称为人工智能产业开启新纪元的元年。2017 年 5 月 27 日，AlphaGo 的升级版 AlphaGo Master 再次与人类进行对弈，世界实时排位第一的围棋选手柯洁代表人类出战，最终比赛结果柯洁连输三盘。由此可见，在人工智能领域的研究突破了人类的极限，人工智能研究至此迎来了第三次发展高潮。前两次浪潮解决了人工智能的一些基础理论问题，第三次浪潮的发展已经使得人工智能技术的发展程度（识别率、准确率等）可以实际解决很多传统需要人类大脑才能解决的问题，具备了很强的实用性，获得生产力。当前，美国、中国、英国、欧盟、加拿大、日本等经济体纷纷制定人工智能的国家发展战略。科研机构、产业界、政府部门、投资机构都密切关注人工智能产业的发展，人工智能迎来前所未有的发展机遇。

---

① 深度学习是一种基于对数据进行表征学习的方法。观测值（例如一幅图像）可以使用多种方式来表示，如每个像素强度值的向量，或者更抽象地表示成一系列边、特定形状的区域等。

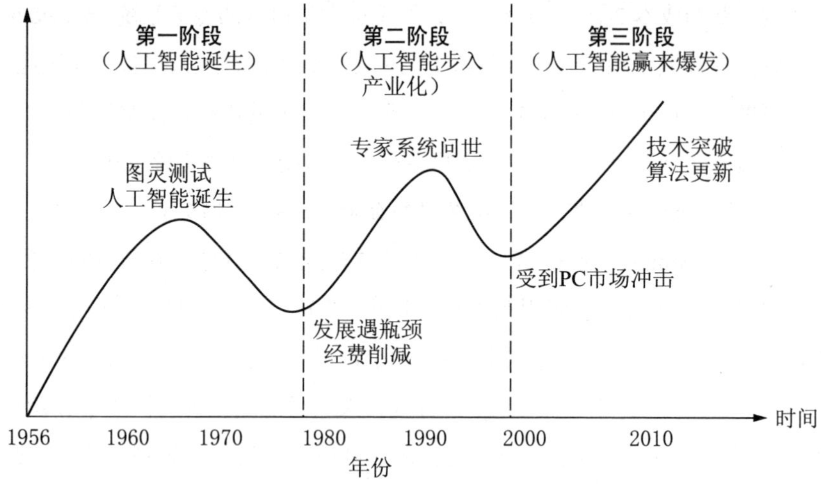

图 16.1 人工智能发展历程

资料来源：艾瑞咨询：《2018 中国人工智能产业发展报告》。

16.1.2 人工智能在我国的发展

我国人工智能的研究起步较晚。20 世纪 70 年代末，我国才有一批学者开始了人工智能的研究。20 世纪 80 年代初期，钱学森等主张开展人工智能研究，中国的人工智能研究进一步活跃起来。在国家层面上，智能制造、智能控制、智能自动化等项目标志一个国家的核心竞争力以及国际地位，许多国家把人工智能技术列入国家科技发展计划。人工智能技术在中国也同样引起了足够重视，将重要的智能技术项目列入国家科技攀登计划。进入 21 世纪后，更多的人工智能与智能系统研究与中国国民经济和科技发展的重大需求相结合，技术进步飞速。2010 年后，中国成为人工智能产业发展的大国，成为国家发展战略。伴随着人工智能产业的迅速发展以及商业化场景的应用范围之间扩大，人工智能才插上了腾飞的翅膀，已成为世界各国提升国家竞争力的主要领域之一。2017 年 7 月，国务院颁发《新一代人工智能发展规划》，对未来 10 多年人工智能的战略进行了新的部署。

2018 年，中国人工智能市场规模突破 240 亿元，比 2017 年的 150 亿元增长近 60%，预测 2020 年中国人工智能核心产业规模将会超过 1500 亿元，与人工智能产业供应链相关产业规模将会超过 1 万亿元；2025 年人工智能核心产业规模超过 4000 亿元，与人工智能产业供应链相关产业规模将会超过 5

万亿元；2030 年核心产业规模将突破 1 万亿元，人工智能产业供应链相关产业规模将会超过 10 万亿元，发展空间巨大。2018 年，中国人工智能企业也高速发展，寒武纪公司推出收款云端智能芯片 MLU100，阿里、华为、小米纷纷推出人工智能芯片产品，并且即将进入商用阶段，人工智能产业持续增长并与垂直行业加深融合。

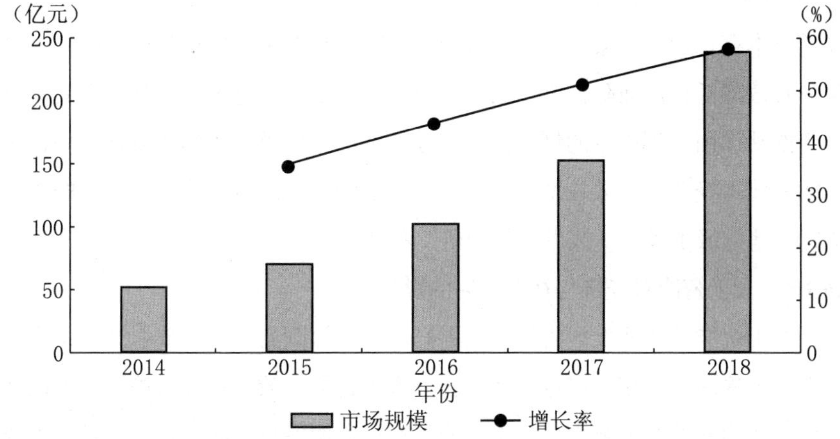

图 16.2　中国人工智能市场规模及增长率

资料来源：前瞻产业研究院：《2018 中国人工智能产业发展趋势》。

人工智能作为新技术，在新一轮产业变革中是核心动力，将进一步释放每一次科技变革和产业革命蓄积的巨大热量，对于创造新动力具有重要意义，正在慢慢发展为国家间相互竞争的新核心和经济发展的新动能。人工智能产业的发展与经济发展的关系必然要通过数据来说明。人工智能对国内生产总值增长总额具有重要推动作用，同时也提高了各行业效率说明人工智能能够帮助我国实体经济顺利转型，为经济发展带入新机遇。

首先，人工智能提高生产率的发展，进而助推中国经济发展。每一次的技术变革将会使得生产效率的提高，1993—2007 年间，运用机器人代替人类手工制造实现自动化，为世界范围内 17 个国家（美国、韩国、澳大利亚和 14 个欧洲国家）提升了国内生产总值以及劳动生产效率年增长率，贡献值分别为 0.37、0.36，贡献值均超过了 10%。与此同时，另有研究数据表明 2005—2015 年间，31 个发达经济体中的 30 个经济体生产率增长有所减慢，其中美国1995—2005年与2005—2015年相比，经济增长率从2.5%左右下降到1%，究其原因，技术变革创新能力的不足是造成国内生产总值下降的重要因素。

随着人工智能产业整体进入新的发展阶段，人工智能技术替代原有传统技术有望解决生产率增长动力不足的问题。主要体现在三个方面：第一，提升资源的使用效率，对固定资产和生产设备的进行预防性维护，能够有效的降低资本存量消耗；第二，人工智能运用数字化技术，使得生产产品的供给服务有效降低，从而降低生产成本；第三，人工智能对生产产品技术的创新起到推动作用，高质量的创新活动能够拓宽产品以及服务的商业化发展，这就能够使得企业和个人在增加利润的同时节约人力成本，将节约下来的成本进行其他领域再投资，或者产品的研发和创新。

16.1.3 人工智能对经济与社会发展的影响

人工智能的快速发展将使得世界经济发生深刻的变革，普遍观点认为人工智能会提高生产率，促进经济增长。人工智能、数字化革命等推动了机器革命，作为新的生产要素，人工智能将在三方面促进经济增长：一是人工智能使得复杂的体力任务自动化；二是人工智能可以补充现有劳动力和资产，提升工人能力和资本效率；三是人工智能促进了各行各业的创新。

1. 人工智能对生产率和经济增长的影响

麦肯锡在2018年发布的《人工智能对全球经济的影响》中估算，到2030年，人工智能有可能为全球额外贡献13万亿美元的国内生产总值增长（此为总体数据，去除了竞争影响和转型成本），平均每年推动国内生产总值增长约1.2%，足以比肩历史上其他几种通用技术所带来的变革性影响，人工智能平均每年为国内生产总值带来约为1.2%的提升，足以与历史上几次技术变革对社会带来的影响。例如19世纪的蒸汽机、20世纪的工业机器人和21世纪的信息技术。从企业层面来看，人工智能的影响会更大，Graetz和Michaels（2015）研究认为，自动化的提高可以使得企业劳动生产率和增加值的增长速度提升0.37%，全要素生产率也有提升。

人工智能已经成为中国新一轮科技革命的核心驱动力，技术的进步为经济发展带来积极影响。人工智能在中国实体经济发展中成为核心推动力，人工智能技术与传统行业精英模式及业务流程产生实质性融合，预计 2019 年中国人工智能核心产业规模将突破 570 亿元，例如其中人工智能对安防产业发展的影响使得 2018 年该产业规模达到 135 亿元，增速达到 8%，其他对金融、制造、医疗健康、零售以及广告服务等产业带来的增长均超过 5%，其影响力可见一斑。与此同时，伴随着大数据、云等相关技术的发展，当前人工智能技术在中国不同产业和领域中已经得到了广泛的应用，人工智能产业化发展已初见端倪。根据埃森哲预测，2035 年，人工智能能够提升中国预期经济增长率 1.6 个百分点，在人工智能的作用下经济增长将会达到 8% 左右，这意味着人工智能将为该年的经济总增加值额外贡献 7.1 万亿美元。

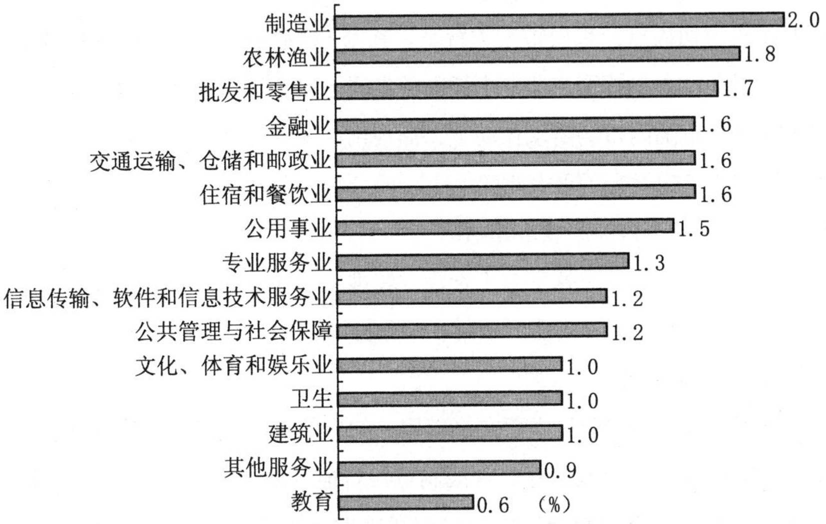

图 16.3　中国人工智能对不同行业发展的影响

资料来源：清华大学中国科技政策研究中心：《2018 中国人工智能产业发展报告》。

2. 人工智能对劳动力就业的影响

人工智能的发展会导致自动化的成本逐渐下降，从而引起机器对人类劳动的代替。人工智能与以往的技术革命相比有很多共同点，解放了人类劳动，极大地提高了生产力。从目前研究来看，人工智能对劳动力就业的影响存在正反两种观点。一方面，由于更多的岗位被人工智能代替，导致了失业率的提升，但是从另一方面来看，人工智能会改变就业的结构和均衡，会提升劳动人员的薪酬差异。所以，从社会效应来看，学者们会担心低技术工人失业、增加收入不平等等负面影响，甚至由于政治因素，人工智能技术的采纳和发展可能会减慢。而从中国发展的角度来看，中国是世界上最大的发展中国家，老龄化程度正在加剧，人口红利逐渐消失，制造业面临着转型升级，因此需要积极有效地应对人工智能可能带来的社会或者经济问题。

16.2 我国人工智能产业SCP分析：结构—行为—绩效

人工智能在新一轮科技革命和产业变革发展浪潮中，将会从感知和认知两方面作为切入点，来模拟人类智慧。在与5G通信技术、物联网以及云计算的协同下，人工智能产业发生了新的发展逻辑。同时，在国家提出供给侧改革和世界范围内市场需求拉动下，涌现出许多人工智能创业企业，导致人工智能产业结构发生了重大改变。

16.2.1 中国人工智能产业市场结构

中国人工智能产业处于起步阶段，较难获取相应的市场数据来证明市场结构，本节从产业链和企业两个角度来分析。

1. 产业链结构

应用层是人工智能技术面向终端用户的环节，使人工智能技术赋能各行业以及应用场景，智能医疗、智能制造、智能安防、智能驾驶、智能家居，将技术与产业的深度融合。而从目前我国发展来看，以生物识别、图像识别、视频识别等技术为核心的计算机视觉市场规模最大，根据2017年的数据可以看到这一领域占比约40%，达到了82.8亿元。

人工智能生态自下而上分为三个组成部分，分别为人工智能基础层面、人工智能技术层面、人工智能应用场景。基础层包括芯片、智能传感器、大数据、云计算、CPU、FPGA、ASIC、电脑芯片，是实现人工智能的底层基础，为上游技术层面和应用层面提供了数据的支撑以及运算能力。技术层面是人工智能附加值最高的环节，在基础层提供的海量数据以及运算能力的保障下进行建模与训练，优化算法实现技术落地场景的开发，如人脸识别、语音识别、机器感知、生物识别等。应用层是人工智能技术面向终端用户的使用环节，是人工智能技术赋能各个行业，实现技术与产业深度融合提高生产效率关键环节，比如，智能医疗、智能制造、智能家居、智能控制、智能安防、智能驾驶等。目前，识别技术的应用最为广泛，2017年，识别技术的应用规模达到82.8亿元，占总体人工智能行业规模的约40%。

而从中国人工智能企业涉足的具体领域来看，应用层是主要的发展领域，这一层级围绕着应用端开发了相关的技术、算法、产品及解决方案，也是很多创业公司涉足的领域；从技术层面分析，技术层占市场比例最高，我国人工智能技术层整体分布较为平均，数据处理、机器人技术相关的创业公司较多。总体而言，金融、营销、安防、客服等场景在IT基础设施、数据质量、对新技术的接受周期等人工智能发展基础条件方面表现较优，而在当下市场规模、行业发展增速、解决方案落地的效果和政策导向等诸多因素的影响下，这些产业受到人工智能的影响较大。

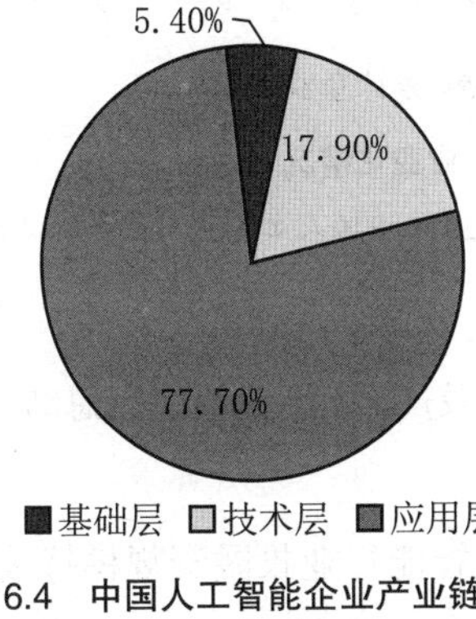

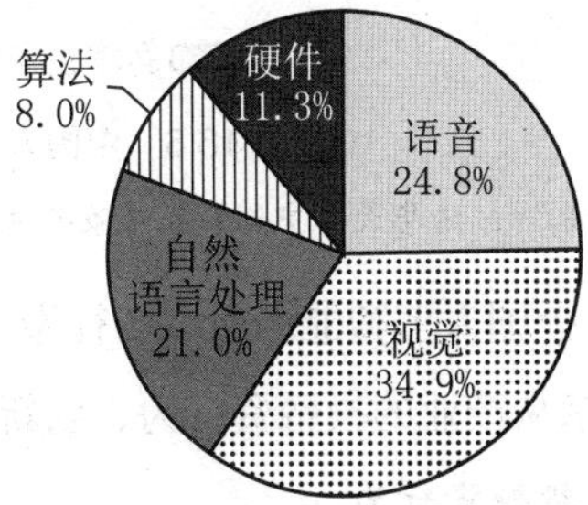

图16.4　中国人工智能企业产业链分布　　图16.5　中国人工智能市场结构组成

资料来源：清华大学中国科技政策研究中心：《2018中国人工智能产业发展报告》。

2．企业组成

据有关数据显示，2018年，国内与人工智能相关的企业达到1000家，主要集中在北上广深一线城市，人工智能企业集中涌现是在2012—2016年间，2015年，新增初创企业数量达到356家达到了峰值，2016年新增初创企业增速有所放缓。这样来看，我国人工智能企业成立平均年龄约为6年，时间并不长，大多是人工智能企业集中在终端产品的应用市场，这也导致了中国人工智能企业主要分布在应用层领域。

同时，以企业为主体的研发创新发展迅速，从2013—2017年的知识产权数据来看，如国家电网公司、百度、长虹电器、OPPO、小米科技、美的公司等，其所持有人工智能领域的专利数量增长迅速，也成为人工智能产业发展的重要推手。

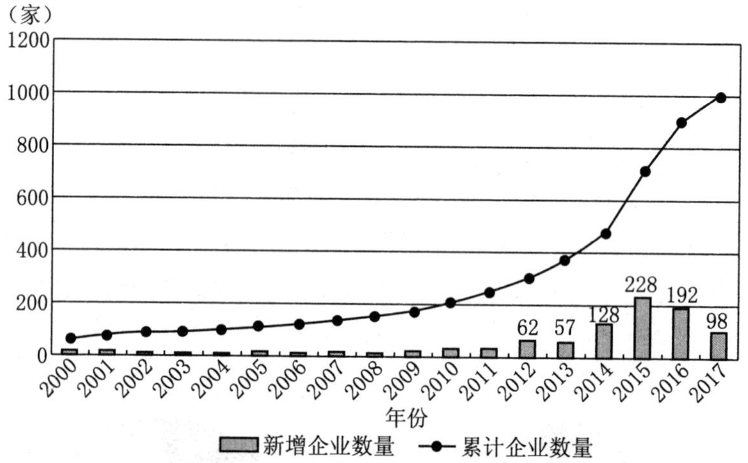

图 16.6　中国人工智能企业变化情况

资料来源：清华大学中国科技政策研究中心：《2018中国人工智能产业发展报告》。

16.2.2　中国人工智能产业市场行为

本章从产业的投融资行为、创新行为以及产品行为角度进行总结。

1．投融资行为

从2013年开始统计，世界范围内人工智能行业投融资规模持续上升，截至2017年，全球人工智能投融资总金额为395亿美元，而中国占到70%，约为277亿美元。2018年这一数字持续增长，全年人工智能领域融资事件达到597起，同比增长15%，投资者看好人工智能行业的发展前景，资本助力行业更好地发展。而从区域来看，北京遥遥领先于其他各省，并且活跃度较高。从投资轮次来看，国内人工智能风险投资数量逐渐减少，意味着人工智能融资投融资活动逐渐趋于理性，产业向成熟期发展。

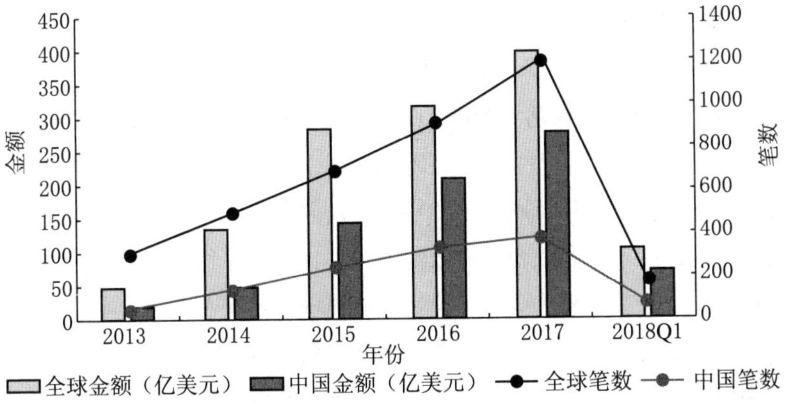

图 16.7　中国人工智能投融资变化趋势

资料来源：清华大学中国科技政策研究中心：《2018 中国人工智能产业发展报告》。

从需要融资企业类型上看，国内应用领域融资需求较为明显，比如大数据、智能驾驶、数据服务处理、“人工智能 +”等行业领域。据中国信息通信研究院调研数据显示，2017 年智能驾驶融资占比最多，占人工智能行业融资比为 35%；其次是“人工智能 +”产业的占比为 23%，其顺序为“人工智能 + 商业”“人工智能 + 医疗健康”“人工智能 + 安防”“人工智能 + 新媒体”，融资占比分别为 45.5%、11.9%、10.9%、7.7%。2018 年平稳发展，一方面，智能驾驶领域融资数量占比最多，小马智行获得风险轮融资 1.02 亿美元，成为智能驾驶当年融资单笔最高金额；另一方面，人工智能应用领域不断拓宽，衍生许多细分领域，比如智能建筑、智慧城市、智慧出行等细分领域获得资本市场的关注。

2017 年以来，国内互联网巨头（百度、腾讯、阿里巴巴）以及资本投资者对人工智能领域加强了战略性投资，投资力度巨大，腾讯、阿里对人工智能企业投资数量为 12 家、11 家，其投资领域大多集中在应用领域，比如数据服务、智能驾驶。此外，百度看好语音识别领域，对语音识别投资力度较大。阿里对“人工智能 +”以及智能机器人领域投入较多。值得一提的是，除了百度、腾讯、阿里巴巴大量的资本投入，科大讯飞在国内属于人工智能行业中的“领头羊”，在智能基础设施、智能机器人、语音识别均有较大投入的战略性布局。

2. 创新行为

中国人工智能人才投入整体呈现出增长的态势，截止到2017年，中国人工智能人才投入总量达到201281人，密集分布在东部沿海地区。与人才投入数量相比，各省市人才学术差距不显著，北京市人工智能人才的学术水平全国居前。但是整体反映出来的特点是，以高校为核心载体，占据人才总量的81.3%，投入于商业企业的数量整体占比不高（约为5.9%）。同时，人工智能人才研究领域较为分散，遗传算法领域人才投入累计达42706人，神经网络领域累计达41226人，二者占比超15%，而在国际上较为流行的数据挖掘和机器学习领域人数占比较少。这也是有待提升的地方。

而从专利产出来看，中国的人工智能技术专利数量在全球已经排到了第一，但是从企业专利权人来看，国家电网是唯一一家进入前十的中国企业。国家电网人工智能专利技术主要应用于电力控制、发电技术、新能源等领域，对所拥有专利相关的智能算法、智能技术研发投入较多。从专利申请情况来看，在专利数量方面，美国占据较大优势，美国属于人工智能发展最早的国家之一，美国掌握了绝大一部分人工智能基础领域的专利，这为美国人工智能产业的发展打下了坚实的基础。中国在专利数量上与美国有一定的差距，但是近年来这个差距在逐渐缩小，但是中国的人工智能企业倾向于应用端研发，申请的应用端专利较多，基础核心专利就成了短板。

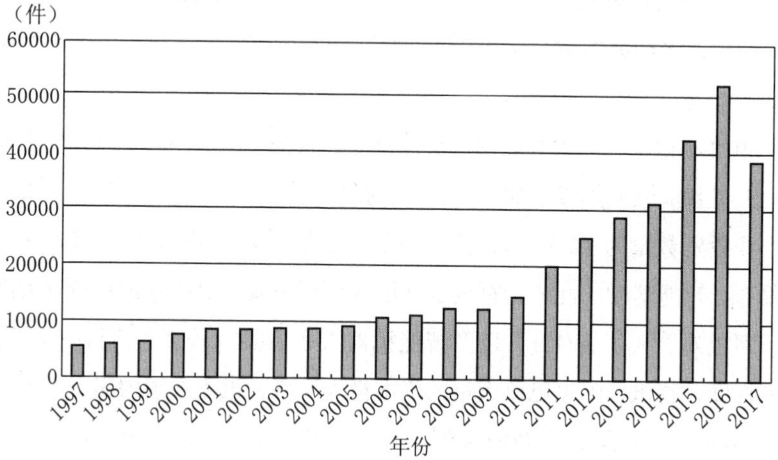

图16.8　1997—2017年人工智能领域专利申请趋势

资料来源：清华大学中国科技政策研究中心：《2018中国人工智能产业发展报告》。

3．产品与应用

伴随着算法、算力的不断提升和演化，有关语音识别处理、视觉识别处理的需求的增加催生相关产品落地。从国内发展来看，比较典型的产品包括了语音交互类产品（智能音箱等）、智能机器人、无人机以及无人驾驶等，这是人工智能直接应用到的硬件领域。而从行业来看，主要在医疗健康、金融、教育等多个垂直领域得到广泛应用。人工智能对实体经济的赋能是目前国内主要的发展逻辑，人工智能技术在实体经济中寻找落地应用场景成为核心要义，人工智能技术在应用场景中的落地显得尤为重要，新的人工智能技术与传统的产业有效融合，减少摩擦并助推产业的快速发展是其核心目的。预测 2019 年，人工智能在金融领域以及安防领域仍然占据市场最大份额，其核心产业规模将达到 570 亿元。

同时，伴随着人工智能产业的不断发展，国际和国内各个标准化组织展开了标准制定的工作。国际上，国际标准组织和国际电工委员会第一联合技术委员会（ISO/IEC JTC1）在人工智能领域的标准化工作已经有 20 多年的历史，在人工智能词汇、人机交互、生物特征识别、视觉技术处理、大数据处理、传感网络等人工智能技术支撑领域开展了相关标准化工作。国内以全国信息技术标准化技术委员会（SAC）在术语词汇、人机交互、生物特征识别、大数据、云计算等领域开展了标准化工作，并已制定发布了各个相关领域的一系列标准与规范。

16.2.3　中国人工智能产业市场绩效（以上市公司为例）

目前，我国人工智能产业正处在规模扩张的成长阶段，不同类型的企业盈利和绩效差异化比较大，本书依据我国上市人工智能公司的经营情况，以及涉及的相关业务，选取了 98 家公司进行分析。

1．人工智能产业整体绩效分析

从 2015—2018 年的整体数据来看，人工智能企业的盈利能力不强。人工智能规模的不断扩大对于国家的扶持与国家战略意义相关。针对所有上市的人工智能企业来看，2015—2018 年人工智能行业平均营业利润率为 10%，平均投入资本回报率为 6%，这与我国近两年的经济发展相匹配，说明我国经济已经进入稳中有进的平稳发展阶段。但是，值得注意的是，本次选取的

98家与人工智能行业相关的企业包含范围广泛，其中不乏有一些传统行业正在转型阶段，这是降低了高附加值的人工智能行业的利润率一个重要的原因。我们提取与人工智能行业相关性最强的三个行业的数据对人工智能行业整体做进一步的描述。2015—2018年软件和信息技术服务业，平均营业利润率为16%，2018年净利润增长367%；2015—2018年计算机、通信和其他电子设备制造业，平均利润率为11%，2018年销售收入增长44.45%。2015—2018年专用设备制造业、通用设备制造业，平均营业利润率为13%，2018年销售收入下降18.5%，销售收入有明显的回落。

表16.1　2018年人工智能上市企业的经营绩效总体情况分析

		软件和信息技术服务业	计算机、通信和其他电子设备制造业	专用设备制造业、通用设备制造业	互联网相关服务
盈利情况	净资产收益率	−1%	11%	6%	−362%
	销售利润率	−25%	11%	11%	−14%
资产质量	总资产周转率	40%	75%	38%	49%
	现金及现金等价物周转率	301%	550%	517%	535%
成长情况	销售增长率	15%	21.37%	19%	17%
	资产增长率	13%	27%	13%	−4%

资料来源：国泰安数据库。

从上述分析来看，我国主要人工智能行业发展已经步入稳定发展阶段。与设备制造相关的产业盈利能力较好，2018年我国对商誉会计科目重新进行制定，这是软件和信息技术服务业销售利润率出现负值一个重要因素。四个产业均体现了产业的高速资产周转特性，现金及现金等价物周转率较高。2018年我国国内生产总值增长7%，产业成长除互联网相关服务行业外，资产增长均高于行业的平均水平，互联网相关的服务行业资产降低4%，其他行业发展情况较好。可见人工智能上市公司经营发展有喜有忧。

通过对这98家企业经营数据的分析，分别从盈利能力（总资产利润率、净利润率）、运营能力（总资产周转率、应收账款周转率）和成长能力（营业收入增长率、资产增长率、净利润增长率）三个维度分析企业绩效，从而以这些样本归纳产业的经营绩效。数据采用近四年（2015—2018年）的数据，以科大讯飞为例，见表 16.2。

表 16.2　2015—2018 年科大讯飞公司经营绩效数据提取样表

	2015 年	2016 年	2017 年	2018 年
总资产利润率	5%	5%	4%	4%
销售净利润率	3%	29%	41%	16%
总资产周转率	30%	32%	41%	52%
应付账款周转率（次）	2.46	2.77	3.15	7.46
营业收入增长率	51.46%	27.90%	63.97%	45.41%
总资产增长率	62%	24%	28%	15%
净利润增长率	141%	944%	330%	255%

资料来源：国泰安数据库。

2．盈利绩效分析

通过总资产利润率和销售利润率两个指标来衡量。从总体看，人工智能企业的盈利情况下降 1 个百分点，平均资产利润率近四年分别是 7%、6%、6%、2%，呈现了下降的趋势；平均销售利润率分别为 11%、15%、12%、2018 年没有增长，销售利润率 2016 年达到峰值后，呈现下降趋势。从这个数据可以看出，新媒体企业盈利情况正在逐渐下滑，这是我国在供给侧改革技术转型期间出现阵痛的表现。

从细分的行业来看，软件和信息技术服务业，计算机、通信和其他电子

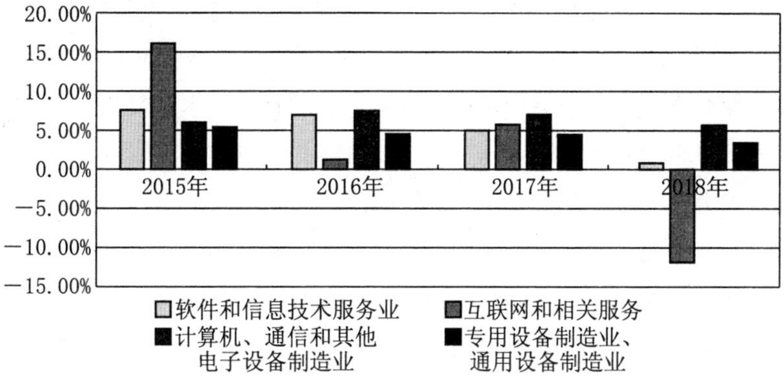

图 16.9　2015—2018 年人工智能行业资产回报率变化

资料来源：国泰安数据库。

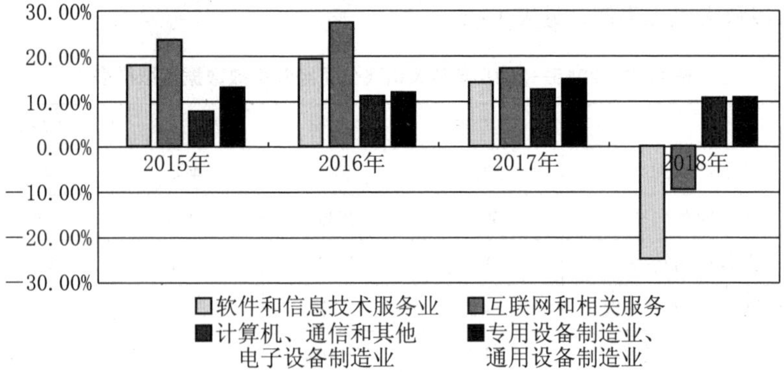

图 16.10　2015—2018 年人工智能行业销售利润率变化

资料来源：国泰安数据库。

设备制造业，专用设备制造业，通用设备制造业，互联网相关服务业，净资产利润率与销售利润率在 2018 年出现了负增长，其中原因与我国调整会计科目商誉有关。互联网相关服务业净资产利润率大幅度的下滑，这对一个产业的发展来讲是不正常的，本次下滑对于互联网相关服务业来讲，属于会计类系统性风险，推测 2019 年净资产利润率将会提升。而计算机、通信和其他电子设备制造业，专用设备制造业，通用设备制造业，这几个行业盈利能力较强。

3．运营绩效分析

采用总资产周转率和应收账款周转率来衡量企业的运营情况。从总体上看，前三年人工智能企业资产周转率逐步提高，2018 年均出现增长率速度减缓。平均资产周转率 2015—2018 年分别是 53%、56%、56%、60%，较为平稳，没有太大变动但有小幅度上涨。营收账款周转天数分别为 28.29 天、17.3 天、13.94 天、11.18 天，说明“人工智能”企业的账期逐渐变短，随着市场需求增大与技术的进步，收账情况逐渐变好。

从行业来看，2015—2018 年计算机、通信和其他电子设备制造业应收账款周转天数逐渐增大，其他三个行业应收账款的周转天数逐渐下降。计算机、通信和其他电子设备制造业应收账款周转天数增加，其原因是因为我国处于制造业转型阶段，传统模式下的生产的产品在技术上和质量上有一定的滞后性，所以应收账款天数增长。从这些数据可以看出，随着人工智能企业的资产增加，技术高净值的企业整体运营能力增加，低净值的企业营收能力下降。与人工智能相关的设备制造业企业应当加大研发的力度，增加核心竞争力，通过尖端技术研发市场所需的产品，减少应收账款周转天数。

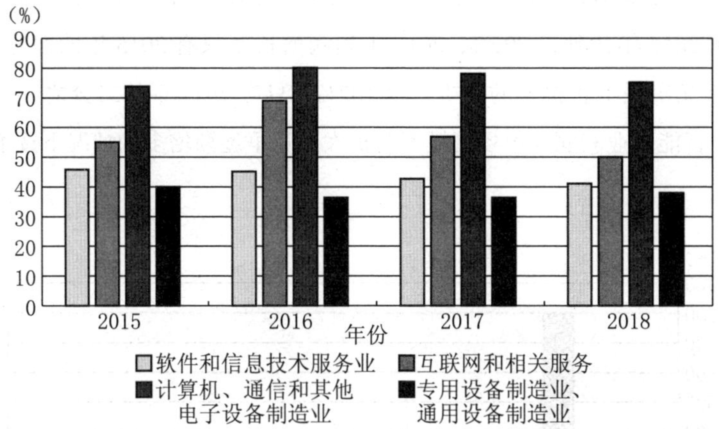

图 16.11　2015—2018 年人工智能行业总资产周转率变化

资料来源：国泰安数据库。

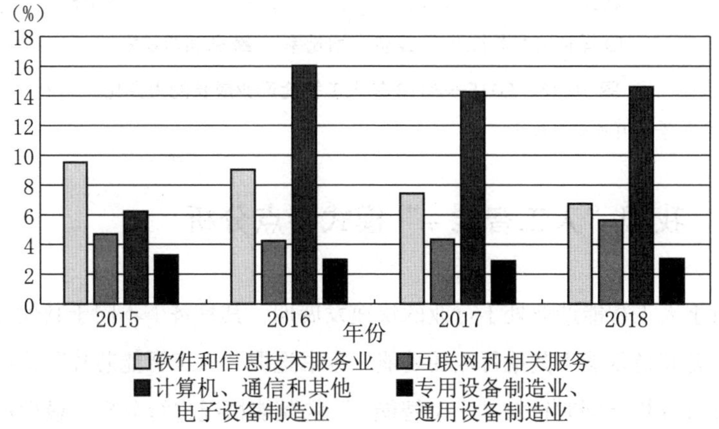

图 16.12　2015—2018 年人工智能细分行业应付账款周转率变化

资料来源：国泰安数据库。

4. 成长绩效分析

用营业收入增长率、资产增长率和利润增长率三个指标来界定。从营业收入角度进行分析，2016 年人工智能产业企业营业收入快速增长，2016 年营业收入增长率峰值达到92%，2018年最低营业收入增长率最低，说明人工智能企业的成长能力在减缓，但是营业收入增长率仍然很高。资产增长率2017年出现小幅度波动后，整体出现体现下滑趋势，说明我国人工智能企业成长性减弱，2015年最多，达到50%，2018年最少，为15%。利润增长率2015年达到了799%，2016年利润增长率只有2015年的四分之一，2018年又出现了斩腰式的减少，为102%，只有2017年的二分之一。这说明人工智能企业利润在市场规模不断扩大、竞争逐渐增多的情况下逐渐趋于理性。

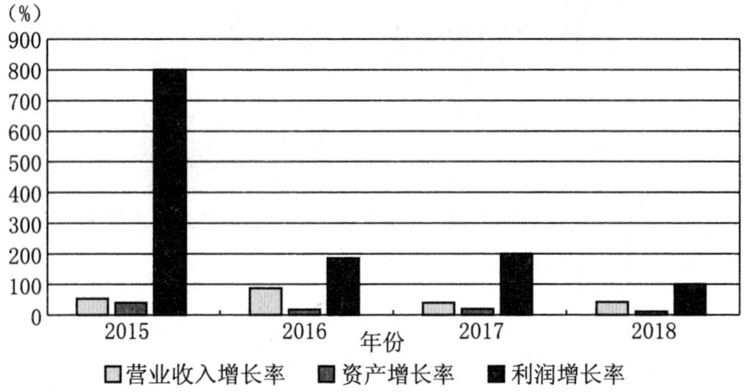

图16.13　2015—2018年人工智能产业成长能力变化

资料来源：国泰安数据库。

16.3　我国“人工智能+”模式特点分析

由于人工智能产业处于行业的快速发展期，其具备了不同于其他行业的特点，尤其是赋能于其他行业的功能。本书选取“人工智能芯片”这一重要领域进行分析，同时针对“人工智能+”的赋能情况进行分析，最后梳理了国家对人工智能行业的政策支持。

16.3.1　人工智能芯片行业的发展特征

1. 基本分析：定义、分类与发展历程

人工智能芯片的定义从广义的角度讲，运用人工智能算法的芯片都属于人工智能芯片，但是通常意义上的人工智能芯片指的是针对人工智能算法做了特殊加速设计的芯片。目前，人工智能算法一般以深度学习算法为主，机器学习算法等其他算法占比较小。人工智能芯片分类一般有按技术架构分类、按功能划分、按应用场景分类三种分类方式。技术架构主要包括了 GPU 制造、本定制化的 FPGA、全定制化 ASIC 以及神经拟态芯片。应用场景端主要针对了服务器和移动端。

中国人工智能芯片行业正处在起步阶段，高科技含量的芯片主要靠进口，芯片行业门槛较高，核心专利大多被美国企业所占据，但是国内芯片行业的需求量较大，传统芯片的应用场景不断地被人工智能芯片替代，其主要原因在于云计算、数据处理、智能手机市场的增长。在这一期间，国内的许多企业纷纷发布了自己的专用人工智能芯片；尽管国内人工智能芯片正逐渐取代传统芯片，但是集成商或芯片企业仍在寻找新的合作模式，以抓住新客户的需求。

2. 产业链分析

人工智能芯片产业链上游主要是为人工智能芯片企业提供算法和知识产权模块的行业，目前比较流行的算法有神经网络算法和人工智能算法，其中提供人工智能算法的知名企业大部分为国外巨头，如谷歌、微软、亚马逊等；人工智能芯片行业主要分为芯片设计和芯片制造两个子类，我国芯片设计企业在近几年发展较快，涌现了一大批像海思、寒武纪、比特大陆这样的优质企业。除此之外一些开发工具厂商与半导体封装与测试厂商也为人工智能芯片行业提供一些核心技术和零部件；当前，我国人工智能芯片行业的下游应用场景主要聚集在云端、自动驾驶、智能手机、无人机、智能、安防等领域。

3. 市场发展

2018 年以来，中国在人工智能芯片领域得到了长足发展，越来越多的企业开始布局这一领域。以华为为例，在华为全联接大会上，华为公司发布华为昇腾 910 和昇腾 310 两款芯片。一方面，昇腾 910 是世界范围内单芯片计算密度最大的芯片，计算力超过谷歌及英伟达，昇腾 310 芯片的最大功耗只有 8W，是低耗能高校运算的人工智能芯片；另一方面，芯片领域较好的发展前景吸引了众多互联网巨头进入，不断开发符合市场需求的产品。

从人工智能产业国内发展规模来看，人工智能芯片行业尚处于刚起步阶段。据统计，2016 年中国人工智能芯片市场规模仅为 16 亿元，2018 年约为45.6亿元，并预测到2020年市场规模将达到75.1亿元。国内人工智能芯片设计企业的商业模式分为知识产权设计、芯片设计代工、芯片设计三种类型。知识产权设计位于产业链顶层位置，主要以知识产权核授权销售为主；芯片设计代工是指，为拥有芯片专利设计公司提供代工设计服务商，芯片知识产权不归代工企业拥有。大部分的人工智能新创企业是以芯片设计为主，但是国内在芯片设计开发与世界先进的芯片设计商存在较大的差距，仅有少数国内企业能够进入传统芯片企业的产品领域。

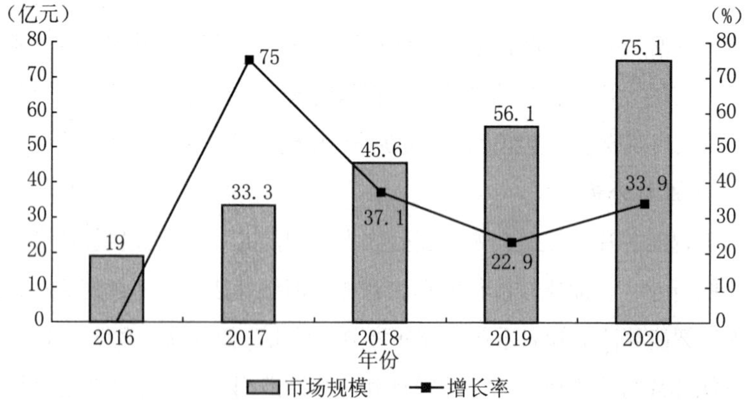

图16.14　2016—2020年中国人工智能芯片产业市场规模及预测

资料来源：前瞻产业研究院。

从投融资角度来看，截止到2018年底，中国人工智能芯片企业融资总额超过30亿美元，其中地平线与寒武纪的融资都超过了2亿美元。中国智能芯片企业多具有创业属性，所以融资业务也多处于早期阶段，多数企业处于A轮融资或者之前阶段。

4. 未来发展

人工智能芯片行业发展面临着“内存墙”和“摩尔定律”失效的问题，整体体现出基础物理限制和经济原因的阻碍。随着近几年可以存储模拟数值的非易失性存储器发展迅猛，近几年来储存器的易失去性的降低，并且同时具有存储和处理数据的能力提升，能够解决传统计算体系结构的束缚，将实现类脑突触功能变成可能，随即上述两项困境也将逐步得到解决。同时，芯片制程与商业逻辑密切相关，例如国内以中芯国际为代表的国内芯片生产厂商长期以来处于追赶状态，但先进制程所需的大量前期投入需要后期盈利弥补，仅靠政策补贴难以为继。人工智能芯片市场需求多样化，或有足够的成熟制程芯片订单保证利润以及资本市场的额外投资，为芯片企业从低端芯片逐步过渡到高端芯片提供了可能。

16.3.2 “人工智能 +”行业发展特征

1．“人工智能 +”赋能发展现状

人工智能技术在很多产业得到了广泛应用，在拓展“智能 +”上很多传统产业都已有机会发掘人工智能的应用场景，例如企业业务流程的信息化和标准化，以及数字和结构化是企业人工智能发展的核心。人工智能技术在医疗健康、金融、商业、工业和安防各个领域得到越来越多的应用，也在逼近着产业化应用爆发的“临界点”。过去人工智能企业只针对传统技术输出的商业模式逐渐得到改变，人工智能不断渗透到全产业链当中，为产业效率的提升、场景的优化起到助推的作用。预计人工智能核心产业规模未来几年中将呈现超 30% 的增长速度，工业、医疗和教育等领域具有爆发潜力。

在当前的发展趋势以及政策导向等因素的作用下，人工智能对安防、金融、医疗、零售等场景渗透能力较强，其余产业中由于应用场景基础设施建设复杂、数据获取精确性不足，人工智能产品实际落地效率偏低，这就很容易造成人工智能应用规模建设。接下来本书选择安防等几个领域进行分析。

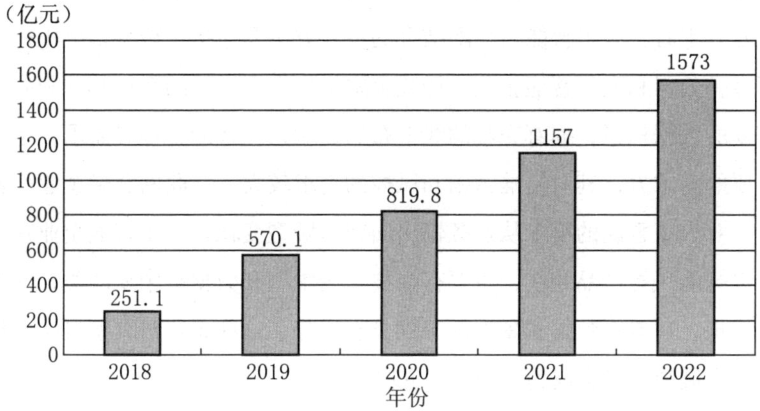

图 16.15　2018—2022 年中国人工智能赋能实体经济市场规模及预测

资料来源：前瞻产业研究院。

2.“人工智能+”赋能安防产业

安防是人工智能落地较好的应用领域，以图像、视频数据为核心，海量的数据来源满足了算法和模型训练的需求，同时人工智能技术也为安防行业事前预警、事中响应和事后处理提供技术保障。安防领域作为人工智能成功落地的一个应用，国内很多安防企业开始从技术、产品等不同角度涉足人工智能。大华、海康威视、东方网力以及佳都科技等企业在不断加强安防产品的智能化；商汤科技、旷视科技、云从科技和依图科技等算法见长的企业正将技术重点聚焦于人脸识别、行为分析等图像智能领域。

2016年人工智能技术在安防系统上初步进行商业化，到了2018年达到了135亿元的市场规模，部分安防厂商在总收入占比从大约4%提升到8%的人工智能占比，预计2020年市场规模可以达到453亿元。从具体类型来看，视频监控占据了绝大部分，份额占到了90%，成为人工智能赋能的核心领域。利用人工智能技术实时分析图像和视频内容，可以识别人员、车辆信息、楼宇监控、“人脸打卡”、人员进出管理等。但是这些领域整体显示出门槛相对较低的特点，绝大部分安防产品与解决方案提供商多涉足这些领域，市场相对较大。

3.“人工智能+”赋能金融产业

金融行业进入到数字化建设较早，银行业沉淀了大量金融交易、客户信息数据等，并且能够积极接受新技术的应用，有较高的市场认知环境。而从目前发展来看，人工智能与金融结合的参与方主要包括了传统金融机构、互联网金融公司和人工智能企业。传统金融机构拥有广泛的客户基础和海量高可信度的数据积累，拥有完整的线下布局，对人工智能有核心需求，是市场中主要的需求方，其对精准营销和风控的需求较大。互联网金融企业面临着转型，对人工智能的需求从业务输出向技术转型变化。人工智能企业在金融方面以智能风控产品为主，主要存在技术集中型和数据集中型两类，前者在算法模拟，后者在数据积累方面分别具有优势，这些企业与大型机构合作摸索自身发展模式将会成为未来发展方向。

智能金融是人工智能技术与金融体系的全面融合，主要包含了智能风控、投顾、客服、营销等领域。“智能投顾”是通过机器学习算法，根据客户的收益目标、年龄、收入、资产以及风险承受能力自动调整金融投资组合。目前，美国的一些大中型投资公司如 Betterment 和 WealthFront 已经通过“智能投顾”为客户提供服务，并且价格低廉。另外，以往金融欺诈监测系统非常依赖复杂和呆板的规则，已服务适应日益演进的欺诈模式和技术。国内以猛犸反欺诈为代表的金融科技公司，应用人工智能技术构建自动的、智能的反欺诈技术和系统，可以帮助企业风险监控。据统计，2018 年中国传统金融机构投入约 1600 亿元，这些将会较快地促进传统金融业与人工智能产业的结合。

4．“人工智能 +”赋能医疗健康产业

医疗行业拥有海量的数据，无论是医学影像数据、患者就诊数据、药物研发数据、靶点数据、文献数据等都为人工智能的使用提供了应用场景。将人工智能用于医疗辅助诊断是主要方向，让计算机“学习”专业的医疗知识、“记忆”海量历史病例、识别医学影像，构建智能诊疗系统，为医生提供一个“超级助手”，帮助医生完成诊断。例如 IBM 开发的 Watson 系统可以在 17 秒内阅读 3469 本医学专著、248000 篇论文、69 种治疗方案、61540 次实验数据，所以人工智能在诊断赋能、治疗方案赋能、健康管理赋能等方面给予了扶持。

从市场发展来看，预计 2022 年人工智能医学影像市场可达到 10 亿元，目前大多采用三甲医院试用合作的模式，2019 年后逐步推进产品收费，随着分级治疗的推进和市场对人工智能认知的提升，医学影像市场将会得到更快的发展。另外，人工智能用于新药的研发也是核心发展领域。在新药研发过程中，研发总耗时为 10—15 年，周期长成本高，人工智能的深度学习、知识图谱等技术开始被药企接受，部分案例表明，人工智能可以使得单个研发环节周期缩短 80%。

5．“人工智能 +”赋能零售产业

新零售的发展促使人工智能产业应用到了零售产业，通过技术捕获人、货、场中的数据信息，辅助工作人员优化销售、物流、管理以及供应链方面的流程。人工智能技术在零售中的应用主要以深度学习和计算机视觉为主，深度学习主要用于数据建模和产业优化，而计算机视觉技术在数据的采集方面有重要价值，通过对消费者行为和商品的识别，对店中的经营情况进行量化，是后续优化策略的必要基础。以货物为识别对象的计算机视觉应用，如商品识别、物损检验、结算保护等在实际场景中已经替代了人工的效果，产生了巨大的经济价值。

2018年，中国现代渠道主要零售商数字化建设投入约为285亿元，其中人工智能投入约为9亿元。以阿里巴巴、京东、苏宁等零售巨头为代表的人工智能开发与应用企业，将在2019—2020年有效地带动人工智能在零售中的较高增速，尤其在商品识别、供应链优化、智能服务机器人、无人货柜等行业发展。从企业类型来看，人工智能企业、云服务商以及零售企业成为主要的代表企业，算法与零售经验的进一步融合是最终的方向。

与此同时，人工智能涉足于广告营销的产业也在快速发展，主要切入内容管理、流量管理以及数据管理三大维度。随着营销策略、营销理论等不断地更新，传统营销模式逐渐地退出历史的舞台。在用户碎片化时间上植入广告，广告的投资回报率效果并不是想象中的那么理想，广告目标客户分类不清晰等问题逐渐放大，媒体对流量管理效率能力急需提升。人工智能针对这些问题，通过技术与营销环境相结合，对用户数据特征的分析，有针对性地内部优化广告创意内容、外部优化广告投放渠道与策略。2018年，基于人工智能场景识别的广告业务市场规模达到8.8亿元人民币。

6."人工智能+"赋能制造业

制造业是实体经济的基础，随着人口红利的消失，土地、原料、人工成本等生产要素成本的大幅增长，中国大量制造企业面临生存危机，制造企业的数字化、网络化、智能化的转型升级十分紧迫。目前，人工智能技术与制造的融合场景大致有智能化研发设计、智能检验以及智能维护三方面。这是由于我国制造业信息化水平参差不齐，需要强调赋能者对行业背景有着深刻的理解，这都造成了制造业相比其他行业利用人工智能的水平相对较低。2018年，中国工业数字化经济的比重仅为18.3%，智能制造是人工智能融合制造业的主要方向。

智能制造是从数字化、网络化实现智能化。人工智能增强了制造业企业的数据洞察能力以及分析能力，为制造型企业实现智能化管理和控制提供了数据保障，加快了制造业企业转型升级效率。各种数据处理能力提升，使人工智能技术发展迈向一个新的高度，使多维角度解决复杂的工业问题成为可能。在传感技术、工业大数据、云服务及云计算等技术广泛应用于制造业的基础上，人工智能将助力制造业企业完成制造智能化的冲刺阶段。

16.3.3　人工智能行业政策梳理

自人工智能在中国发展速度增快之后，我国关于人工智能的政策陆续出台，从国家层面到省、市层面几乎全面铺开，不可否认的是这些政策促进了人工智能产业的稳步发展。

2016 年 8 月，国务院发布《“十三五”国家科技创新规划》，明确人工智能是信息技术发展的主要方向，突出人工智能在现代产业发展中的位置——“自然人机交互技术，重点是智能感知与认知、虚实融合与自然交互、语义理解和智慧决策”。可见人工智能已经成为国家重要战略，同时也是我国产业变革的重要方向。之后，我国陆续出台了《国务院关于推进物联网有序健康发展的指导意见》《中国制造 2025》《国务院关于印发促进大数据发展行动纲要的通知》以及《国务院关于印发新一代人工智能发展规划的通知》等文件，明确了新一代人工智能相关学科发展、理论建模、技术创新、软硬件升级等整体推进规划，深入实施以创新为驱动的发展战略，加快人工智能技术、人工智能理念与经济、社会、国防等行业深度渗透融合，让科技创新能力赋能人工智能技术，发展智能经济，建设智能社会，维护国家安全，构筑各种群体一体化发展的生态系统。

随后我国出台了众多的人工智能产业发展政策，例如《促进新一代人工智能产业发展三年行动计划（2018—2020 年）》《高等学校人工智能创新行动计划》《“新一代人工智能”重大项目 2018 年度项目申报指南》《新一代人工智能产业创新重点任务揭榜工作方案》《新一代人工智能治理原则》等重点政策。这些政策全方位地制定了我国未来人工智能发展的方向以及保障，同时确立了人工智能的发展路径，有效地促进了产业的发展。

从这些政策的发展变迁来看，中国人工智能的发展从早期的物联网，到中期的大数据以及到了目前对人工智能的明确，直到 2016 年之后，我国政府对人工智能的研发和产业发展认识方见成熟，政策文件稳定发布。到目前，社会各界对人工智能的认识更加务实，相关政策更加具有针对性。而从目前政策的主要布局领域进行分析，发现相关主题集中在物联网、“互联网+”、大数据、创新战略等，从整体上呈现了中国人工智能政策的主要领域。

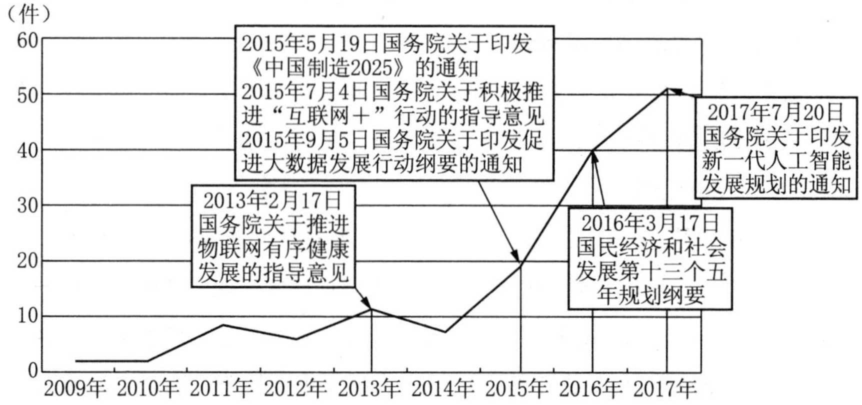

图 16.16　中国政府关于人工智能政策的数量和内容变迁

资料来源：清华大学中国科技政策研究中心。

各个地方政府也分别出台了相关扶持政策。截止到 2018 年底，有超过 20 个省份出台了人工智能产业相关扶持政策，各省份的人工智能政策发布呈现了井喷式的增长态势，其中以江苏省、广东省和福建省政策数量上领先于其他省份。地方政府的人工智能政策响应了国家战略规划，但因各地条件而各不相同，例如江苏省人工智能政策主要包括了三个主题：基础设施、物联网和云计算；广东省关注基础设施、智能制造和机器人，但是整体体现出了大数据、物联网、自主创新、知识产权、科技成果转化等角度。制定符合本地区实际的政策和法规，强调自主创新和数据共享，是各个省份关注的核心。

我国人工智能产业发展东部地区实力较强，形成以北上广为中心产业聚集区。其主要原因，三个聚集区汇聚了国内高端人才、科研机构、企业聚集度高，为人工智能产业发展提供滋生土壤，三个产业聚集区成为带动人工智能产业发展的主导引擎。据《新一代人工智能发展年度报告（2018）》统计，三大聚集区内的人工智能企业数量占据全国人工智能企业数量的 86%。北京地区是全国人工智能企业数量最多的地区，约占全国总量的 40%；上海排名第二，约为 20%；广东紧随其后，占 16%。值得一提的是，近年来中西部省份人工智能企业数量增速显著提升。

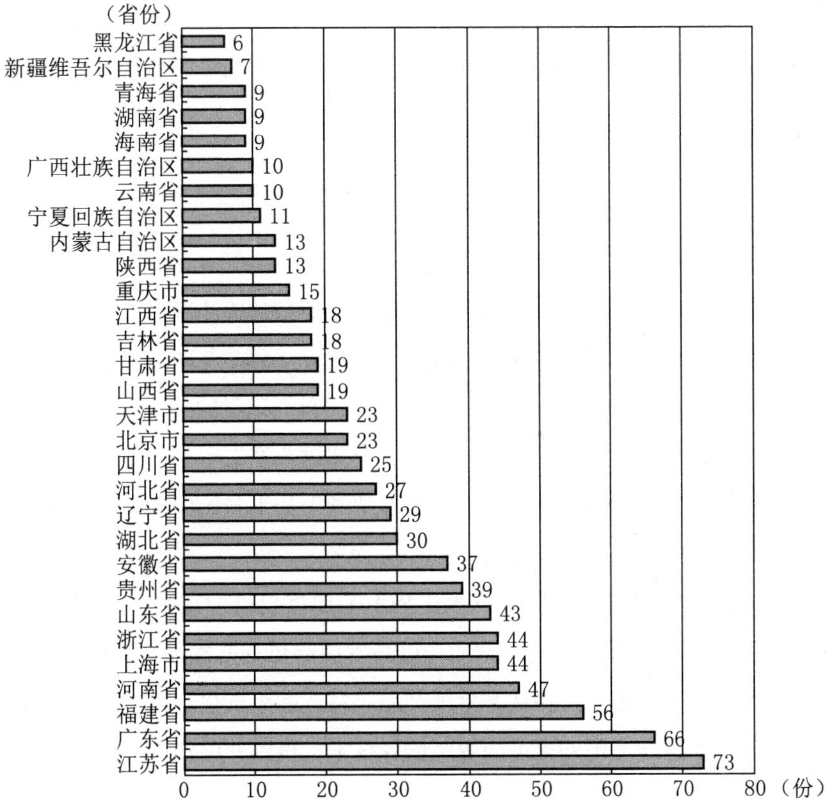

图 16.17　2009—2018 年各省份人工智能产业相关扶持政策数量

资料来源：清华大学中国科技政策研究中心。

16.3.4　人工智能企业发展举例：科大讯飞

科大讯飞股份有限公司主要从事芯片、软件的技术研究、设计开发、知识服务，依托中国科技大学背景，使其人工智能相关核心技术走在世界前列。公司以“让机器能听会说，能理解会思考，用人工智能建设美好世界”为使命，推动我国智能语音、认知识别领域的发展。

2014 年，科大讯飞开启人工智能技术研发大幕，交互能力不断提升，从最早的语音交互延伸到脸部表情、手势等多模态交互。科大讯飞制定了讯飞超脑计划，对认知智能领域进行前瞻性布局和关键核心技术的研究攻关，自有技术水平保持在最前列，技术的突破能够聚拢优势资源，为今后的发展奠定了坚实的基础，在从“能听会说”到“能理解会预测”的智能道路上越走越快。2015年科大讯飞针对人与人之间沟通交流语音的转写正确率突破85%，通过了使用门槛，值得注意的是，针对会议、演讲等场景科大讯飞做的更好，识别正确率高达到95%以上。科大讯飞成功研制出将软件硬件结合在一起的远距离语音识别系统，使得发生在距离语音识别处理装置3—5米左右的语音识别效果与近讲识别效果相同，同时研发了AIUI语音交互方案，制作集成识别方言、语音打断纠错、多轮次对话等一系列复杂场景识别的领先技术，大幅度提升了人机语音对话交互信息的成功率，重新为人机语音交互制定了新的标准。公司加快战略布局教育、移动互联、智能客服、智能汽车等领域，语音技术渗透市场。2016年，科大讯飞的英语语音合成超过了人工水平，成为迄今全世界唯一语音合成超过普通人水平的技术公司。基于深度学习的智能语音、图像识别、智能驾驶等技术开始向各个应用领域渗透，全球人工智能产业规模快速增长。

科大讯飞通过自己的核心技术优势不断地将自己的核心技术转化为产品，产品以市场需求为导向，设计与市场发展趋势相匹配的智能语音产品，充分地满足消费者需求，将技术落地产品、将产品市场化。另外，科大讯飞在技术上积极地学习国外先进的智能语音技术，得到外国先进的技术支持也是科大讯飞能够成功不可忽略的一步。

2018年，从经营角度来看，科大讯飞全年营业总收入为791722.19万元，同比增长45.41%，经营活动产生的现金流量净额达114813.64万元，同比增长216.53%，达到历史最好水平；从盈利角度来看，实现毛利396067.57万元，同比增长41.58%，增长速度下降，但增长速度趋于稳定理性；实现归属于上市公司股东的净利润54206.60万元，同比增长24.71%。近年来科大讯飞由于智能交互的技术优势，开放平台落地应用场景及规模持续扩大，为科大讯飞提供了更多战略合作伙伴，合作伙伴已达92万家企业。

16.4 我国人工智能产业发展的对策建议

16.4.1 人工智能产业发展特点总结

我国人工智能产业保持快速增长的发展步伐，部分人工智能领域先进技术处于国际领先水平。整体来看，人工智能产业规模、投融资规模以及企业数量处于世界前列。人工智能是通过技术的改变，将深刻地影响现代人类的生活方式，成为引领科技进步的排头兵，加快产业升级的步伐，为产业发展带来新动力，同时人工智能行业的发展也将成为世界各国作为提升国际竞争力的重要手段。针对中国智能产业目前发展的现状，本书认为人工智能产业具有下面的一些特点。

第一，认知性是产业发展的重要亮点。在市场需求的作用下，国内企业在芯片设计、计算机视觉处理、语音识别等技术创新，为国内人工智能产业发展提供动力。国内以芯片设计为发展方向的企业，比如寒武纪、中星微、深鉴科技、地平线机器人以 GPU、FPGA、ASIC 等技术为发展方向，通过产品应用落地和技术研发两手抓的发展思路，累积了资本的同时，为技术研发提供保障。在计算机视觉技术中，百度、旷视科技、格林深瞳等企业在技术层面领先于其他企业，这些企业大多以识别静态物体技术为基础，对动态图像的识别、场景图像的识别发展不足，还有较大的发展空间。在语音识别技术上，科大讯飞、百度、搜狗等已经在市场上建立较强的技术优势，行内对语音识别准确率已经达到 95% 以上。计算机视觉和语音识别的应用将会得到最后一公里的提升。人脸识别技术将成为视觉识别技术的竞争热点，百度可能有望在动态视觉技术上取得技术突破。科大讯飞将引领国内语音识别技术发展，推动语音识别技术从设备化向平台化发展，进一步提升在复杂场景中的语音识别的正确率。

第二，进一步整合产业资源。近年来，人工智能行业发展进入稳步的发展阶段，人工智能企业数量增速趋于缓和，投融资情绪变得更加理性。规模较大的公司将对行业内部资源进行整合或者并购，快速地获取未涉及的细分领域先进的核心技术，降低自主研发需要承受的失败风险。近年来，百度将无人驾驶作为核心，注重打造技术驱动的应用场景平台；阿里巴巴将构建大数据、云计算生态系统，侧重消费终端人工智能产品研发，将“人工智能 +”赋予商业模式；腾讯将紧紧围绕用户体系，将软硬件相结合提供人工智能服务生态；科大讯飞继续深耕智能语音识别的领域，打造世界范围内先进的智能语音平台。

第三，提升产融结合速度。随着我国经济的发展，人们对智能化产品的需求越来越多，市场所释放的需求量不断扩大，倒逼我国在数据规模和产品应用及研发上进入到国际领先位置。规模方面，由于中国是世界上人口最多的国家，借助互联网统计的优势，我国在数据规模上的优势是其他各国无法比拟的，规模化进程一定伴随着成本优势的体现。人工智能产品创新能力方面，中国已经经历了移动互联网的再洗牌，淘汰了较为落后的企业，合理地使用创新技巧，依据本土化的发展情况开发定制化的创新。将人口、创新优势与实体经济的转型深度融合，定制化、个人智能化市场空间将得到释放，扮演管理职能角色的智能化将逐步推进，“人工智能 +”产业化市场将逐步打开，人工智能的市场应用空间将会有进一步的扩大。

第四，投融资逐渐向顶层集中。积极布局，推进底层设计理念带动产业发展。近几年来，国务院、工信部等国家机关颁布了一系列大力支持人工智能产业发展的政策。“人工智能”一词多次出现在政府工作报告和党的十九大报告等重要文件当中，“人工智能 2.0”计划被纳入“科技创新 2030—重大项目”意义重大。国家颁布的《新一代人工智能发展规划》提出“三步走”的发展规划，各地方将集合中央的政策理念，布局发展适合自身地区特点的人工智能规划，做到自上而下的中央与地方联动，提高人工智能的经济效应。国内人工智能投融资总量将趋于稳定，资金面将投向应用层面的拥有技术优势的企业，从投资数量逐渐地向投资质量转变，马太效应将日益凸显。投资方向将从应用层转向基础层，由于我国基础层的发展较为落后，所以基础层的发展前景空间巨大，投融资层次将更为丰富。

16.4.2 人工智能产业发展问题总结

1. 应用端具有优势，基础与核心技术需要提升

中国规模市场给人工智能产业发展带来了成长空间，5G 产业蓬勃发展。中国在电子商务、移动支付等方面具有竞争优势，但是在基础理论和核心技术方面与美国等发达国家还有较大的差距。人工智能是一个包括应用层、硬件支撑层、基础设施层等规模庞大的经济体，中国的人工智能在全球范围内只体现在了应用层，在另外两个层面竞争力较弱。对此，中国人工智能企业既要看到发展的成绩，增强信心，不妄自菲薄，也要看到与先进企业的差

距，不盲目自信，认清现实和差距。

中国人工智能需要进一步增强技术创新与产业能力，夯实发展基础。相反，资本市场对数字应用端估值较高，例如娱乐、家政等低技术含量的行业，核心技术的匮乏导致了这些行业中的很多企业是昙花一现，在缺少流动资金后就从行业中退出。推动人工智能在“工业 4.0”、健康领域的应用，促进 ICT、信息安全、微电子和数据核心技术的投资。提升人工智能技术核心，是中国人工智能发展面临的一大挑战。

2．地区发展不平衡，数字鸿沟需要跨越

由于中国地大物博，数字化进程在地区与地区、产业与产业、社会阶层与社会阶层之间的基础设施、数字素养以及使用上存在差异，进而带来了数字鸿沟。尤其是中国东西部在经济上的差异，也导致了数字化进程的差异，例如 2017 年中国东部地区固定宽带家庭普及率为 80.2%，西部为 58.9%，中部地区只有 54.8%，中西部地区低于全国平均水平，这将导致中西部地区人工智能发展的缓慢。数字素养已经成为各行各业对劳动力的一项基本素质要求，加强数字化教育是解决数字鸿沟的重要手段。

表 16.3　2017 年世界 500 强企业中人工智能企业财务绩效对比

行　业	企　业	营业收入（亿美元）	净利润（亿美元）	国别
互联网	苹果公司	2156.39	456.87	美国
	亚马逊	1359.87	23.71	美国
	脸书	276.38	102.17	美国
	京东	391.55	−5.73	中国
	腾讯	228.71	61.86	中国
	阿里巴巴	235.17	64.90	中国
硬件设备	英特尔	593.87	103.16	美国
	高通	235.54	57.05	美国
	IBM	799.19	118.72	美国
	甲骨文公司	370.47	89.01	美国
	联想集团	430.35	5.35	中国
	华为	785.11	55.79	中国

资料来源：财富杂志。

3．传统产业转型升级，融合发展有待增强

传统产业利用数字技术动力需要进一步提升。由于信息化投入大、投资专用性强、转换成本高等，导致了传统行业的企业在进入数字化改造过程中犹豫不决。同时，技术应用难度高、进入门槛高、符合标准高等问题使得新兴企业进入困难，企业内部信息化基础差、应用数字技术能力不足和外部服务体系发展缓慢，都导致了支撑的缺失。

即使在那些人工智能发展较好的新性行业中，受制于自身规模，对经济增长支撑有限，所以它们对人工智能发展影响有限。人工智能技术导致了生产方式和模式变革，并对传统产业带来一定程度的冲击，所以企业需要进行组织变革以适应人工智能技术带来的正向收益。这也是企业面对的一大挑战。

4．市场尚不规范，发展制度需要加强完善

人工智能技术与实体经济融合，市场运行相对复杂。首先，线下不规范问题在线上得以放大，不正当竞争行为在网上快速扩散，损害了正当的市场竞争。其次，新兴行业经营不规范不断涌现，监管框架的缺失导致行业发展违规现象出现，传统监管已不适合人工智能的融合发展。所以，行业治理方式亟待创新，人工智能新兴业态的发展同现有法律滞后性的矛盾越发突出，部门业务领域存在立法空白，给行业发展带来了极大的不确定性，法律法规建设相对滞后。

5．转型发展风险初显，社会问题需要解决

传统企业退出、生产效率提升、人力资本专用性等可能导致结构性的失业。人工智能将传统行业挤出市场，大量企业员工失业，从而放大了实体经济风险。人工智能技术实现社会主体的广泛连接与协同，使得人工智能中主体、行为、环境更加复杂，联系更加紧密，某一环节出现问题就可能波及整个经济。如何应对这些风险是需要进一步关注的。

16.4.3 人工智能产业未来发展建议

1．对政府层面的建议

（1）大力推进智能制造和传统产业转型升级。

我国需要在全球范围内大批引进人工智能下各类人工智能产品的生产商

和服务商，丰富产业链上中下游的完整性和支撑力。以目前的人工智能产业园区为基础，制定相关政策、创造有利条件，搭建引智平台，大力吸引从人工智能、信息基础设施制造等高科技制造企业，到云服务、大数据相关服务、电子商务配套软件以及人工智能文化产品等软件服务类企业。

鉴于中国整体中小企业创新能力不足，可大力扶持一批具有特色或发展潜力的人工智能小微型企业，并加大鼓励人工智能创新创业，打造具有中国特色的人工智能产业集群，鼓励企业间建立互惠互利的战略合作平台，全面提升中国人工智能主体的发展潜力以及核心竞争力。

（2）持续推动“人、大、云、物、移、区”的快速发展。

应大力发展智能终端、芯片和新型人工智能材料等数字化研发制造业，以及高端人工智能服务产业。与此同时，高度关注规模化智能制造，推进智慧工厂和人工智能化车间以及机器人产业的规模化发展。依靠技术、人才和资金投入，全面提升传统工业制造业生产过程中的效率、精细度和智能度。

大力开展大数据、云计算、人工智能等高新技术的研发和应用，提高产业科技密度。加大对研究中心及科研机构的支持力度和政策扶持，鼓励高校培养专业人才。将中国建设成为人工智能核心技术开发基地，发展人工智能和智能制造业等人工智能前沿产品与技术，有重点、有规划、有步骤地推进技术性人工智能的发展。

大力开展区块链核心技术的基础性研究，加快集聚区块链等人工智能产业项目。把人工智能、大数据、云计算、区块链、VR/AR 等人工智能产业项目加快集聚，将技术和应用扩散至整个科学城，与其他产业交叉融合。加快商业银行数字金融的转型发展，针对转型中的个性问题对症下药，突破转型中各自的障碍和难点。

（3）加快“两化融合”发展。

应加快推动人工智能与传统制造业、服务业的融合，以及衍生产业的建立与发展，开拓多元化人工智能服务业态。围绕人工智能零售、医疗、教育、金融等行业需要进一步的数字化，因此，调整产业配比，加强人工智能化融合推广，鼓励高科技及人工智能化新兴产业蓬勃发展，开拓多元化的人工智能制造业态和服务业态。

欧盟把数字素养提升到了战略的高度，为促进对数字素养的理解和公民数字素养的发展，实施了“数字素养项目”，该框架包括信息、交流、内容创建、安全意识和问题解决五个“素养域”。要重视消除“数字鸿沟”，进一步消除网络信息设施区域分布不均的状况，普及提升教育人民大众的“数字素养”，降低宽带资费和移动互联网费用以及提高整体的网络运行效率。

（4）构建“智慧政府”，提升政务效率。

加快法规政策动态调整，推动人工智能法律“立改废释”，优先解决旧制度与新业态之间的矛盾。探索构建包容创新的审慎监管制度，推进多元治理体系建设，积极构建新型协同监管机制，强化数字治理手段建设。积极提高政府服务能力和水平，优化对人工智能领域市场主体的审批服务，建立健全创业创新政务服务体系。

（5）大力实施安全战略，强化安全保障。

构建网络安全的关键举措，发展网络防御能力、增加网络弹性、降低网络犯罪率、加强网络安全方面的资源投入和研发支出、确保关键信息基础设施安全。保障网络安全，重点在研发和人才方面加大投入。推广使用安全的通信基础设施，促进人工智能技术安全产业发展，强化在线服务的安全性。

早日出台“人工智能”相关法律，从法律层面切实做到保护人工智能知识产权，加大人工智能信息的安全保护力度，积极采取保全措施，使知识产权法对权利人权利保护的及时性、便利性、有效性得以增强，进而鼓励知识创新。

2. 对企业层面的建议

（1）占领核心技术高低，应对多样的“跨界”竞争。

对于中国的人工智能企业来讲，如何从应用端逐渐延伸到研发端是值得关注的问题。不论是新一代原生人工智能企业（如阿里巴巴、京东、微博、微信等）除了要向各个垂直细分领域扩张外，还需要回到技术的源头，研发出能够引领产业发展的核心技术。

人工智能企业竞争是硬件、软件和数据的竞争，需要以自身拥有人工智能化的能力、能发展出平台的能力以及能发展出集成的能力，引领带动行业人工智能。针对产业链进行垂直型分工的企业实施差异化的创新战略，考虑该类型企业数据信息安全和体系相对独立的特性，对人工智能化转型实施个性化有针对性的转型战略。

（2）构建企业品牌效应，提升客户的参与度。

相比传统企业，人工智能企业需要更高的品牌效应。人工智能企业应更好地利用自身的人工智能技术和人工智能媒体，建设人工智能品牌，提升用户体验，与客户进行更多、更深入的互动，能够用更丰富的内容和形式进行情感表达和互动性，尤其是针对新一代的年轻客户。

同时人工智能企业产品需要更加有创意。好的人工智能化产品不仅有着广阔的应用空间，也会直接改变消费者的生活。尽可能覆盖众多生产者、消费者和第三方，让人工智能技术和产品形成网络效应。

（3）从创新、效率和规模角度提升企业的核心竞争力。

从科技角度来看，数字社会带来深刻的社会巨变，其深度和广度还想象不到，但是可以预见的是，只有那些在技术、商业、交易模式方面能够领先的企业才能具有竞争力。从目前来看，人工智能企业的规模多数小于传统行业，逐步扩大自身的规模是多数人工智能企业面临的问题，同时要进一步提升自身的运营效率，这样才能够为其他企业带来更高的效率。

虽然人工智能企业研发投入规模已经领先，但是经前文分析相比国外的人工智能企业，中国的人工智能企业在研发投入和水平上还有一定差距。为了适应技术与市场的变化，人工智能企业需要依靠创新来增加核心竞争力。当然，现在看到的是，很多新兴的人工智能企业在短短十年中得到了飞跃式的发展，但是应该清醒地认识到，人工智能经济的竞争才刚刚开始，未来的竞争会更加激烈。人工智能企业本身加快发展，部署和推动自身企业的发展路径，也是迫在眉睫的事情。

参考文献

［1］刘涛雄、刘骏：《人工智能、机器人与经济发展研究进展综述》,《经济社会体制比较》2018 年第 6 期。

［2］曹静、周亚林：《人工智能对经济的影响研究进展》,《互联网经济》2018 年第 6 期。

[3] 吴清军、陈轩、王非、杨伟国:《人工智能是否会带来大规模失业?》,《山东社会科学》2019 年第 3 期。

[4] 艾瑞咨询:《2018 中国人工智能产业研究报告》。

[5] 艾瑞咨询:《2019 中国人工智能产业研究报告》。

[6] 清华大学中国科技政策研究中心:《2018 中国人工智能发展报告》。

[7] 埃森哲:《人工智能:助力中国经济增长》。

（本章主持及执笔：牛志勇、郭泽峰）

第 17 章　5G

本章提要：

第二次工业革命以来，通信技术进展迅猛，极大地推动了经济社会发展，到如今已演进到第五代移动通信技术。与 2G 萌生数据、3G 催生数据、4G 发展数据不同，5G 是跨时代的技术——除了更好的体验、更大的容量，它还将在各个行业中大展拳脚，开启万物互联时代，助力人类社会登上信息通讯时代的黄金时刻。中国在经历了“1G 空白、2G 跟随、3G 突破、4G 并跑”之后，5G 时代终于在标准制定、商用等方面领先。

5G 定义了 eMBB（增强移动宽带，针对的是大流量移动宽带业务）、uRLLC（超高可靠超低时延通信，例如无人驾驶等业务。3G 响应为 500 ms，4G 为 50 ms，5G 要求 0.5 ms）和 mMTC（大连接物联网，针对大规模物联网业务）三大应用场景，除了能满足人们的日常生活，还能满足工业环境下的设备互联和远程交互应用需求。因此，5G 可以通过其庞大的上下游产业链，对经济高质量发展产生巨大的拉动作用。目前，华为、中兴、中国移动和海康威视等中国企业在 5G 发展、应用方面取得了巨大的进步，有很强的国际竞争力。然而，也要看到中国在芯片设计和制造、射频器件和存储元件等重要领域仍受制于人，需要大量进口。为了突破这些卡脖子核心技术难题，需要发挥社会主义制度的优越性，同时合理利用市场机制，逐步占领 5G 价值链和产业链的高端。

17.1 5G 产业概述

17.1.1 通信技术发展历史

自古以来，互联互通就是人类社会的不懈追求。从原始的“烽火传军情”到信鸽，人类在借助外力通信的路上进展缓慢。直到第二次工业革命，人类的通信技术才有了质的飞跃。1835 年，美国人莫尔斯在实验室内成功架设有线电报机；1876 年，美国人贝尔发明了电话机并申请了专利；①1895 年，意大利人马可尼发明无线电报，次年在英国申请到此项发明的专利权，人类由此进入了无线通信时代；1973 年，摩托罗拉实验室发明了无线电话，人类跨入了无线通信的新纪元，开始享受移动通信给生活带来的种种便利。

20 世纪 80 年代以来，移动通信每十年便推出新的无线通信技术。1G（First-Generation Mobile Communications System）采用频多分址（FDMA）和模拟调制技术，把语音转换到高频的载波频率上，传输模拟信号，因此只能应用在一般语音传输上。1979 年日本在东京、神户等地投入并使用了 800MHz 汽车电话系统（HAMTS）。1987 年 11 月 18 日在广东举办了第六届全运会，在这次全运会上中国的第一代模拟移动通信系统开通并正式商用。1G 的主要标准如下：

（1）AMPS：高级移动电话系统，使用 800MHz 频率，在北美、南美和部分环太平洋国家广泛使用。

（2）TACS：总接入通信系统，由摩托罗拉公司开发，是 AMPS 系统的修改版本，运行于 900MHz 频率，在欧洲和日本分别运行 ETACS、JTACS 两种版本。我国邮电部于 1987 年确定以 TACS 制式作为我国模拟制式蜂窝移动电话的标准。

（3）NMT：北欧移动电话，运行于 450、900MHz 频带，应用于曾在北欧国家、瑞士、荷兰、东欧及俄罗斯等国。NMT450 由爱立信和诺基亚公司开发，

---

① 美国国会 2002 年 6 月 15 日 269 号决议确认安东尼奥 · 穆齐为电话的发明人。穆齐于 1860 年首次向公众展示了他的发明，并在纽约的意大利语报纸上发表了关于这项发明的介绍。但通常认为贝尔发明了有线电话。

服务于北欧国家。是世界上第一个多国使用的蜂窝网络标准，运行于 450MHz 频带；NMT900 为升级版本有更高的系统容量，并能使用手持的终端产品。

（4）C-Netz：运行于 450MHz 频带，应用于西德、葡萄牙及奥地利。

（5）C-450：与 C-Netz 基本相同，运行于 450MHz 频带，二十世纪八十年代部署在非洲南部。

（6）Radiocom2000：RC2000，运行于 450、900MHz 频带，应用于法国。

（7）RTMS：运行于 450MHz 频带，应用于意大利。

（8）NTT：分为 TZ-801、TZ-802 和 TZ-803 三种制式，高容量版本称为 HICAP。

1G 之后，模拟信号被数字信号替代。2G 主要采用时分多址（TDMA）和 GSM，增大了相同带宽下携带的信息量，从而提升了频谱的利用率，实现了数字化语音通信，最大速率可达 384 K/s，能够满足简单的网页浏览和网络聊天。1992 年 GSM 开始在欧洲商用。1993 年 9 月 19 日，我国第一个数字移动电话 GSM 网在浙江省嘉兴市开通。2G 的主要标准如下：

1. GSM：全球移动通信系统，基于 TDMA，发源于欧洲并且在全球广泛使用。GSM 系统通过 SIM 卡来识别移动用户，为发展个人通信打下了基础。

2. IDEN：基于 TDMA，全球仅被美国电信运营商 Nextell 使用。

3. IS-136（D-AMPS）：基于 TDMA，美国最简单的 TDMA 系统，用于美洲。

4. IS-95（CDMA One）：基于 CDMA，美国最简单的 CDMA 系统，用于美洲和亚洲一些国家。

5. PDC：基于 TDMA，仅在日本普及。

3G 主要采用码分多址（CDMA），改变了信息接收方式，提升了频谱利用率和信噪比，支持数据和多媒体业务，最大速率可达 42 M/s，能够满足视频通话、在线影音和游戏等业务。2000 年 10 月，韩国 SK Telecom 就推出了世界上第一个商用 CDMA2000 1X 网络。2009 年 1 月 7 日，工信部为移动、电信和联通发放了 3 张 3G 牌照，紧接着 3G 商用运行。3G 主要标准如下：

（1）WCDMA（欧洲）：基于 GSM 发展而来，欧洲与日本提出的宽带

CDMA 基本相同。该标准提出了 GSM（2G）-GPRS-EDGE-WCDMA（3G）的演进策略，基于 GSM 的市场占有率情况，WCDMA 具有先天的市场优势，是终端种类最丰富 3G 标准，占据全球 80% 以上市场份额。WCDMA 的支持者包括爱立信、阿尔卡特、诺基亚、朗讯、北电以及 NTT、富士通、夏普等厂商。

（2）CDMA2000（美国）：由窄带 CDMA（CDMAIS95）技术发展而来的宽带 CDMA 技术，美国高通公司为主提出，摩托罗拉、Lucent 和韩国三星都有参与，但韩国成为该标准的主导者。CDMA2000 可以由 CDMA One 结构直接升级到 3G，成本低廉。但使用 CDMA 的地区只有日、韩和北美，所以 CDMA2000 的支持者不如 WCDMA 多。

（3）TD-SCDMA（中国）：由中国大陆单独制定，1999 年 6 月大唐电信向 ITU 提出，但技术发明始于西门子公司。TD-SCDMA 因辐射低被誉为“绿色 3G”。该标准可不经过 2.5 代的中间环节直接向 3G 过渡，适用于 GSM 系统向 3G 升级，但相对于另两个主要 3G 标准 CDMA2000 和 WCDMA，它的起步较晚，技术不够成熟。

（4）WiMAX：由 Intel、IBM、摩托罗拉、北电以及北美一些运营商提出的通信技术，2007 年 ITU 批准 WIMAX 无线宽带接入技术成为移动设备的全球标准。但 2009 年北电向法院申请破产保护，2010 年 WiMAX 标准的最大支柱 Intel 解散 WiMAX 部门，WiMAX 宣告失败。

4G 主要采用正交频分多址（OFDMA）和多入多出（MIMO），支持宽带数据和移动互联网业务，最大速率 100 M/s，能够用于网络直播、在线游戏和视频监控等领域。2009 年 12 月北欧运营商 TeliaSonera 在瑞典与挪威推出了全球首个 4G 网络，2013 年 12 月 4 日三大运营商获得 TD-LTE 牌照并随后开通了 4G 服务。4G 主要标准如下：

1. LTE：OFDM 和 MIMO 是其技术演进的唯一路径。由于 WCDMA 网络的升级版 HSPA 和 HSPA+ 均能够演化到 FDD-LTE，我国自主研发的 TD-SCDMA 也能跳过 HSPA 直接向 TD-LTE 演进，所以这一 4G 标准得到了最大的支持。

2. LTE-Advanced：LTE 升级之后的版本。

从 1G 到 4G，其关注的仍然解决人与人之间的沟通问题。5G 是 4G 之后的延伸，与已有的通信技术最大的区别在于，它不仅实现了人与人的联系，还联系了人与物、物与物，构筑起万物互联互通的时代。5G 主要采用移动边缘计算、网络切片、超宽带、大规模天线、超密集组网等技术。国际标准化组织 3GPP 定义了 5G 的三大场景，其中，eMBB 指 3D/ 超高清视频等大流量移动宽带业务，mMTC 指大规模物联网业务，URLLC 指如无人驾驶、工业自动化等需要低时延、高可靠连接的业务。在此之前，我国 MT-2020（5G）推进小组发布的《5G 概念白皮书》中也明确了四大应用场景：连续广域覆盖、热点高容量、低功耗大连接、低时延高可靠。5G 最大速率可达数千兆字节每秒，可以应用于工业互联网、车联网等领域。按照 3GPP 的计划，5G 将有 R15 和 R16 两大阶段，其中 R15 又分为三部分，R15 NR NSA（新空口非独立组网）标准于 2017 年 12 月完成，R15 NR SA（新空口独立组网）标准于 2018 年 6 月完成，R15 Late Drop 标准原计划 2018 年 12 月完成但目前已推迟。

韩国于 2019 年 4 月 3 日正式推出 5G 商用服务，成为首个进入 5G 商用的国家。截至 2019 年 6 月 10 日，韩国加入 5G 服务的用户已突破 100 万人，速度远超 4G 同期水平。4 月 6 日，美国运营商 Verizon 宣布推出首个商用 5G 网络，正式将美国带入 5G 时间。5 月 7 日，瑞士电信宣布正式提供 5G 商用服务，成为欧洲第一家宣布开展此类服务的电信运营商。由此，瑞士也成为了第一个商用 5G 的欧洲国家。5 月 31 日英国电信公司旗下的 EE 公司宣布，在英国 6 座城市正式启动 5G 服务英国也正是进入了 5G 时代。2019 年 6 月 6 日，中国移动、中国电信、中国联通、中国广电 4 家企业从工信部手中接过 5G 牌照，这也代表着我国将正式进入 5G 商用时代。

17.1.2　5G 的关键技术

相对于前四代通信技术标准的百花齐放，5G 因其技术过于复杂，需要各个企业齐心协力才能制定出统一的标准。5G 的关键技术分为无线关键技术和网络关键技术，主要技术如下：

1. 无线关键技术

（1）大规模天线阵列。天线多输入多输出（MIMO）技术在 3G 时代已经引入无线通信领域。MIMO 技术的优势包括：通过使用多根天线，发射或接受更多的信号流，提高信道容量；通过智能波束成型，将射频的能量集中在一个方向上，提高信号的覆盖范围；较大的阵列增益也可以灵活地降低发射功率，降低基站能耗，节约网络运维成本，实现绿色通信。5G时代，大规模MIMO（Massive MIMO）技术将成为技术趋势，天线阵子将从目前的4×4水平向16×16等更高数量级升级。

（2）超密集组网。为了解决未来成百上千倍的移动数据流量增长和用户体验速率提升上百倍的需求，提高频谱利用率以外，提高小区基站的密度仍然是最有效的办法。目前的无线通信以小区分裂的方式部署基站，但这种方法在覆盖半径减小时难以进行，必须在热点区域安装更多小基站，形成超密集组网。

表 17.1　5G 基站类型

类　型	单载波发射功率	理论覆盖半径
宏基站	12.6 W 以上	200 m 以上
微基站	500 mW—12.6 W	50—200 m
皮基站	100 mW—500 mW	20—50 m
飞基站	100 mW 以下	10—20 m

资料来源：国际电信联盟。

（3）新型多址技术。多址技术是基站区分终端用户的技术。3G时代的CDMA、4G时代的OFDMA等都是重要的多址技术。5G时代为了应对海量终端的接入，将引入多址技术。新型多址技术具体包括SCMA、PDMA和MUSA。

（4）全频谱接入技术。全频谱接入包括6 GHz以下低频段和6 GHz以上高频段，前者是5G的核心频段，可以提升热点区域的速率。低频和高频混合组网能够发挥低频和高频的优势，为5G优势的发挥打下了坚实的基础。

（5）新型多载波。为了更好地支撑5G的各种应用场景，新型多载波技术的研究需要关注多种需求。首先，新型多载波要能更好地支持新业务，因为在业务类型方面，5G比4G更为丰富；其次，新型多载波技术需要具有良好的可扩展性，以便根据不同业务进行改良；此外，新型多载波技术还需和其他技术实现良好兼容。截至目前，业内呼声最高的3个候选技术是：F-OFDM、FB-OFDM和UF-OFDM。

（6）先进调制编码。先进调制编码涵盖许多单点技术，它们大致可以分为链路级调制编码、链路自适应、网络编码三大领域。先进调制编码中的多种技术可以用于很多场景。多元 LDPC 码、新的比特映射技术和超奈查斯特调制适合大带宽大数据传输，在高信噪比环境增益明显，较适于热点高容量场景。联合编码调制的旋转调制依靠多发射天线提高链路的鲁棒性，十分适合广域覆盖场景。网络编码可以加强多个节点之间传输的协作性，在超密集组网中将起到重要作用。

（7）全双工。提升 FDD 与 TDD 的频谱效率，并消除其对频谱资源使用和管理方式的差异性，是未来移动通信技术革新的目标之一。基于自干扰抑制理论和技术的全双工技术成为实现这一目标的潜在解决方案。从理论上来讲，全双工可以使频谱效率提升一倍。从组网层面来看，全双工释放了收发控制的自由度，改变了网络频谱使用的传统模式，将会带来网络上用户的多址方式、无线资源管理等技术的革新，需要与之匹配高效的网络体系架构。

（8）毫米波。毫米波的波长在 1 到 10 mm 之间，可靠性高、方向性好、容量大、易于集成，能够满足 5G 网络的高速需求，但是穿越障碍物的能力较弱，因此需要与超密集组网相结合。

2．网络关键技术

（1）网络切片。目前已有的切片技术，可以改变网络的管道模式，以灵活适应 5G 的不同场景和需求。

（2）控制和承载分离。与传统网络相比，5G 网络可完全分离控制和转发功能，进而按需编排，满足不同场景的多样化要求。

（3）网络功能重构。5G 能够基于虚拟化技术，虽然在计算和通信性能上不及专用硬件，但能更高效灵活的利用资源。

（4）移动边缘计算。该技术可以有效降低业务时延，提高视频类业务的用户体验。

17.1.3　国内外 5G 的发展现状及产业政策

每次通信技术的变革，都将是大国与大国之间的较量、巨头与巨头之间的竞争，角逐之后最终决定谁吃肉谁喝汤。2G 时代到 4G 时代的历史经验表明：谁在变革中占据了主导权，谁就能在后面大发横财。作为通用技术，5G

商用将带动多个万亿元级别的新兴产业。据高通预测，到 2035 年 5G 将在全球创造 12.3 万亿美元经济产出。各国早已蓄势待发，抢占全球霸主，在技术研发、商用布局等方面展开了激烈的角逐。

1G、2G 时代，中国企业是几乎没有专利。3G 时代，中国通信企业的研发实力较 2G 时代有了较大提高，开始有一些专利技术纳入到了 CDMA2000 及 WCDMA 标准中。例如，华为拥有的 WCDMA 基本专利量约占全部披露量的 6.15%，排名第五。此外，中国具有自主知识产权的 TD-SCDMA 技术被确定为三大 3G 主流技术之一，但其底层的 CDMA 核心专利仍属于高通，加之 TD-SCDMA 在海外的产业化效果一般，中国与海外领先企业的实力依然相差甚远。到了 4G 时代，根据国家知识产权局数据显示，截至 2016 年 3 月底，在 4G LTE 标准必要专利持有量方面，美国仍然是“领头羊”，持有量 30232 件，全球占有率高达 37.65%，领先第二名韩国 17%（持有量 16491 件，占比 20.54%），占有绝对优势。中国在 LTE 市场发展上劲头十足，迅速成长，排名第六，虽已处于第一阵营，但依然难言领先。而到了 5G 时代，中国更是一马当先，抢占了制高点，5G 三个重要场景之一——增强移动宽带（eMBB）的信令信道编码方案采用了华为提出的 Polar 码。除此以外，在核心网架构、承载网标准和无线空中接口等方面，中国企业也拔得头筹。

表 17.2 中国企业的 5G 标准贡献

5G 标准	贡献内容	成果价值
信道编码	华为等中国阵营支持的极化码成为 5G eMBB 场景控制信道的编码方案	信道编码是通信技术的皇冠，中国阵营首次占据控制信道与数据信道两大信道中的一种编码方案，夺取了核心话语权
核心架构网	中国移动牵头的 SBA 架构成为 5G 核心网统一基础架构	核心网是除无线接入网外的 5G 半壁江山，由中国公司主导的架构成为该领域唯一确定方案，奠定 5G 网络的整体形态
承载网标准	中国移动主导 SPN，已经进入测试阶段；中国电信主导 M-OTN 方案，目前已经实现了两个相关标准立项	承载网络是 5G 端到端通信系统的基础，为实现包括大带宽、低时延、高可靠、灵活性、切片等需求，建立统一的 5G 承载网标准已迫在眉睫
无线空中接口	中兴与华为分别获得 5GNR 标准编写组的三个主编席位	中国企业在顶尖无线空口标准的制定过程中获得多个主编席位，增加了对于 5G 标准制定的把控力

资料来源：新闻整理。

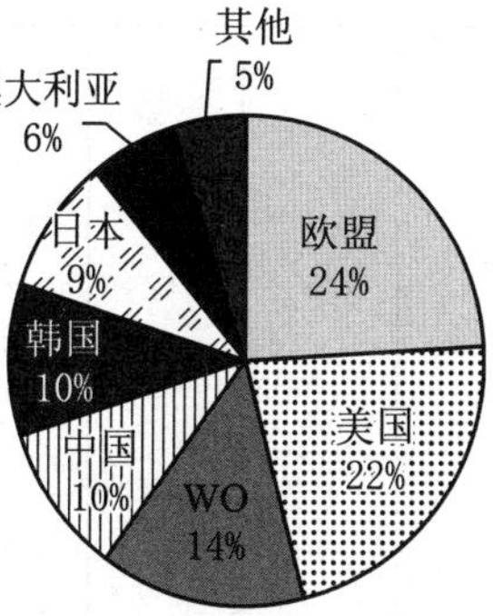

图 17.1　全球 3G 专利申请分布 ①

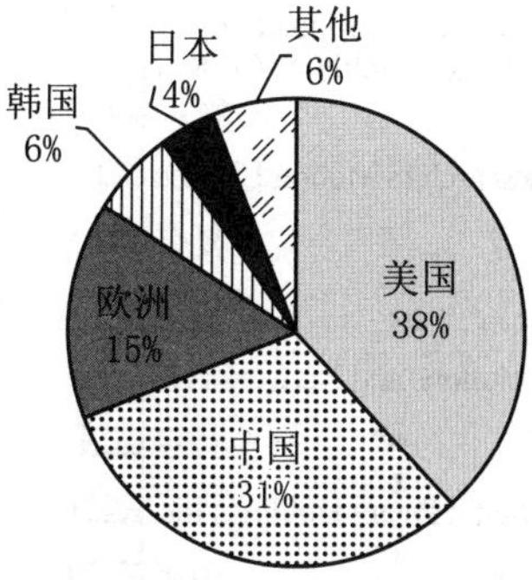

图 17.2　4G 关键专利全球分布 ②

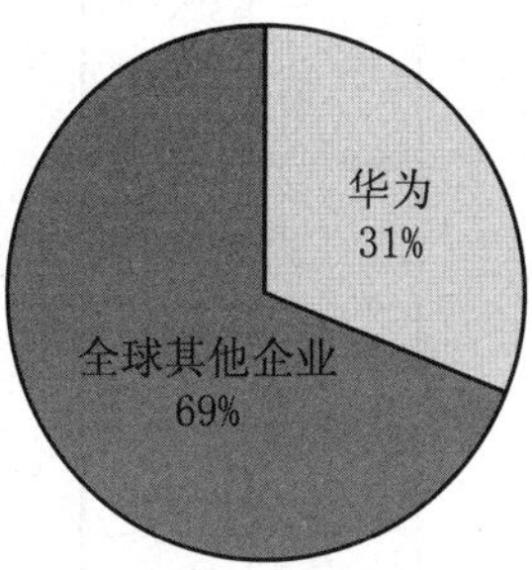

图 17.3　NB-IoT 标准提案分布

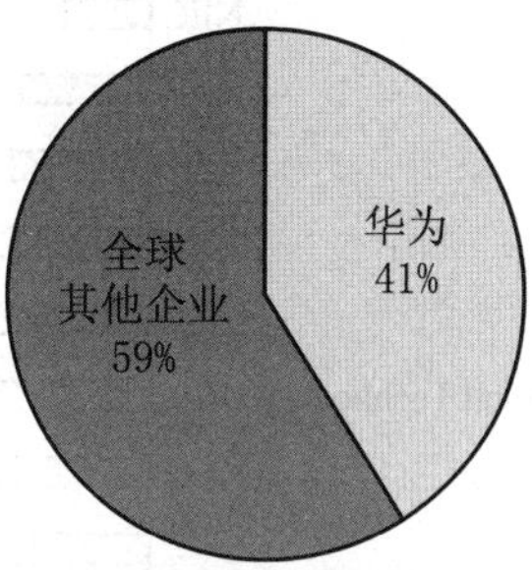

图 17.4　最后通过的提案分布

资料来源：《NB-IoT 标准协议冻结》，载 CSDN 网 https：//blog.csdn.net/yazhouren/article/details/51735546。

中国企业在 5G 发展中占领先机离不开政府的大力支持。2006 年，国务院发布《国家中长期科学和技术发展规划纲要》，其中确定了发展新一代宽带无线移动通信为 16 个国家重大战略产品、关键共性技术和重大工程之一的国家重大科技 03 专项。“十三五”期间 03 专项主要推动形成与全球各国广泛一致的 5G 标准，完成 5G 芯片、终端设备的研发，并推动 5G 与互联网、物联网应用的融合和创新，为今后 5G 商用打下良好基础。

2013 年，工业和信息化部与国家发展和改革委员会以及科学技术部共同建立了 IMT-2020（5G）推进组，在与欧盟、美国、日本和韩国等国家和地区的合作机制下，推进 5G 标准的制定。推进组由来自国内外的运营商与技

① 栾春娟、尹爽：《全球 3G 领域专利计量及中国的机遇与挑战》，《技术与创新管理》2009 年第 6 期。

② 颜燕：《4G 通信技术专利国际分布及分析》，《信息通信》2015 年第 10 期。

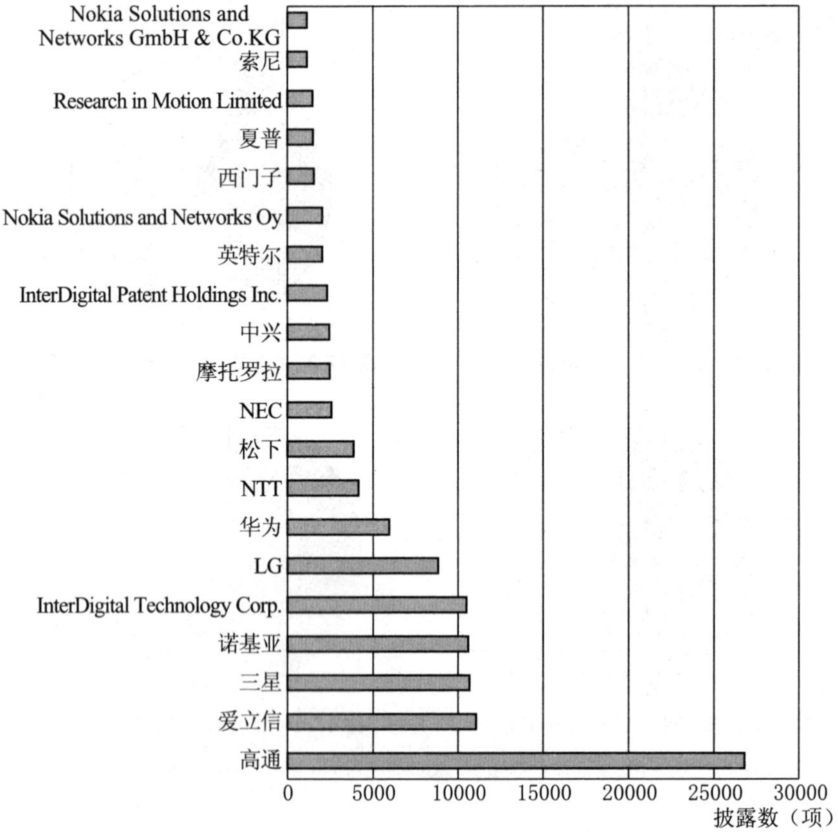

图 17.5　欧洲电信标准化协会数据库中拥有标准必要专利数量前 20 的公司

资料来源：国家知识产权局。

术供应商专家组成，为 3GPP 提供重要信息，支持制定全球统一的 5G 标准。同年，科技部启动了国家 863 计划“第五代移动通信系统研究开发一期”重大项目，旨在 2020 年前将实现支持业务总速率 10 Gbps。

2016 年 12 月，国务院印发《“十三五”国家战略性新兴产业发展规划》，指出要加快构建新一代无线宽带网，加快 4G 网络建设，大力推进 5G 联合研发、实验和预商用试点。随后，工信部印发《信息通信行业发展规划（2016—2020 年）》。该文件指出，支持我国 5G 标准相关的技术研究试验，进一步推进 5G 频谱规划，重点突破 5G 关键性技术及产品，争做 5G 领域的全球引领者。

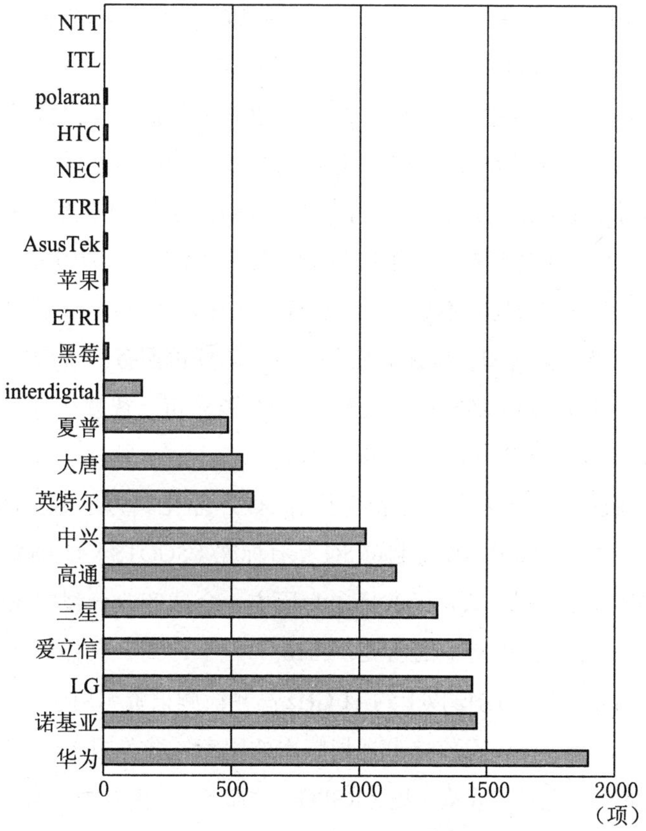

图 17.6　通信企业 5G 标准必要专利声明量最新排名（2018 年）

资料来源：中国信息通信研究院知识产权中心。

2017 年 3 月，政府工作报告中也首次提到 5G 通信技术，其指出："全面实施战略性新兴产业发展规划，加快新材料、人工智能、集成电路、生物制药、第五代移动通信等技术研发和转化，做大做强产业集群。"2017 年、2018 年的政府工作报告中均有提及推动移动通信技术的发展，并在方案中提出了具体的实施方案和目标，体现了政府对于推动 5G 发展的坚定决心和清晰规划。

2018 年 4 月，国家发改委发布通知称，降低部分无线电频率占用费收费标准，包括降低 5G 公众移动通信系统频率占用费标准，对其推行"头三年减免，后三年逐步到位"的优惠政策。此次无线电频率占用费收费标准的调整，将会为运营商节省上百亿元的开支；如果考虑到未来毫米波的应用，将会节省数千亿元的费用。此次降费通知，以切实可行的财政补贴为未来5G的发展注入了一剂强心针。

此前业界预计5G商用是在2020年，也有消息指出牌照将于2019年9月发放。2019年6月6日提前发放牌照意味5G商用提速，政策持续强化，彰显中国对于全力推进5G商用决心，力证5G不会受到中美贸易争端和华为进入实体名单事件影响。与4G时代不同，中国广电成为四大电信运营商之一。此次广电的入局并不是为了有意打破现有的电信市场的稳定格局，而是为推动自身产业转型，构建通信、电视、物联网服务三者融合的新型网络，并力求延伸至更多创新应用领域，如智慧城市、智慧交通、智慧家具等，为5G应用产业化打开更多的渠道。

除中国以外，欧美日韩也积极推荐5G产业化。为了尽早部署5G系统，美国、日本和韩国早期曾制定5G私有标准（5GOTSA），随着3GPP 5G NR标准的完成，这一私有标准将成为历史，全球产业分裂的风险也得以消除。频谱分配是5G落地的前提，2016年7月14日，美国联邦通信委员会（FCC）同意将24 GHz以上约11 GHz高频段频谱资源用于5G部署，成为世界上第一个为5G通信技术规划频率的国家。继美国之后，2016年11月，欧洲的无线电频谱政策小组（RSPG）公布5G频谱战略。我国工信部于2017年11月发布通知，规划3300—3600 MHz和4800—5000 MHz频段作为5G系统的工作频段。

全球主要国家和地区陆续出台了5G商用时间表。资料显示，各国计划实现5G商用的时间相似，基本在2020年左右实现商业部署。目前，全球主要电信运营商基本已开展5G试验。韩国运营商的计划相对靠前，韩国电信（KT）已在2018年2月平昌冬奥会期间提供5G服务，并于2019年4月3日进行了商业部署。平昌冬奥会于2018年2月9日开幕，能为用户提供沉浸式5G体验服务，包括同步观赛、互动时间切片、360度VR直播等。这是全球首个28 GHz频段的大范围5G网络，也是第一个准商用5G服务。

英国早在2012年就建立了5G创新中心5GIC。2015年2月，5GIC开发出媲美光纤网络的超高速传输技术，传输速率可达1 Tbit/s。2016年10月，5GIC完成全球首个FDC演示。英国政府还创建5G创新网络来试用和演示

5G 应用，并在 2018 年初完成端到端 5G 试验。英国还在 2017 年底提出了政府建筑和土地用于移动基础设施发展的方案，支持 5G 建设。2019 年 5 月 31 日，英国电信公司旗下的 EE 公司宣布，在英国 6 座城市正式启动 5G 服务，英国也正式进入了 5G 时代。

2013 年起，欧盟启动 METIS 和 5GPPP 项目以专攻 5G 相关研究。此外，欧盟还支持推进 5G-Exchange、5G-Transformer 等项目。2016 年底，欧盟发布欧洲 5G 频谱战略；2017 年，就制定出了完整的部署路线图；2018 年开始正式进入预商用测试阶段；根据计划，2020 年各欧盟成员国将各自至少在一个城市提供 5G 服务；2025 年将在各成员国的城区、主要公路和铁路沿线提供 5G 服务。

日本也早在 2013 年就开始“2020 and Beyond Ad Hoc”项目，为支持 5G 技术在今后十年内的发展；2016 年，日本总务省专门成立 5G 研究组以研究 5G 相关政策；目前，日本三大无线电通信运营商（NTT DoCoMo、Softbank 和 KDDI）也计划首先在东京都中心城区提供 5G 服务，服务于 2020 年东京奥运会，并争取在 2023 年前完成全国各城市 5G 网络服务的建设。

2016 年，美国白宫推出了价值 4 亿美元的先进无线研究计划，以推广无线测试平台。2018 年 9 月，白宫举行了一次 5G 峰会，相关政府领导人和产业代表参加并讨论 5G 的未来发展方向，促进私营公共部门合作，同时承认美国在开发和部署 5G 方面落后。美国联邦通信委员会（FCC）也发布了“5G 快速计划”。该计划包括三个关键的解决方案：释放更多的频谱——为 5G 和 WiFi 添加额外的无线电频谱；促进无线基础设施建设——未来十年间将从现有补贴项目中拿出 204 亿美元给互联网服务商以修建基础设施让 400 万农村家庭和小企业享受高速网络服务；法规现代化——修订过时的法规以推动 5G 网络的发展。

17.2　5G 产业链

5G 通过其庞大的产业链，对经济产生巨大的拉动作用。具体而言，5G 产业链由上游基站升级、中游设备网络建设、下游产品应用和终端产品应用场景构成。

17.2.1 上游产业

5G 产业链的上游包括射频电子器件、基带芯片等各类器件材料。

1. 射频电子器件

射频器件是无线连接的核心，凡是需要无线连接的地方必备射频器件。通常情况下，一部手机主板使用的射频芯片占整个线路面板的 30%—40%。据悉，一部 iPhone 7 手机仅射频芯片的成本就高达 24 美元，目前，手机中的核心器件大多已实现了国产化，唯独射频器件仍在艰难前行。

滤波器是射频前端市场中最大板块，全球 SAW/BAW 滤波器市场主要被美日等厂商垄断。SAW 滤波器的主要供应商是 Murata 和 TDK，两者合计占有达到 60%—70% 市场份额；BAW 滤波器的主要供应商是 Avago 及 Qorvo，两者占有 90% 以上市场份额。当前，由于较高射频工作频率的 SAW 滤波器有着较高的技术要求，我国此类产品的生产仍以公频波段产品为主。我国在 BAW 领域仍有很大的发展空间，这也预示着我国未来一段时间对国外的依赖。国内做滤波器的企业主要有麦捷科技、信维通信、顺络电子等。

功率放大器和低噪声放大器是射频前端市场中第二大板块，5G 时代来临，功率放大器需求成倍增长。功率放大器是射频系统的关键模块，它主要将发射机的信号功率放大（如 20 dBm），是射频系统的重要组成部分，其直接决定着无线通信设备的信号质量和通信距离，甚至会对待机时间产生影响。功率放大器市场基本被欧美企业垄断。全球功率放大器市场主要被 Skyworks、Qorvo、Broadcom 三家企业占据，三家企业市场份额达 93%。① 目前国内三安光电在国家大基金以及产业政策配套支持下，公司按计划将建成 30 万片 / 年 6 寸的 GaAs 产线和 6 万片 / 年 6 寸的 GaN 产线，填补国内相关空白，助力国内 RDA、汉天下、中普微电子、国民飞骧等功率放大器芯片公司的崛起。

2. 基带芯片

基带芯片是用来合成即将发射的基带信号，或对接收到的基带信号进行解码。基带芯片的技术门槛高、研发周期长、资金投入大（从开始研发到一

① 《高通、MTK 猛龙过江射频前端市场，Qorvo、Skyworks 如何招架》，载国际电子商情网 https：//www.esmchina.com/news/201703030951.html。

次流片动辄百万美元为单位）、竞争激烈，成品稍晚一步则就会陷入步步皆输的境地。

很多厂商相继放弃基带业务，飞思卡尔、德州仪器、博通、英伟达都相继放弃了基带市场，爱立信则从若即若离到现在重新挤入阵营。高通在全球基带芯片市场占据领先地位，近几年营收占到 50% 以上；联发科一直稳居第二，在 2017 年被三星超越，国内紫光展锐势头猛烈，华为海思自给自足。① 从 2014 年到 2017 年，全球基带芯片营收没有很大波动，分别是 223 亿美元、213 亿美元、223 亿美元和 212 亿美元，这主要得益于全球智能手机市场需求量大而且稳定。基带芯片市场始终是巨头垄断，小公司很难介入。

17.2.2　中游产业

5G 产业链的中游为设备网络，包括基站天线、接入网设备和光通信设备。

1. 基站天线

基站天线是载有大量信息的电磁波能量转换器，主要由辐射单元、移相器、馈电网络和安装组件组成，也是通过无线方式将用户与基站设备建立连接的信息发射和接收口。在已有的天线中，无论是基站还是移动终端，天线都是充当发射信号和接收信号的中间件。基站天线性能的好坏，直接影响到移动通信的质量。

从 2G 到 4G，移动基站天线经历了从全向天线、定向单极化天线、定向双极化天线、电调单极化天线、电调双极化天线、双频电调双极化到多频双极化天线，以及 MIMO 天线、有源天线逐步发展的过程。从我国基站天线的发展历程来看，在 2G 时代，国产基站天线在技术上已相当成熟，基本可以取代进口天线；3G 时代，国产 WCDMA 和 CDMA2000 制式的基站天线已经达到国际先进技术水平；此外，在 TD-SCDMA 网络中，国内企业在产业标准、技术储备、市场机遇等方面更是具有先发优势。但是，和历史悠久的国外知名品牌凯仕琳、康普安德鲁等基站天线制造厂商相比，国产天线厂商在商业信誉和一些高端产品的技术上仍有差距。近几年来，国内基站天线厂商凭借国内主导的 4GTD-LTE 网络标准加速扩展天线业务，逐步掌握全球基站天线市场的主动权，2015 年国产天线占全球市场份额超过 50%。主要厂

① Strategy Analytics：《2018 年 Q1 基带芯片市场份额追踪：三星 LSI 超过联发科》。

商有通宇通信和京信通信。

2．接入网设备

在5G建设的各项投入中，无线接入网在总投入中占比较高，至少占总投入的一半以上。且其由大量的基站组成，5G的基站分为宏基站和小基站，其中宏基站主要解决是大面积广域覆盖，小基站解决的是宏站覆盖盲区以及热点地区的大流量应用。接入网系统中，宏基站和小基站主要由华为、中兴等设备商设计制造。

4G/5G之后，无线接入网逐渐向C-RAN结构演进。C-RAN由中国移动提出，其中C既可以指"集中式"也可以指"云"。在新的架构中，室内基带处理单元被集中到一个机房中（室内基带处理单元池），采取云计算和虚拟化技术实现资源共享和动态调度。在中国移动的试验中，C-RAN架构可以使运营开支节省53%。

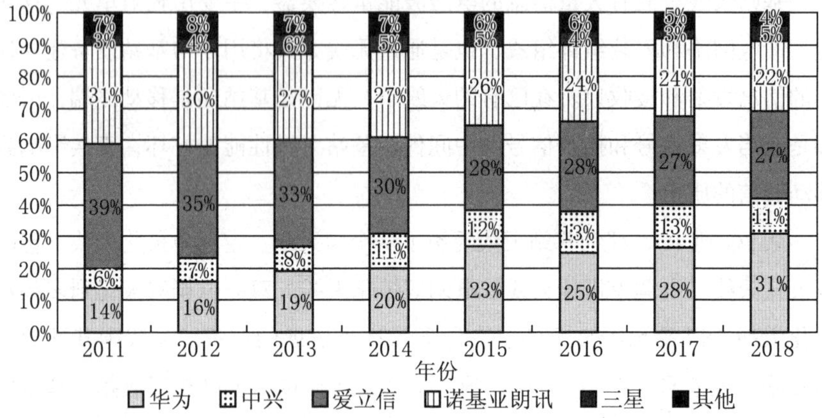

图17.7　2011—2018年全球主设备商无线接入设备（RAN）份额

资料来源：IHS Markit.

3．光通信设备

光通信设备广泛用于基站之间、承载网、核心网、骨干网络以及数据中心之中，2016年，华为、中兴、烽火分别以24.6%、13.5%、6.5%的份额位居全球光网络设备市场的第1、第2和第5位，三家总份额接近一半。[①]2019

① 《大力拥抱5G　我国光通信产业链迎发展机遇》，载新浪网https://tech.sina.com.cn/t/2019-02-21/doc-ihqfskcp7150961.shtml。

年，中国研制成功国内首个 1.06 Pbit/s 超大容量空分复用和波分复用的光传输系统，这意味着一根光纤可以供将近 300 亿人同时通话。①

光通信主要涉及产品包括：光纤光缆、光模块以及无源光器件，其中光纤光缆和无源光器件我国已经可以实现完全自主可控，主要供应厂家包括长飞光纤光缆、亨通光电、光迅科技以及昂纳科技。对于光模块生产组装，我国 25G、40G、100G 光模块产品均已成熟，中际旭创、光迅科技、昂纳科技等公司均可大量出货，400G 产品中际旭创已经开始出货。

光模块中用到的光芯片和电芯片，目前主要采用美国的新飞通、Lumentum、博通、Macom、Maxim、Semtech 的产品。但是，国内厂商光迅科技已经具备 10G 光芯片和电芯片量产能力，昂纳科技也已具备 10G 光芯片量产能力。光迅科技部分 25G 光芯片已经通过客户验证。而对于 25G 电芯片目前无法自给，但日本住友等公司可以提供相应产品，国内飞昂创新也在进行相应产品的研发。

17.2.3　下游产业

5G 产业链的下游是电信运营商及应用，通过它们将 5G 技术应用在工业、通信、智能家居、智能制造等场景。

表 17.3　中国三大运营商的 5G 时间表

运营商	2017 年	2018 年	2019 年
中国移动	确定首批 5G 试验网城市：广州、上海、苏州、宁波开展 5G 试验网建设，进行 5G 外场测试	多个城市试用，每个城市建设 20 个站点，实现预商用	正式商用，在超过 40 个城市建设 5G 网络，建设 3 万至 5 万个 5G 基站
中国联通	5G 创新示范网试验，包括兰州、成都、深圳、雄安、苏州、上海 6 个城市，主要在 3.5 GHz 频段的无线组网能力和方案验证	规模外场验证，4—6 个城市开展规模试验，验证 5G 商用能力及组网方案	正式商用，首批 40 个覆盖城市与中国移动相同
中国电信	推动 5G 技术方案验证；6 城市启动 5G 创新示范网试验（兰州、成都、深圳、雄安、苏州、上海）	重点跟踪 IMT-2020 推进试验，在六个城市开展 5G 基本组网验证	正式商用，并在 40 个城市开展试点，实施 4G/5G 互操作，并重点考察终端和网络建兼容性

① 《我国光传输新纪录在汉诞生　首次完成 1.06 Pbit/s 实验可“秒传”4000 万首歌》，载新华网 http：//www.hb.xinhuanet.com/2019-02/13/c_1124107011.htm。

5G时代，各大运营商均在产业互联网上投入了大量精力。

2016年底，中国电信率先提出其特有的“业务生态树”——与产业链共创智能连接、智慧家庭、互联网金融、新兴ICT和物联网五大业务生态圈。目前，在业务、模式创新方面，中国电信已经开展了“5G+4K+VR”超高清直播应用示范，在雄安新区开通5G基站，在白洋淀推动智慧治水，在深圳探索“5G+”无人巴士创新应用。2018年首届中国国际进口博览会上，中国电信在场馆内安装了5G基站，与合作伙伴合作搭建了全套端到端5G环境，展示了“5G+8K”高清视频，“5G+720°　VR”“5G+AI人脸识别”“5G+云游戏”等业务。

2018年，中国移动先后在上海、成都、雄安筹建产业研究院，推动信息通信领域核心技术突破，增强垂直行业解决方案研发能力。结合自身能力优势，自主研发建设工业互联网基础平台，同时规划建设工业云、能源云、电器云、动力云，“1+4”产品体系布局已初步形成。2018年9月，中国移动又联合北京市房山区人民政府在北京房山区搭建一条5G自动驾驶车辆测试道路。该道路配备了自动驾驶所需的相关配套设施，为科创企业进行5G自动驾驶汽车的研发、测试和生产提供了便利条件和良好的产业孵化环境。

中国联通与百度、腾讯、阿里巴巴、京东、滴滴、中国人寿等公司在互联网金融、物联网、云计算、人工智能等领域有深度合作，并且通过“云+智慧网络+智慧应用”的云网一体化的新业务模式，有效拓展了政企业务。产业互联网业务收入快速提升，云网协同效果显著。同时与合作伙伴成立5G联合创新实验室，在十大重点行业开展业务应用示范和探索。此外，中国联通积极与车企进行5G方面的合作。此前，中国联通与宝马集团在北京签署了《宝马互联驾驶下一代移动通信业务合作协议》。根据协议，中国联通将凭借自身运营和服务能力为宝马车主提供基于下代网络通信技术的互联驾驶服务，组建联合实验室就5G移动通信技术、eUICC、V2X等前沿技术领域展开深入的研究，并结合资源优势和大数据探索创新服务模式。

中国广电是移动通信领域的新玩家。2017年6月20日，中广移动网络有限公司正式注册成立，负责广电700 MHz频段业务的运营。700 MHz频段作为移动通信的黄金频段，具有低损耗、强穿透、广覆盖、低成本的优势，适用于 5G 底层网络。从理论上来说，中国广电在 5G 建设上有着十分大的优势。工信部给中国广电颁发 5G 牌照，实际上是颁发给全国有线电视行业和全国广电行业的。中国广电可以做到很多传统运营商做不到的事情，通过构建 5G 时代的“机顶盒”，以家庭客厅或卧室为中心，向用户提供最优质的 4K 视听内容，VR/AR 内容，增强广电用户的沉浸式体验。此外，在拿到 5G 牌照以后，中国广电将对有线、无线、移动电视进行整合，同时使客户群体从原来的家庭用户拓宽至个人用户，为其提供更便捷化、个性化服务。

17.3　5G 应用场景

根据大唐电信发布的《5G 业务应用白皮书》，5G 应用发展的初期阶段的主要应用场景为增强移动宽带（eMBB），即在 4G 的基础上，对下载速度和系统容量进行提升，具体应用领域包括赛事、大型活动、视频监控、智慧旅游等，也促进了虚拟现实和增强现实等业务的发展。5G 应用成熟阶段的两大主要应用场景为超高可靠低时延通信（uRLLC）和海量机器类通信 / 大规模物联网（mMTC），推动了移动通信行业与其他垂直行业深度合作。

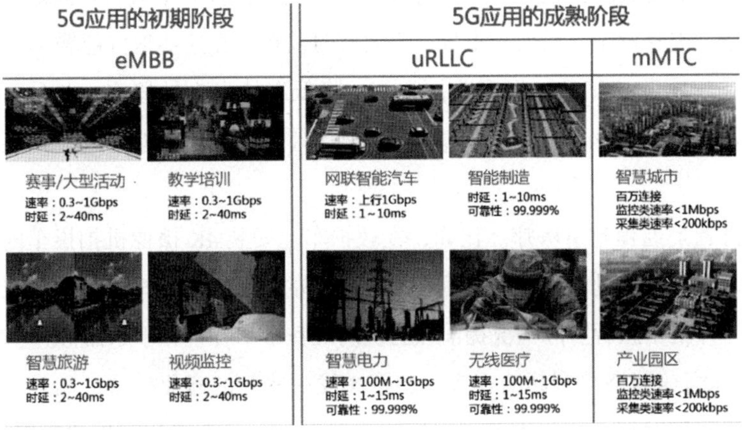

图 17.8　十大 5G 业务应用领域全景图①

资料来源：大唐电信：《5G 业务应用白皮书》。

① 注：本图中时延均指空口时延。

17.3.1 高清视频、虚拟现实 / 增强现实

增强型移动宽带（eMBB）作为5G应用领域初期阶段的应用场景，也将是最早实现商用的场景，它具有高数据速率和高移动性，如高清视频、虚拟现实（VR）和增强现实（AR）。

2016年，里约奥运会实现了全球首次8K视频现场实况转播。2018年，韩国平昌冬奥会开启了全球首个准5G网络，提供奥运场馆内同步观赛、互动时间切片、360度VR直播等5G实感体验服务。日本2020年东京奥运会和北京2022年冬奥会都宣布，将采用8K直播。由于5G网络的良好承载能力和传输速度，5G网络的配备很好地解决了原来在4G之下无法满足超高清显示所要求的大数据量和信息传输速度。同时，这一升级也促进了整个视频制作过程的系统化升级。基于此的各类应用场景主要有远程超清直播、远程安防监控、远程超清医疗、商业性远程现场实时展示和街景采集等，这些应用都有着广阔的市场前景。

首先是远程超清直播，如重要事件、大型赛事、大型演出的直播。2018年第23届平昌冬奥会，8K和VR技术被各大转播机构广泛使用，美轮美奂的雪景、运动健儿的激烈角逐等被一一传递给观众。

其次是远程安防监控，如户外现场实时安防监控。节假日期间的人员密集场所，极易发生人员伤亡事故，需要实时监控。在这些地方部署4K/8K超清视频安防监控车，能提高监控效率，降低事故发生的概率。此外，利用超高清画面，还可以开展远距离人、物识别等应用，对边远危险地区实时监控。

再者是远程超清医疗。比如，在救护车上安装4K摄像机拍摄车内患者的高清视频，有助于医疗专家远程掌握患者的情况，指导车内医护人员进行急救，并根据患者实际情况提前在医院内准备手术方案和手术器材。

5G高速网络结合超清视频，还将激发一些新的商业模式，如景点风景可以远程实时展示，更大范围内推广旅游产品。城市街景采集的效率在5G的助推下也会突飞猛进。

2019年3月1日，工信部等三部门联合发布了《超高清视频产业发展行动计划（2019—2022年）》，其中要求实现2020年4K直播频道传输业务和

点播业务要在 5 个以上省份的有线电视网络和 IPTV 平台开展，4K 高清视频用户数达到 1 亿；2022 年开展北京冬奥会赛事节目 8K 直播试验，超高清视频用户数达到 2 亿，探索 5G 应用于超高清视频传输。政策助力将极大推动我国 5G 产业的前期发展。

VR（虚拟现实）是英文 Virtual Reality 的缩写，允许用户体验模拟环境并与之交互。利用 VR 头盔将人对外的视觉以及听觉代入到虚拟世界中，给人更强的沉浸感，有种立身于虚拟世界中的感觉。AR（增强现实）是英文 Augmented Reality 的缩写，把计算机合成的虚拟世界混入到真实场景中，从而实现对现实场景的增强。这两者的区别在于，通过 VR 世界中的画面全是虚拟的，而 AR 世界中的画面真假的混合物。

其实，VR 和 AR 的提出要比 5G 早一些。虽然很早人们都知道 VR 和 AR，但是这两者却一直不温不火。VR 和 AR 发展过程中最重要的就是设备和内容。如果这两者中有一个存在问题，那么它就会很难发展起来，而 5G 恰好可以解决这两个问题。5G 网络可以让 VR/AR 在移动终端的时延降到特别低，这意味着 5G 将有效地减轻人们在使用 VR 过程中产生的眩晕感，从

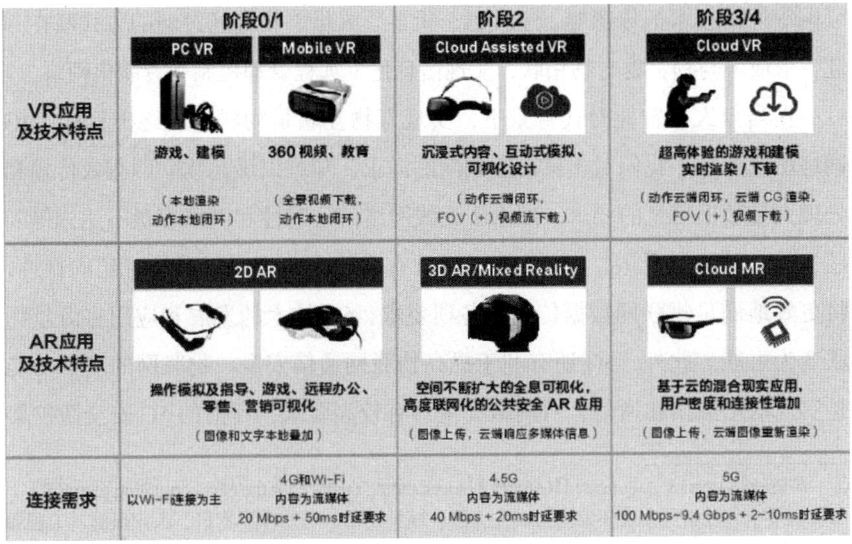

图 17.9　VR/AR 演进五阶段

资料来源：华为：《5G 十大应用场景白皮书》。

而有一个更好的沉浸效果。VR/AR 对于计算能力和图像处理能力都有着非常高的要求，所以相应的设备价格也会很高。但是在 5G 的协助下，云渲染方案将会替代现在的硬件渲染，这种方案会把高性能 GPU 处理器放在云端，一方面可以保证终端的可移动性以及内容的高质量，另一方面也大大降低了设备成本。

高盛曾预测 2025 年，VR/AR 市场规模将至少达到 230 亿美元，其中硬件收入 150 亿美元，软件收入 80 亿美元。① 以教育市场为例，VR/AR 教育被高盛认为是最有发展前景的九个 VR/AR 行业之一，② 它的沉浸式体验使线上教育场景更加丰富生动，也能给学员“实操”机会，最大限度上实现“面对面教学”。百度、网易等公司早已进入相关领域，VR/AR 技术公司及教育公司也分别从技术供给与需求端，不断推进传统教育与 VR/AR 的深度融合。

2017 年，京沪深三地分别获得国内 VR/AR 总投资的 39%、22% 和 14%。③2018 年 1—6 月，中国 VR/AR 半年度投资规模 39.2 亿元，增长率为 28.9%；共有投资 138 笔，增长率为 24.3%。④

17.3.2 物联网

物联网（Internet of Things），即物物相连的互联网，指利用局部网络或互联网等通信技术把传感器、遥控器、机器、人员、物等通过新的方式联在一起，形成人与物、物与物相联，实现信息化、远程管理控制和智能化网络。

在当今人工智能时代背景下，实现万物互联是物联网的终极目标。4G 网络虽然满足了我们对于移动互联网的需求，却难以满足物联网有效传输和处理大量数据信息的要求，即由于无线网络的延时性和网络容量不达标等问题，物联网发展受限。而 5G 技术所具有高速率、大容量、低时延的特性，将更好地满足物联网数据传输的各项要求，5G 技术的发展和应用将海量物联变为可能。此外，5G 还有利于提高物联网通信安全。物联网的基本功能是实现信息交换和通信，对网络安全具有较高要求，目前的 5G 安全防护架

① 高盛：《Virtual & Augmented Reality—Understanding the race for the next computing platform》。

② 剩余 8 个行业是：视频游戏、事件直播、视频娱乐、房地产、零售、医疗保健、工程和军事。

③ Greenlight：《2018 年中国 VR 市场报告》。

④ 赛迪顾问：《2018 中国 VR/AR 产业投融资白皮书》。

构除了沿用 4G 安全参考架构外，还另外增加了非 3GPP 接入、切片和虚拟网络元的安全、网络开放接口安全等安全实体，为物联网安全提供更坚实的保障。

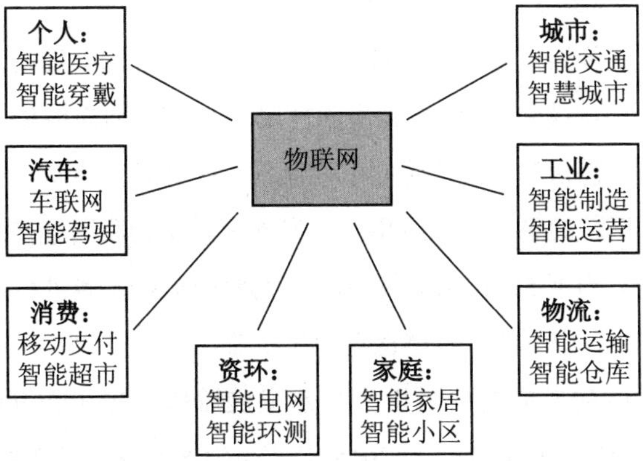

图 17.10　物联网实际应用场景

资料来源：中商产业研究院。

国际标准化组织 3GPP 定义的 5G 的三大场景之一为 mMTC，即海量机器类通信，也可称为大规模物联网，是 5G 应用成熟阶段的应用场景。该应用场景主要利用 5G 特有的大容量、高速率、低延时的特性，实现海量连接。具体应用场景多样，涉及日常生活、生产的方方面面，包括智能家居系统、智能运输、智能交通、智能制造、智能电网、智能医疗、智慧城市等。

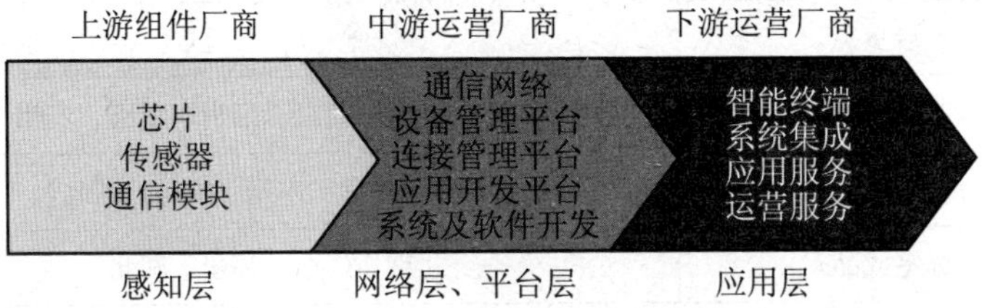

图 17.11　物联网产业链

物联网产业链主要由感知层、网络层、平台层和应用层组成。其中，感知层为产业链上游，其产品主要包括芯片、传感器、通信模块等；网络层主要负责运用蜂窝和非蜂窝网络进行数据传输；平台层是物联网产业的关键环节，是数据流的集中、处理和疏散中心，负责收集感知层所传输的数据，并将其分析、处理后传递给应用层；应用层为产业链下游，由应用厂商向消费者提供的终端智能应用，如智能家居、智慧城市、智能运输等。根据麦肯锡数据分析，未来物联网设备层、连接层、平台层和应用层的加之占比分别为21%、10%、34%和35%。

从全产业链传导角度看，物联网从“快速联网”到“规模联网+应用服务”“B端先行，C端随后”，具有通用性以及与物联网连接相关的上游产业链将最先受益，包括芯片、传感器、无线模组、通信网络与设备、物联网连接平台等。中下游的平台层和应用层的发展依赖于物联网连接数规模化和应用场景的丰富，当下5G技术的发展将极大地推动此发展进程，因此在接下来的发展进程中，中下游产业链也将明显受益。

我国物联网的发展主要经历了自然发展阶段（20世纪90年代至2009年）、生态意识阶段（2009年至2015年）和生态系统阶段（2015年以后），行业总体市场规模从2009年的1050亿元开始上升，截至2018年，我国物联网市场规模已超1.2万亿元。根据2018世界物联网大会公布的年度世界物联网排行榜前500强企业，其中涵盖工业、传感器、农业、无线射频识别、物流物联网、医疗健康、云计算、大数据、交通、环保、机器人、芯片、半导体、人工智能、能源、智能硬件及终端、网络通信等领域企业。我国华为稳居第一，中国联通和中国电信也位居前十。

表17.4　我国各地区物联网产业优势行业

发展重点	地　　区
芯片制造	江苏、上海、北京、四川、重庆、广州
传感器设备	上海、北京、广州、福建、湖北
标签成品	北京、广东、福建、湖北
读写器制造	江苏、北京、广东、福建
系统集成	北京、江苏、广东、四川、浙江
网络提供与运用服务	北京、上海、广东、江苏、山东
应用示范	北京、上海、广东、江苏、福建、重庆、湖北、山东

资料来源：前瞻产业发展研究院。

从总体来看，我国物联网产业基础良好，在产业链各层面都有各自的优势领域。从各地区来看，北京科研实力突出，在技术研发及标准化方面有突出优势，且在全产业链各环节都有一定优势，已形成较完整产业链；深圳是我国电子信息产业国际化的领军城市，电子信息产业链条完整，且企业创新能力强劲；上海产业基础雄厚，是我国物联网技术和应用的发源地之一，并将传感器、核心控制芯片、系统集成和开放性平台技术、海量数据管理等重要技术作为未来重点；无锡传感产业实力雄厚，其优势产业为集成电路、软件和服务外包，且下一步计划建立全物联网技术创新和产业发展所需的各类服务平台。

除上述城市外，我国很多其他地区也将物联网产业作为重点发展产业。随着 5G 商用的逐步落地，以 5G 网络为载体的物联网将在未来不断发展、创新，我国物联网产业规模将不断壮大，应用领域逐步拓展。这都将有利于进一步推动产业链的分工、整合，同时也能有效促进地区间的分工协作的高效进行。

17.3.3　车联网

车联网①是物联网的一个重要分支，其概念也源于物联网，即车辆物联网。车联网是物联网技术在交通系统领域的一个典型应用。

车联网的发展最早追溯到 20 世纪 60 年代日本对车间通信的研究。2000 年以来，美国和欧洲相继进军车联网，进一步推动了车间网联系统的发展。2007 年，欧洲多家汽车制造商成立 C2C（Car2Car）通信联盟，建立欧洲通信系统标准，实现汽车厂商间的相互联通。2009 年，日本道路交通情报通信系统车机装载率到达 90%，接近 3000 万台。

相较于此，我国车联网起步较晚但发展较快。2009 年，我国车联网技术才刚起步，仅能实现导航、救援等基本功能。2013 年，我国汽车网络技术可以支持简单的实时通信。2015 年，3G 和 LTE 技术的运用于车载通信领域，

① 根据车联网产业技术创新战略联盟的定义，车联网是以车内网、车际网和车载移动互联网为基础，按照约定的通信协议和数据交互标准，在车与 X（车、路、行人及互联网等）之间，进行无线通信和信息交换的大系统网络，是能够实现智能化交通管理、智能动态信息服务和车辆智能化控制的一体化网络。

实现了车辆的远程控制。2017年，我国车联网在跨部门协调、产业标准和示范应用方面取得了重大进展。

目前，我国车联网进入加速发展时期。2018年12月，工信部制定《车联网（智能网联汽车）产业发展行动计划》。该计划指出："到2020年，车联网跨行业融合要取得重要突破，具有高级别自动驾驶功能的智能网联汽车实现特定场景规模应用；2020年后，技术创新、标准体系、基础设施、应用服务和安全保障体系将全面建成，高级别自动驾驶功能的智能网联汽车和5G-V2X逐步实现规模化商业应用，'人—车—路—云'实现高度协同。"这意味着传统汽车市场将面临大变革，汽车不再是简单的驾驶工具，而是一个能与车、基础设施、人以及云端进行相互协作的"智能化空间"，汽车联网的作用将超越以往的辅助、娱乐功能，成为道路安全、汽车革新方面的关键推动力。而实现这一变革的关键性技术，如自动驾驶、远控驾驶、编队行驶等，都有赖于具有低延时、高速率、大容量、高可靠特征的5G网络技术的支持，5G网络技术优势是实现车联网模式化商用的重要支撑。

2019年，我国5G商用牌照正式发放，车联网作为5G网络技术的主要应用场景之一，将通过更灵活的体系结构和新型系统元素，推动人类交通和通信方式的变革。目前，在车辆尚未实现完全自动驾驶以前，5G主要支持的运用案例包括远控驾驶和编队行驶。未来，作为现有连接技术的补充或替代，5G可能成为统一的连接技术，将用以支持全部形式的车对万物（V2X），从提供更完善的高级驾驶辅助系统（ADAS）到最终实现完全自动驾驶车。

目前，从产业环境角度来看，车联网已经进入加速发展阶段，全球车联网服务需求日渐增大。全球联网车辆数量庞大且在未来几年内将不断增加[①]，我国更是由于庞大的用户数成为全球重要车联网市场。此外，随着5G和C-V2X技术的迅速发展，智能化与网联化技术正加速融合。

车联网产业是汽车、信息通信、电子、道路交通运输等行业深度融合的

① 赛迪智库《车联网产业发展报告2019》指出："目前中国、俄罗斯、西欧和北美等国家和地区70%以上的新组装车辆都已配备互联网接口。当前全球联网车数量约为9000万辆，预计到2020年将增至3亿辆左右，到2025年则将突破10亿辆。"

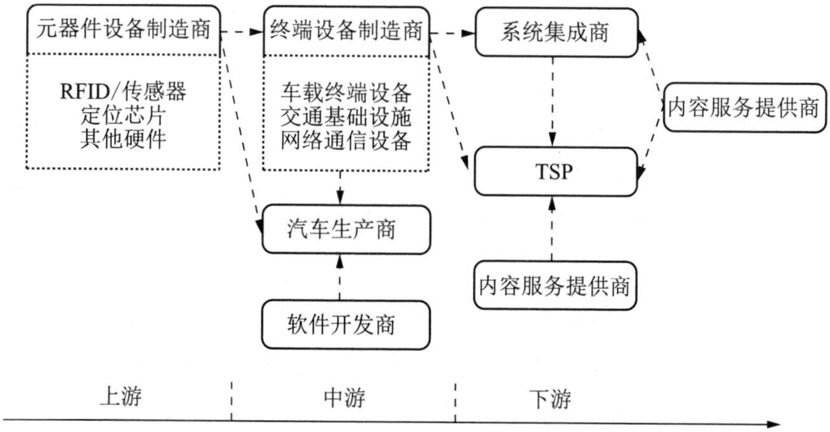

图 17.12　车联网产业链

资料来源：赛迪智库。

新产业形态，其产业链较长且角色丰富，全产业链包含制造业和服务业两大领域。在制造业中，汽车生产商居于全产业链核心位置，作为终端、软件和服务的集成者具有较大话语权。通信芯片及通信模块组由于其较高的技术与准入壁垒，我国该环节的参与者主要是华为、大唐、中兴等行业内龙头企业，下游服务领域运营商也以我国三大运营商为主。中小型初创企业在车联网产业链中的参与有限，仅集中在软件开发、车载终端设备、交通基础设备等市场准入较低的环节。

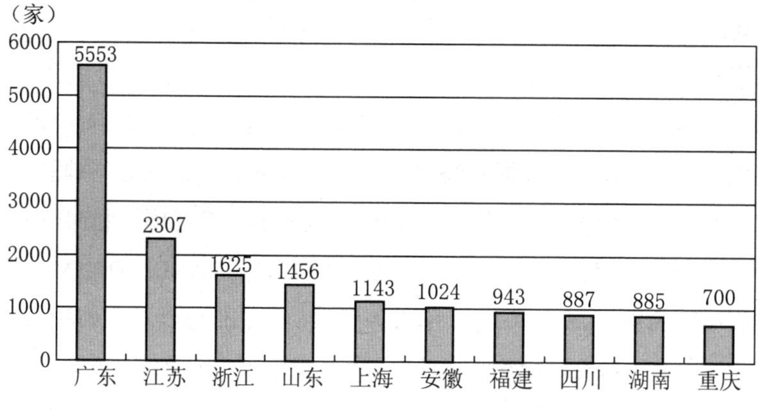

图 17.13　2018 年我国车联网企业数量前十位省份

资料来源：赛迪顾问。

我国车联网企业数量前十位的省份主要集中于东部沿海经济较发达地区，尤其是珠三角和长三角地区。广东拥有车联网企业5553家，远超其余省份，位居全国之首，是我国重要的车联网产业基地。苏、浙、沪、皖凭借长三角地区汽车产业基础，拥有车联网企业数量均超过1000家。四川、湖南、重庆作为中西部省份，也拥有较多车联网企业。

结合目前我国的产业环境、宏观政策、技术创新等方面因素，尤其在5G的推广应用和V2X技术发展背景下，我国车联网产业发展潜力巨大。据ABI Research预测："到2025年5G连接的汽车将达到5030万辆，汽车的典型换代周期是7年到10年，因此可以预测联网汽车将在2025—2030年之间大幅增长。"

17.4 5G产业发展建议

5G产业正在蓬勃发展中，基于通信的发展历史，提出以下建议：

第一，运营商不应当停止4G投资，识别新旧移动通信系统的最佳共存水平十分重要。全球范围内，4G LTE仍处于生命周期的中期，其采用水平尚未达到高峰，中国的4G普及率从2014年的8%增至2018年的近84%。虽然行业在加速部署，但5G将不会完全取代4G，某些早期部署将在LTE核心网络的基础上进行，因此，5G部署将是逐步完成的，它将在未来相当长时间内与LTE-A网络共存，以提供相对无缝的用户体验。

第二，关键核心部件国产替代。目前我国通信企业大多处于各细分子行业的中下游环节，产业链上游能力明显不足。以光通信行业为例，根据《中国光电子器件产业技术发展路线图》，我国光电子产业的核心基础能力依然薄弱，与发达国家相比呈现出"应用强、技术弱、市场厚、利润薄"的结构，产业链发展不均衡。核心、高端上游器件（NAND、DRAM、OLED屏、高端液晶屏、CPU、GPU、基带、射频前段、传感器等）的相对落后，已成为制约整个信息产业发展的瓶颈，甚至严重影响国家信息安全。光通信行业产业链按上下游可依次分为芯片—组件—模块—系统，我国在模块与系统层面竞争力最高，在上游的芯片组件方面明显落后。上游环节能力缺失轻则反映在产品成本层面，毛利润率承压；重则受到供货制约，企业运行存在“休克”风险。建议在通信企业加大通信上游环节产业研发投入，对于芯片等技术资金双密集行业考虑建立行业联合基金进行研发投入，增加我国整体通信企业竞争力与安全性。

第三，促进军民融合发展，加大先进技术军转民力度。目前国内通信领域的微波组件主要依赖进口，其中滤波器的主要供应商为村田、TDK、太阳诱电、Skyworks、Qorvo、博通等；功放市场绝大部分份额被 Skyworks、Qorvo、Broadcom 占据，前三者市占率达 92%。但是在军品方面，我国基本可以实现自主可控，我国主要的雷达、导引头、电子对抗等相关研制单位均有一定微波组件研制生产能力。军工央企的技术水平相较于民品有较大优势，但主要受制于成本原因。未来一旦军用技术民用化，将极大地带动整个产业的发展。

第四，国家从政策、资金层面对 5G 运营商给予支持。其一，充分发挥税收的统筹规划作用，为营运商提供税收优惠政策，将 5G 网络的建设依照公共设施的相关政策进行统一管理，并将杆塔开放给运营商，降低运营商门槛和建设成本；其二，可以增加对运营商的补贴幅度，从资金角度降低运营商压力。也可考虑引入社会资本，如设立相关专项基金以支持 5G 网络的建设和推广，在降低运营商资金压力的同时，也可将发展红利与社会共享；其三，降低运营商考核压力以保证 5G 网络建设的资金投入，推动“提速降费”逐步向“提速提质”过渡。

第五，推动 5G 与工业的融合发展，助力经济社会发展。实现现代化工业体系核心“三化”（自动化、数字化、智能化）有赖于大数据应用和 5G 智能网支持下的“物物相联”，5G 的发展为其提供了重要技术支持。国家可从技术、人才、资金等层面对 5G 支持下的工业创新发展提供支持，营造 5G 与工业融合发展的生态环境，推动实质性试点工作。

第六，发挥政府引导作用，简政放权，降低产业准入的政策性壁垒。建立鼓励 5G 产业创新发展的审慎监管制度，鼓励市场主体多元化发展，以包容态度面对 5G 新技术、新业态、新模式的发展。同时，加大知识产权保护力度，从制度层面激励企业加大对 5G 技术、应用的研发投入。

第七，加强国际间交流合作，推动5G走出国门。在国内研发、建设、推广5G的同时，还应积极参与国际组织的相关活动，加强与其他国家间的沟通交流。培养国内企业的国际合作意识，推动与其他国家在技术标准规范、频谱资源管理、应用创新发展等方面的合作，构建合作共赢的5G全球产业生态。把握“一带一路”沿线国家发展机遇，推动我国5G技术、产品、应用与服务走出国门。

第八，提升5G网络安全水平，确保国民经济平稳安全运行。5G不仅仅是速率变得更高，时延变得更低，它将渗透到万物互联的各个领域，与工业控制、智慧交通、无线医疗等方方面面紧密结合在一起，网络一旦被攻击后果不堪设想。2019年委内瑞拉发生了因供电系统被病毒攻击导致的全国大停电；2018年全球最大的晶圆代工厂台积电的晶圆厂和营运总部网络遭病毒攻击导致生产线全数停摆；2017年黑客试图在沙特石油化工厂引发爆炸等一系列震惊世界的网络安全事件给5G时代敲响了安全警钟，需要出台5G安全国家战略以应对日益严峻的安全形势。

参考文献

[1] 李平安:《移动通信的发展及关键技术介绍》,《长江大学学报（自科版）》2017年第9期。

[2]《5G产业发展现状及趋势浅析》,《科技中国》2019年第4期。

[3] 中国电信:《中国电信5G白皮书》。

[4] IHS:《5G经济：5G技术将如何影响全球经济》。

[5] 中国信息通信研究院知识产权中心研究:《通信企业5G标准必要专利声明量最新排名（2018）》。

[6] ITH:《5G Basics 2017》。

[7] 栾春娟、尹爽:《全球3G领域专利计量及中国的机遇与挑战》,《技术与创新管理》2009年第6期。

[8] 颜燕:《4G通信技术专利国际分布及分析》,《信息通信》2015年第10期。

[9] 大唐电信:《5G业务应用白皮书》。

（本章主持及执笔：蔡均、戈盈凡）

第 18 章　新能源汽车行业高质量发展

本章提要：

2018 年，全球新能源汽车的产销量仍然保持了高速的发展态势，在全球经济增速放缓背景下，世界上很多国家将新能源汽车作为驱动本国经济发展的战略产业，进行大力推广，并因此全球范围的新能源汽车产业布局与投入正在快速扩大。在全球经济快速发展背景下，新能源汽车作为全球各国的核心发展战略被有效应用，其全球范围的布局与投入正在逐渐扩大。2018 年，全球汽车强国大力支持新能源汽车发展，开启了新能源车的新周期。全球汽车企业纷纷制定新能源汽车规划，重点进军新能源汽车领域。从全球新能源汽车发展政策和技术趋势看，汽车强国均在发力，中国政策力度最大，多国政府围绕新能源汽车的全生命周期进行补贴，积分政策也倒逼主机厂发展新能源，纯电动和插电式混动技术逐步获得认可，燃料电池是长期支持方向。

从我国新能源汽车产业发展来看，经过 10 余年的培育和发展，成绩显著，目前新能源汽车的产销量和保有量均居世界首位，一批整车企业和动力电池代表企业迅速成长，并在一些比较关键的技术创新领域并跑甚至领跑于全球，新能源汽车产业在我国呈现出广阔的发展前景。新能源汽车作为中国战略性新兴产业之一，产业规模和技术水平发展迅速，从 2015 年产销量跃居全球首位开始，产销规模连续 4 年蝉联全球第一。截至 2018 年年底，中国新能源汽车保有量已超 160 万辆，占全球新能源汽车保有总量的 50% 以上。总体来讲，中国新能源汽车发展形势良好，产销规模持续增长，技术水平不断进步。但是，随着新能源汽车补贴政策的退坡、双积分政策的实施以及汽车进口关税的降低，中国新能源汽车的发展将面临更大的挑战。新能源汽车产业发展的一些问题也不容忽视，关键核心技术有待进一步提升，新能源汽车的性能、质量还不能有效满足消费者需求，充电配套设施建设仍然滞后，售后的服务保障体系尚未健全，新政策后产能过剩风险加剧显现等。

中国新能源汽车产业的发展要在新一轮产业与技术变革中把握机遇还需重点关注以下几点：一是积极应对补贴退坡政策。企业应加大技术研发力度，掌握关键核心技术，加快新能源汽车产业与技术的升级；政府应当继续完善新能源汽车相关产业政策，加快市场模式的转变，激发市场竞争活力，促进优胜劣汰，让技术领先、产品优质的企业持续健康发展。二是着力于动力电池关键技术提升。作为新能源汽车产业重点环节，开发高比能量动力电池是提升电动汽车续驶里程的直接手段；此外，动力电池的回收利用也将成为未来新能源汽车产业发展的一个重要问题。后续应逐步建立全国性的动力电池回收网络，形成有效的回收模式，健全相应的市场规范。三是加快服务平台的建设。新能源汽车及其基础设施服务平台的建设严重滞后，相关配套设施及运营服务体系尚未完善，远程监控与故障维修快速响应系统的建设进程也需加快推进。四是理性对待燃料电池汽车的发展。对燃料电池汽车的发展应有一个清醒的认识，中国燃料电池汽车的产业化、氢燃料电池关键技术的突破、氢燃料全产业链的完善尚需很长时间。另外，氢燃料电池汽车的安全性、可靠性有待提升。

18.1　新能源汽车产业发展的全球趋势

18.1.1　新能源汽车的定义和分类

新能源汽车是指采用除了油气等传统能源之外的燃料作为动力来源，将车辆驱动和动力控制等方面的先进技术进行有效结合，进行创造出技术原理先进、具有新技术、新结构特点的新一代汽车。与传统燃油车相比，最大的区别是新能源汽车有不同的动力总成系统和车辆结构。

新能源汽车包括“纯电动汽车”（BEV）、“油电混合动力汽车”（HEV）、“插电式混合动力汽车”（PHEV）、“增程式混合动力汽车”（EREV）和“燃料电池汽车”（FCV）五种类型。但是，2018 年国家发改委下发的《汽车产业投资管理规定（征求意见稿）》中将“油电混合动力汽车”和“插电式混合动力汽车”划入燃油汽车。因此，本书中的新能源汽车主要指“纯电动汽车”（BEV）、“增程式混合动力汽车”（EREV）和“燃料电池汽车”（FCV）三种类型。

表 18.1　新能源汽车的分类及特点

分　类	特　点	代表车型	优　点	缺　点
纯电动汽车（BEV）	完全由可充电电池提供动力源	特斯拉	使用成本低、技术成熟、启动和加速性能好、安静	续航里程不高、充电时间长、充电设施配套不完善、蓄电池价格高寿命短
混合动力汽车（HEV）	同时装备两种动力来源：热动力源（由传统的汽油机或采油机产生）与电动力源（电池与电动机）	丰田普锐斯、东风悦达起亚 K5 等	省油、降低排放、增强动力、降低噪音	系统结构相对复杂，长距离高速行驶省油效果不明显
插电式混合动力（PHEV）	比混动多了插电口，可以用纯电模式行驶，电池电量耗尽以后再以混动模式行驶，并适时向电池充电	比亚迪秦等	电池容量比普通混动大，有充电接口；在纯电状态下，续航里程更长，行驶里程不受充电条件的限制	充电桩基础设施配套不完善
增程式电动汽车（EREV）	在纯电动汽车的基础上追加了增程器，进一步提升纯电动汽车的续航里程，避免频繁的充电	BMW 的 i3 增程式	纯电续航里程较长、安静、起步和加速性能好	充电桩基础设施配套不完善
燃料电动汽车（FCV）	以氢气、甲醇等为燃料，通过化学反应产生电能作为主要动力源驱动	丰田 Mirai	污染少（零或是接近零排放）、提高发动机燃烧效率、运行平稳、无噪音	氢气的产量和存储难度大、成本较高、建设加氢站的成本远高于加油站和充电桩、高压存储的氢气，安全性不能保证

18.1.2 全球新能源汽车发展的概况

1. 与传统能源汽车相比，新能源汽车的发展可谓突飞猛进

21世纪20年代，新能源汽车是人类开启的重要议题。在全球经济增速放缓背景下，世界各国纷纷将新能源汽车作为驱动本国经济发展战略产业，进行大力推广。因此，新能源汽车在全球范围的产业链布局与投入正在快速扩大。全球新能源汽车销量从2012年的11.6万辆增加到2018年的201万辆，近7年增长了17.3倍。根据EVsales数据，新能源汽车渗透率从2015年的不足0.5%，迅速提升至2018年的2.1%。未来，伴随着传统车产销量的下行，以及新能源汽车产销量的快速提升，预计2020年全球新能源汽车的渗透率将达到5%。

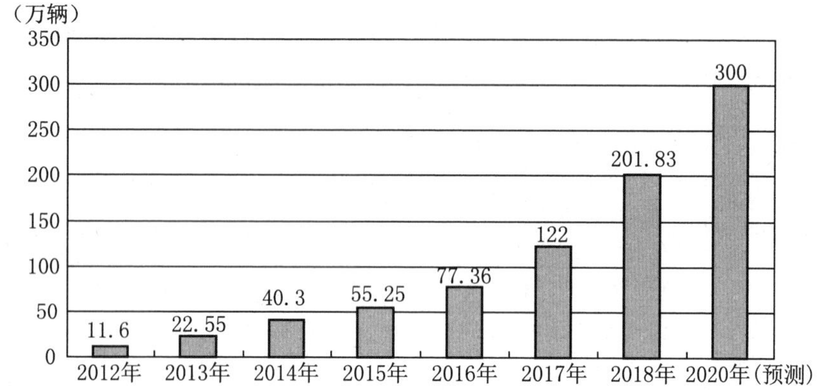

图18.1 2012—2020年全球新能源汽车销量

资料来源：万得数据库。

2. 全球市场非均衡发展，中国市场独占鳌头

目前，中国、美国和欧盟在新能源汽车市场中占绝对优势，上述三个国家和地区的新能源汽车产量约占全球市场份额的89%。值得关注的是，其中中国的新能源汽车销量已经占据全球第一，2018年占全球市场份额的57.23%，已经超过半壁江山。随着当前车辆积分政策与碳排放政策的陆续实施，中国新能源车型已经进入到产业成熟期。至2018年12月底，中国新能源汽车销量超过125万辆，从汽车类别看，新能源乘用车和专用车是销售主力。

从全球新能源汽车的国别分布看，主要集中在中国、美国、日本和德国。中国市场对全球新能源汽车的贡献最大，2018 年中国品牌的新能源汽车在全球销量占比高达 57.23%，代表性企业有比亚迪和北京汽车。美国作为传统汽车强国，近几年来在新能源汽车方面出台了多项鼓励政策，从新能源车型看，纯电动新能源汽车占比较大，以特斯拉和雪佛兰为代表。日本在新能源汽车行业具有较强的先发优势和技术优势，虽然面对越来越激烈的竞争，却仍然在行业内保持着领先地位，代表性企业有三菱和日产。德国已经设定了明确的二氧化碳减排目标，但新能源汽车在德国的发展仍然面临着行业普遍存在的成本高、续航里程短、充电配套设施不完善等问题，在鼓励政策下德国客运电车销量明显增长，但行业占比仍然不足，宝马作为德国汽车的代表在新能源汽车方向上进行了积极的探索。

近几年来，美国新能源汽车产业发展迅速，2017 年新能源汽车销量突破 20 万辆，实现同比增长 38.72%，并且 2018 年持续保持在迅猛的增长势头。2018 年，美国新能源汽车产业有所调整，大幅上调（上调 5.5%）无污染汽车积分比例，被纳入无污染汽车考核当中的企业包括通用、福特、克莱斯勒在内的十大汽车企业，从而间接实现了汽车产业转型上升。截至 2018 年底，美国新能源汽车市场全年交付 36.08 万辆，同比增长 78.61%，新能源汽车渗透率达到 2.1%。在新能源汽车产业快速发展的带动下，美国的电动车型销量增长率 2018 年全年有望突破 100%。从动力结构看，纯电动汽车（BEV）市场份额占比最大，达 66%，插电式混合动力汽车（PHEV）市场占比为 34%。纯电动汽车市场份额扩大明显。自量产以来，特斯拉一直是美国电动

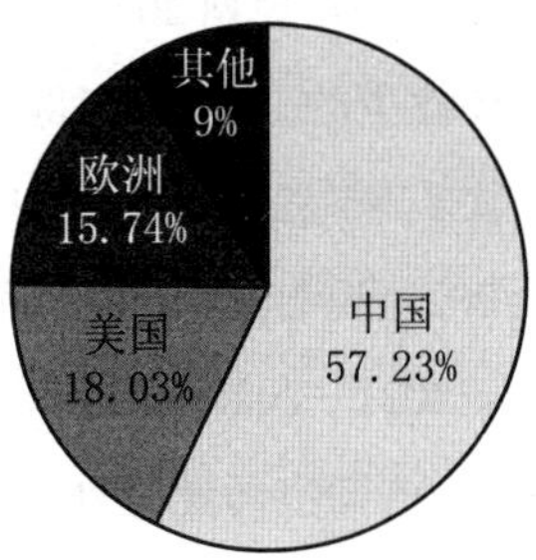

图 18.2　2018 年全球新能源汽车市场占比

资料来源：万得数据库。

汽车销量增长的最大贡献者。2018 年，特斯拉已占据美国电动汽车销量的半壁江山；而对于纯电动汽车，特斯拉则占据 3/4 的市场。

3. 世界汽车强国加大新能源汽车产业支持发展力度，新能源车开启新周期

全球多国推出燃油车退出计划，加速了燃油汽车退出和新能源汽车替代。例如，2015 年德国、美国 18 个州、英国、挪威、荷兰等在内的多个国家和地区构建了“零排放车辆同盟”。该同盟承诺，到 2050 年同盟内的国家或地区将不再销售燃油车。此后，各个国家纷纷出台具体计划，欧洲是最早制定燃油汽车全面禁售计划的地区。比如，挪威和荷兰将于 2025 年禁售燃油车，印度和德国将于 2030 年禁售燃油车，英国和法国将于 2040 年禁售燃油车，日本将于 2050 年禁售燃油车。

欧盟立法趋严，新车型投放加速，逐渐恢复高增长。2011 年以来，欧盟新能源汽车销量呈现持续上涨趋势，年复合增长率为 109%，但 2016 年的增速出现了大幅下滑，同比增长不足 10%。排放法规的趋严和大量新车型的投放，将推动欧盟新能源汽车市场的增长。

例如，美国曾在 2011 年提出 2015 年实现累计销售 100 万辆新能源汽车的目标，受制于油价处于低位等因素，效果不佳。2014 年，美国调整刺激政策，将普通新能源汽车（车价低于 4.5 万美元）最高免税额提高到 1 万美元，以刺激消费。政策实施之后，新能源汽车销量快速上升。除了美国联邦政府免税补贴之外，各州政府还可自行实施交叉补贴。在多种补贴之下，近年来美国新能源汽车销量保持着高速增长态势。

4. 全球汽车企业纷纷制定新能源汽车规划，重点进军新能源汽车领域

以汽车强国德国为例，德国大众规划 2025 年在全球销售 150 万辆新能源汽车的目标。届时，大众集团旗下的 15 个品牌将推出 80 余款全新电动车型，包括 50 款纯电动车型和 30 款插电式混合动力车型。德国戴姆勒规划投入 100 亿欧元发展新能源汽车，至 2025 年纯电动车型比例提升至 15%—25%。为此，戴姆勒与孚能科技签订合约，2021—2027 年孚能科技累计供货 140 GWh 给戴姆勒，平均每年供给 20 GWh。德国宝马规划 2025 年前推出 25 款新车型，其中 12 款将采用纯电动模式。2018 年宝马与长城签署合约，将在中国成立一家新的合资企业，为宝马集团在全球范围内首个纯电动车合资项目。根据德国车企数据显示，德国主要整车厂规划纯电动车型电池容量最低为 60 kWh，最高为 240 kWh。纯电动车型续航里程最低为 150 kM，最高可续航 665 kM。

表 18.2　全球主要整车厂的新能源汽车目标和计划

整车厂	目　标	计　划	在中国的规划
大众	2025 年新能源汽车销量达到 200 万—300 万辆，30 多款新型电动车，新能源车占比 25%—30%	旗下 80 款电动车即将面世，包括 50 款纯电动车型和 30 款插电式混合动力车型	到 2020 年实现在华销售新能源汽车 40 万辆，2025 年实现 150 万辆的目标
通用	2026 年全球电动汽车的销售量提高到 100 万辆	2020 年前在中国市场至少推出 10 款新能源车	2020 年前在中国市场至少推出 10 款新能源车，在华销量每年超过 10 万辆，累计占总销量的 5%
戴姆勒	2020 年 10 万辆，2022 年计划推出 10 款电动车，2025 年 15%—25% 的销量为新能源车	2020 年以后 SMART 车型将只推出电动车，到 2020 年奔驰全部车型均实现电动版本	加速混动车型国产化，到 2025 年推出 10 款电动车型，多数将采用国产化
奥迪	计划 2025 年纯电动车和混动车销量达 80 万辆	在 2025 年前将推出 20 余款电动车型	而根据奥迪 2025 战略规划，在中国，奥迪品牌三分之一甚至更多的销量，将来自于新能源车型，且很多属于中国国产车型
宝马	2019 年实现销量 50 万辆，到 2025 年电动车销量占比达到 15%—25%	到 2025 年推出 25 款电动车	目标是通过中国的两家合资公司，在四个核心研发领域探寻各项前瞻性创新技术
现代	2030 年 2/3 的车为电动车；2020 年销量达 20 万辆；现代汽车公布了氢燃料电池车 2030 年的战略愿景，制定了年产销 50 万辆氢燃料电池车的目标	投资专门的电动车平台，2020 年 4 插电式混合动力汽车，4 纯电动汽车	在中国，现代汽车与清华工业园合作，并且成立了氢能基金，以便更加积极地培育氢燃料电池车产业链
沃尔沃	2025 年全球 100 万辆；占比超过 10%	打造全新的电动车平台	2019 年开始生产纯电动车型以及搭载全新 48 V 电气系统的混动车型
雷诺日产	到 2020 年电动车销量提升至 100 万辆，到 2025 年电动车销量占比 40%	计划到 2022 年推出 12 款纯电动汽车	到 2020 年日产旗下有超过 20% 的车辆实现零排放的目标，三大汽车品牌未来将共享平台打造纯电动车型
丰田	到 2030 年实现全球 550 万辆的销量，其中纯电动及燃料电池销量达 100 万辆	2025 年前全球纯电动车型达 10 款以上	未来在华销售混合动力占比 30%—40%，2020 年向中国市场推出插电式混合动力汽车，未来将在华陆续推出多款新能源车加速混动车型国产化，到 2025 年推出的 10 款电动车型多数将采用国产化
特斯拉	2020 年销售 100 万辆	持续开发更多的纯电动车型	在上海开设超级工厂，该项目规划年生产 50 万辆纯电动整车

18.1.3 全球新能源汽车发展政策和技术趋势

1．汽车强国均在发力，中国政策力度最大

在油耗限值压力下，新能源汽车是必然选择。2020年，欧盟、美国、日本、中国的油耗限值单位统一转换成L/100 km，分别为3.8、6、4.9和5，从油耗绝对值上看，欧盟是全球最严格的，从降幅来看欧盟压力与中国差不多，均高于美国、日本。

表18.3 2015—2025年欧盟、美、日、中国的油耗限值

	2015年		2020年		2025年		至2020年降幅（%）	至2025年降幅（%）
	原始	对应国标（L/100 km）	原始	对应国标（L/100 km）	原始	对应国标（L/100 km）		
欧盟	130 g/km	5.2	95 g/km	3.8	75 g/km	3	26.9	42.3
美国	36.2 mpg	6.7	44.8 mpg	6	56.2 mpg	4.8	10.4	28.4
日本	16.8 km/L	5.9	20.3 km/L	4.9	—	—	16.9	—
中国	—	6.9	—	5	—	4	27.5	42

资料来源：赛迪智库。

2．多国政府围绕新能源汽车的全生命周期进行补贴

为了扶持新能源汽车，各国不仅在购置环节给予现金补贴、税收减免，还在用车环节的路权、税收、充电等方面给予支持。美国联邦政府对新能源车提供2500—7500美元的购置补贴，各州在联邦政府补贴基础上给予州补贴。在车辆使用环节，有包括充电优惠、走快速通道、补助或者赠送充电桩等扶持政策。德国2016年推出新政策：对纯电动汽车补贴4000欧元，插电式混合动力新能源汽车补贴3000欧元，合计达到12亿欧元，综合补贴后，汽车市场上部分热销车型售价与传统燃油车价位接近。除此以外，购买新能源汽车的车主还可享受停车费优惠或免交，甚至限行路段通行等使用政策，新政策延长新能源汽车行驶税免税期的期限至10年。日本新能源汽车早期更重视发展混合动力新能源汽车，并且技术优势明显。目前，日本重视发展纯电动、插电式混合动力、燃料电动汽车，且着重于发展燃料电动汽车，相关补贴政策包括财政补贴与税费减免，政策已经覆盖了车辆全生命周期，并且对充电设备及加氢设备等配套设施进行补贴。

3．积分政策倒逼主机厂发展新能源

美国对温室气体排放、平均油耗、无污染汽车三要素积分并进行考核，三种积分之间不可换算。温室气体排放超出限额最高罚款 3.75 万美元，由美国环保署管理；平均油耗，超标定额税率 \$5.5/0.1 MPG，由美国财政部征收罚款；无污染汽车最先在加州施行，目前有望在 10 多个州推广，无污染汽车积分要求为销量乘以积分比例，\$5000/ 积分。2018 年，无污染汽车政策将出现变化，只认可零排放车型和真正零排放汽车（即混合动力汽车和氢内燃动力车），考核企业范围从大型国内制造商扩大到国际汽车制造商，将会给美国新能源汽车市场带来较大刺激。在中国，油耗积分和新能源汽车积分合并考核。与美国积分制并行、不可换算的特点不同，我国将要推出的积分制规定油耗积分和新能源汽车积分合并考核，油耗负积分可以用新能源汽车积分抵补。

4．纯电动和插电式混动技术逐步获得认可，燃料电池是长期支持方向

纯电动和插电式混合动力技术路线逐步得到市场认可。混合动力新能源汽车主要市场在美国和日本。纯电动和插电式混合动力市场主要在中国、美国和欧盟。目前，全球主要国家都在加大支持纯电动和插电式混合动力技术。美国无污染汽车政策 2018 年开始不再将混合动力纳入核算，只纳入纯电动、插电式混动和燃料电池；欧盟很多国家都对纯电动和插电式混动进行补贴，混动车型补贴则较少或者没有。

燃料电池是长期支持方向。氢是未来理想的储能途径。以德国为例，德国可再生能源发展较快，但能源南北分布不均，北边风电丰富，而用电主要在南德。受制于输电网建设速度缓慢，必须有合适的储能方式来储能，到 2035 年若德国可再生能源如期发展，需要存储的能源将达到 0.41 TWh。由于抽水储能体量较小，而氢气可以用来储能，因此主要还是变成 2 万吨氢气储在几百万立方米盐矿里（德国盐矿有上百个），储存的氢气可以供 20 万辆燃料电池汽车开 10 万公里 / 年。目前欧盟燃料电池客车已经处于示范运营阶段，共计 60 多辆在试运行，2—3 年后增加至 180 辆。中国燃料电池汽车 2018 年预计达到 1000 辆的销量，已经有几款车登上 2017 年 1—3 批补贴目录。在乘用车方面，国外企业领先较多，目前现代 ix35、丰田、本田每年销售千辆左右的规模，奔驰预计推出第一款燃料电池车 GLC，到 2025 年预计能达到 3 万台以上。宝马、丰田、通用、本田等都公布 2 万辆以上的产能规划。总体来看，全球燃料电池技术路线比较确定。

18.2 新能源汽车产业发展的中国现状和政策

新能源汽车作为中国战略性新兴产业之一，产业规模和技术水平发展迅速，从 2015 年产销量跃居全球首位开始，产销规模连续 4 年蝉联全球第一。截至 2018 年底，中国新能源汽车保有量已超 160 万辆，占全球新能源汽车保有总量的 50% 以上。总体来讲，中国新能源汽车发展形势良好，产销规模持续增长，技术水平不断进步。但是，在产业规模效益、关键技术水平、基础设施建设等方面与国外仍有差距。本书从中国新能源汽车产业高质量发展现状出发，分析目前中国新能源汽车发展存在的不足，并从多角度出发对中国新能源汽车产业高质量发展存在的问题进行深度剖析。在此基础上，为今后中国新能源汽车高质量发展提出相应对策，并就未来新能源汽车的发展路径给出相关建议。

18.2.1 在政策大力支持下，中国新能源汽车产业获得飞速发展

受国家政策的支持和引导，中国新能源汽车产业得到了快速发展。据相关研究部门统计，2018 年我国新能源汽车产量 127 万辆，同比增长 59.9%；新能源汽车销量 125.6 万辆，同比增长了 61.7%。其中，纯电动汽车产量实现 98.6 万辆，销量达到 98.4 万辆，同比分别增长 47.9% 和 50.8%；插电式混合动力汽车产销分别完成 28.3 万辆和 27.1 万辆，同比分别增长 122% 和 118%。2015 年产销量分别达到 34.05 万辆和 33.11 万辆，跃居成为新能源汽车产销第一大国，并在 2016 年、2017 年和 2018 年保持领先优势。受 2018 年中国新能源汽车行业政策变动（地方政府补贴取消和国家补贴减半）影响，预计 2019 年和 2020 年中国新能源汽车增长速度会有所回落，若增速维持在 30%，则 2019 年预计销量达到 160 万辆，2020 年预计销量达到 200 万辆。因此，未来中国在新能源汽车行业市场上很可能会持续保持全球领先地位。

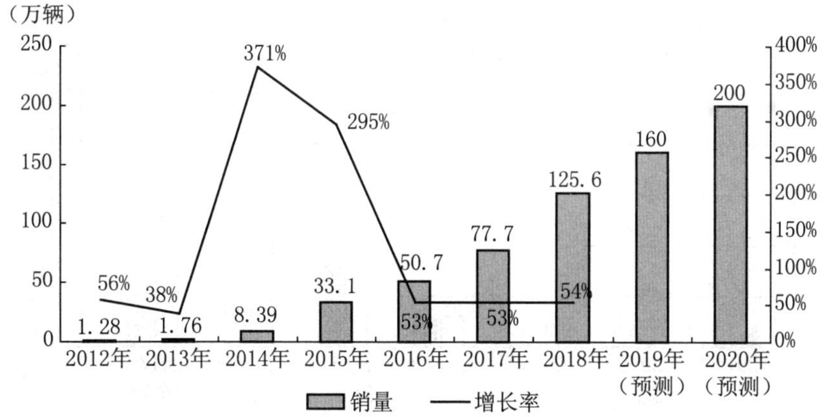

图 18.3　2012—2020 年中国新能源汽车产业规模预计

资料来源：根据赛迪智库和万得数据库整理。

18.2.2　纯电动是主体，插电式混动汽车是重要组成部分

从车型分布来看，纯电动汽车是中国新能源汽车产业的主体（如图 18.4 所示）。纯电动汽车的产量从 2011 年的 0.57 万辆增长到 2018 年的 98 万辆，占中国新能源汽车产量的 79%。另外，插电式混合动力新能源汽车近年来也获得了快速发展，从 2011 年的 0.27 万辆，增长到 2018 年的 28.3 万辆，2018 年同步增长了 121%，目前在新能源汽车占比 21%，是中国新能源汽车市场的重要组成部分。

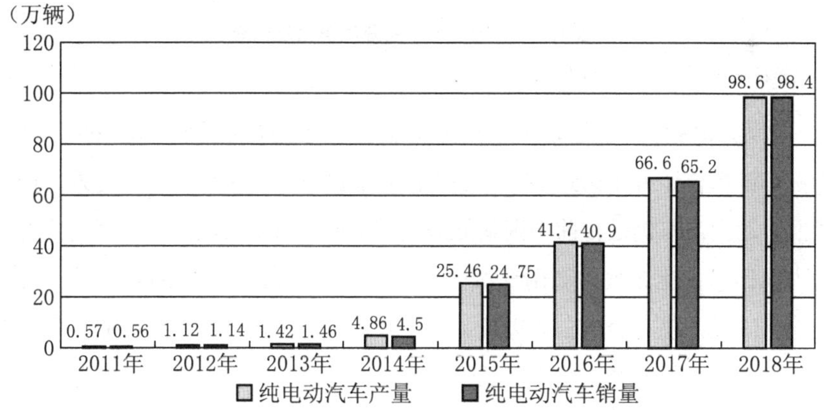

图 18.4　2011—2018 年不同新能源汽车产销情况

资料来源：汽车工业协会。

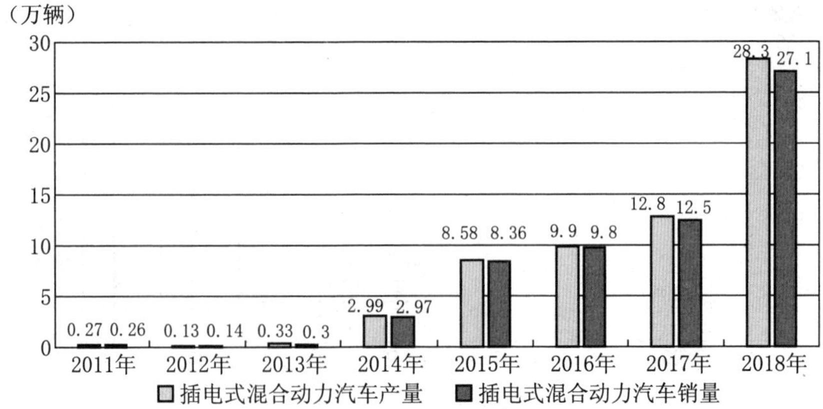

图 18.5　2011—2018 年中国插电式混合动力汽车产销量规模情况

资料来源：汽车工业协会。

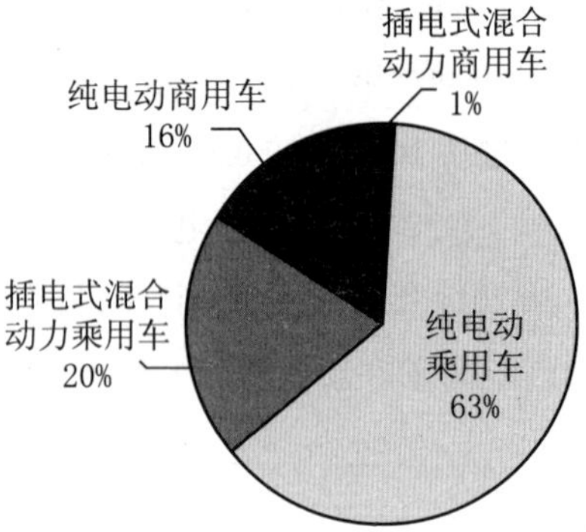

图 18.6　2018 年新能源汽车销量构成

资料来源：汽车工业协会。

截至 2018 年，纯电动乘用车占比 63%，纯电动商用车占比 16%，纯电动汽车销量合计占比达到 79%，是中国新能源汽车的主导车型。另外，插电式混合动力汽车仍是目前中国新能源汽车市场的重要组成部分，插电式混合动力乘用车占比 20%，商用车占比 1%，合计占比 21%。燃料电池汽车尚处于起步阶段，仅有少数企业进行了样车开发与示范运行，后续产业化发展有待跟进。中国新能源汽车产业的快速发展，也带动了自主品牌的崛起。2018 年中国新能源汽车自主品牌呈现“百家争鸣”的良好局面，有多家自主品牌进入全球新能源汽车销量排名前 20 位。中国新能源汽车产销量激增的同时，市场格局也发生了重大变化，城市微型电动汽车成为 2018 年的主流产品。

18.2.3　产业链投资超 2 万亿元，“三电”及基础设施进步明显

1．动力电池增长迅速，与国际的差距逐渐缩小

中国新能源汽车动力电池 2018 年的装机总量约为 57.35 GWh，同比实现了 57% 的增长。其中，乘用车动力电池装机量达 32.86 GWh，同比增速最高，达到了 137%，占总装机量的 57.3%，成为动力电池的主要需求增长点。截至 2018 年年底，我国在新能源汽车全产业链投资额已经累计超过 2 万亿元。国内新能源汽车的蓬勃发展还有效带动了全球主流汽车企业加速转型。

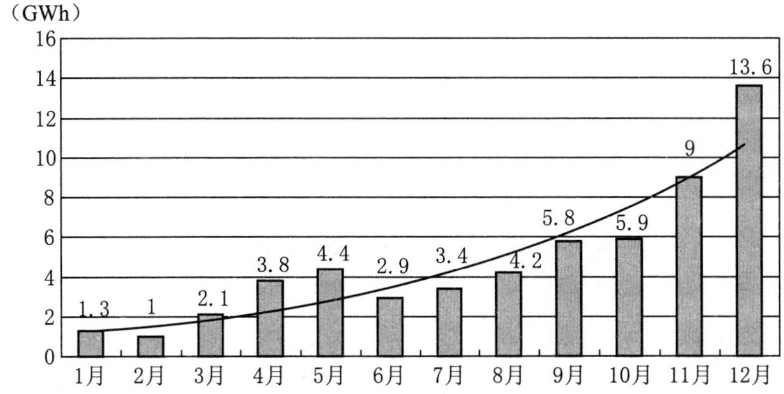

图 18.7　2018 年 1—12 月动力电池装机量

资料来源：中商产业研究院。

到 2018 年年底，国内量产的动力电池单体能量密度达到了 265 Wh/kg，成本控制在 1 元 /Wh 以下，提前达到 2020 年的目标。能量密度较 2012 年提高了 2.2 倍，生产成本下降了 75%。除此之外，我国新能源汽车在电池管理系统、整车电控系统和驱动电机也取得了长足进展，逐步与国际先进水平看齐。其中，国内永磁同步电机产品的最高转数可以达到 16000 转，与国际最先进的 18000 转的差距逐渐缩小。

当前中国动力电池市场仍以锂离子电池为主，车用动力电池主要有磷酸铁锂电池、三元材料电池、锰酸锂电池、钛酸锂电池、多元复合电池、镍氢电池等。以三元材料和磷酸铁锂作为电池正极是目前锂离子电池产业的两大主流工艺，二者在乘用车领域的装机总量高达 98%。从配套企业来看，中国

产新能源汽车共有151家动力电池单体配套企业和2家燃料电池企业。近年来，中国动力电池产业发展势头迅猛，2018年宁德时代超越松下和比亚迪，跃居全球第一。图18.8所示的是，2018年全球销量前十位的动力电池企业。同时，中国锂电池公司宁德时代占据全球出货量榜首，标志着中国动力电池产业发展的新高度与新里程。

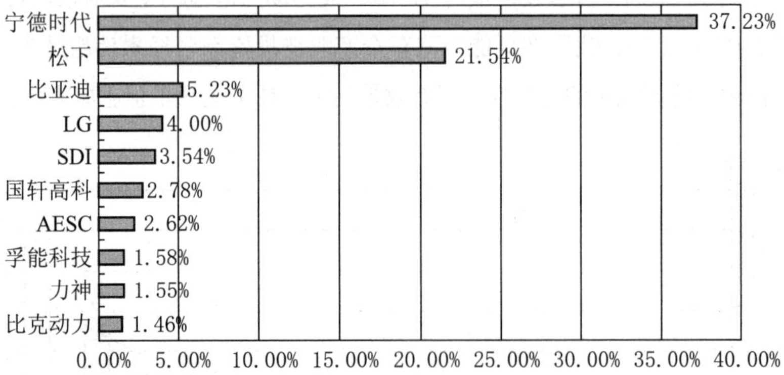

图18.8　2018年全球动力电池企业销量占比前十位

资料来源：根据公开资料整理。

2．电驱系统永磁同步电动机占主导，自主研发配套能力增强

2018年，中国新能源汽车产销均超过125万辆。其中，新能源乘用车产销量占2/3，新能源商用车产销量占1/3，除个别乘用车车型外，绝大部分新能源汽车（含全部新能源商用车）均配套中国自主研发的驱动电机及控制器

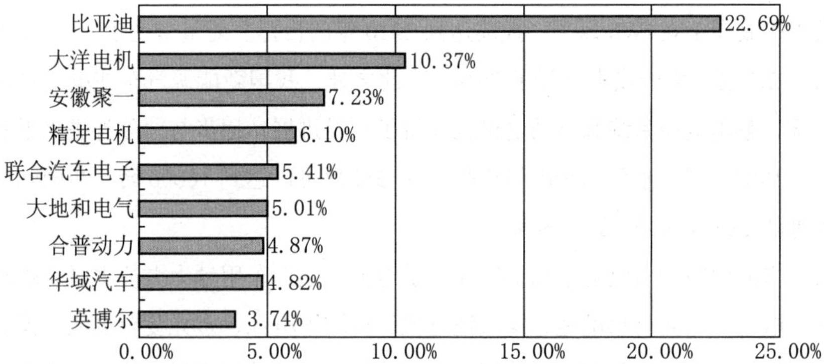

图18.9　2018年中国新能源乘用车电机出货排名

资料来源：万得数据库。

产品。2018 年新能源乘用车驱动电机装机量达到 141.78 万台，同比增长达 50.8%。其中，永磁同步电机装机量占比达 91.4%，异步交流电机和其他类型电机占比 8.6%。目前，中国驱动电机生产企业和电机控制器生产企业虽有 200 多家，但是市场相对比较集中。北汽新能源、比亚迪、江铃新能源、精进电动、联合汽车电子等 10 家企业所占市场份额超过 75%。

如图所示，中国排名前十位的驱动电机企业中，除联合汽车电子为合资品牌外，其他均为中国自主品牌。目前，中国除部分驱动电机供应商被整车厂整合外，其他自主品牌电机供应商能够根据整车厂的需求联合开发新产品，对中国新能源汽车市场的适应度更高，因此，自主品牌驱动电机产业得到了较快的发展。

3．下游充电基础配套设施建设滞后，充电接口尚未达到 1∶1 的要求

总体来看，中国充电基础设施的建设相对于新能源汽车的增速是持续滞后的，充电接口与新能源汽车数量之比远低于 1 ∶ 1 的要求。随着中国新能源汽车保有量的快速增长，中国也成为充电基础设施发展最快的国家，2018 年全年月均新增公共类充电桩数约为 6054 个。目前，中国已成为全球充电桩保有量最多的国家。截至 2018 年年底，中国大陆地区充电桩数量达到 45 万个，公共充电桩数量达到 21 万个，同比增长 51%。其中，交流电桩 8.6 万个，直流电桩 6.1 万个，交直流一体桩 6.6 万个。但当前还存在着充电设施分布不均，进驻小区困难等问题。同时，还存在着二手车流通体系建设不完善，新能源汽车维修保养体系不健全的问题。从全国充电桩的分布看，主要集中在北上广一线城市，以及江苏、山东和浙江等东部沿海省份。其中，北京拥有 4.02 万个充电桩、上海拥有 3.37 万个、广州拥有 3.27 万个，三个一线城市合计占全国私人充电桩的 23.69%。

18.2.4　我国新能源汽车产业政策“巨变”，将引发产业结构调整

1．2019 新能源汽车补贴新政

2019 年 3 月，财政部、工信部、科技部和发改委四部委发布《关于进一步完善新能源汽车推广应用财政补贴政策的通知》。该通知对之前的补贴事项作出了重大调整，备受制造商和消费者关注，新政在补贴标准、技术指标、质量监管等七个方面有重大变化：

第一，续航400公里及以上车型补贴减半，续航250公里以下车型补贴为零。新政注重新能源汽车续航能力的提高。2019年新政就续航里程补贴门槛提高到250公里，且高于400公里（包含400公里）的补贴相比2018年也大幅削减50%。说明了国家意在通过政策引导和调整新能源车企的技术竞争力，新政的实施可能会加剧整个新能源行业在市场竞争中的淘汰、转型和升级。回顾2014年，100公里续航的车，每辆平均可以获得国家补贴2.8万元，2019年高于400公里的电动车在续航里程一项最高仅可拿到2.5万元，补贴幅度大幅降低。

第二，新能源汽车的地方补贴取消，国家补贴减半。其中，2019年插电式混合动力乘用车（包含增程式）国家补贴上限为1万元，比2018年减少了54%；对纯电动乘用车续航里程高于400公里（含400公里）国家补贴减少了50%，续航在300—400公里之间的电动车下降更多，降了60%。需要关注的是，新政实施后，2019年地方补贴将会正式取消。以此匡算，相比2018年的政策，2019年行政补贴降幅远远超过50%。以续航为355公里、电池包能量密度为135 Wh/kg、电耗为21度数的车型为例，2019年获取补贴会比2018年减少83%。2019年新政设置了三个月的过渡期，从3月26日至6月25日为过渡期，过渡期内上牌车型依然可享受地补优惠，但是与2018年相比，过渡期时间相对较短，且补贴金额大幅降低。

第三，行政强调质量安全可靠，补贴系数设置上限。为了保障新能源车质量安全可靠，行政不再另行调整电池系统能量密度技术指标上限，但做了两点调整：一是将电池包能量密度再次提高标准，由2018年最低105 Wh/kg提高为最低125 Wh/kg；二则是设置了补贴系数上限，不高于1倍补贴。这意味着一些车型虽然达到了补贴标准，但到手补贴金额却是有限的。

第四，提高电耗水平上限及下限标准。2019年新政规定，比规定电耗水平低于10%的车型补贴将被取消；在2018年，高于规定门槛25%（含）以上的车型可以获得1.1倍补贴，2019年则需要高于35%才可获得1.1倍补贴。

第五，地方补贴由原来的补贴车辆修改为补贴充电 / 加氢等基础设施。自2019年6月26日过渡期结束后，地方的购置补贴正式取消，补贴方向将转为用于支持充电（加氢）基础设施以及配套运营服务等方面。将地方补贴由补贴车辆转变为补贴充电 / 加氢站等配套基础设施的转变，一方面将提高新能源车主使用环节的充电及加氢体验，另一方面也有利于破除地方保护，形成统一、公平的竞争环境。

第六，人性化的补贴措施利于缓解企业资金压力。新政对运营车辆的补贴方式更具人性化。自 2019 年起，有运营里程要求的车辆完成销售上牌后即预拨一部分资金，进而满足 2 万公里后再予以清算。政策变动说明，企业不必像在老政策那样，在满足 2 万公里行驶里程后才能为运营车辆申请补贴，新的补贴方式将在一定程度上缓解企业在资金和运营方面的压力。

第七，国家重视燃料电池汽车，其补贴政策将另行制定。与 2018 年相比，新政中燃料电池车型的补贴政策并未随整体补贴一同公布，这可能表明了国家对燃料电池汽车的重视。2018 年燃料电池车仍然按照国补：地补为 1：1 进行配套补贴，在 2019 年新政过渡期内，其间销售上牌的燃料电池汽车按 2018 年对应标准的 0.8 倍补贴。因此，无论是从政策支持力度上还是补贴金额看，燃料电池汽车相比纯电动、插电式混合动力等技术路线的新能源车更显优待。

2. 双积分政策

为解决我国能源供应紧张的问题和国家节能减排目标的达成，2017 年 9 月 27 日，工信部、财政部等五大部门联合发布了《乘用车企业平均燃料消耗量与新能源汽车积分并行管理办法》(以下简称《双积分管理办法》)。该办法自 2018 年 4 月 1 日起正式施行。所谓“双积分”，就是平均燃油消耗量积分（CAFC）与新能源汽车积分（NEV）之和。“双积分”政策的出台，将对我国很多新能源汽车厂商产生重大影响。其中，车企可以将“平均油耗”负积分与新能源汽车积分之间进行交易、抵偿和转让。

“双积分”政策主旨是只鼓励纯电动技术路径。对于插电混动，分值较低，每辆仅有 2 分，并且要求较高，若达不到，积分将打 5 折，并且积分不得转让，仅限于本企业使用。相比之下，燃料电池车分值较高，每辆标准车型积分上限为 5 分。但国内目前暂时还没有厂家生产燃料电池乘用车。2019 年，从“双积分”政策标准看，厂家新能源汽车积分需要占总销量的 10%。

也就是说，如果厂家有10万个积分，就只能卖100万辆汽车。另外，积分要求还在提升，2020年的积分占比将上调至12%。以一辆纯电动车为例，如果续航里程达到200公里，便可得到3.2个积分（0.012×200+0.8），在此基础上，如果百公里电耗能满足一定条件（以一辆1.5吨重的纯电动汽车而言，要求综合工况百公里电耗低于14.35 kWh），积分可以再乘以1.2，就是3.84个积分。

表18.4　新能源汽车积分及核算办法

车型类别	标准积分	备　注
纯电动车	0.012×R+0.8	1. R为续航里程（km） 2. P为系统额定功率（kW） 3. 标准车型积分上限为5分 4. 积分计算结果按四舍五入保留两位小数
插电式混动车	2	
燃料电池车	0.16×P	

对于纯电动车30分钟最高时速不低于100 km/h、续航里程大于100 km的，根据整备质量m、百公里电耗量Y，满足条件1但不满足条件2的，新能源车积分按照1倍计算；满足条件2的按照1.2倍计算，其余车型按照0.5倍计算，且积分仅限于本企业使用。

条件1：$m \leqslant 1000$时，$Y \leqslant 0.014 \times m+0.5$；$1000<m \leqslant 1600$时，$Y \leqslant 0.012 \times m+2.5$；$m>1600$时，$Y \leqslant 0.005 \times m+13.7$

条件2：$m \leqslant 1000$时，$Y \leqslant 0.0098 \times m+0.35$；$1000<m \leqslant 1600$时，$Y \leqslant 0.0084 \times m+1.75$；$m>1600$时，$Y \leqslant 0.0035 \times m+9.59$

3．汽车关税政策

汽车关税政策对我国汽车产业发展产生了重要影响。改革开放以来，中国汽车进口关税虽有波动，但总体上呈下降趋势，可以分为高度保护时期和一般保护时期。1985年以前，中国乘用车进口关税为120%—150%。1986—1993年，中国汽车产业仍处于高度保护状态，乘用车进口关税维持在180%—220%。从1994年4月1日至1997年10月，我国先后经过3次降税，汽车整车平均关税水平降至54.7%，零部件平均关税水平降至25.2%。2001年1月1日，中国加入世界贸易组织之前最后一次实施自主降税，乘用车关税降至70%—80%，零部件平均税率降至22.9%。2001年加入世界贸易组织后，中国汽车进口关税水平逐年下降。2007—2018年7月之前，在这10余年时间里，中国乘用车进口关税税率一直维持在25%。

在博鳌亚洲论坛2018年年会上，习近平主席提出将尽快放宽汽车行业外资股比限制并相当幅度降低汽车进口关税。2018 年 5 月 22 日，国务院关税税则委员会宣布为进一步扩大改革开放，推动供给侧结构性改革，促进汽车产业转型升级，自 2018 年 7 月 1 日起，降低汽车整车及零部件进口关税。此次降低关税将汽车整车税率为 25% 的 135 个税号和税率为 20% 的 4 个税号的税率降至 15%，将汽车零部件税率分别为 8%、10%、15%、20%、25% 的共 79 个税号的税率降为 6%。

2018 年以来，经过连续多次自主调整，我国关税总水平已由 2017 年的 9.8% 降至 7.5%，平均降幅达 23%。为适应产业升级、降低企业负担和满足群众多层次消费等需求，从 2018 年 11 月 1 日起，我国还降低了部分工业品等商品的最惠国税率及最惠国暂定税率。涉及的汽车产品主要包括机动车辆上供人使用的空气调节器、小轿车用自动换挡变速器及其零部件、汽车用片簧及弹簧、机动车用中央控制门锁等 32 个税号下的商品。

表 18.5　2018 年 7 月 1 日后汽车整车及零部件降税产品及税率情况

税则号及车型类别	数　量	降税产品数量	最惠国税率（%）
8701 牵引车	1	0	6
8702 客车	15	15	15
8703 乘用车	115	115	15
8704 货车	8	7	8 和 15
8705 特种车	21	0	3，9，10，12 和 15
8706 底盘	4	4	6
整车总计	164	141	—
8707 车身	3	3	6
8708 汽车零部件	84	84	6
8716 挂车，半挂车及其零部件	9	0	10
87 章产品总计	260	228	—

资料来源：《中华人民共和国海关进出口税则》。

2018 年 7 月 1 日，汽车整车进口关税已经降至 15%，零部件进口关税降至 6%。汽车进口关税降低政策能够促使汽车终端价格下降，对市场和消费者来说是个利好。其中，特斯拉反映最明显，销量大幅提升。

表 18.6　特斯拉产品价格变化情况

车　型	配　置	40% 关税时价格 / 万元	增长 /%	自主降价后价格 / 万元	增长 /%	暂停加征关税价格 / 万元	增长 /%
特斯拉	ModelS75D	87.68	23.39	78.29	−10.71	74.23	−5.19
	ModelS100D	106.86	22.60	95.46	−10.67	84.96	−11.0
	ModelSP100D	147.32	19.52	109.1	−25.94	109.1	—
	ModelX75D	96.49	24.41	86.18	−10.69	79.68	−7.54
	ModeX100D	114.44	23.64	95.25	−16.77	96.25	—
	ModelXP100D	157.22	19.50	118.93	−24.35	118.93	—

资料来源:《中华人民共和国海关进出口税则》。

4. 开放外资股权比例限制

我国一直对汽车产业实施较为严格的宏观调控政策，新一轮政策重点针对合资股比、合资企业数量等方面的限制进行开放。汽车行业将分类型实行过渡期开放，2018 年取消专用车、新能源汽车外资股比限制；2020 年取消商用车外资股比限制；2022 年取消乘用车外资股比限制，同时取消单一品牌合资企业不超过两家的限制。通过 5 年过渡期，汽车行业将全部取消限制。放开外资股比不能超过 50% 限制的政策将倒逼国内汽车企业自主创新，提升市场的竞争性，最终使消费者受益。从总体上看，新一轮汽车产业合资开放政策采取分领域、分阶段的方式实施，意味着新政策对我国现有汽车产业的冲击效应较为缓和，将更有利于我国汽车产业深度嵌入全球汽车产业并迈向全球价值链中高端。

新政策的实施对我国现有新能源汽车及专用车领域的冲击不明显，有利于整合全球高端资源加速我国新能源汽车产业发展并迈向全球价值链中高端。根据新一轮汽车产业合资股比开放政策，2018 年放开新能源汽车和专用车领域的股比限制，将会有越来越多的外资新能源汽车企业将以独资方式进入中国新能源汽车市场。由于我国通过实施密集的新能源汽车产业政策使得我国连续 3 年成为全球最大新能源汽车市场并培育出比亚迪、宁德时代等具有国际影响力的龙头企业，逐步扩大全球新能源汽车产业的话语权，因此新政策的实施不会对我国新能源汽车产业形成巨大冲击，反而有利于我国引进全球新能源汽车及专用车领域的高端人才、资本及技术资源，加速我国新能源汽车发展步伐并通过优胜劣汰培育出更具有国际竞争力的自主品牌新能源汽车企业。此外，由于我国专用车市场规模较小而且以国产品牌为主，新政策将有利于进一步提高国内专用车市场竞争水平，加速行业兼并重组从而培育出具有国际。

18.3　我国新能源汽车产业高质量发展面临的问题

现阶段，中国新能源汽车产业已由政策驱动下的培育期逐步进入到市场驱动下的快速增长期。通过与国外新能源汽车发展现状的对比分析发现，中国新能源汽车的发展尚存在一些问题，可概括为核心技术仍然需要进一步突破，充电基础设施配套不完善和后市场流通服务体系不健全，另外还面临着结构性产能过剩、市场竞争激烈以及资源环境制约等多种问题。通过深度剖析中国新能源汽车产业与技术的矛盾症结，正视自身发展中存在的综合问题，打破僵局，消除顽疾，才能真正将新能源汽车打造成汽车强国的有力支柱，实现中国新能源汽车产业高质量发展。

18.3.1　核心技术仍然需要进一步突破

首先，汽车是高新技术的载体，基础零部件是推动汽车技术创新的主力，中国新能源汽车产业在基础共性技术、核心关键技术、前瞻机密技术上与国外还存在较大差距，技术研发不够深入，如整车一体化电动底盘，整体技术相对落后；机电耦合装置、电机系统等核心零部件以及混动系统集成方面存在一定不足；动力电池单体一致性、成组技术存在明显差距；燃料电池的性能、寿命以及成本还有巨大的提升空间。其次，产业自主创新能力不突出，核心知识产权受限于人，如企业研发投入少，多以传统汽车改造为主，未能颠覆已有技术积累，知识产权保护意识弱，未能很好地对成果进行保护。最后，人才队伍建设有待加强，尤其是研发和技术人才缺乏，核心技术急需进一步突破，新能源汽车难以适应产业快速变革。电池、电机和电控（又称“三电系统”）是新能源汽车的技术核心，下面分别从“三电系统”分析我国新能源汽车需要进一步突破的技术瓶颈和关键问题。

新能源动力电池方面仍然存在一些技术难题，后续的电池回收也比较粗放。根据艾媒对中国新能源汽车部分受访车的调查发展，有近七成车主表示新能源汽车出现不同程度的里程衰减。电池的衰减与行驶里程和温度有关。一是行驶里程越长，充电次数越多，衰减越大；二是温度越高，衰减越大。另外，我国燃料电池基本上处于萌芽阶段，依然面临诸多问题，比如制氢、储氢、运氢和加氢技术不完善、标准不统一等等。在整车制造、关键零部件性能方面都与国外差距较大，加氢站建设也远远落后与美日韩德等国。全固态锂电池是未来电池发展的重要方向，这已经成为行业共识，全球主要电池企业及整车厂商均开展固态电池相关技术的研究，中国的固态电池研发刚刚起步，主要依托于中科院等科研机构。中国动力电池材料回收产业还处于粗放型发展阶段，相关行业标准尚未确立，材料回收企业营收、利润增速极易受到大宗商品价格、人民币汇率起伏等影响。2018 年 2 月，工信部等多个部委联合发布了《新能源汽车动力蓄电池回收利用管理暂行办法》，要求原始设备制造商负责新能源汽车电池回收，并要求他们设立回收渠道和服务网点，用于收集、存储废旧电池并将其转移给专业回收商。汽车制造商还必须建立维护网络，方便公众维修或更换旧电池。

电机装置是推动电池能量转化成机械能的核心装置。而电机驱动控制系统则是新能源汽车车辆行驶中的主要执行结构系统，其驱动性较大程度上决定了汽车行驶的主要性能指标。目前，世界上新能源汽车驱动电机类型主要有永磁同步、交流异步和开关磁阻三类（见表 18.7）。美国、日本和欧洲的新能源汽车驱动系统企业获得了迅猛发展，它们在降低电机生产成本、改善电机效率，以及电机和发动机一体化等方面成效显著，产业链日至完备。与此对比，中国自主研发的永磁同步电机、交流异步电机、开关磁组电机已经实现了与国内整车企业的中小批量进行配套，产品的功率可以覆盖 200 kW 以下整车的动力需求，部分企业的产品已经走出国门。电机的供应商主要有两种途径：一种是成立合资公司，比如西门子、大陆、博世、日立等，与整车厂联合进行驱动电机系统开发；另一种是富有实力的独立电机或者汽车零部件生产商，自主研发电机系统。

表 18.7　新能源汽车驱动电机类型

电机类型	优　势	缺　陷	应用范围
永磁同步	体积下、质量轻，功率密度大，可靠性高，响应速度快	最大功率较低，成本较高，能够为车辆输出最大的动力和加速度	新能源乘用车
交流异步	价格低、运行可靠	功率密度低、控制复杂，调速范围小	新能源客车
开关磁阻	价格低、电路简单，调速范围广	震动噪声大，控制系统复杂	大型客车

电控系统是汽车的大脑。电控系统主要涵盖电机控制系统和电池管理系统，电控系统的关键技术在于功率半导体模块以及电机控制算法等。电控技术的提高能够减少有害气体的排放，降低油耗度，提高发动机的功率、行驶性能、低温启动性能。作为驱动系统的核心部件，电控系统正在朝着高性能、低成本的方向发展。在技术方面，国外对于电控技术的研究较为深入，在中国市场，国内厂商的电控核心零部件如自主封装绝缘格栅双极型晶体管等仍然无法自给，绝大多数为进口，厂家之间的竞争主要在零部件集成与封装上，但随着国家政策的帮扶，一些实力较强的企业正在从电机控制系统或是电池管理系统向新能源汽车电控方向发展。

18.3.2　充电基础设施配套不完善

中国新能源汽车产业目前发展的着力点集中于汽车的生产与销售方面，各地迅速布局新能源整车厂，并且各地政府大力示范推广应用新能源汽车，而忽略了对充电设施的发展，导致大部分地方出现“有车无桩”的现象，即使有些地方为了“示范”建设了大量充电桩，但所建充电桩布局并不合理，导致使用率低，有些充电桩甚至“无用”，使得基础设施配套未能与新能源汽车协同发展。

充电难不仅是困扰电动汽车用户的现实问题，也是影响新能源汽车进一步推广和应用的一重要原因。有三个方面的充电难问题值得关注：首先是总量不足，以及现有设施利用率低；其次是充电桩建设推进难度大，涉及环节多，利益主体比价分散，协调困难；再次是充电设施数据信息互联互通程度较低，尚未实现运营商之间支付结算的互联互通。

国内参与充电设施运营的包括：专业的充电运营商、电动汽车企业、网络运营服务公司等，主要通过搭建运营平台为用户提供“充电服务＋增值服务”，但因前期投资巨大且电动车尚未大规模应用，充电运营行业普遍没有实现盈利。另外，在现实状况下，充电桩的互联互通正在制约着行业的发展，其作为发展难点一直被行业诟病。

表 18.8　中国充电桩产业存在的问题

车与桩不协调	充电设施运维成本高	可持续盈利能力弱	兼容性问题
根据中国电动企业百人会报告数据显示，目前各大运营商充电设施的利用率仅为5%左右。与此同时，人们仍然感受到充电桩难找。	充电设施的建设需要耗费成本支出，且后期运维成本居高不下，充电设施属于专业的电气设备，所以需要定期维护，保障安全运行，需要专业的人才。	有些企业通过过低的服务价格进入市场，通过降低设备及服务质量获取权益，但其持续盈利能力较差。	充电桩行业竞争充分，行业标准未得到及时建立，导致现在电池间的兼容性问题存在。

资料来源：艾媒咨询：《2018—2019 年新能源汽车深度研究报告》。

18.3.3　后市场流通服务体系不健全

在新能源汽车领域，地方保护导致的市场分割是困扰新能源汽车产业健康发展的一大顽疾。同时，由于新能源汽车产品应用率相对较低，产品性能的市场验证性不足，产品质量管理得不到保证，消费者对于新能源汽车的产品信任也影响了新能源汽车的销售。例如，电动汽车并不能很好地解决驾驶人里程焦虑的问题；燃料电池汽车并不能有效消除驾驶人安全担忧等问题；大多汽车维修师技术水平依然停留在解决传统汽车问题的层面，未能及时更新技术，新能源汽车维修保养相关职业技术人才存在很大缺口。

18.4　我国新能源汽车产业高质量发展的建议

新能源汽车产业与技术在中国的发展已相对成熟，体量规模在全球也占有一定的优势，但在发展过程中既不可夜郎自大，又不能妄自菲薄。针对中国新能源汽车产业与技术发展存在的问题，提出切实可行并能有效解决问题的对策建议，对于中国新能源汽车产业与技术高标准、高要求、高效率、高质量的发展具有一定的指导意义。

18.4.1　坚持战略引领，实现产业高质量发展

坚持战略引领，巩固提升我国新能源汽车产业的竞争优势，实现更高质

量发展。我国新能源汽车产业在新时代应需要担负起保护大气环境和引领转型升级的双重使命，需要率先落实我国汽车产业改革开放的新举措。未来，我国新能源汽车产业的发展应在国家战略规划的引领作用下，着手制定面向 2035 年的中国新能源汽车产业发展战略规划、进一步明确新形势下的发展路径和政策支撑，分门别类地提出实现我国汽车电动化的路线图和时间表，确保我国新能源汽车长期健康发展。

顺势把握新一轮技术革命与产业升级的历史机遇，加强新能源汽车产业顶层设计，凝聚传统产业与新能源相关产业核心资源和力量，出台新能源产业扶持政策，税收激励政策等正向鼓励政策，以及征收拥堵费、排污费等惩罚政策相结合的多元化政策组合方式，合理布局新能源汽车上下游企业，打造有影响力和示范力的新能源汽车产业群。同时，利用企业投入、社会资本、国家科技计划（专项、基金等）统筹组织企业、高校、科研院所等协同攻关，重点围绕动力电池与电池管理系统、电机驱动与电力电子总成、电动汽车智能化技术、燃料电池动力系统、插电 / 增程式混合动力系统和纯电动力系统六个创新链进行任务部署。推进企业标准体系和标准自主化建设，建设汽车产业联合创新中心和关键共性重大技术平台。各参与主体应按照各自的责任合理分工、高效协作，共同推进政策方案的落地实施。

18.4.2　坚持创新驱动，突破重点领域发展的技术瓶颈

1．完善创新体系，增强创新发展动力

完善以企业为主体、市场为导向、产学研用相结合的协同创新体系，推动基础共性技术和关键核心技术研发深入推进。加快动力电池、智能网联汽车等制造业创新中心建设，集中行业优势资源，协同攻关，打通前沿技术和共性技术研发供给、转移扩散和首次商业化链条。充分发挥企业主体作用，加强能力建设，加大研发投入，结合国家重点研发计划新能源汽车试点专项，布局基础前瞻性和共性关键技术研究，加强与高校、科研院所的协同创新。不断提升技术标准、测试评价等产业支撑平台建设，形成促进产业发展的系统化服务能力。

2．突破重点领域，提升创新发展能力

重视在新能源汽车整车和关键零部件等核心领域的创新，提升整车综合性能，实现动力电池到 2020 年性能提升和成本下降目标。瞄准发展急需，

支持重点企业加速新技术在底盘平台、整车集成等方面的工程化应用，加快产品升级换代步伐，提升新能源汽车与传统汽车及国际品牌的市场竞争能力，巩固先发优势。重点攻克下一代锂电池和金属空气电池、固态电池等新体系电池关键核心技术；加快推进高速电机、分布式驱动和智能控制、感知决策等前沿技术攻关，夯实关键零部件配套水平；研究设立有关产业升级专项，加速新技术在动力电池、整车集成等方面的工程化应用；加快产品升级换代步伐，提升新能源汽车与传统汽车及国际品牌的竞争能力，巩固先发优势。随着相关部门的政策法规推动和消费者需求，安全、高比能量、长寿命的动力电池已成为市场需求的主流，中国新能源整车企业则主要通过自研、合资、外购三种形式获取，并规划了以下发展路线（如表 18.9 所示）。

表 18.9　中国动力电池技术发展路径的规划

十三五规划	产业化的锂离子电池密度达到 300 Wh/kg 以上，成本降至 0.8 元/Wh 以下；新型锂离子电池能量密度需要达到 400 Wh/kg 以上，新体系电池能量密度达需要到 500 Wh/kg 以上
《中国制造 2025》	到 2020 年电池能量密度达到 300 Wh/kg，2025 年电池能量密度达到 400 Wh/kg，2030 年电池能量密度达到 500 Wh/kg
《节能与新能源汽车国家规划》	2020 年电池模块的质量密度达到 300 Wh/kg 以上，成本降至 1.5 元/Wh 以下
《促进动力电池产业发展行动方案》	工信部等联合发布表示，产品性能目标为：至 2020 年，新型锂离子动力电池单体能量要超过 300 Wh/kg，系统比能量要达到 2600 Wh/kg，成本要降至 1 元/Wh 以下

资料来源：艾媒咨询：《2018—2019 年新能源汽车深度研究报告》。

另外，尽快补短板，突破氢燃料电池汽车技术。氢能燃料电池技术作为全球公认的新能源领域革命性技术，未来在交通领域的应用可能比较广泛。我国虽然开创了燃料电池混合动力技术特色，但若要大规模产业化发展，还必须解决燃料电池“卡脖子”技术问题和高成本问题。目前，膜电极技术作为燃料电池“芯片”和高比能量低成本车载储氢瓶技术亟待突破。建议将诸如车用燃料电池技术等作为我国“十四五”国家重点专项，通过更大的支持，力争实现燃料电池汽车技术出现革命性突破。与此同时，还要充分认识氢能与燃料电池技术的复杂性，不断借鉴全球通行做法，继续开放创新，尽快建立健全我国氢能燃料电池产业链。

在新能源汽车的电机电控领域，《中国制造 2050》也明确了具体的技术目标，到 2025 年，驱动电机和电控关键技术均要达到国际先进水平。

表 18.10　中国新能源汽车电机和电动的技术目标

电机和电控	2020 年	2025 年	2030 年
驱动电机	乘用车 20 秒有效比功率≥3.5 千瓦 / 千克 商用车 30 秒有效比扭矩≥18 牛顿·米 / 千克	乘用车 20 秒有效比功率≥4 千瓦 / 千克 商用车 30 秒有效比扭矩≥牛顿·米 / 千克	乘用车 20 秒有效比功率≥5 千瓦 / 千克 商用车 30 秒有效比扭矩≥20 牛顿·米 / 千克
	低损耗硅钢、高性能磁钢、成型绕组、汇流排、磁钢定位封装等先进工艺材料	关键材料和部件采用国内资源，自主工艺开发及生产线建设能力达到国际水平，先进工艺磁料推动自主进步的格局基本形成	出口份额达到自主产量 20%
电机电控器	实现功率密度＞15 千瓦 / 升	自主率达到 60% 以上，实现功率密度≥25 千瓦 / 升	实现功率密度≥35 千瓦 / 升
	自主封装绝缘格栅双极型晶体管（IGBT）模块市场总量 20% 以上，逆变器性能和可靠性达到国际先进水平	自主封装绝缘格栅双极型晶体管（IGBT）模块市场总量 60% 以上，逆变器性能达到国际先进水平	出口份额达到自主总产量 5%

资料来源：新材料在线：《2019 年全球新能源汽车产业发展趋势报告》。

此外，实际上美国也发布了电动汽车发展 2025 路线图规划，在电机电控效率、功率密度、成本方面均有比较明确的目标和要求。与中国的规划相比，美国新能源企业在电机电控技术目标比中国更先进。

表 18.11　美国电动汽车电机电控的规划目标

领域	指标	2020	2025	关键技术突破
驱动电机	效率	系统＞94%	系统＞97%	新材料应用：高导热材料（硅钢、铜线等）、高导电率铜线、高耐压低成本绝缘材料、高耐温电磁材料等。 新电机方案创新：无稀土电机技术、串并联绕组切换技术，同步磁阻电机技术。 新建模方法和新优化方法：更高的理解硅钢、磁钢的物理性能（高频损耗、超薄硅钢的导磁能力等）、更贴近物理底层的建模分析、大数据优化算法等。
	功率密度	5.7 KW/L 1.6 WK/Kg	50 KW/L 5.7 WK/Kg	
	成本	$4.7/kW	$3.3/kW	
电机电控器	效率	系统＞94%	系统＞98%	利用先进功率半导体材料。 低阻大电流碳化硅芯片及封装技术测试应用。 高电压电力电子系统开发。
	功率密度	13.4 KW/L	100 KW/L	
	成本	$3.3/kW	$2.7/kW	

资料来源：新材料在线：《2019 年全球新能源汽车产业发展趋势报告》。

18.4.3 大力推动充电基础设施建设，不断健全政策体系

电动汽车市场增速扩大，充电桩需求进一步扩大。国家电网曾表示计划到2020年建设电动汽车公共充电桩12万个，未来国内充电桩数量还将大幅增长。根据利好政策的推动，分布式民营充电站在全国各地迅速建立。根据电动汽车充电方案供应商智充科技统计，旗下服务的民营充电站在运营能力方面已经超过国营站点，成熟区域的充电运营商已经开始享有丰厚的充电收益。面对充电这个潜力巨大的市场，民营资本已经纷纷进入。

积极引导新能源汽车行业共同构建生产责任延伸、基础配套协同体系，规范并维护新能源汽车产业链条健康发展。完善新能源汽车安全监控、预警和处理机制；加强充电桩、充电设施网络布局的合理构建；解决充电接口和协议兼容性问题；建立国家充电基础设施管理部门，形成统一的平台，实现充电和结算的互联互通，共享互用，提升对未来新技术的兼容性，并与可再生能源发电一体化进行规划；同时加强新能源汽车的推广应用，促进不同企业进行优势资源整合。

健全政策体系，完善创新发展环境。动态调整财政补贴政策，加强补贴资金监管，发挥财政资金扶优扶强的作用。尽快明确免征新能源汽车车购税政策延续实施，以稳定市场预期。完善新能源汽车和充电基础设施监管信息平台，实现对车辆、充电设施等运行状态的实时监控，提高新能源汽车安全运行水平。建立新能源汽车市场化发展长效机制，做好补贴退坡、退出后的接续政策跟进，实施《企业平均燃料消耗量和新能源汽车积分并行管理办法》，研究建立积分交易经济奖惩措施，激活积分交易市场。推进居民区和工作场所建桩工作，提升现有充电桩使用效率，稳妥做好车桩接口升级，优化充电环境。完善行业管理制度，制定出台《道路机动车辆生产管理条例》，健全企业退出机制，促进行业健康发展。

18.5 结 语

随着新能源汽车补贴政策的退坡、双积分政策的实施以及汽车进口关税的降低，中国新能源汽车的发展将面临更大的挑战，要在新一轮产业与技术

变革中把握机遇还需重点关注以下问题：

（1）积极应对补贴退坡政策。新能源汽车补贴退坡在短期内将造成企业利润的降低，但是，也为新能源汽车产业链的深化改革带来新机遇。从企业层面来讲，应加大技术研发力度，掌握关键核心技术，加快新能源汽车产业与技术的升级；从政策角度来讲，应当继续完善新能源汽车相关产业政策，加快市场模式的转变，激发市场竞争活力，促进优胜劣汰，让技术领先、产品优质的企业持续健康发展。

（2）抓住汽车进口关税降低带来的发展机遇。关税的降低，将促进中国汽车产业结构的调整和转型升级，为新能源汽车发展带来新的契机。车企应当顺势而起，以提质增效为目标，提高自主创新能力，提升中国汽车产业的国际竞争力。

（3）注重企业规模与效益的同步发展。中国新能源汽车企业星罗棋布，企业规模效益普遍较低，缺乏核心竞争力，在新能源汽车发展热潮的推动下，产业规模急剧扩张，容易出现投资过热的现象。因此，企业在快速扩张的同时，应注重产品核心竞争力的提升，发展过程中应保证规模和效益并驾齐驱，从而打造出具有国际竞争力的知名品牌。

（4）理性对待燃料电池汽车的发展。对燃料电池汽车的发展应有一个清醒的认识，中国燃料电池汽车的产业化、氢燃料电池关键技术的突破、氢燃料全产业链的完善尚需很长时间，另外，氢燃料电池汽车的安全性、可靠性有待提升。

（5）着力于动力电池关键技术提升。作为新能源汽车产业重点环节，开发高比能量动力电池是提升电动汽车续驶里程的直接手段。此外，动力电池的回收利用也将成为未来新能源汽车产业发展的一个重要问题。后续应逐步建立全国性的动力电池回收网络，形成有效的回收模式，健全相应的市场规范。

（6）加快服务平台的建设。新能源汽车及其基础设施服务平台的建设严重滞后，相关配套设施及运营服务体系尚未完善，远程监控与故障维修快速响应系统的建设进程也需加快推进。

参考文献

[1] 艾媒咨询:《2018—2019年新能源汽车深度研究报告》，载搜狐网 http: //www.sohu.com/a/291213368_99911594。

[2] 艾媒报告:《2018—2019中国新能源汽车产业研究与投资分析报告》，载艾媒网 https: //www.iimedia.cn/c400/63360.html。

[3] 盖世汽车资讯:《现代汽车李赫埈: 2025年计划推出超过44款新能源汽车》，载盖世汽车网 http: //auto.gasgoo.com/News/2019/07/01080046046I70113527C501.shtml。

[4] 刘艳、沈庆:《关税降低对我国汽车产业推进国产化的影响》,《汽车与配件》2019年第2期。

[5] 马建、刘晓东等:《中国新能源汽车产业与技术发展现状及对策》,《中国公路学报》2018年第8期。

[6] 前瞻产业研究院:《中国新能源汽车行业市场前瞻与投资战略规划分析报告》。

[7]《促进新能源汽车产业高质量发展　推动落实新理念向汽车强国迈进》，人民政协报2018年11月13日。

[8] 赛迪顾问新能源汽车产业形势分析课题组:《2019年中国新能源汽车产业发展形势展望》,《中国计算机报》2019年5月27日。

[9] 上海热线汽车频道:《快评: 七大变化解读2019补贴政策新方向》。

[10] 巫细波:《新一轮汽车产业开放政策对我国汽车产业的影响及对策建议》,《对外经贸》2018年第8期。

[11] 网通社:《聚焦“新能源”宝马集团在华积极布局未来出行》，载百度网 https: //baijiahao.baidu.com/s?id=1638030361929025664&wfr=spider&for=pc。

[12] 新材料在线:《2019年全球新能源汽车产业发展趋势报告》，载新材料在线网 http: //xincailiao.com/news/news_detail.aspx?id=396323。

[13] 新浪博客:《“双积分”管理办法出台，积分可交易》，载新浪网 http: //blog.sina.com.cn/。

[14] 徐可:《全球视角下的新能源汽车产业发展趋势》,《市场研究》2018年第5期。

[15]《美国2018年新能源汽车市场: 交付36.08万辆，同比增长81%》，载亿欧网 https: //www.iyiou.com/p/90817.html。

[16] 雍君:《解读2019新能源汽车补贴新政》,《轻型汽车技术》2019年第4期。

[17] 张帆、黄永等:《乘用车企业平均燃料消耗量与新能源汽车积分并行管理办法》详细解读,《西南汽车信息》2018年第4期。

[18]《七大变化解读2019补贴政策新方向》，载浙江在线 http: //auto.zjol.com。

[19] 中商产业研究院:《2019年1—4月中国新能源汽车行业月度报告》，载东方财富网 http: //finance.eastmoney.com/a/201905251133623710.html。

（本章主持及执笔：王丹、吕海生）

第 19 章　新材料

本章提要：

随着经济和科技的不断发展和进步，在传统材料的基础上，人们已经利用现代科技的最新成果，开发研究出新材料。目前，新材料产业渗透到了社会发展的方方面面，包括国民经济，国防建设和社会生活等。新材料产业是发展其他高新技术产业的基础产业，不断推动支撑着国民经济的进步发展。作为国民经济的高端制造业，经济发展的先导产业及国防工业的重要保障，新材料产业的发展已经逐渐成为各国战略竞争的焦点，成为国家竞争优势的衡量角逐点。本章旨在清晰了解新材料的含义及相关产业分类特点的基础上，在学习了解全球新材料产业大趋势之下，分析我国新材料产业的发展现状及面临的主要挑战及问题。同时，在新材料产业中以石墨烯等细分区域及企业发展安利剖析经验之上，预测未来中国新材料产业的发展趋势及相关政策发展建议。

19.1　新材料的界定，分类及特点

19.1.1　新材料的界定

2009 年拉开了我国战略性新兴产业规划发展的序幕，新材料产业就位列其中。迄今，我国新材料产业已经走过了 10 余年的历程。在发展过程中，

新材料产业从市场鲜有人知慢慢深入到各行各业和寻常百姓社会生活中，新材料的相关概念也已经成为普遍共识。

新材料涉及领域广泛，一般是指新发现或正在发展的具有优异性能的结构材料和具有特殊性质的功能材料，是在传统材料基础上使用物理研究、材料设计、材料加工、试验评价等一系列研究方法进行生产，加工改进后性能明显提高优于传统材料性能并有了新功能新发展的材料。《中国新材料发展报告》把新材料定义解释为，指近些年新研发出来的或者是正在进行研发的，性能特别高的一类材料，其性能比一般的材料更加优异。

严格意义上来说，新材料产业属于新发展起来的新兴产业，其概念其实至今还没有一个十分明确清晰统一的界定，国内许多材料方面的专家学者一般是把所有从事材料生产加工及研发的企业及相关机构统称为新材料产业。从总体上来说，新材料产业是一个内涵丰富、不断发展的概念，是新材料研发、生产、加工、销售和应用有关的产业集合，对其他多个领域的发展具备引领、支撑和相互促进的作用，是工业产品质量升级转换的保障，是产业技术创新的前提，在能源、信息、装备制造、交通等多个下游具有广阔的应用空间，是最具推动力的共性基础产业。

19.1.2 新材料的分类

新材料领域十分广阔，目前基本包括电子信息材料、先进金属材料、先进复合材料、化工新材料、超导材料、高分子材料、节能新能源材料、石墨烯材料、磁性材料和碳纤维材料等，应用于各行各业。比如，高性能碳纤维是高端复合纤维材料，主要应用在工业及航空航天领域；磁性材料是电能和动能转换的关键材料；高温合金材料主要应用在军工和航空航天领域。

具体来说，如果按材料的性能分类，新材料包括结构材料和功能材料。结构材料主要是利用材料自身的力学和机械性能等性能要求来实现（包括强度，韧性，硬度，弹性等，以满足产品高强度、高刚度、高硬度、耐高温、耐磨、耐蚀、抗辐照），比如新型陶瓷材料、非晶态合金（金属玻璃）等。功能材料则是主要利用材料本身所具有的电、光、声、磁、热等功能和物理反应，来实现某种功能，比如半导体材料、磁性材料、光敏材料、热敏材料、隐身材料和制造原子弹、氢弹的核材料等。世纪证券研究所将与战略新兴产业（主要指新能源、节能环保、生物科技、新能源汽车、高端装备制造、新一代信息技术）发展相关度高的新材料主要归纳为两类，第一类是前沿新材料，包括石墨烯、碳纤维、纳米材料、3D 打印材料；第二类是重点应用领域新材料，包括光学膜、军工新材料、新能源材料、半导体材料、高端制造材料。

中银证券研究部认为，按照组成成分对新材料进行分类的话，新材料包括金属新材料，无机非金属，有机新材料，复合新材料。进一步分类来说：

第一，金属结构材料是指传统金属结构材料具有更高的强度、韧性和耐高温、抗腐蚀等性能的金属材料，包括高品质特殊钢、钛合金类、锆合金类、镁铝轻型合金类、硬质合金等。

第二，无机非金属材料是指某些元素的氧化物、碳化物、氮化物等化合物与硅酸盐、钛酸盐、磷酸盐等含氧酸盐为主要组成的无机材料。传统的无机非金属材料包括水泥、玻璃、陶瓷和耐火材料等，而目前随着材料科技的不断进步，多种新型无机非金属材料得到快速发展，如特种玻璃、新型陶瓷、光纤材料等。

第三，有机高分子材料是由一种或几种结构单元多次重复链接起来的化合物，组成元素相对简单，但分子量很大，传统的有机高分子材料包括塑料、橡胶、化纤等，新型有机高分子材料则是在传统材料基础上进行不断的技术改革，具备了更加优异的物理、化学和生物学性能。

第四，复合新材料是多功能的材料系统，具备任何单一材料所无法获得的性能，它是由两种或多种成分不同、性质不同的相容性材料以物理方式结合而成，按照基本材料的不同，可以将复合材料划分为树脂基、无机非金属基、金属基、碳基四种。

根据 2012 年 1 月 4 日工业和信息化部正式颁布的我国首份《新材料产业“十二五”发展规划》，新材料产业具体主要包括六大领域：（1）特种金属功能材料。（2）高端金属结构材料，跟传统金属结构材料比较，有更高的强度，更高的韧性，并且更加耐高温和抗腐蚀。（3）先进高分子材料，具有相对的独特物理化学性能，适合在特殊领域或特定环境下用的人工合成高分子新材料。（4）新型无机非金属材料，比传统的无机非金属材料，具有耐磨、耐腐蚀、光电等特殊性能。(5)高性能复合材料，由两种或两种以上异质、异型、异性材料（一种作为基体，其他作为增强体）复合而成的具有特殊功能和结构的新型材料。(6)前沿新材料。《中国制造 2025》将新材料领域划分为先进基础材料、关键技术材料和前沿新材料三个方向，其中，先进基础材料包括先进钢铁、先进有色金属、先进石化、先进轻工、先进建材、先进纺织；关键战略材料包括高端装备用特种合金、高性能分离薄膜、高性能纤维及复合材料、新能源材料、新一代生物医用材料、电子陶瓷、先进半导体、稀土等；前沿新材料包括石墨烯、3D 打印、超导、智能仿生材料等。

19.1.3 新材料及新材料产业的相关特点

新材料是在传统材料基础上发展而来，与传统材料相比较，并没有直接的分界，只是新材料在传统材料成分和工艺改进之后性能明显提高，从而具有特殊新功能。从总体上来说，新材料技术含量较高，具有技术密集和知识密集的高价值特点，产品附加值也高，与新工艺和新技术关系密切，新材料更新换代快，品种式样变化多，因而也具有细分方向众多，特征差异区别大的特点，一定程度上也给研究发展增加了难度。

新材料产业具体包括各种新材料本身生产相关产品形成的产业、生产新材料产品时高技术及高端装备产业、传统新材料技术提高时形成的产业等。与一般产业不同，新材料产业具有战略性、高技术性、资金投入量大等特征，这也意味着新材料产业在发展过程中需要大量的资金投入，企业为了增强市场竞争力会采用增加研发投入的方式生产销售与其他企业不同的独特性产品以获得更多的收益。作为一个新兴产业，新材料产业属于充满发展前景的朝阳行业，同时也是构建现代产业关键技术的基础性产业，是体现国家实力的全球性竞争战略性产业。因此，不同下游，比如航空航天、装备制造、交通、能源、信息产业对新材料的性能和特点提出了不同的高要求。比如说，航空航天要求具有耐高温、高强度且具有较低密度和体积的新材料；装备制造行业需要高强度、易加工、机械性能优良的新材料；交通行业要求新材料具有高强度、低密度的特点；能源行业要求更高的能源转化效率、储存性能等的新材料；信息产业要求体积要小、运算速度更快、成本更低的新材料。

作为我国七大战略性新兴产业之一的新材料产业，它的产业特征既包括新兴产业的一般共性，又包括新材料产业所具有的自身特殊性。首先，新材料产业是一个国家发展的战略性产业，是科技、国防、经济等发展的基础，是高技术产业发展必不可少的保障，也是一个国家展现综合竞争实力的重要标志。其次，新材料产业是基础性产业，现代产业如工业、农业、军事等多个领域都依靠新材料产业做支撑，新材料产业发展之中所采用的高新技术可以慢慢成为其他产业可以共享的技术，是其他行业领域发展的基础条件之一。最后，新材料产业具备高新技术产业的特色，产业发展需要依靠大量研发经费等资金的投入，同时需要政府产业政策和规划的扶持，需要多方力量来高速稳定持续发展新材料产业，不断扩张其发展规模。

19.2　中国新材料产业发展现状

19.2.1　新材料产业发展的意义

材料是人类生活过程中必不可少的部分，是人类一切经济发展和社会生活的基础性要素。作为关键资源投入，材料在各个时代都一次次推动技术革命的进步，整个人类文化科学的发展史，可以看成是新材料和新能源的使用

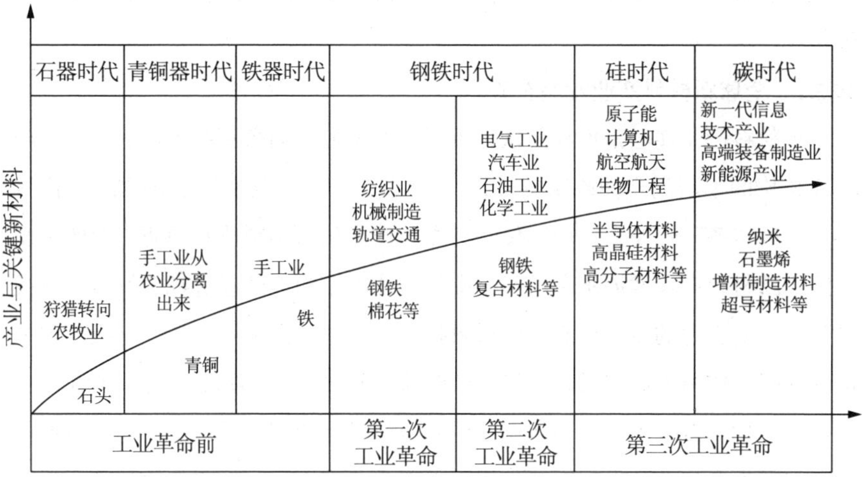

图 19.1　各时期的产业与关键材料发展情况

资料来源：申万宏源证券。

创造历史。从石器文明、青铜文明，到铁器文明都见证着人类发现、使用、掌握各种材料的漫漫历程。在资源分配、经济发展与环境因素等各种条件的制约下，伴随现代科技和世界经济的迅速发展，传统材料已经因为不能满足各个国家的经济社会发展需求而开始渐渐进入到瓶颈期阶段。于是，传统材料改良后用途广泛的新材料应运而生，它的出现和发展带动着其他相关产业和技术的迅速发展，甚至孕育出新的技术和产业。国务院《关于加快培育和发展战略性新兴产业的决定》中将新材料产业作为“国民经济的先导产业”三大之一，另外两大先导产业是发展新能源和新能源汽车。

新材料的研发和应用发源于国防军工领域，是国防军工的先导和基础，是高技术产业的重要组成部分，先进制造业、电子信息、新能源和生命健康等产业发展都会以此为物质基础。新材料产业是我国国民经济发展的重要基础产业，它的发展与上下游产业发展有十分紧密的关系，推动着产业经济结构调整升级，是带动传统产业升级的革命性力量，对人类社会、经济发展和科学进步有极大的影响和极强的带动作用。所以，国家要实现制造业强国的梦想，发展战略性新兴产业，都离不开新材料产业的支撑和发展，作为支柱性产业，在细分行业纳米和石墨烯中尤其突出明显，在商业中的应用领域不断拓展延伸。现在新材料已经被认为是21世纪世界最具有发展潜力并对未来社会科技发展有着巨大影响的产业，在国民经济发展中有着不可替代的地位。

19.2.2 全球新材料产业发展态势

新材料产业现已是世界公认最重要，发展最快的高新技术产业之一，新物质结构的不断涌现面临新突破，“一代装备，一代材料”逐渐向“一代材料，一代装备”转变。作为国民经济先导产业和高端制造及国防工业的重要保障，新材料产业发展水平已经是衡量一个国家和地区经济社会发展，科技进步和国防实力的重要标志。新材料技术在全球经济发展与产业升级变革中的支撑引领作用不断加强，它与信息技术、生物技术、新能源技术并称为21世纪支柱性高新技术。世界各国在国际竞争日趋激烈的环境下，高度重视新材料的研发和产业化发展，将发展新材料产业列为国际战略竞争的重要组成部分，纷纷在新材料领域制定出台相应的发展规划和战略研究计划，力图抢占新材料产业的制高点。比如，美国的《先进制造业国家战略计划》《国家纳米技术计划》，欧盟的《“地平线 2020”计划》，德国 1994 年启动了跨世纪国际级材料研究计划，全称为“用于 21 世纪关键技术的新材料”且 2013 年提出《工业 4.0》，韩国的《2025 年构想》，俄罗斯的《2030 年前材料与技术发展战略》，英国的《英国工业 2050 战略》，日本正在实施的第四期《科学技术基本计划》等。

1．全球新材料产业发展产业不断扩大，地区差距日益明显

从新材料的市场发展和容量来看，目前全球最大的新材料市场当属北美和欧洲，这些地方的市场已经较成熟，在亚洲地区，特别是中国，新材料产业和市场还处于一个快速发展的阶段。美国、日本、欧洲作为新材料产业的创新主体，拥有占多数的大型著名跨国公司，各方面都占据绝对优势，比如经济实力，核心技术，研发能力和市场占有率。从宏观上看，全球新材料的市场重心已经慢慢从北美、欧洲地区转移到亚太地区。伴随着科技产业革命的新一轮来临，市场和技术要素的配置方式都会发生重大变化，各地区之间的差异也会进一步加剧。2010 年全球新材料市场规模超过 4000 亿美元，到 2016 年已经接近 2.15 万亿美元，平均每年以 10% 以上的速度增长。在全球新材料产业中，发达国家占据明显的领先地位，其中全面领先的仍然是美国，依靠强大的经济科技实力，美国拥有一大批新材料产业的巨头，如化工行业的宣伟、PPG、陶氏、埃克森美孚，纳米与半导体行业的应用材料、德州仪器、英特尔，以及航空航天行业的通用电气、波音等。而日本在纳米材料、电子信息材料，韩国在显示材料、存储材料，欧洲在结构材料、光学与光电材料、纳米材料等方面有明显优势。中国、韩国、俄罗斯紧随其后，目前属于全球第二梯队。作为第一个载人进入太空、第一个建有国际空间站的国家，俄罗斯在关系国防等新材料领域追求领先，在耐高温材料、航空航天材料方面有相对明显优势。我国企业在稀土功能材料、玻纤材料等相对低端工业应用领域占有较大市场份额，在稀土材料、第三代半导体、非线性激光晶体等方向的研究能力与成果与国际先进水平发展相差不多，但在高性能纤维及其复合材料等方面还存在较大的差距。整体来说，大多数发展中国家的新材料产业发展都比较落后（除了中国、巴西、印度等少数国家）。

2．全球新材料产业集约化、高效化、集群化，呈现垄断加剧格局

随着全球经济一体化进程加快，集约化、集群化和高效化正在成为世界新材料产业发展的突出现状和趋势，产业横向和纵向及上下游联系越来越紧密，产业链也日趋完善，全球新材料产业逐渐形成了新的战略联盟全球化合作，也形成了一定的寡头垄断。一些世界著名的新材料企业纷纷结成战略伙伴，通过并购、整合和重组等商业活动及产业生态圈的构建，尤其是以与传统产业嫁接的成熟型新材料企业并购为主，整体上把控着全球新材料产业的优势格局。举例来说，世界新材料主要企业生产商美国铝业、杜邦、巴斯夫、拜耳、GE塑料、泰科纳、陶氏化学、日本帝人、日本东丽、韩国LG等大型跨国公司，通过加速对全球新材料产业的垄断，不断在高技术含量，高附加值的新材料产品市场中保持主导地位，生产技术也主要被他们垄断。而目前来说，依然是美国拥有全球最大体量的科技团队和经济水平，拥有最多创新成果的产业集群和企业。

3．全球新材料产业注重全生命周期绿色化，资源能源高效利用

多年来，虽然西方国家环境治理水平尚佳，但一直在走“先污染，后治理”的老路，而新材料产业发展致力于摆脱“高能耗，高污染”的发展方式，因此，世界各国都在积极将新材料产业的发展与绿色科技发展紧密结合，纷纷高度重视新材料和资源，环境和能源之间相互的协调发展，大力推进与绿色发展密切相关的新材料开发与应用。世界新材料产业发展逐渐趋于绿色低碳化，日益增强与环境的兼容性，致力于坚持走绿色可持续发展道路，未来新材料产业中主要的发展方向道路之一就是以低碳节能、绿色环保为主体的新材料技术的研发应用。比如，欧洲首次提倡材料全生命周期技术，对钢铁、有色、水泥等大宗基础材料的单产能耗、环境载荷要求降低20%。

表19.1 新材料产业全球知名企业厂商分布

美国	宣伟，Ferro，陶氏杜邦，亨斯迈，PPG，3M，Hexcel，塞拉尼斯
欧盟	科思创，默克，巴斯夫，朗盛，西格里，赢创，瓦克，山特维克，道达尔，Solvay
日本	日本东丽，日本东邦，村田，旭化成，京瓷，宇部兴产，三菱化学，住友金属，三菱丽阳，帝人化成，日立金属，三井化学，日立化学，三井金属，信越化学，TDK，旭硝子，板硝子
韩国	三星，LG化学，SK化学，韩国工程塑料
俄罗斯	俄罗斯纳米集团，奥布宁斯克研究和生产企业，VSMPO-AVISMA公司，HaloPolymer集团

19.2.3　中国新材料产业发展现状及产业集群

我国已成为材料大国，具有独立完整的材料工业体系，其中传统材料的产量和消费量均多年位居世界前列，比如钢铁、建材、重要有色金属、有机化工材料等。在国务院政府工作报告中，新材料产业连续三年被评为培育壮大的新兴产业之一。

1．发展现状

根据国家统计局官网数据显示，2018 年国家新动能持续发展壮大，全年规模以上工业中，战略性新兴产业①增加值比上年增长 8.9%；高技术制造业②增加值增长 11.7%，占规模以上工业增加值的比重为 13.9%；装备制造业③增加值增长 8.1%，占规模以上工业增加值的比重为 32.9%；全年规模以上服务业④中，战略性新兴服务业⑤营业收入比上年增长 14.6%；全年高技术产业投资⑥比上年增长 14.9%，工业技术改造投资⑦增长 12.8%。全年新能源汽车产量 115 万辆，比上年增长 66.2%；智能电视产量 11376 万台，增长 17.7%。全年网上零售额⑧90065 亿元，比上年增长 23.9%。

战略新兴产业中的新材料产业也发展迅速。根据工信部统计数据显示，

① 工业战略性新兴产业包括节能环保产业、新一代信息技术产业、生物产业、高端装备制造产业、新能源产业、新材料产业、新能源汽车产业七大产业中的工业相关行业。

② 高技术制造业包括医药制造业，航空、航天器及设备制造业，电子及通信设备制造业，计算机及办公设备制造业，医疗仪器设备及仪器仪表制造业，信息化学品制造业。

③ 装备制造业包括金属制品业，通用设备制造业，专用设备制造业，汽车制造业，铁路、船舶、航空航天和其他运输设备制造业，电气机械和器材制造业，计算机、通信和其他电子设备制造业，仪器仪表制造业。

④ 规模以上服务业统计范围包括年营业收入 1000 万元及以上，或年末从业人员 50 人及以上的交通运输、仓储和邮政业，信息传输、软件和信息技术服务业，房地产业（不含房地产开发经营），租赁和商务服务业，科学研究和技术服务业，水利、环境和公共设施管理业，教育，卫生和社会工作法人单位；年营业收入 500 万元及以上，或年末从业人员 50 人及以上的居民服务、修理和其他服务业，文化、体育和娱乐业法人单位。

⑤ 战略性新兴服务业包括节能环保产业、新一代信息技术产业、生物产业、高端装备制造产业、新能源产业、新材料产业、新能源汽车产业等七大产业中的服务业相关行业。

⑥ 高技术产业投资包括医药制造、航空航天器及设备制造等六大类高技术制造业投资和信息服务、电子商务服务等九大类高技术服务业投资。

⑦ 工业技术改造投资是指工业企业利用新技术、新工艺、新设备、新材料对现有设施、工艺条件及生产服务等进行改造提升，实现内涵式发展的投资活动。

⑧ 网上零售额是指通过公共网络交易平台（主要从事实物商品交易的网上平台，包括自建网站和第三方平台）实现的商品和服务零售额。2018 年网上零售额增速按可比口径计算。

2010年我国产业规模超过6500亿元，比2005年同比年均增长约20%；2015年新材料产业总产值是近2万亿元，从2010年的0.65万亿元增长了约2倍多，年均增速超过24%，比世界平均水平高出了15个百分点；2016年新材料产业产值为2.65万亿元，2017年新材料产业产值达到3.1万亿元，产生了若干创新能力强、具有核心竞争力、新材料销售收入超过百亿元的综合性龙头企业，培育了一批新材料销售收入超过10亿元热敏比的专业型骨干企业，建成了一批主业突出、产业配套齐全、年产值超过300亿元人民币的新材料产业集聚区和特色产业集群。工信部相关负责人认为，目前我国新材料产业应用上的水平明显提高，化工新材料保障能力达到了63%，高强高韧度汽车用钢、硅钢片等国内市场占有率达到了90%以上，先进半导体材料、稀土功能材料和新型电池材料等领域加速发展，高性能钢铁材料、工程塑料、轻合金材料等产品结构不断优化，有效支撑了高速铁路、载人航天、海洋工程、能源装备等国家重大工程顺利实施。此外，我国在先进储能材料、有机硅、稀土功能材料、超硬材料、光伏材料等一批新材料领域的产能居世界前列；前沿领域的新材料研制比如在超材料、超导材料、石墨烯、液态金属等方面也取得重要进展；截至目前全国已建设了48个新材料领域相关基地，大量新材料领头企业正在崛起，新材料产业发展的内生动力明显增强。

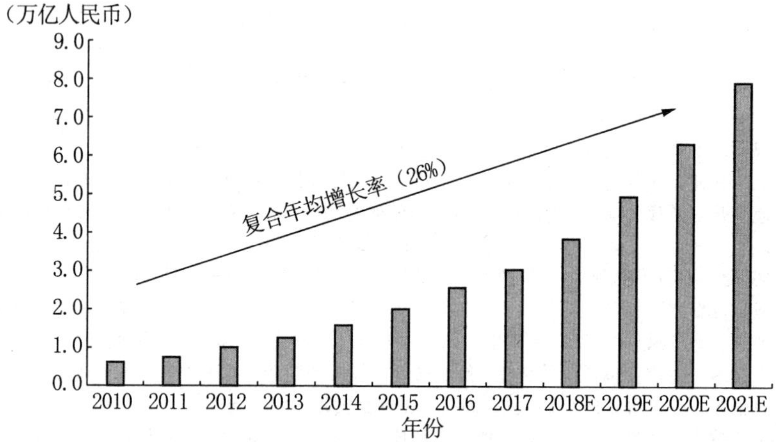

图 19.2　我国新材料产业规模

资料来源：申万宏源研究。

2. 产业集群

我国新材料产业已经初步形成集群化发展趋势，各地区发展速度较快，空间布局日趋合理，产业集聚效应不断增强。近几年来，各地政府积极推动新材料产业基地发展建设，加强资源整合，呈现集聚发展的良好态势，区域特色逐步显现，整体呈现“东部沿海集聚，中西部特色发展”的空间格局。我国新材料产业基地整体分布类型大致为三种：（1）技术驱动型的地区。京津冀鲁地区，该地区以北京首都为中心，以中关村为代表，聚集了国内非常尖端的科技力量，形成了一批具有自主知识产权的成果。这种技术驱动模式发展对于提高新材料领域自主创新能力有很大的帮助和意义。（2）市场指向型的地区，比如长三角、珠三角，凭借优越的地理优势，这些地区获得了大量的外资注入和国际的企业转移，因此，长三角、珠三角基本是以外向型经济为主，不断推动新材料产业的发展。（3）资源依托型的地区。资源丰富的中部和西部地区主要是该种类型，这些地区的发展以地方资源为基础，发展产业上游的基础加工环节，然后稳定初加工，最后实现产业升级，完成相关材料的下游产业发展。简单来说，就是通过对初加工产品的精加工，进一步提高产品的附加价值，从而增加转换产业优势，而不再是原来的资源型优势。具体看，中部地区原材料工业基础较好，技术实力较强，在高技术含量，高附加值的精深加工产品方面潜力巨大。西部地区资源优势突出，拥有一批重点军工企业。

同时，长三角，珠三角和环渤海地区承担着新材料的研发、高端制造等功能，新材料种类多，现已成为全国三大综合性新材料产业聚群。其中，长江三角洲区域的集中度最高。

第一，长三角材料产业集群。长三角一直是我国经济开放程度最高、最有活力和创新能力的地区之一。该地区是我国重要的先进制造业基地，以发展电子信息，新能源等产业为主，地理位置优越，交通物流便利，创新资源丰富，产业配套齐全，目前已经形成了包括新型化工、航天航空、电子信息新能源等领域的新材料产业集群。

第二，珠三角材料产业集群。珠三角工业区以外向型出口经济为主，新材料产业集中度高，下游产业拉动明显，以支撑配套为主，拥有国家火炬计划新材料特色产业基地，电子信息材料和陶瓷材料发展速度较快，目前已在改性工程塑料、电子信息材料、陶瓷材料等形成明显较强的优势。

第三，环渤海材料产业集群。环渤海工业区产业以膜材料、磁性材料以及硅材料等为主，在多个新材料领域比如膜材料、硅材料、稀土功能材料、高技术陶瓷、磁性材料和特种纤维等都具有较大的优势，有较强的科研支撑能力和明显的技术创新推动作用。

19.2.4 国家对新材料产业的战略布局及政策支持

在世界新材料产业快速发展的全球化背景下，结合中国当代社会经济发展的实际发展现状以及急需产业结构升级的战略制定，中国政府在很早就开始发布实施各种政策和规划来支持和引导我国新材料产业的发展，使我国新材料产业发展实现无到有，并在技术水平方面和体系建设方面上取得了较为明显的成就。目前，新材料产业正处于产业发展的成长阶段再加上其重要的战略性地位，因此政府对其补贴力度也在逐渐增大。

表 19.2 我国新材料产业相关政策规划

时间	机构	政策文件
2010 年 10 月	国务院	国务院关于加快培育和发展战略性新兴产业的决定
2012 年 2 月	工信部	新材料产业“十二五”发展规划
2012 年 7 月	国务院	“十二五”国家战略性新兴产业发展规划
2014 年 10 月	发改委、财政部、工信部	关键材料升级换代工程实施方案
2015 年 5 月	国务院	中国制造 2025
2015 年 9 月	国家制造强国建设战略咨询委员会	中国制造 2025 重点领域技术路线图
2016 年 10 月	工信部	有色金属工业发展规划（2016—2020 年） 稀土行业发展规划（2016—2020 年）
2016 年 12 月	国务院办公厅	“十三五”国家战略性新兴产业发展规划 关于成立国家新材料产业发展领导小组的通知
2017 年 1 月	工信部、发改委、财政部	新材料产业发展指南
2018 年 3 月	工信部、发改委、科技部等九部委	新材料标准领航行动计划 2018—2020 年
2018 年 5 月	工业和信息化部、财政部	国家新材料产业资源共享平台建设方案
2018 年 12 月	工信部	重点新材料首批次应用示范指导目录（2018 年版）

资料来源：政府相关网站。

近几年来，我国政府密集制定了相关政策引导支持新材料产业发展。2010 年，国务院作出了加快培育和发展战略性新兴产业的决定，确定了包括新材料在内的七大战略新兴产业，这是我国首次将新材料作为一个独立的产业，从国家战略角度来进行重点扶持。2016 年年底，国家新材料产业发展领导小组成立，主要职责在于审议推动我国新材料产业发展的重要规划、总体部署、统筹研究重大政策，为各地区各部门协调发展奠定基础。从表 19.1 中可以看出近些年来我国新材料产业的相关扶持政策规划以及相关发布机构。

19.3　中国新材料产业面临的主要挑战和问题

新材料产业是新兴战略产业之一，支撑着整个战略性新兴产业发展，是整个制造业转型升级的产业基础，是保障国家重大工程建设的关键。一些前沿新材料的研发应用更是新材料产业发展的风向标。然而，虽然新材料产业具有非常广阔的发展前景，但我国的新材料产业在发展过程中也存在着一些问题，并且面临着一些挑战，与发达国家相比，我国的新材料产业起步相对较晚，基础比较薄弱，成果也不会太立竿见影，各材料企业创新激励不足，发展投资环境还需不断完善合理。国家新材料产业发展领导小组在 2018 年 8 月召开的第四次会议上也指出，我国新材料产业仍面临一些问题，比如，基础研究和应用研究不足、自主创新少、技术创新模仿跟随多、大中小企业融通不够，因此，还需要深化对发展新材料紧迫性的认识，同时要尽快启动“重点新材料研发及应用”重大项目，抓紧出台有关支持政策，聚焦重点，加强沟通，密切协作。

19.3.1　研发投入不足，缺乏长期的资金支持

任何产业的发展都离不开资金的支撑。资金作为资本要素，对所有产业来说都至关重要，甚至可以说，资本投入是企业经营发展中的关键因素之一，特别是对高技术投入创新的新材料产业而言。研发投入是技术创新能力提高的重要因素，而企业的市场竞争力强弱又取决于研发能力的高低。新材料是其他战略性新兴产业及传统产业生产过程中的所需要的最基础性材料，产品应用广泛，这一切都决定了新材料产业相关产品存在巨大的市场需求

量。我国拥有全球最大的终端消费市场和不断增长的科技研发实力，随着中国供给侧结构性改革的推进，国内许多产业正在逐步离开原来固有的粗放扩张路径，减少了低端供给和无效供给，进行更高质量的经济活动，改善供求关系。这也在某种程度上，要求新材料企业逐渐加大研发资金投入量来提高企业的研发技术创新能力，进而使企业的产品向更加精细化、高端化、技术含量高等方向发展。

不同于其他制造业环节，新材料产业的发展资金投入大，研发周期长，发展具有基础产业的典型特征，其从研发到成熟应用是一个漫长的过程，一般都需要 10 年至 20 年时间。一种新材料投入市场之初，需要经过长期的测试评价和应用考核，时间成本还有资金成本特别高。而新材料产业的发展同时需要具备高端技术支撑和强大资金后盾，根据产业周期（经历幼稚期、成长期、成熟期、衰退期）发展规律来看，新材料产业的细分领域大多处于产业化前期阶段，特点是技术产品尚未成熟，需要强大技术进步和较高资金投入作为强大驱动力。因此，作为高端技术产业，企业的运营和产品的研发创新都离不开长期资金的支持，资金投入是新材料产业发展的一个重要影响因素。从创新资源投入来看，近些年来虽然我国的新材料产业规模不断扩大，但企业研发资金的投入相对整体企业的规模而言相对比例还比较小。同时，新材料产业作为高技术产业，新产品的研发期限较长且研发风险也较大，在具有良好的发展潜力和前景的期望下也有面临很大研发创新失败风险，因此发展过程的融资难题也成为了一个问题，不足的研发成本投入已经成为制约国内新材料产业发展的现实瓶颈。我国一些企业尤其是民营企业，由于规模小、资金压力大、融资渠道少，无法满足企业扩张发展的需求，除了研发资金和研发人才都投入不足之外，技术创新所用的试验设备、仪器等特别是专用设备的投入力度都面临着很大的挑战，很难长期稳定发展。低效率的金融资本市场在某种程度上已经阻碍了我国新材料产业的发展进程。已有研究学者用实证证明，我国新材料产业上市公司的创新活动面临显著的外部信贷制约影响，并且民营企业的约束程度要普遍高于国有企业，因此不断培育完善金融资本市场从而为研发投入提供强有力的资金支撑就显得非常重要。

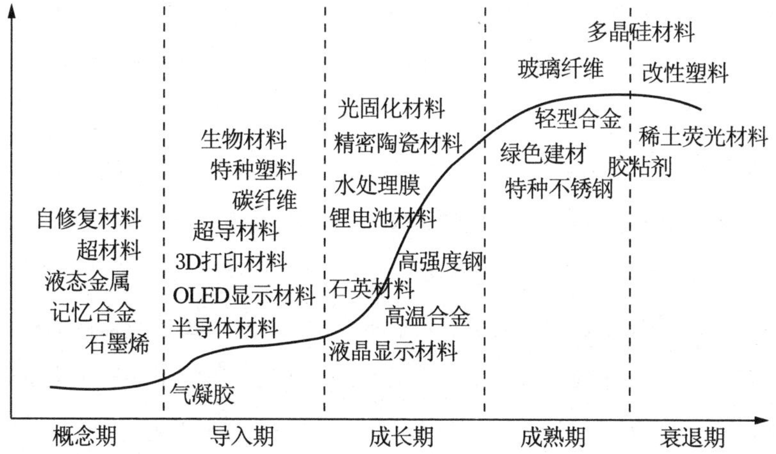

图 19.3　国内新材料产业所处生命周期

资料来源：申万宏源研究。

19.3.2　自主创新能力弱，关键技术模仿和依赖

科技是第一生产力。关键技术对一个产品和一个企业来说十分重要，因而提高核心技术的自主研发能力是每个企业都会面临的挑战。虽然中国许多基础原材料以及工业产品的产量位居世界前列，但是高性能的材料、核心部件和重大装备严重依赖于进口，关键技术受制于人。由于我国在新材料领域的研发创新体系只是初级起步阶段，高端材料的自主创新能力较弱，仍然有待提高，新材料产业重点发展的细分行业和领域等几乎都被跨国公司等大型企业所垄断，核心技术非常依赖大的跨国企业。比如，具有高技术壁垒的化工新材料行业包括聚氨酯、碳纤维、改性塑料、有机硅、氟化工、电池薄膜等子行业，目前关键技术和市场份额主要集中在少数跨国厂商手中。国内稀土新材料厂商主要生产，供应和出口低端材料产品，而稀土产业链下游高附加值的磁材产业的核心技术却掌握在日本等西方发达国家手中。很多高端碳纤维、高性能陶瓷纤维、高性能钛合金、高性能传感器材料等产业发展的关键材料，要么是国外技术封锁，要么即使能够从国外进口但经常在关键时刻被卡住，严重阻碍了我国大型飞机、火箭、航空发动机、高端机床和智能机器人等关键装备和产业的发展。新材料产业处于一个跟踪模仿和产业化培育扶持阶段。不是很高的工艺和装备水平制约着产业发展，而经常需

要从国外进口整套设备和引进整套技术，同时因为创新能力不强，在有些技术和产品上出现很多仿制品，而性能高的、附加值高的高端产品依然依赖进口。

工信部在《新材料产业发展指南》指出，我国高端产品缺乏国际竞争力，一些高附加值材料都需要依赖进口，尤其是在新能源、电子信息、航空航天、船舶、汽车铁路、节能环保等重要领域的关键材料，在2015年就只有14%可实现完全自给，大多数是技术含量较低，附加值较低的品种；同时，有54%的材料国内可以生产，但产量、性能、质量不能完全满足国内需求，剩余的约三分之一完全依赖进口。《中国新材料产业发展报告2015》也指出，我国新材料自主创新能力薄弱，主要表现为：首先，过度的依赖成套设备技术进口引进但不能有效消化吸收；其次，新材料制造技术落后，材料制造工艺不尽合理，生产能耗高，资源利用率低，产品跟踪仿制多，部分存在二次污染。中国的资源有效利用率低——在进行产业生产时对原材料的消耗水平是先进国家的3倍之多，而对于资源的再次利用率水平还不到先进水平的一半。

19.3.3 产学研联系不够密切

《中国新材料产业发展报告（2015年）》中指出，我国新材料行业中大型材料企业产学研相互脱节，存在新材料推广应用困难等问题。中国新材料产业基地一般靠近或拥有一些具有一定研发能力的科研机构和高等院校，带来的从事材料学相关领域研究的学者专家也很多，这是中国新材料产业基地的优势之一，但由于企业与这些研究机构合作机制不完善，缺乏良好的合作沟通，研究成果往往不能及时有效应用到产业化上，应用开发比较落后，成果转化率低。同时，产业配套和协作不足。中国许多产业基地仅仅是企业数量上的聚集，没有形成真正的相互配合和分工协作。产业基地中的许多企业往往都是独立操作、各自生产，没有考虑上下游产业链现状，存在生产发展盲目性，相互之间不存在业务关系，上下游联系不紧密、不清晰。

19.4　新材料产业之案例分析

19.4.1　目前中国新材料产业上市公司发展

新材料产业在国民经济中的地位日益提高，政策大力支持，而企业也急需靠资本市场来寻求一个健康、持续、稳定的融资渠道，所以证券交易所中新材料上市公司也在不断增加。新材料产业上市公司的扩张速度非常快，在二级市场看，由于产业前景良好，投资者都比较看好相关成长型的上市公司，多数股票受到追捧，尤其是一些比较热门的概念，比如石墨烯等。

中国新材料产业相关上市公司遍布公国，分布最多的集中在广东、台湾、江苏、浙江、上海、北京等地，青海省最少，目前只有一家，其次是黑龙江省 2 家，其余地域相对分布均匀。

19.4.2　案例分析——石墨烯材料发展

1. 新材料之王“黑金”石墨烯

石墨烯是从石墨材料中剥离出来的，是单原子厚度的二维碳原子晶体，作为构成其他石墨材料的基本单元，是目前发现的最薄，强度最大的物质。石墨烯具备极高的透光性和极大的比表面基，是已知室温下导热导电性能最强的一种新型纳米材料，拥有其他材料所不具备的特殊性能，比钻石还坚硬，硬度是世界上最好钢铁的上百倍，使其在众多领域具有传统材料所无法企及的应用价值，被称为“黑金”，堪称新材料之王。石墨烯是未来最有前景的先进材料之一，也是最理想的电极和半导体材料，被认为可以引发现代电子科技和信息技术的革命。科学家们甚至预言石墨烯将“彻底改变 21 世纪”，掀起一场席卷全球的颠覆性新技术产业革命。“石墨烯之父”英国曼彻斯特大学教授、因石墨烯研究的成就于 2010 年荣获诺贝尔物理学奖的康斯坦丁 · 诺沃肖洛夫曾表示，石墨烯作为一种新型材料应用前景广泛，在橡胶、新能源汽车、可穿戴设备、大健康产业等方面应用前景广泛，在世界各地分布也都很广泛。

2015 年 11 月底，工信部、发改委和科技部三部委发布的《关于加快石墨烯产业创新发展的若干意见》指出，要抓住机遇培育壮大石墨烯产业，打算在2020年形成完善的石墨烯产业体系，实现石墨烯材料标准化、系列化和低成本化，在多领域实现规模化应用。2015年发布的《中国制造2025》明确了石墨烯在战略前沿材料中的关键地位，强调其战略布局和研制，努力实现石墨烯产业"2020年形成百亿元产业规模，2025年整体产业规模破千亿元"的发展目标。2015年由中国石墨烯产业技术创新战略联盟首次发布的《2015全球石墨烯产业研究报告》显示，预计到2020年，石墨烯全球市值1.49亿美元，2014—2020年的年复合增长率是44%。

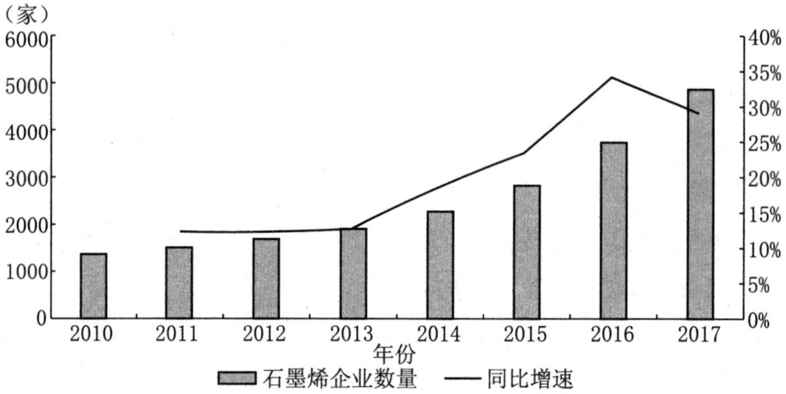

图 19.4 我国石墨烯企业数量及同比增速

资料来源：石墨烯产业技术创新战略联盟，中信证券研究部

2. 石墨烯产业链布局

中国是石墨烯资源大国，拥有丰富的石墨资源，也是石墨烯研究和应用开发最活跃的国家之一。与新能源汽车等产业的弯道超车竞争战略不同，石墨烯是中国为数不多的位居世界发展前列的产业之一。当前国内对石墨烯材料的应用，主要集中在两大领域：一类是将石墨烯作为添加剂应用在已有产品中，用以改良和提升产品性能，比如添加石墨烯散热涂层的LED灯、石墨烯暖墙、石墨烯地板、石墨烯防腐涂料、石墨烯内暖纤维制成的服装、石墨烯防静电轮胎、加热片、石墨烯动力电池等产品；另一类是将石墨烯薄膜用于加热膜、智能手环、触摸屏、远红外理疗产品等。

从整体产业链的布局来看，目前大多数企业布局在上游（主要是制备石墨烯的原料开采及制备设备）及中游各类石墨烯产品加工（石墨烯粉体、石墨烯薄膜），下游就是石墨烯的服务业应用，包括复合材料、电子信息、储能等多个领域，其中石墨烯薄膜主要应用于电子产品领域，如石墨烯电极和触屏，石墨烯下游应用方向非常广泛，大多数公司将石墨烯用做主营业务产品的添加剂来更好地提高产品的性能，供应石墨烯辅助材料，提供相关软件及咨询服务。从上游开采规模来看，大部分集中在中国，中国拥有全球近半的石墨储量，其次是印度。终端市场导向的石墨烯消费产品是石墨烯产业链的核心盈利环节。在石墨烯原料的规模化生产以及部分下游领域如涂料、电池导电添加剂等方面实现了产业化，但目前下游应用仍然集中在附加值较低的产品，高附加值产品应用进展薄弱。同时，位于中游的石墨烯产品加工是石墨烯产业的中心，终端市场导向的石墨烯消费产品是石墨烯产业链的核心盈利环节。

按照产业发展路线图，到 2020 年，中国石墨烯产业的目标是形成百亿元产业规模，2025 年整体产业规模突破千亿元。从 2010 年开始，石墨烯激起了全世界的研发热潮，不到 10 年的时间之内，石墨烯相关专利申请数量持续大幅增长。《2018 石墨烯技术专利分析报告》中指出，在所有石墨烯技术原创中，中国的专利数量大幅领先于其他各个国家和地区，占据了 66.57% 的份额，我国从 2015 年开始就已经是全球石墨烯技术专利申请量最大的国家。韩国、美国、日本紧随其后，也是石墨烯技术的主要技术原创国。而从应用领域来看，我国在储能、化工、电子信息、水处理、气体处理、医疗健康六大领域都有大量专利申请，在产业化方面，锂电子电池、铅酸电池、导热材料、散热膜、发热膜等领域企业参与度较高，但是以中小企业为主，在技术密集型的电子信息领域，京东方、TCL、华为等大型企业参与度最高。国外企业主要关注的是石墨烯在锂电池、燃料电池、散热材料、透明导电薄膜、生物化学传感器、导电材料、聚合物增强材料、海水淡化、DNA 基因检测、晶体管、场发射器件等领域的应用。我国石墨烯企业超过 100 家，并在常州、无锡、青岛、深圳等地形成产业集群。

石墨烯产业大事件

2013年7月13日："石墨烯产业技术创新战略联盟"发起成立。

2013年12月30日：石墨烯行业第一号标准、联盟标准"石墨烯材料的名词术语和定义"颁布。

2014年9月3日："国际石墨烯创新联盟（CGA）"在中国成立，发起成员有21个国家和地区。

2014年11月12日：联盟成员中国第一家以石墨烯为主业的上市公司"第六元素"新三板挂牌。

2015年7月28日：国内首支石墨烯天使投资基金在青岛高新区设立。

2015年11月30日：国家工信部、发改委和科技部三部委联合发布《关于加快石墨烯产业创新发展的若干意见》。

2016年12月18日："石墨烯+健康"产业联盟成立，搭建石墨烯商务合作平台。

2018年1月18日：全球18家单位入驻全球石墨烯研发合作平台。

资料来源：石墨烯产业技术创新战略联盟官网。

19.5 新材料产业发展的未来趋势和发展建议

随着全球制造业和高技术产业的飞速发展，新材料的市场需求日益增长，当前国内经济转型，制造业升级进入关键期，正所谓"一代材料，一代技术"，新材料产业发展面临着新的历史机遇。新材料产业发展势头持续保持良好，根据工信部介绍，在国家产业政策推动促进下，新材料产业将持续保持增长趋势，预计到2025年产业总产值将达到10万亿元，并保持年均增长20%；到2035年，我国新材料产业总体实力将跃居全球前列，新材料产业发展体系基本建成，并能为21世纪中叶实现制造强国提供基础支持。《新材料产业发展指南》中提到，目前三个重点发展方向中，首先，基础材料产业存在总体产能过剩、高端不能完全自给的现状，重点要发展高性能、功能化、差别化的先进基础材料；其次，关键材料是实施重大战略需要来支撑各高端应用的关键保障材料，有效解决战略性新兴产业发展是急需重点，致力于突破高端制造业战略材料受制于人的困局；最后，前沿材料产业方面重点是加快创新和布局自主知识产权，抢占发展先机和战略制高点。

综合来说，在我国新材料产业发展现状和机遇挑战的理解上，我们应加强新材料产业的协同效应，提高新材料产业的基础支撑能力，推动新材料产业融入全球高端制造产业链之中。并且，重要核心关键技术要自主研发，布局前沿材料的研发，真正实现我国从材料大国到材料强国的转变过程。

19.5.1 新材料产业发展未来趋势

新材料产业的核心在于“新”，产业上下游企业的成长也都是围绕这个核心而不断创新。首先，在创新产品种类上，通过对已有市场的技术迭代和可行性测试，采用新技术、新工艺、新标准才研发新产品，突破技术瓶颈，降低成本；其次利用互联网和科技发展，开发从无到有的新兴市场需求，用进口替代和海外攫取等方式对市场份额进行重新分配。

1. 产业融合发展趋势

产业发展的历史证明“官产学”联动是快速推进产业成熟，带动上游材料企业成长的有效途径。比如，美国在横向产业链扩张方面表现比较突出，他们的高校研究机构和企业密切合作联合进行开发应用，这种共同创新的产业发展模式使得美国一直处于世界新材料行业的创新前沿。

政策实施、产业规划、高校资源、科研机构、资金支持等途径是推动新材料产业快速发展的重要手段。前期通过政策引导加上顶层设计，确定新材料产业发展大方向，使得新材料产业体系朝着规范化和标准化方向发展，同时，通过政府资金的支持，推动产业初期起步阶段相关项目的启动工作。政府的大力扶持将学术界的研究成果通过与产业界的研发合作，有效地回馈社会，推进技术的大力发展。以企业为主体，市场为导向，产学研相互结合的新材料创新体系逐渐完善，新材料国家实验室，工程（技术）研究中心，企业技术中心和科研院所实力大幅提升，在重大技术研发及成果转化中的促进作用日益突出，特别是在大飞机专用第三代铝锂合金、百万千瓦级核电用U形管、硅衬底LED（发光二极管）材料、大尺寸石墨烯薄膜等方面积极创新，一批先进产品填补了国内空白。

后期产学研的结合是产业发展的重要组成部分，在这个阶段主要以生产企业为主体，联合高校资源和研究机构共同实现技术的改进。其中，最重要的企业作为投资主体和成果应用主体，不断加强产学研用相结合，提高企业自身研发创新能力，提高科研创新成果的转化率水平，加快产学研一体化建设，使得基础性研究与生产性研究进行有效结合，充分发挥市场配置资源的基础性作用，提高资源配置效率和公平性，从而使创新研发产品得以及时地产业化。

目前我国已经设立了多个国家级高新技术产业化基地，很多区域都建立了新材料产业发展专门项目，日益密切发展科研机构和企业之间的合作。新材料产业的融合已成为未来行业发展的主要趋势。例如，2015 年我国成立了中国电子化新材料产业联盟，包括在新材料行业的各大龙头企业、知名大学和研究机构等 40 余家单位，这意味着我国新材料产业正在逐步打破行业界限，促进新材料产业上下游的深度融合，产学研融合，极大地推动了我国新材料在电子领域的应用。

在产学研融合发展过程，人才培养非常关键，因此未来的一个主要发展趋势是，积极引进创新人才战略，为企业加强创新能力建设提供后备军，加大新材料产业领域创新人才专家的培养力度，制定各种相关福利政策吸引国外高水平的技术人员和管理人员，建立适当的激励竞争机制。鼓励新材料企业和科研所积极开展国际合作与学术交流，不断引进国外先进技术和管理经验。充分发挥高等院校、科研单位和行业协会的作用，共同建立并分享新材料专家系统资源，加强新材料产业链中的研发、生产、应用的高效交流和合作。专家人才定期、不定期的对国内外新材料研发和应用需求进行市场调研和评估分析，发挥智囊团作用，持续为新材料产业发展提供咨询意见和政策建议。

2. 新材料产业互联网趋势

新材料与信息技术加速融合，大数据在新材料研发设计中作用不断突出，“互联网 +”的模式正在加快新材料创新步伐。经过多年的探索发展，目前新材料产业已经积累了大量的资源、信息和技术，但依然存在很多资源分布不均、闲置浪费、共享不畅、信息不对称、价值没有被有效挖掘利用等问题。因此，建设新材料数据库系统，实现数据集成与共享是未来新材料产业的一大发展趋势。

2018 年，工信部和财政部发布了《国家新材料产业资源共享平台建设方案》，希望利用互联网大数据来全面提升我国新材料产业资源共享服务水平，从而使得具有大规模交互特性的共享平台在上下游产业链和各领域中的应用日趋活跃。该方案提出，围绕新材料领域政策发布和咨询解读、项目申报和管理、行业统计监测和运行形势分析，以及其他行业管理和服务方面的信息资源，结合国家“互联网 + 政务服务”工作，建立政府主导、全社会参与的各级政务信息网络平台、窗口或终端。对各类信息资源的分级发布、报送、互动等进行网络化管理，提高信息流通和服务效率，促进国家新材料产业发展领导小组对各地区、各部门工作的督促指导，进一步加强新材料产业发展工作的协同配合。预计到 2020 年，围绕着先进基础材料、关键战略材料和前沿新材料等重点领域，以及新材料产业链的各关键环节，将基本形成多方共建、公益为主、高效集成的新材料产业资源共享服务生态体系。初步建成具有较高的资源开放共享程度、安全可控水平和运营服务能力的垂直化、专业化网络平台，以及与之配套的保障有力、服务协同、运行高效的线下基础设施和能力条件。建立技术融合、业务融合、数据融合的新材料产业资源共享门户网络体系。到 2025 年，新材料产业资源共享服务生态体系更加完善，新材料产业资源共享能力整体达到国际先进水平。

具体到产业数据集成和共享水平的数据库系统建设发展，首先，可以通过新材料细分行业数据了解我国各产业链条上新材料的发展情况，对标国际具有哪些优劣势以及新材料产业的最新进展，找出我国新材料领域的不足和空白，便于针对性的提高和发展；其次，通过新材料性能标准数据库的统计共享，上游、中游、下游、客户与厂商之间可以建立广泛的联系，同时便于发现创新更有潜力的新材料；最后，以服务产业发展为出发点，明确待突破的关键材料的性能要求，促进鼓励相关科研人员功课难关，填补国内关键新材料的空白。

3．绿色环保低碳新材料是未来发展的重要趋势

现阶段全球的经济发展都提倡可持续，而低碳经济是世界经济可持续发展的必由之路。风能和太阳能等新能源产业的快速崛起和发展，对传统产业的低碳化升级改造，这些方方面面都离不开新材料产业的发展和支撑，电力、建筑、汽车、通讯等多个相关产业也随着新材料等新兴产业的进步创新而发生了重大变革。绿色、低碳的新材料技术及产业化成为未来发展的主要方向和趋势，在追求经济目标的同时更加注重资源节约、环境保护、公共健康等社会目标。

19.5.2 我国新材料产业发展建议

加快转变经济发展方式，调整产业结构是当今时期中国积极发展的战略主线，具有支撑作用的战略性新兴产业是中国立足当前、放眼长远的一项有重要意义的选择。因此，不少专家建议，一定要从国家战略上高度重视和大力发展新材料产业，集中国家力量，整合资源优势，在新材料领域进行战略布局。加强政策引导，落实配套政策，细化新材料产业和技术的发展重点，针对国家高新技术产业化重点领域，以科技创新为动力，人才培育为基础，以政策扶持为保障，创新基金跟进投资等方式，多层次帮助创新。

1. 重点研发应用领域急需的新材料，着重关注，重点突破

根据工业供给侧改革要求，经济发展需要围绕高端装备制造，节能环保等重点领域需求，积极发展精深加工和高附加值品种，重点关注已经取得领先地位和将有可能取得突破的领域，抓住我国工业化进程加速的历史机遇，培育和拓展新材料消费市场，特别是中高端市场，以需求带动发展，促进企业上档次、上规模，推动供给侧结构性改革，扩大与国际制造企业的全方位合作，推动新材料快速融入全球高端制造供应链。《新材料产业指南》也提出，新材料保障水平提升工程包括十大优先值高的材料领域，分别是新一代信息技术产业用材料、高档数控机床和机器人材料、航空航天装备材料、海洋工程装备及高技术船舶用材料、先进轨道交通装备材料、节能与新能源新车材料、电力装备材料、农机装备材料、生物医药及高性能医疗器械材料、节能环保材料。

进一步加大对新材料制备和检测自动化设备的研发支持，集中力量开发改进产品质量、降低核心装备的制造成本，重视新型低成本制造工艺及其配套技术的开发，深化发展新材料的智能化制造技术。建设材料设计与极端条件下性能预测研发平台，制定材料性能和全寿命成本指标体系，全面提升我国材料应用水平。建立新材料结构设计—制造—评价共享数据库，以下游应用为牵引构建与国际接轨又具有我国特色的材料标准体系。从战略高度重视和研发新材料产业的知识产权体系，加强知识产权保护，鼓励新材料研发中心的原始创新与集成创新，逐步形成具有自主知识产权的材料牌号与体系，开展系统应用试点示范，搭建协同应用平台，推进新材料产业的结构调整和升级换代。

强化应用牵引，补足发展短板。紧紧围绕国家重大工程、国防安全的需求，组织实施材料补短板工程，解决“卡脖子”问题。围绕集成电路和航空航天、高速铁路、核电、海工装备与船舶、大飞机、新能源汽车、轻量化和生态环境建设等重点行业，以及机器人、无人驾驶、大数据等新兴产业的发展对材料的需求，加强产业化应用技术攻关，促进产业化，做到产业关键核心技术和产业链关键环节供给的自主可控。

2．加强顶层设计，强化分业施策，完善产业支持政策

加强国家对新材料基础研究的投入，高度重视当前处于研发阶段的前沿新材料，适度超前安排。着力突破新材料产业发展的工程化问题，提高新材料的基础支撑能力，加快完善有利于推动新材料产业进步的政策和法规体系，制定新材料产业发展指导目录和投资指南，建立相关的技术标准体系，完善产业链、创新链、资金链。

遵循“谁投资，谁负责”的原则，加强对国有资本投资回报率的监管，突出国家对重点行业的聚焦支持，防止出现“投资碎片化”，集中力量培育和塑造我国名牌新材料产品。积极发挥主导产业基地发展规划的作用，政府进行必要的宏观调控，优先发展具有显著优势的产业，进一步突出产业特色，发展我国特有的、具有优势的产业，使新材料产业基地的国际影响力和竞争力提高。完善新材料首批应用保险补偿制度和重点平台建设的政策；广泛调动社会力量，充分利用好工业转型升级产业发展基金，加大对新材料产业的资金支持，做好初期市场的培育工作；加强新材料体系、标准体系、技术装备体系、统计监测体系、技术成熟度评价体系、供需对接体系等建设。新材料不同行业，其技术、产品和面临的问题差异性较大，这就要求，针对产品、技术的特性，分行业梳理重点产品、技术和主要问题，制定相应的措施和对策，分业施策，做到有的放矢。

充分发挥新材料领导小组作用，组织编制和实施好每年的新材料产业工程，统筹协调各方力量，形成合力，共同推进新材料产业的发展。健全产业公共平台体系，提升公共服务能力。继续推进生产应用示范平台建设，加快测试评价平台中心、行业中心、区域中心建设以及新材料资源共享平台建设。推进新材料产业统计分类目录和统计制度，开展新材料产业年度摸底调查，推动新材料技术成熟度评价国家标准。及时跟踪、掌握国外国内新材料研发和产业化发展动态，及时调整和聚焦新材料产业发展的重心，加强新材料产业发展重大战略研究和对地方新材料产业发展的宏观指导和信息指引。按照国家制造业创新中心建设领域总体布局要求，加快推进石墨烯、稀土新材料、先进复合材料、先进功能纤维等制造业创新中心建设。

3．发挥市场资源配置作用，加强人才建设，建设以企业为主体的发展体系

在注重政府对新材料产业发展战略引导作用的基础上，加快营造新材料相关企业自主经营、公平竞争的市场环境，以企业为投资主体和成果应用主体，支持新材料企业以市场为导向开展联合重组和抱团发展，形成一批具有较强创新能力和国际影响力的龙头企业。推动优势企业实施强强联合、跨地区兼并重组、境外并购和投资合作，提高产业集中度，加快培育具有国际竞争力的企业集团。

鼓励发展众创、众筹、众包等新模式，形成一批专精特新的新材料中小企业和“隐形冠军”。加强新材料人工培养和创新团队建设，依托重点企业、联盟、高等学校、职业院校、公共实训基地和公共服务平台，通过开展联合攻关和共同实施重大项目，培养一批工学、工程研究生，培育一批产业工人、技术骨干与创新团队。组织新材料产业专家院士开展新材料专业技术人才培训，优化新材料人才团队成长环境。实施创新人才发展战略，支持企业加强创新能力建设，不断加大新材料领域创新型人才的培养力度，吸收国外高水平的技术和管理人才，建立适合创新人才发展的激励和竞争机制，同时，充分发挥行业协会、科研单位和高等院校的作用，共同建立新材料专家系统，加强新材料研发、生产和应用的直接沟通和交流。专家系统定期对国内外新材料研发和应用需求进行调研和评估，发挥思想库作用，就新材料发展和需要关注的重点问题提供咨询意见。

4．深化国际交流合作，共享创新成果

创造良好的产业发展环境，开展更广泛的国际合作，鼓励新材料企业积极开展国际合作与交流，和跨国公司进行合作，并进行联合研发。引进国外关键核心技术，同时学习他们的先进管理经验，不断提升我国新材料企业管理水平，发挥其对我国产业的积极作用，减少我国的产业与发达国家的差距。加强引进技术的消化吸收与再创新，鼓励企业“走出去”，开展研发孵化创新模式以及产业化合作，搭建国家化创新技术平台、标准检测平台和发展服务平台，拓展国际交流合作的广度和深度，集聚全球创新资源，提升我国新材料及其应用产业的创新水平和国际竞争力。

参考文献

［1］李强、周少雄、曾宏：《全球新材料产业发展态势》，《中国经济报告》2018 年第 7 期。

［2］长江证券：《新材料专题：立潮头，“新”之所向》。

［3］国家新材料行业生产力促进中心：《中国新材料发展报告》，化学工业出版社材料科学与工程出版中心。

［4］申万宏源研究证券：《PS 到 PE/GPM，独立自主走新材料创新之路》。

［5］肖劲松：《新材料产业存在问题及对策》，《经济》2019 年第 2 期。

［6］马琳：《我国新材料产业集群发展现状及特点研究》，赛迪智库原材料工业研究所。

［7］屠海令、张世荣、李腾飞：《我国新材料产业发展战略研究》，《中国工程科学》2016 年。

［8］中华人民共和国 2018 年国民经济和社会发展统计公报。

［9］新疆生产建设兵团 2018 年国民经济和社会发展统计公报。

［10］内蒙古自治区 2018 年国民经济和社会发展公报。

［11］西安市 2018 年国民经济和社会发展统计公报。

［12］重庆市 2018 年国民经济和社会发展统计公报。

［13］大连市 2018 年国民经济和社会发展统计报告。

［14］中山市 2018 年国民经济和社会发展统计报告。

［15］珠海市 2018 年国民经济和社会发展报告。

［16］汕尾市 2018 年国民经济和社会发展报告。

［17］宁德市 2018 年国民经济和社会发展报告。

［18］广西壮族自治区 2018 年国民经济和社会发展报告。

［19］邱梦欣：《中国新材料产业发展的现状与问题》，《经济研究导刊》2018 年。

[20] 宫学源:《新材料产业如何支撑国家崛起》,《资源再生》2018 年。

[21] 周长益:《加快培育发展新材料产业，突破一批关键高端品种》,《中国经贸导刊》2017 年。

[22] 梁培培:《中国新材料企业规模效应研究》，吉林大学博士论文，2018 年。

[23] 沈霁:《新材料产业发展分析及我国发展路径选择》,《西部皮革》2018 年。

[24] 胡英:《我国新材料发展现状、问题及对策建议》,《经济师》2019 年。

[25] 汪峰、徐俊华:《我国新材料产业：现状、困局及升级》,《新材料产业》2019 年。

（本章主持及执笔：王熙元、丰燕）

第 20 章　生物医药产业

本章提要：

进入 21 世纪，随着酶工程、基因工程、细胞工程为代表的现代生物技术迅猛发展，人类基因组计划等领域获得重大进展和突破，现代生物技术已广泛应用于医疗领域，生物医药领域产业化进程明显加快。生物医药产业是百姓身体健康、创造高品质生活的基石，关乎民生国计。大力发展生物医药产业对于促进人民身体素质、促进我国产业转型升级和推动经济高质量发展具有重要意义。2020 年，我国将全面建成小康社会，居民生活环境不断改善、人们健康意识不断提高，同时也面临着人口老龄化进程的加快等问题。在新形势下，密切关乎人们生活质量的生物医药行业成为了全球增长最快的行业之一。“十三五”期间，生物医药行业成为我国国民经济的支柱产业。

本章首先阐述了生物医药产业的内涵和产业链，并分析了生物医药产业的发展特点，然后在介绍了全球生物医药产业发展现状，并对美国、以色列、日本这三个国家的生物医药产业发展进行经验总结之后，描述了我国生物医药产业的发展现状和面临的挑战；接着对我国典型的三大生物医药产业园区：上海张江药谷、苏州生物医药产业园、广州国际生物岛进行了案例分析；最后介绍了我国生物医药产业的发展趋势，并就如何推动生物医药产业高质量发展提出了政策建议。

20.1 生物医药产业简介

20.1.1 生物医药产业概念

随着生命科学的发展，医药及医疗器械与生物技术相结合，进而形成生物医药产业。目前，国际上对生物医药产业尚未形成权威的、公认的标准和定义。通过文献梳理发现，生物医药产业有广义和狭义两种概念。狭义层面的生物医药产业，主要是以生物技术为基础，与其他技术类型的产业相关联发展形成的，主要包含基因工程、生物芯片技术、生物信息技术、酶工程、发酵工程、细胞工程等领域；广义层面上的生物医药产业，将现代生物技术与制药产业结合，制造生产新药品，使新药品能适应新的病情需求，诊断和治疗各种疾病。

综上所述，本章将生物医药产业定义为：把基因工程、细胞工程、蛋白质工程、酶工程等生物技术应用到医药、医疗器械、医疗服务领域，实现疾病的针对性预防、诊断与治疗的产业。生物医药产业整体由制造层与服务层构成，其中制造层又包括了新药创制（包括大分子药物、小分子药物等）与医疗器械（包括体外诊断、植入介入器械等），服务层为医疗服务（包括生物技术、医学工程服务与基因检测、治疗等服务）。

20.1.2 生物医药产业链

和其他产业一样，生物医药产业也要经过研发、生产和销售的一般过程。

产业链的上游为药物的研发阶段。药物研发工作主要集中在科研院所、高等院校、大型制药企业及一些专门进行生物医药技术基础研究的公司。药物研发完成之后还需要经过一系列临床试验以及生产设备的开发工作。

产业链的中游是生产阶段。这个环节是研发成果的产品化过程，主要由生物、化工、化学等原料供应企业，生物医药制造企业，医疗器械制造企业参与。

产业链的下游是主要是销售阶段。这个环节是研发成果的市场化过程。这一过程的行为主体主要是医药代理商、医药分销商、物流公司、医院等医疗机构、药店等零售终端和消费者等。

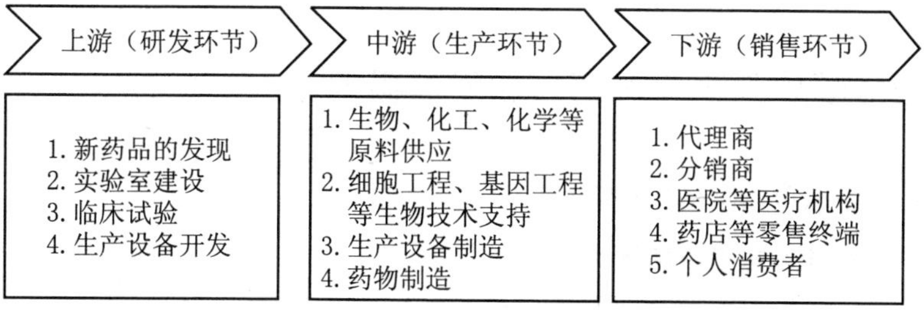

图 20.1　生物医药产业链

20.1.3　生物医药产业特点

生物医药产业呈现“四高一长”特征，表现为技术含量高、资金投入高、承担风险高、利润回报高和研发周期长。

表 20.1　生物医药产业特点

产业特点	内　涵　阐　述
技术含量高	生物医药产业是知识密集型的新兴产业，具有高科技含量和多学科交叉渗透的特点。相比其他产业，生物医药产业对高层次的知识和技术人才需求更为迫切。由于技术含量高，因此生物医药产业存在较高的进入壁垒。以基因工程药物为例，上游领域，基因工程药物涉及基因的克隆、导入以及目的基因的合成、纯化和测试；下游技术，基因工程药物涉及目标蛋白的纯化和加工、产品质量的测试和保证，其技术的复杂性产生了很高的进入壁垒。
资金投入高	发展生物医药产业需要大量资金投入，无论是建造医药厂房、购置设备仪器还是研发新产品都需要强有力的资金支持。欧盟委员会发布的《欧洲产业研发记分板》记录了当年度全世界研发投入最高的前 2500 家公司，生物制药行业是占比最高的行业之一。一种新药上市前所需平均费用在都在 1 亿—3 亿美元左右，研发费用占了资金投入的 55%，生产、销售仅分别占了 19% 和 10%。而随着新药开发难度的增加，所产生的费用还会增加，某些新药研发的费用更是高达 6 亿美元。因此，雄厚的资金支持是发展生物医药产业的重要支撑。
承担风险高	生物医药产业承担的高风险主要集中在两个方面：一方面，产品存在开发风险和市场竞争风险，新药研发涉及的领域和过程极其复杂，在 5000 个化合物中只有 1 个能够研发成功，而只有 30% 研发成功的新药能够收回其研发成本；另一方面，新药研发也面临着日益加剧的市场竞争风险，产品能够顺利上市的关键是要抢占市场和抢新注册新药证书，销售方面也存在着激烈的市场竞争。
利润回报高	上述提及，生物医药行业存在着较高的风险，因此，其利润回报率也很高。一个新药品在投资回收期大约在 2—3 年，拥有新药物和专利的药企，可以凭借新产品获得高达 10 倍以上的利润回报。
研发周期长	生物医药产品从研发到上市需要经历一个漫长的过程，每个生物医药产品的诞生都需要基础和应用研究、实验室研究、动物试验、临床试验、规模化生产和产品市场化等环节，每个环节都有严格的技术要求。通常来说，一种新药的开发需要经历为 8—10 年，甚至是 10—12 年。

20.2 国内外生物医药产业发展概况

20.2.1 全球生物医药产业发展现状

1. 生物医药市场规模稳步增长

进入21世纪，随着酶工程、基因工程、细胞工程为代表的现代生物技术迅猛发展，人类基因组计划等领域获得重大进展和突破，现代生物技术已广泛应用于医疗领域，生物医药领域产业化进程明显加快。全球研制超过2200种生物技术药物，进入临床试验的超过1700钟。21世纪生物技术药品数量迅猛增长，世界医药生物技术的产业化的前期投资步入回报期，相关产业快速增长。20世纪90年代以来，全球生物药品销售额年平均增长率超过30%，远高于全球医药行业年均不到10%的增长速度。生物医药产业从最具发展潜力的高技术产业向高技术支柱产业告诉升级转型。① 全球生物药物市场规模由2013年的1803亿美元增加至2017年的2402亿美元，复合年增长率为7.4%，见图20.2。

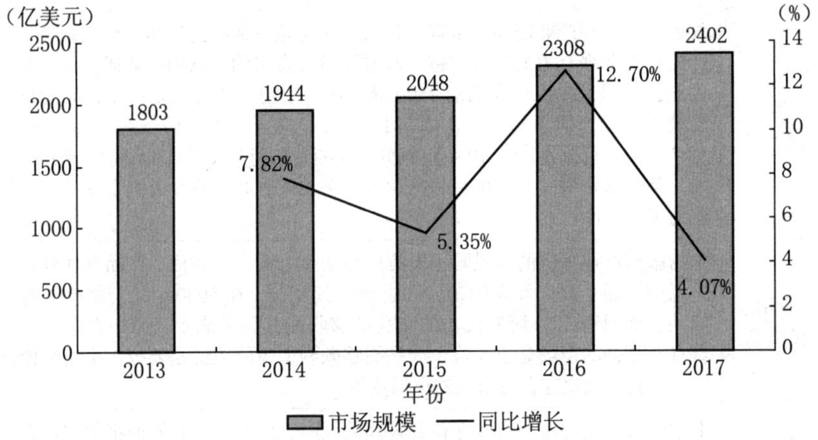

图20.2 2013—2017年全球生物医药市场规模

资料来源：前瞻产业研究院。

从全球药品市场看，在药品市场中，生物药品占据了主导地位。生物药

① 数据来源：中国生物技术信息网。

物是一大类预防、治疗、诊断制品，主要包括生化药品、生物制品及其他相关的生物医药产品（营养保健品、相关化妆品等）。研发制造应用生物学、生物化学、微生物学、免疫学、物理化学和药理学的原理与方法，利用生物体、生物组织或其成分进行加工制造而成。生物药物相比其他药物有着显著优势：生物药物具有药理活性高、毒性低、副作用小、疗效可靠、营养价值高等特点；生物药物的化学构成与体内的正常生理物质十分相似，能够更易被吸收进入机体；生物药物具有更高的生化机制合理性和特异治疗有效性。基于此，生物药物产业从 20 世纪 70 年代开始，被各国高度重视并给予大力支持。在各国推动下，生物药物取得了迅猛发展，并成为全球最畅销的药物产品之一。根据弗若斯特沙利文公司数据，2017 年全球销售收入总额前十种药物中，生物药物占了 7 种，分别是修美乐、美罗华、恩利、赫赛汀、安维汀、类克、阿柏西普。

表 20.2　2017 年全球药品销售额 TOP10

排名	药　物	中文名	销售额（亿美元）	公　司	类　型	是否生物药品
1	Humria	修乐美	184.27	Abbvie	单克隆抗体	是
2	Revlimid	来那度胺	81.87	Celgene	小分子药物	否
3	Rituxan	美罗华	79.35	Roche	单克隆抗体	是
4	Enbrel	恩利	78.85	Amgen/Pfizer	融合蛋白	是
5	Herceptin	赫赛汀	52.46	Roche	单克隆抗体	是
6	Eliquis	艾乐妥	73.95	BMS/Pfizer	小分子药物	否
7	Avastin	安维汀	71.84	Roche	单克隆抗体	是
8	Xarelto	拜瑞妥	65.29	Bayer/J&J	小分子药物	否
9	Remicade	类克	63.15	J%J/MSD	单克隆抗体	是
10	Eylea	阿柏西普	58.56	Bayer/Rengeneron	融合蛋白	是

2．生物医药市场竞争加剧

世界各国纷纷把生物医药技术及其产业化提升为国家战略，通过加大研发投入力度、实施系列科技计划、不断完善相关的产业制度，来加速抢占生物医药技术及产业化的制高点。比如美国政府发布的三版《美国创新战略》，均把生物医药产业发展作为重中之重；我国政府在近几年陆续出台了《中国制造 2025》《关于促进医药产业健康发展的指导意见》和《“健康中国”2030 规划纲要》等比较系统的产业政策来部署和规划生物医药产业的发展。目前，全球化竞争当前呈现两大态势：

一是欧美研发投入仍稳居前列。根据欧盟委员会公布的 2016—2017 财年全球 25 个国家 369 家药企的研发投入数据，2017 年全球药企研发投入达到 1574 亿欧元，同比增长 2.5%，美国药企研发投入高达 615 亿欧元位居第一，中国药企研发总投入 15.12 亿欧元排名第八。2006—2017 年，全球在研药品数量已呈现持续增长的态势，年复合增长率为 5.82%。从在研新药来看，目前全球大部分的在研新药（包括临床前研究项目、处于临床研究及注册阶段的项目以及增加适应症的已上市药物项目）主要集中于欧美国家，根据 ClinicalTrials 数据显示，截至 2017 年 12 月 18 日，全球临床试验数量达到 261561 件，2017 年新增 28285 件，已经超过了 2016 全年的 27815 件。其中，美国临床试验数量达到 107265 件，占全球第一，欧洲达到 73689 件居第二位。①

二是新兴医药区域正强势崛起。目前，全球医药市场尤其是在成熟医药市场，原研药仍占据主要市场份额，而新兴医药市场则以仿制药消费为主。受益于不断增长的国内生产总值、持续扩大的医保覆盖范围以及逐渐完善的知识产权体系和监管环境，以中国、俄罗斯等国家为代表的新兴医药市场快速发展。2015 年我国生物医药市场规模为 1211 亿元，到 2016 年达到了 1344 亿元，2017 年约为 1458 亿元②，成为拉动全球医药市场增长的重要推力。③

3. 生物医药产业集群效应显著

在生物技术产业快速发展的推动下，经过多年的市场发展和商业竞争，加上政府的及时引导，许多发达国家在技术、人才和资金密集地区逐步形成了生物产业集聚区，从而形成较为完整的生物制药产业链和产业集群。美国已经形成了五个生物技术产业区：旧金山、波士顿、华盛顿、北卡罗来纳和圣地亚

---

① ClinicalTrials 数据库。

② 中国高技术产业统计年鉴。

③ 中国生物技术信息网。

哥。其中，硅谷生物技术产业从业人员占美国生物技术产业从业人员的一半以上，销售收入占美国生物技术产业的 57%，研发投入占 59%，年销售增长率近 40%。另外，英国剑桥基因组园、法国巴黎南郊的基因谷、德国的生物技术示范区和印度的班加罗尔生物园等产业聚集区聚集了大量包括生物公司、研究、技术转移中心、银行、投资、服务等机构，为当地提供大量就业机会和产值。

生物医药发展呈现集聚趋势：一是少数发达国家处于市场垄断地位，仅美欧日就占据了超过了 80% 的药品市场份额。全球 4362 家生物技术公司有 76% 集中在欧美，93% 的销售额来自欧美公司。作为生物技术产业的龙头，美国所开发的产品和市场销售额就占全球份额的 70% 以上，遥遥领先其他国家。[①] 二是世界专利药市场被少数超级跨国公司主导，跨国企业的垄断壁垒不断加大，现代医药产业的集中度逐年上升。三是单品种的销售在产品市场的市场集中度也不断提高。

4．生物医药产业并购浪潮迭起

生物医药产业具有技术含量高、资金投入高、承担风险高、利润回报高和研发周期长的特征，进入产业和持续运营需要持续的高额投入。为应对日趋激烈的国际科技竞争格局和瞬息万变的科技创新局势，各国际大型跨国医药企业争相加大研发力度。为建立全球性的生产与销售网络，获取规模优势，将成本降低，也为了获取最新的生物医药技术，生物技术公司和大型制药企业之间在全球范围内掀起了兼并重组潮，在很大程度上提高了发达国家及跨国公司对生物医药行业的垄断程度以及获取超额利润的能力。

表 20.3　2013—2017 年全球生物制造并购情况

年　份	交易金额（亿美元）	交易数量（笔）
2017	775	167
2016	1044	203
2015	1889	290
2014	2193	229
2013	795	226

资料来源：药渡数据。

① 中国生物技术信息网。

20.2.2 全球生物医药产业发展的经验借鉴

从发达国家的经验看，全球生物医药产业以高校高密度聚集为源头，形成产业园区集群模式发展及“四位一体”要素集聚格局。比如，波士顿基因城、圣地亚哥生命科技园、旧金山生命科技湾、华盛顿制药城以及北卡罗来纳研究三角园等生物医药产业园区周边汇集了美国近一半的生物医药优势领域高校，例如哈佛大学、麻省理工学院等，带动美国生物医药实现跨越发展，使其成为全球现代生物技术创新发展的策源地。再如，欧洲之所以在制药领域依然保持强势，因其拥有英国伦敦、德国莱茵河的三角地带以及法国巴黎“基因谷”等产业集群周边有高等院校科研资源聚集，同时还具备了高等院校与投资机构、企业之间密切合作实现产业化的机制。而该机制包括了三方面，一是风险投资应对生物医药产业投入大、盈利周期长；二是新创企业与龙头企业互补；三是高效率高水平运行的技术转移体系是成果转化的保障。综上所述，要打造一个生物医药产业集群主要需要满足高校科研环境建设以及完善高校、投资机构、企业之间密切合作机制设计。

对全球生物医药重点集聚区发展优势研究及成功经验借鉴发现，作为人才密集型和知识密集型的产业，生物医药产业的发展有着天然的形成区域集群发展的基因。同时，政府的指导和规划以及技术创新在产业集群的发生发展中也起到了至关重要的作用。

1. 美国波士顿地区：政府扶持与创新双驱动

美国马萨诸塞州的生物技术超级集群在世界生物技术集群中占据首屈一指的地位，州内共有超过550家生物技术和制药公司、300余家药物开发公司分别分布在六大生物技术集聚区。[①] 尤其是波士顿，作为马萨诸塞州这一世界生物技术超级集群的核心，更是全球最具活力的生物产业集聚区。波士顿集聚区内生物技术与制药企业超过240家，领域涵盖新药研发和生产、环境与兽医、医疗器械和设备、医疗健康产品等领域，代表性的企业包括百健（Biogen）、诺华（Novartis）等全球知名企业。波士顿地区生物医药技术脱颖而出的原因主要为两个：一是政府财政和政策扶持等多元化资金和服务支

① 上海情报服务平台。

持为成果转化提供强有力的政策和资金支撑，为波士顿塑造出活跃的创新创业政策环境。另外，马萨诸塞州发布“生命科学计划”，计划中总投资十亿美元，为生命科学领域研究提供产业扶持；政府出台“创造就业鼓励项目”、“研发税收减免政策”、“马萨诸塞州新兴科技基金”等扶持项目，为企业提供成果财政扶持和多种税收鼓励政策、融资途径和补助金。二是波士顿的顶级科研和人才资源为当地产业发展孕育了强大的创新能力，麻省理工学院等世界一流的高校、麻省总医院等优质临床医学资源集聚在波士顿地区。另外，波士顿地区还孵化了一大批在新材料、分子生物学等生物材料领域领先世界的尖端学科群。此外，波士顿地区还拥有丰富的风投资源和成熟的投资理念与管理机制。

2．以色列：政府主导与创新造就产业先驱

以色列生物技术和制药产品研发实力全球领先，人均医疗器械专利数位居世界前列，是全球医疗器械创新发展中心之一，拥有数千家从事生命科学或健康科学的企业，包括 Teva 和 Given Imaging 等本土企业，同时众多跨国制药公司在以色列建立分部，包括强生、Perrigo、通用医疗、菲利普医疗、雅培、默克雪莱、赛诺菲等。这些企业都使得以色列成为全球药品研发和创新最为活跃的中心之一。

作为国际生物医药产业先行者的以色列，在发展进程中采用了五种方式来打造产业集聚区。一是明确政府的主导作用。以色列政府早期就以发展生物技术和制药产业为重要战略性产业，出台高技术产业发展专项计划，重点支持具有广泛应用前景的生物技术项目。成立国家生物技术委员会，为政府促进生物技术产业的发展提供咨询。创立“风险投资基金”、启动“磁石”计划，为企业和学术机构研发分别提供贷款支持。实施《促进工业研究与试验发展法》。二是吸引和集聚高端人才。以色列近五成的人接受过高等教育，由于特殊的历史和文化背景，有众多跨国药企管理背景的人才回流，使得以色列本土企业较以往更具开创性和战略眼光，也带回了大量的专业技术和技能。三是学术界和产业界紧密合作。以色列大学和医院中设立数十个技术转移中心，它们联系着科研人员、早期项目和投资人、商业伙伴，对于学术成果的转化发挥着重要的作用。四是注重国外资源的利用。以色列众多的跨国公司和本土企业的合作带动了产业发展，并且吸纳了众多外国资本的融资，逐渐替代本国资本，产业愈发国际性。五是重视开发本土创新能力。以色列重视科研和技术基础的建设，其基础设施、科研人才比例和科研院所质量都位居世界前列。同时，以色列重视学术界对产业界高效的技术转移和企业的创新成长。

3．日本：强有力的政府干预推动产业发展

日本属于世界第三大生物医药产业发展国，也曾经是全球第二大单体药品市场。日本生物医药产业集群主要集中在神户处，集结了日本最发达的生物医药企业和生物技术研发机构，以及优秀的高等院校。产业链涉及医疗器械、药品销售、医疗保健和健康旅游，同时包括相关的中介服务组织和技术研发平台、产业技术孵化器。日本医药产业的快速发展关键在于政府对医药产业实行强有力的干预政策，从产业法律、产业发展规划、产业政策工具等层面推动医药产业发展。其中之一是“从法律层面保障产业发展”，修改《医药法》，对于生物医药产业从药材筛选到注册上市都经过严格审查把关，并颁布新版《日本药事法》，改变新药审批流程，并组建全新的药品审评机构；二是“明确医药产业政策目标和战略”，政府审时度势地根据全球发展趋势做出了相应产业政策和战略目标上的调整，出台“生物产业立国”的战略，巩固日本生物技术基础和培养生物技术人才，提高生物医药产业的创新能力，最终转化为现实生产力；三是“加强医药产业政策工具创新”，出台“科学技术基础计划”，鼓励公共研究机构和组织将研究成果商业化、市场化，促进产学研技术平台建立。同时，政府加大研发投入，对生物医药产业提供抵免的税收政策，并鼓励风险投资，建立风投公司。

20.2.3　中国生物医药产业发展现状

1．市场需求刺激产业发展

20世纪80年代初期，中国生物制药产品起步。1989年，中国第一个基因工程药物审批通过。1993年，中国生物工程学会建立，同时深圳科兴生物制品有限公司作为当时中国国内最大的基因工程生产企业成立，意味着中国已经具备一定的能力研究开发、生产生物技术产品，也逐步掌握了基因工程和生产纯化等生物技术。居民生活环境不断改善、人们健康意识不断提高，同时也面临着人口老龄化进程的加快等问题，在新形势下，密切关乎人们生活质量的生物医药行业成为了全球增长最快的行业之一。而我国作为世界第二经济大国，在生物医药领域也发挥了积极的贡献作用。“十一五”时期，我国逐步形成了长江、珠江三角洲和京津冀地区 3 个综合性生物产业基地；到“十三五”时期，国家已将生物医药行业作为国民经济的支柱产业大力发展，生物医药产业已然成为医药行业最具投资价值的子行业之一。由于行业整体技术水平的提升以及整个医药行业的快速发展，生物医药行业的市场规模呈逐年增长趋势，从 2013 年的 2381.36 亿元增长至 2018 年的 3554 亿元。

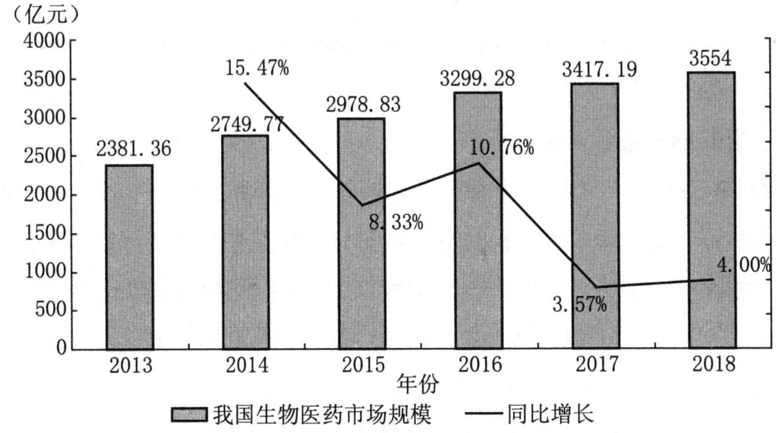

图 20.3　2013—2018 年我国生物医药市场规模

资料来源：《中国高技术产业统计年鉴》。

从生物药物这一细分领域来看，与发达国家相比，我国生物制药研究和产业化相对较晚，但具有强劲的增长潜力。一方面，慢性疾病患病率上升，居民支付能力及保健意识增强，对生物药的需求与日俱增；另一方面，医药行业政策正倾向于生物药物，药企也不断加大对生物药物的研发投入，这就助推我国生物药物市场驶入快车道。但就目前来看，中国生物药物市场仍处于发展初期，市场规模较为有限，但增速显著高于全球水平。具体数据来看，中国生物药物市场规模已从 2013 年的 862 亿元增长至 2018 年的 2578 亿元，其间复合年增长率达 26.2%，高出全球同期水平 18.8 个百分点，中国生物药物市场潜力巨大。

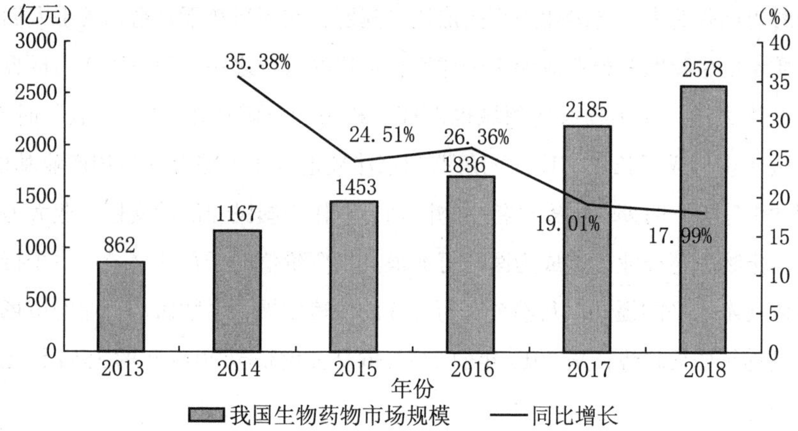

图 20.4　2013—2018 年我国生物药物市场规模

资料来源：《中国高技术产业统计年鉴》。

2．技术创新推动产业发展

我国随着生物技术产业平台与配套产业设施的逐渐发展和政策支持力度的不断加大，生物医药产业企业研发实力大幅加强，多项技术跃居世界前列，如肿瘤免疫疗法，南京传奇生物科技在 2017 年的美国临床肿瘤学会（ASCO）年会上公布了其 CAR-T 疗法的数据。在干细胞研究领域，我国也已经跃居世界前列，个别方向处于“领跑”地位，2016—2017 年间，仅国家重点研发计划“干细胞及转化研究”重点专项支持的项目团队，在国际顶级学术期刊《自然》《细胞》杂志及其系列子刊上，就发表了 40 余篇文章。

在人才引进方面，领军人物为生物医药产业发展提供重要动力。近年来，随着国内生物医药产业爆发式发展，人才需求正急剧增加。目前全国有 100 余万人从事生物医药研发行业，其中海归精英占 30%。① 十几年来，“长江学者奖励计划”“国家杰出青年科学基金”“千人计划”“百人计划”等一系列人才项目相继制定出台，同时地方也争相出台人才吸引计划，如北京“海聚工程”上海“千人计划”苏州“姑苏人才计划”杭州“全球引才 521”成都“成都人才计划”武汉“人才 20 条”等。数据显示，近 50 年来，我国有超过 160 万人出国留学，49.74 万人学成回国人员，“海归”正成为我国经

① 数据来源：2014 年国际生物医药论坛。

济、科技和社会发展的中坚力量。①

3．政策措施保障产业发展

近几年来，我国生物医药产业重磅政策不断推出，包括“十三五”规划“健康中国 2030”、中国加入 ICH（即人用药品注册技术要求国际协调会）、MAH（即药品上市许可持有人制度）试点落实、精准医疗战略规划、《关于深化审评审批制度改革鼓励药品医疗器械创新的意见》、分级诊疗战略等政策，同时国家双创计划加速落实，促使国内生物医药产业新成立企业数量在 2015 年、2016 年达到巅峰。在鼓励创新方面，国家政策对自主创新鼓励力度正不断加大，从“十一五”时期的以仿制为主，到“十二五”时期的自主创新，再到现在“十三五”时期的实现蜕变，正是基于强力的产业创新扶持政策红利如《“十三五”国家科技创新规划》等，我国生物医药产业在部分高精尖领域已实现与全球领先地区处于基本同步状态，如 PD-1、CAR-T、IDO 抑制剂、iRNA 等领域。此外，我国积极通过政策调控大力加强产业配套资源投入、完善体制机制建设，以此推动重点领域集中式快速发展，紧跟国际步伐。从产业细分领域来看，政府出台了《医药工业发展规划指南》等政策明确未来发展重点领域，包括基因治疗、免疫治疗等技术；从体制机制来看，随着《“十三五”深化医药卫生体制改革规划的通知》等政策的出台，帮助审批流程加快，尤其在临床急需疾病领域；从配套资源来看，《促进生物医药产业加快发展的若干政策》等政策文件的出台，生物医药产业资源投入逐渐增加，特别是在创新药、精准医疗等领域拔得头筹。

表 20.4　中国生物医药产业重点政策（重要事件）汇总

发布时间	发布机构	政策（事件）	核心内容（意义）
2017 年 10 月	中共中央办公厅、国务院办公厅	《关于深化审评审批制度改革鼓励药品医疗器械创新的意见》	改革临床试验管理、加快上市审批、促进药品创新和仿制药发展、加强药品医疗器械全生命周期管理、加强组织实施、提升技术支撑能力。
2017 年 6 月	国家食品药品监督管理总局	成为人用药品注册技术要求国际协调会议成员	意味着中国药品监管部门、制药行业和研发机构，将逐步转化和实施国际最高技术标准和指南，并参与规则制定，推动国际创新药品早日进入中国市场。

① 数据来源：2010 年海联论坛——海外高层次人才与国家发展战略研讨会。

（续表）

发布时间	发布机构	政策（事件）	核心内容（意义）
2017年5月	科技部、国家卫计委、国家食品药品监督管理总局等	《“十三五”卫生与健康科技创新专项规划》	建立更加协同、高效、开放的国家卫生与健康科技创新体系，着力突破20—30项前沿关键技术并转化应用，建成覆盖100万健康人群和10个重点疾病的大型人群队列，形成100项左右针对重大疾病和重大健康问题的诊疗规范、技术标准、临床路径和防控策略，研发20—30种创新药物，培育20—30个有国际影响力的健康品牌企业集群。
2017年1月	国务院	《“十三五”深化医药卫生体制改革规划》	将分级诊疗置于改革重点任务之首，提出构建分级诊疗体系，建立现代医院管理制度，完善政府监管主导。
2017年1月	国家卫计委、国家食品药品监督管理总局等	《关于在公立医疗机构药品采购中推行“两票制”的实施意见（试行）》	公立医疗机构药品采购中逐步推行“两票制”，鼓励其他医疗机构药品采购中推行“两票制”。
2016年12月	国务院	《“十三五”卫生与健康规划》	到2020年，覆盖城乡居民的基本医疗卫生制度基本建立，实现人人享有基本医疗卫生服务，人均预期寿命在2015年基础上提高1岁。
2016年11月	工信部、发改委、科技部等	《医药工业发展规划指南》	“十三五”期间我国生物医药产业将重点发展重大疾病化学药物、生物技术药物、新疫苗、新型细胞治疗制剂等多个创新药物品类，同时发展生物3D打印技术等重大医疗技术。
2016年10月	中共中央、国务院	《“健康中国”2030规划纲要》	提出普及健康生活、优化健康服务、完善健康保障、建设健康环境、发展健康产业五个方面的战略任务。
2016年6月	国务院办公厅	《药品上市许可持有人制度试点方案》	鼓励药品创新、提升药品质量。
2013年2月	国家食品药品监督管理总局	《关于开展仿制药质量一致性评价工作的通知》	对2007年修订的《药品注册管理办法》实施前批准的基本药物和临床常用仿制药，分期分批进行质量一致性评价。
2012年1月	工信部	《医药工业“十二五”发展规划》	增强新药创新能力，提升药品质量安全水平，优化产业区域布局，提高医药工业信息化水平。首次对包括生物医药产业的七大战略性新兴产业的发展路径、发展方向、发展策略和支持政策作了明确。
2011年11月	科技部	《关于印发医学科技发展“十二五”规划的通知》	突破一批药物创制关键技术和生产工艺，完善新药创制与中药现代化技术平台，建设一批医药产业技术创新战略联盟。

20.2.4　中国生物医药产业面临的挑战

随着国家政策的倾斜扶持，各地纷纷上马生物制药项目，传统药企也纷纷加大对生物医药研发、生产基地建设等方面的投入，使得我国生物制药产业步入了快速发展的时期。然而，从目前来看，我国生物医药产业正面临前所未有的挑战，包括产业集聚效应较弱、产业链较短、融资渠道有限、人才培养机制不完善、自主创新意识淡薄以及国际竞争激烈。

1．集聚效应较弱

我国整个医药产业仍然是比较分散的，很多中小企业根本不具备生物医药方面的发展实力，而大企业的产销规模往往又不够大，制约了企业在生物制药方面的投入，这使得我国企业在生物医药产业方面和国外企业相比显得实力不足。目前，由于各省市在生物医药领域项目的批准建设、优惠政策方面不够统一、协调，各地都存在不顾企业自身的实力规模和研发、市场化能力、一哄而上大建生物科技园、搞低水平重复建设的现象，造成了国家和企业资源的浪费，制约了我国生物医药产业的发展。全国大大小小的医药科技园区几乎每个都在研究生物技术，甚至一些地级市的园区也在搞干细胞。在硅谷、剑桥等地，有很多研发型的中小企业，形成产业的聚集效应，以点带面地把产业托上去。而国内的产业布局则更多的是产业的堆积，上大工程，做高端产品，资源和人才则未必配套。大多生物医药产业集群还处于初步的发展阶段，集聚力不够强，集群内缺乏龙头企业发挥牵引和吸聚作用，企业规模大多较小，缺乏重量级产品（国际标准是年销售额超过 10 亿美元）。集群内生物医药企业品牌效应不明显，由品牌带来的无形价值较为有限，对企业竞争力的提升和集群做大做强产生制约。

2．产业链较短

大多数制药企业过分依赖优惠政策和人口红利的优势形成空间聚集。在市场竞争日趋激烈的情况下，这种空间集聚缺乏良性运行机制，同时也很难以发展为产业关联为基础的集群，很难在聚居区内形成强根植性的产业集聚效应。产业集群内上下游产业间关系不紧密，关联程度低，不利于品牌效应的形成。因此，产业链较短，甚至没有形成完整的产业链，不利于后续创新。

3．融资渠道有限

国外政府对基础研究的投资支持力度大，同时资本市场健全，因此生物医药产业能从中获得产业发展足够的资金。相比而言，我国生物医药产业集群融资渠道有限，企业主要资金来源以自筹为主，其次为政府扶持。通过资本市场募集的发展资金并不多，集群内集聚的投融资服务机构为企业寻求资金提供的便利还远不能满足高投入的生物医药产业的需求。

4．人才培养机制不完善

目前，我国缺乏生物医药产业的人才引进制度，相关行业人才严重流失。调研发现，由于一线城市生物科技发展水平较高、人才吸引政策优厚，生物医药研发人员大都选择在北上广深等一线城市就业；另一方面，虽然在这些一线城市中部分生物医药产业人才得到重用，但是分配机制、激励机制不完善，创新氛围、创新文化和创新环境还未成熟。此外，产学研、专利保护等方面缺乏实际有力的支持。

5．自主创新意识淡薄

据统计，目前全国有100多家制药企业在做单克隆抗体，每个大品种原研生物药的背后都有超过10家企业在做生物类似药。生物医药产业项目往往具有投资大、风险高、回收期长的特点，我国自主研发的生物制药产品中，能够实现大规模市场化、获取客观经济效益的非常少，而国内仿制药品成本比较低、收效快、国内基因工程药物大多是仿制而来，许多企业更愿意生产仿制药，缺乏自主创新研发的意识和动力。此外，跨国医药企业一方面通过仿制药不断影响和控制我国医药工业的研发积极性和能力，另一方面通过合资控股等方式不断抢占利润较丰厚的国内医药市场的中高端品种。

6．国际竞争激烈

目前，我国在生物技术产业及产业发展所需的支撑技术与装备方面主要依靠国外进口。生物技术产业的支撑技术与装备综合应用多学科、多技术领域，我国尚不具备自主研制和生产的能力；绝大多数生产经营专用仪器、装备的公司的发展都面向国际市场，目前我国技术水平落后，难以在国际市场占据位置。此外，近年来国际贸易保护主义抬头，外国对中国生物产业限制增加，贸易形势严峻。

20.3　中国生物医药产业园区典型案例分析

20.3.1　上海张江药谷

1. 张江药谷简介

张江生物医药基地被外界誉为“张江药谷”，是由国家科技部、卫计委、药监局、中科院、中国工程院与上海市签约共同打造的“国家上海生物医药科技产业基地”，重点集聚和发展生物技术与现代医药产业领域创新企业。国家战略布局和政策支持是张江药谷形成的关键。在 1992 年张江高科技园区成立之初，就将现代生物与医药产业列为重点发展的主导产业之一。1996 年，“国家上海生物医药科技产业基地”在张江高科设立，一举奠定了药谷的地位。

2. 张江药谷发展历程

张江药谷的发展大致经历了三个阶段：即初步发展阶段（1992—1998 年）、快速发展阶段（1999—2008 年）以及基于自主创新的全球化发展阶段（2009 年以来）。

表 20.5　张江药谷发展历程

时　期	主　要　事　件
初步发展阶段（1992—1998 年）	1992 年，张江高科技园区在浦东新区成立，规划面积 25 公顷，两年后，张江高科技园区启动生物医药产业发展计划，紧接其后，1996 年科技部、卫生部、中国科学院、药监局和上海市人民政府同意共建张江“上海国家生物产业基地”。这一时期，张江生物医药产业基地的建设主要依靠地方政府的规划开发和国家的支持，政府为主要驱动力，这一阶段集群网络没能紧密形成，研究、开发和产业界功能分离，生物技术企业和制药公司之间的联系也没有得到充分发挥，溢出效应弱。
快速发展阶段（1999—2008 年）	为加快张江高科技园的发展，1999 年上海市实施“聚焦张江”战略，给予张江高科技园区一系列优惠政策和待遇，包括财政收支、人力资源、项目审批、土地开发、吸引外资以及文化设施的建设等，确定生物医药产业、集成电路产业、软件产业为园区主导产业。依托该战略的实施，张江药谷生物医药产业进入快速发展阶段，基地集聚和发展了一大批实力较强的生物医药企业，包括 1992 年就在园区成立地区总部的罗氏，2004—2008 年间在张江发展了全球研发中心。另外，由于具有药物开发成本低和庞大的患者群体优势，张江高科技园区的一些生物技术企业通过提供医药研发外包服务，加入了新药发现和开发的全球医药价值链，外包模式以离岸外包为主，业务面基本覆盖了产业链的全过程，重点集中在临床前研发服务，在化合物合成筛选、提取和工艺研发、临床前药理毒理研究等方面具有较强实力。

（续表）

时　期	主 要 事 件
全球化发展阶段（2009年以来）	为了加快从大学向产业的技术转移，张江高科技园设立若干生物技术平台，如专业孵化平台、医药研发外包专业服务平台、研发外包服务平台和设备共享平台。区域创新体系的建立进一步促进张江自主创新能力的提升和国际影响力的过大，依托于此，越来越多跨国公司计划在张江药谷设立或扩大其全球研发中心。同时，也集聚和培育了一批优秀的国内企业，包括中信国健、微创医疗等，成为了国内研发机构最集中、创新实力最强、新药创制成果最突出的标志性区域和生物技术集群之一，进入了一个基于自主创新的全球化发展新阶段。

3．张江药谷发展模式

张江模式已经成为全国高科技园区效仿的成功典范，主要是指国家战略推动下的引领创新发展新模式，其发展路径就是集成科创源泉、技术创新和产业集群的综合优势，在生物医药技术创新上，借鉴了美国硅谷和波士顿的模式，引进了一批硅谷和波士顿的海归人才，支持以企业为主体的创新创业，配套大规模的海内外创投基金，培育出一批上海乃至中国领军的生物医药创新企业。

第一，构建产业创新生态系统。近年来，张江药谷的产业创新生态系统日益完善，借鉴硅谷、波士顿等国际领先产业高地的创新模式，已经形成了国内最为完善的生物医药创新网络，从组建之初的“1所、6中心”研发群体发展到了如今“2校、1所、1院、18个公共服务平台和40余个中心”的研发创新产业群，培育了绿谷制药、中信国健、微创医疗、复旦张江等一大批明星企业，跨国药企前10强中有8家的中国或亚太研发中心及总部在张江布局，并有超过600余家生物技术和医药产业领域创新企业，包括300余家研发型科技中心企业和40余家医药研发外包公司落户张江。

第二，科技创新引领加速成果转化。目前，张江的创业国际化发展取得重要进展。与以色列、美国、俄罗斯、新加坡等国开展国际孵化合作，设立了中以创新中心、中新创新中心等国际孵化平台，引进了一批全球知名的企业孵化器。张江药谷的十几个专业公共服务平台，不仅是生物医药科技成果转化的加速器和催化剂，而且也是科技成果转化的重要途径。生物医药企业还可以相对较低的门槛向“孵化器”申请租金补贴、仪器使用补贴、研发经费补贴、市场开拓补贴，以及浦东新区提供的科技发展基金等。上海市首个生物医药产业基金也在张江药谷成立，该产业基金初期规模 10 亿元，重点用于扶持园区内生物药、医疗器械、中医药等产业领域中即将进入临床、已进入临床或已拿到新药批文的新药项目。

第三，构建全方位广覆盖的四级政策体系。入园企业除可以享受国家、上海的产业政策之外，还可以同时享受浦东新区和张江高科技园区的产业扶持政策，构成四级政策结构，覆盖人才政策、产学研政策、知识产权政策和市场开拓政策，而药谷服务平台还会提供政策奖励、申报等协助办理服务，全方位的政策和服务造就了产业发展的"温床"。

第四，整合扩张产业发展空间。首先创新园区品牌合作模式，2015 年，上海张江生物医药基地开发有限公司与金山工业区共同出资 1 亿元，成立上海张江高科技产业开发有限公司，负责金山区生物医药标准产业园的开发、建设和运营，并以标准产业园为载体，探索生物医药产业"研发在张江，制造在金山"的合作模式；然后持续完善园区顶层规划，经过 20 多年发展，为解决核心区域开发完毕、产业发展空间受限的瓶颈，张江药谷依托《张江科学城建设规划》，作为张江科学城的核心承载区域，加强与康桥工业园、上海国际医学园区的合作交流，推动生物医药产业的进一步集聚与生态环境的持续优化。同时，启动占地面积 1.93 平方公里的总部园规划建设，作为药谷的拓展区域，总部园未来将打造医药产业总部、医疗器械、诊断技术、精准医疗及健康服务等产业集群，并且计划用 5—10 年时间打造形成由 15—20 家国内外行业标杆性项目作为引领、150—200 家企业集聚的生物医药产业集群，实现产值 100 亿元人民币；接着打造园区外部协作联动网络。以建设上海全球科创中心为契机，张江药谷推动与相邻的上海国际医学园区联动发展，在研发生产、服务定位上与张江药谷形成互补，形成精准医疗产业联动、医疗器械产业联动、孵化加速器建设联动三大联动效应，促进企业实现"药谷孵化，医谷加速"的华丽转身；最后借力药品上市许可持有人政策推动园区企业实现研发生产本地化，2016 年张江药谷参与推动药品上市许可持有人制度通过，并实现国内首个生物制药药品上市许可持有人制度试点项目的落地，目前药谷有 10 多家企业参与药品上市许可持有人制度试点。园区内的德国制药巨头勃林格殷格翰与药谷合作建设符合要求的动态药品生产管理规范全球要求的生产基地，开启国内生物制药合同生产试点项目，承接药品上市许可持有人制度试点落地，借力政策解决园区空间受限问题，助推园区企业实现研发生产本地化。

第五，引领创新运营管理模式。引领园区“房东+股东+店小二”新型开发模式：一方面，依托“895营”帮助园区创新创业企业全方位对接创业资源，包括投贷联动金融服务、多层次资本市场通道、人才服务、宣传推广、市场拓展等各类资源；另一方面，参与专业基金直接或间接投资高科技新兴项目。并在此基础上，创新园区运营服务理念，由原来的“房东”转向建设创新创业服务平台，打造知识产权集成平台，科技服务交易平台，药品、药企加速上市平台以及全球科创成果权威发布平台，营造良好的创新创业生态环境。推动园区向国际“城区”转变，加速产城融合。2017年，上海市公示《上海市浦东新区张江西北片区单元（Z00-1601、Z00-1801、Z00-1201）控制性详细规划修编》，根据规划，张江西北片区将重点构建产业功能、公共生活、金融交易三大中心和国际孵化器、人才公寓两大服务功能区，借力张江西北片区规划打造的科技金融风投集聚区及城市科技商务复合区，张江药谷将推动城市更新、二次开发，实现由园区向国际“城区”的蝶变。

20.3.2 苏州生物医药产业园

1. 苏州生物医药产业园简介

苏州生物医药产业园原名“苏州生物纳米科技园”，于2007年正式启用，2017年6月8日正式更名为“苏州生物医药产业园”，它是政府为推进苏州工业园区科技跨越计划而重点建设的生物科技与纳米技术自主创新专业科技载体。作为苏州工业园区培育生物科技产业发展的主要创新基地，苏州生物医药产业园是苏州乃至中国生物科技产业的腾飞打造新的创新平台。目前，苏州生物医药产业园已聚集了400余家高科技研发企业，形成了生物医药、医疗器械、生物技术等产业集群，成为近10000名高层次研发人员集聚、交流、合作的创新社区。

2．苏州生物医药产业园发展历程

苏州生物医药产业园的发展大致经历三个阶段：起步探索期（2006—2009 年）、快速发展期（2010—2015 年）和行业引领期（2016 年以来）。

表 20.6　苏州生物医药产业园发展历程

时　期	主　要　事　件
起步探索期（2006—2009 年）	在该阶段，苏州生物医药产业园发展缓慢且艰难，园区定位为孵化创新创业企业。此时，国内生物医药产业刚刚起步，适合生物医药产业创新创业的氛围比较弱，具体表现为创业人群非常少，极少数“海归”回到中国进行新药研发，同时投资人投资创新企业的意愿也较低。正是在这样艰难的环境下，2008 年前后入园的企业遭遇金融危机资本寒冬，在研发策略上明显带着求稳的痕迹。最早开始从事研发的公司，只对已上市药品进行剂型改造；后来逐渐有公司开始对化合物的结构进行少部分修饰，跟进国外已经获批上市新药的靶点和适应症，走得最快的公司也只敢尝试跟进处于临床后期开发的新靶点。这些公司最大的特点是起步艰难，初期研发进展缓慢，启动新药研发立足于中国市场。
快速发展期（2010—2015 年）	在该阶段，苏州生物医药产业园发展迅速，在招商引资、园区规模拓展、产业资本发展等层面表现不凡。招商引资层面，引进一批在中国医药研发领域最具创新力的代表项目，包括百济神州、再鼎医药、立生医药等。此外，园内的信达生物制药与礼来制药签约并回购了由苏州生物医药产业园代建的生物药产业化基地。园区规模拓展层面，面对进入产业化阶段的新药制剂、医疗器械与设备企业，苏州生物医药产业园与常熟合作建设苏虞生物医药产业园，属于苏州工业园区生物产业第一个走出去的项目，规划面积 1 平方公里。同时，位于桑田岛的苏州生物医药产业园二期，总占地面积 20.5 公顷，A 区土地面积 6 万平方米，建设面积 12 万平方米，于 2015 年 5 月正式投入使用。产业资本发展层面，随着重大项目的不断引进，苏州生物医药产业园和全球领先的医疗器械公司美敦力以及红杉资本共同成立基金，并以基金为依托，成立医疗器械企业孵化器，大力扶持初创型企业，搭建产业信息与资源共享平台。
行业引领期（2016 年以来）	在该阶段，苏州生物医药产业园处于全国乃至全球生物医药产业发展的风口时期，苏州生物医药产业园在这一阶段致力于以“专注、联合、创新”的态度，努力构建世界一流的生物产业生态圈，将全球的资本、人才、科技等各方面的资源完美地拼接在一起。

3．苏州生物医药产业园发展模式

经过近 10 年的发展，苏州生物医药产业园形成以多主体活跃创新为主导的产业发展模式，即以科技创新为核心驱动力，园区产业组织与服务平台为内部支撑平台，同时供给技术人才、公共服务平台、产业政策、产业创新生态等核心驱动要素，推进园区—企业—科研院所协同发展，走出了一条创新性协同化的产业发展之路。2017年，在中国生物技术发展中心公布的国家高新区生物医药产业竞争力排名中，苏州工业园区位居第一名。

第一，产业集群推动生态圈构建。苏州生物医药产业园成立之初就通过追踪产业发展趋势，聚焦和布局前沿技术，逐渐形成国内最完整的涵盖新药创制、医疗器械（含体外诊断）、生物技术的特色产业集群。以此为基础对标国际一流生物医药产业园区，苏州生物医药产业园成功引入多家行业内知名孵化器，扩充项目来源，搭建创新创业平台，构建园区产业生态圈，形成包括信达生物、康宁杰瑞、亚盛医药、基石药业、康众、飞依诺、贝康为代表的自主品牌企业共同构建的优势企业集群。

第二，高端人才集聚引领产业创新。成立之初，苏州生物医药产业园就定位以高端人才引领产业创新。经过10多年的培育，苏州生物医药产业园通过引进和培育优势企业、聚集国际顶尖科研机构以及加大政策扶持力度等，大力推动高端人才的集聚。目前，园区共有63位国家"千人计划"专家和超过10000名高层次科技人才，如中国科学院院士、美国科学院院士王晓东，美国三院院士、哈佛大学教授谢晓亮，英国皇家工程院院士、牛津大学教授崔占峰等。2016年，全国新增生物医药类"千人计划"创业人才共16位，其中江苏有6位，园区有4位，占全国的25%。①

第三，搭建科技公共服务体系。园区提供综合的公共服务平台体系，构建从研发到中试阶段的最完整生态圈，以帮助入园企业构建协同创新机制，降低研发成本，加快研发成果产业化进程。同时，园区还聚集了一批国际顶尖的科研创新机构所搭建的国际合作平台。目前，园区主要的公共服务平台包括分析检测和试剂仪器采购平台、生物材料国际物流平台、创新生物医药平台、抗体公共技术服务平台、药物传导技术服务平台等。

第四，培育优化产业生态体系。一方面，园区搭建集群内部信息交流平台，打造集群内部合作网络，提升集群沟通协作能力。园区搭建多个国际化高端学术交流平台、产业合作和投融资对接平台等，并通过苏州工业园区医

① 苏州工业园区管委会官网。

药科技联盟协会等载体打造基于学习与竞合的集群文化，增强集群内部的科技创新活力，倡导集群各行业主体之间的相互学习，从而产生较强的联合行动效应。另一方面，立足构建全球最好的生物产业生态圈发展愿景，完美整合与连接全球资本、人才、科技等各方面资源，为企业打造从入驻服务到成果申报、推广等全产业链产业服务体系，打造包括科技创新政策、人才政策、创新创业政策、投融资政策、税费优惠政策等在内的全方位政策体系。

第五，国际合作促产业创新。在研发领域，园区搭建国际合作平台带动产业创新，例如信达生物与美国礼来制药落地了四个生物药品研发战略合作协议，获得首付及潜在里程碑付款 33 亿美元；中国有超过 1.14 亿个的糖尿病患者，派格生物获得辉瑞旗下葡萄糖激酶激动剂（GKA）类药物的开发权，为中国糖尿病患者带来希望；同时，辉瑞还与开拓药业达成全球首个 ALK-1 单抗肝癌药物的开发合作，标志着辉瑞开启与中国企业在新药研发方面新的合作模式。

20.3.3　广州国际生物岛

1．国际生物岛简介

广州国际生物岛占地 1.83 平方公里，位于广州地理中心，是国家发改委批准的广州国家生物产业基地（由广州开发区辖下的生物岛与科学城组成）的核心载体，2008 年被列入《珠江三角洲地区改革发展规划纲要》，成为国家战略项目和省市核心建设项目，经广州市政府批准，由广州开发区管委会作为园区主管机构，并纳入广州开发区“两城一岛”重要战略发展平台。依托广州千年商都的文化底蕴、发达的商贸体系、适宜创业和生活的环境，以及生物岛地处城市中心的优越地理位置，广州国际生物岛将发展为生物科技企业、人才、信息集聚的，具有政府服务及商业服务、金融、贸易、展览、生活配套的多功能城市中心区。

2．国际生物岛发展历程

广州国际生物岛的发展大致经历了三个阶段：建设探索期（1999—2010 年）、初步发展期（2011—2015）以及快速发展期（2016 年以来）。

表 20.7 广州国际生物岛发展历程

时 期	主要事件
建设探索期（1999—2010 年）	1999 年广州市委、市政府提出把官洲岛建设成国际性的生物技术研究及产业基地； 2000 年官洲岛获国家批准立项建设国际性的生物技术研究及生产基地，并获正式命名“广州国际生物岛”； 2006 年、2007 年分别被国家发改委、广州市政府授予“广州国家生物产业基地”； 2007 年《广州国际生物岛控制性详细规划（2007）》出台，确定广州国际生物岛的功能定位； 2008 年被纳入《珠江三角洲地区改革发展规划纲要》，定位为重大战略平台，上升为国家战略。
初步发展期（2011—2015 年）	2011 年 7 月广州国际生物岛正式开岛，首批生物科技企业签约入驻。广州国际生物岛重点引进国内外高端生物科技企业总部及研发中心、生物科技研发机构、提供配套专业服务的生物服务企业和机构，以及为生物医药产业发展提供投融资和上市服务的相关金融投资机构。秉承广州开发区“一切为了企业，一切为了投资者”的服务理念，在政府的指导下，生物岛公司为园区企业提供“一站式”和“保姆式”的全方位服务体系，包括项目洽谈、选址审批、工商注册、物业管理、政策咨询、会议会务和餐饮配套等多元化服务。
快速发展期（2016 年以来）	生物岛已进驻生物科技企业 170 多家，生物科技及基础设施配套投资超过百亿元，有超过 1000 家生物医药企业聚集，产业规模超过 800 亿元人民币，约占广州市生物医药产业的 60%。

3．国际生物岛发展模式

当国内众多城市纷纷将目光投入生物产业园建设时，广州国际生物岛将自己的定位放在“不刻意追求差异化”上，而不是将重心放在“做大做强规模总量，在此基础上，把生物岛建成科技、知识、资本、人才高度密集的发展平台，提高科技成果、专利、效益等的产出率”。

第一，顶层设计清晰，出台配套政策针对性强。根据《广州开发区生物医药与健康产业发展规划（2016—2020 年）》，生物岛要大力培育和引进生物医药研发机构、生物医药企业总部及健康产业投资机构，将精准医疗作为生物医药产业重点发展领域，该《规划》为生物岛的生物医药产业发展方向和重点定下雏形。生物岛所在的广州开发区通过参考北京中关村模式，借助建设珠三角国家自主创新示范区的机遇，出台了一系列针对生物医药产业的特殊政策，如不断推进创新药物临床试验审批制度改革，优化简化药品临床试验审批程序；实施药品上市许可与生产分离管理模式；落实海关总署和质检总局“一次申报、一次查验、一次放行”通关模式试点，建立生物样本快速通关机制。

第二，靶向招商，搭建优势企业技术平台。生物岛的生物医药产业发展方向和重点已有初步定位，即大力培育和引进生物医药研发机构、生物医药企业总部及健康产业投资机构，将精准医疗作为生物医药产业重点发展领域。赛莱拉、金域检验等创新实力强、运营质量高、发展前景好的生物医药企业、研发机构陆续进驻生物岛，形成优势明显的产业集群，构成生物技术、医疗器械、干细胞、基因测序与检测、健康管理五维产业格局，建立起商业服务、金融服务、物业服务等八大服务体系。截至 2017 年 9 月底，生物岛内落地 178 个项目，其中过半数与精准医疗领域相关，生物岛已发展成为以精准医疗为特色的知名生物医药研发中心。①

第三，构建联盟和协会等协同平台，促进资源共享。在政府的引导下，区内生物医药企业借助联盟、协会等平台，加强沟通交流与合作，共享信息、技术、人才等资源。业内企业通过参与联盟、协会组织的各类专题会议，深化与国际同行的交流互动，提升广州开发区、生物岛和区内企业的辐射力，集聚的规模效应成效明显。

第四，优化环境，高规格配套基础设施。目前，生物岛固定资产投资累计超过 100 亿元，道路等交通基础设施建设全部到位。一期、二期和三期标准产业单元总建筑面积达 23.5 万平方米，目前已投入使用，产业集群初显规模。

第五，深化合作，全面对接国际科创资源。生物岛打造了国际化生物产业合作交流基地，搭建了“中英生物科技之桥”“中以生物科技之桥”等国际合作平台，2017 年 7 月成为官洲国际生物论坛的永久会址。计划到 2020 年，基地将引进 40 个中以合作或以色列投资项目，借此全面对接以色列科技创新资源，借鉴以色列成功经验，建设包括孵化区、研发平台、生物产业基金和配套服务区在内的中以生物产业孵化基地，重点聚焦眼科治疗、糖尿病治

---

① 广州国际生物岛科技投资开发有限公司官网。

疗、康复治疗和医学整形等医疗器械领域，引进合作和投资项目。此外，由广州市政府出资引导广药集团、冠昊生物等龙头企业及广州恒运等优质上市公司，共同在广州国际生物岛设立规模6.06亿元人民币的中以生物产业投资基金，主要投向注册于广州的以色列生物技术项目。

20.4　促进中国生物医药产业高质量发展

20.4.1　中国生物医药产业发展趋势

1．产业政策引导行业良性循环发展

近两年生物医药产业政策不断实现突破，持续规范中国生物医药产业发展，未来政策导向在鼓励和支持创新，加强事中事后监管层面会不断深化，引导行业良性循环发展。一是鼓励与支持创新，从鼓励仿制药到鼓励创新药，国家政策正在不断引导产业紧跟国际化脚步，部分高精尖领域已实现与全球领先地区处于基本同步状态，以创新药为例，2017年以来的一系列政策针对国内创新药研发端激励不足、临床试验产能受限、临床和上市申报审批时间过长等方面的困境，为创新药提供了诸多实际利好。因此，中国生物医药未来的发展趋势明显表现为从仿制药转向创新药，未来国家会持续出台政策鼓励与支持新药创制。二是事中、事后监管不断加强，两票制、一致性评价、药品零加成、医保控费等新医改政策的不断出台和落实，正在加速行业的规范和提高行业门槛，同时将出台简化、提速等一系列政策进一步推动评价进展。随着分类管理逐步推行，国内创新药的标准将会提高，过去创新层次较低的“Me-Too”甚至“Me-Worse”药将受到冲击，而真正有能力做到全球性创新级别的企业将集中享受政策红利。

2．新经济催生新业态

新经济催生新业态：我国经济发展步入了新的阶段，在这个宏观背景之下，生物医药产业正呈现出新技术驱动创新、数据联通产业上下游的创新态势。具体有三个方面的表现：一是“新技术推动产业跨界融合”，与传统仿制药、化药技术不同，创新性技术不断涌现，带来新的治疗、预防方法，也带来诊断与治疗一体化融合进程；二是“大健康产业边际持续扩大”，疾病早筛技术、互联网医疗等技术发展为生物医药产业突破诊断、治疗环节拓展至预防、康复环节；三是“新模式改变健康产业业态”，互联网医院等新兴业态改变人民群众就医方式。合同加工外包、医药研发合同外包服务等产业的发展，为产业降低成本与风险提供新模式。同时，新零售模式以互联网为载体，运用物联网等技术手段，打造以数据流为基础的供应链体系，重塑业态结构与生态圈。

3．产业向智能化、数字化发展

人工智能及互联网的发展推动生物医药的智能化、数字化进程。药品研发过程结合信息化技术，提高了药品研发的效率和技术性。数字化发展加强了产业链之间的信息传递：一是研发智能化，全球大量药企如 Merck，Novatis，Roche，Pfizer，Johnson & Johnsone 已经开始探索人工智能与新药研发相结合，通过智能技术加速新药研发进程，提升研发效率。目前主要智能化应用包括开展新药设计、理化性质预测、药剂分析、疾病诊断靶标、药物组合使用等研究，并且在药品研发过程中数据已经无处不在。二是产业数字化协同，生物医药产业业态复杂化程度高、细分领域多，各产业链环节间信息孤岛较为严重，产业协同效率交叉。如何构建全球生物医药产业创新资源协同系统，通过数字化技术打破信息不对称，加速信息及资源的流通及交易频度是未来生物医药产业需要解决的重大问题。

20.4.2　促进中国生物医药产业高质量发展的对策建议

1．科技创新引领产业高质量发展

第一，强化企业技术创新主体地位。一是鼓励创新，激发企业的创新意识和积极性，同时鼓励企业在技术引进吸收的基础上进行再创新。二是强化企业技术创新主体地位，引导各类创新要素向企业集聚，不断增强企业创新能力与活力。三是打造创新企业示范工程，扩大示范效应。四是打造创新梯队，发挥龙头企业引领与带动作用，引导中小企业向“专精尖”方向发展，大力扶持与培育创新型初创企业。

第二，打造世界级科技创新平台。一是加强与国际顶尖科研机构交流合作，打造科学高效的研究共享平台，推动产学研结合。二是搭建包括生物医药相关技术、产业信息化服务、人才服务、资金服务、市场服务等内容在内的公共服务平台。三是搭建区域分工协作平台，借鉴苏州生物医药产业园、张江药谷等国内典型生物医药产业园区实践经验，鼓励医药企业延伸产业链，在异地建立产业化生产基地，形成“研发、运营在内，生产在外”的发展模式。四是引导国内生物医药产业园区与美国波士顿地区、以色列及日本等地产业园区的交流与合作，鼓励本土企业离岸研发、开拓全球市场等活动。

第三，对接国内外创新资源，大力引进人才。一是拓展人才引进渠道，促进国际国内合作，通过与海内外优秀的科研院校、企业等开展学术科研、业务等方面的合作，来对接优质创新资源，为高端人才的引进打通渠道，比如开展学术交流论坛、项目路演推介会等。二是创新人才引进方式，为不同层次的人才制定相应的奖励机制，比如在设立专项经费的基础上，给予多种住房补贴方案、生活设施使用优惠、子女特殊入学资格等。

第四，加强知识产权保护，保障自主创新。从法律层面推动知识产权保护，从不断加强向全面从严转变，建立鼓励创新的公平、开放、透明市场环境，为企业开展核心技术自主创新提供坚实保障。

第五，搭建公共服务平台，促进成果转化。构建数字化公共服务平台建设，整合区域内相关科研资源、人才资源、资金资源、招商资源、服务资源、创新载体资源、设备资源，实现服务在线化，实现企业实时跟踪需求，保障服务机构实时满足企业需求。

2. 资金扶持保障产业高质量发展

第一，加强财政扶持与引导，提高项目有效性。一是加大财政扶持，将生物医药产业纳入专项产业基金支持范围。二是加强政府引导，加强政府层面对生物医药产业创新技术、创新企业的扶持，并在项目评审中对企业、个人进行更加全面的评估，保证项目扶持的有效性。

第二，建立创新投融资扶持模式，推进创新成果输出。借鉴发达国家发展经验，通过提供政府担保等措施加强风投对中小型生物医药创新企业的投资。鼓励银行与金融机构，探索构建基于区块链及企业信用、企业无形资产、企业估值等因素在内的投融资、贷款服务机制，降低中小创新企业融资成本。加大知识产权保护力度，鼓励创新成果输出。

第三，完善金融体系，加强中小企业担保支持。建立健全生物医药产业企业担保机制，建设新型企业信用评价体系，强化对优秀科研成果、专利等无形资产价值评估，加速信用担保机制审核、建设。通过现有金融体系改进，增强中小型生物医药产业企业支持力度。

| 参考文献

[1] 高颖颉:《中国生物医药产业政策及其有效性研究》，南京大学硕士论文 2018 年。

[2] 李峰、吴晓明:《美国生物医药小微企业扶持激励政策研究》,《中国新药杂志》2018 年第 10 期。

[3] 火石研究院:《中国生物医药产业发展蓝皮书》。

[4] 刘淑静、刘晓凡:《中国生物医药产业园发展历程》。

（本章主持及执笔：谭蓉娟）

图书在版编目(CIP)数据

2019 中国产业发展报告:制造业高质量发展/余典范主编.—上海:上海人民出版社,2019
ISBN 978-7-208-16269-3

Ⅰ.①2… Ⅱ.①余… Ⅲ.①产业发展-研究报告-中国-2019 ②制造工业-工业发展-研究报告-中国-2019 Ⅳ.①F124 ②F426.4

中国版本图书馆 CIP 数据核字(2019)第 297465 号

责任编辑 秦 堃 郑家豪
封面设计 夏 芳

2019 中国产业发展报告
——制造业高质量发展
余典范 主编

出　　版 上海人民出版社
(200001 上海福建中路 193 号)
发　　行 上海人民出版社发行中心
印　　刷 常熟市新骅印刷有限公司
开　　本 720×1000 1/16
印　　张 40.25
插　　页 4
字　　数 622,000
版　　次 2019 年 12 月第 1 版
印　　次 2019 年 12 月第 1 次印刷
ISBN 978-7-208-16269-3/F·2622
定　　价 160.00 元